श्रीविष्णवे नमः

आचारः परमो धर्मः श्रुत्युक्तः स्मार्त एव च ।
तस्मादस्मिन्समायुक्तो नित्यः स्यादात्मवान्द्विजः ॥

कर्मठगुरुः

मुकुन्दवल्लभ-ज्यौतिषाचार्येण
सङ्कलितः स्वकृतभ्रमोच्छेदिनी-टिप्पण्या समलङ्कृतश्च

मोतीलाल बनारसीदास
दिल्ली, मुम्बई, चेन्नई, कोलकाता,
बंगलूरू, वाराणसी, पटना

द्वादश पुनर्मुद्रण : दिल्ली, 2016

प्रथम संस्करण : 1971

ISBN: 978-81-208-2359-4

मोतीलाल बनारसीदास

41 यू.ए. बंगलो रोड, जवाहर नगर, दिल्ली 110 007

236 नाइंथ मेन, III ब्लॉक, जयनगर, बंगलूरू 560 011

8 महालक्ष्मी चैम्बर, 22, भुलाभाई देसाई रोड, मुम्बई 400 026

203 रायपेट्टा हाई रोड, मैलापोर, चेन्नई 600 004

8 कैमेक स्ट्रीट, कोलकाता 700 017

अशोक राजपथ, पटना 800 004

चौक, वाराणसी 221 001

आर.पी. जैन के द्वारा एन ए बी प्रिंटिंग यूनिट,

ए-44, नारायणा, फेज़-1, नई दिल्ली 110 028 में मुद्रित

एवं जे.पी. जैन द्वारा मोतीलाल बनारसीदास

41 यू.ए., बंगलो रोड, जवाहर नगर, दिल्ली-110 007, के लिए प्रकाशित

सर्वतन्त्रस्वतन्त्रविद्यावारिधि-महामहोपाध्याय-

श्रीमथुराप्रसाददीक्षितमहोदयानां

सम्मतिपत्रम्

विदितमेवैतत्सर्वविदुषां यदार्यधर्मावलम्बिनां कर्मकाण्ड एव धर्ममार्गः। आगर्भान्मोक्षपर्यन्तं कर्मकाण्ड एवानुसरति, इत्यवधार्य बघाटराज्यराज-ज्योतिषिकेण पण्डितमुकुन्दवल्लभशास्त्रिणा कर्मठगुरुनामकं पुस्तकमुपनिबद्धम्, इदं साद्योपान्तं सम्यगवलोकितम्, सर्वतः सुपरिष्कृतमेवैतत्, अत्र नित्य-नैमित्तिक-काम्यानां विधिः साधु वर्णितः, ततः पुस्तकसाहाय्येन सर्वमेव सम्पाद-यितुं शक्यते। मन्ये स्वनामानुरूपं कर्मठगुरुरेव।

सोलन ७-५-४६ मथुराप्रसाददीक्षितः

सम्मतिपत्राणि

२

द्विजानां सर्वेषामुपकृतिकरं "कर्मठगुरुं"
निरीक्ष्याहं मन्ये रुचिररचनं चित्तहरणम्।
ललामं ग्रन्थानां न सदृशमितः किंचिदपरं
समीक्षां विद्वांसो विदधतु परं सारसहिताम् ॥ १ ॥

एवं सम्मनुते दृष्ट्वा ग्रन्थरत्नं मनोरमम्।
श्रीमतामात्मरूपोऽयमाचार्योऽमृतवाग्भवः ॥ २ ॥

आ. वा. आचार्य
२०. ९. ९९ वि०

३

अयं कर्मठगुरुनामको ग्रन्थो मया समवलोकितः शास्त्रानुकूलकर्मकाण्ड-जिज्ञासूनामेवञ्च कर्मशंकास्पद-विपयेषु प्रकाण्डविद्वद्वराणां महदुपकरिष्यतीति सम्मनुते—

ज्योतिषयन्त्रालयः, जयपुरम्। १४-५-४२

सिद्धान्तपञ्चाननो राजपण्डितः केदारनाथशर्मा

इदं कर्मठगुरुनाम पुस्तकं विलोकितम् । कर्मकाण्डजिज्ञासूनां कृते राजज्योतिषीतिपदवाच्यानां विबुधवर्याणां ज्योतिषाचार्याणां "श्रीमुकुन्दवल्लभशर्मणां" परिश्रमं नितान्तं प्रशस्यं मन्ये, नहीतः प्रागासीदेतादृशकर्मकाण्डसंग्रहो लोकानां हिताय, सोऽयमभावोऽपि पूर्णं इदानीमुपलभ्यमानपुस्तकान्तरतोऽत्र भूयानस्ति विशेष इति सुस्पष्टं वक्तुं शक्यते, यतो हि चतुर्षु नित्य-नैमित्तिक-पूजा-होम पुत्रेष्ट्यादि-काम्यप्रकरणेष्वपि टिप्पणीप्रदर्शनपुरःसरं यथा च प्रसङ्गानुसारेण सलक्षणविवेचनम्, एवं तत्र तत्र भावार्थसमुल्लेखश्चेति, अतः सर्वथोपयोगित्वं समुपलभ्यते—

गढदेशान्तर्गत—सुमाड़ी—वास्तव्यः
अभयानन्दशास्त्री
१०-५-४२

५

जालन्धर-वास्तव्य विद्वत्तल्लज-विद्यावाचस्पति

श्रीखरैतिराम-शास्त्रिणामभिमतम्

"आविर्भूत-ज्योतिषां ब्राह्मणानां ये व्यवहारास्तेषु मासंशयो भूत् ।
सिद्धा ह्येषां वाचि लक्ष्मीर्निषिक्ता नैते वाचं विप्लुतार्थां वदन्ति ।।"

दृष्टेर्गोचरतांगतः "कर्मठगुरुः", महान् प्रयासः, गुरूणामपि गुरुरयं संग्रह-ग्रन्थः । श्रुति-स्मृति-पुराणानामेकत्रोपन्यासः कस्य नाश्चर्यंकारकः ? विविधानुष्ठानश्रेष्ठः विद्वज्जनप्रेष्ठश्चायं ग्रन्थो रत्नाकरोऽम्बुधिरिव प्रतीयते सर्वथा वाचामगोचरः, वैदुष्यस्य पराकाष्ठा । ग्रन्थमेनमधीत्यानधीत-शास्त्रा अपि परं पाण्डित्यं लप्स्यन्त इति मे मतम् ।

विद्वच्चरण-चञ्चरीकः—
खरैतिरामः
सोढ़ल रोड,
जालन्धर
२४-७-७२

ॐ

भूमिका

उभाभ्यामेव पक्षाभ्यां खे यथा पक्षिणां गतिः।
तथैव ज्ञानकर्मभ्यां प्राप्यते शाश्वती गतिः॥ (कुमारिल)
कुर्वन्नेवेह कर्माणि जिजीविषेच्छतꣳसमाः (यजु० ४०।२)

इह खलु मानवशरीरं नैकपूर्वभवसमर्जितपुण्यपुञ्जपरिपाकवशात् प्राप्यते इति विदितमागोपालपण्डितम्। अथ च शरीरेणानेनैव मुक्तिपदं प्राप्तुं शक्नोति मानव इत्यपि मनुष्ययोनिरेवेयमेका भवसागरं तर्त्तुकामानां मूर्तिमती नौकेति जानन्त्येव सर्वे। मानवशरीरधारिणः खलु जन्ममात्रादेव चरण एकः प्रक्षिप्त एव वर्ततेऽस्यां नौकायां, केवलं द्वितीयं चरणमुत्थाप्य स्थानस्यैवावकाशोऽधुना अर्थात् स्वल्पपरिश्रमस्यैवावश्यकता वर्तत इदानीमिति अत एव मानवशरीरस्य शरीरान्तरेभ्यः श्रेष्ठता सम्मानितास्ति सर्वैरपि पण्डितप्रवरैरनुभवपारंगतैस्तत्त्वदर्शिभिर्महात्मभिश्च।

अन्तःकरणशुद्धिमन्तरेण किल जीवो न मुक्तिपदं प्राप्तुं प्रभवति। सा च ऋते उपासनया असुलभेति सर्वतो निर्विवादम्। उपासनया अपि सूक्ष्मेक्षिकया समालोच्यमानायाः सूक्ष्मकर्मरूपतया स्थूलकर्मकाण्डसाधनमन्तरेण सिद्धिप्राप्तेरसम्भवात्। पुरातनैर्महर्षिभिस्तैराचार्यवर्यैश्च परम-पुरुषार्थरूपमुक्तिपदप्राप्त्यर्थं प्रथममात्मनः शुद्धेः परमावश्यकतां वर्णयद्भिः स्थूलकर्मकाण्डमात्मशुद्धेः प्रथमं साधनं निरूपितमस्तीति समुचितमेव। यदा हि वयं वैदिकसंहितास्तासामङ्गानि च समालोचयामस्तदा ततो विज्ञायते यद् भारतवर्षे प्राचीनतमादेव समयादस्य महति परिणामे प्रचारो वर्ततेतरामिति। अपि च बाहुल्येन अपि महर्षिवराः कर्मठा आसन्। षड्दर्शनेष्वन्यतमदर्शनीभूता महर्षिवर—श्रीजैमिनिमुनिप्रणीता सूत्ररूपा कर्मकाण्डमीमांसाऽपि विज्ञापयत्येतदेव। प्रत्नकालिकवैदिककालादारभ्य यावत्पौराणिककालं कर्मण एव प्राधान्यमासीत्। इदञ्च कर्मणः प्राधान्यं मनसा मतान् सिद्धान्तानवलम्ब्य नासीदपि तु वेदानां संहिताभागान् ब्राह्मणभागान् कल्पसूत्राणि तदनुयायि स्मृत्यादिधर्मशास्त्राणि च समाश्रित्यैव समवर्तते। हेतुनानेनैव तत्तच्छास्त्रप्रणेतृभिः पण्डितपुङ्गवैर्भारतभूमिः न ज्ञानभूमितया भक्तिभूमितया वा वर्णिता किन्तु सगौरवं प्रशंसद्भिश्चिराय जगतीतले सर्वत्र विशेषतः कर्मभूमिरिति समुद्घोषिता अत एव वाक्यपदीयादिग्रन्थप्रणेत्रा महावैयाकरणेन योगिप्रवरेण श्रीभर्तृहरिणाऽवोचि—

स्थाल्यां वैडूर्यमय्यां पचति तिलकणांश्चन्दनैरिन्धनाद्यैः
सौवर्णैर्लाङ्गलाद्यैर्निखनति वसुधामर्कमूलस्य हेतोः।
छित्वा कर्पूरखण्डान् वृतिमिह कुरुते कोद्रवाणां समन्तात्
प्राप्येमां कर्मभूमिं न चरति मनुजो यस्ततो मन्दभाग्यः॥

महदिदं खेदास्पदं यदिदानीन्तनेन फल्गुना ज्ञानकाण्डेन कर्मकाण्डनाशं समानीय भारतीयजनताऽकर्मण्यतां समानायि। भवन्त ईषत्सावधानतया निरीक्षन्तान्नु किमु खल्वनेन भारतवर्षेण प्राचीनसमयापेक्षया समयेऽस्मिन् कियत्यधोगतिः प्राप्तेति पुरा प्रयततमस्याऽस्य कर्मभूमिभूतस्य भारतवर्षस्य निवासिनो द्विजातयः श्रौतानि स्मार्तानि च कर्माण्यनलसा भूत्वा समनुतिष्ठन्तो जीवनं व्यत्यापयन्, अत एव ते पराऽपरादिविद्या विजानाना आप्ततया विद्वत्तया ब्रह्मचर्येण बलवत्तया च महर्षि-राजर्षिपदेष्वधिरूढा विराजन्ते स्म। हा! तैः परिपूर्णकर्मठा ब्राह्मणा अप्यस्मिन्नेव भारते वर्षे बभूवुः। येषां मन्त्राणामनुष्ठानस्य प्रभावेण राजाधिराजस्य जनमेजयस्य सर्पसत्रे सासनेन पुरन्दरेण सह नागवरस्तक्षको यज्ञसम्बन्धिन्यग्निकुण्डे भस्मत्वमुपागमयितुं प्रचालित आसीत्। चमत्कारोऽयं कर्मठानां महर्षिणामेवाऽऽसीत्, नत्वन्तःसारशून्यज्ञानवादि-मन्यानाम्। ये च किल पुरुषा आलस्यवशेन विहाय कर्माणि संन्यासिवेषमङ्गीकृत्य साटोपं दम्भमाडम्बरमारचयन्ति ते ते छद्मिन एव, अथ च ते संन्यासस्य फलं प्राप्तुं न भवन्ति जात्वपि। अहोऽतीव विचित्रा किल कालमहिमा अद्यत्वे तेषां महामहिमाशालिनां मान्यानां महर्षिणामपत्यानि श्रौतेभ्यः स्मार्तेभ्यश्च नित्येभ्यः कर्मभ्य आलस्यवशतया पराङ्मुखीभूय कापथे परिभ्रमन्ति, ते आयुषोऽल्पत्वं, वीर्यस्य नैर्बल्यं, तनोः क्षीणतां, कान्तेर्हीनतां, मनसो मालिन्यश्च विदधतः घोरतमेऽशान्तिप्रदेशऽज्ञान-सन्तमसपरिपूरिते गर्ते निपतन्ति।

इदानीन्तनायाः सभ्यंमन्यानां पाश्चात्यानां सभ्यताया दूषितया शिक्षया शिक्षितानां भारतीयानां नवानां यूनामाननेभ्य एवं श्रावं श्रावमतीव तुदति चेतो मे किं भवत्याचारेण विचारेण वा? शौचस्य कृते पाणिपादस्यैकवारं फेनिल—(साबुन) बटिकाया प्रक्षालनमलं न भवति किम्? इत्यादि। सूक्ष्मतया समालोचने दोषोऽयमस्माकं शिक्षासरणेरेव प्रतीयते। बहवस्तु पुनर्गीर्वाणवाण्यां निबद्धान् निबन्धान् पठन्तोऽपि कर्मकाण्डसम्बन्धीनि नित्यनैमित्तिकादिकर्मप्रतिपादकानि ग्रन्थरत्नानि दैवदुर्विलसिततया स्प्रष्टुमपि न वाञ्छन्ति यदि कश्चिदाह्निकग्रन्थो भाग्यवशाद् नयनपथमनायासेन जातु समागतश्चेत्तस्मिन् प्रतिपादितं कर्मणो विस्तारं दर्शं दर्शमेव व्याकुला इव भीता इव पक्षाघातेन पीडिता इव विरमन्ति।

बहवो भद्रपुरुषाः पुनः कथयन्तो यद् अहो कथं नु खल्वास्माकीने व्यापारप्रचुरे अथ च हास्यमये जीवने वैदिकं कर्मेदं शोभनतया सम्पन्नं भवितुं शक्नोति? एवमेव विचारान्मानमे पुरस्कुर्वन्तो न ते किमपि समनुष्ठातुं पारयन्त इत्येवं समस्तामपि अनुकूलतां प्रतिकूलताञ्च सोहापोहं सुविचार्य कर्मलोपमायान्मया 'कर्मठगुरुः' इत्येवान्वर्थाभिधानो व्यरचि। अस्मिन् हि प्रथमे नित्यकर्मप्रकरणे सनित्यकर्मवर्णनपुरस्सरं नित्यकर्मोपयुक्तानि प्रामाणिकैष्टिप्पणैः विशदीकृत्य सप्रमाणान्येवंविधया लिखितानि सन्ति, यद ईषद्गीर्वाणवाण्यां लेखने पठने च परिचयवतामपि धार्मिकाणां सज्जनानां निस्सन्देहं कर्मणां समनुष्ठाने सामर्थ्यं भवेत्। अथ च येऽस्मिन् ग्रन्थे लिखितानि सन्ध्यातर्पणादीनि पूजनादीनि (यानि मया समासतो लिखितानि सन्ति) अप्यत्यन्तं व्यापारासक्ततया भरण्यभुजां वृत्त्या जीवितुं शीलितया वा न समनुष्ठातुं शक्नुवन्ति।

तेषां कृते सूक्ष्मतया "गायत्रीमात्रसारोऽपि" इत्यादिवचनानुरोधेन संध्यातर्पण-पूजनाद्यपि यथास्थानं सुलिखितमस्ति यत् सर्वेऽपि धार्मिका जनाः कतिपयेष्वेव क्षणेषु सम्पाद्य स्वात्मानं पावयितुं शक्नुयुः । अथ च कर्मणां लोपतः समुत्पन्नेभ्यो घोरेभ्यो दोषेभ्योऽपि न दूषिता भवेयुः । यत् कर्म मया संक्षेपतो लिखितमस्ति कर्मणि कथमपि काचिदपि त्रुटिर्मा भवत्विति पूर्णतया विचिन्तितमस्ति कर्मणां प्रत्यवायोऽपि मा भवतु, ईषदेव च समये कर्माणि सर्वाण्यपि सुसम्पन्नानि भवन्तु इत्येवं रीत्या कर्मणां सरणिरियं समारचितास्ति । तत्तत्कर्मप्रतिपादनेन सहैव च बहूनां शरीरस्य स्वास्थ्यं वृंहयतां वलीपलितजरादिनाशकानामथ च तत्तद्रोगनाशकानां साम्प्रदायिकानां सिद्धगुरूणां वदनारविन्दतः प्राप्तानां सङ्केतानामपि स्थाने-स्थाने समुपयुक्ततया मणीनामिव हारेषु निबद्धय शोभनतया संग्रहोऽयं विहितोऽस्ति । इदञ्च सकलं सावधानतया निपुणं निरूपणेन ग्रन्थस्य विज्ञास्यते ।

द्वितीये नैमित्तिकप्रकरणे हिताय विप्रवटूनामथ च पौरोहित्यवृत्तिजीविनामपि च जिज्ञासूनां क्षत्रियादियजमानानां कृते वरणविधानं संकल्पविधानमुपयोगिस्तोत्रादिकं दानविधि-जप-पाठप्रयोगादिकमपि यथामति सटिप्पणं व्यधायि ।

तृतीये पूजाहोमप्रकरणे पूजनविधानस्यैतादृशी सरणिरवलम्बिता यस्यां खलु सर्वप्रयोगयज्ञोपयुक्तपूजा-हवनादिसर्वकृत्यकर्तव्यता-सौकर्यं वेविद्यते । किं बहुना बालोऽपि विद्वज्जनसमक्षेऽस्य साङ्गोपाङ्गपूजा-होमप्रकरणस्य शैलीमवलम्ब्य सोत्साहं सहर्षंञ्च सर्वमुपनयन-विवाहयज्ञादिकृत्यं सम्पादयितुं शक्तो भवतीति मे प्रत्ययः । शङ्कायुक्तेषु स्थानेषु टिप्पण्यो नियोजिताः ।

चतुर्थे काम्यकर्मप्रकरणे शास्त्रान्तरेभ्यो विशेषतो यजुर्वेदाथर्ववेदाभ्याञ्च पुत्रेष्टियज्ञार्हान् मन्त्रान् संगृह्य बहुधा कार्यसिद्धिं विलोक्य जातप्रत्ययः पुत्रेष्टिविधानम्, अग्निनिर्वापणस्य चमत्कारिकौशलं, पञ्चदशीयन्त्रस्य गुप्ततन्त्रमार्गानुसारिणः सिद्धप्रयोगान्, सद्यः प्रत्यक्षफलदानानुभूतिसम्पन्नांश्च यथास्थानं न्यवेशयमहम् । यथा चेदं सर्वं तथाऽऽद्योपान्तग्रन्थदर्शनान्तरमेव सहृदयविवेचकानां पाठकमहोदयानाम् दृष्टिपथमेष्यत्येवालमतिपल्लवितेन ।

आशासेऽहं सज्जनानां निर्मत्सराणां पुरुषाणां विशेषतो धार्मिकाणां द्विजातिबटूनां कृते ग्रन्थोऽयं धार्मिककर्मसु प्रीतिमुत्पादयन् पुण्यलाभञ्च ददत् सन्तोषयिष्यतीति । मानवस्वभावसुलभानि यानि कानि च स्खलितानि यद्यपि ग्रन्थेऽमुष्मिन्नवश्यं भविष्यन्त्येव तथाप्यल्पज्ञमेनं जनं दयार्द्रदृशो धार्मिकाः पाठकमहोदया हंसक्षीरन्यायेन गुणग्राहिणः सन्तः सन्तस्तत्रभवन्तो भवन्तः स्खलनविषयेषु भविष्यपरिवर्द्धनविषयाञ्च पत्रप्रेषणादिद्वाराऽवश्यं सूचयेयुः, येन ग्रन्थस्यागामिनि संस्करणे तद्दोषपरिमार्जनं क्रियेत । ग्रन्थेनानेन ब्राह्मणादीनां द्विजातिबटूनां समाजे लाभः कश्चन भविष्यति चेदायासानां मामकीनानां साफल्यं ज्ञास्याम्यहमिति, अन्ते च —

स्यादेव मेऽलसतया मतिमान्द्यतो वा
दोषः क्वचित् क्वचिदथापि न कापि शङ्का ।
नैसर्गिकी खलु गुणीकरणप्रवीणा
शक्तिः सदा विजयते भुवि सज्जनानाम् ॥ १ ॥

इति श्रीविद्वत्प्रकाण्ड-नैक-निबन्ध-निबन्धृ-विद्यानन्दनाथ-
दैशिकोक्त्यनुसारं प्रार्थयन् विरमति भारतीयानां
द्विजातीनां हितकारिणामनुचराणामन्य-
तमो ऽम्बघाटमहीमहेन्द्राश्रितः
"कुराली"—वास्तव्यः
सारस्वताभिजनः

श्रीमार्तण्डभवनम्
कुराली (पंजाब)
२८।१।९९ विक्रमी

श्रीमुकुन्दवल्लभमिश्रः

विषयानुक्रमणिका

पूजाहोमप्रकरणम् (३)

सामग्री-स्मारकपत्रम्

आसन, कुशा, जल, यज्ञीयभस्म वा तीर्थमृतिका, अर्घा, आचमनी, माला--सन्ध्यार्थम् । शोधिततिलानि तर्पणार्थम् ।

अनुष्ठानादौ देवपूजनसामग्री

१. गङ्गाजलम्—देवतास्नपनार्थम् ।
२. पञ्चामृतम्— ,,
३. शुद्धकेसरम्—चन्दनेन सम्मिश्रणार्थं गणपत्यादिदेवताभ्यः समर्पणार्थञ्च ।
४. रक्तसूत्रम्—देवताभ्यः समर्पणार्थम् ।
५. अष्टाङ्गधूपम्—धूपसम्पादनार्थम् ।
६. धूपाधारपात्रम्—धूपप्रज्वालनार्थम् ।
७. गोघृतम्—ज्योतिषे नीराजनार्थं वा ।
८. कार्पासः—दीपवर्तिनिर्माणार्थम् ।
९. नैवेद्यम्—गणपत्यादिदेवताभ्यो भोज्यसम्पादनार्थम् ।
१०. ऋतुफलम्— ,, ,,
११. ताम्बूलम्—भोज्यानन्तरं समर्पणार्थम् ।
१२. पूगीफलम्— ,, ,,
१३. अक्षताः—पूजनार्थम् ।
१४. यज्ञोपवीतम्—पूजार्थम् ।
१५. सौभाग्यद्रव्यम्—देवतासमर्पणार्थम् ।
१६. पुष्पमाला— ,,
१७. एला—ताम्बूलार्थम् ।
१८. पीतसर्षपा—विकिरणार्थम् ।
१९. पत्रावली—तत्तद्वस्तुनिधानार्थम् ।
२०. शरावा— ,,
२१. शुद्धकर्पूरः—आरार्तिककरणार्थम् ।
२२. दूर्वा—श्रीगणेशाद्याराधनार्थम् ।
२३. तुलसीपत्रम्—देवताद्यर्चनार्थम् ।
२४. बिल्वपत्रम्— ,,
२५. नारिकेलफलानि—देवतासमर्पणार्थम् ।
२६. गोधूमचूर्णम्—ग्रहमण्डलार्थम् ।

२७. हरिद्रा--ग्रहमण्डलार्थम्

२८. कुङ्कुमम्--   ,,

२९. कुशाः--पवित्रार्थम् ।

३०. पञ्चपात्रपात्रम्—जलार्थम् ।

३१. आचमनीयपात्रम्-- आचमनार्थम् ।

३२. कुशासनम्--उपवेशनार्थम् ।

३३. पुष्पाणि--पूजार्थम् ।

३४. दक्षिणा—देवतासमर्पणार्थम् ।

३५. वस्त्राणि—तत्तद्देवतासमर्पणार्थम् ।

३६. स्वर्णम्--प्रतिमार्थम् ।

३७. कलशः--स्थापनार्थम् ।

३८. यवाः--वपनार्थम् ।

३९. पञ्चरत्नम्—कलशे प्रक्षेपणार्थम् ।

४०. सर्वौषधी--   ,,

४१. पञ्चपल्लवाः—   ,,

४२. सप्तमृत्तिकाः--   ,,

४३. वस्त्राणि--आचार्यादिविवरणार्थम् ।

४४. रुद्राक्षमाला—   ,,

४५. गोमुखी—   ,,

४६. शोधिततिलानि—हवनार्थम् ।

४७. अक्षताः—   ,,

४८. यवाः—   ,,

४९. गोघृतम्—   ,,

५०. प्रणीता—   ,,

५१. स्रुवः—   ,,

५२. आज्यस्थाली —   ,,

५३. चरुस्थाली—   ,,

५४. छायापात्रम्—दानार्थम ।

५५. सवत्सा गौः—   ,,

५६. गोमूत्रम्, गोमयम्, दधि, दुग्धम्, घृतम्—पञ्चगव्यार्थम् ।

करमाला-प्रकार:

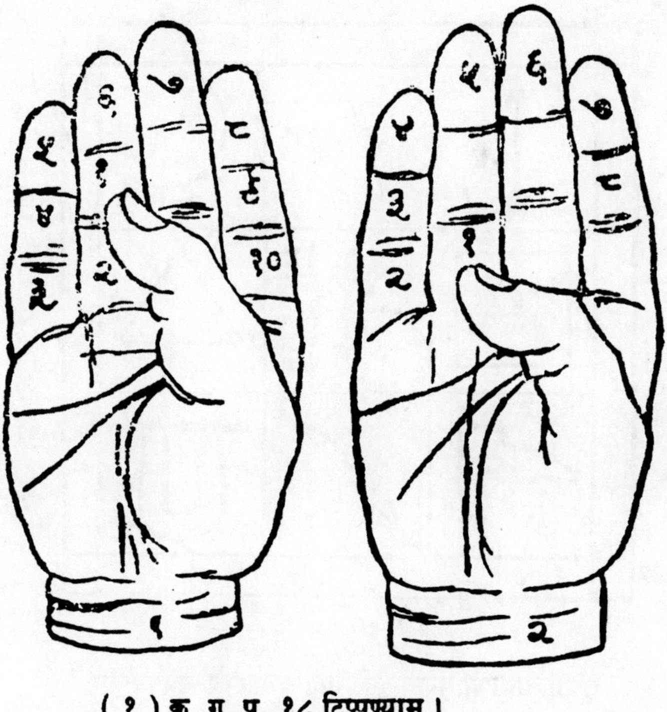

(१) क. गु. पृ. १८ टिप्पण्याम् ।

(२) अनामिकामूलमारभ्य कनिष्ठादित एव च ।
तर्जनीमध्यपर्यन्तमष्टपर्वसु संजपेत् ॥

नवग्रहमण्डलचित्रम्

पूर्व

उत्तर

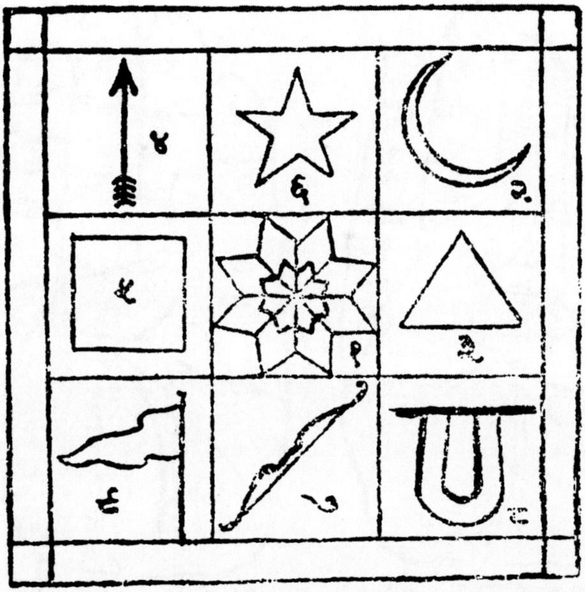

दक्षिण

पश्चिम

"सूर्यादिग्रहाणां पूजनाकृतिरेकाङ्कमारभ्य नवपर्यन्तम्"

(क. गु. पृ. १४९)

॥ ॐ ॥

श्रीगणेशाम्बाबटुकेभ्यो नमः

अथ कर्मठगुरुः प्रारभ्यते

अथ मङ्गलाचरणम्

गजमुखबटुकाढ्यां पार्वतीं शर्वयुक्ताम्
गुरुवरचरणाब्जे सर्वसिद्धिप्रदे च ॥
अपि च वचनदेवीं कच्छपीं वादयन्ती-
मधिहृदयमहन्तां कृष्णमूर्तिञ्च नौमि ॥ १ ॥

प्रवृत्तौ प्रयोजनम्

नानाग्रन्थसमुद्रसारहरणेऽशक्तान्स्वकर्मालसान्
वीक्ष्याहं द्विजबालकांस्तदुचितं ग्रन्थं विधातु यते ।
एतेन द्विजजातिरस्तु सकलाऽन्वर्थाऽभिधा साम्प्रतम्
नैजे कर्मणि लालसाऽस्तु नितरां सम्प्रार्थये भो द्विजाः ॥ २ ॥

प्रातरुत्थानम्—आचारशीलेन[1] ब्राह्मे[2] मुहूर्ते उत्त्थाय स्वकीयमनोरथ-सिद्धिं संस्मृत्य यस्या नासिकाया वायुः निस्सरेत्तेनैव हस्तेन मस्तकं मुखञ्च परिमृज्य स्वकरतलावलोकनं कर्तव्यम्, तस्य मन्त्रः—'ॐ कराग्रे वसते लक्ष्मीः करमध्ये सरस्वती । करमूले स्थितो ब्रह्मा प्रभाते करदर्शनम् ॥' (आ० प्र०) ततः अग्रदन्तैरग्रदन्तान् दंष्ट्राभिर्दंष्ट्राश्च त्रिवारं संपीड्य[3] मुखशुद्ध्यर्थं

---

(१) आचारः प्रथमो धर्मः सर्वेषामिति निश्चयः । हीनचारी परीतात्मा प्रेत्य चेह विनश्यति ॥ नैनं तपांसि न ब्रह्म नाग्निहोत्रं न दक्षिणा । हीनाचाराश्रितं भ्रष्टं तारयन्ति कथञ्चन (वसिष्ठः) ॥ चतुर्णामपि वर्णानामाचारो धर्मपालनम् । आचारभ्रष्ट-देहानां भवेद्धर्मः पराङ्मुखः ॥ (दक्षस्मृतिः) ॥ (२) रात्रेः पश्चिमयामस्य मुहूर्तो यस्तृतीयकः । स ब्राह्म इति विज्ञेयो विहितः स प्रबोधने । (वि० पु०) ॥ रात्रेः पश्चिमयामे तु घटिकाषट्कमेव हि । वेदाभ्यासं द्विजः कुर्यात्सा वेला पाठदायिनी ॥ ब्राह्मे मुहूर्ते या निद्रा सा पुण्यक्षयकारिणी । तां करोति द्विजो मोहात्पादकृच्छ्रेण शुद्ध्यति ॥ (स्मृ० र० व०) ॥ (३) दन्तपतनादिरोगान्नाशयति दन्तमूलानि पुष्णाति चेत्येष सिद्धसङ्केतः ।

गण्डूषत्रयञ्च[1] कृत्वा नेत्रे प्रक्षाल्याचम्य स्वच्छताम्रपात्रे निधाय पिहितं पर्युंषितं वस्त्रपूतञ्च जलं पिबेत्ततः स्वेष्टदेवतां नमस्कृत्य प्रातःस्मरणं[2] कीर्तनञ्च[3] कुर्यात् ।

अथ प्रातःस्मरणम्—ॐ श्रीं गं नमः, ॐ प्रातरग्निं प्रातरिन्द्र ँ हवामहे
प्प्रातर्म्मित्राव्वरुणा प्प्रातरश्विना । प्रातब्भंगम्पूषणम्ब्रह्मणस्प्पतिम्प्रातः सोममुत
रुद्र ँ हुवेम ॥ १ ॥ प्रातःस्मरामि भवभीतिमहार्तिशान्त्यै नारायणं गरुडवाहन-
मब्जनाभम् । ग्राहाभिभूत-वर-वारण-मुक्तिहेतुं चक्रायुधं तरुण-वारिज-पत्र-
नेत्रम् ॥ २ ॥ प्रातः स्मरामि गणनाथमनाथबन्धुं सिन्दूरपूर्ण-परिशोभित-गण्ड-
युग्मम् । उद्दण्ड-विघ्न-परिखण्डनचण्डदण्डमाखण्डलादि-सुरनायक-वृन्द-
वन्द्यम् ॥ ३ ॥ प्रातः स्मरामि खलु तत्सवितुर्वरेण्यम्, रूपं हि मण्डलमृचोऽथ
तनुर्यजूंषि । सामानि यस्य किरणाः प्रभवादिहेतुं, ब्रह्मा हरात्मकमलक्ष्यम-
चिन्त्यरूपम् ॥ ४ ॥ प्रातः स्मरामि भवभीतिहरं सुरेशम्, गङ्गाधरं वृषभवाहन-
मम्बिकेशम् । खट्वाङ्ग-शूल-वरदाभय-हस्तमीशम्, संसाररोगहरमौषधम-
द्वितीयम् ॥ ५ ॥ प्रातः स्मरामि शरदिन्दुकरोज्ज्वलाभाम्, सद्रत्नवन्मकर-
कुण्डलहारशोभाम् । दिव्यायुधार्जितसुनीलसहस्रहस्ताम्, रक्तोत्पलाभचरणां
भवतीं परेशाम् ॥ ६ ॥ त्रैलोक्य-चैतन्य-मयादिदेव ! श्रीनाथ ! विष्णो ! भवदा-
ज्ञयैव । प्रातः समुत्थाय तव प्रियार्थं संसारयात्रामनुवर्तयिष्ये ॥ ७ ॥ जानामि
धर्मं न च मे प्रवृत्तिर्जानाम्यधर्मं न च मे निवृत्तिः । त्वया हृषीकेश ! हृदि
स्थितेन यथा नियुक्तोऽस्मि तथा करोमि ॥ ८ ॥ सुप्तः प्रबोधितो विष्णो हृषीकेशेन
यत्त्वया । यद्यत्कारयसे कर्म तत्करोमि तवाज्ञया ॥ ९ ॥ अज्ञानतिमिरान्धस्य
ज्ञानाञ्जन-शलाकया । चक्षुरुन्मीलितं येन तस्मै श्रीगुरवे नमः ॥ १० ॥ ब्रह्मा
मुरारिस्त्रिपुरान्तकारी भानुः शशी भूमिसुतो बुधश्च । गुरुश्च शुक्रः शनिराहु-
केतवः कुर्वन्तु सर्वे मम सुप्रभातम् ॥ ११ ॥ वैन्यं पृथुं हैहयमर्जुनञ्च शाकुन्तलेयं
भरतं नलञ्च । रामञ्च यो वै स्मरति प्रभाते तस्यार्थलाभो विजयश्च हस्ते ॥ १२ ॥
शंकरं शंकराचार्यं केशवं बादरायणम् । सूत्रभाष्यकृतौ वन्दे भगवन्तौ पुनः
पुनः ॥ १३ ॥

---

(१) उत्थाय पश्चिमे यामे ? तत आचम्य चोदकम् । मुखशुद्ध्यर्थमादौ तु गण्डूष-त्रितयं चरेत ॥ गण्डूषकरणसमये—आपूर्यशीतलजलेन मुखं प्रसिञ्चेत् पानीयबिन्दुविसरैः नयने सदैव ॥ त्रिसहस्रधारमखिलाक्षिरुजापहारी कर्मैतदुक्तमधियोगि गुरुप्रसिद्धम् ॥ चक्षुर्जं-लब्ध व्यायाम; पादाधस्तैलमर्दनम् ।कर्णयोर्मूर्ध्नि तैलञ्च जराव्याधिविनाशनम् (ब्र०वै०पु०)
(२) ब्राह्मे काले समुत्थाय गणेशादीन्स्मरेत्ततः । प्रातःस्तोत्रं मंगलानि पठित्वा शौचमाचरेत् । (अंगिरास्मृतिः) ॥ (३) ध्यायन् कृते यजन् यज्ञैस्त्रेतायां द्वापरेऽर्चयन् । यदाप्नोति तदाप्नोति कलौ संकीर्त्य केशवम् ॥

मातृपितृसहस्राणि पुत्रदारशतानि च। संसारेष्वनुभूतानि यानि यास्यन्ति चापरे ॥ १४ ॥ हर्षस्थानसहस्राणि भयस्थानशतानि च। दिवसे दिवसे मूढमाविशन्ति न पण्डितम् ॥ १५ ॥ ऊर्ध्वबाहुर्विरौम्येष न च कश्चिच्छृणोति मे। धर्मादर्थश्च कामश्च स किमर्थं न सेव्यते ॥ १६ ॥ न जातु कामान्न भयान्न लोभाद्धर्मं त्यजेज्जीवितस्यापि हेतोः। धर्मो नित्यः सुखदुःखे त्वनित्ये जीवो नित्यो हेतुरस्य त्वनित्यः ॥ १७ ॥ इमां भारतसावित्रीं प्रातरुत्थाय यः पठेत्। स भारतफलं प्राप्य परं ब्रह्माधिगच्छति ॥ १८ ॥ कार्तवीर्यार्जुनो नाम राजा बाहुसहस्रवान्। योऽस्य संकीर्तयेन्नाम कल्य उत्थाय मानवः ॥ १९ ॥ न तस्य वित्तनाशः स्यान्नष्टञ्च लभते पुनः ॥ इत्यादिपौराणमन्त्रान् पठित्वा 'ॐ समुद्रवसने देवि पर्वतस्तनमण्डिते। विष्णुपत्नि नमस्तुभ्यं पादस्पर्शं क्षमस्व मे ॥" (म० पा०) इति प्रार्थ्योत्थाय हस्तेन स्पृष्ट्वा श्वासानुसारेण च भूमौ पादं दत्त्वा गवादिमङ्गलानि[1] पश्येत्।

अथ मूत्रपुरीषोत्सर्गविधिः

ग्रामाद्दूरतो गत्वा जलपात्रं शुद्धमृत्तिकाञ्चादाय दक्षिणे कर्णे[2] निहितयज्ञोपवीतो मौनी शिरसि अवगुण्ठितवसनः ष्ठीवनोच्छ्वासवर्जितः दिवासन्ध्ययोरुदङ्मुखो रात्रौ दक्षिणाभिमुखः कीटादिरहितायाम् अयज्ञीयतृणास्तृतभूमौ वामचरणोपरि शरीरभारमादाय मूत्रपुरीषे[3] कुर्यात्, प्राणबाधाभये तु रात्रावहनि छायायामन्धकारे च गृहेऽपि यथासुखं मुखं कृत्वा मूत्रपुरीषे कुर्यात्, परं बलान्मलोत्सर्गं कदापि न कारयेत्। ततः मृच्छीताम्बुभिः[4] पायुं प्रक्षाल्य करपादयोः शौचं[5]

(१) श्रोत्रियं सुभगां गाञ्च अग्निमग्निचितं तथा। प्रातरुत्थाय यः पश्येदापद्भ्यः स प्रमुच्यते ॥ (ना० दे०) ॥ (२) प्रभासादीनि तीर्थानि गङ्गादिसरितस्तथा। द्विजस्य दक्षिणे कर्णे वसन्ति मनुरब्रवीत् ॥ (पराशरस्मृ०) ॥ अथवा, मूत्रे तु दक्षिणे कर्णे पुरीषे वामकर्णके। उपवीतं सदा धार्यं मैथुने तूपवीतिवत् ॥ मलमूत्रं त्यजेद्विप्रो विस्मृत्यैवोपवीतधृक्। उपवीतं तदुत्सृज्य धार्यमन्यन्नवं तदा। (साय०) ॥ (३) दशहस्तान् परित्यज्य मूत्रं कुर्याज्जलाशये। शतहस्तान् पुरीषार्थे तीर्थे नद्यां चतुर्गुणम् ॥ (४) उष्णाम्बुना गुदाप्रक्षालनम् अर्शाद्यामयकरम्। (५) पञ्चापाने मृदश्चैका लिङ्गे वामकरे दश। करयोरुभयोः सप्त गृहीत्वाऽद्भिश्च शोधयेत्। एका द्वे वाथवा तिस्रो मृदः पादद्वये पृथक्। पादावाजानुतः शोध्यौ करौ त्वामणिबन्धनात्। (आ० पं०) ॥ मूत्रोत्सर्गमात्रे तु—एका लिंगे करे तिस्र उभयोर्मृत्तिकाद्वयम्। एकैकया मृदा पादौ प्रक्षाल्य तु शुचिर्भवेत्। मूत्राशौचं समाख्यातं शुक्रे तद् द्विगुणं भवेत्। इति वसिष्ठः ॥ एतच्छौचं गृहस्थस्य, द्विगुणं ब्रह्मचारिणः। वानप्रस्थस्य त्रिगुणं यतीनां च चतुर्गुणम् ॥ यद्दिवा विहितं शौचं तदर्द्धन्तु निशि स्मृतम्। तदर्धमातुरे प्रोक्तमातुरस्यार्द्धमध्वनि ॥ (दक्ष० स्मृति०) ॥ स्त्रीशूद्रयोरर्धमानं शौचं प्रोक्तं मनीषिभिः। बालस्यानुपवीतस्य गन्धलेपक्ष-

च विधायाष्ट[1] गण्डूषान् वामभागे[2] कृत्वा उपवीती विष्णुस्मरणं कुर्यात्ततः शुद्धसार्षपतैलेन[3] नस्याभ्यङ्गपूर्वकं[4] बलार्द्धं[5] प्रमाणेन व्यायामकार्यं[6] कार्यम् ।

अथ दन्तधावनविधिः[7]

प्रतिपद्दर्शाद्यतिरिक्त[8]दिने विहितवृक्षोद्भवं[9] द्वादशाङ्गुलं[10] कनिष्ठिकाग्रवत्स्थूलं सत्वचं निषिद्धकाष्ठवर्जितं[11] दन्तकाष्टं प्रक्षाल्याभिमन्त्रयेत्, तद्यथा—

यावहम् । (आ० पं०) ॥ (१) मूत्रोत्सर्गे तु चतुरः पुरीषे त्वष्टसंख्यकान् । कुर्याद् द्वादश गण्डूषान् भोजने दन्तधावने । (आ० पं०) ॥ (२) पुरतः सर्वदेवाश्च दक्षिणे पितरस्तथा । ऋषयः पृष्ठतः सर्वे वामे गण्डूषमाचरेत् ॥ (आश्वलायनः) ॥ (३) कटुतैलादिनस्यार्थे नित्याभ्यासेन योजयेत् । सुगन्धवदनाः स्निग्धनिस्वना विमलेन्द्रियाः । निर्वलीपलितव्यङ्गा भवेयुर्नस्यशीलिनः । (भा० प्र०) ॥

(४) अभ्यङ्गं कारयेन्नित्यं सर्वेष्वङ्गेषु पुष्टिदम् । शिरःश्रवणपादेषु तं विशेषेण शीलयेत् । सार्षपं गन्धतैलञ्च यत्तैलं पुष्पवासितम् । अन्यद्रव्ययुतं तैलं न दुष्यति कदाचन । (रविवारादिनिषिद्धदिनेष्वपीति भावः) नवज्वरी अजीर्णी च नाभ्यक्तव्यः कदाचन । तथा वितरत्रे वान्तश्च निरूढो यश्च मानवः । (५) हृदिस्थानस्थितो वायुर्यदा वक्त्रं प्रपद्यते । व्यायामं कुर्वतो जन्तोस्तद्बलार्धस्य लक्षणम् । (सुश्रुते) ॥ किंवा ललाटे नासायां गात्रसंधिषु कक्षयोः । यदा सञ्जायते स्वेदो बलार्द्धन्तु तदादिशेत् । (भा०प्र०) ॥ (६) न च व्यायामिन मर्त्यं मर्दयन्त्यरयो भयात् । न चैनं सहसाक्रम्य जरा समधिरोहति ॥ व्यायामो हि सदा पथ्यो बलिनां स्निग्धभोजिनाम् । स च शीते वसन्ते च तेषां पथ्यतमः स्मृतः ॥ सर्वेष्वृतुष्वहरहः पुंभिरात्महितैषिभिः । बलस्यार्धेन कर्तव्यो व्यायामो हन्त्यतोऽन्यथा ॥ वयोबलशरीराणि देशकालाशनानि च । समीक्ष्य कुर्याद् व्यायाममन्यथा रोगमाप्नुयात् ॥ रक्तपित्ती कृशः शोषी श्वासकासक्षयातुरः । भुक्तवान्स्त्रीषु च क्षीणो भ्रमार्तश्च विवर्जयेत् । (सुश्रुते) ॥ व्यायामदृढगात्रस्य व्याधिर्नास्ति कदाचन । विरुद्धं वा विदग्धं बा भुक्तं शीघ्रं विपच्यते । (भा० प्र०) ॥ (७) सततं प्रातरुत्थाय दन्तधावनपूर्वकम् । आचरेदुषसि स्नानं तर्पयेत्पितृदेवताम् । (आह्निके) ॥ मुखे पर्युषिते नित्यं भवत्यप्रयतो नरः । दन्तधावनमुद्दिष्टं जिह्वोल्लेखनिका तथा ॥ अथो मुखविशुद्ध्यर्थं गृह्णीयाद्दन्तधावनम् । आचान्तोऽप्यशुचिर्यस्मादकृत्वा दन्तधावनम् । (वृ० सं०) ॥ (८) प्रतिपद्दर्शषष्ठीषु नवम्यां रविवासरे । व्यतीपाते च संक्रान्त्यां दन्तकाष्ठं न भक्षयेत् । इति व्यासः । उपवासे तथा श्राद्धे न कुर्याद्दन्तधावनम् । (विष्णु०) ॥ (९) सर्वे कण्टकिनः पुण्याः क्षीरिणश्च यशस्विनः । (ल० हा० स्मृ०) ॥ निम्बश्च तिक्तके श्रेष्ठः काषाये खदिरस्तथा । मधुको मधुरे श्रेष्ठः करञ्जः कटुके तथा ॥ (१०) तत्रादौ दन्तपवनं द्वादशाङ्गुलमायतम् । कनिष्ठिकापरीणाहमृज्वग्रन्थिकमव्रणम् (धन्वन्तरिः) ॥ अन्यच्च-कनीन्यग्रसमं स्थौल्ये सकूर्चं द्वादशांगुलम् । प्रातर्भूत्वा च यतवाग्भक्षयेद्दन्तधावनम् ॥ (वि० स्मृ०) ॥ (११) कुशं काशं पलाशञ्च निशुपं यस्तु भक्षयेत् । तावद्भवति चाण्डालो यावद्गङ्गां न गच्छति ॥

'आयुर्बलं यशो वर्चः प्रजापशून् वसूनि च। ब्रह्मप्रज्ञाञ्च मेधाञ्च तन्नो देहि वनस्पते' इत्यभिमन्त्र्य 'ॐ अन्नाद्याय व्यूहध्व ७ सोमो राजायभागमन्। स मे मुखं प्रमार्क्ष्यते यशसा च भगेन च' इति पठित्वा प्रथमं कूर्चं विधायैकैकं दन्तं शनैः शनैः यावच्छुद्धि दन्तधावनम्, मौनी[1] सन् पाटिततच्छकलेन चापाकृतिना जिह्वोल्लेखञ्च कृत्वा प्रक्षाल्य[2] तत्त्याज्यम्, चलमूलाद्यामयाभिभूतदन्तश्चेत्तदा, बकुल[3] (मौलश्री) त्वक्चूर्णघर्षणं बर्बुर (बबूल) त्वक्चर्वणं च वरम्। अजीर्णादि[4] रोगेषु काष्ठालाभे[5] निषिद्धदिनेषु वा अपां द्वादशगण्डूषैस्तृणपर्णैर्वा तर्जन्यूनाङ्गुलिभिर्वा मुखशुद्धिः कार्या, जिह्वोल्लेखस्तु सदैव भवति, ततः द्वादशगण्डूषोत्तरं दक्षिणकर्णं स्पृष्ट्वा विष्णुं स्मरेत्।

अथ नद्यादौ[6] प्रातःस्नानप्रयोगः

धौते वाससी मृद्गोमय-तिल-कुश-सुमनस आहृत्योदकान्तं गत्वा शुचौ देशे संस्थाप्य पाणिपादौ प्रक्षाल्य कुशहस्तो बद्धशिखी उपवीत्यन्तरेकं बहिरेकं पादं[7] कृत्वाऽऽचम्य संकल्पं[8] कुर्य्यात्—'ॐ विष्णुर्विष्णुर्विष्णुः नमः परमात्मने श्रीब्रह्म-पुराण-पुरुषोत्तमाय, अत्र पृथिव्यां जम्बूद्वीपे भरतखण्डे आर्यावर्ते······ देशैकदेशे······क्षेत्रे ब्रह्मणो द्वितीयपरार्द्धे श्रीश्वेतवाराहकल्पे बौद्धावतारे वैवस्वतमन्वन्तरे सत्यत्रेताद्वापरान्ते अष्टाविंशयितम-कलियुगस्य प्रथमचरणे षष्ट्यब्दानां मध्ये······नाम्नि संव्वत्सरे······अयने······ऋतौ······मासे······ पक्षे······तिथौ······वासरयुक्तायां······गोत्रः······राशिः······शर्म्माहं[9] ममा-

---

(१) पुरीषे मैथुने होमे प्रस्रावे दन्तधावने। स्नानभोजनजाप्येषु सदा मौनं समाचरेत्। (अत्रिः)॥ (२) प्रक्षाल्य भक्षयेत्काष्ठं प्रक्षाल्यैव तु सन्त्यजेत्। (अंगिरा)॥ (३) वकुलत्वग्भवं चूर्णं घर्षयेद्दन्तपंक्तिषु। वज्रादपि दृढीभूता दन्ताः स्युश्चपला ध्रुवम्। (शार्ङ्गधरः)॥ (४) नाद्यादजीर्ण-वमथु-श्वासकास-ज्वरार्दितः। तृष्णास्यपाकहृन्नेत्रभुक्तवत्सु च गर्हितम्॥ (५) अभावे दन्तकाष्ठस्य प्रतिषिद्धदिने तथा। अपां द्वादशगण्डूषैर्विदध्याद्दन्तधावनम्। (आचा०)॥ (६) नदीदेवनिखातेषु तडागेषु सरस्सु च। स्नानं समाचरेन्नित्यं गर्तप्रस्रवणेषु च॥ (शंखः)॥ परिधेयाम्बरादम्बुगङ्गास्रोतसि न त्यजेत्। न दन्तधावनं कुर्याद्गङ्गागर्भे विचक्षणः। (प० पु०)॥ अन्यच्च—न स्नानमाचरेद् भुक्त्वा नातुरो न महानिशि। न वासोभिः सहाजस्रं नाविज्ञाते जलाशये। (मनुः)॥ (७) अन्तरुदकमाचान्तोऽन्तरेव विशुद्ध्यति। बहिरुदकमाचान्तो बहिरेव शुद्धो भवति- तस्मादन्तरेकं बहिरेकं पादं कृत्वाऽऽचामेदिति पैठीनसिः॥ (८) सङ्कल्पमूलः कामो वै यज्ञाः संकल्पसम्भवाः। व्रतं नियमधर्मौ च सर्वे सङ्कल्पजाः स्मृताः। (मार्कण्डेयः)॥ अन्यच्च—मासपक्षतिथीनाञ्च निमित्तानाञ्च सर्वशः। उल्लेखनमकुर्वाणो न तस्य फलभाग् भवेत्॥ अन्यच्च—सङ्कल्पञ्च यथा कुर्यात् स्नानदानव्रतादिके। अन्यथा पुण्यकर्माणि निष्फलानि भवन्ति च॥ (बृहद्यमः)॥ (९) शर्म्माहं, वर्म्माहं, गुप्तोऽहम्।

त्मनः श्रुतिस्मृति-पुराणोक्त-फलप्राप्त्यर्थं मम इह जन्मनि जन्मान्तरे वा कायिक-वाचिक–मानसिक–सांसर्गिक–ज्ञाताज्ञात– स्पर्शास्पर्श – भुक्ताभुक्त–पीतापीतादि–सकल–पातकनिरासपूर्वकमासन– भोजन–शयन–गमनादिष्वनृतभाषणादि–दोष–निरसन द्वारा श्रीपरमेश्वरप्रीत्यर्थम् अमुकतीर्थे[१] तटाके वा प्रातः स्नानमहं[२] करिष्ये इति संकल्प्य-अरुणकिरणयुक्तां[३] प्राचीं दिशमवलोक्य सूर्याभिमुखः तीर्थानि प्रार्थयेत् '३ॐ पुष्कराद्यानि तीर्थानि गङ्गाद्याः सरितस्तथा। आगच्छन्तु पवित्राणि स्नानकाले सदा मम। ३ॐ तीर्थराजाय नमः, ३ॐ वरुणाय नमः, अधिष्ठा-त्र्यश्च तीर्थानां तीर्थेषु विचरन्ति याः। देवतास्ताः प्रयच्छन्तु स्नानाज्ञां मम सर्वदा॥ ३ॐ अतिक्रूर महाकाय कल्पान्तदहनोपम। भैरवाय नमस्तुभ्यमनुज्ञां दातुमर्हसि॥ इति सम्प्रार्थ्य नाभिमात्रजले गत्वा अधोलिखितमन्त्रेण न्युब्जाञ्जलिहस्तेन तीर्थाभिमन्त्रणं कुर्यात् '३ॐ उरु ँ हि राजा वरुण-श्चकार सूर्य्याय पन्था मन्वेतवाऽउ। अपदे पादाप्रतिधातवे करतापवक्ता हृदयाव्विधश्चित्। नमो वरुणाभिष्ठितो व्वरुणस्य पाशः' इत्यभिमन्त्र्य '३ॐकारेण' त्रिरावर्त्य, '३ॐ अश्वक्रान्ते रथक्रान्ते विष्णुक्रान्ते वसुन्धरे। उद्धृतासि वराहेण कृष्णेन शतबाहुना। मृत्तिके हर मे पापं यन्मया दुष्कृतं कृतम्।' इत्यङ्गानि मृदाऽऽलिप्य '३ॐ आपो हिष्ठा मयो भुवः ३ॐ तान ऊर्ज्जे दधात न ३ॐ महेरणाय चक्षसे ३ॐ यो वः शिवतमो रसः ३ॐ तस्य भाजयते ह नः ३ॐ उशतीरिव मातरः ३ॐ तस्मां अरंग मामव ३ॐ यस्य क्षयाय जिन्वथ ३ॐ आपो जनयथा च नः॥' इति मार्जनं कृत्वा वहति जले प्रवाहा-भिमुखः स्थिरः सूर्याभिमुखो मौनी नासिकां कर्णास्ये कराभ्यां पिधाय निमज्ज्यो-न्मज्य स्नायाज्जटिल[४]स्याकण्ठमज्जनस्नानम्। ततः '३ॐ मानस्तोके तनये मानऽ-आयुषि मानो गोषु मानोऽअश्वेषु रीरिषः मानो व्वीरान्रुद्रभामिनो व्वधीर्ह-विष्मन्तः सदमित्वा हवामहे, अनेन गोमयेन मूर्द्धाद्यङ्गानि विलिप्याधोलिखित-

---

(१) निपातादुद्धृतं पुण्यं ततः प्रस्रवणोदकम्। ततोऽपि सारसं पुण्यं ततो नादेयमुच्यते॥ तीर्थतोयं ततः पुण्यं गङ्गातोयं ततोऽधिकम्। प्रतिग्रहादपावृत्तः सन्तुष्टो येन केनचित्॥ अहंकारनिवृत्तश्च स तीर्थफलमश्नुते॥ अकल्कको निरारम्भो लघ्वाहारो जितेन्द्रियः। विमुक्तः सर्वपापेभ्यः स तीर्थफलमश्नुते॥ (२) स्नानादौ निषिद्धजलम्—तृणपर्णोत्करयुतं कलुषं विषसंयुतम्। योऽवगाहेन वर्षासु पिवेद्वापि नवं जलम्। स बाह्या-भ्यन्तरान् रोगान् प्राप्नुयात्क्षिप्रमेव हि। (धन्वं०)॥ अभावे देवखातानां सरितां सरसां तथा। उद्धृत्य चतुरः पिण्डान्पारके स्नानमाचरेत्। (पारके इत्यनुत्सृष्टजले॥ (३) उषस्यपसि यत्स्नानं सन्ध्यायामुदितेऽपि वा। प्राजापत्येन तत्तुल्यं सर्वपापप्रणाशनम्। (शौनकः)॥ (४) जटिलस्य शिरोरोगिणश्चाकण्ठमज्जनं स्नानं समर्तृकयोषिताश्च। (कात्यायनत्रिकंडिकासूत्रे हरिहरभाष्ये)।

मन्त्रैः कुशैः सर्वाण्यङ्गानि मार्जयेत्, 'ॐ चित्पतिर्मा पुनातु वाक्पतिर्मा पुनातु देवो मा सविता पुनात्वच्छिद्रेण पवित्रेण सूर्यस्य रश्मिभिः तस्य ते पवित्रपते पवित्रपूतस्य यत्काम पुनेतच्छकेयम्, ॐ पुनातु ३' इति कुशैर्मार्जयित्वा शक्तश्चेदन्तर्जले मग्नोऽनुच्छ्वसन्नघमर्षणं, वा प्रणवस्य त्रिरावृत्तिञ्च कृत्वा 'ॐ नमो नारायणाय' इति मन्त्रेण त्रिर्मज्जेत्, एवं स्नात्वा नाभिमात्रजले स्नानाङ्गतर्पणं[1] कुर्यात्तद्यथा—'ॐ ब्रह्मादयो देवास्तृप्यन्ताम् १, ॐ गौतमादयो ऋषयस्तृप्यन्ताम् १ इति एकैकमञ्जलिं देवतीर्थेन[2] दद्यात्, ततो निवीत्युदङ्मुखः प्राजापत्येन तीर्थेन ॐ सनकादयो मनुष्याः तृप्यन्ताम् २ इति द्वावञ्जली दत्त्वा दक्षिणाभिमुखः प्राचीनावीती पितृतीर्थेन प्रतिमन्त्रं त्रिवारं तर्पयेत् 'ॐ कव्यवाडनलादयो देवपितरस्तृप्यन्ताम् ३, ॐ अस्मत्पितृ-पितामह-प्रपितामहास्तृप्यन्ताम् ३, ॐ अस्मन्मातामह-प्रमातामह-वृद्धप्रमातामहास्तृप्यन्ताम् ३, ॐ आब्रह्मस्तम्बपर्य्यन्तं सर्वं जगत्तृप्यताम् ३, तत आचम्य, 'ॐ यन्मया दूषितं तोयं मलैः शारीर-सम्भवैः। तस्य पापस्य शुद्ध्यर्थं यक्ष्मैतत्ते तिलोदकम्' इति मन्त्रेण तीर्थतटे तिलमिश्रजलाञ्जलिं निक्षिपेत्। 'ॐ लतागुल्मेषु वृक्षेषु पितरो ये ऽभ्यवस्थिताः। ते सर्वे तृप्तिमायान्तु मयोत्सृष्टैः शिखोदकैः' इति मन्त्रेण स्वदक्षिणभागे शिखाग्रं निष्पीडयेत्। ततस्तीरमागत्य—'अग्निदग्धाश्च ये जीवा येऽप्यदग्धाः कुले मम। भूमौ दत्तेन तृप्यन्तु तृप्ता यान्तु पराङ्गतिम्' इति जलाञ्जलिं तटे निक्षिपेत्। एवं स्नात्वा शिरो नावधुनेत्, न तैलवसे स्पृशेत्, न म्लेच्छान्त्यजपतितैः सम्भाषणं कुर्यात्, ततो जलाद्बहिः निष्क्रम्याहते श्वेते धौते वाससी परिधाय स्नान-वस्त्रमत्रिगुणितं जलाद्बहिर्निष्पीडयेत्ततः सन्ध्यागायत्र्यादि स्मरेत्। इति नद्यादिषु[3] स्नानविधिः।

अथ गृहे स्नानप्रयोगः[4]

शिलासने दारुजासने वा सूर्याभिमुख उपविश्य हस्तौ पादौ प्रक्षाल्य गण्डूषत्रयं कुर्याद्, आचम्य शिखां बद्ध्वा ॐ अद्येत्यादि देशकालौ संकीर्त्य

---

(१) नित्यं नैमित्तिकं काम्यं त्रिविधं स्नानमुच्यते। तर्पणन्तु भवेत्तस्य तदङ्गत्वेन कीर्तितम्॥ (२) कनिष्ठदेशिन्यङ्गुष्ठमूलान्यग्रं करस्य च। प्रजापतिपितृब्रह्मदेवतीर्थान्यनुक्रमात्। (याज्ञवल्क्यः) (३) सिंहकर्कटयोर्मध्ये सर्वा नद्यो रजस्वलाः। तासु स्नानं न कुर्वीत वर्जयित्वा समुद्रगाम्। गंगा च यमुना चैव कृष्णा चैव सरस्वती। रजसा नाभिभूयन्ते ये चान्ये नदसंज्ञकाः॥ उपाकर्मणि चोत्सर्गे प्रेतस्नाने तथैव च। चन्द्रसूर्यग्रहे चैव रजोदोषो न विद्यते॥ (४) स्नातोऽधिकारी भवति दैवे पित्र्ये च कर्मणि। पवित्राणां तथा जाप्ये दाने च विधिनोदिते। (वि० सू०)॥ अत्यन्तमलिनः कायो नवछिद्रसमन्वितः। श्रवते च दिवारात्रौ प्रातः स्नानेन शुद्ध्यति। (या० व०)॥ अस्नातस्य क्रियाः सर्वा भवन्ति निष्फला यतः। प्रातः समाचरेत्स्नानं तच्च नित्यमुपस्थि-

शरीरशुद्ध्यर्थम् उष्णोदकेन[1] गृहे प्रातः स्नानमहं करिष्ये, इति संकल्प्य पात्रे शीतोदकं प्रक्षिप्य तदुपर्युष्णोदकेन पात्रमापूर्यं तेन जलेन गङ्गादितीर्थानि स्मरन्निर्वातस्थले स्नायात्। ॐ गङ्गे च यमुने चैव गोदावरि सरस्वति। नर्मदे सिन्धु कावेरि जलेऽस्मिन्सन्निधिं कुरु॥ सुरधुनि मुनिकन्ये तारयेः पुण्यवन्तम्, स तरति निजपुण्यैस्तत्र किन्ते महत्त्वम्। यदि च गतिविहीनं पापिनं तारयेर्मां, तदपि च तव मातस्त्वन्महत्त्वं महत्त्वम्॥ आपो नारा इति प्रोक्तास्ता एतस्यायनं पुनः। तस्मान्नारायणं देवं स्नानकाले स्मराम्यहम्॥ ॐनमो नारायणायेत्यादि हरिनामस्मरणपूर्वकमनेन विधिना बाल्यवार्द्धक्यातुरतया बहिर्गन्तुमशक्तो गृहे तप्तोदकेनापि[2] अशिरस्कमपि स्नायात् सुखार्थी चेत्फेनिलं वसादिद्वारा निर्मितं (साबुन) संत्यज्य आमलकैः[3] सह स्नायात्। इति गृहे प्रातः स्नानप्रयोगः॥

अथ ज्वरादौ[4] गौणस्नानानि[5]

अतिबाल्यवार्द्धक्यातुरतया[6] अस्वास्थ्ये सति उष्णोदकेनापि स्नानं कर्तुमशक्तश्चेत्तदा गौणस्नानं कर्तव्यम्, तद्यथा—आचम्य[7] 'ॐ अद्येत्यादि देशकालौ' संकीर्त्य सन्ध्याद्यधिकारार्थम् अमुकस्नानमहं करिष्ये। इति यथानिमित्तं संकल्पादि कृत्वा स्नानं विधेयम्॥

तम्॥ वाप्यां कूपे तडागे वा नद्यां वा चोष्णवारिणा। प्रातः स्नानं सदा कुर्यादुष्णेनैव तदातुरः॥ आरोग्याभावे—इक्षुरापः फलं मूलं पयस्ताम्बूलमौषधम्। भक्षयित्वापि कर्तव्याः स्नानदानादिकाः क्रियाः। (च० वि० म०)॥

(१) रविसंक्रान्तिवारेषु ग्रहणेषु शशिक्षये। व्रतेषु चैव षष्ठीषु न स्नायादुष्णवारिणा॥ मृते जन्मनि संक्रान्तौ श्राद्धे जन्मदिने तथा। अस्पृश्यस्पर्शने चैव न स्नायादुष्णवारिणा। (वृ० म० सं०)॥ (२) उष्णाम्बुनाधः कायस्य परिषेको बलापहः। तेनैव तूत्तमाङ्गस्य बलहृत्केशचक्षुषोः॥ (३) यः सदामलकैः स्नानं कुरुते खलु मानवः। वातपित्तकफान् जित्वा जीवेद्वर्षशतं सुखी॥ अन्यच्च—

यः सदामलकैः स्नानं करोति स विनिश्चितम्। वलीपलितनिर्मुक्तो जीवेद्वर्षशतं नरः। (धात्रीफलैः स्नानममाद्रिगोष्वसत्)॥ (४) व्यायामं व्यवसायञ्च स्नानं संक्रमणानि च। ज्वरमुक्तो न सेवेत यावन्नो बलवान् भवेत्॥ (५) असामर्थ्याच्छरीरस्य देशकालाद्यपेक्षया। मन्त्रस्नानादिकाः सप्त केचिदिच्छन्ति सूरयः॥ अशिरस्कं भवेत्स्नानं स्नानाशक्तौ तु कर्मिणाम्। आर्द्रेण वाससा वापि मार्जनं दैहिकं विदुः। (जाबालिः)॥ स्नानमाचमनं दानं देवतापितृतर्पणम्। शूद्रोदकैर्न कुर्वीत तथा मेघाद्विनिःसृतैः॥ (वाचस्पतिः)॥ (६) स्नानमर्दितनेत्रस्य कर्णरोगातिसारिषु। आध्मानपीनसाजीर्णभुक्तवत्सु च गर्हितम्॥ (७) सर्वथाचमनस्याभावे मार्कण्डेय.—कुर्यादाचमनं स्पर्शं गोपृष्ठस्यार्कदर्शनम्। कुर्वीतालम्भनं वाऽपि दक्षिणं श्रवणं स्पृशेत्॥

गौणस्नानानि—(क) आपो हिष्ठेति त्रिभिर्मन्त्रैः अङ्गानां प्रोक्षणं मन्त्रस्नानम् ॥ (ख) गायत्र्या दशकृत्वा जलमभिमन्त्र्य तेन सर्वाङ्गप्रोक्षणं गायत्रम् ॥ (ग) आर्द्रवस्त्रेण मार्जनं कापिलम् ॥ (घ) विष्णुचिन्तनं यौगिकमित्यादि स्नानान्तराणि सन्ति तेषां मध्ये यथासम्भवं विधेयम् । गौणस्नाने जपसन्ध्यादौ शुद्धिर्न तु श्राद्धदेवार्चनादौ ब्रह्मयज्ञे विकल्पः ॥

अथ [1]सन्ध्याप्रयोगः

यथोक्तस्नानानन्तरं श्वेतं अस्यूतारजकधौतं वस्त्रं[2] परिधाय उपवस्त्रं[3] गृहीत्वा कुशादिविहितासने[4] प्राङ्मुख[5] उपविश्य पवित्रपाणिः[6]

---

(१) सम्यग् ध्यायन्ति सम्यग् ध्यायते वा परब्रह्म यस्यां सा सन्ध्या द्वितीयोऽर्थस्तु—'सन्धीयते परब्रह्म सा सन्ध्या सद्भिरुच्यते ॥ (सप्तदशी) । अहोरात्रस्य या सन्धिः सूर्यनक्षत्रवर्जिता । सा तु सन्ध्या समाख्याता मुनिभिस्तत्त्वदर्शिभिः । "अहरहः सन्ध्यामुपासीत" (तै० ब्रा०) । शक्तिमानुदिते काले स्नानं सन्ध्यां न हापयेत् इति व्यासः । उत्तमा तारकोपेता मध्यमा लुप्ततारका । अधमा भास्करोपेता प्रातः सन्ध्या त्रिधा मता । उत्तमा भास्करोपेता मध्यमा लुप्तभास्करा । अधमा तारकोपेता सायं सन्ध्या त्रिधा मता । अध्यर्धयामादासायं सन्ध्या माध्याह्निकीष्यते । (ध० सिं० सा०) । गौणकालः—उदयास्तमयादूर्ध्वं यावत्स्याद्घटिकात्रयम् । तावत्सन्ध्यामुपासीत प्रायश्चित्तमतः परम् ॥ (स्कान्दे) स्वकाले सेविता नित्यं सन्ध्या कामदुधा भवेत् । अकाले सेविता सा च सन्ध्या वन्ध्या वधूरिव । (विश्वा०) । मुख्यकाले यदावश्यं कर्म कर्तुं न शक्यते । गौणकालेऽपि कर्तव्यं गौणोऽप्यत्रेदृशो मतः । (गोभिलः) । गौणोऽप्यतिक्रम्य आसायं प्रातः सन्ध्यां कुर्यादिति केचित् । (२) स्नात्वैवं वाससी धौते अक्लिन्ने परिधापयेत् । अभावे धौतवस्त्रस्य पट्टक्षौमादिकानि च । कुतपं योगपट्टं वा विवासा येन नो भवेत् । (ना० दे०) । आर्द्रवासास्तु यः कुर्याज्जपहोमपरिग्रहान् । सर्वं तद्राक्षसं विद्यात्कर्मजातञ्च यत्कृतम् । यज्जले शुष्कवस्त्रेण स्थले चैवार्द्रवाससा । जपो होमस्तथा दानं तत्सर्वं निष्फलं भवेत् । न स्यूतेन न दग्धेन पारक्येण विशेषतः । मूषकोत्कीर्णजीर्णेन कर्म कुर्याद्विचक्षणः । (आपस्तम्बः) । (३) होमदेवार्चनाद्यासु क्रियासु पठने तथा । नैकवस्त्रः प्रवर्तेत द्विजो नाचमने जपे । (वि० पु०) । (ना पुरुष इत्यर्थः) । (४) काम्यार्थं कम्बलञ्चैव श्रेष्ठञ्च रक्तकम्बलम् । कृष्णाजिने ज्ञानसिद्धिर्मोक्षस्तु व्याघ्र चर्मणि । कुशासने मन्त्रसिद्धिर्नात्र कार्या विचारणा । धरण्यां दुःखसम्भूतिर्दौर्भाग्यं दारुजासने । वंशासने दरिद्रः स्यात्पाषाणे व्याधिपीडनम् । तृणासने यशोहानिः पल्लवैश्चित्तविभ्रमः । जपध्यानतपोहानिं कुर्वन् वस्त्रासनं तथा (वस्त्रासनमत्र केवल-वस्त्रासनम् अत्र विशेषेऽपि सन्ध्यायां कुशासनस्य मुख्यत्वं ग्रन्थान्तरादवबोध्यम्) । (५) प्राक् पश्चिमोदगास्यस्तु प्रातः सायं निशासु च (इति वाचस्पतिः) । (६) जपे होमे तथा दाने स्वाध्याये पितृतर्पणे । अशून्यन्तु कर कुर्यात्सुवर्णरजतैः कुशैः । (ल० हा०) । मूलपर्वणि

पुण्यदेशे[1] सन्ध्योपासनमारभेत, तत्रादौ यज्ञीयभस्म तीर्थमृदो वा गृहीत्वा जलमिश्रणानन्तरं 'ॐ त्र्यम्बकं यजामहे सुगन्धिम्पुष्टिवर्द्धनम्। उर्व्वारुकमिव बन्धनान्मृत्योर्मुक्षीय मामृतात्' (इति मर्दयित्वा) 'ॐनमः शिवाय' इत्यभिमन्त्र्य तिलकं[2] कुर्यात्तत्र मन्त्रः—ॐ त्र्यायुषं जमदग्नेः इति ललाटे, ॐ कश्यपस्य त्र्यायुषम् इति ग्रीवायाम्, ॐ यद्देवेषु त्र्यायुषम् इति बाहुमूले, ॐ तन्नोऽस्तु त्र्यायुषम् इति हृदये।

विष्णुस्मरणम्—अपवित्रः पवित्रो वेत्यस्य वामदेव ऋषिः मुखे विष्णुर्देवता गायत्रीछन्दः पवित्रकरणे विनियोगः॥ ॐ अपवित्रः पवित्रो वा सर्वावस्थां गतोऽपि वा। यः स्मरेत्पुण्डरीकाक्षं स बाह्याभ्यन्तरः शुचिः॥ (अनेन मन्त्रेण विष्णुं स्मृत्वा किञ्चिज्जलं शिरसि सिञ्चेत्)॥

आचमनम्[3]—ॐ ऋग्वेदाय स्वाहा, ॐ यजुर्वेदाय स्वाहा, ॐ सामवेदाय स्वाहा (इति त्रिभिर्मन्त्रैः ब्रह्मतीर्थेन जलं त्रिराचम्य) ॐ अथर्ववेदाय नमः (इति करौ प्रक्षाल्य दक्षिणकर्णं स्पृशेत्)॥

शिखाबन्धनम्[4]—प्रणवव्याहृतिगायत्र्या 'ॐ ब्रह्मवाक्यसहस्रेण शिव-

---

कुर्वाणो महत्या हीयते श्रिया। मध्यपर्वणि कुर्वाणः पुत्रदारैर्वियुज्यते। अनामिकाग्रपर्वस्थं पवित्रं बिभृयात्सदा। (शङ्खः)। (१) पुण्यक्षेत्रं नदीतीरं गुहापर्वतमस्तकम्। तीर्थप्रदेशाः सिन्धूनां सङ्गमं पावन सरः। उद्यानानि विचित्राणि बिल्वमूलं तटं गिरेः। देवाद्यायतनं कूलं समुद्रस्य निजं गृहम्। (शारदा)। गृहेषु प्राकृती (एकगुणा)। सन्ध्या गोष्ठे शतगुणा स्मृता। नदीषु शतसाहस्री अनन्ता शिवसन्निधौ (शातातपः)। बहिःसन्ध्या दशगुणा गोष्ठप्रस्रवणादिषु। खाततीर्थे शतगुणा साहस्री जाह्नवीतटे। (व्यासः)। (२) ललाटे तिलकं कृत्वा सन्ध्याकर्म समाचरेत्। अकृत्वा भालतिलकं तस्य कर्म निरर्थकम्। (प्र० पा०)। अन्यच्च—श्राद्धे यज्ञे जपे होमे वैश्वदेवे सुरार्चने। धृतत्रिपुण्ड्रः पूतात्मा मृत्युञ्जयति मानवः। (कात्या०)। तिलकन्तु यज्ञीयभस्मना मुख्यं चन्दनेन तीर्थमृत्तिकया वा यथाकुलाचारं ललाटादौ कार्यम्। भस्मादीनामभावे जलेनैव धार्यमिति शिष्टाः—"मृद्भस्म चन्दनं प्रोक्तं, तोयं चैव चतुर्थकम्।" (प्र० पा०)। (३) क्रियां यः कुरुते मोहादनाचम्यैव नास्तिकः। भवन्ति हि वृथा तस्य क्रियाः सर्वा न संशयः। (म० नि० तं०) हृत्कण्ठतालुनाभिस्तु शुद्ध्येरन् स्त्री च यथासंख्यं द्विजातयः। शूद्रश्च सकृत्स्पृष्टाभिरन्ततः। (याज्ञवल्क्यः)। (४) सदोपवीतिना भाव्यं सदा बद्धशिखेन च। विशिखो व्युपवीतश्च यत्करोति न तत्कृतम्। (का० स्मृ०) स्नाने दाने जपे होमे सन्ध्यायां देवतार्चने। शिखाग्रन्थिं विना कर्म न कुर्याद्वै कदाचन (आह्नि० का०)। खल्वाटादिदोषेण विशिखश्चेन्नरो भवेत्। कौशीं तदा धारयीत ब्रह्मग्रन्थियुतां शिखाम्।

वाक्यशतेन च । विष्णोर्नामसहस्रेण शिखाग्रन्थिं करोम्यहम् ॥ (इत्यनेन वा बध्नीयात्, बद्धायां केवलं संस्पृशेदेव ॥

खस्पर्शः[1]—ॐ विष्णुर्विष्णुर्विष्णुः (इति पठित्वा) ॐ वाग्वाक्[2] ॐ प्राणः प्राणः[3] ॐचक्षुश्चक्षुः ॐ श्रोत्रं श्रोत्रम् ॐ नाभिः ॐ हृदयम् ॐ कण्ठः ॐ ललाटम् ॐ शिरः ॐ शिखा ॐ बाहुभ्यां[4] यशोबलम्[5] । (इतीन्द्रियाद्यायतनानि जलार्द्र-दक्षिणकरस्य मध्यमानामिकाभ्यां संस्पृशेत्) ॥

अभिषेचनम्[6]—ॐ, ॐ पुनातु, ॐ भूः पुनातु, ॐ भुवः पुनातु, ॐ स्वः पुनातु, महः पुनातु, ॐ जनः पुनातु, ॐ तपः पुनातु, ॐ सत्यं पुनातु, ॐ तत्सवितुर्वरेण्यं भर्गो देवस्य धीमहि धियो यो नः प्रचोदयात् । ॐ सर्वं पुनातु (वामकरे[7] जलमादाय दक्षिणानामिकया प्रतिमन्त्रं जले मूर्द्धानमभिषिञ्चेत्) ॥

आसनोपवेशनम्—ॐ पृथ्वीति मन्त्रस्य मेरुपृष्ठ ऋषिः सुतलं छन्दः कूर्मो देवता आसनोपवेशने विनियोगः । ॐ पृथ्वि त्वया धृता लोका देवि त्वं विष्णुना धृता । त्वं च धारय मां देवि पवित्रं कुरु चासनम् । (इति मन्त्रेण दक्षिणहस्तस्य मध्यमानामिकाभ्यां आसनोपरि किञ्चिज्जलं क्षिपेत्) ॐ अपसर्पन्तु ते भूता ये भूता भूमिसंस्थिताः । ये भूता विघ्नकर्तारस्ते नश्यन्तु शिवाज्ञया (इति वामपाद-पार्ष्णिना त्रिवारं भूमिं ताडयित्वा भूतान्युत्सार्याणि) ॥

श्री भैरवनमस्कारः—ॐ तीक्ष्णदंष्ट्र महाकाय कल्पान्तदहनोपम । भैरवाय नमस्तुभ्यमनुज्ञां दातुमर्हसि । (इत्यनेन मन्त्रेण श्रीमहाभैरवं नमस्कृत्य संकल्पं कुर्यात्) ॥

अथ सङ्कल्पः[8]—'दक्षिणकरे जलमादाय, ॐतत्सदद्यैतस्य ब्रह्मणोऽह्नि द्वितीयपरार्द्धे श्रीश्वेतवाराहकल्पे वैवस्वतमन्वन्तरे अष्टाविंशतितमे कलियुगे कलि-प्रथमचरणे अनन्तकोटिब्रह्माण्डाभ्यन्तरे अस्मिन् ब्रह्माण्डे जम्बूद्वीपे भारत-

---

(१) त्रिःप्राश्यापो द्विरुन्मृज्य खान्यद्भिः समुपस्पृशेत् (याज्ञ०) । अन्यच्च—अद्भिश्च संस्पृशेत्खानि सर्वाण्यपि विशुद्धये । (वृ० पा० सं०) ॥ (२) इत्यनेन ओष्ठस्पर्शः ॥ (३) इत्यनेन नासारन्ध्रयोः स्पर्शः । चक्षुरित्यादि स्पष्टमेव । विशेषः—प्राणश्चक्षुः श्रोत्रम् इत्यत्र प्रथमं दक्षिणस्पर्शः ततो वामस्पर्श इति विवेकः ॥ (४) वामबाहुं दक्षिणस्कन्धे धृत्वा तदुपरि दक्षिणबाहुं वामस्कन्धे धारयेत् ॥ (५) नमस्कारमुद्रा कार्या ॥ (६) शिरसो मार्जनं कुर्यात्कुशैः सोदकबिन्दुभिः । प्रणवो भूर्भुवः स्वश्च सावित्री च तृतीयिका, अब्दैवत्यं ऋचं चैव चतुर्थमिति मार्जनम् । (का० स्मृ०) ॥ (७) नद्यादौ सत्वे वामकरे जलग्रहणं नावश्यकं कुशलाभे कुशेनैव मार्जयेत् ॥ (८) अयं सङ्कल्पः देशविशेषेण ग्राह्यः, सङ्कल्पश्चेन्मनसि मननं प्रोक्तरीत्याऽथ, वाचा व्याहर्तव्यं तदनु च करेणाम्बुसेकास्त्रिधेति । (ऋषिभट्टीये) ।

खण्डे आर्यावर्तैकदेशान्तर्गते पुण्यक्षेत्रे अमुकदेशे षष्ट्यब्दानां मध्ये अमुकसंवत्सरे अमुकऋतौ अमुकमासे अमुकपक्षे अमुकतिथौ अमुकवासरे अमुकगोत्रोत्पन्नोऽमुकशर्म्माहं[१] ममोपात्तदुरितक्षयपूर्वकब्रह्मवर्चसकामार्थं श्रीपरमेश्वरप्रीतये प्रातः[२] सन्ध्योपासनं करिष्ये (इति संकल्प्य भूमौ तज्जलं क्षिपेत्) ॥

अथ पुनराचमनम्—ॐ अघमर्षणसूक्तस्याघमर्षणऋषिरनुष्टुप् छन्दो भाववृतो देवता अश्वमेधावभृथे विनियोगः ॥ ॐ ऋतञ्च सत्यञ्चाभीद्धात्तपसोऽध्यजायत ततो रात्र्यजायत ततः समुद्रो अर्णवः, समुद्रादर्णवादधि सम्वत्सरो अजायत, अहोरात्राणि विदधद्विश्वस्य मिषतो वशी, सूर्याचन्द्रमसौ धाता यथापूर्वमकल्पयत् दिवञ्च पृथिवीं चान्तरिक्षमथो स्वः ।

अथ करन्यासः[३]—ॐ भूः अंगुष्ठाभ्यां[४] नमः । ॐ भुवः तर्जनीभ्यां[५] नमः । ॐ स्वः मध्यमाभ्यां[६] नमः । ॐ तत्सवितुर्वरेण्यम् । अनामिकाभ्यां[७] नमः । ॐ भर्गो देवस्य धीमहि कनिष्ठिकाभ्यां[८] नमः । ॐ धियो यो नः प्रचोदयात् करतल करपृष्ठाभ्यां[९] नमः ॥

अथ षडङ्गन्यासः[१०]—ॐ भूः हृदयाय[११] नमः । ॐ भुवः शिरसे[१२] स्वाहा । ॐ स्वः शिखायै वषट्[१३] । ॐ तत्सवितुर्वरेण्यं कवचाय[१४] हुँ । ॐ भर्गो देवस्य धीमहि नेत्रत्रयाय[१५] वौषट् । ॐ धियो यो नः प्रचोदयात् अस्त्राय[१६] फट् ।

अथ प्रणवन्यासः—ॐ 'अ' कारं नाभौ । ॐ 'उ' कारं हृदये । ॐ 'म' कारं मूर्धनि ॥

---

(१) अत्र क्षत्रियो वैश्यो वा चेत्तदा वर्म्माहं गुप्तोऽहमिति क्रमेण योजनीयम् ॥ (२) मध्याह्ने—मध्याह्नम्, सायंकाले—सायम् इत्यूहः कार्यः । (३) यद्बीजाद्या भवेद्विद्या तद्बीजेनाङ्गकल्पना । अथवा मूलमन्त्रेण । (तान्त्रि०) ॥ (४) तर्जनीभ्यामङ्गुष्ठौ स्पृशेत् ॥ (५) अंगुष्ठाभ्यां तर्जन्यौ स्पृशेत् ॥ (६) अङ्गुष्ठाभ्यां मध्यमे स्पृशेत् ॥ (७) अङ्गुष्ठाभ्यामनामिके स्पृशेत् ॥ (८) अङ्गुष्ठाभ्यां कनिष्ठिके स्पृशेत् ॥ (९) दक्षिणकरं वामकरस्य परितो भ्रामयेत् ॥ (१०) षडङ्गन्यासः कार्यः न वा कार्यो न्यासविधेरवैदिकत्वादिति गृह्यपरिशिष्टे स्पष्टम्, एतेनाक्षरन्यासपादन्यासादीनां मुद्रादिविधेः शापमोचनादिविधेश्च तान्त्रिकत्वेनावैदिकत्वादनावश्यकत्वं वेदितव्यम् । (ध० सि० सा०) ॥ (११) दक्षिणकरेण हृदयं स्पृशेत् ॥ (१२) दक्षिणकरेण शिरः स्पृशेत् ॥ (१३) शिखां स्पृशेत् ॥ (१४) वामकरं दक्षिणस्कन्धे कृत्वा दक्षिणकरञ्च तदुपरि वामस्कन्धे निवेशयेत् ॥ (१५) दक्षिणकरस्य तर्जनीमध्यमाभ्यां दक्षिणवामनेत्रे क्रमेण स्पृशेत् ॥ (१६) वामकरतले दक्षिणकरस्य तर्जनीमध्यमाभिः किञ्चित्तालं दद्यात् ॥

अथ सन्ध्याध्यानमावाहनञ्च[1]

प्रातः सन्ध्यायाम्—(पूर्वाभिमुखः) ॐ गायत्रीं त्र्यक्षरां बालां साक्षसूत्रकमण्डलुम्। रक्तवस्त्रां चतुर्वक्त्रां हंसवाहनसंस्थिताम्॥ ऋग्वेदकृतोत्सङ्गां रक्तमाल्यानुलेपनाम्। ब्रह्माणीं ब्रह्मदैवत्यां ब्रह्मलोकनिवासिनीम्॥ आवाहयाम्यहं देवीमायान्तीं सूर्यमण्डलात्। आगच्छ वरदे देवि त्र्यक्षरे ब्रह्मवादिनि। गायत्रि[2]च्छन्दसां मातर्ब्रह्मयोने नमोऽस्तु ते।

मध्याह्नसन्ध्यायाम्—(उदङ्मुखः) ॐ सावित्रीं युवतीं शुक्लां शुक्लवस्त्रां त्रिलोचनाम्। त्रिशूलिनीं वृषारूढां श्वेतमाल्यानुलेपनाम्॥ यजुर्वेदकृतोत्सङ्गां जटामुकुटमण्डिताम्। रुद्राणीं रुद्रदैवत्यां रुद्रलोकनिवासिनीम्॥ आवाहयाम्यहं देवीमायान्तीं सूर्यमण्डलात्। आगच्छ वरदे देवि त्र्यक्षरे रुद्रवादिनि॥ सावित्रि[3] च्छन्दसां माता रुद्रयोने नमोऽस्तु ते।

सायं सन्ध्यायाम्— पश्चिमाभिमुखः) ॐ वृद्धां सरस्वतीं कृष्णां पीतवस्त्रां चतुर्भुजाम्। शङ्खचक्रगदाशार्ङ्गहस्तां गरुडवाहिनीम्॥ सामवेदकृतोत्सङ्गां वनमालाविभूषिताम्। वैष्णवीं विष्णुदैवत्यां विष्णुलोकनिवासिनीम्। आवाहयाम्यहं देवीमायान्तीं सूर्यमण्डलात्। आगच्छ वरदे देवि त्र्यक्षरे विष्णुवादिनि। सरस्वति[4] च्छन्दसां मातर्विष्णुयोने नमोऽस्तु ते।

प्राणायामः[5]—ॐकारस्य ब्रह्माऋषिः गायत्री छन्दोऽग्निर्देवता शुक्लो वर्णः सर्वकर्मारम्भे विनियोगः। ॐ सप्तव्याहृतीनां विश्वामित्रजमदग्निभरद्वाजगौतमात्रिवसिष्ठकश्यपा ऋषयो गायत्र्युष्णिगनुष्टुब्बृहतीपंक्तिस्त्रिष्टुब्जगत्यश्छन्दांस्यग्निवाय्वादित्यबृहस्पतिवरुणेन्द्रविश्वेदेवा देवताः अनादिष्टप्रायश्चित्ते प्राणायामे विनियोगः। ॐ गायत्र्या विश्वामित्रऋषिर्गायत्री छन्दः सविता

---

(१) नमस्कारमुद्रां कृत्वा मन्त्रमुच्चारयन् देवतामावाहयेत्। (२) प्रतिग्रहान्नदोषाच्च पातकादुपपातकात्। गायत्री प्रोच्यते यस्माद्गायन्तं त्रायते यतः (व्यासः)। (३) सवितृद्योतनात्सैव सावित्री परिकीर्तिता। जगतः प्रसवितृत्वात् वाग्रूपत्वात्सरस्वती। (व्यासः)। गायत्री नाम पूर्वाह्णे सावित्री मध्यमे दिने। सरस्वती च सायाह्ने एवं सन्ध्या त्रिधा स्मृता। (व्यासः)। गायत्री तु सांख्यायनसगोत्रम्। सावित्री तु कात्यायनगोत्रम्। तथा सरस्वती तु बाहुल्यगोत्रम्। (४) वाग्रूपत्वात्सरस्वती। (व्यासः)। (५) प्राणायामैर्विना यद्यत्कृतं कर्म निरर्थकम्। अतो यत्नेन कर्तव्यः प्राणायामः शुभार्थिना। (अगस्त्यः)। त्वक् चर्ममांसरुधिरमेदोमज्जास्थिभिः कृताः। तथेन्द्रियकृता दोषा दह्यन्ते प्राणनिग्रहात् (अत्रिः)। यथा पर्वतधातूनां दोषान्दहति पावकः। एवमन्तर्गतं पापं प्राणायामेन दह्यते। (म० नि० तं०)।

देवताग्निर्मुखमुपनयने प्राणायामे विनियोगः। ॐ शिरसः प्रजापतिर्ऋषिस्त्रिपदा गायत्री छन्दो ब्रह्माग्नि-वायुसूर्या देवता यजुः प्राणायामे विनियोगः (इति ऋष्यादिकं स्मृत्वा) ॐ भूर्भुवः स्वः ॐ तत्सवितुर्वरेण्यं भर्गो देवस्य धीमहि धियो यो नः प्रचोदयात् (इत्यात्मनः रक्षार्थं समन्तात् प्रदक्षिणवदुदकं क्षिपेत्ततो[1] स्वस्तिकाद्यासनः संमीलितनयनो मौनी प्राणायामत्रयं[2] कुर्यात् तत्राङ्गुष्ठेन दक्षिणनासापुटं निरुध्य वामनासापुटे वायोरादानकाले)—ॐ भूः ॐ भुवः ॐ स्वः ॐ महः ॐ जनः ॐ तपः ॐ सत्यं ॐ तत्सवितुर्वरेण्यम्भर्गो देवस्य धीमहि धियो यो नः प्रचोदयात् ॐ आपो ज्योती रसोऽमृतं ब्रह्म भूर्भुवः स्वरोम्।

(इति जपन्नाभौ विष्णुं[3] ध्यायेत् ततः अंगुष्ठानामिकाकनिष्ठिकाभिर्नासा-पुटद्वयं निरुध्य वायोर्धारणकाले ॐ भूरित्यादि पठन् हृदये ब्रह्माणं[4] ध्यायेत्। कनिष्ठिकानामिकाभ्यां वामनासापुटनिरोधे दक्षिणनासापुटेन वायोस्त्यागकाले पुनरपि ॐ भूरित्यादि·····पठंल्ललाटे शिवं[5] ध्यायेत्। अनेन प्रकारेण एकः प्राणायामो[6] भवति, एवं त्रयः प्राणायामाः प्रतिसन्ध्यं कार्याः)।

मन्त्राचमनम्[7]

प्रातः सन्ध्यायाम्—ॐ सूर्यश्चमेति ब्रह्मा ऋषिः प्रकृतिश्छन्दः सूर्यो देवता अपामुपस्पर्शने विनियोगः। (ततः करे चुलुकोदकं गृहीत्वा) ॐ सूर्यश्च मा मन्युश्च मन्युपतयश्च मन्युकृतेभ्यः पापेभ्यो रक्षन्तां यद्रात्र्या पापमकार्षं मनसा वाचा हस्ताभ्यां पद्भ्यामुदरेण शिश्ना रात्रिस्तदवलुम्पतु यत्किञ्चिद्दुरितं मयि इदमहमापोऽमृतयोनौ सूर्ये ज्योतिषि जुहोमि स्वाहा (इत्याचम्य[8] पुनस्तूष्णीं द्विराचामेत् ततश्च करं क्षालयेत्)।

---

(१) जानूर्वोरन्तरे सम्यक् कृत्वा पादतले उभे। ऋजुकायः समासीनः स्वस्तिकासनमुच्यते (यो० शा०) आदिशब्दात्सुखासनादि, "तत्र स्थिरसुखमासनम्" (यो० सू०)। (२) नित्यदेवार्चने होमे सन्ध्यायां श्राद्धकर्मणि। स्नाने दाने तथा ध्याने प्राणायामास्त्रयः स्मृताः। (व्यासः)। (३) नीलपंकजविख्यातमानीय नाभिमध्यतः। महात्मानं चतुर्बाहुं स केयूरं हरिं स्मरेत् (वृ० पा० सं०)। (४) हृत्पद्मे कुम्भके ध्यायेद् ब्रह्माणं पङ्कजासनम्। रक्तेन्दीवरवर्णाभं चतुर्वक्त्रं पितामहम्। (वृ० पा० सं०)। (५) रेचके शङ्करं ध्यायेल्ललाटस्थं त्रिशूलिनम्। शुद्धस्फटिकसंकाशं संसारार्णवतारकम्। (६) एवं श्वसनसंरोधे देवतात्रयचिन्तनात्। अग्निवाय्वम्बुसंयोगादन्तरं शुद्ध्यते त्रिभिः। (वृ० पा० सं०)। न प्राणो नाप्यपानेन वेगाद्वायुं समुत्सृजेत्। येन सक्तुं करस्थांश्च निःश्वासो नैव चालयेत्। शनैर्नासापुटाद्वायुमुत्सृजेन्न तु वेगतः (याज्ञ०)। (७) कांस्येनायसपात्रेण त्रपुसीसकपित्तलैः। आचान्तः शतकृत्वोऽपि न कदाचन शुद्ध्यति (आह्निककारिका)। (८) त्रिवृदाचमनम्।

मध्याह्नसन्ध्यायाम्—ॐ आपः पुनन्त्विति विष्णुर्ऋषिरनुष्टुप् छन्द आपो देवता अपामुपस्पर्शने विनियोगः। ॐ आपः पुनन्तु पृथिवीं पृथिवी पूता पुनातु माम्, पुनन्तु ब्रह्मणस्पतिर्ब्रह्मपूता पुनातु माम्, यदुच्छिष्टमभोज्यं च यद्वा दुश्चरितं मम सर्वं पुनन्तु मामापोऽसतां च प्रतिग्रहꣳस्वाहा ॥

सायं सन्ध्यायाम्—ॐ अग्निश्चमेति रुद्रऋषिः प्रकृतिश्छन्दोऽग्निर्देवता अपामुपस्पर्शने विनियोगः। अग्निश्च मा मन्युश्च मन्युपतयश्च मन्युकृतेभ्यः पापेभ्यो रक्षन्तां यदह्ना पापमकार्षं मनसा वाचा हस्ताभ्यां पद्भ्यामुदरेण शिश्ना अहस्तदवलुम्पतु यत्किञ्चिद् दुरितं मयि इदमहमापोऽमृतयोनौ सत्ये ज्योतिषि जुहोमि स्वाहा ॥

मार्जनम्[१]—'ॐ आपोहिष्ठेत्यादि मन्त्रस्य सिन्धुद्वीपऋषिर्गायत्रीछन्दः आपो देवता मार्जने विनियोगः (अथ जलाशयस्थैः ताम्रादिपात्रस्थैर्वामहस्तैर्वा जलैः आपोहिष्ठेत्यादिसप्तभिः पदैः शिरसि अष्टमेन भूमौ[२] नवमेन पुनः शिरसि दक्षिणानामिकया मार्जयेत् कुशलाभे कुशेनैव मार्जयेत्।) ॐ आपोहिष्ठामयो भुवः। ॐ तान ऊर्ज्जे दधात न। ॐ महेरणाय चक्षसे। ॐ यो वः शिवतमो रसः। ॐतस्य भाजयते ह नः ॐउशतीरिव मातरः। ॐतस्माद् अरङ्ग मामव। ॐ यस्य क्षयाय जिन्वथ। ॐआपो जनयथा चनः ॥

आदानप्रक्षेपः—ॐ सुमित्रिया दुर्मित्रया इति द्वयोः प्रजापतिर्ऋषिः यजुश्छन्दः आपो देवता आदानप्रक्षेपे विनियोगः। ॐ सुमित्त्रिया न आप ओषधयः सन्तु (इत्यनेन जलमादाय) ॐदुर्मित्रियास्तस्मै सन्तु योऽस्मान्द्वेष्टि यञ्च वयं द्विष्मः (इत्यनेन वामभागे जन्तुहीनस्थले निःक्षिपेत्) ॥

अवभृथः—ॐ द्रुपदादिवेत्यस्य कोकिलो राजपुत्र ऋषिरनुष्टुप् छन्दः आपो देवता सौत्रामण्यवभृथे विनियोगः। ('ॐकारेण जलं वामहस्ते गृहीत्वा तन्न्युब्जेन दक्षिणहस्तेनाच्छाद्य) ॐद्रुपदादिव मुमुचानः स्विन्नः स्नातो मलादिव। पूतं पवित्रेणेवाज्यमापः शुन्धन्तु मैनसः। (इति वारत्रयं पठित्वा तज्जलं शिरसि क्षिपेत्) ॥

अघमर्षणम्—ॐ अघमर्षणसूक्तस्याघमर्षण ऋषिरनुष्टुप् छन्दो भाववृतो देवता अश्वमेधावभृथे विनियोगः। (पुनश्च जलमादाय नासायां योजयित्वा)। ॐ ऋतञ्च सत्यं चाभीद्धात्तपसोऽध्यजायत ततो रात्र्यजायत ततः

(१) मार्जनं तर्पणं श्राद्धं न कुर्याद्वारिधारया। कुर्याच्चेद्वारिधाराभिस्तत्सर्वं निष्फलं भवेत्। (स्मृ० या०) ॥ (२) भूमिशब्देन चरणावाकाशं हृदयं स्मृतम्। शिरस्येव शिरःशब्दो मार्जने नैस्दाहृतः ॥

समुद्रो अर्णवः समुद्रादर्णवादधि सम्वत्सरो अजायत अहोरात्राणि विदधद्विश्वस्य मिषतो वशी। सूर्याचन्द्रमसौ धाता यथापूर्वमकल्पयद् दिवञ्च पृथिवीञ्चान्तरिक्षमथो स्वः। (इत्यनेनाघ्राय दक्षिणनासया पापपुरुषं निरस्य तज्जलं नावलोक्य वामभागे क्षितौ निक्षिपेत्)।

उपस्पर्श—ॐ अन्तश्चरसीति तिरश्चीन ऋषिरनष्टुप् छन्दः आपो देवता अपामुपस्पर्शने विनियोगः। ॐ अन्तश्चरसि भूतेषु गुहायां विश्वतोमुखः, त्वं यज्ञस्त्वं वषट्कार आपो ज्योती रसोऽमृतम् (इत्याचामेत्)॥

श्रीसूर्यार्घ्यदानम्[1]—ॐ कारस्य ब्रह्मा ऋषिर्गायत्रीछन्दोऽग्निर्देवता। महाव्याहृतीनां प्रजापतिर्ऋषिः गायत्र्युष्णिगनुष्टुभश्छन्दांसि अग्निवाय्वादित्या देवताः गायत्र्या विश्वामित्र ऋषिर्गायत्रीछन्दः सविता देवता श्रीसूर्यार्घ्यदाने विनियोगः (सूर्याभिमुखस्तिष्ठन् गन्धाक्षतपुष्पयुक्तानि त्रीण्यर्घाणि दद्यात्)। ॐभूर्भुवः स्वः ॐतत्सवितुर्वरेण्यं भर्गो देवस्य धीमहि धियो यो नः प्रचोदयात्, ॐब्रह्मस्वरूपिणे श्रीसूर्यनारायणाय नमः इदमर्घ्यं दत्तं न मम (इत्यर्घत्रयं दत्त्वा दत्तार्घ्योदकेन चक्षुःश्रोत्रस्पर्शनञ्च कर्यात्)[2] कालातिक्रमे सति चतुर्थं प्रायश्चित्तार्घ्यं देयम्।

श्रीसूर्योपस्थानम्—(उत्थाय भूम्यलग्नगुल्फतलभागो वा भूम्यलग्नचरणार्धभागो वा स्वस्तिकाकारपाणिः[3] सूर्याभिमुखः सूर्योपस्थानं कुर्यात्)—ॐउद्वयमित्यस्य प्रस्कण्व ऋषिः अनुष्टुप् छन्दः सूर्यो देवता सूर्योपस्थाने विनियोगः। ॐउदुत्यमित्यस्य हिरण्यस्तूप ऋषिर्गायत्री छन्दः सूर्यो देवता सूर्योपस्थाने विनियोगः। ॐचित्रमित्यस्य कौत्स ऋषिस्त्रिष्टुप् छन्दः सूर्यो देवता सूर्योपस्थाने विनियोगः। ॐतच्चक्षुरिति दध्यङ्ङाथर्वण ऋषिरक्षरातीतपुर उष्णिक् छन्दः सूर्यो देवता सूर्योपस्थाने विनियोगः। ॐउद्वयं तमसस्परिस्वः पश्यन्त उत्तरम्, देवं देवत्रा सूर्यमगन्म ज्योतिरुत्तमम्। ॐ उदुत्यं जातवेदसं देवं वहन्ति केतवः दृशे विश्वाय सूर्यम्। ॐचित्रं देवानामुदगादनीकं चक्षुर्मित्रस्य वरुणस्याग्ने आप्राद्यावापृथिवी

---

(१) कराभ्यां तोयमामन्त्र्य गायत्र्या चाभिमन्त्रितम्। आदित्याभिमुखस्तिष्ठंस्त्रिः क्षिपेत्सन्ध्ययोः द्वयोः। मध्याह्ने तु सकृच्चैव क्षेपणीयं द्विजादिभिः॥ ईषन्नम्रः प्रभाते तु मध्याह्ने ऋजुसंस्थितः। उपविष्टस्तु सायाह्ने भूमावर्घ्यं विनिक्षिपेत् (योगीशः)। अप्रवाहोदकस्नानं विप्रपादावनेजनम्। गायत्रीजपमर्घ्यंच आदित्याभिमुखश्चरेत्। (स्मृ०)॥ नार्घ्यंञ्जलेक्षिपेदितिशिष्टा। (२) कालातिक्रमे सति ॐ आकृष्णेन रजसा व्वर्तमानो निवेशयन्न मृतम्मर्त्यंञ्च हिरण्मयेन सविता रथेन देवो याति भुवनानि पश्यन्। ब्रह्मस्वरूपिणे श्रीसूर्यनारायणाय नमः प्रायश्चित्तार्थम् इदमर्घ्यं दत्तं न मम। अनेन प्रकारेण चतुर्थार्घ्यं दद्यात्॥ (३) प्रातस्तु स्वस्तिकाकारौ मध्याह्ने तूर्ध्वबाहुकौ। सायं मुकुलिताकारौ उपस्थाने करौ स्मृतौ।

अन्तरिक्ष ँ सूर्य आत्मा जगतस्तस्थुषश्च । ॐ तच्चक्षुर्देवहितं पुरस्ताच्छुक्रमुच्चरत् पश्येम शरदः शतं जीवेम शरदः शत ँ शृणुयाम शरदः शतं प्रब्रवाम शरदः शतमदीनाः स्याम शरदः शतं भूयश्च शरदः शतात् ॥

गायत्र्यावाहनम्

वैदिकावाहनम्—ॐ तेजोऽसीति देवा ऋषयो गायत्री छन्दः शुक्रं देवतं गायत्र्यावाहने विनियोगः। (नमस्कारमुद्रां कृत्वा) ॐ तेजोऽसि शुक्रमस्यमृतमसि धामनामासि प्रियं देवानामनाधृष्टं देवयजनमसि ॥

लौकिकावाहनम्—ॐ आगच्छ वरदे देवि जपे मे सन्निधौ भव। गायन्तं त्रायसे यस्मात् गायत्री त्वं ततः स्मृता। (इत्यावाह्य)

गायत्र्युपस्थानम्—गायत्र्यसीति विमलऋषिः पंक्तिश्छन्दः परमात्मा देवता गायत्र्युपस्थाने विनियोगः (उपस्थानमुद्रां कृत्वा)—ॐ गायत्र्यस्येकपदी द्विपदी त्रिपदी चतुष्पद्यपदसि नहि पद्यसे। नमस्ते तुरीयाय दर्शताय पदाय परो रजसेऽसावदो मा प्रापत् (इत्युपस्थाय ध्यानमुद्रां कृत्वा ध्यायेत्)।

गायत्रीध्यानम्—ॐ श्वेतवर्णा समुद्दिष्टा कौशेयवसना तथा। श्वेतैर्विलेपनैः पुष्पैरलङ्कारैश्च भूषिता। आदित्यमण्डलस्था च ब्रह्मलोकगताथ वा। अक्षसूत्रधरा देवी पद्मासनगता शुभा। (इति ध्यात्वा)

गायत्रीजपः[1]—ॐकारस्य ब्रह्मा ऋषिर्गायत्री छन्दोऽग्निर्देवता शुक्लो वर्णः जपे विनियोगः। ॐ त्रिव्याहृतीनां प्रजापतिर्ऋषिर्गायत्र्युष्णिगनुष्टुभश्छन्दांस्यग्निवाय्वादित्या देवता जपे विनियोगः। ॐ गायत्र्या विश्वामित्र-ऋषिर्गायत्री छन्दः सविता देवता शुक्लो वर्णः अग्निर्मुखं ब्रह्मा शिरो विष्णुर्हृदयं रुद्र कवचं परमात्मा शरीरं साङ्ख्यायनषट्स्वरा सरस्वती जिह्वा पिङ्गाक्षी त्रिपदा गायत्री सवितुः प्रीतये अष्टोत्तरशतसंख्यया[2] जपे विनियोगः। (इति विनियोगं कृत्वा वस्त्राच्छादितां[3] जपमालां गोमुखीं वा नाभिदेशे[4] धृत्वा)—

---

(१) मनोमध्ये स्थितो मन्त्रो मन्त्रमध्ये स्थितं मनः। मनोमन्त्रसमायुक्तम् एतद्धि जपलक्षणम् ॥ कदाचिदपि नो विद्वान् गायत्रीमुदके जपेत्। गायत्र्यग्निमुखी प्रोक्ता तस्मादुत्थाय तां जपेत् ॥ (गोभिलः)। अङ्गुष्ठाग्रेण यज्जप्तं यज्जप्तंमेरुलङ्घनात्। असंख्यातं तथा जप्तं तत्सर्वं निष्फलम् भवेत् ॥ यमः)। (विशेषजपनियमास्तु जपविधेष्टिप्पण्यामग्रे द्रष्टव्याः) ॥ (२) अत्र दश अष्टाविंशति, अष्टोत्तरशत, सहस्र इत्येषां मध्ये अनुष्ठेयं पदं योज्यम् (३) वस्त्रेणाच्छाद्य तु करं दक्षिणं यः सदा जपेत्। तस्य स्यात्सफलं जाप्यं तद्धीनमफलं स्मृतम्। अतएव जपार्थं तु गोमुखी ध्रियते जनैः। (व्यासः) ॥ (४) प्रातर्नाभौ करं कृत्वा मध्याह्ने हृदि संस्थितम्। सायं जपेच्च नासाग्रे ह्येतजपविधिः स्मृतः ॥

गायत्रीमन्त्रः—ॐ भूर्भुवः स्वः ॐ तत्सवितुर्वरेण्यं[1] भर्गो देवस्य धीमहि धियो यो नः प्रचोदयात् (एवं प्रवाल-रुद्राक्ष-स्फटिकमौक्तिकादिनिर्मितया मालया[2] करमालया[3] वा मन्त्रार्थं ध्यायमन्मौनी सूर्याभिमुखस्तिष्ठन्[4] आमण्डलदर्शनाद्यथा[5] शक्ति जपेत् ततः करसम्पुटं कृत्वा ॐ देवागातु विदोगातु वित्त्वागातु मित-मनसस्पत इमं देवयज्ञ ७ स्वाहा वातेधाः (इति पठित्वा दक्षिणकरे जलमादाय)।

जपार्पणम्—अनेन प्रातः[6] सन्ध्याङ्गभूतेन अमुकसंख्याकेन[7] गायत्रीमन्त्र-जपाख्येन[8] कर्मणा श्रीभगवान् ब्रह्मस्वरूपी[9] सविता प्रीयतां नमः। (इति जलं क्षिपेत्)।

प्रार्थना—यदक्षरपदभ्रष्टं मात्राहीनन्तु यद्भवेत्। तत्सर्वं क्षम्यतां देवि प्रसीद परमेश्वरि। (इति प्रणिपत्य)।

श्रीसूर्यप्रदक्षिणा[10]—ॐ यानि कानि च पापानि जन्मान्तरकृतानि च।

---

(१) पाठकाले वरेण्यं स्याज्जपकाले वरेणियम् (इति शिक्षावचने पैठीन-सिनोक्तम्)॥ (२) अष्टशतं चतुःपञ्चाशत् सप्तविंशतिर्वा मालामणयः। (ध० सि० सा०)॥ (३) करमालाप्रकारः—पर्वभिस्तु जपेद्देवीं माला काम्यजपे स्मृता। गायत्री वेदमूला स्याद्वेदः पर्वसु गीयते। आरभ्यानामिकामध्ये पर्वाण्युक्तान्यनुक्रमात्। तर्जनी-मूलपर्यन्तं जपेद्दशसु पर्वसु। मध्यमाङ्गुलिमूले तु यत्पर्वद्वितयं भवेत्। तत्तु मेरुं विजा-नीयाज्जपे तन्नातिलङ्घयेत्। (गा० क०)॥ (४ प्रातर्मध्याह्नयोस्तिष्ठन् सायमासीन एव च। (५) सहस्रपरमां देवीं शतमध्यां दशावराम्। गायत्रीं यः पठेद्विप्रो न स पापेन लिप्यते। (ल० अ० स०)॥ अन्यच्च—अष्टोत्तरशतं नित्यमष्टाविंशतिरेव वा। विधिना दशकं वापि त्रिकालेषु जपेद् बुधः। (व्या०)। सहस्रकृत्वस्त्वभ्यस्य बहिरेतत्त्रिकं द्विजः। महतोऽप्येनसो मासात् त्वचेवाहिर्विमुच्यते। (मनुः)। ऋषयो दीर्घसन्ध्यत्वाद्दीर्घ-मायुरवाप्नुयुः। प्रजा यशश्च कीर्तिश्च ब्रह्मवर्चसमेव च, इति मनुनाऽपि गायत्रीजप एव सन्ध्यापदं प्रयुक्तं गायत्रीजपेन दीर्घायुर्भवतीति॥ (६) मध्याह्ने—मध्याह्नम्, सायं-काले—सायम् इत्यूहः कार्यः॥ (७) अत्र दश, अष्टाविंशति, अष्टोत्तरशत, सहस्र इत्येषां मध्ये अनुष्ठितं पदं योज्यम्॥ (८) यत्कृते दशभिर्वर्षैस्त्रेतायां हायनेन यत्। द्वापरे यत्तु मासेन अहोरात्रेण तत्कलौ॥ तपसो ब्रह्मचर्यस्य जपादेश्च फलं द्विजाः। प्राप्नोति पुरुषस्तेन कलिमाप्नोति मानवः॥ (विष्णुपु०)। (९) मध्याह्नसायं-सन्ध्ययोः ब्रह्म इत्यस्य स्थाने क्रमेण रुद्रविष्णु इत्यूहः कार्यः। (१०) एकां चण्ड्यां रवौ सप्त तिस्रो दद्याद्विनायके। चतस्रो विष्णवे दद्याच्छिवे सार्द्धं प्रदक्षिणाः। (लिंगार्चन-चन्द्रिका)॥ ब्राह्मणानामपि चतस्र एव प्रदक्षिणास्तेषामपि हरिरूपतायाः शास्त्र-निरूपितत्वात्॥

तानि तानि प्रणश्यन्ति प्रदक्षिणपदेपदे ।। (इति श्रीसूर्यं प्रदक्षिणीकृत्य प्रणमेत्) ।।

श्रीसूर्यप्रणामः—ॐ एकचक्र इत्यस्य नारायण ऋषिः उष्णिक् छन्दः श्रीसूर्यो देवता सूर्यनमस्कारे विनियोगः। (इति विनियोगं कृत्वा हस्तौ समानीय) ॐ एकचक्रो रथो यस्य दिव्यः कनकभूषितः। स मे भवतु सुप्रीतः पद्महस्तो दिवाकरः। (इति नत्वा सूर्याभिमुखस्तिष्ठन् घण्टावत्-रणरणत्स्वरेण प्रणवोच्चारणं कुर्यात्)।

संध्याविसर्जनम्[1]—स्तुता मया वरदा वेदमाता प्रचोदयन्तां पावमानी द्विजानाम्। आयुः प्राणं प्रजां पशुं कीर्तिं द्रविणं ब्रह्मवर्चसं मह्यं दत्त्वा व्रजत ब्रह्मलोकम्। ॐ उत्तरे शिखरे इत्यस्य कश्यप ऋषिरनुष्टुप् छन्दः सन्ध्या देवता सन्ध्याविसर्ज्जने विनियोगः। ॐ उत्तरे शिखरे देवि भूम्यां पर्वतमूर्धनि। ब्राह्मणेभ्योऽभ्यनुज्ञाता गच्छ देवि यथासुखम्। (इत्यनेन संहारमुद्रया[2] सन्ध्यां विसर्ज्जयेत्) ।।

देवब्राह्मणनमस्कारः—(नमस्कारमुद्रां कृत्वा)—ॐ तत्सत्। ॐ सन्ध्यायै नमः। ॐ गायत्र्यै नमः। ॐ सावित्र्यै नमः। ॐ सरस्वत्यै नमः। ॐ सर्वाभ्यो देवताभ्यो नमः। ॐ आसत्यलोकात्पातालादालोकालोकपर्वतात्। ये सन्ति ब्राह्मणा देवास्तेभ्यो नित्यं नमो नमः।

यज्ञात्मने नमस्कारः—चतुर्भिश्च[3] चतुर्भिश्च द्वाभ्यां पञ्चभिरेव च। हूयते च पुनर्द्वाभ्यां तस्मै यज्ञात्मने नमः। (इति नमस्कृत्य) ।।

ईश्वरस्तुतिः—ॐ आकाशात्पतितं तोयं यथा गच्छति सागरम्। सर्व-देवनमस्कारः केशवं प्रति गच्छति ।। प्रमादात्कुर्वतां कर्म प्रच्यवेताध्वरेषु यत्। स्मरणादेव तद्विष्णोः सम्पूर्णं स्यादिति श्रुतिः ।। यस्य स्मृत्या च नामोक्त्या तपो-यज्ञक्रियादिषु। न्यूनं सम्पूर्णतां याति सद्यो वन्दे तमच्युतम्।

नमस्कृतिपूर्वकशुभकामना—(करौ बद्ध्वा प्रणमेत्) ॐ नमो ब्रह्मणे नमस्ते वायो त्वमेव प्रत्यक्षं ब्रह्मासि, त्वामेव प्रत्यक्षं ब्रह्म वदिष्यामि ऋतं वदिष्यामि सत्यं वदिष्यामि तन्मामवतु तद्वक्तारमवतु अवतु माम् अवतु वक्तारम् ।। मा मतिः परदारेषु परद्रव्येषु मा मतिः। परापवादिनी जिह्वा मा भूज्जन्मनि जन्मनि। सर्वे भवन्तु सुखिनः सर्वे सन्तु निरामयाः सर्वे भद्राणि

---

(१) न स द्विजो यो न करोति सन्ध्यां, सन्ध्या न सा या मनसो विशुद्धिम्। शुद्धिर्न सा यत्र न सत्यमस्ति सत्यन्न तन्निर्भयता न यत्र। (२) करपृष्ठभागौ संस्पृष्टौ कृत्वा परस्परा-कुंचितांगुलिकौ अधोमार्गेण भ्रामयेदेषा संहारमुद्रा। (मन्त्रसारे)।। (३) आश्रावयेति चतुरक्षरम्। अस्तु श्रौषडिति चतुक्षरम्। यजेति द्वयक्षरम्। यजामहे इति पञ्चाक्षरम्। द्वयक्षरो वषट्कार इति सप्तदशभिरक्षरैर्यो हूयते तस्मै यज्ञात्मने नमः ।।

पश्यन्तु मा कश्चित् दुःखभाग् भवेत् । अनायासेन मरणं विना दैन्येन जीवनम् । देहान्ते परमं स्थानं देहि मे परमेश्वर । (इति सम्प्रार्थ्य) ।

अर्पणम्—(जलं गृहीत्वा) । ॐ कायेन वाचा मनसेन्द्रियैर्वा बुद्धयात्मना वा प्रकृतेः स्वभावात् । करोमि यद्यत्सकलं परस्मै नारायणायेति समर्पयामि ।। अनेन प्रातः[१] सन्ध्योपासनाख्येन कर्मणा भगवान् ब्रह्मस्वरूपो[२] परमेश्वरः प्रीयतां नमः (इति जलं क्षिपेत्) । ततो द्विराचमनम्[३] । ॐ ऋग्वेदाय स्वाहा, ॐ यजुर्वेदाय स्वाहा, ॐ सामवेदाय स्वाहा । हस्तप्रक्षालनम् – ॐ अथर्ववेदाय नमः । ॐ विष्णवे नमः । ॐ विष्णवे नमः । ॐ विष्णवे नमः । आसनाधः जलं क्षिप्त्वा ॐ शक्राय नमः इत्युच्चार्य्य स्वमस्तके[४] मृदं धृत्वा सन्ध्यावशिष्टजलं[५] क्षिपेत् ।

॥ इति सन्ध्याप्रयोगः[६] ॥

सूतके सन्ध्याविधिः[७]—तूष्णीं त्रिराचम्य प्राणानायम्य[८] आपो-

---

(१) मध्याह्ने—मध्याह्नम्, सायंकाले—सायम् इत्यूहः कार्यः । (२) मध्याह्न-सायं सन्ध्ययोः ब्रह्मस्वरूपी इत्यस्य स्थाने क्रमेण रुद्रविष्णु इति योजनीयम् ।। (३) होमे भोजनकाले च सन्ध्ययोरुभयोरपि । आचान्तः पुनराचामेदन्यत्रापि सकृत्सकृत् । द्विराचम्य ततः शुद्धः स्मृत्वा विष्णुं सनातनम् ।। (४) अप्रोक्षितजपस्थानाच्छक्रो हरति तज्जपम् । तन्मृदा-लक्ष्म कुर्वीत ललाटे तिलकाकृति ।। (५) पादशेषं पीतशेषं सन्ध्याशेषं तथैव च । शुनो मूत्रसमं तोयं पीत्वा चान्द्रायणं चरेत् ।। (६) सन्ध्याफलम्— सन्ध्यामुपासते ये तु सततं शंसितव्रताः । विधूतपापास्ते यान्ति ब्रह्मलोकं सनातनम् (अत्रिः) । दिवा वा यदि वा रात्रौ यदज्ञानकृतं भवेत् । त्रिकालसन्ध्याकरणात्तत्सर्वं विप्रणश्यति । (याज्ञ०) ।। सन्ध्याऽकरणे दोषः—नानुतिष्ठति यः पूर्वां नोपास्ते यश्च पश्चिमाम् । स शूद्रवद्बहिष्कार्यः सर्वस्माद् द्विजकर्मणः ।। सन्ध्याहीनोऽशुचिर्नित्यमनर्हः सर्वकर्मसु । यदन्यत्कुरुते कर्म न तस्य फलभाग्भवेत् । (दक्षः) । स्नानं सन्ध्यां त्यजन्विप्रः सप्ताहाच्छूद्रतां व्रजेत् (कात्यायनः) ।। दोषापवादः—देवाग्निद्विजविद्यानां कार्ये महति संस्थिते । सन्ध्याहानौ न दोषोऽस्ति यतस्तत्पुण्यसाधनम् ।। सन्ध्यात्यागे प्रायश्चित्तम् - सर्वथा सन्ध्यालोपे प्रतिसन्ध्यमेकोपवासोऽयुतमष्टोत्तरशतसहस्रं वा गायत्रीजपः । अत्यशक्तौ सत्यां सन्ध्यालोपे शतगायत्रीजपः द्व्यहं त्र्यहं लोपे तदावृत्तिः ततः परं कृच्छ्रादि कल्प्यम् । (ध० सिं० सा०) ।। राष्ट्रभङ्गे नृपक्रोधे रोगार्त्ते सूतकेऽपि च । सन्ध्यावन्दनविच्छित्तिर्न दोषाय कदाचन । (जमदग्निः) ।। (७) सन्ध्यामिष्टिं चरुहोमं यावज्जीवं समाचरेत् । न त्यजेत्सूतके वापि त्यजन् गच्छेदधो द्विजः ।। अशक्तौ निर्जले देशे मृतौ जाते च सूतके । जपेच्च मानसीं सन्ध्यां कुशवारिविवर्जिताम् ।। अन्यच्च—सूतके कर्मणां त्यागः सन्ध्यादीनां विधीयते । होमः श्रौते च कर्तव्यः शुष्कान्नादथवा फलैः । (कात्यायनः) (८) सूतके मृतके कुर्यात्प्राणायाममन्त्रकम् । तथा मार्जनमन्त्रांश्च मनसैव हि ।। मार्जयेत् ।।

ह्रिष्ठेति मार्जनमन्त्रान्मनसोच्चार्य मार्जयेत् गायत्रीमन्त्रं सम्यगुच्चार्य सूर्यायाऽर्घ्यं[1] दद्यात्, जलेन प्रदक्षिणं कृत्वा गायत्रीजपं मनसा दशवारं[2] कृत्वा सूर्यं ध्यायन्नमस्कुर्यादिति[3]। अशौचे होम-(वैश्वदेव)-दानप्रतिग्रह-स्वाध्यायपरान्न-भक्षणादि न कुर्यात्।

अथ ब्रह्मयज्ञप्रयोगः[4]

दर्भासनोपरि प्राङ्मुख उपविश्य आचम्य[5] प्राणानायम्य "ॐ पवित्रेस्थो वैष्णव्यो सवितु०"।

(अनेन मन्त्रेण दक्षिणवामहस्तयोरनामिकयोः कुशपवित्रे धृत्वा सङ्कल्पः) ॐ अद्य पूर्वोच्चारित एवंगुणविशेषण विशिष्टायां शुभपुण्यतिथौ ममात्मनः श्रुतिस्मृतिपुराणोक्तपुण्यफलप्राप्त्यर्थं ॐ तत्सत् श्रीपरमेश्वरप्रीत्यर्थं यथाशक्ति ब्रह्मयज्ञेनाहं यक्ष्ये। अथातो ब्रह्मयज्ञं व्याख्यास्यामः, ॐ इषेत्वादिषु खं ब्रह्मान्तेषु दशप्रणवसहितेषु याः क्रियास्तत्र विवस्वानृषिः प्रजापतिर्देवता सर्वाणि छन्दाꣳसि सर्वाणि सामानि प्रतिलिङ्गोक्ता देवता ब्रह्मयज्ञे विनियोगः।

न्यासाः—ॐ गौतमभरद्वाजाभ्यां नमः नेत्रयोः। ॐ विश्वामित्रजमदग्निभ्यां नमः श्रोत्रयोः। ॐ वसिष्ठकश्यपाभ्यां नमः नासिकयोः। ॐ अत्रये नमः वाचि ॐ गायत्र्यग्निभ्यां नमः शिरसि। ॐ उष्णिक्सवितृभ्या नमः ग्रीवायाम्। ॐ बृहतीबृहस्पतिभ्यां नमः हनौ। ॐ बृहद्रथन्तरद्यावापृथिवीभ्यां नमः बाह्वोः। ॐ त्रिष्टुबिन्द्राभ्यां नमः नाभौ। ॐ जगत्यादित्याभ्यां नमः श्रोण्योः। ॐ अतिच्छन्दाप्रजापतिभ्यां नमः लिङ्गे। ॐ यज्ञायज्ञीयवैश्वानराभ्यां नमः गुदे। ॐ अनुष्टुब्विश्वेभ्यो देवेभ्यो नमः ऊर्वोः। ॐ पंक्तिमरुद्भ्यो नमः जान्वोः। ॐ द्विपदाविष्णुभ्यां नमः पादयोः। ॐ विच्छन्दावायुभ्यां नमः

(१) अर्घ्यान्ता मानसी सन्ध्या कुशवारिविवर्जिता। (च्यवनः) जलाभावे महामार्गे बन्धने त्वशुचावपि। उभयोः सन्ध्ययोः काले रजसावार्घ्यंमुच्यते। (अग्नि० स्मृ०)। गायत्रीं सम्यगुच्चार्य सूर्यायार्घ्यं निवेदयेत्। उपस्थानं नैव कार्यं मार्जनन्तु कृताकृतम्। (२) केचिन्मनसा दशगायत्रीजपः कार्यं इत्याहुः। (ध० सि०)। (३) सूतके सावित्र्या जलं प्रक्षिप्य सूर्यं ध्यायन्नमस्कुर्यादिति पैठीनसिः। (४) वेदाथर्वपुराणानि सेतिहासानि शक्तितः। जपयज्ञप्रसिद्ध्यर्थं विद्यां चाध्यात्मिकीं जपेत्। यश्च श्रुतिजपः प्रोक्तो ब्रह्मयज्ञस्तु स स्मृतः। स चार्वाक् तर्पणात्कार्यः पश्चाद्वा प्रातराहुतेः। (या० व०)। न हन्तीति न होमं च स्वाध्यायं पितृतर्पणम्। नैकः श्राद्धद्वयं कुर्यात्समानेऽहनि कुत्रचित्। (५) कर्म कुर्वन्नधोवायुनिःसरणेऽश्रुपाते क्रोधे मार्जारस्पर्शे क्षुते वस्त्रपरिधाने रजकाद्यन्त्यजदर्शने आचामेत्। सर्वथाऽऽचमनाऽसम्भवे दक्षिणकर्णस्पर्शः। (ध० सि० सा०)। अन्यच्च—क्षुते निष्ठीवने सुप्ते परिधानेऽश्रुपातने। एषु कर्मसु नाचामेद्दक्षिणं श्रवणं स्पृशेत्।

नासापुटस्थप्राणेषु । ॐ न्यूनाक्षराच्छन्दोभ्यो नमः सर्वाङ्गेषु[१] । (ततो वामहस्ततले कृत्वा दर्भजलयवाक्षतचन्दनादीन् क्षिप्त्वा तदुपरि दक्षिणहस्तमधोमुखं कृत्वा दक्षिणजानूपरि निधाय वक्ष्यमाणमन्त्रान्पठेत्) ॐ भूर्भुवः स्वः ॐ तत्सवितुर्वरेण्यं भर्गो देवस्य धीमहि धियो यो नः प्रचोदयात् । ॐ इषेत्त्वोर्ज्जेत्त्वा व्वायवस्थ देवो वस्सविता प्प्रार्पयतु श्श्रेष्ठतमाय कर्मणऽआप्प्यायदध्वमग्घ्न्याऽइन्द्राय भागम्प्रजावतीरनमीवाऽअयक्ष्मा मावस्तेनऽईशत माघशꣳसोद्ध्रुवाऽअस्मिन् गोपतौ स्यात बह्वीर्य्यजमानस्य पशून्पाहि ॥ १।१ ॥ ॐ व्वसोः पवित्रम् ॥ २।१ । ॐ हिरण्मयेन पात्रेण सत्यस्यापिहितं मुखम् । योऽसावादित्ये पुरुषः सोऽसावहम् ॥ १७ । ४० ॥ ॐखम्ब्रह्म ॥ १८ । ४० ॥ ॐव्रतमुपैष्य-[२]न्नन्तरेणाहवनीयम् ।

ॐ अग्निमीले[३] पुरोहितं यज्ञस्य देवमृत्विजम् ।
होतारं रत्नधातमम् ।
ॐ अग्न[४]ऽआयाहि वीतये गृणानो हव्यदातये ।
निहोतारः सत्सिबर्हिषि ।
ॐ शन्नोदेवीरभिष्टय[५]ऽआपो भवन्तु पीतये ।
शंयोरभिस्रवन्तु नः ।

ॐ अथानुवाकान्[६] वक्ष्यामि । ॐ मण्डलं[७] दक्षिणमक्षि हृदयम् । अथ[८] शिक्षां प्रवक्ष्यामि । अथातोऽधिकारः[९] फलयुक्तानि कर्माणि अथातो[१०] गृहस्थालीपाकानां कर्म । वृद्धिरादैच्[११] । समाम्नायः[१२] समाम्नातः । मयरसतजभनलगसम्मितम्[१३] । पञ्च[१४] संवत्सरमयं युगाध्यक्षम् गौःग्मा[१५] । अथातो[१६] धर्मजिज्ञासा । अथातो[१७] ब्रह्मजिज्ञासा । योगीश्वरं याज्ञवल्क्यम्[१८] । नारायणं[१९] नमस्कृत्य ।

---

(१) एवमेव सर्वाङ्गानि योजयित्वा वेदमयः सम्पद्यते । शापानुग्रहसमर्थो भवति ब्राह्मं तेजश्च वर्द्धते न कुतश्चिद्भयं विन्दते । (सू० अ० ४।१३) । (२) शतपथ ब्रा० आदिभागः । (३) ऋग्वेदस्यादिमो मन्त्रः । (४) सामवेदस्यादिमो मन्त्रः । (५) अथर्वणवेदस्यादिमो मन्त्रः । (६) अनुवाकसूत्रस्य प्रथमश्लोकस्यादिभागः । (७) सर्वानुक्रमसूत्रस्य प्रथमकण्डिकाया आदिभागः । (८) शिक्षायाः प्रथमश्लोकस्यादिभागः । (९) कात्यायनश्रौतसूत्रस्य प्रथमाध्यायस्य प्रथमकण्डिकाया आदिमे द्वे सूत्रे । कात्यायनश्रौतसूत्रस्य प्रथमाध्यायस्य प्रथमकण्डिकाया आदिमे द्वे सूत्रे । (१०) पारस्करगृह्यसूत्रस्य प्रथमकाण्डस्य प्रथमकण्डिकायाः प्रथमसूत्रम् । (११) अष्टाध्याय्याः प्रथमसूत्रम् । (१२) निरुक्तस्यादिशब्दाः । (१३) छन्दसः प्रथमश्लोकस्यादिभागः । (१४) ज्योतिषस्य प्रथमश्लोकपूर्वार्द्धम् । (१५) निघण्टोरारम्भशब्दाः । (१६) पूर्वमीमांसायाः प्रथमाध्यायस्य प्रथमसूत्रम् । (१७) उत्तरमीमांसायाः प्रथमाध्यायस्य प्रथमपादस्य प्रथमसूत्रम् । (१८) याज्ञवल्क्यस्मृतेः प्रथमाध्यायस्य प्रथमश्लोकस्यादिभागः । (१९) महाभारतप्रथमश्लोक-

इति विद्यातपोयोनिरयोनिर्विष्णुरीडितः ।
वाग्यज्ञेनार्चितो देवः प्रीयतां मे जनार्दनः ॥

(एवं ब्रह्मयज्ञं विधाय पाण्योर्गृहीतकुशादीन् उत्तरस्यां दिशि त्यक्त्वा)

अर्पणम्—अनेन ब्रह्मयज्ञाख्येन कर्मणा श्रीभगवान्परमेश्वरः प्रीयतां न मम । ॐ तत्सद्ब्रह्मार्पणमस्तु । अनध्यायेऽल्पं पर्वण्यल्पतरं पठेत् ।

ॐ यस्य स्मृत्या च नामोक्त्या तपोयज्ञक्रियादिषु ।
न्यूनं सम्पूर्णतां याति सद्यो वन्दे तमच्युतम् ॥
ॐ विष्णवे नमो विष्णवे नमो विष्णवे नमः ॥

इति ब्रह्मयज्ञप्रयोगः ॥

अथ तर्पणप्रयोगः[1]

आचम्य पूर्वाभिमुख उपविष्ट उपवीती सङ्कल्पं कुर्यात् । ॐ अद्य पूर्वोच्चारित एवंगुणविशेषणविशिष्टायां शुभपुण्यतिथौ ममोपात्तसकलदुरितक्षयाय ब्रह्मावाप्त्यै देवर्षिमनुष्यपितॄणां स्वपितॄणां च तर्पणमहं करिष्ये । इति सङ्कल्प्य ताम्रपात्रे श्वेतगन्धयवाक्षताश्वेतसुगन्धितपुष्पाणि तुलसीदलसहितानि तथा प्रादेशमात्रप्रमाणान्-प्रागग्रान् त्रीन् कुशान् स्थापयित्वा तर्पणार्थे उदकपूरणम् ॐ आगच्छन्तु महाभागा विश्वेदेवा महाबलाः । ये तर्पणेऽत्र विहिताः सावधाना भवन्तु ते । ॐ भूर्भुवः स्वः ब्रह्मादयो देवता इहागच्छतेह[2] तिष्ठत गृह्णीध्वमेतान् जलाञ्जलीन् । इत्यावाह्य देवतीर्थेन[3] पात्रान्तरे[4] जलपूर्णे गर्ते वा प्रतिमन्त्रमेकैकं[5] अक्षतमिश्रं[6] जलाञ्जलिं दद्यात् । ॐब्रह्मा तृप्यताम् । ॐविष्णुस्तृप्यताम् । ॐ रुद्रस्तृप्यताम् । ॐ प्रजापतिस्तृप्यताम् । ॐ देवास्तृप्यन्ताम् । ॐ छन्दाꣳसि

स्यादिमागः (·) तर्पणन्तु शुचिः कुर्यात्प्रत्यहं स्नातको द्विजः । देवेभ्यश्च ऋषिभ्यश्च पितृभ्यश्च यथाक्रमम् । (शातात०) शूद्रोदकैर्न कुर्वीत तथा मेघाद्विनिसृतैः (वायु० पु०) । (२) अग्रैस्तु तर्पयेद्देवान्मनुष्यान्कुशमध्यतः । पितॄंस्तु कुशमूलाग्रैर्विधिःकौशो यथाक्रमम् । (दक्षः) । (३ कनिष्ठदेशिन्यङ्गुष्ठमूलान्यग्रङ्करस्य च । प्रजापतिपितृब्रह्मदेवतार्थान्यनुक्रमात् (या० व०) ब्रह्मादीनुपवीती तु देवतीर्थेन तर्पयेत् । निवीती कायतीर्थेन मनुष्यान्सनकादिकान् । दक्षिणे पितृतीर्थेन जलं सिंचेद्यथाविधि । (यो० या०) । प्रादेशमात्रमुद्धृत्य सजलं प्राङ्मुखः सुरान् । उदङ्मनुष्यांस्तर्पयेत्पितॄन्दक्षिणतस्तथा (शु० या० आ०) । (४) पात्राद्वै जलमादाय शुभे पात्रान्तरे क्षिपेत् । जलपूर्णेऽथवा गर्ते न स्थले तु विबर्हिषि (हारीतः) । हेमरौप्यताम्रकांस्यमये पात्रे न मृण्मये । यत्र पूतस्थलं तत्र तर्पणं स्यान्नदीजले । अन्यच्च-मार्जनं तर्पणं श्राद्धं न कुर्याद्वारिधारया (अंगिराः) । (५) एकैकमंजलिं देवा द्वौ द्वौ तु सनकादयः । अर्हन्ति पितरस्त्रींस्त्रीन् स्त्रियः एकैकमंजलिम् (व्या०) । ग्रन्थान्तरे विशेषः—मातृमुख्यास्तु यास्तिस्रस्तासां त्रींस्त्रीन् जलाञ्जलीन् । दद्यान्मातृत्रयोभिन्नस्त्रीभ्य एकांजलिं तथा (६) अक्षतैस्तर्पयेद्देवान् इति वचनात् ।

तृप्यन्ताम्। ॐ वेदास्तृप्यन्ताम्। ऋषयस्तृप्यन्ताम्। ॐ पुराणाचार्य्यास्तृप्यन्ताम्। ॐ गन्धर्वास्तृप्यन्ताम्। ॐ इतराचार्य्यास्तृप्यन्ताम्। ॐ सम्वत्सरः सावयवस्तृप्यन्ताम्। ॐ देव्यस्तृप्यन्ताम्। ॐ अप्सरसस्तृप्यन्ताम्। ॐ देवानुगास्तृप्यन्ताम्। ॐ नागास्तृप्यन्ताम्। ॐ सागरास्तृप्यन्ताम्। ॐ पर्वतास्तृप्यन्ताम्। ॐ सरितस्तृप्यन्ताम्। ॐ मनुष्यास्तृप्यन्ताम्। ॐ यक्षास्तृप्यन्ताम्। ॐ रक्षाꣳसितृप्यन्ताम्। ॐ पिशाचास्तृप्यन्ताम्। ॐ सुपर्णास्तृप्यन्ताम्। ॐ भूतादितृप्यन्ताम्। ॐ पशवस्तृप्यन्ताम्। ॐ वनस्पतयस्तृप्यन्ताम्। ॐ औषधयस्तृप्यन्ताम्। ॐ भूतग्रामश्चतुर्विधस्तृप्यताम्। (तत उत्तराभिमुखो निवीती[1])—ॐ भूर्भुवः स्वः सनकादयः सप्त मनुष्या इहागच्छन्त्विह तिष्ठन्तु गृह्णन्त्वेताञ्जलाञ्जलीन् (इत्यावाह्य उदगग्रान् कुशान् दक्षिणहस्तस्य कनिष्ठिकामूलप्रदेशे धृत्वा प्रजापतितीर्थेन यवमिश्रौ द्वौ द्वावञ्जली कुशमध्यतो दद्यात्)—ॐ सनकस्तृप्यताम् २। ॐ सनन्दनस्तृप्यताम् २। ॐ सनातनस्तृप्यताम् २। ॐ कपिलस्तृप्यताम् २। ॐ आसुरिस्तृप्यताम् २। ॐ वोढुस्तृप्यताम् २। ॐ पञ्चशिखस्तृप्यताम् २। (ततो दक्षिणाभिमुखः पातितवामजानुरपसव्यं विधाय) ॐ भूर्भुवः स्वः कव्यवाडनलादयः सप्तदिव्यपितर इहागच्छन्त्विह तिष्ठन्तु गृह्णन्त्वेताञ्जलाञ्जलीन् (इत्यावाह्य तानेव दर्भान् दक्षिणाग्रमूलान् द्विगुणीकृत्य तेषां मध्यं वामहस्तस्यांगुष्ठतर्जन्यन्तरे धृत्वा मूलाग्राणि दक्षिणहस्तस्यांगुष्ठतर्जनीमध्यप्रदेशे कृत्वा पितृतीर्थेन द्विगुणदर्भकृष्णतिलमिश्रितांस्त्रींस्त्रीञ्जलाञ्जलीन् दद्यात्) ॐ कव्यवाडनलास्तृप्यन्ताम् ३। ॐ अर्यमणस्तृप्यन्ताम्। ॐ अग्निष्वात्ताः पितरस्तृप्यन्ताम् ३। ॐ सोमपाः पितरस्तृप्यन्ताम् ३। ॐ बर्हिषदः पितरस्तृप्यन्ताम् ३। ॐ भूर्भुवः स्वश्चतुर्दश यमा इहागच्छन्त्विह तिष्ठन्तु गृह्णन्त्वेताञ्जलाञ्जलीन्। (इत्यावाह्य दिव्यपितृवत्तर्पयेत्) ॐ यमाय नमः ३। ॐधर्मराजाय नमः ३। ॐमृत्यवे नमः ३। ॐ अन्तकाय नमः ३। ॐवैवस्वताय नमः ३। ॐकालाय नमः ३। ॐसर्वभूतक्षयाय नमः ३। ॐऔदुम्बराय नमः ३। ॐदध्नाय नमः ३। ॐनीलाय नमः ३। ॐपरमेष्ठिने नमः। ॐवृकोदराय नमः ३। ॐचित्राय नमः ३। ॐचित्रगुप्ताय नमः ३। (जीवत्पितृक एतावदेव तर्पणं कुर्यात् मृतपितृकस्तु) ॐ भूर्भुवः स्वरस्मत्पितर इहागच्छन्त्विह तिष्ठन्तु गृह्णन्त्वेताञ्जलाञ्जलीन् (इत्यावाह्य पूर्ववत् स्वपितृंस्तर्पयेत्[2])—ॐ अमुकगोत्रः

(१) कण्ठावलम्बितं चैव ब्रह्मसूत्रं यदा भवेत्। तन्निवीतमिति स्यातं शस्तं कर्मणि मानुषे। (२) विना रूप्यसुवर्णेन विना ताम्रतिलैस्तथा। विना दर्भैश्च मन्त्रैश्च पितृणां नोपतिष्ठते (मरीचिः)। तिलाभावे निषिद्धाहे सुवर्णरजतान्विते। तदभावे निषिद्धे तु दर्भे मन्त्रेण वा पुनः (गोभिलः)। सप्तम्यां रविवारे च गृहे जन्मदिने तथा। निशासन्ध्यासु पुत्रार्थी न कुर्यात्तिलतर्पणम्। अन्यच्च—विवाहे चोपनयने चौले सति यथाक्रमम्। वर्षमर्द्धं तदर्धं चनेत्येके

अस्मत्पिता[1] अमुकशर्म्मा[2] वसुस्वरूपस्तृप्यताम्, इदं जलं तस्मै स्वधा नमः ३। ॐ अमुकगोत्रः अस्मत्पितामहः अमुकशर्म्मा रुद्रस्वरूपस्तृप्यताम्, इदञ्जलं तस्मै स्वधा नमः ३। ॐ अमुकगोत्रः अस्मत्प्रपितामहः अमुकशर्म्मा आदित्यस्वरूपस्तृप्यताम् इदञ्जलं तस्मै स्वधा नमः ३।ॐअमुकगोत्रा अस्मन्माता अमुकनाम्नी गायत्रीस्वरूपा तृप्यताम्, इदञ्जलं तस्यै स्वधा नमः ३। ॐ अमुकगोत्रा अस्मत्पितामही अमुकनाम्नी सावित्रीस्वरूपा तृप्यताम्, इदञ्जलं तस्यै स्वधा नमः ३।ॐ अमुकगोत्रा अस्मत्प्रपितामही अमुकनाम्नी सरस्वतीस्वरूपा तृप्यताम्, इदञ्जलं तस्यै स्वधा नमः[3] ३। ॐ अमुकगोत्रः अस्मन्मातामहः अमुकशर्म्मा—अग्निस्वरूपस्तृप्यताम्, इदञ्जलं तस्मै स्वधा नमः ३। ॐ अमुकगोत्रः अस्मत्प्रमातामहः अमुकशर्म्मा विष्णुस्वरूपस्तृप्यताम्, इदञ्जलं तस्मै स्वधा नमः ३। ॐ अमुकगोत्रः अस्मद्वृद्धप्रमातामहः अमुकशर्म्मा-रूपस्तृप्यताम्, इदञ्जलं तस्मै स्वधा नमः ३। अथ मातामह्यादीनेकैकवारन्तर्पयेत्)-ॐ अमुकगोत्रा अस्मन्मातामही अमुकनाम्नी—रूपा तृप्यताम्, इदञ्जलं तस्यै स्वधा नमः १। ॐ अमुकगोत्रा अस्मत्प्रमातामही अमुकनाम्नी—रूपा तृप्यताम्, इदञ्जलं तस्यै स्वधा नमः १।ॐ अमुकगोत्रा अस्मद्वृद्धप्रमातामही अमुकनाम्नी—रूपा तृप्यताम्, इदञ्जलं तस्यै स्वधा नमः १। ततः स्त्री-पुत्र[4]-कन्या[5]-भ्रातृ[4]-पितृव्य[4]-आचार्य्य[4]-गुरु[4]-उपाध्याय-स्वसृ[4]पुत्र-मातुल[4]-शिष्य[4]-पितृष्वसृ[4]-मातृष्वसृ[5] श्वसुर[4] मित्रादिभ्यः[4] एकैकाञ्जलिं दद्यात्। पुरुषाः सपत्नीकाः सपुत्राः स्त्रियः सभर्तृका ज्ञेयाः।

अथाञ्जलिदानम्—ॐयेऽबान्धवा—बान्धवा ये येऽन्यजन्मनि बान्धवाः। ते सर्वे तृप्तिमायान्तु येऽस्मत्तोयाभिकांक्षिणः॥ आब्रह्मस्तम्बपर्य्यन्तं देवर्षिपितृमानवाः। तृप्यन्तु पितरः सर्वे मातृमातामहादयः॥ अतीतकुलकोटीनां सप्तद्वीपनिवासिनाम्। आब्रह्म भुवनांल्लोकानिमदमस्तु तिलोदकम् (इत्यञ्जलित्रयं दत्त्वा) ॐ अग्निदग्धाश्च ये जीवा येप्यदग्धा कुले मम। भूमौ दत्तेन तृप्यन्तु

तिलतर्पणम्॥ (बोधायनः)। अत्रापवादः—पृथ्वीचन्द्रोदये—तीर्थे तीर्थे विशेषेषु गङ्गाया प्रेतपक्षके। निषिद्धेऽपि दिने कुर्यात्तर्पणं तिलमिश्रितम्॥

(१) तर्पणे पितृणामनुक्रमः—ताताम्बात्रितयं सपत्नजननी मातामहादित्रयम्। सस्त्रिस्त्रीतनयादितातजननीस्वमातरः सस्त्रियः॥ ताताम्बाऽऽत्मभगिन्यपत्यधवयुग्जाया पिता सद्गुरुः। शिष्याप्ताः पितरो महालयविधौ तीर्थे तथा तर्पणे॥ (२) शर्म्मान्तं ब्राह्मणस्योक्तं वर्मान्तं क्षत्रियस्य तु। गुप्तान्तं चैव वैश्यस्य दासान्तं शूद्रजन्मनः। (बोधायनः)। (३) चेद्यदा सापत्नमाता तदात्र ॐअमुकगोत्रा अस्मत्सापत्नमाता अमुकनाम्नी-रूपा तृप्यताम्, इदञ्जलं तस्यै स्वधा नमः ३॥ (४) यदि तस्य भार्या सुतो वा मृतस्तर्हि सपत्नीकः ससुत इत्यूहः कार्यः॥ (५) यदि तस्या भर्ता सुतो वा मृतस्तर्हि सभर्तृका ससुता इत्यूहः कार्यः॥

तृप्ता यान्तु परां गतिम् ।। इति मन्त्रेण भुवि एकमञ्जलिं क्षिपेत् ततः ॐ ये के चास्मत्कुले जाता अपुत्रा गोत्रिणो मृताः । ते गृह्णन्तु मया दत्तं वस्त्रनिष्पीडनोदकम् । (इति मन्त्रेण स्नानवस्त्रं चतुर्गुणं कृत्वा भूमौ वामभागे निष्पीडयेत् । ततः सव्येन शुद्धोदकेनाचम्य पुनरपसव्यं दर्भत्यागः-ॐ येषां पिता न च भ्राता न पुत्रो नान्यगोत्रिणः । ते सर्वे तृप्तिमायान्तु मयोत्सृष्टैः कुशैः सदा ।। इति मन्त्रेण दर्भानुत्तरतः परित्यजेत् सव्येनाचम्यार्घं अञ्जलौ वा साक्षतं कुसुमञ्जलञ्च गृहीत्वा तर्पितदेवर्षिमनुष्यपितृजलपात्रे श्रीब्रह्मादीन्प्रति अर्घ्यं दद्यात्) ॐ ब्रह्मणे नमः, ॐ विष्णवे नमः, ॐ रुद्राय नमः, ॐ सवित्रे नमः, ॐ मित्राय नमः, ॐ वरुणाय नमः । (तत उत्थाय) ॐ नमो विवस्वते ब्रह्मन् भास्वते विष्णुतेजसे । जगत्सवित्रे शुचये नमस्ते कर्मदायिने (इति मन्त्रेण सूर्यायार्घ्यं दत्त्वा) ॐ देवागातु विदोगातु व्वित्वागातुमित । मनसस्पत इमं देवयज्ञ ँ ॐस्वाहा व्वातेधाः (इति विसृज्य) ।

अर्पणम्—ॐ कृतेनानेन यथाशक्तितर्पणाख्येन कर्मणा पितृस्वरूपी जनार्दनवासुदेवः प्रीयताम् (ततः करसम्पुटं कृत्वा)—ॐ यस्य स्मृत्या च नामोक्त्या तपोयज्ञक्रियादिषु । न्यूनं सम्पूर्णतां याति सद्यो वन्दे तमच्युतम्, ॐ विष्णवे नमः । ॐ विष्णवे नमः । ॐ विष्णवे नमः ।। (ततस्तीर्थं नमस्कृत्य तीरं प्रक्षाल्य प्रदक्षिणं कृत्वा गृहमागत्य षोडशोपचारैः[1] दशोपचारैः[2] पञ्चोपचारैर्वा[3] देवपूजां कुर्यात्) ।।

इति तर्पणप्रयोगः

—:o:—

अथ विस्तृततर्पणकरणाशक्तानां कृते संक्षेपतस्तर्पणम्—आचम्य संकल्पं कुर्यात्, ॐ अद्य पूर्वोच्चारित एवंगुणविशेषणविशिष्टायां शुभपुण्यतिथौ ममात्मनः श्रुतिस्मृतिपुराणोक्तफलप्राप्त्यर्थम् ॐ तत्सत्परमेश्वरप्रीत्यर्थं देवऋषिमनुष्यपितृतर्पणमहं करिष्ये ।

---

(१) आवाहनासने पाद्यमर्घ्यमाचमनीयकम् । स्नानं वस्त्रोपवीतं च गन्धमाल्यादिभिः क्रमात् ।। धूपं दीपं च नैवेद्यं नमस्कारं प्रदक्षिणम् । उद्वासनं षोडशकमेवं देवार्चने विधिः । (ज्ञा० मा०) । (२) अर्घ्यंपाद्यं चाचमनं स्नानं वस्त्रनिवेदनम् । गन्धादयो नैवेद्यान्ता उपचारा दश क्रमात् । (ज्ञानमाला) ।। (३) ध्यानमावाहनञ्चैव भक्त्या यच्च निवेदितम् । नीराजनं प्रणामश्च पञ्च पूजोपकारकाः । (जाबालिः ।। (४) न हन्ति तं न होमश्च० इति कात्यायनवचनाद् वाजसनेयानां सायं तर्पणं वैश्वदेवश्च नास्ति अतस्तद्विधिर्नोक्तः प्रदोषव्रतं चेत्तर्हि सायं भोजनात् प्राग्वैश्वदेवः कर्त्तव्यः परन्तु तर्पणं दिवा कुर्यात्

ततोऽक्षतेन देवादीनामावाहनं कुर्यात्, ब्रह्मादयः सुराः सर्वे ऋषयः पितरस्तथा। आगच्छन्तु महाभागा ब्रह्माण्डोदरवर्तिनः॥ इत्यावाह्य पूर्वाभिमुखं सर्वाङ्गुल्यग्रैः देवतीर्थेन पात्रान्तरे कुशपुष्पोपरि वा एकैकाञ्जलिं दद्यात्, ॐ ब्रह्मादयो देवास्तृप्यन्ताम्। ॐ देवपत्न्यस्तृप्यन्ताम्। ॐ देवसुतास्तृप्यन्ताम्। ॐ देवगणास्तृप्यन्ताम्। ॐ मरीच्यादयो ऋषयस्तृप्यन्ताम्। ॐ ऋषिपत्न्यस्तृप्यन्ताम्। ॐ ऋषिसुतास्तृप्यन्ताम्। ॐ ऋषिगणास्तृप्यन्ताम्। ततः उत्तराभिमुखो निवीती—ॐ सनकादयो मनुष्यास्तृप्यन्ताम्। ॐ मनुष्यपत्न्यस्तृप्यन्ताम्। ॐ मनुष्यसुतास्तृप्यन्ताम्। ॐ मनुष्यगणास्तृप्यन्ताम्।

ततोऽपसव्यं दक्षिणाभिमुखः जलाञ्जलिः पितृतीर्थेन तर्पयेत्—ॐ कव्यवाडनलादयः सप्तदिव्यपितरस्तृप्यन्ताम्। ॐ पितृपत्न्यस्तृप्यन्ताम्। ॐ पितृगणास्तृप्यन्ताम्। ॐ यमादयश्चतुर्दश यमास्तृप्यन्ताम्।

(जीवत्पितृकोऽप्येतावत्पर्यन्तं तर्पणं कुर्यात्)

ॐ अमुकगोत्राः अस्मत्पितृपितामहप्रपितामहाः वसुरुद्रादित्यस्वरूपास्तृप्यन्तामिदं जलं तेभ्यः स्वधा नमः ३।

ॐ अमुकगोत्राः अस्मन्मातृपितामहीप्रपितामह्यः वसुरुद्रादित्यस्वरूपास्तृप्यन्तामिदं जलं ताभ्यः स्वधा नमः[1] ३।

ॐ अमुकगोत्राः अस्मन्मातामहप्रमातामहवृद्धप्रमातामहाः वसुरुद्रादित्यस्वरूपास्तृप्यन्तामिदं जलं तेभ्यः स्वधा नमः।

ॐ अमुकगोत्रा यथाविहितगोत्राः पत्न्याद्याप्तान्ताः समस्तपितरस्तृप्यन्तामिदं जलं तेभ्यः स्वधा नमः।

ॐ अस्मद्गुरवः सपत्नीकास्तृप्यन्ताम्।

ॐ आब्रह्मस्तंबपर्यन्तं देवर्षिपितृमानवाः। तृप्यन्तु पितरः सर्वे मातृमातामहादयः॥ अतीतकुलकोटीनां सप्तद्वीपनिवासिनाम्। आब्रह्मभुवनाल्लोकादिदमस्तु तिलोदकम्।

इति कात्यायनवचनात्॥ तर्पणाहुतिभिः सार्द्धं सन्ध्योपासनमुत्तमम्। यो नरः प्रत्यहं कुर्यात्स याति परमां गतिम्। (द्विजेन्द्रः)॥

(१) सापत्नमाता चेदत्र – ॐ अमुकगोत्रा अस्मत्सापत्नमाता गायत्रीरूपा तृप्यतामिदञ्जलं तस्यै स्वधा नमः। इत्येकाञ्जलिं दद्यात्॥

अथ गृहे देवार्चन[1] विधिः[2]

अथ पञ्चायतनदेवतास्थापनम्[3]

(१) श्रीशिवपञ्चायतनम्

विष्णु		सूर्य
	शिव	
देवी		गणेश

(२) श्रीविष्णुपञ्चायतनम्

शिव		गणेश
	विष्णु	
देवी		सूर्य

(३) श्रीसूर्यपञ्चायतनम्

शिव		गणेश
	सूर्य	
देवी		विष्णु

(४) श्रीदेवीपञ्चायतनम्

विष्णु		शिव
	देवी	
सूर्य		गणेश

(५) श्रीगणेशपञ्चायतनम्

विष्णु		शिव
	गणेश	
देवी		सूर्य

प्राङ्मुख उदङ्मुखो वा स्वासने उपविश्य पवित्रपाणिः[4] श्रीस्वेष्टपञ्चायतनं[5] पुरतः संस्थाप्य वामे कलशं गन्ध-पुष्प-धूपनैवेद्यादीनि दक्षिणे निधाय आचम्य[6] प्राणानायम्य ॐ स्वस्तिनऽइन्द्रो वृद्धश्रवाः स्वस्तिनः पूषा विश्ववेदाः।

---

(१) यो मोहादथवालस्यादकृत्वा देवतार्चनम् । भुंक्ते स याति नरके सूकरेष्विह जायते (आह्नि०) । (२) विधिहीनं भवेद्दुष्टं कृतमश्रद्धयापि च । तद्धरन्त्यसुरास्तस्य मूढत्वादकृतात्मनः ॥ श्रद्धाविधिसमायुक्तं कर्म यत्क्रियते नरैः । शुचिभिश्चैकचित्तैस्तु तदानन्त्याय कल्प्यते (वृ० पा० सं०) ॥ (३) शम्भौ मध्यगते हरीनहरभूदेव्यो हरौ शङ्करे भास्ये नागसुतारवौ हरगणेशाजाम्बिकाः स्थापिताः । देव्यां विष्णुहरैकदन्तरवयो लम्बादरेऽजेश्वरे नार्याः शङ्करभागतोऽतिसुखदो व्यस्तास्तु ते हानिदाः ॥ (४) कुशपवित्रा-भावे हेमपवित्रं धार्यम् ॥ ५) सौवर्णी राजतो वापि ताम्री रत्नमयो तथा । शैलो दारु-मयी वापि लोहसप्तमयी तथा ॥ अंगुष्ठपर्वादारभ्य वितस्ति यावदेव तु । गृहेषु प्रतिमा कार्या नाधिका शस्यते बुधैः (मत्स्य पु०) ॥ गृहे लिङ्गद्वयं नार्च्यं गणेशत्रयमेव च । द्वौ शङ्खौ नार्चयेच्चैव भग्नाश्च प्रतिमां तथा ॥ नार्चयेत्तु तथा मत्स्यकूर्मादिदशकं तथा ॥ शालिग्रामाः समाः पूज्याः समेषु द्वितयं न हि ॥ विषमा नैव पूज्यास्तु विषमेष्वेकमेव हि ॥ शालिग्रामशिलाभक्त्या पूजनीया सचक्रका । खण्डिता स्फुटिता वापि शालिग्रामशिला शुभा (प० पु०) । ग्रन्थान्तरे—एका मूर्तिनं पूज्यैव गृहिणा स्वेष्टमिच्छता । अनेक मूर्तिसम्पन्नः सर्वान्कामानवाप्नुयात् ॥ (६) व्यास—शिरः प्रावृत्य कण्ठं वा मुक्तकच्छ शिखोऽपि वा । अकृत्वा पादयोः शौचमाचान्तोऽप्यशुचिर्भवेत् ॥ अपः पाणिनखे स्पृष्ट्वा आचमेद्यस्तु वै द्विजः सुरापानेन तत्तुल्यमित्येवमृषिरब्रवीत् ॥

स्वस्तिनस्तार्क्ष्योऽरिष्टनेमिः स्वस्तिनो बृहस्पतिर्दधातु । सुशान्तिर्भवतु । ॐ अद्येत्यादि देशकालौ स्मृत्वा, अमुकगोत्रः अमुकशर्म्मा ममात्मनः श्रुतिस्मृति-पुराणोक्तफलप्राप्त्यर्थं श्रीपरमेश्वरप्रीतये (स्वेष्टदेवप्रीतये वा यथाशक्ति यथाज्ञानं यथामिलितोपचारद्रव्यैः श्रीगणपत्यादिनानादेवतापूजापूर्वकम् अमुकपञ्चायतन-पूजनकर्माहं [1]करिष्ये । तत्रादौ दिग्रक्षणं कलशाराधनं शंखघण्टाद्यर्चनञ्च करिष्ये । (वामहस्ते अक्षतान् गृहीत्वा) । ॐ भूतानि राक्षसा वापि अत्र तिष्ठन्ति केचन । ते सर्वेऽप्यपगच्छन्तु पूजाकर्म करोम्यहम् ॥ ॐ यदत्र संस्थितं भूतं स्थानमाश्रित्य सर्वतः । स्थानं त्यक्त्वा तु तत्सर्वं यत्रस्थं तत्र गच्छतु । (इत्यभिमन्त्र्य सर्वदिक्षु विकिरेत्) तत आत्मनो वामभागे पूजाकलशे ॐ गङ्गे च यमुने चैव गोदावरि सरस्वति । नर्मदे सिन्धु कावेरि-जलेऽस्मिन् सन्निधिं कुरु ॥ ॐ सर्वे समुद्रास्सरितस्तीर्थानि च ह्रदाः नदाः । आयान्तु देवपूजार्थं दुरितक्षयकारकाः । ॐ सप्तकोटिमहातीर्थान्यावाहयामि (इति साञ्जलिं तीर्थान्या-वाह्य, हस्ते अक्षतान् गृहीत्वा)—ॐ भूर्भुवः स्वः अस्मिन्कलशे वरुणं साङ्गं सपरिवारं सायुधं सशक्तिकमावाहयामि सर्वोपचारार्थे गन्धाक्षतपुष्पाणि समर्पयामि नमस्करोमि । इति संप्रार्थ्य तत [2]अनामिकया कलशं स्पृष्ट्वा) ॐ वं वरु-णाय नमः (इत्यनेनाभिमन्त्र्य तस्मादुदकादुदकं गृहीत्वा) ॐ अपवित्रः पवित्रो वा सर्वावस्थां गतोऽपि वा । यः स्मरेत्पुण्डरीकाक्षं स बाह्याभ्यन्तरः शुचिः । इत्यनेन पूजासम्भारानात्मानञ्च सम्प्रोक्ष्य ततः शंखध्वनिं कृत्वाऽऽत्मनो दक्षिणे कलशजलेन तं प्रक्षाल्याधारपात्रे विन्यस्य पुनः कलशजलेन गायत्र्या प्रपूर्य च) ॐ अग्निर्ऋषिः पवमानः पाञ्चजन्यपुरोहितः । तमीमहे महागयम्, ॐ भूर्भुवः स्वः शंखस्थदेवतायै नमः । आवाहयामि सर्वोपचारार्थे गन्धपुष्पाणि समर्पयामि नमस्करोमि (इति सम्पूज्य प्रार्थयेत्) अव्यात्स नः कुमुदकुन्दमृणालगौरः, शंखो हरेः करतलाम्वुजराजहंसः नादेन यस्य सुरशत्रुविलासिनीनां नीव्यो भवन्ति शिथिलाः जघनस्थलीषु ॥ त्वं पुरा सागरोत्पन्नो विष्णुना विधृतः करे । पूजितस्सर्वदेवैश्च पाञ्चजन्य नमोऽस्तु ते । (इति साञ्जलि साम्प्रार्थ्य घण्टां प्रपूजयेत्) ॐ आगमार्थन्तु देवानां गमनार्थन्तु रक्षसाम् । कुरु घण्टे वरं नादं देवतास्थानसन्निधौ (इति घण्टां[3] वादयित्वा) ॐ भूर्भुवः स्वः घण्टास्थाय गरुडाय नमः आवाहयामि सर्वोपचारार्थे गन्धाक्षतपुष्पाणि समर्पयामि नमस्करोमि ।

---

(१) शिवविष्णुसूर्यादि । (२) स्पृशन्त्वनामिकाग्रेण क्वचिदालोकयन्नपि । अनुमन्त्रेण सर्वत्र सदैवमभिमन्त्रयेत् ॥ (३) स्नाने धूपे तथा दीपे नैवेद्ये भूषणे तथा । घण्टानादं प्रकुर्वीत तथा नीराजनेऽपि च ॥

देवपञ्चकध्यानम्—श्रीशिवध्यानम्, ॐ ध्यायेन्नित्यं महेशं रजतगिरिनिभं चारुचन्द्रावतंसं, रत्नाकल्पोज्ज्वलाङ्गं परशुमृगवराभीतिहस्तं प्रसन्नम्। पद्मासीनं समन्तात्स्तुतममरगणैर्व्याघ्रकृत्तिं वसानं, विश्वाद्यं विश्ववन्द्यं निखिलभयहरं पञ्चवक्त्रं त्रिनेत्रम्।

श्रीविष्णुध्यानम्--ॐ विष्णुं शारदचन्द्रकोटिसदृशं शंखं रथाङ्गं गदामम्भोजं दधतं सिताब्जनिलया कान्त्या जगन्मोहनम्। आबद्धाङ्गदनारकुण्डलमहामौलिस्फुरत्कङ्कणं, श्रीवत्साङ्कमुदारकौस्तुभधरं वन्दे मुनीन्द्रैः स्तुतम्॥

श्रीसूर्यध्यानम्—ॐ ध्येयः सदा सवितृमण्डलमध्यवर्ती, नारायणः सरसिजासनसन्निविष्टः। केयूरवान्मकरकुण्डलवान्किरीटी हारी हिरण्मयवपुर्धृतशंखचक्रः॥

श्रीगणपतिध्यानम्--श्वेताङ्गं श्वेतवस्त्रं सितकुसुमगणैः पूजितं श्वेतगन्धैः, क्षीराब्धौ रत्नदीपैः सुरनरतिलकं रत्नसिंहासनस्थम्। दोर्भिः पाशाङ्कुशाब्जाभयवरमनसं चन्द्रमौलिं त्रिनेत्रं, ध्यायेच्छान्त्यर्थमीशं गणपतिमलं श्रीसमेतं प्रसन्नम्॥

श्रीदेवीध्यानम्—विद्युद्दामसमप्रभां मृगपतिस्कन्धस्थितां भीषणां, कन्याभिः करवालखेटविलसद्धस्ताभिरासेविताम्। हस्तैश्चक्रगदासिखेटविशिखांश्चापं गुणं तर्जनीं, बिभ्राणामनलात्मिकां शशिधरां दुर्गां त्रिनेत्रां भजे॥ ॐभूर्भुवः स्वः श्रीशिवपञ्चायतनदेवताभ्यो नमः ध्यायामि। आवाहनाभावे[1] पुष्पाञ्जल्यर्पणम्—ॐ सहस्रशीर्षा पुरुषः सहस्राक्षः सहस्रपात्। सभूमिꣳ सर्व्वतस्पृत्वात्यतिष्ठद्दशाङ्गुलम्॥ आगच्छ देवदेवेश तेजोराशे जगत्पते। क्रियमाणां मया पूजां गृहाण सुरसत्तम (शालिग्रामादौ तु हरिसान्निध्यात् तत्र भावनामात्रं कार्यम्) ॐ भूर्भुवः स्वः श्रीशिवपञ्चायतन[2] देवताभ्यो नमः। आवाहनाभावे पुष्पाञ्जलिं समर्पयामि॥

आसनम्—ॐ पुरुषऽएवेदꣳ सर्वं यद्भूतं यच्च भाव्यम्। उतामृतत्वस्येशानो यदन्नेनातिरोहति। रम्यं सुशोभनं दिव्यं सर्वसौख्यकरं शुभम्। आसनञ्च मया दत्तं गृहाण परमेश्वर। ॐ भूर्भुवः स्वः श्रीशिवपञ्चायतनदेवताभ्यो नमः आसनं समर्पयामि इति पुष्पादिकं दद्यात्।

पाद्यम्—ॐ एतावानस्य महिमातो ज्यायांश्च पूरुषः। पादोस्य व्विश्वा भूतानि त्रिपादस्यामृतन्दिवि॥ उष्णोदकं निर्मलञ्च सर्वसौगन्ध्य-

---

(१) कुर्यादावाहनं मूर्तौ मृण्मय्यां सर्वदैव हि। प्रतिमायां जले वह्नौ नावाहनविसर्जने॥ शालिग्रामार्चने नैव आवाहनविसर्जने॥ आवहनं ऋचा दद्यात्पूर्वं पुष्पाञ्जलिं हरेः। अन्ते पुष्पाञ्जलिं दद्यात् पूजासम्पूर्तिहेतवे॥ (२) अत्र विष्णुपञ्चायतनपक्षे श्रीविष्णुपञ्चायतनदेवताभ्यो नमः सर्वत्र इत्यूहः कार्यः॥

संयुतम् । पादप्रक्षालनार्थाय दत्तं ते प्रतिगृह्यताम् ॥ ॐ भूर्भुवः स्वः श्रीशिवपञ्चायतनदेवताभ्यो नमः पाद्यं समर्पयामि पादयोर्दद्यात् ॥

अर्घ्यम्—त्रिपादूर्द्ध्व उदैत्पुरुषः पादोस्येहाभवत्पुनः । ततो व्विष्वङ् व्यक्रामत् साशनानशनेऽअभि॥ अर्घ्यंगृहाण देवेश गन्धपुष्पाक्षतैः सह । करुणाकर मे देव गृहाणार्घ्यं नमोऽस्तुते ॥ ॐ भूर्भुवः स्वः श्रीशिवपञ्चायतनदेवताभ्यो नमः अर्घ्यं समर्पयामि इति मूर्ध्नि दद्यात् ।

आचमनम्—ॐ ततो व्विराडजायत व्विराजोऽअधि पूरुषः । सजातोऽअत्यरिच्यत पश्चाद् भूमिमथो पुरः ॥ सर्वतीर्थसमायुक्तं सुगन्धि निर्मलं जलम् । आचम्यतां मया दत्तं गृहीत्वा परमेश्वर ॥ ॐ भूर्भुवः स्वः श्रीशिवपञ्चायतनदेवताभ्यो नमः आचमनीयं समर्पयामि इत्याचमनं मुखे दद्यात् ॥

स्नानम्[1]—ॐ तस्माद्यज्ञात्सर्व्वहुतः सम्भृतम्पृषदाज्यम् । पशूँस्ताँश्चक्रे व्वायव्व्या नारण्याग्ग्राम्याश्च ये ॥ गङ्गासरस्वतीरेवापयोष्णीनर्मदाजलैः । स्नापितोऽसि मया देव तथा शान्तिं कुरुष्व मे । ॐ भूर्भुवः स्वः श्रीशिवपञ्चायतनदेवताभ्यो नमः स्नानं[2] समर्पयामि ॥

वस्त्रम्[3]—ॐ तस्माद्यज्ञात्सर्व्वहुत ऋचः सामानि जज्ञिरे छन्दाᳬसि जज्ञिरे तस्माद्यजुस्तस्मादजायत ॥ सर्वभूषादिके सौम्ये लोकलज्जानिवारणे । मयोपपादिते तुभ्यं वाससी प्रतिगृह्यताम् ॥ ॐ भूर्भुवः स्वः श्रीशिवपञ्चायतनदेवताभ्यो नमः वस्त्रं (वस्त्राभावे पुष्पाक्षतान्) समर्पयामि ॥

यज्ञोपवीतम्—ॐ तस्मादश्वाऽअजायन्त ये के चोभयादतः । गावोह जज्ञिरे तस्मात्तस्माज्जाताऽअजावयः ॥ नवभिस्तन्तुभिर्युक्तं त्रिगुणं देवतामयम् । उपवीतं चोत्तरीयं गृहाण परमेश्वर ॥ ॐ भूर्भुवः स्वः श्रीशिवपञ्चायतनदेवताभ्यो नमः यज्ञोपवीतं (तदभावेऽक्षतान्) समर्पयामि ॥

गन्धम्—ॐ तं य्यज्ञं वर्हिषि प्रौक्षन्पुरुषञ्जातमग्ग्रतः । तेन देवाऽअयजन्तः साध्याऽऋषयश्च ये ॥ श्रीखण्डं चन्दनं दिव्यं गन्धाढ्यं सुमनोहरम् । विलेपनं सुरश्रेष्ठ चन्दनं प्रतिगृह्यताम् ॥ ॐ भूर्भुवः स्वः श्रीशिवपञ्चायतनदेवताभ्यो नमः गन्धं समर्पयामि ॥

---

(१) प्रतिमापट्टयन्त्राणां नित्यस्नानं न कारयेत् । कारयेत्पर्वदिवसे यथामलनिवारणम् ॥ अयं नियमस्तु षडङ्गुलोर्द्ध्वप्रतिमादिषु बोद्धव्यः । (२) शक्तश्चेदत्र शालिग्रामोपरि तुलसीदलं तथा शिवोपरि बिल्वपत्रं समर्प्य धारापात्रं गन्धादिभिः सम्पूज्य पुरुषसूक्तेन गन्धोदकेन देवानां मूर्ध्नि अभिषेकस्नानं कार्यम् ॥ (३) वस्त्रं प्रत्यहं न नवीनं किन्तु समर्पितमेवाभ्युक्ष्य समर्पयेत् तदुक्तं तत्त्वसारे—वस्त्रमभ्युक्षणाच्छुद्धयेन्न परन्तु दिने दिने ॥ यदि वस्त्रं न भवति तदा पुष्पं दद्यात् ॥

अक्षताः[1]—ॐ अक्षन्नमी मदन्त ह्यवप्रिया ऽअधूषत। अस्तोषत स्वभानवो विप्रान विष्ठयामतोयोजान्विन्द्रते हरी ॥ अक्षताश्च सुरश्रेष्ठ कुंकुमाक्ताः सुशोभिताः। मया निवेदिता भक्त्या गृहाण परमेश्वर॥ ॐ भूर्भुवः स्वः श्रीशिवपञ्चायतनदेवताभ्यो नमः अक्षतान्समर्पयामि ॥

पुष्पम्[2]—ॐ यत्पुरुषं व्यदधुः कतिधा व्यकल्पयन्। मुखं किमस्यासीत् किम्बाहू किमूरू पादाऽउच्येते ॥ माल्यादीनि सुगन्धीनि मालत्यादीनि वै प्रभो। मयानीतानि पुष्पाणि गृहाण परमेश्वर। ॐ भूर्भुवः स्वः श्रीशिवपञ्चायतनदेवताभ्यो नमः पुष्पाणि समर्पयामि ॥

धूपम्[3]—ॐ ब्राह्मणोस्य मुखमासीद्बाहू राजन्यः कृतः। उरू तदस्य यद्वैश्यः पद्भ्याᳬशूद्रो अजायत ॥ वनस्पतिरसोद्भूतो गन्धाढ्यो गन्ध उत्तमः। आघ्रेयः सर्वदेवानां धूपोऽयं प्रतिगृह्यताम्। ॐ भूर्भुवः स्वः श्रीशिवपञ्चायतनदेवताभ्यो नमः धूपमाघ्रापयामि ॥

दीपम्[4]—चन्द्रमा मनसो जातश्चक्षोः सूर्योऽअजायत। श्रोत्राद्वायुश्च प्प्राणश्च मुखादग्निरजायत ॥ आज्यञ्च वर्तिसंयुक्तं वह्निना योजितं मया। दीपं गृहाण देवेश त्रैलोक्यतिमिरापह ॥ ॐ भूर्भुवः स्वः श्रीशिवपञ्चायतनदेवताभ्यो नमः दीपं दर्शयामि ॥

नैवेद्यम्[5]—स्वर्णरौप्यादिभाजने द्राक्षादिकं यथाशक्ति परिवेष्य

---

(१) नाक्षतैरर्चयेद्विष्णुं न तुलस्या गणाधिपम्। न दूर्वया यजेद्देवीं बिल्बपत्रैश्च भास्करम् ॥ उन्मत्तमर्कपुष्पञ्च विष्णोर्वर्ज्यं सदा बुधैः। (ज्ञा० मा०) ॥ अन्यच्च—नाक्षतैः पूजयेद्विष्णुं न शिवं शंखवारिणा ॥ (२) पत्रं वा यदि वा पुष्पं फलं नेष्टमधोमुखम्। यथोत्पन्नं तथा देय विल्वपत्रमधोमुखम्। मध्यमानामिकामध्ये पुष्पं संग्राह्य पूजयेत्। अंगुष्ठतर्जनीभ्यान्तु निर्माल्यमपनोदयेत् ॥ (३) धूपनिवेदनस्थानम्—वामतस्त तथा धूपमग्रे वा न तु दक्षिणे। दद्यादिति शेषः ॥ न भूमौ वितरेद धूपं नासने न घटे तथा। यथा तथाऽऽधारगतं कृत्वा तं विनिवेदयेत् ॥ (४) दीपं दक्षिणतो दद्यात् पुरतो वा, न वामतः। देवताया इति शेषः। आर्तिक्यपद्यं पूजाहोमप्रकरणे द्रष्टव्यम् ॥ (५) हविः शाल्योदनं दिव्यमाज्ययुक्तं च शर्कराम्। नैवेद्यं देवदेवाय यावकं पायसं तथा ॥ नैवेद्यवस्त्वलाभे तु फलानि च निवेदयेत्। फलानामप्यलाभे तु तोयान्यपि निवेदयेत्। ज्योतिर्लिङ्गं विना लिगं यः पूजयति सत्तमः। तस्य नैवेद्यनिर्माल्यभक्षणात्तप्तकृच्छ्रकम्। (भवि०) ॥ अग्राह्यं शिवनैवेद्यं पत्रं पुष्पं फलं जलम्। शालिग्राम-शिला-संगात्सर्वं याति पवित्रताम्। बाणलिङ्गे स्वयंभूते चन्द्रकान्ते हृदि स्थिते। चान्द्रायणसमं ज्ञेयं शम्भोर्नैवेद्यभक्षणम् ॥ ग्राह्याग्राह्यविचारोऽयं बाणलिङ्गे न विद्यते। तदर्पितं जलं चान्नं ग्राह्यं प्रसादसंज्ञया (आ० कं० सू०) ॥

तुलसीदलेन संप्रोक्ष्य तत्तुलसीदलं नैवेद्योपरि निधाय धेनुमुद्रां दर्शयित्वा देवे पुष्पाञ्जलिं दत्वा पूजितां घण्टां वामहस्तेन वादयन्—ॐ नाभ्याऽआसीदन्तरिक्ष-ᳪ शीर्ष्णो द्यौः समवर्तत। पद्भ्यां भूमिर्दिशः श्रोत्राँस्तथा लोकाँऽअकल्पयन्। नैवेद्यं गृह्यतां देव भक्तिं मे ह्यचलां कुरु। ईप्सितं मे वरं देहि परत्र च परां गतिम्। ॐ प्राणाय स्वाहा। ॐ अपानाय स्वाहा। ॐ व्यानाय स्वाहा। ॐ उदानाय स्वाहा। ॐ समानाय स्वाहा। ॐ भूर्भुवः स्वः श्रीशिवपञ्चायतन-देवताभ्यो नमः। नैवेद्यं समर्पयामीति ग्रासमुद्रया नैवेद्यं समर्प्य धूपदीप-समर्पणं कुर्यात्। ॐ पूर्वापोशनं समर्पयामि। नैवेद्यमध्ये पानीयं समर्पयामि। उत्तरापोशनं समर्पयामि। हस्तप्रक्षालनं समर्पयामि। मुखप्रक्षालनं समर्पयामि। ताम्बूलं (एलाफलं वा) समर्पयामि।

नमस्कारः—ॐ यत्पुरुषेण हविषा देवा यज्ञमतन्वत। व्वसन्तोऽस्यासीदाज्यं ग्ग्रीष्मऽइध्मः शरद्धविः। ॐ नमस्ते पुण्डरीकाक्ष नमस्ते ह्यमरप्रिय। नमस्ते जगदानन्द देवदेव नमोऽस्तु ते॥ ॐ भूर्भुवः स्वः श्रीशिवपञ्चायतनदेवताभ्यो नमः। नमस्कारं समर्पयामि। प्रदक्षिणा—ॐ सप्तास्यासन्परिधयस्त्रिसप्त समिधः कृताः। देवा यद्यज्ञन्तन्वानाऽअबध्नन्पुरुषम्पशुम्। यानि कानि च पापानि जन्मान्तरकृतानि च। तानि सर्वाणि नश्यन्तु प्रदक्षिणपदे पदे॥ ॐ भूर्भुवः स्वः श्रीशिवपञ्चायतनदेवताभ्यो नमः प्रदक्षिणां समर्पयामि (पुष्पाञ्जलिमादाय) ॐ यज्ञेन यज्ञमयजन्त देवास्तानि धर्माणि प्रथमान्यासन्। तेहनाकम्महिमानः सचन्त यत्र पूर्वे साद्धयाः सन्ति देवाः॥ नानासुगन्धपुष्पाणि यथाकालोद्भवानि च। पुष्पाञ्जलिं मया दत्तं गृहाण परमेश्वर। ॐ भूर्भुवः स्वः श्रीशिवपञ्चा-यतनदेवताभ्यो नमः मन्त्रपुष्पाञ्जलिं समर्पयामि॥

पार्षदपूजा—ॐ भूर्भुवः स्वः श्रीशिवपञ्चायतनपार्षदगणेभ्यो नमः गन्धा-क्षतपुष्पाणि समर्पयामि नमस्करोमि—ॐ नमः सर्वहितार्थाय जगदा-धारहेतवे। साष्टाङ्गोऽयं प्रणामस्ते प्रयत्नेन मया कृतः॥ ॐ भू० श्रीशिव-पञ्चायतन० सा० प्र० स०॥ इति वदन्साष्टाङ्गं[१] प्रणमेत् तदनन्तरं स्वोपदिष्टं मूलमन्त्रं यथाशक्ति जप्त्वा[२] स्तवेन स्तुत्वा कर्मेश्वरार्पणं कुर्यात्। घण्टां शङ्खञ्च सम्पूज्य प्रार्थयेत्—प्रदक्षिणीकृत्य कृतप्रणामस्त्वां प्रार्थये नाथ सकृत्सकामः। त्वदीयदासे मयि दासदासे पीयूषवृष्टिं खलु देहि दृष्टिम्॥ आवाहनं न जानामि न जानामि तवार्चनम्। पूजां चैव न जानामि क्षमस्व परमेश्वर॥ अन्यथा

---

(१) दोर्भ्यां पद्भ्यां च जानुभ्यामुरसा शिरसा दृशा। मनसा वचसा चेति प्रणामोऽष्टाङ्ग ईरितः॥ (२) पित्र्यमन्त्रानुद्रवाणे आत्मालम्भेऽधमेक्षणे। अधोवायुसमुत्सर्गे प्रहासेऽनृत-भाषणे॥ मार्जारमूषिकस्पर्शे आक्रुष्टे क्रोधसम्भवे। निमित्तेष्वेषु सर्वेषु कर्म कुर्वन्नपः स्पृशेत्॥

शरणं नास्ति त्वमेव शरणं मम। तस्मात्कारुण्यभावेन रक्षस्व परमेश्वर ॥ अपराधो भवत्येव सेवकस्य पदे पदे। कोऽपर: सहतां लोके केवलं स्वामिनं विना ॥ भूमौ स्खलितपादानां भूमिरेवावलम्बनम्। त्वयि जातापराधानां त्वमेव शरणं मम ॥ मन्त्रहीनं क्रियाहीनं भक्तिहीनं सुरेश्वर। यत्पूजितं मया देव परिपूर्णं तदस्तु मे ॥ यदक्षरपदभ्रष्टं मात्राहीनञ्च यद्भवेत्। क्षन्तुमर्हसि देवेश कस्य न स्खलितं मनः ॥ करचरणकृतं वा कायजं कर्मजं वा श्रवणनयनजं वा मानसं वाऽपराधम् ॥ विदितमविदितं वा सर्वमेतत्क्षमस्व जय जय करुणाब्धे श्रीमहादेव शम्भो ॥ मत्समो नास्ति पापिष्ठस्त्वत्समो नास्ति पापहा। इति संचिन्त्य देवेश यथेच्छसि तथा कुरु ॥ (इति सम्प्रार्थ्य साक्षतजलं गृहीत्वा) ॥

अर्पणम्[1]--ॐ अनेन यथाज्ञानयथालब्धोपचारद्रव्यैः कृतपूजनेन श्रीशिवपञ्चायतनदेवता[2] प्रीयतां न मम। ॐ तत्सद्ब्रह्मार्पणमस्तु। यस्या स्मृत्या च नामोक्त्या तपोयज्ञक्रियादिषु। न्यूनं सम्पूर्णतां याति सद्यो वन्दे तमच्युतम्। ॐ विष्णवे नमो विष्णवे नमो विष्णवे नमः ॥

जलपूरितशङ्खभ्रामणम्—शंखमध्ये स्थितं तोयं भ्रामितं केशवोपरि। अङ्गलग्नं मनुष्याणां ब्रह्महत्यां व्यपोहति ॥ इत्युक्त्वा शङ्खं देवोपरि भ्रामयित्वा, तस्योदकेन स्वशिरस्युरसि चाभ्युक्ष्य स्वशरीरं मार्जयेत् ॥

तीर्थचरणामृतग्रहणम्—ॐ अकालमृत्युहरणं ब्रह्महत्यादिनाशनम्। रोगघ्नं पुण्यदं पास्ये सुरपादावनेजनम्। (इति मन्त्रेण विष्ण्वर्पिततुलसीदल-सहितं देवतीर्थं पिबेत्। निर्माल्यधारणम्—देवनिर्माल्यमङ्गुष्ठ[3]तर्जनीभ्यां गृहीत्वा दक्षिणनासावघ्राणं कृत्वा शिरसि धारयेत्, ततः मातृपितृमुखान् गुरून् वृद्धांश्च प्रणमेत्[4]) ॥ ततः सर्वाङ्गमर्दनपूर्वकम् सूर्यकिरणस्नानं कुर्यात् ॥

इति गृहे पञ्चदेवपूजाविधिः।

-:०:-

(१) पञ्चायतनदेवतानां विसर्जनं नास्ति ॥ नित्यं नैमित्तिकं काम्यं यच्चान्यन्मोक्ष-साधनम्। विष्णौ समर्पितं सर्वं सात्त्विकं फलदं भवेत् ॥

(२) विष्णुपञ्चायतनपक्षे विष्णुपञ्चायतनदेवता प्रीयतां न मम। अत्यशक्त-गृहस्थानां पञ्चोपचारपूजा - एते गन्धपुष्पे ॐ श्रीशिवपञ्चायतनदेवताभ्यो नमः। एतत्पुष्पं ॐ श्रीशिवपञ्चायतनदेवताभ्यो नमः। एष धूपः ॐ श्रीशिवपञ्चायतनदेवताभ्यो नमः। एष दीपः ॐ श्रीशिवपञ्चायतनदेवताभ्यो नमः। एतन्नैवेद्यं ॐ श्रीशिवपञ्चायतनदेवताभ्यो नमः। (३) विष्णुदेहपरामृष्टं माल्यं पापहरं स्मृतम्। यो नरः शिरसा धत्ते स याति हरिमञ्जसा (आ०) ॥ (४) अभिवादनशीलस्य नित्यं वृद्धोपसेविनः। चत्वारि तस्य वर्द्धन्ते आयुर्लक्ष्मीर्यशो बलम्। (स्मृ०) ॥

अथ पञ्चयज्ञ-(बलिवैश्वदेव[1]) प्रयोगः

(आचम्य प्राणानायम्य) ॐ अद्येहेत्यादि देशकालौ संकीर्त्य मम गृहे पञ्चसूना[2] जनितपापक्षयपूर्वकश्रीयज्ञेश्वरप्रीतये पावकाग्नौ चतुर्भिर्यज्ञैः वैश्वदेवमहं करिष्ये, (इति संकल्प्य)—ॐ चत्वारि शृङ्गा त्रयोऽअस्य पादा द्वे शीर्षे सप्त हस्तासोऽस्य। त्रिधा बद्धो वृषभो रोरवीति महोदेवो मर्त्यां २ आविवेश (इति मन्त्रेणात्मदक्षिणे समिद्धमग्निं प्रतिष्ठाप्य)—ॐ पावकनामाग्ने वैश्वानराय नमः (इति गन्धादिना सम्पूज्य प्रार्थयेत्)—ॐ मुखं यः सर्वदेवानां हव्यभुक् कव्यभुक् तथा। पितॄणां च नमस्तस्मै विष्णवे पावकात्मने (इति प्रार्थ्य जलेन पर्युक्ष्य दक्षिणजानुनिपातनं कृत्वा वामहस्तेन हृदयं स्पृशन् अङ्गुल्यग्रस्थ-देवतीर्थेन प्रज्वलितेऽग्नौ तदभावे जले घृताक्तबदरीफलप्रमाणाहुतीर्जुहुयात्[3] यथा—ॐ ब्रह्मणे स्वाहा इ०। ॐ प्रजापतये स्वाहा० इ०। गृह्याभ्यः स्वाहा इ०। ॐ कश्यपाय स्वाहा इ०। ॐ अनुमतये स्वाहा इ०। ॐ विश्वेभ्यो देवेभ्यः स्वाहा इ०। ॐ अग्नये स्विष्टकृते स्वाहा इ०। इति देवयज्ञः[4] प्रथमः। (ततो हुतशेषान्नेन मणिक् समीपे प्राक्संस्थं बलित्रयं दद्यात्)। ॐ पर्ज्जन्याय नमः। ॐ अद्भ्यो नमः। ॐ पृथिव्यै नमः। (ततोऽग्नेः पश्चाज्जलेन वितस्तिमानम् उदकेन मण्डलं कृत्वा तत्र गृहद्वारशाखे प्रकल्प्य बलिहरणं कुर्यात्) ॐ धात्रे नमः। ॐ विधात्रे नमः इति दक्षिणोत्तरयोर्द्वारशाखयोः॥ ॐ वायवे नमः पूर्वे। ॐ वायवे नमः याम्याम्। ॐ वायवे नमः पश्चिमायाम्। ॐ वायवे नमः

---

(१) अकृत्वा वैश्वदेवन्तु नैवेद्यं यो निवेदयेत्। न गृह्णन्ति तदन्नं वै देवा विष्णवादयोऽपि च (अयञ्च निषेधः पाकनैवेद्यमुद्दिश्यैव, फलादिनैवेद्यविधानन्तु पूर्वमुक्तमेव) यस्मिन्नग्नौ भवेत् पाको वैश्वदेवस्तु तत्र वै ॥ एकपाके निवसतां पितृदेवद्विजार्चनम्। एकं भवेद्विभक्तानां तदेव स्याद् गृहे गृहे (मनुः) ॥ अकृते वैश्वदेवे तु भिक्षौ च गृहमागते। उद्धृत्य वैश्वदेवार्थं भिक्षां दत्त्वा विसर्जयेत् ॥ सन्ध्या स्नानं जपश्चैव देवतानाञ्च पूजनम्। वैश्वदेवं तथातिथ्यं षट् कर्माणि दिने दिने (वृ० पा०) ॥ (२) पञ्चसूना गृहस्थस्य चुल्ली पेषण्युपस्करी। कण्डनी चोदकुम्भी च तासां पापस्य शान्तये ॥ (३) न चुल्ल्यामायसे पात्रे न भूमौ न च खर्परे। वैश्वदेवं प्रकुर्वीत कुण्डे वा स्थंडिलेऽपि वा (गृह्यज्ञकल्पावलिः) ॥ फलैर्दधिघृतैः कुर्यान्मूलशाकोदकादिभिः। अलाभे येन केनापि काष्ठैर्मूलतृणादिभिः ॥ जुहुयात्सर्पिषाऽभ्यक्तं तैलक्षारविवर्जितम्। दध्यक्तं पयसाभ्यक्तं तदभावेऽम्भसापि वा (विश्वा० क०)। कोद्रवं चणकं माषं मसूरञ्च कुलित्थकम्। दग्धमन्नं तथोच्छिष्टं वैश्वदेवे विवर्जयेत्। अकरणे दोषः—यदग्नौ हूयते नैव यस्य ग्रासो न दीयते। अभोज्यं तद्द्विजातीनां भुक्त्वा चान्द्रायणं चरेत् ॥ (४) पञ्चमहायज्ञाः देवभूतपितृब्रह्ममनुष्याणामनुक्रमात्। महासत्राणि जानीयात्त एवेह महामखाः (कात्यायनः) ॥

उत्तरस्याम्। ततःपूर्वतः क्रमात्—ॐ प्राच्यै नमः इति पूर्वे। ॐ अवाच्यै नमः इति दक्षिणे। ॐ प्रतीच्यै नमः इति पश्चिमे। ॐ उदीच्यै नमः इति उत्तरे। दत्तानां बलीनां मध्ये प्राक्संस्थं—ॐ ब्रह्मणे नमः। ॐ अन्तरिक्षाय नमः। ॐ सूर्याय नमः इति मध्ये। ततो ब्रह्मादीनां बलित्रयाणामुत्तरे, ॐ विश्वेभ्यो देवेभ्यो नमः। विश्वेभ्यो भूतेभ्यो नमः। ॐ उषसे नमः। ॐ भूतानां पतये नमः। इत्युत्तरोत्तरम्। इति भूतयज्ञो द्वितीयः॥

ततो देवानां[1] नैवेद्यार्पणम्—श्रीदेवसम्मुखपवित्रस्थले चतुरस्रमण्डलोपरि नैवेद्यपात्रं सोपस्करं निधाय—ॐ नमो भगवते वासुदेवायेति मन्त्रेण पात्रसमन्ताज्जलधारया पंक्तिवारणं कुर्यात्, कवलाकारं तदन्नं गायत्रीमन्त्रेण तुलसीदलेन सम्प्रोक्ष्य नैवेद्योपरि तत्तुसीदलं निधाय धेनुमुद्रां प्रदर्श्य सव्यहस्तस्याङ्गुलीः समानाः कृत्वा नैवेद्यमर्पयेत्[2]—ॐ प्राणाय स्वाहा। ॐ अपानाय स्वाहा। ॐ व्यानाय स्वाहा। ॐ समानाय स्वाहा। ॐ उदानाय स्वाहा। ॐ पत्रं पुष्पं फलं तोयं यो मे भक्त्या प्रयच्छति। तदहं भक्त्युपहृतमश्नामि प्रयतात्मनः (इति समर्प्य नैवेद्यमध्ये पानीयं समर्पयामि, उत्तरापोशनं समर्पयामि, हस्तप्रक्षालनं मुखप्रक्षालनं च समर्पयामि, मुखवासार्थं ताम्बूलं (तदभावे गन्धपुष्पं) समर्पयामि।

अथ पितृयज्ञस्तृतीयः—ततोऽपसव्येन दक्षिणाभिमुखः पातितवामजानुः ब्रह्मादिबलित्रयस्य दक्षिणप्रदेशे पितृतीर्थेन—ॐ पितृभ्यः स्वधा नमः इति पितृयज्ञस्तृतीयः। सव्यं विधाय बलिशेषान्नलिप्तपात्रं प्रक्षाल्य तज्जलं ॐ यक्ष्मैतत्ते निर्णेजनं नमः इति मन्त्रेण ब्रह्मादिबलितो वायव्यां दिशि उत्सृजेत्। पूर्वमकृतश्चेदत्र ब्रह्मयज्ञः कार्यः॥

अथ मनुष्ययज्ञश्चतुर्थः—अतिथिप्राप्तौ[3] भोजनपर्याप्तमन्नं षोडशग्रासमितं[4] वा अतिथेरभावे ग्रासचतुष्टयं ग्रासमितं वा निवीत्युदङ्मुखः प्राजापत्येन तीर्थेन—ॐ हन्त ते सनकादिमनुष्येभ्यो नमः इति मनुष्ययज्ञः॥

---

(१) गृहे यदस्ति सिद्धान्नं तद्विष्णोः प्राङ् निवेद्य च। दद्याद् देवर्षिपितृभ्यस्तत्तेषां तृप्तिकारणम्॥ (२) वामहस्तेन गृहीतलघुवस्त्रेण स्वनेत्राच्छादितेन नैवेद्यमर्पयेत्। (३) अचिन्तितमनाहूत देशकाल उपस्थितम्। अतिथिं तं विजानीयान्नातिथिः पूर्वमागतः॥ विप्रो वा यदि वा द्वेष्यो मूर्खः पण्डित एव वा। वैश्वदेवे तु सम्प्राप्ते सोऽतिथिः स्वर्गसंज्ञकः॥ (पराशरः) अतिथिपूजने बृहस्पतिः—प्रीयते स्वागतेनाग्निरासनेन शतक्रतुः। पितरः पादशौचेन भोजनेन प्रजापतिः॥ नाग्निहोत्रेण दानेन नोपवासोपवेशनैः। देवाश्च परितुष्यन्ति यथा त्वतिथिपूजनात् (शंखः) अतिथिर्यस्य भग्नाशो गृहात्प्रतिनिवर्तते। स दत्त्वा दुष्कृतं तस्मै पुण्यमादाय गच्छति (म० भा०)॥ (४) ग्रासप्रमाणं भिक्षा स्यादग्रग्रासचतुष्टयम्। अग्रं चतुर्गुणं प्राहुर्हन्तकारं द्विजोत्तमाः भोजनं हन्तकारं वा अग्रं भिक्षामथापि वा। अदत्त्वा तु न भोक्तव्यं यथा विभवमात्मनः॥

अथ पञ्चबलिहरणम्[1]—(विष्णुसव्यं कृत्वा) ॐ देवा मनुष्याः पशवो वयांसि सिद्धाः सयक्षोरगदैत्यसङ्घाः। प्रेताः पिशाचास्तरवः समस्ता ये चान्नमिच्छन्ति मया प्रदत्तम्, इदं देवादिभ्यो नमः। ॐ पिपीलिकाकीटपतङ्गकाद्या बुभुक्षिताः कर्मनिबन्धबद्धाः। तृप्त्यर्थमन्नं हि मया प्रदत्तं येषामिदं ते सुखिनो भवन्तु, इदं पिपीलिकादिभ्यो नमः। ॐ सौरभेय्यः सर्वहिताः पवित्राः पुण्यराशयः। प्रतिगृह्णन्तु मे ग्रासं गावस्त्रैलोक्यमातरः, इदं गोभ्यो नमः। (ततोऽपसव्यं दक्षिणाभिमुखो गृहाद्बहिर्मण्डलाद्बहिर्वा भूमाववसिच्य)—ॐ ऐन्द्रवरुणवायव्याः सौम्या वै नैर्ऋतास्तथा। वायसाः प्रतिगृह्णन्तु भूमौ दत्तमिमं बलिम्, इदं वायसेभ्यो नमः। ॐ द्वौ श्वानौ श्यामशबलौ वैवस्वतकुलोद्भवौ। ताभ्यामन्नं प्रदास्यामि स्यातामेतावहिंसकौ, इदं श्वभ्यां नमः।

॥ बलिहरणमण्डलम् ॥

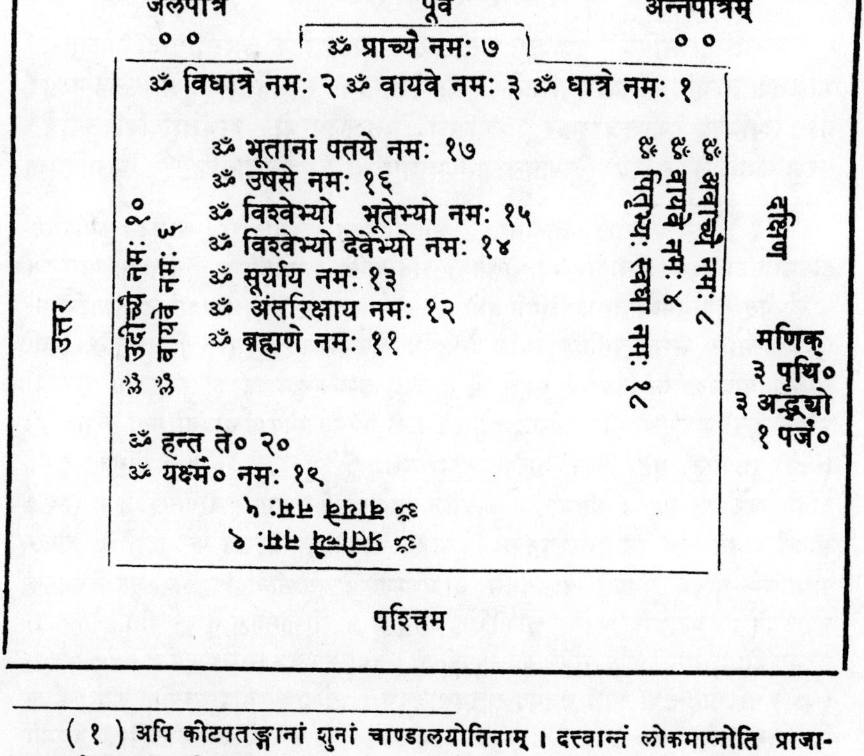

(१) अपि कीटपतङ्गानां शुनां चाण्डालयोनिनाम्। दत्त्वान्नं लोकमाप्नोति प्राजापत्यशतं समाः (नन्दिपुरा०) ॥

ततः हस्तं प्रक्षाल्याचम्य वैश्वदेविकं भस्म किञ्चिल्ललाटादिषु स्पर्शयेत्। ॐ त्र्यायुषं जमदग्नेः, इति ललाटे। कश्यपस्य त्र्यायुषम्, इति ग्रीवायाम्। यद्देवेषु त्र्यायुषम्, इति बाहुमूले। तन्नोऽअस्तु त्र्यायुषम्, इति हृदि। ॐ श्रद्धां मेधां यशः प्रज्ञां विद्यां बुद्धिं श्रियं बलम्। आयुष्यं तेज आरोग्यं देहि मे हव्यवाहन, इति नमस्कृत्याग्निविसर्जनम्—ॐ गच्छ गच्छ सुरश्रेष्ठ स्वस्थाने परमेश्वर। यत्र ब्रह्मादयो देवास्तत्र गच्छ हुताशन॥ इति विसृज्य कुशपवित्रत्यागं कृत्वा अर्पणम्—अनेन वैश्वदेवाख्येन कर्मणा श्रीयज्ञस्वरूपी परमेश्वरः प्रीयताम्, साञ्जलिः प्रार्थयेत्। ॐ प्रमादात्कुर्वतां कर्म प्रच्यवेताध्वरेषु यत्। स्मरणादेव तद्विष्णोः सम्पूर्णं स्यादिति श्रुतिः॥ ॐ यस्य स्मृत्या च नामोक्त्या तपोयज्ञक्रियादिषु। न्यूनं सम्पूर्णतां याति सद्यो वन्दे तमच्युतम्, ॐ विष्णवे नमो विष्णवे नमो विष्णवे नमः। प्रागदत्तं बलिं गवादिभ्योऽर्पयेत्॥ इति वैश्वदेवप्रयोगः॥

अथ भोजनविधिः[1]

अतिथिबालादिषु[2] भुक्तवत्सु धृतोत्तरीय-शुद्धशाटिके हस्तौ पादौ प्रक्षाल्य[3] भोजनशालायां गोमयाद्युपलिप्ते शुचौ देशे विहितासने प्राङ्मुख उदङ्मुखो[4] वा उपविश्य अन्तर्जानुकरः[5] दक्षिणे धृतजलपात्रो राजतादिविहितपात्रे[6] परभुक्तिवर्जिते कांस्ये[7] पद्मपलाशादिपात्रेषु वा पञ्चयज्ञावशिष्टं[8] घृतादियुक्तं

---

(१) सायं प्रातर्द्विजातीनामशनं श्रुतिनोदितम्। नान्तरा भोजनं कुर्यादग्निहोत्रसमो विधिः। दिवारात्रं वो भोजनं० इति श्रुतिः। याममध्ये न भोक्तव्यं यामयुग्मं न लंघयेत्। याममध्ये रसोत्पत्तिर्यामियुग्मे बलक्षयः॥ (२) बालस्ववासिनीवृद्धगर्भिण्यातुरकन्यकाः। सम्भोज्यातिथिभृत्यांश्च दम्पत्योः शेषभोजनम्॥ (३) दन्तशुद्धिं विना यो हि पादप्रक्षालनं विना। भुङ्क्ते हि स नरः सम्यक् पुनः संस्कारमर्हति॥ पञ्चार्द्रो भोजनं कुर्यात्प्राङ्मुखो मौनमाश्रितः। हस्तौ पादौ तथैवास्यमेषु पञ्चार्द्रता मता (व्यासः)॥ (४) पुत्रवांस्तु गृहे नित्यं नाश्नीयादुत्तरामुखः (स्मृ०)। (५) भोजनं हवनं दानमुपहारः परिग्रहः। बहिर्जानु न कार्याणि तद्वदाचमनं स्मृतम् (बौधायनः)॥ (६) सौवर्णे राजते चैव पद्मपालाशपत्रयाः। भाजने भोजने चैव त्रिरात्रं फलमश्नुते॥ वर्ज्यपात्राणि—मृण्मये पत्रपृष्ठे वा आयसे ताम्रभाजने। नाश्नीयादपि चेद् भुङ्क्ते नरकं प्रतिपद्यते॥ वटार्काश्वत्थपत्रेषु कुम्भीतिन्दुकजेषु च। श्रीकामो न तु भुञ्जीत कोविदारकरञ्जयोः॥ आयसेन तु पात्रेण यदन्नमुपदीयते। तदन्नमपवित्रं स्यात्त्याज्यं वै सर्वकर्मणि॥ (७) परिणाहे तथा श्राद्धे वर्जयेत् कांस्यभोजनम्। मोहाच्च यदि भुञ्जीत कृतं कर्म च निष्फलम् (स्मृ० चं०)॥ (८) यज्ञशिष्टाशिनः सन्तो मुच्यन्ते सर्वकिल्बिषैः। भुञ्जते ते त्वघं पापा ये पचन्त्यात्मकारणात् (गीता)॥

हितं कवोष्णमन्नं[1] पुरतः परिवेष्य[2] ॐ अस्माकं नित्यमस्त्वेतत्। इति भक्त्या प्राञ्जलिः[3] वन्दयित्वा। ॐ नमो भगवते वासुदेवाय, इति मन्त्रेण गायत्रीमन्त्रेण वा पात्रसमन्ताज्जलधारां[4] कुर्यात्ततः ॐ सत्यन्त्वर्तेन परिषिञ्चामि इति दिवा। रात्रौ तु—ऋतं त्वा सत्येन परिषिञ्चामि (इति मन्त्रेणान्नं प्रोक्ष्य पात्राद्दक्षिणे भूमौ ॐ भूपतये नमः। ॐ भुवनपतये नमः। ॐ भूतानां पतये नमः (इति बदरीफलप्रमाणं भोजनपात्राद् घृताक्तं वलित्रयं दद्यात्)॥

ततो सव्यहस्ते जलमादाय[5]—ॐ अन्नं ब्रह्मा रसो विष्णुर्भोक्ता देवो महेश्वरः। एवं ध्यात्वा तु यो भुंक्ते सोऽन्नदोषैर्न लिप्यते॥ ॐ अमृतोपस्तरणमसि स्वाहा, (इति मन्त्रेण विष्णुमभिध्यायन्निः शब्दं तज्जलं पीत्वा वामहस्तेन भोजनपात्रमालभ्य अन्नममृतं ध्यायन्मौनी हस्तचापल्यादिरहितो घृताक्तान्नस्य बदरीफलप्रमाणाः पञ्चप्राणाहुतीर्मुखे सर्वाङ्गुलिभिर्जुहुयात् यथा—ॐ प्राणाय स्वाहा, ॐ अपानाय स्वाहा, ॐ व्यानाय स्वाहा, ॐ उदानाय स्वाहा, ॐ समानाय स्वाहा। ततो बामहस्तं प्रक्षाल्य तेन नेत्रयोरुदकं संस्पृश्य मौनं त्यक्त्वा प्रणवेन शिखाग्रन्थिं विमुच्य पाणिकम्पनं मुखशब्दञ्च अकुर्वन् यथासुखं प्रसन्नमनाः शनैः शनैः भुञ्जीत[6]। अति-

---

(१) आयुः सत्त्वबलारोग्यसुखप्रीतिविवर्द्धनाः। रस्याः स्निग्धाः स्थिरा हृद्या आहाराः सात्त्विकप्रियाः (गीता)॥ शतमायुर्भवति तस्य संयमेन करोति यः। मानोः स्वरे भोजनञ्च जलपानं निशापतेः (यो. शा.)॥ (२) शाकादीन्पुरतः स्थाप्य भक्ष्यं भोज्यञ्च वामतः। अन्नं मध्ये प्रतिष्ठाप्य दक्षिणे घृतपायसम्॥ (३) अन्नं दृष्ट्वा प्रणम्यादौ प्राञ्जलिं कारयेत्ततः। अस्माकं नित्यमस्त्वेतदिति भक्त्याऽथ वन्दयेत् (मनुः)॥ (४) यातुधानाः पिशाचाश्च क्रूराश्चैव तु राक्षसाः। हरन्ति रसमन्नस्य मण्डलेन विवर्जितम्॥ (५) आपोशानमकृत्वा तु यो भुंक्ते नापदि द्विजः। भुञ्जानो वा तथा ब्रूयात् गायत्र्यष्टशतं जपेत्॥ (६) भोजनाग्रे सदा पथ्यं लवणार्द्रकभक्षणम्। अग्निसंदीपनं रुच्यं जिह्वाकण्ठविशोधनम्॥ कुष्ठे पाण्ड्वामये कृच्छ्रे रक्तपित्ते व्रणे ज्वरे। दाहे निदाघशरदोर्नैव भुञ्जीत चार्द्रकम्। अश्नीयात्तन्मना भूत्वा पूर्वन्तु मधुरं रसम्। मध्येऽम्ललवणौ पश्चात्कटुतिक्तकषायकान्॥ अन्यच्च—प्राग्द्रवं पुरुषोऽश्नीयान्मध्ये च कठिनाशनः। अन्ते पुनर्द्रवाशी तु बलारोग्यैर्न मुञ्चति—(वि० पु०) भोजनान्ते पिबेत्तक्रं वासरान्ते पिबेत्पयः। निशान्तेच पिबेद्वारि त्रिभी रोगो न जायते (वृ०)। अजावच्चर्वणं कुर्याद् गजवत्स्नानमाचरेत्॥ न स्पृशेद्वामहस्तेन भुञ्जानोऽन्नं कदाचन। न पादौ न शिरो वस्ति न पदा भोजनं स्पृशेत्। (बृहस्पति० सं०)। अप्येकपंक्त्यां नाश्नीयात् संयुतः स्वजनैरपि। को हि जानाति किं कस्य प्रच्छन्नं पातकं महत्॥ भस्मस्तम्भजलद्वारं मार्गैः पंक्तिं च भेदयेत्, (ब्र० पु०)। नाक्रुद्धो नान्यमना नातिभीषयमाणोऽश्नीयात्। न

भोजनं[१] शूद्रान्नभोजनञ्च[२] न कर्तव्यम्। पादुकास्थः[३] वेष्टितशिरा अर्द्धरात्रे च भोजनं वर्जयेत्। भोजनं कुर्वन्नश्नन्तं न स्पृशेत्[४]। लवणव्यञ्जनादीनि[५] हस्तदत्तानि न भक्षयेत्। घृततैलं नखनिःसृतं[६] न भुञ्जीत। केशरोमनखैर्दूषितं[७] त्यजेत्। मांसादनं[८] प्राणात्ययेऽपि न कार्यम्॥ (एवं घृतपायसवर्जितं[९] सर्वं सशेषं भुक्त्वा[१०] सर्वस्माद् भुक्तशेषात् किञ्चित् किञ्चित् सजलं हस्ते गृहीत्वा) ॐ रौरवे पूयनिलये पद्मार्बुदनिवासिनाम्। प्राणिनां सर्वभूतानामक्षय्यमुपतिष्ठतु॥ इति बलिस्थाने त्याज्यम् ततः प्रक्षालितहस्तो जलमादाय—ॐअमृतापिधानमसि[११] स्वाहा (इति पिबेद् ततस्तूष्णीं वामपाणिना शिखां बद्ध्वा वल्यन्नं काकेभ्यो विसृज्य हस्तौ मुखञ्च सम्यक् क्षालयेत्। प्रक्षालिततृणेन रजतशलाकया तर्जनीवर्ज्याङ्गुलिना वा दन्तान्[१२] संशोध्य षोडशगण्डूषान् कृत्वा उदरे हस्तं निधाय)। ॐ अगस्त्यं वैनतेयञ्च शनिञ्च बडवानलम्। अन्नस्य

शिशून् निर्भर्त्सयन् नाप्रदाय प्रेक्षमाणेभ्यः (हारीतः)। न तिष्ठन् खादेन्न जल्पन्नविलोकयन्नितस्ततः (शंखलिखितौ)। एकपंक्त्युपविष्टानां विप्राणां सह भोजने। यद्येकोऽपि त्यजेत्पात्रं शेषमन्नं न भोजयेत् (पाराशरः)॥

(१) अनारोग्यमनायुष्यमस्वर्ग्यंमतिभोजनम्। अपुण्यं लोकविद्विष्टं तस्मात्तत्परिवर्जयेत् (मनुः)। ये गुणा लंघने प्रोक्तास्ते गुणाः स्वल्पभोजने॥ (२) अमृतं ब्राह्मणस्यान्नं क्षत्रियान्नं पयः स्मृतम्। वैश्यस्य चान्नमेवान्नं शूद्राणामधमं स्मृतम्॥ (३) पादुकास्थो न भुञ्जीत पर्यङ्के संस्थितोऽपि वा। शुना चाण्डालदृष्टो वा भोजनं परिवर्जयेत्॥ यो भुंक्ते वेष्टितशिरा यस्तु भुंक्ते विदिङ्मुखः। सोपानत्कश्च यो भुंक्ते सर्वं विद्यात्तदासुरम्॥ (४) यः पुनर्भोजनं कुर्वन्नश्नन्तं संस्पृशेद्द्विजः। ततस्तेन न भोक्तव्यं भुक्त्वा चान्द्रायणं चरेत्॥ (५) लवणं व्यञ्जनञ्चैव घृतं तैलं तथैव च। लेह्यं पेयञ्च विविधं हस्तदत्तं न भक्षयेत् (पैठीनसिः)॥ (६) घृतं वा यदि वा तैलं ब्राह्मणो नखनिःसृतम्। न भुञ्जीत न दद्याच्च भुक्त्वा पादं समाचरेत्॥ दर्व्या देयं शृतान्नं च समस्तव्यञ्जनादिकम्। अपक्वं स्नेहपक्वं च न तु दर्व्या कदाचन॥ (७) विशुद्धमपि चाहारं मक्षिकाकृमिजन्तुभिः। केशरोमनखैर्वापि दूषितं परिवर्तयेत्॥ फलं हिमाग्निदुर्वातव्यालकीटादिदूषितम्। अकालजं कुभूमिजं पाकातीतं न भक्षयेत्॥ (८) ये भक्षयन्ति मांसानि भूतानां जीवितैषिणाम्। भक्ष्यन्ते तेऽपि भूतैस्तैरिति ब्रह्माऽब्रवीत्स्वयम् (मनुः)॥ (९) सर्वं सशेषमश्नीयाद् घृतपायसवर्जितम्। अग्राङ्गुलिषु तच्छेषं निधाय भोजनोत्तरम्॥ (१०) जठरं पूरयेदर्धमन्नैर्भागं जलेन च। वायोः संचरणार्थाय चतुर्थमवशेषयेत् (वि० पु०)॥ आदावन्ते विषं वारि मध्ये तच्चामृतोपमम्॥ (११) अमृतापिधानमसीत्यपः प्राश्य भुवि क्षिपेत्। अनन्तरं शिखां चैव बध्नीयाद्वामपाणिना॥ (१२) दन्तलग्नमसंहार्यं लेपं मन्येत दन्तवत्। न तत्र बहुशः कुर्याद्यत्नमुद्धरणं प्रति॥

परिणामार्थं स्मरेद्भीमं च पञ्चमम् ॥ इत्युदरं कुण्डलाकाररीत्या त्रिवारं परिमृज्य—ॐ शर्यातिञ्च सुकन्याञ्च च्यवनं शक्रमश्विनौ। भोजनान्ते स्मरेन्नित्यं तस्य चक्षुर्न हीयते ॥ इति स्मृत्वार्द्रपाणिघृष्टकराभ्यां चक्षुषी[1] संस्पृशेत् ॥ ततः मूत्रोत्सर्गं[2] कृत्वा शुद्धिं विधाय निर्माल्यं तुलसीपत्रं[3] शतपुष्पां वा भक्षयित्वा शतपदं[4] व्रजेत् ॥ ततः काष्ठनिर्मितया कङ्कतिकया[5] केशांस्तथा प्रसाधयेत् यथा कङ्कतिकादन्ताः सामीचीन्येन शिर उल्लिखेयुः[6]। ततो[7] वीरासनेनार्धघटिकावरं समुपविश्य वामपार्श्वेन निद्रारहितशयनं[8] कर्तव्यम्। तत इतिहासपुराणानि[9] धर्मशास्त्राणि चाभ्यसेत्, पश्चाज्जीवनवृत्त्या द्वितीयतृतीययामौ नयेत् न्यायगतधर्मार्जितेन[10] स्वकष्टसम्पादितद्रव्येण वा स्वकुटुम्बोदरभरणं पोष्यं[11] वर्गार्थसाधनञ्च कर्तव्यम् ॥ दीनाबलाविप्रगवामात्मनश्च प्राणभये रक्षार्थं यदि शस्त्रप्रहारं[12] कुर्यात्तदैवमाचरेत्, यथा यावतात्मनः परेषां

(१) भुक्त्वा पाणितलं घृष्ट्वा चक्षुषोर्दीयते यदि। जाता रोगा विनश्यन्ति तिमिराणि तथैव हि (शार्ङ्गधरः) ॥ (२) भोजनान्ते मूत्रोत्सर्गकरणात् कटिपीडा-(नल)-अश्मरी—मूत्रकृच्छ्र-प्रमेहादयो रोगा न भवन्ति ॥ (३) भोजनानन्तरं विष्णोरर्पितं तुलसीदलम्। भक्षयेद्देहशुद्ध्यर्थं चान्द्रायणशताधिकम् ॥ (४) भोजनान्ते शतपदं गत्वा ताम्बूलभक्षणम्। शयनं वामकुक्षौ चेद्भैषज्यं किंप्रयोजनम् ॥ व्यायामं च व्यवायं च धावनं यानमेव च। युद्धं गीतञ्च पाठञ्च मुहूर्तं भुक्तवांस्त्यजेत् (भा. प्र) ॥ (५) कङ्कतिका (हिन्दीभाषायां कंघोति ख्याता) काष्ठनिर्मितैव ग्राह्या नान्या रबड़ादिनिर्मिता। (६) एवमाचरणेन वातरोगाः प्रणश्यन्ति शिरःपीडा च नश्यति ॥ (७) पादद्वयोपरि नितम्बयोः संस्थानं वीरासनं भवति ॥ वीरासनेनोपविश्य शिरःकेशान् प्रसाधयन्। भोजनान्ते प्रतिदिनं वातरोगैर्न पीड्यते (योगीगुरुः) ॥ (८) दिवास्वापं न कुर्वीत स्त्रियं चैव विवर्जयेत्। आयुर्हन्ति दिवा निद्रा दिवा स्त्री पुण्यनाशिनी ॥ दिवाशयने योग्याः—दिवास्वप्नं च तृट्शूलहिक्काऽजीर्णातिसारिणाम् (धन्वन्तरिः) ग्रीष्मर्तौ तु होरामात्रं दिवास्वापो न हानिं सम्पादयति ॥ (९) इतिहासपुराणानि धर्मशास्त्राणि चाभ्यसेत्। वृथा विवादवाक्यानि परिवादांश्च वर्जयेत् ॥ (१०) न्यायार्जितधनस्तत्त्वज्ञाननिष्ठोऽतिथिप्रियः। शास्त्रवित्सत्यवादी च गृहस्थोऽपि विमुच्यते ॥ अकृत्वा जनसन्तापमगत्वा खलमन्दिरम्। अक्लेशयित्वा चात्मानं यदल्पमपि तद्बहु (भगु) ॥ (११) माता पिता गुरुर्भार्या प्रजादीनाः समाश्रिताः। ज्ञातिबन्धुजनः क्षीणस्तथाऽनाथः समाश्रितः। अन्येऽप्यधनयुक्ताश्च पोष्यवर्ग उदाहृतः ॥ (१२) शस्त्रं द्विजातिभिर्ग्राह्यं धर्मो यत्रोपरुध्यते। द्विजातीनाञ्च वर्णानां विप्लवे कालकारिते ॥ आत्मनश्च परित्राणे दक्षिणानाञ्च संगरे। स्त्रीविप्राभ्युपपत्तौ च घ्नन् धर्मेण न दुष्यति ॥ गुरुं वा बालवृद्धौ वा ब्राह्मणं वा बहुश्रुतम्। आततायिनमायान्तं हन्यादेवाविचारयन् ॥ नाततायिवधे दोषो हन्तुर्भवति कश्चन। प्रकाशं वाऽप्रकाशं वा मन्युस्तं मन्युमृच्छति। (म० भा०) ॥

वा रक्षा भवेत् तावानेव प्रहारः करणीयः, आवश्यकतायामाततायिनः[१] प्राणवधोऽपि विहितः। समायातास्वापत्सु धैर्यं[२] न त्याज्यम्। इति भोजनविधिः तदुत्तरकर्म च ॥

अथ शयनविधिः[३]

सायं सन्ध्यादि निर्वृत्य प्रागुदङ्मुखं[४] दीपं[५] प्रज्वाल्य स्तुवीत यथा—ॐ शुभं करोतु कल्याणमारोग्यं सुखसम्पदः। मम बुद्धिप्रकाशाय संध्यादीप नमोऽस्तु ते। इति स्तुत्वा नत्वा तत्सन्निधावासादिकानां कुशलाभिवादनं कुर्यात्, पश्चाद्गृहदेवादीनां पुष्पाञ्जलिं[६] दत्त्वा वा यथाशक्ति पञ्चोपचारैः पूजां कृत्वा रहसि स्थाने विपरीतकरणी[७] (शीर्षासन-मुद्राभ्यासः) यथासामर्थ्यं[८] कार्यः।) पश्चात् लघ्वाहारं[९] कृत्वा श्रीमद्भगवद्गीताभागवतपाठादिना ग्रन्थाद्यालोकनादिविद्याभ्यासेन प्रथमयाममतिक्रमेत्। शयनात्प्राग्दन्तमञ्जनादिना दन्तशुद्धिं कुर्यात्ततः मूत्रोत्सर्गं कृत्वा शीतजलेन हस्तौ पादौ प्रक्षाल्य खण्डपटेन पोञ्छ्य जलपूर्णपात्रं शिरःस्थाने निधाय रात्रिसूक्तं पठेत्—"ॐ आरात्रि पार्थिव ँ रजः पितुरप्रायि धामभिः दिवा सदा ँ सि वृहतीव्वितिष्ठ सऽआत्वेष वर्त्तते तमः। उषस्तच्चित्रमाभरास्स्मभ्यं व्वाजिनीवति। येन तोकञ्च तनयञ्च धामहे ॥ तिस्रो भार्याः कफल्लस्य दाहिनी मोहिनी सती। तासां स्मरणमात्रेण चौरो गच्छति

---

(१) अग्निदो गरदश्चैव शस्त्रोन्मत्तो धनापहः। क्षेत्रदारहरश्चैतान् षड् विद्यादाततायिनः (शुक्रनीतिः) ॥ (२ त्याज्यं न धैर्यं विधुरेऽपि काले धैर्यात् कदाचिद् गतिमाप्नुयात्सः। (रा०) ॥ (३) प्रदोषपश्चिमौ यामौ वेदाभ्यासेन तौ नयेत्। यामद्वयं शयानश्च ब्रह्मभूयाय कल्पयेत् (दक्षः ।। (४) आयुर्दः प्राङ्मुखो दीपो धनदः स्यादुदङ्मुखः। प्रत्यङ्मुखो दुःखदोऽसौ हानिदो दक्षिणामुखः ॥ (५) दीपनिर्वापणात्पुंसः कूष्माण्डच्छेदनात् स्त्रियः। अचिरेणैव कालेन वंशनाशो भवेद् ध्रुवम् ॥ (६) प्रातर्मध्यंदिने साय देवपूजां समारभेत्। अशक्तो विस्तरेणैव प्रातः सम्पूज्य केशवम्। मध्याह्ने चैव सायञ्च पुष्पाञ्जलिमपि क्षिपेत् (मत्स्यपु०) ॥ (७) भूतले स्वशिरो दत्त्वा खे नयेच्चरणद्वयम्। विपरीतकृता चैषा सर्वतन्त्रेषु गोपिता ॥ शनैः शनैर्वर्धयेत्तु शीर्षासनमतन्द्रितः। सात्त्विकं घृतदुग्धादि भक्षयंश्च विशेषतः ॥ नीरोगः कान्तिमान् नित्यं बलीपलितवर्जितः। कृष्णकेशो लाघववान् चिरं जीवति मानवः। सर्वे रोगाः प्रणश्यन्ति आयुर्बुद्धिश्च वर्द्धते। आक्रामति जरा नैव शीर्षासनविधायिनः (योगीगुरुः) ॥ (८) दशपलेभ्य आरभ्य सार्धद्विघाटकापर्यन्तम् ॥ (९) नृणां भोजनकाले तु यदि दीपो विनश्यति। तदन्नं पाणिना स्पृष्ट्वा गायत्रीं मनसा स्मरेत् ॥ पुनर्दीपं ततो लब्ध्वा शेषं भुञ्जीत कामतः। अन्यच्चान्नं न भोक्तव्यं भुक्त्वा चान्द्रायणं चरेत् ॥ अजीर्णे भुज्यते येन, येन जीर्णे न भुज्यते। रात्रौ न भुज्यते येन तेन जीर्यति मानवः ॥

निष्फलः ॥ ॐ अगस्तिर्माधवश्चैव मुचुकुन्दो महाबलः । कपिलो मुनिरास्तीकः पञ्चैते सुखशायिनः ॥ ॐ नमो नन्दीश्वराय ॥ नर्मदायै नमः प्रातर्नर्मदायै नमो निशि । नमोऽस्तु नर्मदे तुभ्यं त्राहि मां विषसर्पतः ॥ सर्पापसर्प भद्रं ते दूरं गच्छ महाविष । जन्मेजयस्य यज्ञान्ते आस्तीकवचनं स्मर ॥ आस्तीकवचनं श्रुत्वा यः सर्पो न निवर्त्तते । शतधा भिद्यते मूर्ध्नि शिशवृक्षफलं यथा ॥ इति पठित्वा शुभाशुभं सकलं दैनिकं कर्म स्वमनीषया निर्धार्य-यज्जन्मतः प्रभृति मोहवशंगतेन नानापराधशतमाचरितं मया ते । अन्तर्बहिश्च सकलं तव पश्यतोऽपि क्षन्तुं त्वमर्हसि हरे करुणावशेन ॥ इति सम्प्रार्थ्य भगवताशुभे क्षमां याचमानःशुभं च सर्वं भगवति समर्पयन् समाधिस्थमव्ययं विष्णुं नमस्कृत्य[१] जन्तुरहितायां सुशय्यायां प्राच्यां[२] याम्यायां वा शिरः कृत्वा शुचिरनार्द्रकरश्चरणोऽनग्नोऽतैलाभ्यक्तशिराः वामकुक्षौ स्वपेत्[३] ॥ निद्रासमये मुखं नावगुण्ठयेत् ताम्बूलं च त्यजेत् । इति शयनविधिः ॥

अथ दारोपगमविधिः[४]—सर्वथा रक्षितां[५] स्वातन्त्र्यरहितां[६] स्वस्त्रियमृतुदर्शनमारभ्याद्यदिनचतुष्टयैकादशत्रयोदशदिनातिरिक्तषोडशदिनमध्ये पुत्रार्थी युग्मदिने, कन्यार्थी अयुग्मदिने सन्ध्यादिवा[७] श्राद्धपर्वादिकं विहाय पूर्वरात्रे व्यतीते

---

(१) मूर्खो वदति विष्णाय विज्ञो वदति विष्णवे । द्वयोरपि समं पुण्यं भावग्राही जनार्दनः ॥ (२) प्राच्यां दिशि शिरःशस्तं याम्यायामथवा नृप । सदैव स्वपतः पुंसो विपरीतं तु रोगदम् (वि० पु०) ॥ (३) शून्यालये श्मशाने च एकवृक्षे चतुष्पथे । महादेवगृहे वापि मातृवेश्मनि न स्वपेत् ॥ न यक्षनागायतने स्कन्दस्यायतने तथा । कूलच्छायासु च तथा शर्करालोष्टपांसुषु ॥ न स्वपेच्च तथा भूमौ विना दीक्षां कदाचन । धान्यगोधनविप्राणां गुरूणां च तथोपरि ॥ (४) वृद्धां वन्ध्यामसद्वृत्तां मृतापत्यामपुष्पिणीम् । कन्यांश्च बहुपुत्रांश्च वर्जयेन्मुच्यते भयात् (व्यासः) ॥ नास्नातां तु स्त्रियं गच्छेन्नातुरः न रजस्वलाम् । नातिष्ठां न प्रकुपितां नाप्रशस्तां न गर्भिणीम् ॥ नादक्षिणां नान्यकामां नाकामां नान्ययोषितम् । क्षुत्क्षामामतिभुक्तां वा स्वयं चैभिर्गुणैर्युतः (प० पु०) ॥ (५) स्वां प्रसूतिं चरित्रं च कुलमात्मानमेव च । स्वधर्मं हि प्रयत्नेन जायां रक्षन् हि रक्षति (मनुः) ॥ जलौकावत् स्त्रियः सर्वा भूषणाच्छादनाशनैः । सुहितापि कृता नित्यं पुरुषं ह्यपकर्षति, इति दक्षः ॥ तस्मात् मनुराह —अर्थस्य संग्रहे चैनां व्यये चैव नियाजयेत् । शौचे धर्मेऽन्नपक्त्यांश्च पारिणाह्यस्य चेक्षणे ॥ (६) रक्षेत्कन्यां पिता विन्नां पतिपुत्रास्तु वार्धके । अभावे ज्ञातयस्तेषां स्वातन्त्र्यं न क्वचित् स्त्रियाः (या० व०) ॥ (७) दिवा जन्मदिने चैव न कुर्यान्मैथुनं व्रती । श्राद्धं कृत्वा च भुक्त्वा च श्रेयोऽर्थी न च पर्वसु (शिवरहस्ये) ॥ ऋतुकालाभिगामित्वं स्वदारेषु रतात्मनः । पर्ववर्ज्यं गृहस्थस्य ब्रह्मचर्यमुदाहृतम् ॥

उपवीती पुरुषो वामकुक्षौ[१] स्त्री च दक्षिणकुक्षौ मञ्चके विश्रम्यैकघटिकामात्रं वाह्यरतं कुर्वन् प्राङ्मुख उदङ्मुखः सन् परमात्मानं संस्मृत्यायोग्याहारचेष्टां[२] त्यक्त्वा कामशास्त्रोक्तप्रकारेणोपेयात्। रतिसमये चुम्बनादि[३] न दोषभाक्। तत उत्थाय तत्कालमूत्रत्यागं कृत्वा कवोष्णजलेन स्नात्वा[४] सिताज्ययुक्तं[५] दुग्धं पिबेत्। अलाभे पलार्द्धमात्रं गुडं वा भक्षयित्वा पृथक् स्वपेत्। अनृतौ दारोपगमे स्नानं न कर्त्तव्यम्। तत्र तु मूत्रपुरीषवच्छौचम्। अमावस्यादिवर्ज्यतिथौ[६] ब्रह्मचारी भवेत्। व्याधिबन्धनप्रवासादिरहितानाम्[७] ऋतुगमनम्[८] आवश्यकम्, रजसाभिप्लुतां[९] न मनसाप्युपगच्छेत्। बहुमैथुनं[१०] परस्त्रीगमनञ्च[११] सर्वथा त्यजेत्॥ शयनादुत्थिता[१२] स्त्री शुचिः पुमानशुचिः॥ इति दारोपगमविधिः॥

—: ❀ :—

(१) अत्रत्यं रहस्यं योगशास्त्रे स्पष्टम्॥ (२) आहाराचारचेष्टाभिर्यादृशीभिः समन्वितौ। स्त्रीपुंसौ समुपेयातां तयोः पुत्रोऽपि तादृशः॥ (३) गवां पश्चाद्द्विजस्याङ्घ्रिर्योगिनां हृत्कवेर्वचः। परं शुचितमं विद्यान्मुखं स्त्रीवह्निवाजिनाम् (स्मृ०)॥ (४) ऋतौ गर्भं च शङ्कित्वा स्नानं मैथुनिनः स्मृतम्। अनृतौ तु सदा कार्यं शौचं मूत्रपुरीषवत् (वृ० शातातप०)॥ (५) सद्यो बलहरा नारी सद्यो बलकरं पयः। स्त्रियं गच्छेत्पयः पीत्वा ताञ्च त्यक्त्वा पुनः पिबेत् (का० शा०)॥ सौभाग्यपुष्टिबलशुक्रविवर्द्धनानि किं सन्ति नो भुवि बहूनि रसायनानि। कन्दर्पवृद्धिकरणं तु सिताज्ययुक्ताद् दुग्धादृते न मम कोऽपि मतःप्रयोगः (वै० जी०)। स्त्रियाः शुक्रेऽधिके स्त्री स्यात्पुमान्पुंसोऽधिके भवेत्। तस्माच्छुक्रस्य वृद्ध्यर्थं वृष्यं स्निग्धञ्च भोजयेत्। लघ्वाहारां स्त्रियं कुर्यादेवं संजनयेत्सुतम् (वृ०)॥ (६) स्नाने चाभ्यञ्जने दाने दन्तधावनमैथुने। तिथिस्तात्कालिकी ग्राह्या तथा मरणजन्मनोः॥ अमावस्याष्टमी चैव पौर्णमासी चतुर्दशी। ब्रह्मचारी भवेन्नित्यमप्यृतौ स्नातको द्विजः॥ स्मरणं कीर्तनं केलिः प्रेक्षणं गुह्यभाषणम्। संकल्पोऽध्यवसायश्च क्रियानिष्पत्तिरेव च॥ एतन्मैथुनमष्टाङ्गं प्रवदन्ति मनीषिणः (वाचस्प०)। स्त्रीणां स्मरणादिषु अष्टसु यदभावो ब्रह्मचर्य्यम् (दक्षः)॥ (७) व्याधिते बन्धनस्थे वा प्रवासेष्वथ पर्वसु। ऋतुकालेऽपि नारीणां भ्रूणहत्या प्रमुच्यते (व्यासः)॥ (८) ऋतुस्नातां तु यो भार्यां सन्निधौ नोपगच्छति। घोरायां ब्रह्महत्यायां पच्यते नात्र संशयः (यमः)॥ (९) रजसाऽभिप्लुतां नारीं मनसाप्युपगच्छतः। प्रज्ञा यशो बलं चक्षुरायुश्च परिहीयते (मनुः)॥ (१०) बलहानिकरं परम्॥ (११) न हीदृशमनायुष्यं लोके किञ्चन विद्यते। यथा हि पुरुषव्याघ्र परदारोपसेवनम् (भीष्मः)॥ (१२) द्वावेव त्वशुची स्यातां दम्पती शयनं गतौ। शयनादुत्थिता नारी शुचिः स्यादशुचिः पुमान् (वृ० शाता०)॥

अथ स्त्रीणां नित्यकृत्यम्

पत्युः पूर्वं समुत्थाय देहशुद्धिं विधाय च। उत्थाप्य शयनाद्यानि कृत्वा वेश्मविशोधनम्॥ मार्जनैर्लेपनैः प्राप्य साग्निशालं स्वमङ्गनम्। शोधयेदग्निकार्याणि स्निग्धान्युष्णेन वारिणा॥ प्रोक्षणैरिति तान्येव यथास्थानं प्रकल्पयेत्॥ द्वन्द्वपात्राणि सर्वाणि न कदाचिद्वियोजयेत्॥ मृद्भिश्च शोधयेच्चुल्लीं तत्राग्निं विन्यसेत्ततः। स्मृत्वा नियोगपात्राणि रसांश्च द्रविणानि च॥ वस्त्रालङ्काररत्नानि प्रदत्तान्येव धारयेत्। मनोवाक्कर्मभिः शुद्धा पतिदेशानुवर्तिनी॥ ततोऽन्नसाधनं कृत्वा पतये विनिवेद्य तत्। वैश्वदेवकृतैरन्नैर्भोजनीयांश्च भोजयेत्॥ पुनः सायं पुनः प्रातर्गृहशुद्धिं विधाय च। कृतान्नसाधना साध्वी सुभृशं भोजयेत्पतिम्। आस्तीर्य साधुशयनं ततः परिचरेत्पतिम्। (व्याससंहिता)॥ अन्यच्च—बुद्ध्वा ब्राह्मे मुहूर्ते निजपतिचरणौ सम्प्रणम्यास्यमस्य, प्रेक्ष्य प्रेम्णाऽथ नैजं शुभमुकुरतले भूमिमभ्यर्च्य पत्नी। प्रातः स्मृत्यादि कृत्वा पतिपरिचरणं संविधायैव वेणीं, संरच्याध्यायमाले तिलकमथ गलाधो निमज्जेत्सभूषा॥ (सौभाग्यकल्पद्रुमः)।

अथ प्रसङ्गवशात्स्त्रीणां षोडश शृङ्गाराः—आदौ मज्जन-चीरचारुतिलकं नेत्राञ्जनं कुण्डलम्, नासामौक्तिहारकेशकुसुमं सिन्दूरवस्त्रं परम्। देहे चन्दनलेपकञ्चुकमणिक्षुद्रावलीघण्टिका (करधनी), ताम्बूलं करकङ्कणं चतुरता। शृङ्गारकाः षोडश (का. शा.)॥

अथ स्त्रीधर्माः—स्त्रीणां च-पतिदेवानां तच्छुश्रूषानुकूलता। तद्बन्धुष्वनुवृत्तिश्च नित्यं तद्व्रतधारणम्॥ कामैरुच्चावचैः साध्वी प्रश्रयेण दमेन च। वाक्यैः सत्यैः प्रियैः प्रेम्णा काले काले भजेत्पतिम्॥ या पतिं हरिभावेन भजेत् श्रीरिव तत्परा॥ हर्यात्मना हरेर्लोके पत्या श्रीरिव मोदते (श्रीमद्भागवते)॥ परुषाण्यपि या प्रोक्ता दृष्टा या क्रोधचक्षुषा। सुप्रसन्नमुखी भर्तुः सा नारी धर्मभागिनी (ध० शा०) नास्ति स्त्रीणां पृथग् यज्ञो न व्रतं नाप्युपोषितम्। पतिं शुश्रूषते येन तेन स्वर्गे महीयते (मनुः)॥ पतिशुश्रूषणान्नार्यास्तपो नान्यद्विधीयते। सावित्री पतिशुश्रूषां कृत्वा स्वर्गे महीयते॥ सेवेत भर्तुरुच्छिष्टमिष्टमन्नं फलादिकम्। तीर्थस्नानार्थिनी नारी पतिपादोदकं पिबेत्॥ शङ्करादपि विष्णोर्वा पतिरेकोऽधिकः स्त्रियाः (स्कन्दपु०)॥ सर्वदानं सर्वयज्ञः सर्वतीर्थनिषेवणम्। सर्वं व्रतं तपः सर्वमुपवासादिकञ्च यत्॥ सर्वधर्मश्च सत्यञ्च सर्वदेवप्रपूजनम्। तत्सर्वं स्वामिसेवायाः कलां नार्हन्ति षोडशीम् (ब्र० वै० पु०)॥ दुःशीलो दुर्भगो वृद्धो जड़ो रोग्यधनोऽपि वा। पतिः स्त्रीभिर्न हातव्यो लोकेप्सुभिरपातकी॥ (भागवते)॥ अस्वर्ग्यमशस्यं च फल्गु कृच्छ्रं भयावहम्। जुगुप्सितं च सर्वत्र औपपत्यं कुलस्त्रियः (भागवते)॥

कुलयोषितां दूषणम्—द्वारोपवेशनं नित्यं गवाक्षेण निरीक्षणम्। असत्प्रलापो हास्यं च दूषणं कुलयोषिताम्। (व्यासः)॥ व्यभिचारात्तु भर्त्तुः स्त्री लोके प्राप्नोति निन्द्यताम्। शृगालयोनिमाप्नोति पापरोगैश्च पीड्यते॥ अपत्यलोभाद्या नारी भर्तारमतिवर्तते। सेह निन्दामवाप्नोति पतिलोकाच्च हीयते (मनुः)॥

अथ रजस्वलास्त्रीकृत्यम्[1]—ऋतौ प्रथमदिवसात्प्रभृति ब्रह्मचारिणी दिवास्वप्नाञ्जनाश्रुपातस्नानानुलेपनाभ्यङ्गालङ्कारमाल्यनखच्छेदनप्रधावनहसनकथनातिशब्दश्रवणावलेखनायासान्परिहरेत्। दर्भसंस्तरशायिनीं करतलशरावपर्णान्यतमभोजिनीं हविष्याशिनीं त्र्यहं च भर्ता रक्षेत्। (धन्वन्तरिः)॥ त्रेताप्रभृति नारीणां मासि मास्यार्तवं मुने। तदा दिनत्रयं त्यक्त्वा शुद्धा स्यात् गृहकर्मणि॥ मैथुनं मानसं वापि वाचिकं देवतार्चनम्। वर्जयेच्च नमस्कारं देवतानां रजस्वला॥ स्नात्वाऽन्यं पुरुषं नारी न पश्येच्च रजस्वला। ईक्षेत भास्करं देवं ब्रह्मकूर्चं (पञ्चगव्यं) ततः पिबेत् (बृहन्नारदः)॥

अथ विधवाधर्माः—केशरञ्जनताम्बूलगन्धपुष्पादिसेवनम्। भूषितं रक्तवस्त्रं च कांस्यपात्रे च भोजनम्॥ द्विवारभोजनं चाक्ष्णोरञ्जनं वर्जयेत्सदा। स्नात्वा शुक्लाम्बरधरा जितक्रोधा जितेन्द्रिया॥ न कल्ककुहका साध्वी तन्द्रालस्यविवर्जिता। सुनिर्मला शुभाचारा नित्यं सम्पूजयेद्धरिम्॥ (वृद्धहारीत सं०)। अन्यच्च—एकाहारः सदा कार्यो न द्वितीयः कदाचन। तथा भूशयनं कार्यं पतिसौख्यसमीहया (बृहन्नारदः)॥ पतिमेव सदा ध्यायेद्विष्णुरूपधरं परम् (स्कन्दपु०)।

अथ स्त्रीणां देवार्चनविधिः—(स्मृत्यन्तरे)—स्त्री शूद्रोऽनुपवीतश्च वेदमन्त्रान् विवर्जयेत्। अतः स्त्रीभिः कलौ पुराणविधिना देवार्चनादिकं कर्तव्यम्। वैशेषिककार्यसमये देवतार्चनादौ तु पतिना सह वेदोक्तकर्मण्यपि[2] स्त्रीणामधिकारः। स्त्रीभिः ब्राह्मणं पुरस्कृत्य अष्टादश पुराणानि श्रोतव्यानि॥

---

(१) ज्वारार्ताया रजःशुद्धौ विशेषः—चतुर्थेऽहनि सम्प्राप्ते स्पृशेदन्या तु तां स्त्रियम्। सा सचैलाऽवगाह्याप: स्नात्वा स्नात्वा पुनः स्पृशेत्॥ दश द्वादशकृत्वो वा आचामेच्च पुनः पुनः। अन्ते च वाससीत्यागस्तथा शुद्धा भवेत्तु सा॥ (जाबालिः)।

(२) मासे षष्ठे सप्तमे वाष्टमे वा प्राप्ते पत्न्या नैव कुर्यात्कदाचित्। होमं यानं देवयात्रां तथैव तस्या हस्तेनाशनं विप्रपुण्यम्। (गर्भस्थित्यपेक्षयेदमुक्तम्), आ. सू.।

अथ तुलसीपूजाविधिः—शुचिर्भूताभिः स्त्रीभिः दन्तधावनानन्तरं केशान् कङ्कतेन प्रमार्ज्य वेणीबन्धादिकं रचयित्वा तूष्णीं स्नानं कर्तव्यम्। ततः धौतं वासः कञ्चुकादिकञ्च परिधाय कुंकुमाद्यलङ्कारान्धृत्वा (गतभर्तृकाभिः स्त्रीभिः केवलं शुभ्राम्बरं परिधाय) गृहकृत्याऽविरोधेन यथाशक्ति स्नानगन्धाक्षतपुष्पाद्युपचारैः पुराणोक्तविधिना (तुलस्यहं नमामि त्वां त्वं सदा केशवप्रिया। स्नानं कुरु महादेवि कल्याणं कुरुतां सदा) वा तुलस्यै नमः, हरिप्रियायै नमः इति-मन्त्रेण तुलसीपूजां कृत्वा सोपस्करनैवेद्यं समर्पयेत्। ततः 'यानि कानि च पापानि जन्मान्तरकृतानि च। तानि सर्वाणि नश्यन्ति प्रदक्षिणपदे पदे॥ इति मन्त्रेण[1] स्त्रीभिरष्टोत्तरशतं प्रदक्षिणाः कार्याः तत्र सुवासिनीभिः संख्याज्ञानार्थं स्फटिकधातुमण्यादीनां माला ग्राह्या, गतभर्तृकाभिस्तु तुलसीकाष्ठमाला। इति तुलसीनित्यपूजा।

एते वै विधिना प्रोक्ताः स्त्रीणां धर्माः सनातनाः।
ते नौकाः परमाः प्रोक्ताः भवसंसारतारणे॥

सदुपदेशाः

वेदपुराणादिशास्त्रेषु यादृशं धर्मस्य[2] लक्षणं प्रतिपादितं तथाविधस्य स्वीकरणाद्दशविधपापत्यागाच्चोभयलोके[3] सुखम्। हरौ हरिभक्तेषु च न कोऽपि

(१) अशक्तौ सप्त प्रदक्षिणाः कार्याः॥ (२) धर्म एव हतो हन्ति धर्मो रक्षति रक्षितः। तस्माद्धर्मो न हन्तव्यो मा नो धर्मो हतो वधीत् (मनुः)॥ गृहस्थधर्मा.—अहिंसा सत्यवचनं सर्वभूतानुकम्पनम्। शमो दानं यथाशक्तिर्गार्हस्थो धर्म उच्यते (नारदः)॥ द्यूतं जनपरीवादं स्त्रीप्रेक्षालापनं तथा। परोपतापपैशुन्यं प्रयत्नेन विवर्जयेत्॥ सन्ध्यास्नानरतो नित्यं ब्रह्मयज्ञपरायणः। अनसूयः शुचिर्दान्तो गृहस्थः सम्प्रवर्तते (औशनः)॥ प्रसङ्गात् गृहस्थाश्रमप्रशंसा—सानन्दं सदनं सुताश्च सुधियः कान्ता मनोहारिणी, सन्मित्रं स्वधनं स्वयोषिति रतिश्चाज्ञापराः सेवकाः। आतिथ्यं शिवपूजनं प्रतिदिनं मिष्टान्नपानं गृहे, साधोः सङ्गमुपासते हि सततं धन्यो गृहस्थाश्रमः (सुभाषित०)॥ धर्मलक्षणे मनुः—धृतिः क्षमा दमोऽस्तेयं शौचमिन्द्रियनिग्रहः। धीर्विद्या सत्यमक्रोधो दशकं धर्मलक्षणम्॥ अन्यच्च श्रूयतां धर्मसर्वस्वं श्रुत्वा चाप्यवधार्यताम्। आत्मनः प्रतिकूलानि परेषां न समाचरेत्॥ यदन्यैर्विहितं नेच्छेदात्मनः कर्म पूरुषः। न तत्परेषु कुर्वीत जानन्नप्रियमात्मनः॥ (३) कायेन त्रिविधं कर्म वाचामपि चतुर्विधम्। मनसा त्रिविधं चैव दशकर्मपथांस्त्यजेत्॥ तथा काशीखण्डे—अदत्तानामुपादानं हिंसा चैवाविधानतः॥ परदारोप-

भेदो मन्तव्यः। हरिभक्तानां यथाशक्त्यर्चनसम्मानभोजनाच्छादनादिना[१] सन्तोषणं गृहस्थानां मुख्यधर्मः। श्रद्धायुक्तः प्रीतमनाः स्वशक्त्यनुरूपं न्यायोपार्जितद्रव्यस्य दानमहरहः[२] कुर्यात्। सर्वेषामेव दानानां विद्यादानं[३] विशिष्यते। विद्यादानेऽर्थसाहाय्यं सर्वश्रेयस्करं मतम्॥ आततायिनं विहाय सर्वाणि भूतान्यात्मवत्[४] रक्षेत्॥ अपकारिष्वपि दया[५] कर्तव्या॥ अस्त्येव लोकसेवा[६] परमो धर्मः॥ अनुचितलोभं[७] सर्वथा त्यजेत्। मनोगतिं[८] निरीक्ष्य तां शुभे नियो-

---

सेवा च कायिकं त्रिविधं स्मृतम्॥ पारुष्यमनृतं चैव पैशुन्यं चापि सर्वशः। असम्बद्धप्रलापश्च वाङ्मयं स्याच्चतुर्विधम्॥ परद्रव्येष्वभिध्यानं मनसाऽनिष्टचिन्तनम्। वितथाभिनिवेशाश्च मानसं त्रिविधं स्मृतम्॥

(१) अर्चयित्वा तु गोविन्दं तदीयान्नार्चयेत्तु यः। न स भागवतो ज्ञेयः केवलं दाम्भिकः स्मृतः (बृहन्नारदः) मद्भक्ता यत्र तिष्ठन्ति पादं प्रक्षालयन्ति च। तत्स्थानन्तु महातीर्थं सुपवित्रं भवेद्ध्रुवम् (प० पु०)॥ मम भक्ता हि ये पार्थ न मे भक्तास्तु ते मताः। मद्भक्तस्य तु ये भक्तास्ते मे भक्ततमा मताः॥ (२) श्रद्धया साध्यते धर्मो महद्भिर्नार्थराशिभिः। अकिञ्चना हि मुनयः श्रद्धावन्तो दिवंगताः॥ सहस्रशक्तिश्च शतं शतशक्तिर्दशाऽपि च। दद्यादपश्च यः शक्त्या सर्वे तुल्यफलाः स्मृताः॥ न धर्मः प्रीयते तात दानैर्दत्तैर्महाफलैः। न्यायलब्धैर्यथा सूक्ष्मैः श्रद्धापूतैः स तुष्यति (म० भा०)॥ (३) विद्यावान् सर्वकामानां भाजनं पुरुषो भवेत्। तस्माद्विद्यां हि ददता सर्वं दत्तं भवेदिह (विष्णुधर्मोत्तरे) दानं विशेषफलदं जगतीह नान्यद् विद्यां विहाय वदनाब्जकृताधिवासाम्। गोभूहिरण्यगजवाजिरथादि सर्वं तद्यच्छता किमिति भूप भवेन्न दत्तम् (अग्निपु०)॥ (४) जङ्गमानि च भूतानि स्थावराणि च ये नराः। आत्मवत्परिरक्षन्ति यान्ति ते परमां गतिम्॥ प्राणिनं वध्यमानन्तु यः शक्तः समुपेक्षते। स याति नरकं घोरमिति प्राहुर्मनीषिणः॥ यथात्मनः प्रियाः प्राणाः सर्वेषां प्राणिनां तथा। तस्मान्मृत्युभयत्रस्ताः त्रातव्याः प्राणिनो बुधैः॥ नातो भूयान्परो धर्मः कश्चिदन्योऽस्ति खेचर। प्राणिनां भयभीतानामभयं यत्प्रदीयते (महाभारते शिविवचनम्)॥ त्यक्त्वात्मफलभोगेच्छां सर्वसत्त्वसुखैषिणः। भवन्ति परदुःखेभ्यः साधवो नित्यदुःखिताः (महाभारते)॥ (५) उपकारिषु यः साधुः साधुत्वे तस्य को गुणः। अपकारिषु यः साधुः स साधुः सद्भिरुच्यते (जैमिनी०)॥ (६) अष्टादशपुराणेषु व्यासस्य वचनद्वयम्। परोपकारः पुण्याय पापाय परपीडनम्॥ (७) यशो यशस्विनां शुद्धं श्लाघ्या ये गुणिनां गुणाः। लोभः स्वल्पोऽपि तान् हन्ति श्वित्री रूपमिवेप्सितम्॥ (८) मन एव मनुष्याणां कारणं बन्धमोक्षयोः (भागवते)॥ अन्यच्च मनो हि सर्वभूतानां सन्तनोति शुभाशुभम्॥ अशुभेभ्यस्तदाक्षिप्य शुभेऽर्थे चावधारय॥

जयेत् ॥ द्विजातीनां वेदाभ्यास[1] आवश्यकः ॥ तपसा[2] सर्वं सुसाध्यम् ॥ वेदादयस्तपांसि[3] च शुद्धभावनयैव सिद्धि लभन्ते ॥ [4]नानृतात्पातकं परम् ।

यदीच्छसि वशीकर्तुं जगदेकेन कर्मणा । परापवादसस्येभ्यो गां चरन्तीं निवारय ॥

उदिताचारचर्येषा लोकद्वयहितावहा ।
भुक्तिमुक्तिप्रदा भूयात्सर्वस्वान्तसुखप्रदा ॥

इति श्रीमत्पण्डितप्रवररामचन्द्रसुतेन श्रीशिवदेव्या गर्भजेन
पञ्जाप-देशान्तर्गत—कुराली-ग्राम—वास्तव्येन
सारस्वतविप्रवंशाभिजनेन श्रीमुकुन्द-
वल्लभज्यौतिषाचार्येण प्रणीते
कर्मठगुरौ नित्यकर्मात्मकं
प्रथमं प्रकरणं समाप्तम्

——:०:——

अथ नैमित्तिककर्मात्मकं द्वितीयं प्रकरणम्

तत्र तावत् पार्थिवेश्वरचिन्तामणिपूजनम्

तत्रादौ कृतावश्यकक्रियः स्नानादिना शुचिर्भूत्वा धृतत्रिपुण्ड्ररुद्राक्षमालः प्रयतः शुक्लवस्त्रं परिधाय उदीचीं दिशं गत्वा शम्यश्वत्थवल्मीकादिशुचिस्थाने पाषाणवेणुकीटकेशास्थिवालुकादिदोषरहितां मृदं दृष्ट्वा तत्र ॐसर्वाधारधरे देवि त्वद्रूपां मृत्तिकामिमाम् । ग्रहीष्यामि प्रसन्ना त्वं लिंगार्थं भव सुप्रभे ॥ इति भूमिं प्रार्थ्य ॐ ह्रां पृथिव्यै नमः इति षड्वर्णेनाभिमन्त्र्य । ॐ हराय नमः । इति गन्धाद्युपचारैः सम्पूज्य नत्वा चेशानकोणगतां मृदं शस्त्रेणोत्कीर्य, अष्टांगुलमृदमपाकृष्य प्रार्थयेत्—ॐ उद्धृताऽसि वराहेण कृष्णेन शत-

(१) यज्ञानां तपसां चैव शुभानां चैव कर्मणाम् । वेद एव द्विजातीनां निःश्रेयसकरः परः ॥ वेदमेव सदाऽभ्यस्येत्तपस्तप्यन् द्विजोत्तमः । वेदाभ्यासो हि विप्रस्य तपः परमिहोच्यते (याज्ञवल्क्यः) ॥ (२) यद्दुष्करं यद्दुरापं यद्दुर्गं यच्च दुस्तरम् । तत्सर्वं तपसा साध्यं तपो हि दुरतिक्रमम् ॥ (३) वेदास्त्यागश्च यज्ञाश्च नियमाश्च तपांसि च । न विप्रदुष्टभावस्य सिद्धिं गच्छन्ति कर्हिचित् ॥ (४) सत्यं ब्रूयात्प्रियं ब्रूयान् न ब्रूयात्सत्यमप्रियम् । सत्यञ्च नानृतं ब्रूयादेष धर्मः सनातनः (स्मृ०) ॥

बाहुना । मृत्तिके त्वाञ्च गृह्णामि प्रजया च धनेन च । इति मन्त्रेण सुस्निग्धां शुभ्रां मृदमादाय अन्त्यजादिस्पर्शरहितो मौनी गृहमागत्य निःशर्करां कृत्वा प्रत्यहं पूजनाय संशुद्धे ताम्रादिपात्रे निदध्यात् ।

अथ श्रीपार्थिवपूजा[1]—तत्रादौ प्रातर्नित्यकर्म समाप्य सुमुहूर्ते शिवालये पुण्यस्थाने वा गत्वा तत्र स्थानशुद्धिं सम्पाद्य स्वासने उदङ्मुख उपविश्य[2] भस्मत्रिपुण्ड्ररुद्राक्षधारणं[3] च कुर्यात् । ततः ॐ नमः शिवाय, इत्यनेनाचम्य सुमुखश्चेत्यादि पठित्वा, जलमादाय ॐ अद्येत्यादि देशकालौ संकीर्त्य अमुकगोत्रोऽमुकशर्मा मम यजमानस्य वा श्रुतिस्मृतिपुराणोक्तफलावाप्तये अमुककामनासिद्ध्यर्थं श्रीभवानीशंकरप्रसन्नतार्थं श्रीपार्थिवेश्वरलिंगपूजां करिष्ये (अथवा) अमुककामोऽमुकसंख्यया एतावन्तं कालं पार्थिवलिङ्गानि स्वयं ब्राह्मणद्वारा वा पूजयिष्ये तदङ्गतया भूतशुद्धिं प्राणप्रतिष्ठादिकं कर्म च करिष्ये । इति सङ्कल्प्य । ॐ पृथ्वि त्वयेति मन्त्रेण भूमिं प्रार्थ्य गन्धपुष्पैः सम्पूज्य ॐ अपसर्पन्तु०, इत्यनेन विघ्नानुत्सारयेत् । ततः ॐ सर्वभूतनिवारकाय शार्ङ्गाय सशरास्त्रराजाय सुदर्शनाय हुँ फट् । इति छोटिकाभिस्तालत्रयेण च दिग्बन्धं विधाय यथाशक्ति ॐ नमः शिवाय,[4] इति मन्त्रं जप्त्वा[5] भूतशुद्धिं प्राणप्रतिष्ठाञ्च कृत्वा न्यासं[6] कुर्यात् "ॐ नमो भगवते रुद्राय" ॐकारं मूर्ध्नि विन्यस्य नकारं नासिकाग्रतः । मोकारन्तु ललाटे वै भकारं मुखमध्यतः ॥ १ ॥ गकारं कण्ठदेशे च वकारं हृदये न्यसेत् । तकारं दक्षिणे हस्ते वामे रुकारमेव च ॥ २ ॥ द्राकारं नाभिदेशे च यकारं पादयोर्द्वयोः । एवं न्यासविधानेन निष्पापात्मा भवेन्नरः ॥ ३ ॥ एवं न्यासविधिं कृत्वा, पुष्पदूर्वायुतमर्घ्यं श्रीसूर्य्याय[7] ददयात् । ततस्तां ताम्रादिपात्रस्थां मृदं दृष्ट्याऽवलोकनेन संशोध्य । ॐ (वं) इति सुधावीजेनमृदमासिञ्च्य पिण्डं कृत्वाऽग्रे संस्थाप्य तस्मादल्पमृदं गृहीत्वा "ॐ ह्रीं ग्लौं गं गणपतये ग्लौं गं ह्रीं" इत्येकादशाक्षरमन्त्रेण बालगणपतिं वराभयलसत्पाणि-

---

(१) आयुष्मान् बलवान् श्रीमान् पुत्रवान् धनवान् सुखी । वरमिष्ट लभेल्लिङ्गं पार्थिवं यः समाचरेत् । नन्दीपुरा०) ॥ (२) शिवार्चनं सदाप्येवं शुचिः कुर्यादुदङ्मुखः (गौतमः) । (३) बिना भस्मत्रिपुण्ड्रेण बिना रुद्राक्षमालया । पूजितोऽपि महादेवो न स्यात्तस्य फलप्रदः ॥ तस्मान्मृदापि कर्तव्यं ललाटे वै त्रिपुण्ड्रकम् । (लिङ्गार्चनचन्द्रिका) । (४) महापातकयुक्तो वा मन्त्रस्यास्य तपास्वथ । अधिकारी भवेत्सर्वं इति देवोऽब्रवोच्छिवम् (भविष्य०) ॥ (५) अग्रे पृष्ठे तथा वामे समीपे गर्भमन्दिरे । जपं प्रदक्षिणं होमं न कुर्याद्धि शिवालये (पुरश्च० दी०) ॥ (६) न्यासमूलमिदं सर्वं न्यासपूर्वं तु कारयेत् । न्यासेन रहितं कर्म अर्द्धं गृह्णन्ति राक्षसाः ॥ (७) यावन्न दीयते चार्घ्यं भास्कराय निवेदितम् । तावन्न पूजयेद्विष्णुं शङ्करं वा महेश्वरम् (ब्राह्मे) ॥

पद्मं निर्माय पीठे संस्थाप्य लिङ्गं कुर्यात्। ॐ नमो हराय[1] इति मन्त्रेण विभीतकफलमात्रमृदं गृहीत्वा "ॐ नमो महेश्वराय" इति मन्त्रेण मनोहरम् अंगुष्ठमानादधिकं[2] वितस्तिमात्रावधि यथेष्टं साङ्गं लिङ्गं विधाय तस्योपरि गुटिकास्थापनक्रमः गङ्गागणपोमाः शिवकुमारगुटिकाः क्रमाद् ज्ञेयाः एका तिस्रः पञ्च च तिस्रो द्वे स्थापनात्सुखदाः ॥ एवं लिङ्गं कुर्यात्, सद्यः समस्ताघनाशनम् ॥ ततः स्वपुरतः 'ॐ शूलपाणये नमः' इति मन्त्रेण पुष्पाक्षतबिल्वपत्रयुक्ताम्रादिपात्रे वा वस्त्रोपरि पीठमध्ये स्थापयेत्। एवमन्यान्यपि लिङ्गानि यथासंकल्पितानि कृत्वा अवशिष्टमृदा, 'ॐ ऐं हुँ क्षुं क्लीं कुमाराय नमः' इति मन्त्रेण षण्मुखं कुमारञ्च कृत्वा लिङ्गपङ्क्त्यन्ते स्थापयेत्। ततः आचम्य प्राणानायम्य, ॐ अस्य श्रीसदाशिवमन्त्रस्य वामदेवऋषिः, पंक्तिश्छन्दः, श्रीसदाशिवो देवता, ॐ बीजं, नमः शक्तिः, शिवाय कीलकं, मम साम्बसदाशिवप्रीत्यर्थे पार्थिवलिङ्गपूजने विनियोगः। ॐ वामदेवऋषये नमः शिरसि। ॐ पंक्तिश्छन्दसे नमः मुखे। ॐ श्रीसदाशिवदेवतायै नमः हृदये। ॐ बीजाय नमः गुह्ये। ॐ शक्तये नमः पादयोः। ॐ शिवाय कीलकाय नमः सर्वाङ्गे। इति ऋष्यादिन्यासः। ॐ ॐ अंगुष्ठाभ्यां नमः। ॐ नं तर्जनीभ्यां नमः। ॐ मं मध्यमाभ्यां नमः। शिं अनामिकाभ्यां नमः। वां कनिष्ठिकाभ्यां नमः। ॐ यं करतलकरपृष्ठाभ्यां नमः इति करन्यासः॥ ॐ ॐ हृदयाय नमः। ॐ नं शिरसे स्वाहा। ॐ मं शिखायै वषट्। ॐ शिं कवचाय हुँ। ॐ वां नेत्रत्रयाय वौषट्। ॐ यं अस्त्राय फट्। एवं न्यासविधिं कृत्वा कुम्भपूजां विधाय ध्यानं कुर्यात्। ॐ ध्यायेन्नित्यं महेशं रजतगिरिनिभं चारुचन्द्रावतंसं, रत्नाकल्पोज्ज्वलाङ्गं परशुमृगवराभीतिहस्तं प्रसन्नम्। पद्मासीनं समन्तात्स्तुतममरगणैर्व्याघ्रकृत्तिं वसानं, विश्वाद्यं विश्ववन्द्यं निखिलभयहरं पञ्चवक्त्रं त्रिनेत्रम् ॥ १ ॥ इति ध्यात्वा मानसोपचारैः सम्पूज्य प्राणप्रतिष्ठां कुर्यात्—ॐ अस्य श्रीप्राणप्रतिष्ठामन्त्रस्य ब्रह्मविष्णुमहेश्वरा ऋषयः, ऋग्यजुःसामानि च्छन्दांसि, क्रियामयवपुः प्राणाख्या देवता, आं बीजम्, ह्रीं शक्तिः, क्रौं कीलकं देवे प्राणप्रतिष्ठापने विनियोगः। ब्रह्मविष्णुरुद्रऋषिभ्यो नमः शिरसि। ॐ ऋग्यजुःसामच्छन्दोभ्यो नमो मुखे। ॐ प्राणाख्यदेवतायै नमः हृदि। ॐ आं बीजाय नमः गुह्ये। ॐ ह्रीं शक्तये नमः पादयोः। ॐ क्रौं

---

(१) मृदाहरणसंघट्टप्रतिष्ठाह्वानमेव च। स्नपनं पूजनञ्चैव विसर्जनमतः परम् ॥ हरो महेश्वरश्चैव शूलपाणिः पिनाकधृक्। पशुपतिः शिवश्चैव महादेव इति स्मृतः ॥ नामक्रमेण पूर्वोक्तकर्माणि कारयेदित्यर्थः ॥ (देवीपुराणे) (२) अंगुष्ठमानादधिकं वितस्त्यवधि सुन्दरम्। पार्थिवं रचयेल्लिङ्गं न न्यूनं नाधिकं च तत् (म॰ महो॰) ॥

कीलकाय नमः सर्वाङ्गे इति कृत्वा ॐ आं ह्रीं क्रौं यँ रँ लँ वँ शँ षँ सँ हँ सः सोहँ शिवस्य प्राणा इह प्राणाः ॥ ॐ आँ ह्रीं क्रौं यँ रँ लँ वँ शँ षँ सँ हँ सः सोहँ शिवस्य जीव इह स्थितः । ॐ आँ ह्रीं क्रौं यँ रँ लँ वँ शँ षँ सँ हँ सः सोहँ शिवस्य सर्वेन्द्रियाणि वाङ्मनस्त्वक्चक्षुश्श्रोत्रघ्राणजिह्वापाणिपादपायूपस्थानि इहागत्य सुखं चिरं तिष्ठन्तु स्वाहा ॥ मनसि एवं पठित्वा लिङ्गोपरि तण्डुलान् क्षिपेत् ॥ एवं प्राणप्रतिष्ठां कृत्वा पुनरञ्जलिं बद्ध्वा ध्यायेत्—ॐ दक्षोत्सङ्गनिषण्णकुञ्जर-मुखं प्रेम्णा करेण स्पृशन्, वामोरुस्थितवल्लभाङ्कनिलयं स्कन्दं परेणामृशन् । इष्टाभीतिमनोहरं करयुगं बिभ्रत् प्रसन्नाननो, भूयान्नः शरदिन्दुसुन्दरतनुः श्रेयस्करः शङ्करः ॥ इति ध्वात्वा नमस्कारं कुर्यात् तद्यथा — नमोऽस्तु स्थाणुरूपाय ज्योतिर्लिङ्गामृतात्मने । चतुर्मूर्तेश्च पुंशक्त्या भासितांगाय शम्भवे । सर्वज्ञज्ञान-विज्ञानप्रदानेकमहात्मने । नमस्ते देवदेवेश सर्वभूतहितेरत ॥ इति नत्वा स्थापितं लिङ्गं स्पृशन् । ॐ भूः पुरुषं साम्बसदाशिवमावाहयामि ॥ ॐ भुवः पुरुषं साम्बसदाशिवमावाहयामि । ॐ स्वः पुरुषं साम्बसदाशिवमावाहयामि । इत्या-वाह्य । ॐ स्वामिन् सर्वजगन्नाथ यावत्पूजावसानकम् । तावत्त्वं प्रीतिभावेन लिङ्गेऽस्मिन् सन्निधौ भव ॥ इति पुष्पाञ्जलिं दत्वा--ॐ ह्रीं ग्लौं णं गणपतये ग्लौं गं ह्रीं ॥ इत्येकादशार्णमन्त्रेण गणपतिं सम्पूज्य 'ॐ ऐं हुँ क्षुँ क्लीं कुमाराय नमः इतिदशाक्षरमन्त्रेण स्कन्दं पूजयेत् ।

अथ शिवपूजनम्—तत्रादौ ध्यानम्--ॐ दक्षांकस्थं गजपतिमुखं प्रामृशन् दक्षदोष्णा, वामोरुस्थां नगपतनयां के ग्रहं चापरेण । इष्टाभीती परकरयुगे धारयन्निन्दुकान्तिमव्यादस्मांस्त्रिभुवननतो नीलकण्ठस्त्रिनेत्रः ॥ इति ध्यात्वा पाद्यादिभिः पूजयेत्—ॐ नमोऽस्तु नीलग्रीवाय सहस्राक्षाय मीढुषे अथो येऽअस्य सत्वानो हन्तेभ्यो करन्नमः ॥ ॐ साम्वसदाशिवाय नमः पाद्यं समर्प-यामि इति पाद्यं दद्यात् ॥ १ ॥ ॐ गायत्रीत्रिष्टुब्जगत्यनुष्टुप्पंक्त्या सह ॥ बृहत्युष्णिहा ककुप्सूचीभि÷शम्यन्तु त्वा ॥ ॐ साम्वसदाशिवाय नमः अर्घ्यं समर्पयामि इत्यर्घ्यम् ॥ २ ॥ ॐ त्र्यम्वकं यजामहे सुगन्धिम्पुष्टिवर्धनम् । उर्व्वारुकमिव बन्धनान्मृत्योर्मुक्षीय मामृतात् ॥ ॐ साम्बसदाशिवाय नमः आचमनीयं स० इत्याचमनम् ॥ ३ ॥ ॐ मधुव्वाता ऋतायते० इति मधुपर्कम् ॥ ४ ॥ ॐ साम्वसदाशिवाय नमः इत्याचमनीयम् ॥ ५ ॥ ॐ व्वरुणस्योत्तंभन-मसि व्वरुणस्य स्कम्भसर्ज्जनीस्थो व्वरुणस्य ऋतसदन्न्यसि व्वरुणस्यऽऋतसदन-मसि व्वरुणस्य ऋतसदनमासीद ॐ साम्वसदाशिवाय नमः जलस्नानं स० इति जलस्नानम् ॥ ६ ॥ ॐ पय÷पृथिव्यां पयऽओषधीषु पयो दिव्यन्तरिक्षे पयोधाः पयस्वतीः । प्रदिश÷सन्तु मह्यम् । ॐ साम्वसदाशिवाय नमः पयःस्नानं स० इति पयःस्नानम् ॥ ७ ॥ ॐ दधि क्राव्णोऽअकारिषं जिष्णोरश्वस्य व्वाजिनः ।

सुरभिनो मुखाकरत्प्राण आयूंषि तारिषत् ॥ ॐ साम्बसदाशिवाय नमः दधिस्नानं स० इति दधिस्नानं । पुनर्जलस्नानम् ॥ ८ ॥ ॐ घृतं घृतपावानः पिबतांतरिक्षस्य हविरसि स्वाहा दिशः प्रदिशऽअदिशो व्विदिशऽउद्दिशो दिग्भ्यः स्वाहा । ॐ साम्बसदाशिवाय नमः घृतस्नानं समर्पयामि । इतिघृतस्नानं पुनर्जलस्नानम् ॥ ९ ॥ ॐ मधुव्वाताऽऋतायते मधुक्षरंति सिन्धवः माध्वीर्न्नः सन्त्वोषधीः मधुनक्तमुतोपसो मधुमत्पार्थिवं रजः मधुद्यौरस्तु नः पिता मधुमान्नो व्वनस्पतिर्म्मधुमाँऽ २ अस्तु सूर्यः माध्वीर्गावो भवन्तु नः ॥ ॐ साम्बसदाशिवाय नमः मधुस्नानं स० । इति मधुस्नानं पुनर्जलस्नानम् ॥ १० ॥ ॐ अपाँ रसमुद्वस्यस ꣳसूर्य्ये सन्तँ समाहितम् आ ꣳ रसस्य योरसस्तंवो गृह्णाम्युत्तममुपयामगृहीतोसीन्द्रायत्वाजुष्टं गृह्णाम्येष ते योनिरिन्द्राय त्वा जुष्टतमम् ॥ ॐ साम्बसदाशिवाय नमः शर्करोदकस्नानं स० । इति शर्करोदकस्नानं पुनर्जलस्नानम् ॥ ११ ॥ ॐ पञ्चनद्यः सरस्वतीमपियन्ति सस्त्रोतसः ॥ सरस्वती तु पञ्चधा सोदेशे भवत्सरित् ॥ ॐ साम्बसदाशिवाय नमः पञ्चामृतस्नानं स० इति पञ्चामृतस्नानम् ॥ १२ ॥ ॐ शुद्धवालः सर्व्वशुद्धवालो मणिवालस्तऽआश्विनाः श्येतः श्येताक्षोरुणस्ते रुद्राय पशुपतये कर्णायामाऽअवलिप्तारौद्रा नभोरूपाः पार्जन्न्याः ॥ ॐ साम्बसदाशिवाय नमः शुद्धोदकस्नानं स० । इति शुद्धोदकस्नानम् ॥ १३ ॥ ततः स्नानान्ते ॐ नमस्ते रुद्र मन्यव उतोत इषवे नमः । बाहुभ्यामुत ते नमः ॥ १ ॥ याते रुद्र शिवा तनूरघोराऽपापकाशिनो । तया नस्तन्वा शन्तमया गिरिशन्ताभिचाकशीहि ॥ २ ॥ यामिषुङ्गिरिशन्त हस्ते विभर्ष्यस्तवे । शिवाङ्गिरित्रतां कुरु माहि ꣳ सीः पुरुषञ्जगत् ॥ ३ ॥ शिवेन बचसा त्वा गिरिशाच्छा वदामसि । यथा नः सर्वमिज्जगदयक्ष्म ꣳ सुमना असत् ॥ ४ ॥ अध्यवोचदधिवक्ता प्रथमो दैव्योभिषक् । अहींश्च सर्वाञ्जम्भयन् सर्वांश्च यातुधान्यो धराचीः परासुव ॥५॥ असौ यस्ताम्रो अरुण उत बभ्रुः सुमङ्गलः ये चैन ꣳ रुद्रा अभितो दिक्षु श्रिताः । सहस्रशोऽवैषा ꣳ हेड ईमहे ॥ ६ ॥ असौ योऽव सर्पति नीलग्रीवो विलोहितः उतैनङ्गोपा अदृश्रन्नदृश्रन्नुदहार्यः स दृष्टो मृडयाति नः ॥ ७ ॥ नमोऽस्तु नीलग्रीवाय सहस्राक्षाय मीढुषे । अथो ये अस्य सत्वानोऽहं तेभ्योऽकरन्नमः ॥ ८ ॥ प्रमुञ्च धन्वनस्त्वमुभयोरात्न्योर्ज्याम् । याश्च ते हस्त इषवः पराता भगवो वप ॥ ९ ॥ विज्यन्धनुः कपर्दिनो विशल्यो वाणवाँ २ उत । अनेशन्नस्य या इषव आभुरस्य निषङ्गधिः ॥ १० ॥ याते हेतिर्मीढुष्टम हस्ते बभूव ते धनुः ॥ तयास्मान्विश्वतस्त्वमयक्ष्मया परिभुज ॥ ११ ॥ परिते धन्वनो हेतिरस्मान् वृणक्तु विश्वतः । अथो य इषुधिस्तवारे अस्मिन्निधेहि तम् ॥ १२ ॥ अवतत्य धनुष्ट्व ꣳ सहस्राक्षशतेषुधे । निशीर्यशल्यानाम्मुखा शिवो नः सुमना भव ॥ १३ ॥ नमस्त आयुधायानातताय धृष्णवे । उभाभ्यामुत ते नमो बाहु-

भ्यान्तव धन्वने ॥ १४ ॥ मानो महान्तमुत मानो अर्भकम्मा न उक्षन्तमुतमानऽउक्षितम् । मानो वधीः पितरन्मोत मातरम्मानः प्रियास्तन्वो रुद्र रीरिषः ॥१५॥ मानस्तोके तनये मान आयुषि मानो गोषु मानो अश्वेषु रीरिषः । मानो व्वीरान्रुद्र भामिनो व्वधीर्हविष्मन्तः सदमित्त्वा हवामहे ॥ १६ ॥ इति षोडशभिर्ऋग्भिः शिवस्य मूर्धनि ताम्रकलशेन गव्येन पयसा केवलगङ्गोदकेन वा अभिषेकं कुर्यात् । ततः ॐ प्रमुञ्च धन्वनस्त्वमुभयोरात्न्योर्ज्याम् ॥ याश्च ते हस्तऽइषवः पराताभगवोव्वप ॥ ॐ साम्बसदाशिवाय नमः वस्त्रं[1] कौपीनं स० । इति वस्त्रकौपीनम् ॥ १४ ॥ ॐ विज्यं धनुः कपर्दिनो व्विशल्यो वाणवाँ उत ॥ अनेशन्नस्य याऽइषव आभुरस्य निषंगधिः ॥ साम्वसदाशिवाय नमः आभरणम् स० ॥ १५ ॥ ॐ ब्रह्मजज्ञानं प्रथमं पुरस्ताद्विसीमतः सुरुचोव्वेनऽआवः सबुध्न्या उपमाऽअस्य विष्ठा । सतश्च योनिमसतश्चव्विवः ॥ ॐ साम्वसदाशिवाय नमः यज्ञोपवीतं समर्पयामि इति यज्ञोपवीतम् ॥ १६ ॥ आचमनं च दद्यात् ॥ ॐ नमः श्वभ्यः श्वपतिभ्यश्च वो नमो भवाय च रुद्राय च नमः शर्वाय च पशुपतये च नमो नीलग्रीवाय च शितिकण्ठाय च नमः कपर्दिने ॥ ॐ साम्वसदाशिवाय नमः गन्धं स० इति गन्धम् ॥ १७ ॥ नमः शम्भवाय च मयोभवाय च नमः शंकराय च मयस्कराय च नमः शिवाय च शिवतराय च । ॐसाम्बसदाशिवाय नमः अक्षतान् समर्पयामि इत्यक्षताः ॥१८॥ नमः वार्य्याय चावार्य्याय च नमः प्रतरणाय चोत्तरणाय च नमस्तीर्थ्याय च कूल्याय च नमः शष्प्याय च फेन्याय च नमः । ॐ साम्वसदाशिवाय नमः पुष्पं[2] समर्पयामि । इति पुष्पाणि ॥ १९ ॥ ॐ नमो विल्मिने च कवचिने च वर्मिणे च वरूथिने च नमः । श्रुताय च श्रुतसेनाय च नमो दुंदुभ्याय चाहनन्याय च नमो धृष्णवे ॥ ॐ साम्वसदाशिवाय नमः विल्वपत्रं स० । इति त्रिल्वपत्राणि ॥ २० ॥ ॐ काण्डात्काण्डात्प्ररोहन्ती परुषः परुषस्परि । एवानो दूर्वे प्रतनुसहस्रेण शतेन च ॥ ॐ साम्वसदाशिवाय नमः दूर्वां स० । इति दूर्वाम् ॥ २१ ॥ एवं पुष्पांतपूजां कृत्वा आवरणार्चनं कुर्यात् ॥ तद्यथा अघोराय नमः ॥ १ ॥ ॐ पशुपतये नमः ॥ २ ॥ ॐ शिवाय नमः ॥ ३ ॥ ॐ विरूपाय नमः ॥ ४ ॥ ॐ विश्वरूपाय नमः ॥ ५ ॥ ॐ भैरवाय नमः ॥ ६ ॥ ॐ त्र्यम्वकाय नमः ॥ ७ ॥ ॐ शूलपाणये ममः ॥ ८ ॥ ॐ कपर्दिने नमः ॥ ९ ॥ ॐ ईशानाय नमः ॥ १० ॥ ॐ महेशाय नमः ॥ ११ ॥ इत्येकादश रुद्रान् सम्पूज्य ततः ॐ

---

(१) पीतकौशेयवसनं विष्णुप्रीत्यै प्रकीर्तितम् । रक्तं शक्त्यर्कविघ्नानां शिवस्य च सितं प्रियम् । (कल्पद्रुमे) जयसिंहः ॥ (२) शुष्कं पर्युषितं कृष्णं भूमिगं नार्पयेत्सुमम् ॥

ॐ भगवत्यै नमः ॥ १ ॥ ॐ उमादेव्यै नमः ॥ २ ॥ ॐ शंकर प्रियायै नमः ॥ ३ ॥ ॐ पार्वत्यै नमः ॥ ४ ॥ ॐ गौर्यै नमः ॥ ५ ॥ ॐ कालिन्द्यै नमः ॥ ६ ॥ ॐ काटिव्यै नमः ॥ ७ ॥ ॐ विश्वधारिण्यै नमः ॥ ८ ॥ ॐ विश्वेश्वर्यै नमः ॥ ९ ॥ ॐ विश्वमात्रे नमः ॥ १० ॥ ॐ शिवायै नमः ॥ ११ ॥ इति शक्तीः पूजयेत् । एवं सगणं रुद्रं सम्पूज्य वेद्याः पूर्वादिक्रमेण अक्षतादिना अष्टमूर्त्तीः पूजयेत् । तद्यथा—प्राच्याम् ॐ शर्वाय क्षितिमूर्तये नमः ॥ १ ॥ ईशान्याम् ॐ भवाय जलमूर्तये नमः ॥ २ ॥ उदीच्याम् ॐ रुद्रायाग्निमूर्तये नमः ॥ ३ ॥ वायव्याम् ॐ उग्राय वायुमूर्तये नमः ॥ ४ ॥ प्रतीच्याम् ॐ भीमायाकाशमूर्तये नमः ॥ ५ ॥ नैर्ऋत्याम् ॐ पशुपतये यजमानमूर्तये नमः ॥ ६ ॥ दक्षिणस्याम् ॐ महादेवाय सोममूर्तये नमः ॥ ७ ॥ आग्नेय्याम् ॐ ईशानाय सूर्यमूर्तये नमः ॥ ८ ॥ इति सम्पूज्य प्रणालिकायां ह्रीं उमायै नमः इति पूजयेत् । तद्बहिः पूर्वादिषु इन्द्रादीन् दश दिक्पालान् सम्पूजयेत् ॥ इत्यावरणपूजा ॥ ततः ॐ नमः कपर्दिने च व्युप्तकेशाय च नमः सहस्राक्षाय च शतधन्वने च नमो गिरिशयाय च शिपिविष्टाय च नमो मीढुष्टमाय चेषुमते च नमो ह्रस्वाय ॥ ॐ सांगाय साम्वसदाशिवाय नमः धूपं स० इति धूपम् ॥ २२ ॥ ॐ नमऽआशवे चाजिराय च नमः शीघ्राय च शीभ्याय च नमऽऊर्म्याय चावस्वन्याय च नमो नादेयाय च द्वीप्याय च ॥ ॐ सांगाय साम्वसदाशिवाय नमः दीपं स० इति दीपम् ॥२३॥ ॐ नमो ज्येष्ठाय च कनिष्ठाय च नमः पूर्वजाय चापरजाय च नमो मध्यमाय चाप्रगल्भाय च नमो जघन्याय च बुध्न्याय च नमः सोभ्याय ॥ ॐ सांगाय साम्त्रसदाशिवाय नमः नैवेद्यं समर्पयामि । इति नैवेद्यम् ॥ २४ ॥ ॐ त्र्यम्बकं यजामहे सुगन्धिम्पुष्टिवर्द्धनम् । उर्वारुकमिव बन्धनान्मृत्योर्मुक्षीय मामृतात् ॥ ॐ सांगाय साम्वसदाशिवाय नमः आचमनीयं समर्पयामि । इत्याचमनम् ॥ २५ ॥ ॐ इमा रुद्राय तवसे कपर्दिने क्षयद्वीराय प्रभरामहेमतोः । यथाशमसद्विपदे चतुष्पदे विश्वम्पुष्टं ग्रामेऽअस्मिन्ननातुरम् ॥ ॐ सांगाय साम्बसदाशिवाय नमः ताम्वूलं स० । इति ताम्वूलम् ॥ २६ ॥ ॐ श्रीश्च ते लक्ष्मीश्च० ॐ सांगाय साम्बसदाशिवाय नमः ऋतुफलं स० । इति ऋतुफलम् ॥ २७ ॥ ॐ हिरण्यगर्भः समवर्ततताग्रे भूतस्य जातः पतिरेकऽआसीत् ॥ सदाधार पृथिवीं द्यामुतेमां कस्मै देवाय हविषा विधेम ॥ ॐ सांगाय साम्वसदाशिवाय नमः दक्षिणां समर्पयामि । इति दक्षिणा ॥ २८ ॥ एवं सम्पूज्य साक्षतजलेन तर्पणं कार्य्यम्—ॐ भवं देवं तर्पयामि ॥ १ ॥ ॐ शर्वं देवं तर्पयामि ॥ २ ॥ ॐ ईशानं देवं तर्पयामि ॥ ३ ॥ ॐ पशुपतिं देवं तर्पयामि ॥ ४ ॥ ॐ उग्रं देवं तर्पयामि ॥ ५ ॥ ॐ रुद्रं देवं तर्पयामि ॥ ६ ॥ ॐ भीमं देवं तर्पयामि ॥ ७ ॥ ॐ महान्तं देवं तर्पयामि ॥८॥ ॐ भवस्य देवस्य पत्नीं तर्पयामि ॥ १ ॥ ॐ शर्वस्य देवस्य पत्नीं तर्पयामि ॥२॥

ॐ ईशानस्य देवस्य पत्नीं तर्पयामि ॥ ३ ॥ ॐ पशुपतेर्देवस्य पत्नीं तर्पयामि ॥ ४ ॥ ॐ उग्रस्य देवस्य पत्नीं तर्पयामि ॥५॥ ॐ रुद्रस्य देवस्य पत्नीं तर्पयामि ॥ ६ ॥ ॐ भीमस्य देवस्य पत्नीं तर्पयामि ॥ ७ ॥ ॐ महतो देवस्य पत्नीं तर्पयामि ॥ ८ ॥ एवं तर्पणं कृत्वा कर्पूरगर्भिताभिरेकादशवर्तिकाभिः कर्पूरेण वा आरार्तिकं कुर्यात् ॥ तत्र नीराजनम्—ॐ कर्पूरगौरं करुणावतारं संसारसारं भुजगेन्द्रहारम्। सदा वसन्तं हृदयारविन्दे भवं भवानीसहितं नमामि ॥ १ ॥ वन्दे देवमुमापतिं सुरगुरुं वन्दे जगत्कारणं वन्दे पन्नगभूषणं मृगधरं वन्दे पशूनां पतिम्। वन्दे सूर्यशशांकवह्निनयनं वन्दे मुकुन्दप्रियं वन्दे भक्तजनाश्रयं च वरदं वन्दे शिवं शंकरम् ॥ २ ॥ शान्तं पद्मासनस्थं शशधरमुकुटं पञ्चवक्त्रं त्रिनेत्रं शूलं वज्रं च खड्गं परशुमभयदं दक्षभागे वहन्तम्। नागं पाशं च घंटां डमरुकसहितं सांकुशं वामभागे नानालंकारयुक्तं स्फटिकमणिनिभं पार्वतीशं नमामि ॥ ३ ॥

अथ शिवनीराजनम्[१]—जय गंगाधर हर जय गिरिजाधीशा। त्वं मां पालय नित्यं कृपया जगदीशा। हर हर हर महादेव ॥ १ ॥ कैलासे गिरिशिखरे कल्पद्रुमविपिने, गुञ्जति मधुकरपुञ्जे कुञ्जवने सुघने, कोकिलकुञ्जतखेलतहंसावनललिता। रचयति कलाकलापं नृत्यति मुदसहिता। हर हर हर महादेव ॥२॥ तस्मिन् ललितसुदेशे शालामणिरचिता। तन्मध्ये हरनिकटे गौरी मुदसहिता ॥ क्रीडा रचयति भूषारञ्जितनिजमीशम्। इन्द्रादिकसुरसेवित नामयते शीशम् ॥ हर हर हर महादेव ॥ ३ ॥ विबुधवधू बहु नृत्यति हृदये मुदसहिता। किन्नरगानं कुरुते सप्तस्वरसहिता ॥ धिनकत, थै थै धिनकत मृदङ्गं वादयते। क्वणक्वण ललिता वेणुः मधुरं नादयते। हर हर हर महादेव ॥ ४ ॥ रुणरुण चरणे रचयति नुपूरमुज्ज्वलिता। चक्रावर्ते भ्रमयति कुरुते तां धिकताम्। तां तां लुपचुप तां तां वादयते। अङ्गुष्ठाङ्गुलिनादं लासक्तां कुरुते। हर हर हर महादेव ॥५॥ कर्पूरद्युतिगौरं पञ्चाननसहितम्। त्रिनयनशशधरमौलिं विषधरकण्ठयुतम्। सुन्दरजटाकलापं पावकयुतभालम्। डमरुत्रिशूलपिनाकं करधृतनृकपालम् ॥ हर हर हर महादेव ॥ ६ ॥ मुण्डे रचयति माला पन्नगमुपवीतम् ॥ वामविभागे गिरिजारूपम् अतिललितम्। सुन्दरसकलशरीरे कृतभस्माभरणम्। इति वृषभध्वजरूपं तापत्रयहरणम्। हर हर हर महादेव ॥ ७ ॥ शंखनिनादं कृत्वा झल्लरि नादयते। नीराजयते ब्रह्मा वेदऋचां पठते। अतिमृदुचरणसरोजं हृदि कमले धृत्वा। अवलोकयति महेशम् ईशम् अभिनत्वा। हर हर हर महादेव ॥ ८ ॥

---

(१) पञ्चनीराजनं कुर्यात्प्रथमं दीपमालया। द्वितीयं सोदकाब्जेन तृतीयं धौतवाससा ॥ चूताश्वत्थादिपत्रैश्च चतुर्थं परिकीर्तितम्। पञ्चमं प्रणिपातेन साष्टाङ्गेन यथाविधि ॥ (कालोत्तरतन्त्रे)।

ध्यानम् आरतिसमये हृदये अतिकृत्वा । रामस्त्रिजटानाथम् ईशम् अभिनत्वा ॥ सङ्गीतमेवं प्रतिदिनपठनं यः कुरुते । शिवसायुज्यं गच्छति भक्त्या यः शृणुते । हर हर हर महादेव ॥ ९ ॥ इति नीराजनम् । प्रदक्षिणा-ॐ ये तीर्थानि प्रचरंति सृकाहस्ता निषङ्गिणः । तेषा ᳪ सहस्त्रयोजने वधन्वानि तन्मसि ॥ १ ॥ यानि कानि च पापानि जन्मान्तरकृतानि च । तानि सर्वाणि नश्यन्तु प्रदक्षिणपदे पदे ॥ ॐ साम्बसदाशिवाय नमः प्रदक्षिणं समर्पयामीति प्रदक्षिणत्रयं[1] कुर्यात् ॥

अथ पुष्पाञ्जलिमन्त्राः—ॐ यज्ञेन यज्ञमयजन्त देवास्तानि धर्म्माणि प्रथमान्यासन् । तेह नाकम्महिमानः सचन्त यत्र पूर्व्वे साध्याः सन्ति देवाः ॥१॥ ॐ सांगाय साम्बसदाशिवाय नमः मन्त्रपुष्पाञ्जलिं समर्पयामि । इति पुष्पाञ्जलिं दत्त्वा "ॐ प्रपन्नं पाहि मामीश भीतं मृत्युग्रहार्णवात् । इति साष्टांगप्रणामं कुर्य्यात् ततो यथाशक्ति पञ्चाक्षरमन्त्रं जप्त्वा गुह्यातिगुह्य० इति मन्त्रेण जपं समर्प्य । वेदसारापराधभञ्जनादिस्तोत्राणि पठेत् । तद्यथा—पशूनां पतिं पापनाशं परेशं गजेन्द्रस्य कृत्तिं वसानं वरेण्यम् । जटाजूटमध्ये स्फुरद्गांगवारिं महादेवमेकं स्मरामि स्मरारिम् ॥ १ ॥ महेशं सुरेशं सुरारातिनाशं विभुं विश्वनाथं विभूत्यंगभूषम् । विरूपाक्षमिन्द्वर्कवह्नित्रिनेत्रं सदानन्दमीडे प्रभुं पञ्चवक्त्रम् ॥ २ ॥ गिरीशं गणेशं गले नीलवर्णं गवेन्द्रादिरूढं गुणातीतरूपम् । भवं भास्वरं भस्मना भूषितांगं भवानीकलत्रं भजे पञ्चवक्त्रम् ॥ ३ ॥ शिवाकान्त शम्भो शशाङ्कार्धमौले महेशान शूलिन् जटाजूटधारिन् । त्वमेको जगद्व्यापको विश्वरूप प्रसीद प्रसीद प्रभो पूर्णरूप ॥ ४ ॥ परात्मानमेकं जगद्बीजमाद्यं निरीहं निराकारमोङ्कारवेद्यम् । यतो जायते पाल्यते येन विश्वं तमीशं भजे लीयते यत्र विश्वम् ॥ ५ ॥ न भूमिर्न चापो न वह्निर्न वायुर्न चाकाशमास्ते न तन्द्रा न निद्रा न ग्रीष्मो न शीतं न देशो न वेषो न यस्यास्ति मूर्त्तिस्त्रिमूर्ति

(१ एका चण्ड्यां रवौ सप्त तिस्रो दद्याद्विनायके । चतस्रस्तु विष्णवे दद्याच्छिवे तिस्रः प्रदक्षिणाः (लिङ्गार्चनचन्द्रिका) ॥ प्रदक्षिणात्रयं कुर्यात्तथा पञ्चदशाथ वा । अष्टौ द्वादश वा कार्य्या ह्यधिका वापि शक्तितः । नैकां प्रदक्षिणां कुर्य्यात्साम्बस्य परमात्मनः । एकां प्रदक्षिणां कृत्वा शम्भोः पुण्यात्प्रहीयते ॥ प्रदक्षिणत्रयान्नूनं नैव कार्य्यं महेश्वरे । पूजां कृत्वा तु यः शम्भोर्न करोति प्रदक्षिणम् । सा पूजा निष्फला तस्य पूजकः स च दाम्भिकः ॥ भक्त्या करोति यः सम्यक् केवलं तु प्रदक्षिणाम् । पूजा सर्वा कृता तेन स सम्यक् शिवपूजकः ॥ चण्डसोमसूत्रादिसहितशिवपूजायां प्रदक्षिणाविचारः-एका चण्ड्या रवेः सप्त तिस्रः कार्य्या विनायके । हरेश्चतस्रः कर्तव्याः शिवस्यार्द्धा प्रदक्षिणा । वृषं चण्डं वृषं चैव सोमसूत्रं पुनर्वृषम् । चण्डं च सोमसूत्रं च पुनश्चण्डं पुनर्वृषम् । अपसव्य यतीनां च सव्यं तु ब्रह्मचारिणाम् । सव्यापसव्यं गृहिणामेवं शम्भोः प्रदक्षिणा । सव्यं प्रनालं नैव लंघयेत् ।

तमीडे ॥ ६ ॥ अजं शाश्वतं कारणं कारणानां शिवं केवलं भासकं भासकानाम् । तुरीयं तमः पारमाद्यन्तहीनं प्रपद्ये परं पावनं द्वैतहीनम् ॥ ७ ॥ नमस्ते नमस्ते विभो विश्वमूर्ते ! नमस्ते नमस्ते चिदानन्दमूर्ते । नमस्ते नमस्ते तपोयोगगम्य नमस्ते नमस्ते श्रुतिज्ञानगम्य ॥ ८ ॥ प्रभो शूलपाणे विभो विश्वनाथ ! महादेव शम्भो महेश त्रिनेत्र । शिवाकान्त शान्त स्मरारे पुरारे ! त्वदन्यो वरेण्यो न मान्यो न गण्यः ॥ ९ ॥ शम्भो महेश करुणामय शूलपाणे ! गौरीपते पशुपते पशुपाशनाशिन् ! । काशीपते करुणया जगदेतदेकस्त्वं हंसि पासि विदधासि महेश्वरोऽसि ॥ १० ॥ त्वत्तो जगद्भवति देव भव स्मरारे ! त्वय्येव तिष्ठति जगन्मृडविश्वनाथ । त्वय्येव गच्छति लयं जगदेतदीश ! लिङ्गात्मकं हर चराचरविश्वरूपिन् ॥ ११ ॥

इति वेदसारस्तोत्रम् ॥

अथ अपराधक्षमापनस्तोत्रम्—आदौ कर्मप्रसङ्गात् कलयति कलुषं मातृकुक्षौ स्थितं मां विण्मूत्रामेध्यमध्ये क्वथयति नितरां जाठरो जातवेदाः । यद्यद्वै तत्र दुःखं व्यथयति नितरां शक्यते केन वक्तुं क्षन्तव्यो मेऽपराधः शिव शिव शिव भोः श्रीमहादेव शंभो ॥ १ ॥ बाल्ये दुःखातिरेकान्मललुलितवपुः स्तन्यपाने पिपासा, नो शक्तश्चेन्द्रियेभ्यो भवगुणजनिता जन्तवो मां तुदन्ति । नानारोगादिदुःखाद्रुदनपरवशः शङ्करं न स्मरामि क्षन्तव्यो मेऽपराधः शिव शिव० ॥ २ ॥ प्रौढोऽहं यौवनस्थो विषयविषधरैः पञ्चभिर्मर्मसंधौ दष्टो नष्टो विवेकः सुतधनयुवतिस्वादुसौख्ये निषण्णः । शैवीचिन्ताविहीनं मम हृदयमहो मानगर्वाधिरूढं क्षन्तव्यो मेऽपराधः शिव शिव० ॥ ३ ॥ वार्धक्ये चेन्द्रियाणां विगतगतिमतिश्चाधिदैवादितापैः पापै रोगैर्वियोगैस्त्वनवसितवपुः प्रौढिहीनं च दीनम् । मिथ्यामोहाभिलाषैर्भ्रमति मम मनो धूर्जटेर्ध्यानशून्यं क्षन्तव्यो मेऽपराधः शिव शिव० ॥ ४ ॥ नो शक्यं स्मार्तकर्म प्रतिपदगहनप्रत्यवायाकुलाख्यं श्रौते वार्ता कथं मे द्विजकुलविहिते ब्रह्ममार्गेऽसुरारे । ज्ञातो धर्मो विचारैः श्रवणमननयोः किं निदिध्यासितव्यं क्षन्तव्यो मेऽपराधः शिव शिव० ॥ ५ ॥ स्नात्वा प्रत्यूषकाले स्नपनविधिविधौ नाहृतं गांगतोयं पूजार्थं वा कदाचिद्बहुतरगहनात्खण्डविल्वीदलानि । नानीता पद्ममाला सरसि विकसिता गन्धपुष्पैस्त्वदर्थं क्षन्तव्यो मेऽपराधः शिव शिव० ॥ ६ ॥ दुग्धैर्मध्वाज्ययुक्तैर्दधिसितसहितैः स्नापितं नैव लिङ्गं नो लिप्तं चन्दनाद्यैः कनकविरचितैः पूजितं न प्रसूनैः । धूपैः कर्पूरदीपैर्विविधरसयुतैर्नैव भक्ष्योपहारैः क्षन्तव्यो मेऽपराधः शिव शिव० ॥ ७ ॥ ध्यात्वा चित्ते शिवाख्यं प्रचुरतरधनं नैव दत्तं द्विजेभ्यो हव्यं ते लक्षसंख्यैर्हुतवहवदने नार्पितं बीजमन्त्रैः । नो तप्तं गांगतीरे व्रतजप-

नियमैः रुद्रजाप्यैर्नं वेदैः क्षन्तव्यो मेऽपराधः शिव शिव० ॥ ८ ॥ स्थित्वा स्थाने सरोजे प्रणवमयमरुत्कुण्डले सूक्ष्ममार्गे शान्ते स्वान्ते प्रलीने प्रकटितविभवे ज्योतिरूपे पराख्ये। लिंगज्ञे ब्रह्मवाक्ये सकलतनुगतं शंकरं न स्मरामि क्षन्तव्यो मेऽपराधः शिव शिव० ॥ ९ ॥ नग्नो निःसंगशुद्धस्त्रिगुणविरहितो ध्वस्तमोहांधकारो नासाग्रे न्यस्तदृष्टिर्विदितभवगुणो नैव दृष्टः कदाचित्। उन्मन्यावस्थया त्वां विगतकलिमलं शंकरं न स्मरामि क्षन्तव्यो मेऽपराधः शिव शिव० ॥ १० ॥ चन्द्रोद्भासितशेखरे स्मरहरे गंगाधरे शंकरे सर्पैर्भूषितकण्ठकर्णविवरे नेत्रोत्थवैश्वानरे। दन्तित्वक्कृतसुन्दराम्बरधरे त्रैलोक्यसारे हरे मोक्षार्थं कुरु चित्तवृत्तिमखिलामन्यैस्तु किं कर्मभिः ॥ ११ ॥ किं वाऽनेन धनेन वाजिकरिभिः प्राप्तेन राज्येन किं किं वा पुत्रकलत्रमित्रपशुभिर्देहेन गेहेन किम्। ज्ञात्वैतत्क्षणभङ्गुरं सपदि रे त्याज्यं मनो दूरतः स्वात्मार्थं गुरुवाक्यतो भज भज श्रीपार्वतीवल्लभम् ॥ १२ ॥ आयुर्नश्यति पश्यतां प्रतिदिनं याति क्षयं यौवनं प्रत्यायान्ति गताः पुनर्न दिवसाः कालो जगद्भक्षकः। लक्ष्मीस्तोयतरङ्गभङ्गचपला विद्युच्चलं जीवितं तस्मान्मां शरणागतं शरणद त्वं रक्ष रक्षाधुना ॥ १३ ॥ करचरणकृतं वाक्कायजं कर्मजं वा श्रवणनयनजं वा मानसं वाऽपराधम्। विहितमविहितं वा सर्वमेतत्क्षमस्व जय जय करुणाब्धे श्रीमहादेव शम्भो ॥ १४ ॥ गात्रं भस्मसितं सितञ्च हसितं हस्ते कपालं सितं खट्वाङ्गञ्च सितं सितश्च वृषभं कर्णे सिते कुण्डले। गंगाफेनसितं जटापयसितं चन्द्रः सितो मुर्द्धनि सोऽयं सर्वसितो ददातु विभवं पापक्षयं शङ्करः ॥ १५ ॥ एवं क्षमां सम्प्रार्थ्य पुनः—ॐ स्तुतिं करोमि कां प्रभो मतिस्तु कुण्ठिता मम। भवद्गुणानुवादपारमेति किं चतुर्मुखः ॥ ततः प्रणाममेव ते करोमि दण्डवद्विभो। क्षमस्व मेऽपराधरूपदोषजालमीश्वर ॥ इति पठन् साष्टाङ्गं प्रणमेत्। ततो यथाशक्ति महिम्नप्रभृतिभिः पुराणैः प्राकृतैश्च स्तवैः स्तुत्वा देवं प्रार्थयेत्—ॐ अंगहीनं क्रियाहीनं विधिहीनं महेश्वर। पूजितोऽसि महादेव तत् क्षमस्व भ्रमात्कृतम् ॥ १ ॥ यद्यप्युदाहृतैः पुष्पैरपास्तैर्भावदूषितैः। केशकीटापविद्धैश्च पूजितोऽसि मया प्रभो ॥२॥ अन्यत्रासक्तचित्तेन क्रियाहीनेन वा प्रभो। मनोवाक्कायदुष्टेन पूजितोऽसि त्रिलोचन ॥ ३ ॥ यच्चोपहतपात्रेण कृतमर्घ्यादिकं मया। तामसेन च भावेन तत्क्षमस्व मम प्रभो ॥ ४ ॥ मन्त्रेणाक्षरहीनेन पुष्पेण विफलेन च। पूजितोऽसि महादेव तत्सर्वं क्षम्यतां मम ॥ ५ ॥ व्रतं सम्पूर्णतां यातु फलं चाक्षयमश्नुते। अज्ञानयोगादुपचारकर्म यत्पूर्वमस्माभिरनुष्ठितं ते। तदैव सोद्वासनकं दयालो पितेव पुत्रान्प्रतनो जुषस्व ॥ ६ ॥ अयं दानकालस्त्वहं दानपात्रं भवानेव दाता त्वदन्यं न याचे। भवद्भक्तिमन्तः स्थिरां देहि मह्यं कृपाशील शम्भो कृतार्थोऽस्मि

यस्मात् ॥ ७ ॥ ॐ नम ओंकाररूपाय नमोऽक्षरवपुर्धृते । नमो नादात्मने तुभ्यं नमो बिन्दुकलात्मने ॥ ८ ॥ अलिंगलिंगरूपाय रूपातीताय ते नमः । त्वं माता सर्वलोकानां त्वमेव जगतः पिता ॥ ९ ॥ त्वं भ्राता त्वं सुहृन्मित्रं त्वं प्रियः प्रियरूपधृक् । त्वं गुरुस्त्वं गतिः साक्षात्त्वं पिता त्वं पितामहः ॥१०॥ नमस्ते भगवन् रुद्र भास्करामिततेजसे । नमो भवाय रुद्राय रसायाम्बुमयाय च ॥ ११ ॥ शर्वाय क्षितिरूपाय सदा सुरभिणे नमः । पशूनां पतये तुभ्यं पावकामिततेजसे ॥ १२ ॥ भीमाय व्योमरूपाय शब्दमात्राय ते नमः । महादेवाय सोमाय अमृताय नमोऽस्तु ते ॥ १३ ॥ उग्राय यजमानाय नमस्ते कर्मयोगिने । पार्थिवस्य च लिङ्गस्य यन्मया पूजनं कृतम् ॥ १४ ॥ तेन मे भगवान् रुद्रो वांछितार्थं प्रयच्छतु । इति साञ्जलिः प्रार्थ्य–अर्घ्योदकमादाय ॐ इतः पूर्वं प्राणबुद्धिदेहधर्माधिकारतो जाग्रत्स्वप्नसुषुप्त्यवस्थासु मनसा वाचा कर्म्मणा हस्ताभ्यां पद्भ्यामुदरेण शिश्ना यत्कृतं यदुक्तं तत्सर्वं ब्रह्मार्पणं भवतु इति पठित्वा देवस्य चरणयोः क्षिपेत् । ततः ॐ साधु वाऽसाधु वा कर्म यद्यदाचरितं मया । तत्सर्वं कृपया देव गृहाणाराधनं मम ॥ १ ॥ इत्यर्घ्यंजलं किञ्चिद्देवोपरि निक्षिप्य पुष्पाञ्जलिमादाय "ॐरश्मिरूपा महादेवा अत्र पूजितदेवताः । सदा शिवांगलोनास्ताः सन्ति सर्वाः सुखावहाः" ॥ १ ॥ इति देवोपरि निक्षिप्य तेजोरूपं ध्यात्वा । ॐ गच्छ गच्छ परं स्थानं स्वस्थानं परमेश्वर । यत्र ब्रह्मादयो देवा न विदुः परमं पदम् ॥ १ ॥ ॐ नमो महादेवदेवाय इति पठित्वा संहारमुद्रया विसृजेत् ततो गणपतिस्कन्दौ विसृज्य ऐशान्यां जलेन मण्डलं कृत्वा ॐ व्यापक मण्डलाय नमः । इति सम्पूज्य—ॐ चण्डेश्वराय नयः इति निर्माल्यनैवेद्यादिकं संस्थाप्य ध्यायेत्–चंडेश्वरं रक्ततनुं त्रिनेत्रं रक्तांशुकाढ्यं हृदि भावयामि । ढंकं त्रिशूलं स्फटिकाक्षमालां कमंडलुं बिभ्रतमिन्दुचूडम् ॥ इति ध्यात्वा —ॐ चण्डेश्वराय । इति निर्माल्येन सम्पूज्य 'ॐ ध्क्ष्रूं फट् चण्डेश्वर इमं बलिं गृह्ण स्वाहा' इति तत्त्वमुद्रया चरणोदकधारादानेन समर्प्य, ॐ बलिदानेन सन्तुष्टश्चण्डेशः सर्वसिद्धिदः । शान्तिं करोतु मे नित्यं शिवभक्तिं ददातु च ॥ १ ॥ लेह्यचोष्यान्नपानादि ताम्बूलं स्रग्विलेपनम् ॥ निर्माल्यं भोजनं तुभ्यं ददामि श्रीशिवाज्ञया ॥ २ ॥ इति निर्माल्यपुष्पाञ्जलिं समर्प्य नाराचमुद्रां प्रदर्श्य गच्छ गच्छेति विसृजेत् । "ॐ बाणरावणचण्डीशनंदिभृंगिरिटादयः । शंकरस्य प्रसादोऽयं सर्वे गृह्णन्तु शांभवाः ॥ १ ॥ निर्माल्यसलिलं पीत्वा देवदेवस्य शूलिनः । क्षयापस्मारकुष्ठाद्यैस्सद्यो मुच्येत पातकैः ॥ २ ॥ अकालमृत्युहरणं ब्रह्महत्याविनाशनम् । व्याधिघ्नं भक्तकायस्य शिवनिर्णेजनोदकम् ॥ ३ ॥ इति निर्माल्यजलं पीत्वा प्रणमेत् । पुनर्निर्माल्यपुष्पादिकं लिङ्गञ्च नद्यादौ जलमध्ये

क्षिपेत् । एवं यथाशक्ति लक्षसंख्यां प्रधानसंकल्पोक्तसंख्यां[1] वा समाप्य तद्दशांशेन तिलाज्यद्रव्यैर्होमं कुर्य्यात् ॥

इति श्रीपार्थिवेश्वरचिन्तामणिपूजाप्रयोगः ।

अथ महामृत्युञ्जयाष्टकम्

ॐ मृत्युञ्जय ! परेशान जगदामयनाशन ! ।
तव ध्यानेन देवेश ! मृत्युं प्राप्तोऽपि जीवति ॥ १ ॥
पञ्चास्यदोर्द्दण्डदशाङ्घ्रिनेमदिनेशभालेन्दुयुतं गणेशैः ।
वामाङ्गसंस्थागिरिजासमेतं वन्दे महामृत्युविनाशरूपम् ॥ २ ॥
देवं मृत्युविनाशनं भयहरं साम्राज्यमुक्तिप्रदम् ।
नानाभूतगणान्वितं दिवि पदैर्देवैः सदा सेवितम् ॥
अज्ञानान्धकनाशनं शुभकरं विद्यासुसौख्यप्रदम् ।
सर्वं सर्वपतिं महेश्वरहरं मृत्युञ्जयं भावये ॥ ३ ॥
वन्दे ईशानदेवाय नमस्तस्मै पिनाकिने ।
आदिमध्यान्तरूपाय मृत्युनाशं करोतु मे ॥ ४ ॥
नमस्तस्मै भगवते कैलासाचलवासिने ।
नमोब्रह्मेन्द्ररूपाय मृत्युञ्जय प्रसीद मे ॥ ५ ॥
नमो विष्ण्वर्करूपाय नमो ज्ञानस्वरूपिणे ।
मृत्युं नाशयतामाशु मृत्युञ्जय प्रसीद मे ॥ ६ ॥

---

(१) अथ कामनाभेदेन संख्याभेदः – दैशिकास्सकलं ज्ञात्वा कुर्य्याल्लिंगफलप्रदम् ॥ विद्यार्थी लिंगसाहस्रं धनार्थी च तदर्द्धकम् ॥ १ ॥ पुत्रार्थी सप्तसाहस्रं कन्यार्थी तु शतत्रयम् । वन्ध्या लिंगायुतं कुर्यात्सर्वपापहरं शुभम् ॥ २ ॥ राज्यार्थी शतसाहस्रं कांतार्थी शतपञ्चकम् ॥ मोक्षार्थी कोटिगुणितं भूकामश्च सहस्रकम् ॥३॥ रूपार्थी तु त्रिसाहस्रं तीर्थार्थी द्विसहस्रकम् ॥ सुहृत्कामः सहस्रं स्याद्वस्त्रार्थी शतमष्टकम् ॥ ४ ॥ मारणार्थी सप्तशतं मोहनार्थी शताष्टकम् ॥ उच्चाटनपरश्चैव सहस्रं तु यथोक्तवत् ॥ ५ ॥ स्तम्भनं तु सहस्रेण जारणं च तदर्द्धवत् ॥ निगडान्मुक्तिकामस्तु सहस्रं सार्द्धमीरितम् ॥ ६ ॥ महाराजभये पञ्चशतं चौरादिसंकटे । शतद्वयं च डाकिन्या भये पञ्चशतं परम् ॥ दरिद्रः पञ्चसाहस्रमयुतं सर्वकामदम् ॥ ७ ॥ (शा० सा०) लक्षपार्थिवलिङ्गानां पूजनाद्भुवि मुक्तिभाक् ॥ लक्षं तु गुडलिङ्गानां पूजनात्पार्थिवो भवेत् ॥ ८ ॥ या नारी गुडलिङ्गानि सहस्रं पूजयेत्सती ॥ भर्तुः सुखमखण्डं सा प्राप्यते पार्वती भवेत् (मं० म०) ॥ ९ ॥ नित्यपूजने संख्या एकं पापहरं प्रोक्तं द्विलिङ्गं चार्थसिद्धिदम् । त्रिलिंगं सर्वकामानां कारणं परमाद्भुतम् (शा. सा.) ॥ १० ॥

त्र्यम्बकाय नमस्तुभ्यं पञ्चास्याय नमो नमः ।
दोर्दण्डचापाय नमो मम मृत्युं विनाशय ॥ ७ ॥
नमोऽर्द्धेन्दुस्वरूपाय नमो दिग्वसनाय च ।
नमो भक्तार्तिहन्त्रे च मम मृत्युं विनाशय ॥ ८ ॥
मृत्युञ्जयाष्टकं दिव्यं त्रिकाले यः पठेन्नरः ।
अपमृत्युर्व्रजेत्तस्य सत्यं सत्यं शिवाज्ञया ॥ ९ ॥
अर्द्धरात्रे जपेन्नित्यं चतुरशीतिसंख्यया ।
काले मृत्युर्विनश्येत अकालाल्पस्य का कथा ॥ १० ॥
आलस्येनाप्रसङ्गेन श्रद्धाहीनेन चेतसा ।
पठेद्यद्यप्यकालेषु ध्रुवं मृत्युं निवारयेत् ॥ ११ ॥

इति मृत्युञ्जयाष्टकम्

अथ महामृत्युञ्जयस्तोत्रम्

नमो महामृत्युञ्जयाय । नन्दिकेश्वर उवाच—
कैलासस्योत्तरे शृङ्गे शुद्धस्फटिकसन्निभे ।
तमोगुणविहीने तु जरामृत्युविवर्जिते ॥ १ ॥
सर्वतीर्थास्पदाधारे सर्वज्ञानकृतालये ।
कृताञ्जलिपुटो ब्रह्मा ध्यानशीलं सदाशिवम् ॥ २ ॥
पप्रच्छ प्रणतो भूत्वा जानुभ्यामवनीं गतः ।
सर्वार्थसम्यगाधारं ब्रह्मा लोकपितामहः ॥ ३ ॥
ब्रह्मोवाच—केनोपायेन देवेश ! चिरायुर्लोमशोऽभवत् ।
तन्मे ब्रूहि महेशान ! लोकानां हितकाम्यया ॥ ४ ॥
श्रीसदाशिवः प्राह—शृणु ब्रह्मन् प्रवक्ष्यामि चिरायुर्मुनिसत्तमः ।
सञ्जातः कर्मणा येन व्याधिमृत्युविवर्जितः ॥ ५ ॥
तस्मिन्नेकार्णवे घोरे सलिलौघपरिप्लुते ।
कृतान्तभयनाशाय स्तुतो मृत्युञ्जयः शिवः ॥ ६ ॥
तस्य संकीर्तनान्नित्यं मुनिर्मृत्युविवर्जितः ।
तमेव कीर्तयन् ब्रह्मन् मृत्युञ्जेतुं न संशयः ॥ ७ ॥
लोमश उवाच—देवाधिदेव देवेश ! सर्वप्राणभृतांवर ।
प्राणिनामसि नाथस्त्वं मृत्युञ्जय नमोऽस्तु ते ॥ ८ ॥
देवानां जीवभूतोऽसि जीवो जीवस्य कारणम् ।
जगतां रक्षकस्त्वं वै मृत्युञ्जय नमोऽस्तु ते ॥ ९ ॥

हिमाद्रिशिखराकार सुधावीचिमनोहर ।
पुण्डरीक परं ज्योतिर्मृत्युञ्जय नमोऽस्तु ते ॥ १० ॥

ध्यानाधार महाज्ञान ! सर्वज्ञानैककारण ।
परित्राताऽसि लोकानां मृत्युंजय नमोऽस्तु ते ॥ ११ ॥

निहता येन कालेन सदेवासुरमानवाः ।
गन्धर्वाप्सरसश्चैव सिद्धविद्याधरास्तथा ॥ १२ ॥

साध्याश्च वसवो रुद्रा तथाश्विनिसुतावुभौ ।
मरुतश्च दिशो नागाः स्थावरा जङ्गमास्तथा ॥ १३ ॥

अनङ्गेन मनोजेन पुष्पचापेन केवलम् ।
जितः सोऽपि त्वया ध्यानान्मृत्युञ्जय नमोऽस्तु ते ॥१४॥

ये ध्यायन्ति परां मूर्ति पूजयन्त्यमराधिप ।
न ते मृत्युवशं यान्ति मृत्युञ्जय नमोऽस्तु ते ॥ १५ ॥

स्थावरे जङ्गमे वापि यावत्तिष्ठति मेदिनी ।
जीवतु इत्याह लोकोऽयं मृत्युञ्जय नमोऽस्तु ते ॥ १६ ॥

त्वमोंकारोऽसि वेदानां देवानाञ्च सदाशिवः ।
आधारशक्तिः शक्तीनां मृत्युञ्जय नमोऽस्तु ते ॥ १७ ॥

सोमसूर्याग्निमध्यस्थ व्योमव्यापिन् सदाशिव !
कालप्रद महाकाल मृत्युञ्जय नमोऽस्तु ते ॥ १८ ॥

प्रबुद्धे चाप्रबुद्धे च त्वमेव सृजते जगत् ।
सृष्टिरूपेण देवेश मृत्युञ्जय नमोऽस्तु ते ॥ १९ ॥

व्योम्नि त्वं व्योमरूपोऽसि तेजः सर्वत्र तेजसि ।
प्राणिनां ज्ञानरूपोऽसि मृत्युञ्जय नमोऽस्तु ते ॥ २० ॥

जगज्जीवो जगत्प्राणः स्रष्टा त्वं जगतः प्रभुः ।
कारणं सर्वतीर्थानां मृत्युञ्जय नमोऽस्तु ते ॥ २१ ॥

नेता त्वमिन्द्रियाणाञ्च सर्वज्ञानप्रबोधक ।
सांख्ययोगश्च हंसश्च मृत्युञ्जय नमोऽस्तु ते ॥ २२ ॥

रूपातीतः सुरूपश्च पिण्डश्च पदमेव च ।
चतुर्युगकलाधार ! मृत्युञ्जय नमोऽस्तु ते ॥ २३ ॥

रेचके वह्निरूपोऽसि सोमरूपोऽसि पूरके ।
कुम्भके शिवरूपोऽसि मृत्युञ्जय नमोऽस्तु ते ॥ २४ ॥

क्षयंकरोऽसि पापानां पुण्यानामपि वर्द्धनः ।
हेतुस्त्वं श्रेयसां नित्यं मृत्युञ्जय नमोऽस्तु ते ॥ २५ ॥

सर्वमायाकलातीत ! सर्वेन्द्रियपरावर !
सर्वेन्द्रियकलाधीश ! मृत्युञ्जय नमोऽस्तु ते ॥ २६ ॥
रूपं गन्धो रसः स्पर्शः शब्दसंस्कार एव च ।
त्वत्तः प्रकाश एतेषां मृत्युञ्जय नमोऽस्तु ते ॥ २७ ॥
चतुर्विधानां सृष्टीनां हेतुस्त्वं कारणेश्वर ।
भावाभावपरिच्छिन्न मृत्युञ्जय नमोऽस्तु ते ॥ २८ ॥
त्वमेको निष्कलो लोके सकलं भुवनत्रयं ।
अतिसूक्ष्मातिरूपस्त्वं मृत्युञ्जय नमोऽस्तु ते ॥ २९ ॥
त्वं प्रबोधस्त्वमाधारस्त्वद्बीजं भुवनत्रयम् ।
सत्वं रजस्तमस्त्वं हि मृत्युञ्जय नमोऽस्तु ते ॥ ३० ॥
त्वं सोमस्त्वं दिनेशश्च त्वमात्मा प्रकृतेः परः ।
अष्टत्रिंशत्कलानाथ मृत्युञ्जय नमोऽस्तु ते ॥ ३१ ॥
सर्वेन्द्रियाणामाधार ! सर्वभूतगुहाशय !
सर्वज्ञानमयानन्त मृत्युञ्जय नमोऽस्तु ते ॥ ३२ ॥
त्वमात्मा सर्वभूतानां गुणानां त्वमधीश्वरः ।
सर्वानन्दमयाधार ! मृत्युञ्जय नमोऽस्तु ते ॥ ३३ ॥
त्वं यज्ञः सर्वयज्ञानां त्वं बुद्धिर्बोधलक्षणा ।
शब्दब्रह्म त्वमोङ्कारो मृत्युञ्जय नमोऽस्तु ते ॥ ३४ ॥

श्रीसदाशिव उवाच—एवं सकीर्तयेद्यस्तु शुचिस्तद्गतमानसः ।
भक्त्या शृणोति यो ब्रह्मन् न स मृत्युवशो भवेत् ॥ ३५ ॥
न तु मृत्युभयं तस्य प्राप्तकालं च लङ्घयेत् ।
अपमृत्युभयं तस्य प्रणश्यति न संशयः ॥ ३६ ॥
व्याधयो नो प्रपद्यन्ते नोपसर्गभयं क्वचित् ।
प्रत्यासन्नान्तरे काले शतैकावर्तने कृते ॥ ३७ ॥
मृत्युर्न जायते तस्य रोगान्मुञ्चति निश्चितम् ।
पञ्चम्यां वा दशम्यां वा पौर्णमास्यामथापि वा ॥ ३८ ॥
शतमावर्तयेद्यस्तु शतवर्षं स जीवति ।
तेजस्वी बलसम्पन्नो लभते श्रियमुत्तमाम् ॥ ३९ ॥
त्रिविधं नाशयेत्पापं मनोवाक्कायसम्भवम् ।
अभिचाराणि सर्वाणि कर्माण्याथर्वणानि च ॥
क्षीयन्ते नात्र सन्देहो दुःस्वप्नं च विनश्यति ॥ ४० ॥
इदं रहस्यं परमं देवदेवस्य शूलिनः ।
दुःखप्रणाशनं पुण्यं सर्वविघ्नविनाशनम् ॥ ४१ ॥

इति श्रीब्रह्मसंवादे श्रीमहामृत्युञ्जयस्तोत्रं सम्पूर्णम् ॥

अथ मानसपूजास्तोत्रम्[1]

रत्नैः कल्पितमासनं हिमजलैः स्नानञ्च दिव्याम्बरं
नानारत्नविभूषितं मृगमदामोदान्वितं चन्दनम् ॥
जातीचम्पकबिल्वपत्रसहितं पुष्पञ्च धूपं तथा
दीपं देव दयानिधे पशुपते हृत्कल्पितं गृह्यताम् ॥ १ ॥
सौवर्णे मणिरत्नखण्डरचिते पात्रे घृतं पायसं
भक्ष्यं पञ्चविधं पयोदधियुतं रम्भाफलं पायसम् ॥
शाकानामयुतं जलं रुचिकरं सुस्निग्धशाल्योदनं
ताम्बूलं मनसा मया विरचितं पूजां फलं स्वीकुरु ॥ २ ॥
छत्रं चामरयोर्युगं व्यजनकं चादर्शकं निर्मलं
वीणाभेरिमृदङ्गकाहलकलागीतञ्च नृत्यं तथा ॥
साष्टाङ्गं प्रणतिस्स्तुतिर्बहुविधाऽप्येतत्समस्तं मया
संकल्पेन समर्पितं तव विभो पूजां गृहाण प्रभो ॥ ३ ॥
आराधयामि मणिसन्निभमात्मलिङ्गं मायापुरीहृदयपङ्कजसन्निविष्टम् ।
श्रद्धानदीविमलचित्तजलाभिषेकैर्नित्यं समाधिकुसुमैर्न पुनर्भवाय ॥ ४ ॥
श्मशानेष्वाक्रीडा स्मरहर-पिशाचाः सहचराः
चिता-भस्मालेपः स्रगपि नृकरोटी परिकरः ॥
अमङ्गल्यं शीलं तव भवतु नामैवमखिलं
तथापि स्मर्तॄणां वरद परमं मङ्गलमसि ॥ ५ ॥
आत्मा त्वं गिरिजा मतिः सहचराः प्राणाः शरीरं गृहं
पूजा ते विषयोपभोगरचना निद्रा समाधिस्थितिः ॥
सञ्चारः पदयोः प्रदक्षिणविधिः स्तोत्राणि सर्वा गिरो
यद्यत्कर्म करोमि तत्तदखिलं शम्भो तवाराधनम् ॥ ६ ॥
निरावलम्बस्य ममावलम्बं विपाटिताशेषविपत्कदम्बम्
मदीयपापाचल-पातशम्बं प्रवर्ततां वाचि सदैव बम्बम् ॥ ७ ॥

अथ शारदोक्तमहामृत्युञ्जयजपविधिः

ॐ अस्य श्रीमहामृत्युञ्जयमन्त्रस्य वसिष्ठऋषिः अनुष्टुप्छन्दः श्रीत्र्यम्बकरुद्रो देवता श्रीं बीजं ह्रीं शक्तिः मम यजमानस्य वा शरीरे [2]सर्वारिष्टनिवृत्तिपूर्वकसकलमनोरथसिद्ध्यर्थे जपे[3] विनियोगः । + अथ ऋष्यादिन्यासः

---

(१) आवाहनादिपुष्पान्ता विषयः कथिता बुधैः । ते सर्वे ध्यानवद्योज्याः पूजा सा मानसी मता (वराहसंहिता) ॥ (२) देवे तीर्थे द्विजे मन्त्रे दैवज्ञे भेषजे गुरौ । यादृशी भावना यस्य सिद्धिर्भवति तादृशी ॥ (३) मन्त्रजपे पाठे च भेदः—मनसा यः स्मरेत्स्तोत्रं वचसा वा मनुं जपेत् । उभयं निष्फलं देवि भिन्नभाण्डोदकं यथा (मं० शा०) ।

ॐ वसिष्ठऋषये नमः शिरसि। अनुष्टुप्छन्दसे नमः मुखे। श्रीत्र्यम्बकरुद्र-देवतायै नमः हृदये। श्रीं बीजाय नमः गुह्ये। ह्रीं शक्तये नमः पादयोः। + अथ करन्यासः—ॐ हौं ॐ जूँ सः भूर्भुवः स्वः त्र्यम्बकं ॐ नमो भगवते रुद्राय शूलपाणये स्वाहा अङ्गुष्ठाभ्यां नमः। ॐ हौं ॐ जूँ सः भूर्भुवः स्वः यजामहे ॐ नमो भगवते रुद्राय अमृतमूर्तये मां जीवय जीवय तर्जनीभ्यां स्वाहा। ॐ हौं ॐ जूँ सः भूर्भुवः स्वः सुगन्धिम्पुष्टिवर्द्धनम् ॐ नमो भगवते रुद्राय चन्द्रशिरसे जटिने स्वाहा मध्यमाभ्यां वषट्। ॐ हौं ॐ जूँ सः भूर्भुवः स्वः उर्व्वारुकमिव बन्धनात् ॐ नमो भगवते रुद्राय त्रिपुरान्तकाय ह्रां ह्रीं अनामिकाभ्यां हुँ। ॐ हौं ॐ जूँ सः भूर्भुवः स्वः मृत्योर्मुक्षीय ॐ नमो भगवते रुद्राय त्रिलोचनाय ऋग्यजुःसाममन्त्राय कनिष्ठिकाभ्यां वौषट्। ॐ हौं ॐ जूँ सः भूर्भुवः स्वः मामृतात् ॐ नमो भगवते रुद्राय अग्नित्रयाय ज्वल ज्वल मां रक्ष रक्ष अघोरास्त्राय करतलकरपृष्ठाभ्यां फट्। एवं हृदयादि० ॐ हौं ॐ जूँ सः भूर्भुवः स्वः त्र्यम्बकं ॐ नमो भगवते रुद्राय शूलपाणये स्वाहा हृदयाय नमः। ॐ हौं ॐ जूँ सः भूर्भुवः स्वः यजामहे ॐ नमो भगवते रुद्राय अमृतमूर्त्तये मां जीवय जीवय शिरसे स्वाहा। ॐ हौं ॐ जूँ सः भूर्भुवः स्वः सुगन्धिम्पुष्टिवर्द्धनम् ॐ नमो भगवते रुद्राय चन्द्रशिरसे जटिने स्वाहा शिखायै वषट्। ॐ हौं ॐ जूँ सः भूर्भुवः स्वः उर्व्वारुकमिव बन्धनात् ॐ नमो भगवते रुद्राय त्रिपुरान्तकाय ह्रां ह्रीं कवचाय हुँ। ॐ हौं ॐ जूँ सः भूर्भुवः स्वः मृत्योर्मुक्षीय ॐ नमो भगवते रुद्राय त्रिलोचनाय ऋग्यजुःसाममन्त्राय नेत्रत्रयाय वौषट्। ॐ हौं ॐ जूँ सः भूर्भुवः स्वः मामृतात् ॐ नमो भगवते रुद्राय अग्नित्रयाय ज्वल ज्वल मां रक्ष रक्ष अघोरास्त्राय अस्त्राय फट्॥ अथ वर्णन्यासः। ॐ त्र्यं नमः दक्षिणचरणाग्रे। बं नमः कं नमः यं नमः जां नमः दक्षिणचरणसन्धिचतुष्केषु। मं नमः वामचरणाग्रे। हें नमः सुं नमः गं नमः धिं नमः वामचरणसन्धिचतुष्केषु। पुं नमः गुह्ये। ष्टिं नमः आधारे। वं नमः जठरे। र्द्धं नमः हृदये। नं नमः कण्ठे। ॐ उं नमः दक्षिणकराग्रे। र्वां नमः रुं नमः कं नमः मिं नमः दक्षिणकरसन्धिचतुष्केषु। वं नमः वामकराग्रे। वं नमः धं नमः नां नमः मृं नमः वामकरसन्धिचतुष्के। त्यों नमः वदने। मुं नमः ओष्ठयोः। क्षीं नमः घ्राणयोः। यं नमः दृशोः। मां नमः श्रवणयोः। मृं नमः भ्रुवोः। तां नमः शिरसि। पदन्यासः। त्र्यम्बकं शिरसि। यजामहे भ्रुवोः। सुगन्धि दृशोः। पुष्टिवर्द्धनम् मुखे। उर्व्वारुकं गण्डयोः। इव हृदये। बन्धनात्-जटरे, मृत्यो-गुह्ये। मुक्षीय-उर्वोः। मा जानुनोः। अमृतात् पादयोः॥ अथ ध्यानम्। हस्ताभ्यां कलशद्वयामृतरसैराप्लावयन्तं शिरो, द्वाभ्यां तौ दधतं मृगाऽक्षवलये द्वाभ्यां वहन्तं परम्। अंकन्यस्तकरद्वयामृतघटं कैलाशकान्तं शिवम्,

स्वच्छाम्भोजगतं नवेन्दुमुकुटाभान्तं त्रिनेत्रं भजे ॥ १ ॥ इति ध्यात्वा मानसोपचारैः सम्पूज्य पूर्ववत् मालापूजनं पूर्ववत् मूलमन्त्रं जपेत् ॥ मन्त्रस्वरूपम् । ॐ ह्रौं ॐ जूँ सः भूर्भुवः स्वः त्र्यम्बकं यजामहे सुगन्धिम्पुष्टिवर्द्धनम् । उर्वारुकमिव बन्धनान्मृत्योर्मुक्षीय मामृतात् भूर्भुवः स्वरों जूँ सः ह्रौं ओम् ॥ १ ॥

जपान्ते प्रार्थना—मृत्युञ्जय महारुद्र त्राहि मां शरणागतम् । जन्ममृत्युजरारोगैः पीडितं कर्मबन्धनैः ॥ १ ॥ तावकस्त्वद्गतप्राणस्त्वच्चित्तोऽहं सदा मृड । इति विज्ञाप्य देवेशं जपेन्मन्त्रञ्च त्र्यम्बकम् ॥ २ ॥

* अथ वसिष्ठकल्पोक्तं महामृत्युञ्जयादिविधानम् *

त्र्यम्बकस्य विधानन्तु कीर्तयिष्ये मुनीश्वराः । यथोक्तविधिना युक्तं संस्मृतं ब्रह्मणा पुरा ॥ १ ॥ मृत्युञ्जयस्त्रिधा प्रोक्त आद्यो मृत्युञ्जयः स्मृतः । मृतसञ्जीवनी चैव महामृत्युञ्जयस्तथा ॥ २ ॥ मृत्युञ्जयः केवलः स्यात्पुटितो व्याहृतित्रयैः । तारं (ॐ) त्रिबीजं (ह्रौं जूँ सः) व्याहृत्य पुटितो मृतजीवनी ॥ ३ ॥ तारं त्रिबीजं व्याहृत्य पुटितैस्तैस्त्रियम्बकः । महामृत्युञ्जयः प्रोक्तः सर्वमन्त्रविशारदैः ॥ ४ ॥ तत्रैव विशेषः—"प्रणवान्ते प्रसाद—(ह्रौं) श्च मृतिहारक–(जूँ सः)–मेव च । भूरादिव्याहृतयश्च त्र्यम्बकेति च ऋक् ततः ॥ ५ ॥ विपर्ययेण त्रिबीजं तद्वच्च व्याहृतित्रयम् । स्वाहान्तो मनुरेषोऽयं शुक्रेणाराधितः पुरा ॥ ६ ॥ महामृत्युञ्जय इति विश्रुतो भुवनत्रये । ॐ कारैः सहितः षड्भिश्चतुर्दशभिरेव च ॥ ७ ॥ मृत्युञ्जयं तं विधिवदुपास्येप्सितमाप्नुयात् ।ऽ। (आदौ प्रासादबीजं तदनु मृतिहरं तारकं व्याहृतिश्च, प्रोच्चार्य त्र्यम्बकं यो जयति मृतिहरं भूय एवैतदाद्यम् । कृत्वा न्यासं षडङ्गं स्रवदमृतकरं मण्डलान्तःप्रविष्टम्, ध्यात्वा योगीशरुद्रं स जयति मरणं शुक्रविद्याप्रसादात् ॥८॥ अथ मन्त्रस्वरूपम् ॥ ॐ भूः ॐ भुवः ॐ स्वः ॐ त्र्यम्बकं यजामहे इति ऋक् ॐ स्वः ॐ भुवः ॐ भूः ॐ इत्यष्टचत्वारिंशद् (४८)–वर्णात्मकः केवलमृत्युञ्जयः ॥ १ ॥ ओं ह्रौं जूँ सः ओं भूर्भुवः स्वः ॐ त्र्यम्बकं यजामहे० इति ऋक् ॐ स्वः भुवः भूः ॐ सः जूँ ह्रौं ॐ इति द्विपञ्चाशद् (५२)–वर्णात्मको मृतसंजीवनीमन्त्रः ॥ अथ महामृत्युञ्जयमन्त्रः—ॐ ह्रौं ॐ जूँ ॐ सः ॐ भूः ॐ भुवः ॐ स्वः ॐ त्र्यम्बकं यजामहे सुगन्धि पुष्टिवर्द्धनम् । उर्वारुकमिव बन्धनान्मृत्योर्मुक्षीय मामृतात् ॐ स्वः ॐ भुवः ॐ भूः ॐसः ॐ जूँ ॐ ह्रौं ॐ स्वाहा इति द्विषष्टि (६२)–वर्णात्मको महामृत्युञ्जयशुक्राराधितो मन्त्रः ॥

अथ प्रयोगविशेषः—ग्रहपीडासु सर्वासु महागदनिपीडने । वियोगे बान्धवानाञ्च जनमार उपस्थिते ॥ १ ॥ राज्यभङ्गे धनग्लानौ क्षिप्रमृत्युविनाशने । अभियोगे (राजकीयव्याधौ) समुत्पन्ने मनोधर्मविपर्यये ॥ २ ॥ मृत्यु-

ञ्जयस्य देवस्य विधानं क्रियते बुधैः। राष्ट्रभङ्गे जनक्लेशे महारोगनिपीडने ॥ ३ ॥ कोटिसंख्यः जपः प्रोक्तो मुनिभिस्तत्त्वदर्शिभिः। सामान्यगदपीडायां दुष्टस्वप्नस्य दर्शने ॥ ४ ॥ मृत्युञ्जयस्य देवस्य जपो लक्षमितः शुभः। अपमृत्युविनाशाय जपोऽयुतमितः स्मृतः ॥ ५ ॥ दुर्वार्ताश्रवणे जाप्यं सुहृदामनृते क्षुते। यात्रायामयुतं कार्यं सहस्रं वा समाहितैः ॥ ६ ॥ पूर्णस्य स्वस्य जाप्यस्य दशांशवहनं मतम्। पायसेन च साज्येन समिद्भिस्तिलसर्पिषा ॥ ७ ॥ श्रीवृक्षस्य (बिल्व) फलैः पत्रैः कमलैः शतपत्रकैः। खर्जूरीभिश्च साज्याभिरन्यैर्यज्ञफलैस्तथा ॥ ८ ॥ हवनं कारयेद् विद्वान् कृत्वाचार्यार्चनक्रियाम्। ब्राह्मणान् भोजयेत्सम्यग् दशांशेन यजेत्तथा ॥ ९ ॥ एवं कृते विधाने च सर्वकर्मफलं लभेत्। चिन्तितार्थस्य सिद्धिः स्यान्नात्र कार्य्या विचारणा ॥ १० ॥ शान्तिरत्ने विशेषः—आयुः कामो घृतेनाग्नौ जुहुयाल्लक्षसंख्यया। अयुतं वा सहस्रं वा शतमष्टोत्तरं तु वा ॥ ११ ॥ आरोग्यकामो जुहुयादर्ककाष्ठैर्घृतप्लुतैः। पयसा वापि जुहुयाद् गव्येनाज्येन वा पुनः ॥ १२ ॥ पलाशसमिधो वापि सर्वरोगप्रशान्तये। अच्छिद्रैराम्रपर्णैस्तु पयोक्तैर्जुहुयाज्ज्वरे ॥ १३ ॥ गुडूचीखण्डकैर्वापि खादिरैर्वा घृतप्लुतैः। प्रमेहे मधुना होमः पयसा वा घृतेन वा ॥ १४ ॥ औदुम्बरसमिद्भिर्वा होम आमलकेन वा। गुल्मे शाल्मलिहोमः स्यात्तिलैः कृष्णैर्घृतेन वा ॥ १५ ॥ वर्धसानसमिद्धोमः सद्यः शूलहरो भवेत्। करञ्जसमिधो वापि निर्गुण्डीसमिधोऽपि वा ॥ १६ ॥ तैलेनाभ्यज्य जुहुयाद्वातरोगप्रशान्तये। शमीसमिद्भिर्जुहुयादतिसारप्रशान्तये ॥ १७ ॥ शान्त्यर्थमक्षिरोगस्य पलाशसमिधः स्मृताः। उन्मत्त (धत्तूर)-समिधो हुत्वा अपस्मारात्प्रमुच्यते ॥ १८ ॥ कुबेराक्षेन्द्रवल्लीभ्यां नेत्रशूलेषु होमयेत्। तैलेनाभ्यज्य जुहुयाद्वज्रखण्डैस्तथैव च ॥ १९ ॥ मातुलुङ्गगुडूचीनां होमः कामलनाशनः। मधुरत्रयहोमेन शान्तिः स्याद्राजयक्ष्मणाम् ॥ २० ॥ होमाच्च फलमूलानां गर्भरोगः प्रशाम्यति। कुष्ठे मसूरिकैर्होमो मधुरत्रयसंयुतैः ॥ २१ ॥ अथवा तैलसंयुक्तैर्जुहुयाद् गौरसर्षपैः। ये चान्ये मुखरोगाः स्युः शिरोरोगास्तथैव च ॥ २२ ॥ ते सर्वे प्रशमं यान्ति तिलैर्होमाद् घृतप्लुतैः। औदराणां तु रोगाणां सर्वेषां शान्तिमिच्छता ॥ २३ ॥ बिल्ववृक्षसमिद्धोमः कर्तव्यो द्विजसत्तम। अधःस्रावे तु जुहुयात्पद्मपत्रैर्घृतप्लुतैः ॥ २४ ॥ दूर्वाभिर्वा पयोक्ताभिर्जुहुयाच्चन्दनेन वा। अश्वत्थस्य समिद्भिश्च रक्तस्रावे तु होमयेत् ॥२५॥ अथवा गोघृतेनैव रक्तातीसारशान्तये। अन्यरोगेषु सर्वेषु कण्ठरोगमहोदरे ॥२६॥ त्रिभिः फलैस्तु जुहुयान्मधुक्षीरघृतप्लुतैः। मधुरत्रयहोमस्तु सर्वरोगोपशान्तये ॥२७॥ आयुर्वेदेषु यत्प्रोक्तं यस्य रोगस्य भेषजम्। तस्य रोगस्य शान्त्यर्थं तेन तेन च होमयेत् ॥ २८ ॥ श्रीकामो बिल्ववृक्षस्य समिद्भिरथवा फलैः। पत्रैर्वाऽप्यस्य जुहुयान्महतीं श्रियमाप्नुयात् ॥ २९ ॥ विद्यार्थी जुहुयाद्यस्तु रुद्राक्षैर्गोघृतप्लुतैः।

विद्यां चायुस्ततो वित्तं लभते नात्र संशयः ॥ ३० ॥ वृष्टिकामस्तु सम्पूज्य देवदेवं त्रियम्बकम् । अर्घ्यपाद्यादिभिर्देवमब्लिङ्गैरभिषेचयेत् ॥ ३१ ॥ आपो हिष्ठेति तिसृभिर्हिरण्यवर्णादिभिस्तथा । पावमानानुवाकेन त्र्यम्बकेत्यनया ऋचा ॥ ३२ ॥ वैतसीभिः समिद्भिश्च जुहुयात्पयसा प्लुतैः । अयुतं वा सहस्रं वा जुहुयात्पयसाऽपि वा ॥ ३३ ॥ पुण्याहं वाचयेद्विप्रैर्ब्राह्मणान्भोजयेत्ततः । दशाहाभ्यन्तरे वृष्टिर्भवत्येव न संशयः ॥ ३४ ॥ वृष्टिकामश्चार्द्रवासा वटवृक्षसमुद्भवैः । समिद्भिर्जुहुयान्मन्त्रान्सद्यो वृष्टिमवाप्नुयात् ॥ ३५ ॥ नाभिमात्रजले स्थित्वा ध्यायन् वै पुष्टिवर्द्धनम् । जपेत्त्रियम्बकं मन्त्रं महतीं वृष्टिमाप्नुयात् ॥ ३६ ॥ अग्निहोत्रात्समादाय सितं भसितमुत्तमम् । अनया तु ऋचा हुत्वा जले वृष्टिं निवारयेत् ॥३७॥ पुत्रकामस्तु जुहुयात्पायसं घृतसंयुतम् । चरुशेषं स्वयं भुक्त्वा पुत्रमाप्नोति मानवः ॥३८॥ इति वशिष्ठकल्पोक्तं मृत्युञ्जयसञ्जीवनीमहामृत्युञ्जयविधानम् ॥

मन्त्रमहोदधौ विशेषः—स्वजन्मदिवसे यस्तु पायसैर्मधुरान्वितैः । जुहोति तस्य वर्द्धन्ते कमलारोग्यकीर्तयः ॥ १ ॥ गुडूचीबकुलोत्थाभिः समिद्भिर्हवनं नृणाम् । जन्मताराত्रये रोगान्मृत्युं चापि विनाशयेत् ॥ २ ॥ प्रत्यहं जुहुयाद्दूर्वाम् अपमृत्युविनष्टये । किं बहूक्तेन सर्वेष्टं प्रयच्छति शिवो नृणाम् ॥ ३ ॥

इति मृत्युञ्जयविधानम् ॥

अथापरो द्वादशाक्षरो मृत्युञ्जयः—'ॐ जूं सः पालय पालय सः जूं ॐ' ॐ अस्य श्रीद्वादशाक्षरमृत्युञ्जयमन्त्रस्य श्रीकहोल ऋषिः, देवी गायत्री छन्दः मृत्युञ्जयरुद्रो देवता, जूं बीजं, सः शक्तिः, सर्वारिष्टाल्पमृत्युनाशार्थे जपे विनियोगः । ओं हर हर स्वाहा हृदये । ओं कपर्दिने स्वाहा शिर० । ॐ नीलकण्ठाय स्वाहा शिखा० । ॐ कालकूटविषभक्षणाय स्वाहा कवचा० । ॐ नीलकण्ठिने स्वाहा अस्त्राय० । अथ ध्यानम्—बालार्कायुततेजसं धृतजटाजूटेन्दुखण्डोज्ज्वलं, नागेन्द्रैः कृतभूषणं जपवटीं शूलं कपालं करैः । खट्वाङ्गं दधतं त्रिनेत्रविलसत्पञ्चाननं सुन्दरं, व्याघ्रत्वक्परिधानमब्जवलयं श्रीनीलकण्ठं भजे ॥ १ ॥ एवं ध्यात्वा मानसोपचारैः सम्पूज्य जपेत् ॥ मनुनाऽनेन संजप्तैः कुम्भस्थैः सलिलैः शुभैः । अभिषिञ्चेत् विषाक्रान्तं विषान् मुच्येत स द्रुतम् । स्पृष्ट्वा जपेद्विषाक्रान्तं तत्क्षणान्निर्विषो भवेत् ॥

त्र्यक्षरीमृत्युञ्जयजपविधिः—ॐ अस्य श्रीत्र्यक्षरात्मकमृत्युञ्जयमन्त्रस्य कहोलऋषिः, देवी गायत्रीछन्दः, श्रीमृत्युञ्जयो देवता, जूं बीजं, सः शक्तिः, ॐ कीलकं, सर्वारिष्टाल्पमृत्युनाशार्थे जपे विनियोगः । कहोलऋषये नमः शि० । देवीगायत्रीच्छन्दसे नमः मुखे । श्रीमृत्युञ्जयदेवतायै नमः हृदि । जूं बीजाय नमः गुह्ये । सः शक्तये नमः पादयोः । ॐ कीलकाय नमः सर्वाङ्गे । इति

हृदयादिन्यासः। अथ करन्यासः—सां अङ्गुष्ठाभ्यां नमः। सीं तर्जनीभ्यां नमः। सूं मध्यमाभ्यां नमः। सैं अनामिकाभ्यां नमः। सौं कनिष्ठिकाभ्यां नमः। सः करतलकरपृष्ठाभ्यां नमः॥ अथ हृदयादिन्यासः—सं हृदि। सीं शिरसि। सूं शिखायै। सैं नेत्रत्रयाय। सौं कवचाय हुं। सः अस्त्राय फट्॥ अथ ध्यानम्—चन्द्रार्काग्निविलोचनं स्मितमुखं पद्मद्वयान्तः स्थितम्। मुद्रापाशमृगाक्षसूत्रविलसत्पाणिं हिमांशुप्रभम्॥ कोटीरेन्दुगलत्सुधास्नुततनुं हारादिभूषोज्ज्वलम्। कान्त्या विश्वविमोहनं पशुपतिं मृत्युञ्जयं भावयेत्॥ १॥ मूलमन्त्रः—ॐ जूं सः सः जूं ॐ।

अथ पुराणोक्तमृत्युञ्जयमन्त्रः—ॐ मृत्युञ्जयाय रुद्राय नीलकण्ठाय शम्भवे। अमृतेशाय शर्वाय महादेवाय ते नमः ॐ॥

अथ सर्वव्याधिहरणविष्णुसहस्रनामविधानम्

तत्र प्रयोगः—सुमुहूर्ते शिवालयादिषु कृतनित्यक्रियः स्वासने प्राङ्मुख उपविश्य आचम्य प्राणानायम्य देशकालौ संकीर्त्य ममामुकव्याधेः समूलनाशद्वारा सद्य आरोग्यार्थं श्रीपरमेश्वरप्रीत्यर्थममुकसंख्यया विष्णुसहस्रनामजपं करिष्ये। इति संकल्प्य गणेशस्मरणं कृत्वा स्वपुरतः आधारे अन्यर्लिखितपुस्तकं संस्थाप्य गन्धपुष्पादिभिः सम्पूज्य शापविमोचनं पठेत्। ॐ अस्य श्रीविष्णोः सहस्रनाम्नां रुद्रशापविमोचनमन्त्रस्य महादेवऋषिः, अनुष्टुप्छन्दः, श्रीरुद्रानुग्रहशक्तिर्देवता, सुरेशः शरणं शर्मेति बीजम्, अनन्तो हुतभुग्भोक्तेति शक्तिः, सुरेश्वरायेति कीलकं, रुद्रशापविमोचने विनियोगः। ॐ क्लीं ह्लां अङ्गुष्ठाभ्यां नमः। ॐ ह्लीं तर्जनीभ्यां नमः। ॐ ह्लूं मध्यमाभ्यां नमः। ॐ ह्लैं अनामिकाभ्यां नमः। ॐ ह्लौं कनिष्ठिकाभ्यां नमः। ॐ ह्लः करतलकरपृष्ठाभ्यां नमः। इति करन्यासः। एवमेव हृदयादिन्यासं कृत्वा ध्यायेत्॥ अथ ध्यानम्॥ तमालश्यामलतनुं पीतकौशेयवाससम्। वर्णमूर्तिमयं देवं ध्यायेन्नारायणं विभुम्॥ १॥ इति ध्यात्वा मानसोपचारैः सम्पूज्य। ॐ क्लीं ह्लां ह्लीं ह्लूं ह्लैं ह्लौं ह्लः स्वाहा इति मन्त्रं शतवारं दशवारं वा जप्त्वा किंचिज्जलं क्षिप्त्वा प्रार्थयेत्॥ ॐ श्रीविष्णोः सहस्रनामस्तव रुद्रशापविमुक्तो भव इति प्रार्थ्य सततं तदनन्तरं सहस्रनामपठनं कुर्य्यात्। विष्णोः सहस्रनाम्नां यो ह्यकृत्वा शापमोचनम्। पठेच्छुभानि सर्वाणि स्युस्तस्य निष्फलानि तु॥ १॥ इति रुद्रशापविमोचनं कृत्वा सद्य आरोग्यतासिद्धये न्यासध्यानोत्तरम् अच्युतानन्तगोविन्देति नामत्रयेण सम्पुटितस्य सहस्रनामस्तवस्य जपः कार्य्यः। अथवा—ॐ कृष्णाय वासुदेवाय हरये परमात्मने। प्रणतक्लेशनाशाय गोविन्दाय नमो नमः॥ १॥ इत्यनेन—ॐ आपदामपहर्तारं दातारं सर्वसम्पदाम्। लोकाभिरामं श्रीरामं भूयो भूयो नमाम्य-

हम् ॥२॥ अथवा ॐ नमः शम्भवाय च मयोभवाय च नमः शङ्कराय च मयस्कराय च नमः शिवाय च शिवतराय च ॥ इति मन्त्रेण वा सम्पुटितस्य जपेन सर्वरोगनाशः ॥

अस्य पुरश्चरणं रोगानुसारेण शतसहस्रमयुतं वा ।

अथ सर्वरोगोपशमनविधानम् (महार्णवे)—रोगाः कर्मोद्भवाः केचित्केचिद्दोषसमुद्भवाः । कर्मदोषोद्भवाः केचिदेवं रोगास्त्रिधा स्मृताः ॥१॥ ये रोगा नैव शाम्यन्ति कृते ह्यौषधकर्मणि । धर्मेणैवोपशाम्यन्ति ते रोगाः कर्मजाः स्मृताः ॥२॥ प्रायश्चित्तेऽपि विहिते न शाम्यन्ति विनौषधम् । ये दृष्टहेतुसम्भूतास्ते रोगा दोषजाः स्मृताः ॥३॥ येषां सर्वात्मना ह्यानिर्भवेत्पुण्यैर्न केवलैः । न केवलौषधैर्वापि रोगास्ते कर्मदोषजाः ॥४॥ पूर्वजन्मकृतं पापं नरकस्य परिक्षये । बाधते व्याधिरूपेण तस्य कृच्छ्रादिभिः शमः ॥ ५ ॥ पूर्वजन्मकृतं पापं व्याधिरूपेण बाधते । तच्छान्तिरौषधैर्दानैर्जपहोमार्चनादिभिः ॥ ६ ॥ रोगहेतौ स्थिते पापे व्याधिः शाम्यति नौषधैः । असाध्यस्यापि रोगस्य प्रायश्चित्तं समाचरेत् ॥ ७ ॥ सर्वरोगविनाशाय जपः कार्यो विशेषतः । मृत्युञ्जयस्य रुद्रस्य होमं कुर्याद्दशांशतः ॥ ८ ॥ आगमोक्तविधानेन रोगनाशो भवेद् ध्रुवम् । सर्वरोगोपशान्त्यर्थमभिषेकं समाचरेत् ॥ ९ ॥ सहस्रकलशैः स्नानं विष्णोर्वा शंकरस्य च । देवमभ्यर्च्य विप्रेभ्यो दद्यान्मिष्टान्नभोजनम् ॥ १० ॥ तेभ्यश्च दक्षिणां दत्त्वा रोगेभ्यो मुच्यते ध्रुवम् । कार्यः षडङ्गरुद्रस्य जपो वा रोगशान्तये ॥ ११ ॥ महारुद्रविधानेनासाध्यो रोगोऽपि शाम्यति । अपामार्जनसंज्ञेन मालामन्त्रेण मार्जयेत् ॥ १२ ॥ मार्जनाद्रोगिणः सर्वे रोगा नश्यन्त्यसंशयम् । अच्युतानन्तगोविन्देत्येवं नामत्रयं हरेः ॥ १३ ॥ सर्वरोगोपशान्त्यर्थं सततं व्याधिमान् जपेत् । सर्वेषु ज्ञातरोगेषु प्रदद्यात्सततं नरः ॥ १४ ॥ पानीयं पायसं मुद्गाः शर्करां घृतसंयुताम् । प्रतिकूलग्रहाणां च जपं होमं च पूजनम् ॥ १५ ॥ तत्तद्दोषविनाशार्थं दानं कुर्याद्यथोदितम् । प्रतिरोगं च यद्दानं जपहोमादि कीर्तितम् ॥ १६ ॥ प्रायश्चित्तं तु तत्कृत्वा चिकित्सामारभेत्ततः । प्रदद्यात्सर्वरोगघ्नं छायापात्रं विधानतः ॥१७॥ (छायापात्रविधानम्) चतुःषष्टिपलैः कांस्यभाजने निर्मिते शुभे । घृतेनापूरिते तत्र स्वर्णं निष्कं विनिक्षिपेत् ॥ १८ ॥ तत्राज्ये स्वतनोश्छाया आपादतलमस्तकम् । दृष्ट्वा रोगी ततो दद्याद्भाजनं तद्द्विजन्मने ॥ १९ ॥ पूजिताय विधानेन ततो दद्याच्च दक्षिणाम् । पक्षोऽयमुत्तमः प्रोक्तः कांस्यपात्रसुवर्णयोः ॥ २० ॥ दद्याद्वित्तानुसारेण पात्रं स्वर्णं च बुद्धिमान् । दानमन्त्रः—आयुर्बलं यशो वर्च्चं आज्यस्वर्णं तथामृतम् । आधारं तेजसां यस्मादतः शान्तिं प्रयच्छ मे ॥ २१ ॥ मन्त्रेणानेन विप्राय सर्व-

रोगोपशान्तये। पात्रं सुवर्णसहितं दद्यात्संकल्पपूर्वकम् ॥ २२ ॥ (व्याधिप्रतिरूपदानविधानम्) दद्यात्सर्वामयव्याधिप्रतिरूपं निवृत्तये। सुवर्णेन सरत्नेन रौप्येणापि स्वशक्तितः ॥ २३ ॥ निर्मितं च शतेकेन निष्काणां वा तदर्द्धतः। त्रिशता वा यथाशक्तिदद्यादुक्तविधानतः ॥ २४ ॥ तण्डुलैः पूरिते व्याधिप्रतिरूपं सुभाजने। निधायावेष्ट्य वस्त्रेण समलंकृत्य भूषणैः ॥ २५ ॥ समभ्यर्च्याथ विप्राय पूजिताय निवेदयेत्। पठन्मन्त्रमिमं व्याधिप्रतिरूपमथोत्सृजेत् ॥ २६ ॥ ये मां रोगाः प्रबाधन्ते देहस्थाः सततं मम। गृह्णीष्व प्रतिरूपेण तान्रोगान् द्विजसत्तम ॥ २७ ॥ बाढमित्येव तद्रूपं गृह्णीयाद् ब्राह्मणस्तदा। ततो रोगप्रदाताऽसौ दीर्घमायुः प्रपद्यते ॥ २८ ॥ तण्डुलानां तु यत्पात्रं मुख्यं तत्कांस्यसम्भवम्। दत्त्वा दानं तु तत्काले द्विजास्यं नावलोकयेत् ॥ २९ ॥ इति व्याधिप्रतिरूपदानम् ॥ प्रायेण सूर्यः सर्वेषां रोगाणामधिदैवतम् ॥ आरोग्यं भास्करादिच्छेदिति प्रख्या श्रुतिः स्मृतिः। इति सामान्यतः सर्वरोगशमनविधानम् ॥

अथ शीतलामन्त्रप्रयोगः—(मन्त्रमहोदधौ)—मन्त्रो यथा "ॐ ह्रीं श्रीं शीतलायैः नमः" इति नवाक्षरो मन्त्रः। अस्य मन्त्रस्य उपमन्युर्ऋषिः, बृहती छन्दः, शीतला देवता, ममाभीष्टसिद्ध्यर्थे जपे विनियोगः ॥ ॐ उपमन्युऋषये नमः शिरसि । १ । ॐ बृहतीछन्दसे नमः मुखे । २ । ॐ शीतलादेवतायै नमः हृदि । ३ । इति ऋष्यादिन्यासः ॥ ह्रां श्रां अंगुष्ठाभ्यां नमः । १ । ह्रीं श्रीं तर्जनीभ्यां नमः । २ । ह्रूं श्रूं मध्यमाभ्यां नमः । ह्रैं श्रैं अनामिकाभ्यां नमः । ह्रौं श्रौं कनिष्ठिकाभ्यां नमः । ५ । ह्रः श्रः करतलकरपृष्ठाभ्यां नमः । ६ । इति करन्यासः ॥ एवं हृदयादिन्यासं कृत्वा ध्यायेत्। 'दिग्वाससं मार्जनिकां च शूर्पं करद्वये सन्दधतीं घनाभाम्। श्रीशीतलां सर्वरुजार्तिनष्टो रक्ताङ्गरागस्रजमर्चयामि ॥ १ ॥ एवं ध्यात्वा मानसोपचारैः सम्पूज्य अथवा स्वपुरतः प्रतिमायां भगवतीं शीतलां शीतजलेन पाद्यादिषोडशोपचारैः सम्पूज्य स्तवेन स्तुत्वा जपं कुर्यात्। अस्य पुरश्चरणमयुतजपः। तथा च—अयुतं प्रजपेन्मन्त्रं पायसेन सहस्रकम्। जुहुयात्पूर्ववत्पीठे स्फोटानां नाशिनी त्वियम् ॥ १ ॥ नाभिमात्रे जले स्थित्वा यः सहस्रं जपेन्मनुम्। तेन संमार्जितास्तीव्राः स्फोटा नश्यन्ति तत्क्षणात् ॥ २ ॥ इति शीतलामन्त्रप्रयोगः।

अथ नेत्रोपनिषत्—(सर्वनेत्ररोगोपशमनार्थं रविव्रतपूर्वकमादित्यहृदयं नेत्रोपनिषदं वा पठेत्[1]) अथातश्चाक्षुषीं पठितसिद्धविद्यां चक्षूरोगहरां व्याख्या-

---

(१) पूर्णाह्णे दिनमणौ नयनोत्पलाभ्यामालोकयेद्धृदि जपन् ननु निर्निमेषम्। आरूढ उन्नतपदे शनकैः प्रवृद्धिं कुर्यादुपासनविधिं प्रतिसन्ध्यमेतत्। सूर्योदयानन्तरं होरैकमात्रमस्ताच्च प्राक् तावदेवेति भावः (योगी गुरुः) ॥

स्यामो यया चक्षूरोगाः सर्वतो नश्यन्ति चक्षुषो दीप्तिर्भवति। अस्याश्चाक्षुषविद्याया अहिर्बुध्न्य ऋषिः, गायत्री छन्दः, सविता देवता, चक्षूरोगनिवृत्तये जपे विनियोगः॥ ॐचक्षुश्चक्षुश्चक्षुस्तेजः स्थिरो भव मां पाहि त्वरितं चक्षूरोगान् शमय शमय मम जातरूपं तेजो दर्शय दर्शय यथाहमन्धो न स्यां तथा कृपया कल्याणं कुरु कुरु मम यानि यानि पूर्वजन्मोपार्जितानि चक्षुःप्रतिरोधकदुष्टकृतानि तानि सर्वाणि निर्मूलय निर्मूलय। ॐ नमश्चक्षुस्तेजोदात्रे दिव्यभास्कराय। ॐ नमः करुणाकराय अमृताय। ॐ नमो भगवते सूर्याय। अक्षितेजसे नमः। खेचराय नमः। महते नमः। रजसे नमः। तमसे नमः। असतो मा सद्गमय। तमसो मा ज्योतिर्गमय। मृत्योर्मामृतं गमय। उष्णो भगवान् शुचिरूपः हंसो भगवान् शुचिरप्रतिरूपः य इमां चाक्षुष्मतीं विद्यां ब्राह्मणो नित्यमधीते न तस्याक्षिरोगो भवति न तस्य कुलेऽन्धो भवति। अष्टौ ब्राह्मणान् ग्राहयित्वा विद्यासिद्धिर्भवति। ॐ विश्वरूपं घृणिनं जातवेदसं हिरण्मयं ज्योतिरूपं तपन्तं सहस्ररश्मिभिः शतधा वर्तमानः पुरः प्रजानामुदयत्येष सूर्यः ॐ नमो भगवते आदित्याय अवाग्वादिने स्वाहा॥ इति नेत्रोपनिषत्समाप्तिः॥ अस्य पुरश्चरणं रोगानुसारेण शतसहस्रमयुतं वा।

अथ सन्तानगोपालमन्त्रप्रयोगः

मूलमन्त्रो यथा—ॐ क्लीं श्रीं ह्रीं जीं ॐ भूर्भुवः स्वः ॐ देवकीसुत गोविन्द वासुदेव जगत्पते। देहि मे तनयं कृष्ण त्वामहं शरणं गतः॥ ॐ स्वः भुवः भूः ॐ जीं ह्रीं श्रीं क्लीं ॐ। इति चतुःपञ्चाशद्वर्णात्मको मन्त्रः। ॐ अस्य श्रीसबीजसन्तानगोपालमन्त्रस्य नारायण ऋषिः, अनुष्टुप्छन्दः, पुत्रप्रदश्रीगोपालो देवता, क्लीं बीजं, श्रीं ह्रीं शक्तिः, जीं कीलकम्, श्रीसन्तानगोपालप्रसादसिद्धिपूर्वकं मम (यजमानस्य वा) चिरायुः-पुत्र-प्राप्त्यर्थे जपे विनियोगः। ॐ नारायणऋषये नमः शिरसि। ॐ अनुष्टुप्छन्दसे नमः मुखे। ॐ पुत्रप्रदश्रीगोपालदेवतायै नमः हृदि। ॐ क्लीं बीजाय नमः गुह्ये। ॐ श्रीं ह्रीं शक्तये नमः पादयोः। ॐ जीं कीलकाय नमः सर्वाङ्गे। इति ऋष्यादिन्यासः॥ ॐ देवकीसुत गोविन्द अंगुष्ठाभ्यां नमः। ॐ वासुदेव जगत्पते तर्ज०। ॐ देहि मे तनयं कृष्ण मध्यमाभ्यां०। ॐ त्वामहं शरणं गतः अनामिकाभ्यां०। ॐ देवकीसुत गोविन्द वासुदेव जगत्पते कनि०। ॐ देहि मे तनयं कृष्ण त्वामहं शरणं गतः करतलकरपृष्ठाभ्यां नमः। इति करन्यासः॥ ॐ देवकीसुत गोविन्द हृद०। ॐ वासुदेव जगत्पते शिरसे स्वाहा। ॐ देहि मे तनयं कृष्ण शिखायै वषट्। ॐ त्वामहं शरणं गतः कवचाय हुं। ॐ देवकीसुत गोविन्द वासुदेव जगत्पते। देहि मे तनयं कृष्ण त्वामहं शरणं गतः, अस्त्राय फट्। इति नेत्रहीनं पञ्चाङ्गन्यासं

कृत्वा ध्यायेत्—ॐ वैकुण्ठतेजसा दीप्तमर्जुनेन समन्वितम्। समर्पयन्तं विप्राय नष्टानानीय बालकान् ॥ (अथवा) विजयेन युतो रथस्थितः प्रसमानीय समुद्र-मध्यतः। प्राददत्तनयान् द्विजन्मने स्मरणीयो वसुदेवनन्दनः ॥ इति ध्यात्वा मानसोपचारैः[१] सम्पूज्य जपं कुर्यात्। लक्षचतुष्टयजपे पुत्राप्तिः ॥

अथ वेदोक्तसबीजनवग्रहमन्त्रजपप्रयोगः

अथ आदित्यमन्त्रः—ॐ आकृष्णेति मन्त्रस्य हिरण्यस्तूपाङ्गिरस ऋषिस्त्रिष्टु-प्छन्दः सूर्यो देवता सूर्यप्रीत्यर्थे जपे विनियोगः ॥

अथ देहाङ्गन्यासः—आकृष्णेन शिरसि। रजसा ललाटे। वर्तमानो मुखे। निवेशयन् हृदये। अमृतं नाभौ। मर्त्यं च कट्याम्। हिरण्ययेन सविता ऊर्व्वोः। रथेना जान्वोः। देवो याति जंघयोः। भुवनानि पश्यन् पादयोः। ॥ अथ करन्यासः ॥ आकृष्णेन रजसा अंगुष्ठाभ्यां नमः। वर्तमानो निवेशयन् तर्जनीभ्यां नमः। अमृतं मर्त्यं च मध्यमाभ्यां नमः। हिरण्ययेन अनामिकाभ्यां नमः। सविता रथेना कनिष्ठिकाभ्यां नमः। देवो याति भुवनानि पश्यन् करतलकरपृष्ठाभ्यां नमः। एवं हृदयादिन्यासः ॥ आकृष्णेन रजसा हृदयाय नमः। वर्तमानो निवेशयन् शिरसे स्वाहा। अमृतं मर्त्यं च शिखायै वषट्। हिरण्येन कवचाय हुँ। सविता रथेना नेत्रत्रयाय वौषट्। देवो याति भुवनानि पश्यन् अस्त्राय फट्।

अथ ध्यानम्—पद्मासनः पद्मकरो द्विबाहुः पद्मद्युतिः सप्ततुरङ्गवाहनः। दिवाकरो लोकगुरुः किरीटी मयि प्रसादं विदधातु देवः ॥ सूर्यगायत्री—ॐ आदित्याय विद्महे दिवाकराय धीमहि तन्नः सूर्यः प्रचोदयात् ॥ १ ॥ जपमन्त्रः—ॐ ह्रां ह्रीं ह्रौं सः ॐ भूर्भुवः स्वः—ॐ आकृष्णेन रजसा वर्तमानो निवेशयन्नमृतम्मर्त्यञ्च। हिरण्ययेन सविता रथेना देवो याति भुवनानि पश्यन् ॐ स्वः भुवः भूः ॐ सः ह्रौं ह्रीं ह्रां ॐ सूर्याय नमः ॥ १ ॥ अस्य जपसंख्या सप्तसहस्राणि ७०००, जपान्ते अर्कसमित्तिलपायसघृतैर्दशांशहोमः, तद्दशांशेन तर्पणं, तद्दशांशेन मार्जनं, तद्दशांशेन ब्राह्मणभोजनम्। ॥ अथ दानद्रव्याणि ॥ माणिक्य-गोधूमसवत्सधेनुः कौसुम्भवासो गुडहेम ताम्रम्। आरक्तकं चन्दनमम्बुजञ्च वदन्ति दानं हि प्रदोप्तधाम्ने ॥

अथ चन्द्रमन्त्रः—इमन्देवेतिमन्त्रस्य गौतम ऋषिः, सोमो देवता, विराट् छन्दः, सोमप्रीत्यर्थे जपे विनियोगः। ॥ अथ देहाङ्गन्यासः ॥ इमं देवा शिरसि। असपत्न ᳪ ललाटे। सुवध्वं नासिकायाम्। महते क्षत्राय मुखे। महते

---

(१) अत्र नैवेद्यमपि मानसं परिकल्पयेदिति महार्णवः।

ज्येष्ठ्याय हृदये। महते जानराज्याय उदरे। इन्द्रस्येन्द्रियाय नाभौ। इमममुष्य कट्याम्। पुत्रममुष्यै मेढ्रे। पुत्रमस्यै ऊर्वोः। विशऽएष वो जान्वोः। मीराजा जंघयोः। सोमोऽस्माकं गुल्फयोः। ब्राह्मणानाᳫं राजा पादयोः॥ अथ करन्यासः॥ इमन्देवाऽअसपत्नᳫं सुवध्वं अंगुष्ठाभ्यां नमः। महते क्षत्राय महते ज्येष्ठ्याय तर्जनी०। महते जानराज्यायेन्द्रस्येन्द्रियाय मध्यमा०। इमममुष्य पुत्रममुष्यै पुत्रमस्यै अनामिका०। विशऽएष वो मीराजा कनिष्ठिका०। सोमोऽस्माकं ब्राह्मणानाᳫं राजा करतल०। एवं हृदयादिन्यासः। इमन्देवाऽअसपत्नᳫं सुवध्वं हृदयाय०। महते क्षत्राय महते ज्येष्ठ्याय शिरसे०। महते जानराज्यायेन्द्रस्येन्द्रियाय शिखायै०। इमममुष्य पुत्रममुष्यै पुत्रमस्यै कवचा०। विशऽएष वो मी राजा नेत्रत्रयाय०। सोमोऽस्माकं ब्राह्मणानाᳫं राजा अस्त्राय फट्।

अथ ध्यानम्—श्वेताम्बरः श्वेतविभूषणश्च श्वेतद्युतिर्दण्डधरो द्विबाहुः। चन्द्रोऽमृतात्मा वरदः किरीटी मयि प्रसादं विदधातु देवः॥ १॥ चन्द्रगायत्री—ॐ अत्रिपुत्राय विद्महे सागरोद्भवाय धीमहि तन्नश्चन्द्रः प्रचोदयात्॥ १॥ जपमन्त्रः—ॐ श्राँ श्रीं श्रौं सः ॐ भूर्भुवः स्वः ॐ इमन्देवाऽअसपत्नᳫं सुवध्वम्महते क्षत्राय महते ज्येष्ठ्याय महते जानराज्ज्यायेन्द्रस्येन्द्रियाय। इमममुष्य पुत्रममुष्यैं पुत्रमस्यै विशऽएष वोऽमीराजा सोमोस्माकम्ब्राह्मणानाᳫं राजा। ॐ स्वः भुवः भूः ॐ सः श्रौं श्रीं श्राँ ॐ सोमाय नमः। जपसंख्या—एकादशसहस्राणि ११०००, जपान्ते पलाशसमित्तिलपायसघृतैर्दशांशहोमः, अन्यत्सर्वं पूर्ववत्॥ अथ दानद्रव्याणि॥ सद्वंशपात्रस्थिततन्दुलाश्च कर्पूरमुक्ताफलशुभ्रवस्त्रम्। युगोपयुक्तं वृषभश्च रौप्यं चन्द्राय दद्याद् घृतपूर्णकुम्भम्॥

अथ भौममन्त्रः—अग्निर्मूर्द्धेति मन्त्रस्य विरूपाङ्गिरस ऋषिः, अग्निर्देवता, गायत्री छन्दः, भौमप्रीत्यर्थे जपे विनियोगः॥ अथ देहांगन्यासः॥ अग्निः शिरसि। मूर्द्धा ललाटे। दिवः मुखे। ककुत् हृदये। पतिः उदरे। पृथिव्या नाभौ। अयं कट्याम्। अपाᳫं जान्वोः। रेताᳫं सि गुल्फयोः। जिन्वति पादयोः॥ अथ करन्यासः॥ अग्निर्मूर्द्धा अंगुष्ठा०। दिवः ककुत् तर्जनी०। पतिः मध्यमा०। पृथिव्या अयम् अनामिका०। अपाᳫंरेताᳫंसि कनिष्ठिका०। जिन्वति करतल०। एवं हृदयादिन्यासः। अग्निमूर्द्धा हृदयाय०। दिवः ककुत् शिरसे०। पतिः शिखायै०। पृथिव्या अयं कवचा०। अपाᳫंरेताᳫंसि नेत्रत्र०। जिन्वति अस्त्राय०॥ अथ ध्यानम्—रक्ताम्बरो रक्तवपुः किरीटी चतुर्भुजो मेषगतो गदाभृत्। धरासुतः शक्तिधरश्च शूली सदायमस्मद्वरदः प्रसन्नः॥ १॥ भौमगायत्री—ॐ क्षितिपुत्राय विद्महे लोहितांगाय धीमहि तन्नो

भौमः प्रचोदयात्। जपमन्त्रः—ॐ क्रां क्रीं क्रौं सः भूर्भुवः स्वः ॐ अग्निर्म्मूर्द्धा दिवः ककुत्पतिः पृथिव्याऽअयम्। अपाᳬरेताᳬसि जिन्वति। ॐ स्वः भुवः भूः ॐ सः क्रौं क्रीं क्रां ॐ भौमाय नमः॥ जपसंख्या–दशसहस्राणि १००००, जपान्ते खदिरसमित्तिलपायसघृतैर्दशांशहोमः, अन्यत्सर्वं पूर्ववत्॥ अथ दानद्रव्याणि॥ प्रवालगोधूममसूरिकाश्च वृषोऽरुणश्चापि गुडः सुवर्णम्। आरक्तवस्त्रं करवीरपुष्पं ताम्रं च भौमाय वदन्ति दानम्॥

अथ सौम्यमन्त्रः—उद्बुध्यस्वेति मन्त्रस्य परमेष्ठी प्रजापति ऋषिः, त्रिष्टुप्छन्दः, बुधो देवता, बुधप्रीत्यर्थे जपे विनियोगः॥ अथ देहाङ्गन्यासः॥ उद्बुध्यस्वेति शिरसि। अग्ने प्रति ललाटे। जागृहि त्वं मुखे। इष्टापूर्ते हृदये। सᳬसृजेथामयञ्च नाभौ। अस्मिन्त्सधस्थे कट्याम्। अद्ध्युत्तरस्मिन् ऊर्वोः। व्विश्वे देवा जान्वोः। यजमानश्च गुल्फयोः। सीदत पादयोः॥ अथ करन्यासः॥ उद्बुध्यस्वाग्ने प्रतिजागृहि त्वम् अङ्गुष्ठाभ्यां नमः। इष्टापूर्ते तर्जनी०। सᳬसृजेथामयं च मध्यमा०। अस्मिन्त्सधस्थेऽद्ध्युत्तरस्मिन् अनामिका०। विश्वेदेवा यजमानश्च कनिष्ठिका०। सीदत करतल०। एवं हृदयादिन्यासः। उद्बुध्यस्वाग्ने प्रतिजागृहि त्वं हृदयाय०। इष्टापूर्ते शिरसे०। सᳬ सृजेथामयञ्च शिखायै०। अस्मिन्त्सधस्थेऽअध्युत्तरस्मिन् कवचा०। विश्वेदेवा यजमानश्च नेत्रत्र०। सीदत अस्त्रा०।

अथ ध्यानम्—पीताम्बरः पीतवपुः किरीटी चतुर्भुजो दण्डधरश्च हारी। चर्मासिधृक् सोमसुतो गदाभृत् सिंहाधिरूढो वरदो बुधश्च॥ १॥ बुधगायत्री ॐ चन्द्रपुत्राय विद्महे रोहिणीप्रियाय धीमहि तन्नो बुधः प्रचोदयात्॥ १॥ जपमन्त्रः—ॐ ब्रां ब्रीं ब्रौं सः भूर्भुवः स्वः ॐ उद्बुध्यस्वाग्ने प्रतिजागृहि त्वमिष्टापूर्ते सᳬ सृजेथामयञ्च अस्मिन्त्सधस्थेऽअध्युत्तरस्मिन्विश्वे देवा यजमानश्च सीदत॥ ॐ स्वः भुवः भूः ॐ सः ब्रौं ब्रीं ब्रां ॐ सौम्याय नमः। जपसंख्या—चतुः सहस्राणि ४०००, जपान्ते अपामार्गसमित्तिलपायसघृतैर्दशांशहोमः। अन्यत्सर्वं पूर्ववत्॥ अथ दानद्रव्याणि॥ चैलं च नीलं कलधौतकांस्यं मुद्राज्यगारुत्मतसर्वपुष्पम्। दासी च दन्तो द्विरदस्य नूनं वदन्ति दानं विधुनन्दनाय॥

अथ बृहस्पतिमन्त्रः—बृहस्पतेति मन्त्रस्य गृत्समद ऋषिः, अनुष्टुप्छन्दः, ब्रह्मा देवता, बृहस्पतिप्रीत्यर्थे जपे विनियोगः॥ अथ देहांगन्यासः॥ बृहस्पते शिरसि। अतियदर्य्यो ललाटे। अर्हाद्युमत् मुखे। विभाति क्रतुमत् हृदये। जनेषु नाभौ। यद्दीदयत् कट्याम्। शवसऋतप्रजात ऊर्वोः। तदस्मासु द्रविणं जान्वोः। धेहि गुल्फयोः। चित्रं पादयोः॥ अथ करन्यासः॥ बृहस्पतेऽ-

अतियदर्य्यो अंगुष्ठा० । अर्हाद्युमत् तर्जनी० । विभाति क्रतुमत् मध्यमा० । जनेषु अनामिका० । यद्दीदयच्छवसऋतप्रजाततदस्मासु कनिष्ठिका० । द्रविणं धेहि चित्रम् करतल० । एवं हृदयादिन्यासः । बृहस्पतेऽअतियदर्य्यो हृदयाय० । अर्हाद्युमत् शिरसे० । विभाति क्रतुमत् शिखायै० । जनेषु कवचा० । यद्दीदयच्छवसऋतप्रजाततदस्मासु नेत्रत्र० । द्रविणं धेहि चित्रम् अस्त्राय फट् ॥ अथ ध्यानम्—पीताम्बरः पीतवपुः किरीटी चतुर्भुजो देवगुरुः प्रशान्तः । तथाऽक्षसूत्रं च कमण्डलुञ्च दण्डञ्च बिभ्रद्वरदोऽस्तु मह्यम् ॥ १ ॥ गुरुगायत्री—ॐ अंगिरोजाताय विद्महे वाचस्पतये धीमहि तन्नो गुरुः प्रचोदयात् ॥ १ ॥ जपमन्त्रः—ॐ ह्रां ह्रीं ह्रौं सः भूर्भुवः स्वः ॐ बृहस्पतेऽअतियदर्य्योऽअर्हाद्युमद्विभाति क्रतुमज्जनेषु यद्दीदयच्छवसऽऋत प्रजात तदस्मासु द्रविणन्धेहि चित्रम् । ॐ स्वः भुवः भूः ॐ सः ह्रौं ह्रीं ह्रां ॐ बृहस्पतये नमः ।

जपसंख्या एकोनविंशतिसहस्राणि १९०००, जपान्ते अश्वत्थसमित्तिलपायसघृतैर्दशांशहोमः । अन्यत्सर्वं पूर्ववत् ।

अथ दानद्रव्याणि ॥ शर्करा च रजनीतुरङ्गमः पीतधान्यमपि पीतमम्बरम् । पुष्पराजलवणे च काञ्चनं प्रीतये सुरगुरोः प्रदीयताम् ॥

अथ शुक्रमन्त्रः—अन्नात्परिस्रुतेति मन्त्रस्य प्रजापतिऋषिः, अनुष्टुप् छन्दः, शुक्रो देवता, शुक्रप्रीत्यर्थे जपे विनियोगः ॥ अथ देहांगन्यासः ॥ अन्नात्परिस्रुतः शिरसि । रसं ब्रह्मणा ललाटे । व्यपिबत्क्षत्रं मुखे । पयः सोमं हृदये । प्रजापतिः नाभौ । ऋतेन सत्यं कट्याम् । इन्द्रियं विपानꣳगुदे । शुक्रं वृषणे । अन्धस ऊर्वोः इन्द्रस्येन्द्रियं जानुनोः । इदं पयः गुल्फयोः । अमृतं मधु पादयोः ॥ अथ करन्यासः ॥ अन्नात्परिस्रुतो रसं अंगुष्ठा० । ब्रह्मणा व्यपिबत्क्षत्रं तर्ज्जनी० । पयः सोमम्प्रजापतिः मध्यमा० ऋतेन सत्यमिन्द्रियं अनामिका० । विपानꣳ० शुक्रमन्धस कनिष्ठिका० । इन्द्रस्येन्द्रियमिदम्पयोमृतं मधु करतल० । एवं हृदयादिन्यासः । अन्नात्परिस्रुतो रसं हृदया० । ब्रह्मणा व्यपिबत्क्षत्रं शिरसे० । पयः सोमं प्रजापति. शिखायै० । ऋतेन सत्यमिन्द्रियं कवचा० । विपानꣳ शुक्रमन्धस नेत्रत्र० । इन्द्रस्येन्द्रियमिदम्पयोमृतम्मधु अस्त्राय० ।

अथ ध्यानम्—श्वेताम्बरः श्वेतवपुः किरीटी चतुर्भुजो दैत्यगुरुः प्रशान्तः । तथाऽक्षसूत्रञ्च कमण्डलुञ्च दण्डञ्च बिभ्रद्वरदोऽस्तु मह्यम् ॥ १ ॥ भृगुगायत्री—ॐ भृगुवंशजाताय विद्महे श्वेतवाहनाय धीमहि तन्नः कविः प्रचोदयात् ॥ १ ॥ जपमन्त्रः—ॐ द्रां द्रीं द्रौं सः भूर्भुवः स्वः ॐ अन्नात् परिस्रुतो रसम्ब्रह्मणा व्यपिबत्क्षत्रम्पयः सोमं प्रजापतिः । ऋतेन सत्यमिन्द्रियं विपानꣳ शुक्रमन्धसऽइन्द्रस्येन्द्रियमिदम्पयो मृतम्मधु । ॐ स्वः भुवः भूः ॐ सः द्रौं द्रीं द्रां

ॐ शुक्राय नमः । जपसंख्या षोडशसहस्राणि १६०००, जपान्ते औदुम्बरसमित्तिल-पायसघृतैर्दशांशः होमः । अन्यत्सर्वं पूर्ववत् ।

अथ दानद्रव्याणि ॥ चित्राम्बरं शुभ्रतुरङ्गमश्च धेनुश्च वज्रं रजतं सुवर्णम् । सुतण्डुलानुत्तमगन्धयुक्तान् वदन्ति दानं भृगुनन्दनाय ॥

अथ शनिमन्त्रः—शन्नो देवीति मन्त्रस्य सिन्धुद्वीप ऋषिः, गायत्रीछन्दः, आपो देवता, शनिप्रीत्यर्थे जपे विनियोगः ॥ अथ न्यासः ॥ शन्नो शिरसि । देवीः ललाटे । अभिष्टय मुखे । आपो कण्ठे । भवन्तु हृदये । पीतये नाभौ । शं कट्याम् । योः ऊर्वोः । अभि जान्वोः । स्रवन्तु गुल्फयोः । नः पादयोः ॥ अथ करन्यासः ॥ शन्नो देवीः अंगुष्ठा० । अभिष्टये तर्ज्जनी० । आपो भवन्तु मध्यमा० । पीतये अनामि० । शंय्योरभि कनिष्ठि० । स्रवन्तु नः करतल० । एवं हृदयादिन्यासः । शन्नो देवीः हृदयाय० । अभिष्टये शिरसे० । आपो भवन्तु शिखायै० । पीतये कवचा० । शंय्योरभि नेत्रत्र० । स्रवन्तु नः अस्त्राय० ॥

अथ ध्यानम्—नीलाम्बरः शूलधरः किरीटी गृध्रस्थितस्त्रासकरो धनुष्मान् । चतुर्भुजः सूर्यसुतः प्रशान्तः सदाऽस्तु मह्यं वरदोऽल्पगामी ॥ १ ॥ शनिगायत्री—ॐकृष्णांगाय विद्महे रविपुत्राय धीमहि तन्नः सौरिः प्रचोदयात् ॥ १ ॥ जपमन्त्रः—खाँ खीं खौं सः ॐ भूर्भुवः स्वः ॐ शन्नो देवीरभिष्टयऽआपो भवन्तु पीतये शंय्योरभिस्रवन्तु नः । ॐ स्वः भुवः भूः ॐ सः खौं खीं खाँ ॐ शनैश्चराय नमः ॥

जपसंख्या त्रयोविंशतिसहस्राणि २३०००, जपान्ते शमीसमित्तिलपायस-घृतैर्दशांशहोमः । अन्यत्सर्वं पूर्ववत् ।

अथ दानद्रव्याणि ॥ माषांश्च तैलं विमलेन्द्रनीलं तिलाः कुलित्था महिषी च लोहम् । कृष्णा च धेनुः प्रवदन्ति नूनं दुष्टाय दानं रविनन्दनाय ॥

अथ राहुमन्त्रः—कया नश्चित्रेति मन्त्रस्य वामदेव ऋषिः, गायत्री छन्दः, राहुर्देवताः, राहुप्रीत्यर्थे जपे विनियोगः ॥ अथ देहांगन्यासः ॥ कया शिरसि । न ललाटे । चित्र मुखे । आ कंठे । भुव हृदये । दूती नाभौ । सदा कट्याम् । वृधः मेढ्रे । सखा ऊर्व्वोः । कया जान्वोः । शचिष्ठया गुल्फयोः । वृता पादयोः ॥ अथ करन्यासः ॥ कया नः अंगुष्ठा० । चित्र आ तर्ज्जनी० । भुवदूती मध्यमा० । सदावृधः सखा अनामिका० । कया कनिष्ठिका० ॥ शचिष्टया वृता करतल० । एवं हृदयादि० । कयानः हृदयाय० । चित्र आ शीर्षे० ॥ भुवदूती शिखायै० । सदावृधः सखा कवचा० । कया नेत्रत्र० । शचिष्ठया वृता अस्त्राय० ॥ अथ ध्यानम्—नीलाम्बरो नीलवपुः किरीटी करालवक्त्रः करवाल-

शूली। चतुर्भुजश्चक्रधरश्च राहुः सिंहाधिरूढो[1] वरदोऽस्तु मह्यम् ॥ १ ॥ राहु-गायत्री—नीलवर्णाय विद्महे सैंहिकेयाय धीमहि तन्नो राहुः प्रचोदयात् ॥ १ ॥ जपमन्त्रः—ॐ भ्रां भ्रीं भ्रौं सः ॐ भूर्भुवः स्वः ॐ कया नश्चित्रऽआभुवदूती सदावृधः सखा। कया शचिष्ठया व्वृता ॐ स्वः भुवः भूः ॐ सः भ्रौं भ्रीं भ्रां ॐ राहवे नमः।

जपसंख्या साष्टदशसहस्राणि १८०००, जपान्ते दूर्वासमित्तिलपायसघृतैर्दशांशहोमः। अन्यत्सर्वं पूर्ववत्।

अथ दानद्रव्याणि ॥ गोमेदरत्नं च तुरङ्गमश्च सुनीलचैलामलकम्बलञ्च। तिलाश्च तैलं खलु लोहमिश्रं स्वर्भानवे दानमिदं प्रदेयम् ॥

अथ केतुमन्त्रः—केतुं कृण्वन्निति मन्त्रस्य मधुच्छन्द ऋषिः, गायत्रीच्छन्दः, केतुर्देवता, केतुप्रीत्यर्थे जपे विनियोगः ॥ अथ देहांगन्यासः ॥ केतुं शिरसि। कृण्वन् ललाटे। अकेतवे मुखे। पेशो हृदये। मर्या नाभौ। अपेशसे कट्याम्। सं ऊर्व्वोः। उषद्भिः जान्वोः। अजायथाः पादयोः ॥ अथ करन्यासः ॥ केतुं कृण्वन् अंगुष्ठा०। अकेतवे तर्ज्जनी०। पेशोमर्या मध्यमा०। अपेशसे अनामिका०। समुषद्भिः कनिष्ठिका०। अजायथाः करतल०। एवं हृदयादिन्यासः। केतुङ्कृण्वन् हृदयाय नमः। अकेतवे शिरसे०। पेशोमर्या शिखायै व०। अपेशसे कवचाय हुं। समुषद्भिः नेत्रत्र०। अजायथाः अस्त्राय फट् ॥ अथ ध्यानम्—धूम्रो द्विबाहुर्वरदो गदाधरो गृध्रासनस्थो विकृताननश्च। किरीटकेयूरविभूषितो यः सदाऽस्तु मे केतुगणः प्रशान्तः ॥ १ ॥ केतुगायत्री—अत्रवाय (धूम्राय) विद्महे कपोतवाहनाय धीमहि तन्नः केतुः प्रचोदयात्। अथ जपमन्त्रः—ॐ प्राँ प्रीं प्रौं सः ॐ भुर्भुवः स्वः, ॐ केतुङ् कृण्वन्नकेतवे पेशो मर्य्याऽअपेशसे। समुषद्भिरजायथा। ॐ स्वः, भुवः, भूः, ॐ सः प्रौं प्रीं प्रां ॐ केतवे नमः ॥

जपसंख्या सप्तदशसहस्राणि १७०००, जपान्ते कुशसमित्तिलपायसघृतैर्दशांशहोमः, अन्यत्सर्वं पूर्ववत्।

अथ दानद्रव्याणि ॥ वैडूर्यरत्नं सतिलं च तैलं सुकम्बलं चापि मदो मृगस्य। शस्त्रं च केतोः परितोषहेतोश्छागस्य दानं कथितं मुनीन्द्रैः ॥

अथ तन्त्रोक्तनवग्रहमन्त्रजपप्रयोगः

अथ श्रीसूर्यमन्त्रः—ॐ ह्रां ह्रीं सः इति त्र्यक्षरं मन्त्रः ॥ ॐ अस्य श्रीसूर्यमन्त्रस्य अज ऋषिः, गायत्री छन्दः, सूर्यो देवता, ह्रां बीजम्, ह्रीं शक्तिः,

---

१—सिंहासनस्थो वेति पाठान्तरम्।

सः कीलकम्, श्रीसूर्यप्रीत्यर्थे जपे विनियोगः। ॐ अज ऋषये नमः शिरसि। ॐ गायत्रीछन्दसे नमः मुखे। ॐ सूर्यदेवतायै नमः हृदि। ॐ ह्रां बीजाय नमः गुह्ये। ॐ ह्रीं शक्तये नमः पादयोः। ॐ सः कीलकाय नमः सर्वाङ्गे। इति ऋष्यादिन्यासः॥ अथ अंगन्यासः॥ ॐ आं ह्रीं अङ्गुष्ठाभ्यां नमः। ॐ ईं ह्रीं तर्ज०। ॐ ऊँ ह्रीं मध्य०। ॐ ऐं ह्रीं अना०। ॐ औं ह्रीं कनि०। ॐ अः ह्रीं करतलकरपृ०। इति करन्यासः। एवं हृदयादिषडङ्गन्यासं कुर्यात्। एवं न्यास-विधिं कृत्वा ध्यायेत्। ॐ रक्ताम्बुजासनमशेषगुणैकसिन्धुं, भानुं समस्त-जगतामधिपं भजामि। पद्मद्वयाभयवरान्दधतं कराब्जैर्माणिक्यमौलिमरुणाङ्ग-रुचिं त्रिनेत्रम्॥ १॥ एवं ध्यात्वा मानसोपचारैः सम्पूज्य यथोक्तविधिना जपं कुर्यात्॥

अथ चन्द्रमन्त्रः—ॐ स्वौं सोमाय नमः (मतान्तरे सौं सोमाय नमः) इति षडक्षरो मन्त्रः॥ ॐ, अस्य श्रीसोममन्त्रस्य भृगुर्ऋषिः, पंक्तिश्छन्दः, सोमो देवता, स्वौं बीजम्, नमः शक्तिः, सोमप्रीतये जपे विनियोगः। ॐ भृगुऋषये नमः शिरसि। ॐ पंक्तिश्छन्दसे नमः मुखे। ॐ सोमदेवतायै नमो हृदि। ॐ स्वौं बीजाय नमः गुह्ये। ॐ नमः शक्तये नमः पादयोः। इति ऋष्यादि-न्यासः। ॐ सां अङ्गुष्ठाभ्यां नमः। ॐ सीं तर्जनी०। ॐ सूं मध्य०। ॐ सैं अनामिका०। ॐ सौं कनि०। ॐ सः करतलकरपृ०। इति करन्यासः। एवं हृदयादिन्यासं कृत्वा ध्यायेत्—ॐ कर्पूरस्फटिकावदातमनिशं पूर्णेन्दु-बिम्बाननं, मुक्तादामविभूषितेन वपुषा निर्मूलयन्तं तमः। हस्ताभ्यां कुमुदं वरञ्च दधतं नीलालकोद्भासितं, स्वीयांकस्थमृगोदिताश्रयगुणं सोमं सुधाब्धिं भजे॥ १॥ एवं ध्यात्वा मानसोपचारैः सम्पूज्य जपं कुर्यात्॥

अथ भौममन्त्रः—ॐ अं अंगारकाय नमः। ॐ अस्य श्रीभौममन्त्रस्य ब्रह्मा ऋषिः, गायत्री छन्दः, अंगारको देवता, अं बीजं, आपः शक्तिः, अङ्गारकप्रीतये जपे विनियोगः। ॐ ब्रह्माऋषये नमः शिरसि। ॐ गायत्रीछन्दसे नमः मुखे। ॐ अंगारकदेवतायै नमः हृदये। ॐ अं बीजाय नमः गुह्ये। ॐ आपः शक्तये नमः पादयोः। ॐ आं अङ्गुष्ठाभ्यां नमः। ॐ ईं तर्ज०। ॐ ऊं मध्य०। ॐ ऐं अना०। ॐ औं कनि०। ॐ अः करतलकरपृ०। एवं हृदयादिन्यासं कृत्वा ध्यायेत्—ॐ नमाम्यंगारकं देवं रक्ताभाम्बरभूषणम्। जानुस्थवामहस्ताढ्यं साभयेतरपाणिकम्। एवं ध्यात्वा मानसोपचारैः सम्पूज्य जपं कुर्यात्॥

अथ बुधमन्त्रः—ॐ वं बुधाय नमः। ॐ अस्य श्रीबुधमन्त्रस्य ब्रह्मा ऋषिः, पंक्तिश्छन्दः, बुधो देवता, बुं बीजं, आपः शक्तिः, बुधप्रीतये जपे विनियोगः। ॐ ब्रह्माऋषये नमः शिरसि। ॐ पंक्तिश्छन्दसे नमः मुखे।

ॐ बुधदेवतायै नमः हृदये। ॐ बुं बीजाय नमः गुह्ये। ॐ आपः शक्तये नमः पादयोः। ॐ बुं अङ्गुष्ठाभ्यां०। ॐ बुं तर्ज०। ॐ बुं मध्य०। ॐ बुं अना०। ॐ बुं कनि०। ॐ बुं करतलकरपृ०। एवं हृदयादिन्यासं कृत्वा ध्यायेत्—ॐ बन्दे बुधं सदा देवं पीताम्बरसुभूषणम्। जानुस्थवामहस्ताढ्यं साभयेतरपाणिकम्॥ एवं ध्यात्वा मानसोपचारैः सम्पूज्य जपेत्॥

अथ बृहस्पतिमन्त्रः—ॐ बृं बृहस्पतये नमः इत्यष्टाक्षरो मन्त्रः। ॐ अस्य श्रीबृहस्पतिमन्त्रस्य ब्रह्मा ऋषिः, अनुष्टुप्छन्दः, बृहस्पतिर्देवता, बृं बीजम्, नमः शक्तिः, श्रीबृहस्पतिप्रीतये जपे विनियोगः। ॐ ब्रह्माऋषये नमः शिरसि। ॐ अनुष्टुप्छन्दसे नमः मुखे। ॐ बृहस्पतिदेवतायै नमः हृदये। ॐ बृं बीजाय नमः गुह्ये। ॐ नमः शक्तये नमः पादयोः। इति ऋष्यादिन्यासः। ॐ ब्रां अङ्गुष्ठाभ्यां नमः। ॐ ब्रीं तर्ज०। ॐ ब्रूं मध्यमा०। ॐ ब्रैं अना०। ॐ ब्रौं कनि०। ॐ ब्रः करतलकरपृ०। इति करन्यासः। एवं हृदयादिन्यासं कृत्वा ध्यायेत्। अथ ध्यानम्—तेजोमयं शक्तित्रिशूलहस्तं सुरेन्द्रसंघस्तुतपादपङ्कजम्। मेधानिधिं मत्स्यगतं द्विबाहुं गुरुं भजे मानसपङ्कजेऽहम्॥ १॥ एवं ध्यात्वा मानसोपचारैः सम्पूज्य जपेत्॥

अथ शुक्रमन्त्रः—ॐ शुं शुक्राय नमः स्वाहा। ॐ अस्य श्रीशुक्रमन्त्रस्य ब्रह्मा ऋषिः, पंक्तिश्छन्दः, शुक्रो देवता, शुं बीजम्, स्वाहा शक्तिः, श्रीशुक्रप्रीत्यर्थे जपे विनियोगः। ॐ ब्रह्मऋषये नमः शिरसि। ॐ पंक्तिश्छन्दसे नमः मुखे। ॐ शुक्रदेवतायै नमः हृदये। ॐ शुं बीजाय नमः गुह्ये। ॐ स्वाहा शक्तये नमः पादयोः। इति ऋष्यादिन्यासः। ॐ शुं अङ्गु०। ॐ शुं तर्ज०। ॐ शुं मध्यमा०। ॐ शुं अना०। ॐ शुं कनि०। ॐ शुं करतलकरपृ०। इति करन्यासः॥ ॐ शुं हृ०। ॐ शुं शिर०। ॐ शुं शिखा०। ॐ शुं कव०। ॐ शुं नेत्रत्र०। ॐ शुं अस्त्राय०। इति हृदयादिन्यासं कृत्वा ध्यायेत्—ॐ सन्तप्तकाञ्चननिभं द्विभुजं दयालुं पीताम्बरं धृतसरोरुहकेशयुग्मम्। क्रौञ्चासनं असुरसेवितपादपद्मं शुक्रं भजे द्विनयनं हृदि पङ्कजेऽहम्॥ १॥ एवं ध्यात्वा मानसोपचारैः सम्पूज्य जपेत्॥

अथ शनिमन्त्रः—ॐ शं शनैश्चराय नमः। ॐ अस्य श्रीशनैश्चरमन्त्रस्य ब्रह्माऋषिः, गायत्री छन्दः, शनैश्चरो देवता, शं बीजम्, आपः शक्तिः, श्रीशनैश्चरप्रीतये जपे विनियोगः। ॐ ब्रह्मऋषये नमः शि०। ॐ गायत्रीछन्दसे नमः मुखे। ॐ शनैश्चरदेवतायै नमः हृ०। ॐ शं बीजाय नमः गुह्ये। ॐ आपः शक्तये नमः पादयोः। इति ऋष्यादिन्यासः। ॐ शं अङ्गु०। ॐ शं तर्ज०। ॐ शं म०। ॐ शं अना०। ॐ शं कनि०। ॐ शं करतल०। इति करन्यासः।

ॐ शं हृ० । ॐ शं शि० । ॐ शं० शिखा । ॐ शं कव० । ॐ शं नेत्र० । ॐ शं अस्त्रा० । इति हृदयादिन्यासं कृत्वा ध्यायेत्—ॐ नीलांजनाभं मिहिरस्य पुत्रं ग्रहेश्वरं पाशभुजङ्गपाणिम् । सुरासुराणां भयदं द्विबाहुं भजे शनिं मानसपङ्कजेऽहम् ॥ १ ॥ एवं ध्यात्वा मानसोपचारैः सम्पूज्य जपेत् ॥

अथ राहुमन्त्रः—ॐ रां राहवे नमः । ॐ अस्य श्रीराहुमन्त्रस्य ब्रह्माऋषिः, पंक्तिश्छन्दः, राहुर्देवता, रां बीजम्, वेशः शक्तिः, श्रीराहुप्रीतये जपे विनि० । ॐ ब्रह्मऋषये नमः शि० । ॐ पंक्तिश्छन्दसे नमः मुखे । ओं राहुदेवताये नमः हृ० । ओं रां बीजाय नमः गुह्ये । ओं वेशः शक्तये नमः पादयोः । इति ऋष्यादिन्यासः । ॐ रां अंगु० । ओं रां तर्ज० । ओं रां मध्य० । ओं रां अना० । ओं रां कनि० । ओं रां कव० । ओं रां० नेत्रत्र० । ओं रां अस्त्रा० । इति हृदयादिन्यासं कृत्वा ध्यायेत् । वन्दे राहुं धूम्रवर्णं अर्धकायं कृताञ्जलिम् । विकृतास्यं रक्तनेत्रं धूम्रालङ्कारमन्वहम् ॥ १ ॥ एवं ध्यात्वा मानसोपचारैः सम्पूज्य जपेत् ॥

अथ केतुमन्त्रः—ओं कें केतवे नमः । ओं अस्य श्रीकेतुमन्त्रस्य श्रीब्रह्माऋषिः, पंक्तिश्छन्दः, केतुर्देवता, कें बीजं, वेशः शक्तिः, श्रीकेतुप्रीतये जपे विनियोगः । ओं ब्रह्मऋषये नमः शि० । ओं पंक्तिश्छन्दसे नमः मुखे । ओं केतुर्देवतायै नमः हृ० । ओं कें बीजाय नमः गुह्ये । ओं वेशः शक्तये नमः पादयोः । इति ऋष्यादिन्यासः । ओं कें अङ्गुष्ठा० । ओं कें तर्ज० । ओं कें मध्यमा० । ओं कें अना० । ओं कें कनि० । ओं कें करतल० । इति करन्यासः । ओं कें हृ० । ओं कें शिर० । ओं कें शिखा० । ओं कें कव० । ओं कें नेत्र० । ओं कें अस्त्रा० । इति हृदयादिन्यासं कृत्वा ध्यायेत् ॐ वन्दे केतुं कृष्णवर्णं कृष्णवस्त्रविभूषणम् । वामोरुन्यस्ततद्धस्तं साभयेतरपाणिकम् ॥२॥ एवं ध्यात्वा मानसोपचारैः सम्पूज्य जपेत् ।

अथ पुराणोक्तनवग्रहमन्त्रजपप्रयोगः[1]

सूर्यः—ओं ग्रहाणामादिरादित्यो लोकरक्षणकारकः । विषमस्थानसम्भूतां पीडां हरतु ते रविः ॥ १ ॥

(१) रवेः सप्तसहस्राणि चन्द्रस्यैकादशैव तु । कुजे दशसहस्राणि बुधे चतुःसहस्रकम् ॥ एकोनविंशतिर्जीवे शुक्रे षोडश एव च । त्रयोविंशति मन्दस्य राहुरष्टादश स्मृतः । केतोः सप्तसहस्राणि इत्येते जपसंख्यया ॥

चन्द्रः—ओं रोहिणीशः सुधामूर्तिः सुधागात्रः सुधाशनः। विषमस्थानसम्भूतां पीडां हरतु ते विधुः ॥ २ ॥

भौमः—ओं भूमिपुत्रो महातेजा जगतां भयकृत्सदा। वृष्टिकृद् वृष्टिहर्ता च पीडां हरतु ते कुजः ॥ ३ ॥

बुधः—ओं उत्पातरूपो जगतां चन्द्रपुत्रो महाद्युतिः। सूर्यप्रियकरो विद्वान् पीडां हरतु ते बुधः ॥ ४ ॥

बृहस्पतिः—ओं देवमन्त्री विशालाक्षः सदा लोकहिते रतः। अनेकशिष्य-सम्पूर्णः पीडां हरतु ते गुरुः ॥ ५ ॥

भृगुः—ओं दैत्यमन्त्री गुरुस्तेषां प्राणदश्च महामतिः। प्रभुस्ताराग्रहाणाञ्च पीडां हरतु ते भृगुः ॥ ६ ॥

शनिः—ओं सूर्यपुत्रो दीर्घदेहो विशालाक्षः शिवप्रियः। मन्दचारः प्रसन्नात्मा पीडां हरतु ते शनिः ॥ ७ ॥

राहुः—ओं महाशिरा महावक्त्रो दीर्घदंष्ट्रो महाबलः। अतनुश्चोर्ध्वकेशश्च पीडां हरतु ते तमः ॥ ८ ॥

केतुः—ओं अनेकरूपवर्णैश्च शतशोऽथ सहस्रशः। उत्पातरूपो जगतां पीडां हरतु ते[1] शिखी ॥ ९ ॥

मुंथा—मुन्थेश्वरस्य मन्त्र एव मुन्थाया मन्त्रः ॥ १० ॥

—:०:—

(१) स्वार्थं जपः क्रियते चेत् 'ते' इत्यस्य स्थाने 'मे' इति पाठ ऊह्यः।

अथ तन्त्रोक्तमङ्गलमन्त्रप्रयोगः

पूजनार्थं मङ्गलयन्त्रम्

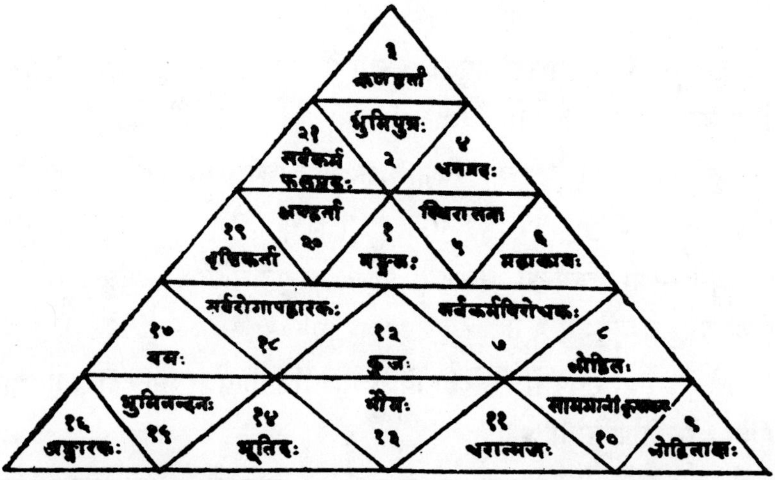

मन्त्रो यथा—"ॐ ह्रां हं सः खं खः" इति षडक्षरो मन्त्रः ॥ अस्य मंगलमन्त्रस्य विरूपाक्षऋषिः, गायत्रीछन्दः, मंगलो देवता, सर्वेष्टसिद्ध्यर्थे जपे विनियोगः । ॐ विरूपाक्षऋषये नमः शिरसि ॥ १ ॥ ॐ गायत्रीछन्दसे नमो मुखे ॥ २ ॥ ॐ मंगलदेवतायै नमो हृदये ॥ ३ ॥ इति ऋष्यादिन्यासः ॥ ओं अंगुष्ठाभ्यां नमः ॥ १ ॥ ओं ह्रां तर्जनीभ्यां नमः ॥ २ ॥ ओं हं मध्यमाभ्यां नमः ॥ ३ ॥ ओं सः अनाभिकाभ्यां नमः ॥ ४ ॥ ओं खं कनिष्ठिकाभ्यां नमः ॥ ५ ॥ ओं खः करतलकरपृष्ठाभ्यां नमः ॥ ६ ॥ इति करन्यासः ॥ एवमेव हृदयादिषडङ्गन्यासं कृत्वा ध्यायेत् ॥ अथ ध्यानम्–"जपाभं शिवस्वेदजं हस्तपद्मैर्गदाशूलशक्तीर्वरं धारयन्तम् । अवन्तीसमुत्थं सुमेषासनस्थं धरानन्दनं रक्तवस्त्रं समीडे ॥ १ ॥ इति ध्यात्वा पूर्वोक्ते शिवपीठे मूलेन मूर्ति प्रकल्प्य अथवा त्रिकोणं ताम्रयन्त्रं प्रतिमां वा संस्थाप्य प्राणप्रतिष्ठां कृत्वा आवाहनादि-पाद्यान्तैरुपचारैर्भौमं सम्पूज्य आवरणपूजां कुर्य्यात् । षट्कोणे आग्नेयादिकोणेषु मध्ये दिक्षु च । ॐ हृदयाय नमः ॥ १ ॥ ॐ ह्रां शिरसे स्वाहा ॥ २ ॥ ओं हं शिखायै वषट् ॥ ३ ॥ ओं सः कवचाय हुम् ॥ ४ ॥ ओं खं नेत्रत्रयाय वौषट् ॥ ५ ॥ ओं खः अस्त्राय फट् ॥ ६ ॥ इत्यंगानि पूजयेत् । तद्बाह्ये त्रिकोणे एक-

विंशतिकोष्ठेषु। ॐ मंगलाय नमः॥ १॥ ॐ भूमिपुत्राय नमः॥ २॥ ॐ ऋणहर्त्रे नमः॥ ३॥ ॐ धनप्रदाय नमः॥ ४॥ ॐ स्थिरासनाय नमः॥ ५॥ ॐ महाकायाय नमः॥ ६॥ ॐ सर्वकर्मावरोधकाय नमः॥ ७॥ ॐ लोहिताय नमः॥ ८॥ ॐ लोहिताक्षाय नमः॥ ९॥ ॐ सामगानां कृपाकराय नमः ॥ १०॥ ॐ धरात्मजाय नमः॥ ११॥ ॐ कुजाय नमः॥ १२॥ ॐ भौमाय नमः॥ १३॥ ओं भूतिदाय नमः॥ १४॥ ॐ भूमिनन्दननाम नमः॥ १५॥ ॐ अंगारकाय नमः १६॥ ॐ यमाय नमः॥ १७॥ ॐ सर्वरोगापहारकाय नमः ॥ १८॥ ॐ वृष्टिकर्त्रे नमः ॥ १९॥ ॐ वृष्टिहर्त्रे नमः॥ २०॥ ॐ सर्वकाम-फलप्रदाय नमः॥ २१॥ इत्येकविंशतिभौमान् सम्पूजयेत्। तद्वाह्ये चतुरस्रे भूपुरे पूर्वादिषु। ॐ इं इन्द्राय नमः॥ १॥ ॐ अं अग्नये नमः॥ २॥ ओं यं यमाय नमः॥ ३॥ ॐ निं निर्ऋतये नमः॥ ४॥ ॐ वं वरुणाय नमः॥ ५॥ ॐ वां वायवे नमः॥ ६॥ ॐ कुम् कुबेराय नमः॥ ७॥ ॐ इं ईशानाय नमः ॥ ८॥ (ऊर्ध्वं) ॐ ब्रं ब्रह्मणे नमः॥ ९॥ (अधः) ॐ अं अनन्ताय नमः ॥ १०॥ इति दिक्पालान् पूजयेत्। तद्वहिः—ॐ वज्राय नमः॥ १॥ ॐ शक्तये नमः॥ २॥ ॐ दंडाय नमः॥ ३॥ ॐ खड्गाय नमः॥ ४॥ ॐ पाशाय नमः॥ ५॥ ॐ अंकुशाय नमः॥ ६॥ ॐ गदायै नमः॥ ७॥ ॐ त्रिशूलाय नमः॥ ८॥ ॐ पद्माय नमः॥ ९॥ ॐ चक्राय नमः॥ १०॥ इत्यायुधानि पूजयेत्॥ इत्थमावरणपूजां कृत्वा धूप-दीप-नैवेद्य-ताम्बूल-दक्षिणा नीराजनैः सम्पूज्य वक्ष्यमाणविधिना अर्घ्यं दत्त्वा साष्टांगं प्रणम्य यथाविधि जपेत्। अस्य पुरश्चरणं षट्लक्षजपः। अन्यत्सर्वं पूर्ववत्। तथा च रसलक्षं जपो होमः समिद्भिः खदिरस्य च। इत्थं जपादिभिः सिद्धिं स्वेष्टसिद्धौ प्रयोजयेत्॥ १॥

इति षट्वर्णात्मक-भौममन्त्र-विधानम्।

अथ धनपुत्रादिप्रदमंगलव्रतविधानम्॥ (स्कान्दे मन्त्रमहोदधौ च) मार्गशीर्षे वैशाखे वा शुक्लपक्षे चन्द्रतारादिबलान्विते भौमवासरे व्रतम् प्रगृह्य वक्ष्यमाणविधिना संवत्सरपर्यन्तं कार्य्यम्। तद्यथा—मंगलवारे अरुणोदयवे-लायामुत्थाय शौचविधिं विधाय अपामार्गकाष्ठेन मौनपूर्वकं दन्तधावनं कृत्वा नद्यादौ यथाविधि स्नात्वा सन्ध्यादिनित्यक्रियां समाप्य शिवालये गृहे वा रक्तवाससी परिधाय रक्तगोमयलिप्तमण्डले स्वासने प्राङ्मुख उदङ्मुखो वा उपविश्य दक्षिणपार्श्वे रक्तचन्दनपुष्पादीनि सम्पाद्य सपवित्रकरः आचम्य प्राणानायम्य देशकालौ संकीर्त्य मम जन्मराशेः सकाशान्नामराशेः सकाशाज्जन्मलग्नाद्वर्षलग्नाद्गोचराद्वा चतुर्थाष्टमद्वादशाद्यनिष्टस्थानस्थिति-सूचित-भौमसूचयिष्यमाणसर्वानिष्टफलनिवृत्तिद्वारा तृतीयैकादशस्थानस्थित-वदुत्तमफलप्राप्त्यर्थमायुरारोग्यशुभपुत्रधनप्राप्त्यर्थं श्रीभौमदेवताप्रीत्यर्थं

भौमव्रतं करिष्ये। तदंगत्वेन न्यासध्यानपूजार्घ्यदानादि च करिष्ये। इति सङ्कल्प्य (प्रारम्भदिने गणपतिपूजनं पुण्याहवाचनं च कुर्यात्) ततः—अथ देवेश ते भक्त्या करिष्ये व्रतमुत्तमम्। ऋणव्याधिविनाशाय धनसन्तानहेतवे ॥ १ ॥ इति प्रार्थ्य कर्ता स्वदेहे न्यासान् कुर्य्यात्। ॐ मंगलाय नमः अंघ्र्योः ॥ १ ॥ ॐ भूमिपुत्राय नमः जानुनोः ॥ २ ॥ ॐ ऋणहर्त्रे नमः ऊर्वोः ॥ ३ ॥ ॐ धनप्रदाय नमः कट्याम् ॥ ४ ॥ ॐ स्थिरासनाय नमः गुह्ये ॥ ५ ॥ ॐ महाकायाय नमः उरसि ॥ ६ ॥ ॐ सर्वकर्मविरोधकाय नमः वामबाहौ ॥ ७ ॥ ॐ लोहिताय नमः दक्षिणबाहौ ॥ ८ ॥ ॐ लोहिताक्षाय नमः गले ॥ ९ ॥ ॐ सामगानां कृपाकराय नमः मुखे ॥ १० ॥ ॐ धरात्मजाय नमः नासिकायाम् ॥ १२ ॥ ॐ कुजाय नमः अक्ष्णोः ॥ १२ ॥ ॐ भौमाय नमः ललाटे ॥ १३ ॥ ॐ भूतिदाय नमः भ्रुवोर्मध्ये ॥ १४ ॥ ॐ भूमिनन्दनाय नमः शिरसि ॥ १५ ॥ ॐ अंगारकाय नमः शिखायाम् ॥ १६ ॥ ॐ यमाय नमः सर्वांगे ॥ १७ ॥ ॐ सर्वरोगापहारकाय नमः वाहुद्वये ॥ १८ ॥ ॐ वृष्टिकर्त्रे नमः मूर्द्धादिपादपर्यन्तम् ॥ १९ ॥ ॐ वृष्टिहर्त्रे नमः चरणादिमस्तकान्तम् ॥ २० ॥ ॐ सर्वकामफलप्रदाय नमः दिक्षु ॥ २१ ॐ आराय नमः नाभौ ॥ १ ॥ ॐ वक्राय नमः वक्षसि ॥ २ ॥ ॐ भूमिजाय नमः मूर्ध्नि ॥ ३ ॥ एवं न्यासं कृत्वा ध्यायेत् ॥ रक्तमाल्यांबरधरः शक्तिशूलगदाधरः। चतुर्भुजो मेषगमो वरदः स्याद्धरासुतः ॥ १ ॥ एवं ध्यात्वा अर्घ्यं संस्थाप्य पूजां कुर्यात्, तद्यथा त्रिकोणे स्थण्डिले यथाविधि ताम्रकलशं संस्थाप्य तत्र एकविंशतिकोष्ठाढ्यं त्रिकोणं ताम्रयन्त्रमथवा रक्तचन्दननिर्मितां शूलशक्तिगदाधरां मेषमारूढां भौमप्रतिमां संस्थाप्य प्राणप्रतिष्ठां कृत्वा आवाहनं कुर्यात् ॐ एह्येहि भगवन्ब्रह्मन्नङ्गारक महाप्रभो। त्वयि सर्वं सामायातं त्रैलोक्यं सचराचरम् ॥ १ ॥ भौममावाहयिष्यामि तेजोमूर्ति दुरासदम्। रुद्ररूपमनिर्देश्यं वक्रं च रुधिरप्रियम् ॥ २ ॥ ॐ अग्निर्मूर्द्धा दिवः ककुत्पतिः पृथिव्या अयं अपाᳬं रेताᳬंसि जिन्वति ॥ १ ॥ अंगारकाय विद्महे शक्तिहस्ताय धीमहि तन्नो भौमः प्रचोदयात् ॥ १ ॥ इति भौममावाह्य पाद्यादिरक्तपुष्पांतैरुपचारैः सम्पूज्य आवरणपूजां कुर्यात्। षट्कोणे आग्नेयादिकोणकेसरेषु मध्ये दिक्षु च। ॐ ह्रां हृदयाय नमः ॥ १ ॥ ॐ ह्रीं शिरसे स्वाहा ॥ २ ॥ ॐ हूं शिखायै वषट् ॥ ३ ॥ ॐ ह्लं ह्लं ह्लं कवचाय हुम् ॥ ४ ॥ ॐ हंसः नेत्रत्रयाय वौषट् ॥ ५ ॥ ॐ खं खः अस्त्राय फट् इति षडङ्गानि सम्पूज्य, ॐ अभीष्टसिद्धिं मे देहि शरणागतवत्सल। भक्त्या समर्पये तुभ्यं प्रथमावरणार्चनम्। इति मन्त्रेण निवेद्य। ततः एकविंशतिकोष्ठेषु। ॐ मंगलाय नमः पादौ पूजयामि० ॥ १ ॥ ॐ भूमिपुत्राय नमः जानुनी पू० ॥ २ ॥ ॐ ऋणहर्त्रे नमः ऊरू पू० ॥ ३ ॥ ॐ धनप्रदाय नमः कटिं पू० ॥ ४ ॥ ॐ

स्थिरासनाय नमः गुह्यं ॥ ५ ॥ ॐ महाकायाय नमः उरः पूजयामि ॥ ६ ॥ ॐ सर्वकर्मावरोधकाय नमः बामबाहुं पू० ॥ ७ ॥ ॐ लोहिताय नमः दक्षिणबाहुं पू० ॥ ८ ॥ ॐ लोहिताक्षाय नमः कंठं पू० ॥ ९ ॥ ॐ सामगानां कृपाकराय नमः मुखं पूजयामि ॥ १० ॥ ॐ धरात्मजाय नमः नासिकां पूजयामि ॥ ११ ॥ ॐ कुजाय नमः नेत्रद्वयं पू० ॥ १२ ॥ ॐ भौमाय नमः ललाटं पू० ॥ १३ ॥ ॐ भूतिदाय नमः भ्रुवोर्मध्यं पू० ॥ १४ ॥ ॐ भूमिनन्दनाय नमः मस्तकं पू० ॥ १५ ॥ ॐ अंगारकाय नमः शिखां पूजयामि ॥ १६ ॥ ॐ यमाय नमः सर्वाङ्गं पू० ॥ १७ ॥ ॐ सर्वरोगापहारकाय नमः बाहुद्वयं पू० ॥ १८ ॥ ॐ वृष्टिकर्त्रे नमः मूर्धादिपादपर्यन्तं पू० ॥१९॥ ॐ वृष्टिहर्त्रे नमः चरणादिमस्तकपर्यन्तं पू० ॥ २० ॥ ॐ सर्वकामफलप्रदाय नमः दिशः पूजयामि इति पूजयित्वा ॥ २१ ॥ ॐ अभीष्टसिद्धिमितिमन्त्रेण द्वितीयावरणं निवेद्य, ततः तद्बाह्यत्रिकोणेषु । ॐ वक्राय नमः ॥ १ ॥ ॐ आराय नमः ॥ २ ॥ ॐ भूमिजाय नमः ॥ ३ ॥ इति सम्पूज्य ॐ अभीष्टसिद्धिमितिमन्त्रेण तृतीयावरणं निवेद्य तद्बहिः पूर्वादिक्रमेण । ओं ब्राह्म्यै नमः ॥ १ ॥ ओं माहेश्वर्यै नमः ॥ २ ॥ ओं कौमार्यै नमः ॥ ३ ॥ ओं वैष्णव्यै नमः ॥ ४ ॥ ओं वाराह्यै नमः ॥ ५ ॥ ओं इन्द्राण्यै नमः ॥ ६ ॥ ओं चामुण्डायै नमः ॥ ७ ॥ ओं महालक्ष्म्यै नमः ॥ ८ ॥ इति मातृकाः पूजयामि । इति पूजयित्वा ओं अभीष्टसिद्धिमितिमन्त्रेण चतुर्थावरणं निवेद्य तद्बाह्ये पूर्वादिक्रमेण । ओं इन्द्राय नमः ॥ १ ॥ ओं अग्नये नमः ॥ २ ॥ ओं यमाय नमः ॥ ३ ॥ ओं निर्ऋतये नमः ॥ ४ ॥ ओं वरुणाय नमः ॥ ५ ॥ ओं वायवे नमः ॥ ६ ॥ ओं कुबेराय नमः ॥ ७ ॥ ओं ईशानाय नमः ॥ ८ ॥ ईशानपूर्वयोर्मध्ये—ओं ब्रह्मणे नमः ॥ ९ ॥ निर्ऋतिपश्चिमयोर्मध्ये—ॐ अनन्ताय नमः ॥ १० ॥ इति दशदिक्पालान्पूजयित्वा ओं अभीष्टसिद्धिमितिमन्त्रेण पञ्चमावरणं निवेद्य तद्बाह्ये ओं वज्राय नमः ॥ १ ॥ ओं शक्तये नमः ॥ २ ॥ ओं दण्डाय नमः ॥ ३ ॥ ओं खड्गाय नमः ॥ ४ ॥ ओं पाशाय नमः ॥ ५ ॥ ओं अंकुशाय नमः ॥ ६ ॥ ओं गदायै नमः ॥ ७ ॥ ओं त्रिशूलाय नमः ॥ ८ ॥ पद्माय नमः ॥ ९ ॥ ओं चक्राय नमः ॥ १० ॥ इत्यस्त्राणि पूजयित्वा । ॐ अभीष्टसिद्धिं मे देहि शरणागतवत्सल । भक्त्या समर्पये तुभ्यं सुषष्ठावरणार्चनम् ॥ एवमावरणपूजां कृत्वा धूपदीप-गोधूमान्ननैवेद्य ताम्बूलदक्षिणा-नीराजनादिभिः सम्पूज्यार्घ्यं दद्यात् । तद्यथा—जलपूर्णताम्रपात्रे रक्तगन्धरक्तपुष्पाक्षतफलानि निःक्षिप्य जानुभ्यामवनिं गत्वा ॐ भूमिपुत्र महातेजः स्वेदोद्भव पिनाकिनः । श्रेयोर्थी त्वां प्रपन्नोऽहं गृहाणार्घ्यं नमोऽस्तु ते ॥ १ ॥ प्रसीद देवदेवेश विघ्नहारिन्धरात्मज । गृहाणार्घ्यं मया दत्तं मम शान्तिप्रदो भव ॥ २ ॥ रक्तप्रवालसंकाश जपाकुमसन्निभ । महीसुत महाबाहो गृहाणार्घ्यं नमोस्तु ते ॥ ३ ॥ इत्यर्घ्यं दत्त्वा पूर्वोक्तैर्नामभिः प्रणम्य

एकविंशति-प्रदक्षिणाः कृत्वा साष्टाङ्गं प्रणमेत्। ततः खदिरांगारकेन स्वपुरतः ऋणरेखात्रयं समं कृत्वा वामपादेन प्रमार्जयेत्। तत्र मन्त्रौ-दुःखदौर्भाग्यनाशाय पुत्रसन्तानहेतवे। कृतरेखात्रयं वामपादेनैतत्प्रमाज्र्म्यहम् ॥ १ ॥ ऋणदुःखविनाशाय मनोभीष्टार्थसिद्धये। मार्जयाम्यसिता रेखास्तिस्रो जन्मसमुद्भवाः ॥ २ ॥ ततः पुष्पाञ्जलिं गृहीत्वा प्रार्थनां कुर्यात्। धरणीगर्भसम्भूतं विद्युत्तेजःसमप्रभम्। कुमारं शक्तिहस्तं च मंगलं प्रणमाम्यहम् ॥ १ ॥ ऋणहर्त्रे नमस्तुभ्यं दुःखदारिद्र्यनाशिने। नमामि द्योतमानाय सर्वकल्याणकारिणे ॥ २ ॥ देवदानवगन्धर्वयक्षराक्षसपन्नगाः। सुखं यान्ति यतस्तस्मै नमो धरणिसूनवे ॥ ३ ॥ यो वक्रगतिमापन्नो नृणां विघ्नं प्रयच्छति। पूजितः सुखसौभाग्यं तस्मै क्ष्मासूनवे नमः ॥ ४ ॥ प्रसादं कुरु मे नाथ मङ्गलप्रद मङ्गल। मेषवाहन रुद्रात्मन्पुत्रान्देहि धनं यशः ॥ ५ ॥ अंगारक महाभाग भगवन्भक्तवत्सल। त्वां नमामि ममाशेषमृणमाशु विमोचय ॥ ६ ॥ ऋणरोगादिदारिद्र्यं ये चान्ये चापमृत्यवः। भयक्लेशमनस्तापा नश्यन्तु मम सर्वदा ॥ ७ ॥ अतिवक्र दुराराध्य भोगमुक्तजितात्मनः। तुष्टो ददासि साम्राज्यं रुष्टो हरसि तत्क्षणात् ॥ ८ ॥ विरञ्चिशक्रविष्णूनां मनुष्याणां तु का कथा। तेन त्वं सर्वसत्त्वेन ग्रहराजो महाबलः ॥९॥ पुत्रान्देहि धनं देहि त्वामस्मि शरणं गतः। ऋणदारिद्र्यदुःखेन शत्रूणां च भयात्ततः ॥ १० ॥ इति प्रार्थ्य पुष्पाञ्जलिं दद्यात्। ततः ब्राह्मणान् सम्पूज्य गुरवे दक्षिणां दत्त्वा पूजायां निवेदितान्नेन एकभुक्तव्रतं कुर्यात्। एवं प्रतिभौमदिनं संवत्सरावधि कृत्वा समाप्ते व्रते[1] सर्वतोभद्रमंडलमध्ये यथाविधि ताम्रकलशं संस्थाप्य तत्र वरुणमावाह्य सम्पूज्य तदुपरि स्वर्णमयीं भौमप्रतिमां संस्थाप्य प्राणप्रतिष्ठां कृत्वा षोडशोपचारैः सम्पूजयेत्। ततः ऐशान्यां त्रिकोणे स्थण्डिले अग्निं प्रतिष्ठाप्य कुशकण्डिकां कृत्वा आघारावाज्यहोमं विधाय ओं अग्निर्मूर्धा० इति मंत्रेण भौमगायत्र्या वा अष्टोत्तरशतं तिलहोमं कृत्वा पूर्णपात्रदानान्तं होमशेषं समाप्य दिक्पालेभ्यो माषभक्तबलिं दत्त्वा कलशोदकेन सपत्नीकं यजमानं पूर्वोक्तमङ्गलनामभिः वेदमन्त्रैश्च अभिषिच्य यजमानः स्वर्णमूर्त्यादिकमाचार्याय दत्त्वा पञ्चाशद्ब्राह्मणान् गोधूमान्नेन भोजयेत्। एवमेव स्त्रीधनपुत्रसौभाग्यकामनया कुर्यात्।

अथ[2] श्रीसूर्यस्तवराजप्रारम्भः

सुमन्तुरुवाच—अस्तावीच्च ततः साम्बः कृशो धमनिसन्ततः। राजन्नामसहस्रेण सहस्रांशुं दिवाकरम् ॥ १ ॥ खिद्यमानं ततो दृष्ट्वा सूर्यः कृष्णात्मजं

---

१. एवं व्रतपरा नारी प्राप्नुयात्सुभगा सुतान्।
धनाप्त्यै ऋणनाशाय व्रतं कुर्यात् पुमानपि ॥ (मं० म०)

२. आरोग्यं भास्करादिच्छेद्धनमिच्छेद्धुताशनात्।
ज्ञानञ्च शंकरादिच्छेन्मुक्तिमिच्छेज्जनार्दनात् ॥ (म० पु०)

तदा। स्वप्नेऽस्य दर्शनं दत्त्वा पुनर्वचनमब्रवीत् ॥ २ ॥ श्रीसूर्य उवाच—साम्ब साम्ब महाबाहो शृणु जाम्बवतीसुत। अलं नामसहस्रेण पठ चेमं शुभं स्तवम् ॥ ३ ॥ यानि गुह्यानि नामानि पवित्राणि शुभानि च। तानि ते कीर्तयिष्यामि प्रयत्नादवधारय ॥ ४ ॥ वैकर्तनो विवस्वांश्च मार्तण्डो भास्करो रविः। लोकप्रकाशकः श्रीमांल्लोकचक्षुर्ग्रहेश्वरः ॥ ५ ॥ लोकसाक्षी त्रिलोकेशः कर्ता हर्ता तमिस्रहा। तपनस्तापनश्चैव शुचिः सप्ताश्ववाहनः ॥ ६ ॥ गभस्तिहस्तो ब्रह्मा च सर्वदेवनमस्कृतः। एकविंशतिरित्येष स्तव इष्टस्सदा मम ॥ ७ ॥ शरीरारोग्यदश्चैव धनवृद्धियशस्करः। स्तवराज इति ख्यातस्त्रिषु लोकेषु विश्रुतः ॥ ८ ॥ य एतेन महाबाहो द्वे सन्ध्येऽस्तमनोदये। स्तौति मां प्रणतो भूत्वा सर्वपापैः प्रमुच्यते ॥ ९ ॥ मानसं वाचिकं वापि कायिकं यच्च दुष्कृतम्। एकजाप्येन तत्सर्वं प्रणश्यति ममाग्रतः ॥ १० ॥ एष जप्यश्च होमश्च सन्ध्योपासनमेव च। बलिमन्त्रोऽर्घमन्त्रोऽथ धूपमन्त्रस्तथैव च ॥ ११ ॥ अन्नप्रदाने स्नाने च प्रणिपाते प्रदक्षिणे। पूजितोऽयं महामन्त्रः सर्वपापहरः शुभः ॥ १२ ॥ एवमुक्त्वा स भगवान्भास्करो जगतां पतिः। आमन्त्र्य कृष्णतनयं तत्रैवान्तरधीयत ॥ १३ ॥ साम्बोऽपि स्तवराजेन स्तुत्वा सप्ताश्ववाहनम्। प्रीतात्मा नीरुजः श्रीमांस्तस्माद्रोगाद्विमुक्तवान् ॥ १४ ॥

इति भविष्योत्तरपुराणे सूर्यस्तवराजः समाप्तः ॥

अथ आदित्यहृदयस्तोत्रप्रारम्भः—अस्य श्रीआदित्यहृदयस्तोत्रस्य अगस्त्य ऋषिरनुष्टुप् छन्दः आदित्यहृदयभूतो भगवान् ब्रह्मदेवता निरस्ताशेषविघ्नतया मम सर्वाभीष्टजपसिद्धौ च जपे विनियोगः ॥ ततो युद्धपरिश्रांतं समरे चिन्तया स्थितम्। रावणं चाग्रतो दृष्ट्वा युद्धाय समुपस्थितम् ॥ १ ॥ दैवतैश्च समागम्य द्रष्टुमभ्यागतो रणम्। उपगम्याब्रवीद्राममगस्त्यो भगवांस्तदा ॥ २ ॥ राम राम महाबाहो शृणु गुह्यं सनातनम्। येन सर्वानरीन् वत्स समरे विजयिष्यसे ॥ ३ ॥ आदित्यहृदयं पुण्यं सर्वशत्रुविनाशनम्। जयावहं जपं नित्यमक्षयं परमं शिवम् ॥ ४ ॥ सर्वमङ्गलमांगल्यं सर्वपापप्रणाशनम्। चिन्ताशोकप्रशमनमायुर्वर्धनमुत्तमम् ॥ ५ ॥ रश्मिमन्तं समुद्यन्तं देवासुरनमस्कृतम्। पूजयस्व विवस्वन्तं भास्करं भुवनेश्वरम् ॥ ६ ॥ सर्वदेवात्मको ह्येष तेजस्वी रश्मिभावनः। एष देवासुरगणांल्लोकान् पाति गभस्तिभिः ॥ ७ ॥ एष ब्रह्मा च विष्णुश्च शिवः स्कन्दः प्रजापतिः। महेन्द्रो धनदः कालो यमः सोमो ह्यपांपतिः ॥ ८ ॥ पितरो वसवः साध्या अश्विनौ मरुतो मनुः। वायुर्वह्निः प्रजाः प्राणा ऋतुकर्ता प्रभाकरः ॥ ९ ॥ आदित्यः सविता सूर्यः खगः पूषा गभस्तिमान्। सुवर्णसदृशो भानुर्हिरण्यरेता दिवाकरः ॥ १० ॥ हरिदश्वः सहस्रार्चिः सप्तसप्तिर्मरीचिमान्। तिमिरोन्मथनः शम्भुस्त्वष्टा मार्तण्डकोंऽशुमान् ॥ ११ ॥ हिरण्यगर्भः शिशिरस्तपनोऽहस्करो रविः। अग्निगर्भो दितेः पुत्रः शंखः शिशिरनाशनः ॥ १२ ॥ व्योम-

नाथस्तमोभेदी ऋग्यजुःसामपारगः। घनवृष्टिरपां मित्रो विंध्यवीथीप्लवंगमः ॥१३॥
आतपी मण्डली मृत्युः पिंगलः सर्वतापनः। कविर्विश्वो महातेजा रक्तः सर्वभवो-
द्भवः ॥ १४ ॥ नक्षत्रग्रहताराणामधिपो विश्वभावनः। तेजसामपि तेजस्वी
द्वादशात्मन्नमोऽस्तु ते ॥ १५ ॥ नमः पूर्वाय गिरये पश्चिमायाद्रये नमः।
ज्योतिर्गणानां पतये दिनाधिपतये नमः ॥ १६ ॥ जयाय जयभद्राय हर्य्यश्वाय
नमो नमः। नमो नमः सहस्रांशो आदित्याय नमो नमः ॥ १७ ॥ नम
उग्राय वीराय सारंगाय नमो नमः। नमः पद्मप्रबोधाय प्रचण्डाय
नमोऽस्तु ते ॥ १८ ॥ ब्रह्मेशानाच्युतेशाय सूरायादित्यवर्चसे। भास्वते सर्वभक्षाय
रौद्राय वपुषे नमः ॥ १९ ॥ तमोघ्नाय हिमघ्नाय शत्रुघ्नायामितात्मने। कृत-
घ्नघ्नाय देवाय ज्योतिषां पतये नमः ॥ २० ॥ तप्तचामीकराभाय हरये विश्व-
कर्मणे। नमस्तमोभिनिघ्नाय रुचये लोकसाक्षिणे ॥ २१ ॥ नाशयत्येष वै भूतं
तमेव सृजति प्रभुः। पायत्येष तपत्येष वर्षत्येष गभस्तिभिः ॥ २२ ॥ एष सुप्तेषु
जागर्ति भूतेषु परिनिष्ठितः। एष चैवाग्निहोत्रं च फलं चैवाग्निहोत्रिणाम् ॥२३॥
देवाश्च क्रतवश्चैव क्रतूनां फलमेव च। यानि कृत्यानि लोकेषु सर्वेषु परमप्रभुः
॥ २४ ॥ एनमापत्सु कृच्छ्रेषु कान्तारेषु भयेषु च। कीर्तयन्पुरुषः कश्चिन्नाव-
सीदति राघव ॥ २५ ॥ पूजयस्वैनमेकाग्रो देवदेवं जगत्पतिम्। एतत्त्रिगुणितं
जप्त्वा युद्धेषु विजयिष्यसि ॥ २६ ॥ अस्मिन् क्षणे महाबाहो रावणं त्वं जयि-
ष्यसि। एवमुक्त्वा ततोऽगस्त्यो जगाम स यथागतम् ॥ २७ ॥ एतच्छ्रुत्वा
महातेजा नष्टशोकोऽभवत्तदा। धारयामास सुप्रीतो राघवः प्रयतात्मवान् ॥२८॥
आदित्यं प्रेक्ष्य जप्त्वेदं परं हर्षमवाप्तवान्। त्रिराचम्य शुचिर्भूत्वा धनुरादाय
वीर्यवान् ॥ २९ ॥ रावणं प्रेक्ष्य हृष्टात्मा जयार्थं समुपागतम्। सर्वयत्नेन महता
वृतस्तस्य वधेऽभवत् ॥ ३० ॥ अथ रविरवदन्निरीक्ष्य रामं मुदितमनाः परमं
प्रहृष्यमाणः। निशिचरपतिसंक्षयं विदित्वा सुरगणमध्यगतो वचस्त्वरेति ॥३१॥

इति श्रीवाल्मीकीयरामयणे आदित्यहृदयस्तोत्र सम्पूर्णम्।

अथ सूर्याथर्वशीर्षमुपनिषत्—अथ सूर्याथर्वाङ्गिरसं व्याख्यास्यामः। ब्रह्मा ऋषिः आदित्यो देवता, गायत्री छन्दः, हंसाद्यग्निनारायणयुक्तं बीजम्, हृल्लेखा शक्तिः द्विपदादिसर्गसंयुक्तं कीलकम्, धर्मार्थकाममोक्षेषु जपे विनियोगः। षट्स्वरारूढबीजेन षडङ्गं रक्ताम्बुजसंस्थं सप्ताश्वरथिनं हिरण्यवर्णं चतुर्भुजं पद्मद्वयाभयवरहस्तं कालचक्रप्रणेतारं च श्रीसूर्यनारायणं यऽएवं वेद स वै ब्राह्मणः। ओं भूः ओं भुवः ओं स्वः ओं महः ओं जनः ओं तपः ओं सत्यं तत्सवितु० परो रजसे सावदोम् ओं आपो ज्योती रसो मृतं ब्रह्मभूर्भुवः स्वरोम्। सूर्य आत्मा जगतस्तस्थुषश्च। सूर्याद्वै खल्विमानि भूतानि जायन्ते। सूर्याद्यज्ञाः

पर्जन्योऽन्नमात्मा। नमस्ते आदित्याय त्वमेव केवलं कर्त्तासि। त्वमेव प्रत्यक्षं विष्णुरसि। त्वमेव प्रत्यक्षं ब्रह्मासि। त्वमेव प्रत्यक्षं रुद्रोऽसि। त्वमेव प्रत्यक्षमृगसि। त्वमेव प्रत्यक्षं यजुरसि। त्वमेव प्रत्यक्षं सामासि। त्वमेव प्रत्यक्षमथर्वासि। त्वमेव सर्वं छन्दोऽसि। आदित्याद्वायुर्जायते। आदित्याद् भूमिर्जायते। आदित्यादापो जायन्ते। आदित्याज्ज्योतिर्जायते। आदित्याद् व्योमदिशो जायन्ते। आदित्याद्वेदा जायन्ते। आदित्याद्देवा जायन्ते। आदित्यो वाऽएष एतन्मण्डलं तपति। असावादित्यो ब्रह्म। आदित्योऽन्तःकरणमनोबुद्धिचित्ताहङ्काराः। आदित्यो वै व्यानसमानोदानापानप्राणाः। आदित्यो वै श्रोत्रत्वक्चक्षूरसनानासाः। आदित्यो वै वाक्पाणिपादोपस्थपायूनि। आदित्यो वै शब्दस्पर्शरूपरसगन्धाः। आदित्यो वै वचनादानगमनानन्दविसर्गाः। आनन्दमयो ज्ञानमयो विज्ञानमय आदित्यः। नमो मित्त्राय भानवे मृत्योर्मां पाहि भ्राजिष्णवे विश्वहेतवे नमः। सूर्यो नो दिवस्पातु वातो अन्तरिक्षात्। अग्निर्नः पार्थिवेभ्यः। सूर्याद्वै भूतानि सूर्येण पालितानि तु। सूर्ये लयं प्राप्नुवन्ति। यः सूर्यः सोऽहमेव च। चक्षुर्नो देवः सविता। चक्षुर्न उत पर्वतः। चक्षुर्धाता दधातु नः। आदित्याय विद्महे सहस्रकराय धीमहि तन्नः सूर्यः प्रचोदयात्। सविता पश्चात्तात्। सविता पुरस्तात्। सवितोत्तरात्तात्। सविताधरात्तात्। सविता नः सुवतु सर्वतातिम्। सविता नो रासतां दीर्घमायुः। ओमित्येकाक्षरं ब्रह्म घृणिरिति द्वे अक्षरे सूर्यं इत्यक्षरद्वयम् आदित्य इति त्रीण्यक्षराणि एतद्वै सूर्यस्याष्टाक्षरमनुम् "ॐ घृणिः सूर्यं आदित्य" इति मन्त्रः। यः सदाहरहर्जपति। सो ब्रह्मण्यो ब्रह्मणो भवति। सूर्याभिमुखं जप्त्वा महाव्याधिभयात्प्रमुच्यते। अलक्ष्मीर्नश्यति। अभक्ष्यभक्षणात् पूतो भवति। अपेयपानात्पूतो भवति। अगम्यागमनात्पूतो भवति। व्रात्यसम्भाषणात्पूतो भवति। मध्याह्ने सूर्याभिमुखः पठेत्, सद्यः पञ्चमहापापात्प्रमुच्यते। सैषा सावित्री विद्या न कस्यचित्प्रशंसेत्। य एतन्महाभागः प्रातः पठति स भाग्यवान् जायते, पशून् विन्दति वेदार्थं लभते, त्रिकालं जप्त्वा क्रतुशतफलं प्राप्नोति। हस्तादित्ये जपति स महामृत्युं तरति य एवं वेद। इत्युपनिषत्॥ इति सूर्याथर्वशीर्षम्॥

अथ वरणविधानम्

सम्भृतसम्भारो यजमानः परिहिताहतसोत्तरीयशुक्लवासाः[1] शुभदेशे कुशो-

(१) ईषद्धौतं नवं श्वेतं सदशं यन्न धारितम्। अहतं तद्विजानीयात्सर्वकर्मसु पावनम्॥ कटिवेष्टघन्तु यद्वस्त्रं पुरीषा येन वा कृतः। मूत्रमैथुनकृद्वस्त्रं धर्मकार्ये विवर्जयत्॥ कार्पास कटिनिर्मुक्तं कौशेयं भाजने धृतम्। क्षालनाच्छुद्धिमाप्नोति वातेनोर्णं हि शुद्धयति॥ स्वयं धौतेन कर्तव्या धर्मक्रिया विपश्चिता। न तु रजकधौतेन नोपभुक्तेन

त्तरकम्बलाद्यास्तृते[१] प्राङ्मुख उपविश्याचमनं कृत्वा ॐ पृथ्वि त्वयेति मन्त्रेण आसनशुद्धिं कुर्यात् । ततश्चोत्तराभिमुखो ब्राह्मणः ॐ स्वस्तिनऽइन्द्रो वृद्धश्रवाः स्वस्तिनः पूषा विश्ववेदाः । स्वस्तिनस्तार्क्ष्योऽरिष्टनेमिः स्वस्तिनो बृहस्पति-र्दधातु ॥ ॐ आदित्या वसवो रुद्रा विश्वेदेवा मरुद्गणाः । तिलकन्ते प्रयच्छन्तु धर्मकामार्थसिद्धये ॥ इत्यनेन यजमानस्य तिलकं कुर्यात्ततः, ॐ अक्षन्नमीमदन्त ह्यवप्रिया॒ऽधूषत् । अस्तोषत स्वभानवो विप्रानिष्टया मती यो जान्विन्द्र ते हरी । इत्यक्षतवन्दनानन्तरं स्वस्तिवाचनं पठित्वा यजमानः योग्यजापकान्[२] समभ्यर्च्य निन्दितजापकान्[३] दूरतः परिहाय च दक्षहस्ते जलाक्षतानादाय प्रतिज्ञासंकल्पं कुर्यात्, तद्यथा—ॐ विष्णुर्विष्णुर्विष्णुः ओं तत्सद्ब्रह्म श्रीमद्भगवतो महापुरुषस्य विष्णोराज्ञया प्रवर्तमानस्य अद्य ब्रह्मणो द्वितीय परार्द्धे तत्रादौ श्रीश्वेतवाराहकल्पे सप्तमे वैवस्वतमन्वन्तरे अष्टाविंशतितमे कलियुगे कलिप्रथम-चरणे भूर्लोके जम्बूद्वीपे भरतखण्डे आर्यावर्तान्तरगते अमुकदेशे[४] अमुकक्षेत्रे[५] श्रीमहानद्योः गङ्गायमुनयोरमुकदिग्भागे सरस्वत्याः अमुकप्रदेशे देवब्राह्मणानां सन्निधौ श्रीमन्नृपविक्रमादित्यराज्यादमुकाधिकामुकशततमे[६] वर्षे श्रीविक्रम[७]श-कानुवर्तिनि श्रीशालिवाहनकृते अमुकाधिक—अमुकशततमे वर्षे प्रभवादिषष्टि-संवत्सराणां मध्येऽमुकनाम्नि संवत्सरे अमुकायनगते सवितरि अमुकर्तौ अमुकमासे अमुकपक्षे अमुकतिथौ अमुकवासरे अमुकनक्षत्रे अमुकयोगे अमुककरणे अमुक-राशिस्थे चन्द्रे अमुकराशिस्थे सूर्ये अमुकराशिस्थिते देवगुरौ शेषेषु ग्रहेषु यथा यथा राशिस्थानस्थितेषु सत्सु एवंगुणविशेषणविशिष्टायां शुभपुण्यतिथौ अमुक-गोत्रोऽमुकशर्म्माऽहं (वर्म्माऽहं-गुप्तोऽहं) ममात्मनः श्रुतिस्मृतिपुराणोक्तफला-वाप्तये अस्मिन् पुण्याहे मम कलत्रादिभिः सह जन्मराशेः सकाशान्नामराशेः सकाशाद्वा जन्मलग्नाद्वर्षलग्नाद्गोचराद्वा ये केचिच्चतुर्थाष्टम-द्वादशाद्यनिष्ट-स्थानस्थिताः क्रूरग्रहास्तैः सूचितं सूचयिष्यमाणं यत्सर्वारिष्टं तद्विनाशार्थं सर्वदा

कर्हिचित् ॥ वीर्यस्पृष्टं शवस्पृष्टं स्पृष्टं मूत्रपुरीषयोः । रजस्वलादिसंस्पृष्टमाविकन्तु सदा शुचि ॥ (आविकं नाम कम्बलम्)

(१) कम्बले पट्टवस्त्रे च नोली दोषो न विद्यते (स्मृ० सं०) । (२) जापकाश्च द्विजाः शुद्धाः कुलीना ऋजवस्तथा । स्नानसंध्यारता नित्यं शौचाचारपरायणाः ॥ श्रोत्रियाः सत्यवाचश्च वेदशास्त्रार्थकोविदाः । अक्रोधनाः पुराणज्ञाः सततं ब्रह्मचारिणः ॥ देवध्यानरता नित्यं प्रसन्नमनसः सदा । इत्यादिगुणसम्पन्ना जापका मन्त्रसिद्धिदाः ॥ (३) नास्तिकान् भिन्नमर्यादान् कृतघ्नान् वेदनिन्दकान् । स्नानसन्ध्याविहीनांश्च दूरतः परिवर्जयेत् (पु० दी०) ॥ (४) ब्रह्मावर्तादि ॥ (५) बृहस्पतिकुमारिकादि ॥ (६) यथा अष्ट-सप्तत्यधिकैकोनविंशतिशततमे वर्षे ॥ (७) यथा त्रिचत्वारिंशद-धिकाष्टादशशततमे वर्षे ॥

तृतीयैकादश-शुभस्थानस्थितवदुत्तमफलप्राप्त्यर्थं तथा दशान्तर्दशोपदशादिनदशा-जनितपीड़ाल्पायुराधिदैवाधिभौतिकाध्यात्मिकजनितक्लेशनिवृत्तिपूर्वकशरीरा-रोग्यार्थं परमैश्वर्यादिप्राप्त्यर्थम् अमुकदेवताप्रीत्यर्थममुकसंख्यापरिमितामुकमन्त्र-जपपुरश्चरणं (वा अमुकसंख्यया अमुकस्तोत्रस्य पाठं) स्वयं ब्राह्मणद्वारा वा करिष्ये (कारयिष्ये) ॥

अथवा—देशकालौ संकीर्त्य० ममामुकदेवताप्रीतिद्वारा सर्वापच्छान्तिपूर्वक-दीर्घायुर्धनपुत्रादिवृद्धिशत्रुपराजयकीर्तिलाभप्रमुखचतुर्विधपुरुषार्थसिद्ध्यर्थम् वात-पित्तकफादिनानाव्याधिनाशार्थं श्रीअमुकदेवोपरि अमुकद्रव्येण अमुकसूक्तस्य वा स्तोत्रस्य-अमुकसंख्यावर्तनेन अभिषेकं स्वयं वा ब्राह्मणद्वारा करिष्ये (कारयिष्ये) ॥

अथवा—ममात्मनः श्रुति-स्मृति-पुराणोक्तफलप्राप्त्यर्थं मम इहजन्मनि जन्मान्तरे च कृतकायिक-वाचिक-मानसिक-सांसर्गिकज्ञाताज्ञातमहापातकोप-पातकानां व्याधिरूपेण परिपच्यमानानां विनाशार्थम् अमुकरुद्राभिषेकेण एतावन्तं कालं श्रीसदाशिवं स्वयं वा ब्राह्मणद्वारा यक्ष्ये ।

अथवा—ममात्मनः अमुकस्थानस्थित—अमुकग्रहदशान्तर्दशाजन्यं वा जन्मराशेः सकाशान्नामराशेः सकाशाद्वा जन्मलग्नाद्वर्षलग्नाद्वा द्वादशाद्यनिष्ट-स्थानस्थित - अमुकग्रहजन्यज्वरवमनविरेचनादिनानारोगनाशार्थममुकग्रहमन्त्रस्य अमुकसंख्याजपं स्वयं ब्राह्मणद्वारा वा करिष्ये (कारयिष्ये) ॥

अथवा—ममात्मनः श्री अमुकदेवताप्रसादादमुककामनासिद्ध्यर्थेऽमुक-संख्यया-अमुकमन्त्रजपं अमुकस्तोत्रस्य पाठं वा स्वयं ब्राह्मणद्वारा वा करिष्ये (कारयिष्ये) ।

अथवा—मम सभार्यस्य तज्जन्मान्तरार्जिताऽनपत्यत्वादिकारणीभूत-बालघातविप्ररत्नापहारादिजन्यदुरितसमूलप्रशमनार्थं दीर्घायुष्यबहुपुत्रादि-सन्ततिप्राप्त्यर्थं मन्त्रसिद्धिपूर्वकं श्रीपरमेश्वरप्रीत्यर्थं च श्रीसन्तानगोपालचतुर्लक्ष (वा लक्ष) जपात्मकं पुरश्चरणं स्वयं ब्राह्मणद्वारा वाऽहं करिष्ये ॥

अथवा—श्रीअमुकदेवताप्रसादात् धर्मग्लानि-अधर्माभ्युत्थाननिवृत्ति-पूर्वकधर्मसंस्थापनकामः अमुकमन्त्रस्य अमुकसंख्याकं जपं (अमुकस्तोत्रस्य पाठं वा) करिष्ये ।

अथवा—पूर्वसङ्कल्पितकार्यसिद्धेः मम प्रतिज्ञातसंकल्पपूर्त्यर्थं तदिष्टदेवता-प्रसादनार्थं च अमुकं कर्म करिष्ये ।

अथ कामनाभेदेन श्रीदुर्गाभैरवमृत्युञ्जयादिपुरश्चरणे पृथक्-पृथक् संकल्पाः

ॐ अद्येत्यादि० ममेह जन्मनि श्री दुर्गाप्रीतिद्वारा सर्वापच्छान्तिपूर्वक-दीर्घायुर्विपुलधनधान्यपुत्रपौत्राद्यनवच्छिन्नसन्ततिस्थिरलक्ष्मीकीर्तिलाभशत्रु-पराजयसदभीष्टसिद्ध्यर्थं श्रीदुर्गाप्रीतिकामो वा अनावृष्ट्यादिदुरित-शान्त्यर्थं वा नृपोपद्रवशान्त्यर्थं वा दुर्भिक्षनिवारणार्थं वा भूमिकम्पदोषनिवृ-त्त्यर्थं वा परचक्रभयराज्यभ्रंशादिभयविनाशार्थं वा विसूचिकाकालस्फोटका-लज्वराद्यमुकजनमारणमहारोगोपशान्त्यर्थं वा नानाकेतूदयोल्कापातादिदोष-निवृत्त्यर्थं वा मम जीवच्छरीराऽविरोधेनामुकरोगस्य समूलनाशनेनापमृत्यु-निवारणद्वारा क्षिप्रारोग्यार्थं वा अमुकराजकीयाभियोगनिवृत्त्यर्थं वा अमुक-दुःस्वप्ननिरासार्थम् अमुकदिग्यात्रानिर्विघ्नपूर्वकसिद्ध्यर्थं वा प्रतिसन्मुख-शुक्रदोषनिवारणार्थं वा काकमैथुनदर्शनादिसूचितसर्वारिष्टनिवृत्त्यर्थं वा पल्लीपतनसरठारोहणामुकदुष्टाङ्गस्फुरणजनिताऽशुभफलविनाशार्थम् अथवा अमुकदुष्टनक्षत्रामुकमृत्युयोगादिदुष्टयोगदुष्टतिथिपापवारदुष्टचन्द्रोत्पन्नज्वराद्य-मुकव्याधेर्जीवच्छरीराविरोधेन समूलनाशार्थं वा मम जन्मराशेः सकाशा-न्नामराशेः सकाशाद्वा जन्मलग्नाद्वर्षलग्नाद्गोचराद्वा चतुर्थाष्टमद्वादशाद्य-निष्टस्थानस्थितामुकग्रहसूचितं सूचयिष्यमाणं च यत्सर्वारिष्टं तद्विनाशार्थं सदा तृतीयैकादशशुभस्थानस्थितवदुत्तमफलप्राप्त्यर्थम् अथवा अमुककारकग्रहदशा-न्तर्दशातत्सम्बन्धिदशोपदशादिनदशा वा षष्ठाष्टमद्वादशादिनिषिद्धभावा-धिपतिदशाजनितपीडाल्पायुराधिदैवाधिभौतिकाध्यात्मजनितक्लेशनिवृत्त्यर्थमायु-रारोग्यार्थं वा मदपुत्रत्वभार्यावन्ध्यत्वदोषनिवृत्तिपूर्वकसत्पुत्रप्राप्त्यर्थम् अमुक-मन्त्रस्य अमुकसंख्यापरिमितजपम् अमुकविधानं वा ब्राह्मणद्वारा कारयिष्ये। तदङ्गत्वेन श्रीगणपत्यादिदेवान् यथालब्धोपचारैः पूजनं ब्राह्मणवरणञ्च करिष्ये इति संकल्प्य स्ववामे कर्मार्थंजलपूरितकलशगन्धाक्षतपुष्पैः सम्पूज्य—ॐ गङ्गे च यमुने चैव गोदावरि सरस्वति। नर्मदे सिन्धु कावेरि जलेऽस्मिन् सन्निधिं कुरु॥ इत्यनेन तीर्थान्यावाह्य दूर्वाभिः कलशोदकेन सम्भारान् ॐ अपवित्रः पवित्रो वेति मन्त्रेण सम्प्रोक्ष्य दीपं गन्धाक्षतपुष्पैः पूजयेत्॥ ततः यथाशक्ति श्रीगणेशा-दिकं सम्पूज्य कलशस्थापनं च कृत्वा ब्राह्मणवरणं कुर्यात् तद्यथा—ॐ अद्येत्यादि० अमुकगोत्रोऽमुकशर्म्माऽहं (वर्म्माऽहं—गुप्तोऽहं वा) अमुककामनासिद्ध्यर्थम् अमुकदेवताप्रीतये करिष्यमाणामुकमन्त्रपुरश्चरणकर्मणि—अमुकसंख्याजपार्थं (अमुकसूक्तस्य अमुकस्तोत्रस्य वा अमुकसंख्यावर्तनार्थे) अमुकगोत्रम्[१]

---

१. उदाहरण—भारद्वाजगोत्रम्, अङ्गिरसबार्हस्पत्यभारद्वाजेतित्रिप्रवरं शुक्लयजु-

अमुकप्रवरम् अमुकवेदस्य अमुकशाखाध्यायिनम् अमुकशर्म्माणं ब्राह्मणमेभिर्गन्धाक्षतपुष्पताम्बूलमुद्रिकासनमालाकमण्डलुवासोभिः (एभो रोचनाऽक्षतपूगीफलद्रव्यैर्वा) जापकत्वेन (पाठकत्वेन वा) त्वामहं वृणे इति यजमानो ब्रयात् वृतोऽस्मोति प्रतिवचनं—यथाविहितं कर्म कुरु इति यजमानः ॐयथाज्ञानं करवाणीति विप्रवचनमित्यन्ते यजमानः माङ्गल्यसूत्रं गृहीत्वा—ॐ यदाबध्नन्दाक्षायणा हिरण्य ७ँ शतानीकाय सुमनस्यमानाः। तन्मऽआबध्नामि शतशारदायायुष्माञ्जरदष्टिर्यथासम्। इति मन्त्रेण विप्रहस्ते बन्धनं कुर्यात्ततः विप्रो यजमानहस्तेऽपि, इति पृथक्-पृथक् विप्रद्वारा जपे विप्रान् वृणुयात्। दशाऽष्टौ पञ्च चतुरो वा जापकानेकतन्त्रेण वा वृणुयात्—तद्यथा ॐ अद्येत्यादि देशकालौ सङ्कीर्त्य अमुकगोत्रोऽमुकशर्म्मा अमुककामनासिद्धचर्थम् अमुकदेवताप्रीतये करिष्यमाणामुकमन्त्रपुरश्चरणकर्मणि (वा अमुकयज्ञकर्मणः साङ्गतासिद्धये) अमुकसंख्यापरिमितामुकमन्त्रजप-(वा-स्तोत्रपाठ)-करणार्थम् अमुकामुकगोत्रोत्पन्नानमुकामुकशर्म्मणो विप्रानेभिर्गन्धाक्षतपुष्पताम्बूलमुद्रिकासनकमण्डलुवासोभिर्जापकत्वेन (पाठकत्वेन) युष्मानहं वृणे, इति वृत्वा ॐवृताः स्मः इति तैरुक्ते तान् प्रत्येकं गन्धाक्षतपुष्पमालावरणद्रव्यैः ब्राह्मणाय एष ते गन्धः, ब्राह्मणाय इमानि ते पुष्पाणि, ब्रा० एष ते धूपः, ब्रा० एतत् ते ताम्बूलं दक्षिणाश्चेति सम्पूज्य सर्वेषां पृथक्-पृथक् दक्षहस्ते यज्ञसूत्रं बध्नीयात्। ॐ व्रतेन दीक्षामाप्नोति दीक्षयाप्नोति दक्षिणाम्। दक्षिणा श्रद्धामाप्नोति श्रद्धया सत्यमाप्यते॥ ततः विप्रो यजमानहस्तेऽपि ॐ यदाबध्ननित्यनेन बद्ध्वा, यजमानस्य तिलकं कुर्यात्तद्यथा ॐ आदित्या वसवो रुद्रा विश्वेदेवा मरुद्गणाः। तिलकन्ते प्रयच्छन्तु धर्मकामार्थसिद्धये॥ तत आशीर्वादः॥ ॐ स्वस्तिनऽइन्द्र० इत्यादिमन्त्रैः कार्य्यः॥

अथ जपविधिः[1]—विविक्ते देशे देवालये वा जपस्थानं प्रकल्प्य तत्र यथाविधिकृतस्नानसन्ध्योपासनेन कृततिलकबद्धशिखेन यज्ञोपवीतिना दक्षिणे पाणौ धृतपवित्रेण यथोक्तगोमयोपलिप्तशुचौ देशे प्रागग्राणामुदगग्राणां कुशाना-

---

वेदस्य माध्यन्दिनीशाखाध्यायिनं मुकुन्दवल्लभशर्म्माणं ब्राह्मणं श्रीमहामृत्युञ्जयमन्त्रजपाख्ये कर्मणि त्वामहं वृणे, वृतोऽस्मि, यथाविहितं कर्म कुरु ॐ यथाज्ञानं करवाणीति।

1. गृहे जपं समं विद्याद् गोष्ठे शतगुणं भवेत्। नद्यां शतसहस्रं स्यादनन्तं शिवसन्निधौ॥ अयत्रा--तीर्थे देवालये वा बिल्ववृक्षाश्रयेण च कृते जपे सद्यः सिद्धिस्यादितिशिष्टाः।

पादेन पादमाक्रम्य जपं नैव तु कारयेत्। शिरः प्रावृत्य वस्त्रेण ध्यानं नैव प्रशस्यते॥
न पाणिपादचपलो न नेत्र-चपलो द्विजः। न च वाक् चपलश्चैव जपन्सिद्धिमवाप्नुयात्॥

मास्तरणं तदुपरि यथाकाम्यं श्वेतादिकम्बलासनमास्तीर्य्य[1] ॐ अपवित्रः पवित्रो वेत्यनेन प्रोक्षणं कुर्यात्ततः—ॐ अपसर्पन्तु ते भूता ये भूता भुवि संस्थिताः। ये भूता विघ्नकर्तारस्ते नश्यन्तु शिवाज्ञया॥ इत्यनेन भूमौ वामपादपार्ष्णिना घातत्रयं कुर्यात्। आसनाधो जलादिना त्रिकोणं कृत्वा ॐ कूर्माय नमः ॐ आधारशक्तिकम्बलासनाय नमः ॐ पृथिव्यै नमः इति गन्धाक्षतपुष्पैः सम्पूज्य ॐ पृथ्वि त्वयेति मन्त्रेणासनशुद्धिं विधाय तस्मिन्नासने प्राङ्मुख उदङ्मुखो वोपविशेत्, आचम्य प्राणानायम्य ॐ श्रीगुरुभ्यो नमः, ॐ सिद्धिबुद्धिसहिताय श्रीमन्महागणाधिपतये नमः, ॐ लक्ष्मीनारायणाभ्यां नमः, ॐ उमामहेश्वराभ्यां नमः, ॐ सुमुखश्चैकदन्तश्चेत्यादिश्लोकान् पठित्वा जलपूरितपात्रं ॐ वरुणाय नमः इति गन्धाक्षतपुष्पैः सम्पूज्य 'ॐ गङ्गे च यमुने चैव गोदावरि सरस्वति। नर्मदे सिन्धु कावेरि जलेऽस्मिन् सन्निधिं कुरु॥' इत्यङ्कुशमुद्रया सूर्यमण्डलात्तीर्थान्यावाह्य हुं इत्यवगुंठ्य मूलेनाष्टधा अभिमन्त्रयेत् (ततः दक्षिणहस्तेन ताम्रपात्रेण वा कुशकुसुमजलान्यादाय —ॐ अद्येत्यादि देशकालौ सङ्कीर्त्य ममामुककामनासिद्ध्यर्थं (वा अमुकज्वरादिव्याधिसमूलनिरसनद्वारा अमुकदेवप्रसादात् सद्य आरोग्यार्थं पूर्वसङ्कल्पितामुकसंख्याकामुकमन्त्रस्य (वा स्तोत्रस्य) मध्ये एतावन्तममुकमन्त्रस्य जपं (वा, स्तोत्रस्य पाठं) करिष्ये॥

अथवा—ॐ अद्येत्यादि० ममात्मनः श्रुतिस्मृतिपुराणोक्तफलप्राप्तिपूर्वकं अमुककामनासिद्ध्यर्थम् अमुकदेवताप्रीतयेऽमुकमन्त्रपुरश्चरणान्तर्गतामुकसंख्या-परिमित-विहितामुकमन्त्रजपमहं करिष्ये॥

अथवा—अमुकगोत्रोऽमुकशर्माहं मम (यजमानस्य वा) उत्पन्नज्वरस्य अमुकव्याधेर्वा जीवच्छरीराऽविरोधेन समूलनाशार्थं सद्य आरोग्यार्थम् अमुकमन्त्रपुरश्चरणान्तर्गत अमुकसंख्याकजपं करिष्ये।

अथवा—ॐ अद्येत्यादि० राहुग्रस्ते दिवाकरे वा अमुकगोत्रः अमुकदेवशर्मा श्रीअमुकदेवताया अमुकमन्त्रसिद्धिकामो ग्रासाद्विमुक्तिपर्य्यन्तं अमुकमन्त्रस्य जपरूपपुरश्चरणमहं करिष्ये।

अथवा—ॐ अद्येह अस्मिन् देशे अनावृष्टिनिवृत्तिद्वारा सद्यः सुवृष्ट्यर्थम् अमुकपर्जन्यमन्त्रस्य अमुकसहस्रसंख्याकजपं करिष्ये।

१. आसनादिनिर्णयस्तु ९ पृष्ठे द्रष्टव्यः। अग्न्यागारे गवां गोष्ठे देवब्राह्मणसन्निधौ। आहारे जपकाले च पादुकानां विसर्जनम्॥ (अंगिरा)

अथांगसंकल्पः—तदङ्गत्वेन प्रयोगादौ निर्विघ्नतापरिसमाप्त्यर्थं श्रीगणपतिमन्त्रं तथा च कलिदोषनिवृत्त्यर्थं गायत्री[1]जपं भूतशुद्धिं प्राणप्रतिष्ठाञ्च करिष्ये इति संकल्पं स्वकर्तृत्वे कुर्यात्। ऋत्विक्कर्तृकत्वे तु-देशकालसङ्कीर्तनान्ते-अमुकगोत्रोत्पन्नस्य अमुकयजमानानुज्ञया यजमानसङ्कल्पिताऽमुकसंख्याकामुकमन्त्रस्य (वा —अमुकस्तोत्रस्य) मध्ये अमुकसंख्याया मन्त्रस्य जपं (वा-स्तोत्रस्य पाठं) करिष्यामिति तदङ्गत्वेन प्रयोगादौ० भूतशुद्धिं प्राणप्रतिष्ठाञ्च करि०। संकल्पं कृत्वा भूतशुद्ध्यर्थम्[2] ॐ भूतशृङ्गाटाच्छिरः सुषुम्नापथेन जीवशिवं परमशिवपदे योजयामि स्वाहा ॥१॥ ॐ यं लिङ्गशरीरं शोषय स्वाहा ॥२॥ ॐ रं सङ्कोचशरीरं दह दह स्वाहा ॥ ३ ॥ ॐ परमशिवसुषुम्नापथेन मूलशृङ्गाटमुल्लसोल्लसज्ज्वल ज्वल प्रज्वल सोऽहं, हंसः स्वाहा ॥ ४ ॥ इत्येकवारं जप्त्वा स्वशरीरं निरस्तसमस्तकिल्बिषं देवताराधनयोग्यं सिद्धं भावयेदित्येषा भावना मुख्या।

अथ प्राणप्रतिष्ठा—ॐ अस्य श्री प्राणप्रतिष्ठामन्त्रस्य ब्रह्मविष्णुमहेश्वरा ऋषयः ऋग्यजुःसामानि छन्दांसि, जगत्सृष्टिः प्राणशक्तिर्देवता, आं बीजं, ह्रीं शक्तिः, क्रौं कीलकं, मम धर्मार्थकाममोक्षार्थे जपे विनियोगः। ॐ ब्रह्मविष्णुमहेश्वरऋषिभ्यो नमः शिरसि। ऋग्यजुःसामछन्दोभ्यो नमः मुखे। जगत्सृष्ट्यै प्राणशक्त्यै नमः हृदये। आं बीजाय नमः लिङ्गे। ह्रीं शक्तये नमः पादयोः। क्रौं कीलकाय नमः सर्वाङ्गेषु। ॐ अं कं खं गं घं ङः आकाशवायुवह्निजलभूम्यात्मने अंगुष्ठाभ्यां नमः। ॐ इं चं छं जं झं ञं शब्दस्पर्शरूपरसगन्धात्मने तर्जनीभ्यां नमः। ॐ उं टं ठं डं ढं णं श्रोत्रत्वक्चक्षुर्जिह्वाघ्राणात्मने मध्यमाभ्यां नमः। ॐ एं तं थं दं धं नं वाक्पाणिपादपायूपस्थात्मने अनामिकाभ्यां नमः। ॐ औं पं फं बं भं मं वचनादानगतिविसर्गानन्दात्मने कनिष्ठिकाभ्यां नमः। ॐ आं यं रं लं वं शं षं सं हं लं क्षं बुद्धिमनोऽहंकारचित्तविज्ञानात्मने करतलकरपृष्ठाभ्यां नमः।

अथ ध्यानम्—ॐ रक्ताम्भोधिस्थपोतोल्लसदरुणसरोजाङ्घ्रिरूढाकराब्जैः, पाशं कोदण्डमिक्षूद्भवमथ गुणमप्यङ्कुशं पञ्चबाणान्। बिभ्राणासृक्कपालं त्रिनयनलसिता पीनवक्षोरुहाढ्या, देवी बालार्कवर्णा भवतु शुभकरी प्राणशक्तिः परा नः॥ ततो हस्तं हृदये निधाय—ॐ आं ह्रीं क्रों यं रं लं

(१) यस्य कस्यापि मन्त्रस्य पुरश्चरणमारभेत्। व्याहृतित्रयसंयुक्तां गायत्रीञ्चायुतं जपेत् ॥ नृसिंहार्कवराहाणां तान्त्रिकं वैदिकं तथा। विना जप्त्वा तु गायत्रीं तत्सर्वं निष्फलं भवेत् ॥ (दे० भा०)। (२) भूतशुद्धिं विना येन क्रियते यज्जपादिकम्। तत्सर्वं निष्फलं प्रोक्तं तस्मात्तां पूर्वमाचरेत् ॥

वं शं षं सं हं सोऽहं मम प्राणा इह प्राणाः। ॐ आं ह्रीं क्रों यं रं लं वं शं षं सं हं सोऽहं मम वाङ्मनश्चक्षुःश्रोत्रजिह्वाप्राणा इहागत्य सुखं चिरं तिष्ठन्तु स्वाहा। ततः षोडशवारं प्रणवं जपन् षोडशसंस्कारान् भावयेत्। ॐ गर्भाधानं सम्पादयामि, ओं पुंसवनं सं० ओं सीमन्तोन्नयनं सं० ओं जातकर्म सं० ओं० नामकरणं सं० ओं निष्क्रमणं सं० ओं अन्नप्राशनं सं० ओं चूडाकरणं सं० ओं उपनयनं सं०, ओं वेदव्रतचतुष्टयं सं०, ॐ गोदानं सं०, ॐ व्रतविसर्गं सं०, ॐ विवाहं सं० इति प्राणप्रतिष्ठामन्त्रं जप्त्वा निजशरीरं ज्योतिः स्वरूपं भावयेत्॥ ततः अभीष्टदेवं ध्यात्वा मानसोपचारैः[१] सम्पूज्य संस्कृतजपमालां पानीयपात्रे वामकरतले वा संस्थाप्य मूलेनार्घ्योदकेन दक्षहस्तेन सम्प्रोक्षयेत्तत्र मन्त्रः - ॐ ह्रीं माले माले महामाये सर्वशक्तिस्वरूपिणि। चतुर्वर्गस्त्वयि न्यस्तस्तस्मान्मे सिद्धिदा भव॥ 'ॐ ऐं ह्रीं सिद्धयै नमः' इति मन्त्रेण गन्धपुष्पाभ्यां मेरुं सम्पूज्य प्रार्थयेत्—ॐ गं अविघ्नं कुरु माले त्वं सर्वकार्येषु सर्वदा। इति सम्प्रार्थ्य नमस्कृत्य दक्षिणहस्तेन मालां गृहीत्वा मध्यमायाः मध्यपर्वणि संस्थाप्य, अङ्गुष्ठप्रथमपर्वेण[२] हृदि तद्देवतां ध्यायन् मन्त्रार्थञ्च विचारयन् प्रलापान्तरमकुर्वन्[३] एकाग्रचित्तो[४] यजमानस्य कामः सिद्धयतामिति चिन्तयंश्च स्वरवर्णविवेकपूर्वकं यथासंख्याकं हृदयसमीपे मालामानीय जपेत्[५]। ततो जपान्ते मालां शिरसि निधाय प्रार्थ्य प्राणायामं कुर्यात्ततः मुद्रां प्रदर्श्य—ॐ त्वं माले सर्वदेवानां प्रीतिदा शुभदा भव। शिवं कुरुष्व मे भद्रे यशो वीर्यञ्च सर्वदा। तेन सत्येन सिद्धिं मे देहि मातर्नमोऽस्तु ते। 'ॐ ह्रीं सिद्धयै नमः' इति सम्पूज्य, मालां रहसि

---

(१) मनोमयी मणिमयीत्यादि प्रतिमाष्टविधा स्मृता, इति भागवते। श्रीअमुकदेवताभ्यो नमः लं पृथिव्यात्मकं गन्धं समर्पयामि। श्रीअमु० हं आकाशात्मकं पुष्पं स० श्री अ० यं वाय्वात्मकं धूपं स०। श्री अ० रं वह्न्यात्मकं दीपं स०। श्री अ० वं अमृतात्मकं नैवेद्यं स०। शं शक्त्यात्मकं ताम्बूलं स०। संसर्वात्मकं मन्त्रपुष्पं स०। छत्रं चामरं पादुका दर्पणं व्यजनं साङ्गाय सायुधाय सपरिवाराय श्रीअमुकदेवाय नमः मानसोपचारपूजां परिकल्पयामि न मम। (२) तर्जन्या न स्पृशेदक्षं जपे यत्न विधूनयेत्। अङ्गुष्ठस्य तु मध्यस्य परिवर्तं समाचरेत्॥ (३) सकृदुच्चरिते शब्दे प्रणवं समुदीरयेत्। प्राक्तं पारवशे शब्दे प्राणायामं सकृच्चरेत्॥ बहुप्रलापी आचम्य न्यस्यांगानि ततो जपेत् क्षुतेऽप्येवं तथाऽस्पृश्यस्थानानां स्पर्शनेन च। एवमादींश्च नियमान्पुरश्चरणकृच्चरेत् (तं० सा०)॥ (४) मनः संहृत्य विषयान्मन्त्रार्थगतमानसः। न द्रुतं न विलम्बञ्च जपेन्मौक्तिकपंक्तिवत्। उच्चरेदर्थमुद्दिश्य मानसः स जपः स्मृतः (त० सा०)॥ व्यग्रताऽऽलस्यनिष्ठीवक्रोधपादप्रसारणम्। अन्यभाषान्त्यजेक्षे च जपकाले त्यजेत्सुधीः (मं० महो०)॥ (५) आलस्यं जृम्भणं निद्रां क्षुतनिष्ठीवनं तथा। नीचाङ्गस्पर्शनं कोपं जपकाले विवर्जयेत्॥

स्थापयित्वा जपान्ते पुनः यथोक्तमथवा सर्वमन्त्रान्ते वा हृदयादिषडङ्गन्यासं ध्यानञ्च कुर्यात्। ततः मानसोपचारैः सम्पूज्य जपान्ते पुनराचमनम्। ताम्रपात्रे दक्षिणहस्ते वा। जलाक्षतान्यादाय स्ववामभागे—ॐ गुह्यातिगुह्यगोप्ता[1] त्वं गृहाणास्मत्कृतं जपम्। सिद्धिर्भवतु मे देव त्वत्प्रसादात्त्वयि स्थितिः॥ इति मन्त्रेण देवस्य दक्षिणकरे जपं निवेदयेत्। ततः ॐ अनेन यथासंख्यककृता-मुकमन्त्रजपेन (वा अमुकस्तोत्रपाठेन) प्रणतजनानुकम्पी श्री अमुकदेवः प्रीयतां न मम॥ अथ क्षमापनम्॥ आवाहनं न जानामि न जानामि तवार्चनम्। पूजां चैव न जानामि क्षमस्व परमेश्वर॥ यदक्षरपदभ्रष्टं मात्राहीनं च यद्भवेत्। तत्सर्वं क्षम्यतां देव प्रसीद परमेश्वर[2]॥ इत्यनेन क्षमाप्य आसनाधःस्थभूम्युपरि जलं क्षिपेत्तज्जलेनार्द्रमृदा ॐ शक्राय[3] नमः इत्युच्चार्य स्वमस्तके तिलकं कुर्यात्। तत उच्चस्वरेण-ओं यज्जाग्रतो दूरमुदेति देवं तदु सुप्तस्य तथैवेति। दूरङ्गमं ज्योतिषां ज्योतिरेकं तन्मे मनः शिवसंकल्पमस्तु॥ १॥ ओं येन कर्माण्यपसो मनीषिणो यज्ञे कृण्वन्ति विदथेषु धीराः। यदपूर्वं यदक्षमन्तः प्रजानां तन्मे मनः शिवसंकल्पमस्तु॥ २॥ ओं यत्प्रज्ञानमुतचेतो धृतिश्च यज्ज्योतिरन्तरमृतं प्रजासु यस्मान्न ऋते किञ्चन कर्म क्रियते तन्मे मनः शिवसंकल्पमस्तु॥ ३॥ ओं येनेदं भूतं भवनं भविष्यत्परिगृहीतममृतेन सर्वम्। येन यज्ञस्तायते सप्त होता तन्मे मनः शिवसंकल्पमस्तु॥ ४॥ ओं यस्मिन् ऋचः साम यजूꣳषि यस्मिन् प्रतिष्ठिता रथनाभाविवाराः। यस्मिंश्चित्तꣳ सर्वमोतं प्रजानां तन्मे मनः शिवसंकल्पमस्तु॥ ५॥ इति पञ्चमन्त्रान् ओं द्यौः शान्तिरन्तरिक्षꣳ शान्तिः इत्यादि सुशान्तिर्भवतु शान्तिः २ इति च पठेत्। मालां नाशुचिः स्पृशेत्, नान्यं दद्यात्, अशुचिस्थाने न निधापयेत्। प्रत्यहं समान[4]-संख्य एव जपो न तु न्यूनाधिकः। यजमानो ब्राह्मणैः सह प्रत्यहं भूशयनं परान्नं[5] त्यक्त्वा हविष्यान्नेन[6] एकभक्तभोजनं ब्रह्मचर्यं[7] सत्यवाक् त्रिकाल-देवतार्चनञ्च

---

(१) दुर्गापाठे—गुह्यातिगुह्यगोप्त्री त्वं गृहाणाऽस्मत्कृत जपम्। सिद्धिर्भवतु मे देवि त्वत्प्रसादान्महेश्वरि॥ (२) देवीपूजायां स्त्रीलिंगेनोच्चारणं कार्यं, तद्यथा-तत्सर्वं क्षम्यतां देवि प्रसीद परमेश्वरि। (३) तस्मिन् स्थाने जपं कृत्वा शक्रो हरति तज्जपम्। तन्मृदा लक्ष्म कुर्वीत ललाटे तिलकाकृति॥ (४) प्रत्यहं प्रत्यहं तावन्नैव न्यूनाधिकं क्वचित्। एवं जपं समाप्यान्ते दशांशं होममाचरेत् (मं० महो०)॥ (५) परान्नञ्च परद्रव्यं तथैव तु परिग्रहः। परस्त्री परनिन्दाञ्च मनसापि विवर्जयेत्॥ १॥ जिह्वा दग्धा परान्नेन करौ दग्धौ प्रतिग्रहात्। परस्त्रीभिर्मनो दग्धं मन्त्रसिद्धिः कथं भवेत्॥ २॥ पु० दी०॥ (६) मृदु सोष्णं सुपक्वञ्च कुर्याद्वै लघु भोजनम्। नेन्द्रियाणां विकारः स्यात्तथा भुञ्जीत साधकः॥ १॥ यद्वा तद्वा परित्याज्यं दुष्टान्नं कुत्सितं फलम्। प्रशस्तान्नं समश्नीयान्मन्त्रसिद्धिसमीहया॥ २॥ (नारदः)॥ (७) मैथुनं तत्कथालापं तद्गोष्ठीः परिवर्जयेत्। ऋतुकालं विना मन्त्री स्वस्त्रियं नैव गच्छति (रामार्चनचन्द्रिका)॥

कार्यम् । तीर्थे देवालये सिद्धपीठे वा विल्ववृक्षाश्रये च कृते जपे सद्यः सिद्धिः स्यात् । इति जपविधिः ।

प्रथमं तावत्सकलविघ्नविनाशकश्रीगणेशषडक्षरमन्त्रजपविधिः[१]

ओं अस्य श्रीगणेशमन्त्रस्य भार्गव ऋषिः, अनुष्टुप्छन्दः, विघ्नेशो देवता, बं बीजं, यं शक्तिः, सर्वेष्टसिद्धये जपे विनियोगः ॥ अथ ऋष्यादिन्यासः ॥ ओं भार्गवऋषये नमः शिरसि ।१। ओं अनुष्टुप्छन्दसे नमः मुखे ।२। ओं विघ्नेश-देवतायै नमः हृदये ।३। ओं बं बीजाय नमः गुह्ये ।४। ओं यं शक्तये नमः पादयोः ।५। ओं हुं कीलकाय नमः सर्वांगे ॥ ६ ॥ अथ करन्यासः ॥ ओं वं अंगुष्ठाभ्यां नमः । ओं क्रं तर्जनीभ्यां नमः । ओं तुं मध्यमाभ्यां नमः । ओं डां अनामिकाभ्यां नमः । ओं यं कनिष्ठिकाभ्यां नमः । ओं हुं करतलकरपृष्ठाभ्यां नमः ॥ अथ षडङ्गन्यासः ॥ ओं वं नमः हृदयाय नमः । ओं क्रं नमः शिरसे स्वाहा । ओं तुं नमः शिखायै वषट् । ओं डां नमः कवचाय हुं । ओं यं नमः नेत्रत्रयाय वौषट् । ओं हुँ नमः अस्त्राय फट् ॥ अथ वर्णन्यासः ॥ ओं वं नमः भ्रुवोर्मध्ये । ओं क्रं नमः कण्ठे । ओं तुं नमः हृदये । ओं डां नमः नाभौ । ओं यं नमः लिङ्गे । ओं हुँ नमः पादयोः । इति वर्णन्यासं कृत्वा "ओं वक्रतुण्डाय हुँ नमः" इति सर्वाङ्गे व्यापकं न्यस्य ध्यायेत्—ॐ उद्यद्दिनेश्वररुचिं निजहस्तपद्मैः पाशाङ्कुशाभयवरान् दधतं गजास्यम् । रक्ताम्बरं सकलदुःखहरं गणेशं ध्याये-त्प्रसन्नमखिलाभरणाभिरामम् ॥ इति ध्यात्वा मानसोपचारैः सम्पूज्य जपेत् । मूलमन्त्रः—"ओं वक्रतुण्डाय हुँ" इति षडक्षरो मूलमन्त्रः ॥

अथ श्रीगणपतिमानसपूजा—

नानारत्नविचित्रकं रमणकं सिंहासनं कल्पितं
स्नानं जाह्नविवारिणा गणपते पीताम्बरं गृह्यताम् ।
कण्ठे मौक्तिकमालिका श्रुतियुगे द्वे धारिते कुण्डले
नानारत्नविराजितो रविविभायुक्तः किरीटः शिरे ॥
भाले चर्चितकेशरं मृगमदामोदांकितं चन्दनम्
कस्तूरीतिलकोद्भवं सुकुसुमं मन्दारदूर्वाशमीः ।
गुग्गुलोद्भवधूपकं विरचितं दीपं सुवर्त्या युतम्
भक्ष्यं मोदकसंयुतं गणपते क्षीरोदनं गृह्यताम् ॥
ताम्बूलं मनसा मया विरचितं जंबूफलं दक्षिणा
साष्टाङ्गप्रणतिं स्तुतिं बहुविधां पूजां गृहाण प्रभो ॥

(१। यज्जले शुष्कवस्त्रेण स्थले चैवार्द्रवाससा । जपो होमस्तथा दानं तत्सर्वं निष्फलं भवेत् ॥ (वसिष्ठस्मृतिः)

मे कामः सततं तवार्चनविधौ बुद्धिस्तवालिंगने
त्विच्छा ते सुखदर्शने गणपते भक्तिस्तु पादाम्बुजे ॥

अथ शिवषडक्षरमन्त्रजपविधिः—ॐ अस्य श्रीशिवषडक्षरमन्त्रस्य वामदेव ऋषिः, पंक्तिश्छन्दः, सदाशिवो देवता, ओं बीजं, नमः शक्तिः, शिवायेति कीलकं, चतुर्विधपुरुषार्थसिद्ध्यर्थे (वा–मम अभीष्टसिद्ध्यर्थे) जपे विनियोगः ॥ अथ ऋष्यादिन्यासः ॥ ओं वामदेवऋषये नमः शिरसि। ओं पंक्तिश्छन्दसे नमः मुखे। ओं श्रीसाम्बसदाशिवदेवतायै नमः हृदये। ओं बीजाय नमः गुह्ये। क्षों नमः शक्तये नमः पादयोः। ओं शिवाय कीलकाय नमः सर्वाङ्गे ॥ अथ करन्यासः ॥ ओं ॐ अंगुष्ठाभ्यां नमः। ओं नं तर्जनीभ्यां नमः। ओं मं मध्यमाभ्यां नमः। ओं शिं अनामिकाभ्यां नमः। ओं वां कनिष्ठिकाभ्यां नमः। ओं यं करतलकरपृष्ठाभ्यां नमः ॥ अथ हृदयादिन्यासः ॥ ओं ॐ हृदयाय नमः। ओं नं शिरसे स्वाहा। ॐ मं शिखायै वषट्। ओं शिं कवचाय हुम्। ओं वां नेत्रत्रयाय वौषट्। ओं यं अस्त्राय फट्। एवं न्यासान् कृत्वा पार्वतीपतिं ध्यायेत्—ध्यायेन्नित्यं महेशं रजतगिरिनिभं चारुचन्द्रावतंसं, रत्नाकल्पोज्ज्वलाङ्गं परशुमृगवराभीतिहस्तं प्रसन्नम्। पद्मासीनं समन्तात्स्तुतममरगणैर्व्याघ्रकृत्तिं वसानं, विश्वाद्यं विश्ववन्द्यं निखिलभयहरं पञ्चवक्त्रं त्रिनेत्रम् ॥ इति ध्यात्वा मानसोपचारैः सम्पूज्य यथाविधि जपेत् ॥ "ओं नमः शिवाय" इति षडक्षरो मूलमन्त्रः[1] ॥

अथ विष्णोर्द्वादशाक्षरमन्त्रजपप्रयोगः—ओं अस्य श्रीद्वादशाक्षरमन्त्रस्य प्रजापति ऋषिर्गायत्रीछन्दः, श्रीविष्णुः परमात्मा देवता, मम सर्वपापविनाशपूर्वकं श्रीपरमेश्वरप्रीत्यर्थे जपे विनियोगः ॥ अथ करन्यासः ॥ ओं ॐ अंगुष्ठाभ्यां नमः। नमो तर्जनीभ्यां नमः। ॐ भगवते मध्यमाभ्यां नमः। ॐ वासुदेवाय अनामिकाभ्यां नमः। ओं नमो भगवते कनिष्ठिकाभ्यां नमः। ओं वासुदवाय करतलपृष्ठाभ्यां नमः। अथ हृदयादिन्यासः—ओं ॐ हृदयाय नमः। ॐ नमो शिरसे स्वाहा। ॐ भगवते शिखायै वषट्। ॐ वासुदेवाय कवचाय हुँ। ओं नमो भगवते नेत्राभ्यां वौषट्। ॐ वासुदेवाय अस्त्राय फट्। इति हृदयादिन्यासं कृत्वा ध्यायेत्—ओं विष्णुं शारदचन्द्रकोटिसदृशं शंखं रथाङ्गं गदामम्भोजं दधतं सिताब्जनिलयं कान्त्या जगन्मोहनम्। आबद्धाङ्गदहारकुण्डलमहामौलिं स्फुरत्कङ्कणं श्रीवत्साङ्कमुदारकौस्तुभधरं वन्दे मुनीन्द्रैः स्तुतम् ॥ १ ॥ एवं ध्यात्वा मानसोपचारैः सम्पूज्य जपेत्। ओं नमो भगवते वासुदेवाय इति द्वादशाक्षरो मूलमन्त्रः।

१—मननात्तत्स्वरूपस्य वेदस्यामिततेजसः। त्रायते सर्वभयतस्तस्मान् मन्त्र इतीरितः। (कुलार्णवे)

सप्तश्लोकी गीता

ओमित्येकाक्षरं ब्रह्म व्याहरन् मामनुस्मरन्। यः प्रयाति त्यजन् देहं स याति परमां गतिम् ॥ १ ॥ स्थाने हृषीकेश तव प्रकीर्त्या जगत्प्रहृष्यत्यनुरज्यते च। रक्षांसि भीतानि दिशो द्रवन्ति सर्वे नमस्यन्ति च सिद्धसंघाः ॥ २ ॥ सर्वतः पाणिपादं तत् सर्वतोऽक्षिशिरोमुखम्। सर्वतः श्रुतिमल्लोके सर्वमावृत्य तिष्ठति ॥ ३ ॥ कविं पुराणमनुशासितारमणोरणीयांसमनुस्मरेद्यः। सर्वस्य धातारमचिन्त्यरूपमादित्यवर्णं तमसः परस्तात् ॥ ४ ॥ ऊर्ध्वमूलमधःशाखमश्वत्थं प्राहुरव्ययम्। छन्दांसि यस्य पर्णानि यस्तं वेद स वेदवित् ॥ ५ ॥ सर्वस्य चाहं हृदि सन्निविष्टो मत्तः स्मृतिर्ज्ञानमपोहनं च। वेदैश्च सर्वैरहमेव वेद्यो वेदान्तकृद्वेदविदेव चाहम् ॥ ६ ॥ मन्मना भव मद्भक्तो मद्याजी मां नमस्कुरु। मामेवैष्यसि युक्त्वैवमात्मानं मत्परायणः ॥ ७ ॥

चतुःश्लोकीभागवतम्

ज्ञानं मे परमं गुह्यं यद्विज्ञानसमन्वितम्। सरहस्यं तदङ्गं च गृहाण गदितं मया। यावानहं यथाभावो यद्रूपगुणकर्मकः। तथैव तत्त्वविज्ञानमस्तु ते मदनुग्रहात्। अहमेवासमेवाग्रे नान्यद्यत् सदसत्परम्। पश्चादहं यदेतच्च योऽवशिष्येत सोऽस्म्यहम्। (इति माहात्म्यम्)। ऋतेऽर्थं यत्प्रतीयेत न प्रतीयेत चात्मनि। तद्विद्यादात्मनो मायां यथा भासो यथा तमः ॥ १ ॥ यथा महान्ति भूतानि भूतेषूच्चावचेष्वनु। प्रविष्टान्यप्रविष्टानि तथा तेषु न तेष्वहम् ॥ २ ॥ एतावदेव जिज्ञास्यं तत्त्वजिज्ञासुनाऽऽत्मनः। अन्वयव्यतिरेकाभ्यां यत्स्यात्सर्वत्र सर्वदा ॥ ३ ॥ एतन्मतं समातिष्ठ परमेण समाधिना। भवान् कल्पविकल्पेषु न विमुह्यति कर्हिचित् ॥ ४ ॥ इति श्रीचतुःश्लोकी भागवतम्।

सप्तश्लोकी दुर्गा

शिव उवाच—देवि त्वं भक्तसुलभे सर्वकार्यविधायिनि। कलौ हि कार्यसिद्ध्यर्थमुपायं ब्रूहि यत्नतः ॥ देव्युवाच—शृणु देव प्रवक्ष्यामि कलौ सर्वेष्टसाधनम्। मया तवैव स्नेहेनाप्यम्बास्तुतिः प्रकाश्यते ॥ ओं अस्य श्रीदुर्गासप्तश्लोकीस्तोत्रमन्त्रस्य नारायण ऋषिः, अनुष्टुप्छन्दः, श्रीमहाकालीमहालक्ष्मीमहासरस्वत्यो देवताः, श्रीदुर्गाप्रीत्यर्थं सप्तश्लोकीदुर्गापाठे विनियोगः। ॐ ज्ञानिनामपि चेतांसि देवी भगवती हि सा। बलादाकृष्य मोहाय महामाया प्रयच्छति ॥ १ ॥ दुर्गे स्मृता हरसि भीतिमशेषजन्तोः स्वस्थैः स्मृता मतिमतीव शुभां ददासि। दारिद्र्यदुःखभयहारिणि का त्वदन्या सर्वोपकारकरणाय सदार्द्रचित्ता ॥ २ ॥ सर्वमंगलमांगल्ये शिवे सर्वार्थसाधिके। शरण्ये त्र्यम्बके

गौरि नारायणि नमोऽस्तु ते ॥ ३ ॥ शरणागतदीनार्तपरित्राणपरायणे। सर्वस्यार्तिहरे देवि नारायणि नमोऽस्तु ते ॥ ४ ॥ सर्वस्वरूपे सर्वेशे सर्वशक्तिसमन्विते। भयेभ्यस्त्राहि नो देवि दुर्गे देवि नमोऽस्तु ते ॥ ५ ॥ रोगानशेषानपहंसि तुष्टा रुष्टा तु कामान्सकलानभीष्टान्। त्वामाश्रितानां न विपन्नराणां त्वामाश्रिता ह्याश्रयतां प्रयान्ति ॥ ६ ॥ सर्वाबाधाप्रशमनं त्रैलोक्यस्याखिलेश्वरि। एवमेव त्वया कार्यमस्मद्वैरिविनाशनम् ॥ ७ ॥ इति सप्तश्लोकी दुर्गा समाप्ता।

श्रीसूक्तम्

ॐ हिरण्यवर्णां हरिणीं सुवर्णरजतस्रजाम्। चन्द्रां हिरण्मयीं लक्ष्मीं जातवेदो म आवह ॥ १ ॥ तां म आवह जातवेदो लक्ष्मीमनपगामिनीम्। यस्यां हिरण्यं विन्देयं गामश्वं पुरुषानहम् ॥ २ ॥ अश्वपूर्वां रथमध्यां हस्तिनादप्रबोधिनीम्। श्रियं देवीमुपह्वये। श्रीर्मा देवी जुषताम् ॥ ३ ॥ कां सोस्मितां हिरण्यप्राकारामार्द्रां ज्वलन्तीं तृप्तां तर्पयन्तीम्। पद्मे स्थितां पद्मवर्णां तामिहोपह्वये श्रियम् ॥ ४ ॥ चन्द्रां प्रभासां यशसा ज्वलन्तीं श्रियं लोके देवजुष्टामुदाराम्। तां पद्मनेमीं शरणमहं प्रपद्येऽलक्ष्मीर्मे नश्यतां त्वां वृणोमि ॥ ५ ॥ आदित्यवर्णे तपसोऽधिजातो वनस्पतिस्तव वृक्षोऽथ बिल्वः। तस्य फलानि तपसा नुदन्तु मायान्तरायाश्च बाह्या अलक्ष्मीः ॥ ६ ॥ उपैतु मां देवसखः कीर्तिश्च मणिना सह। प्रादुर्भूतोऽस्मि राष्ट्रेऽस्मिन् कीर्तिमृद्धिं ददातु मे ॥ ७ ॥ क्षुत्पिपासामलां ज्येष्ठामलक्ष्मीं नाशयाम्यहम्। अभूतिमसमृद्धिं च सर्वां निर्णुद मे गृहात् ॥ ८ ॥ गन्धद्वारां दुराधर्षां नित्यपुष्टां करीषिणीम्। ईश्वरीं सर्वभूतानां तामिहोपह्वये श्रियम् ॥ ९ ॥ मनसः काममाकूतिं वाचः सत्यमशीमहि। पशूनां रूपमन्नस्य मयि श्रीः श्रयतां यशः ॥ १० ॥ कर्दमेन प्रजा भूता मयि सम्भ्रम कर्दम। श्रियं वासय मे कुले मातरं पद्ममालिनीम् ॥ ११ ॥ आपः सृजन्तु स्निग्धानि चिक्लीत वस मे गृहे। निचदेवीं मातरं श्रियं वासय मे कुले ॥ १२ ॥ आर्द्रां पुष्करिणीं पुष्टिं पिंगलां पद्ममालिनीम्। चन्द्रां हिरण्मयीं लक्ष्मीं जातवेदो म आवह ॥ १३ ॥ आर्द्रां यः करणीं यष्टिं सुवर्णां हेममालिनीम्। सूर्यां हिरण्मयीं लक्ष्मीं जातवेदो म आवह ॥ १४ ॥ तां म आवह जातवेदो लक्ष्मीमनपगामिनीम्। यस्यां हिरण्यं प्रभूतं गावो दास्योऽश्वान्विन्देय पुरुषानहम् ॥ १५ ॥ यः शुचिः प्रयतो भूत्वा जुहुयादाज्यमन्वहम्। श्रियः पञ्चदशर्चं च श्रीकामः सततं जपेत् ॥ १६ ॥ इति श्रीसूक्तम्। अथ लक्ष्मी सूक्त प्रारम्भः--पद्मानने पद्मऊरू पद्माक्षि पद्मसम्भवे। तन्मे भजसि पद्माक्षि येन सौख्यं लभाम्यहम् ॥ १७ ॥ अश्वदायी गोदायी धनदायी महाधने। धनं मे जुषतां देवी सर्वकामांश्च देहि मे ॥ १८ ॥ पुत्रपौत्रधनं धान्यं हस्त्यश्वादिगवेरथम्। प्रजानां भवती माता आयुष्मन्तं करोतु मे ॥ १९ ॥ धनमग्निर्धनं वायुर्धनं सूर्यो धनं वसुः। धनमिन्द्रो बृहस्पतिर्वरुणं धनमश्विना ॥ २० ॥ वैनतेय सोमं पिब सोमं पिबतु वृत्रहा। सोमं धनस्य सोमिनो मह्यं ददातु

सोमिनः ॥ २१ ॥ न क्रोधो न च मात्सर्यं न लोभो नाशुभा मतिः । भवन्ति कृतपुण्यानां भक्तानां श्रीसूक्तं जपेत् ॥ २२ ॥ सरसिजनिलये सरोजहस्ते धवलतरांशुकगन्धमाल्यशोभे । भगवति हरिवल्लभे मनोज्ञे त्रिभुवनभूतिकरि प्रसीद मह्यम् ॥ २३ ॥ विष्णुपत्नीं क्षमां देवीं माधवीं माधवप्रियाम् । विष्णोः प्रियसखीं देवीं नमाम्यच्युतवल्लभाम् ॥ २४ ॥ महालक्ष्मीं च विद्महे विष्णुपत्नीं च धीमहि तन्नो लक्ष्मीः प्रचोदयात् ॥ २५ ॥ पद्मानने पद्मिनि पद्मपत्रे पद्मप्रिये पद्मदलायताक्षि । विश्वप्रिये विश्वमनोनुकूले त्वत्पादपद्मं हृदि सन्निधत्स्व ॥२६॥ आनन्दः कर्दमः श्रीदश्चिक्लीत इव विश्रुताः ऋषयः श्रियः पुत्राश्च श्रीर्देवी देवता श्रिया ॥ २७ ॥ श्रीर्वर्चस्वमायुष्मारोग्यमाविधात्पवमानं महीयते । धनं धान्यं पशुं बहुपुत्रलाभं शतसंवत्सरं दीर्घमायुः ॥ २८ ॥ ऋणरोगादिदारिद्र्यं पापक्षुदपमृत्यवः । भयशोकमनस्तापा नश्यन्तु मम सर्वदा ॥ २९ ॥ इति श्रीलक्ष्मी सूक्तम् ।

अथ देवीमानसपूजा

मातः पश्य मुखाम्बुजं सुविमले दत्ते मया दर्पणे देवि स्वीकुरु दन्तधावनमिदं गङ्गाजलेनान्वितम् । सुप्रक्षालितमाननं विरचयन् स्निग्धांबरप्रोञ्छनम्, द्रागङ्गीकुरु तत्त्वमम्ब मधुरं ताम्बूलमास्वादय ॥ १ ॥ उच्चैस्तोरणवर्तिवाद्यनिवहध्वाने समुज्जृम्भिते, भक्तैर्भूमिविलग्नमौलिभिरलं दण्डप्रणामे कृते । नानारत्नसमूहनद्धकथनस्थालीसमुद्भासिनां, प्रातस्ते परिकल्पयामि गिरिजे नीराजनामुज्ज्वलाम् ॥ २ ॥ पाद्यान्ते परिकल्पयामि पदयोरर्घ्यं तथा हस्तयोः, सौधीभिर्मधपर्कमम्ब मधुरं धाराभिरास्वादय । तोयेनाचमनं विधेहि शुचिना गाङ्गेन मत्कल्पितम्, साष्टाङ्गं प्रणिपातमीशदयिते दृष्ट्या कृतार्थीकुरु ॥ ३ ॥ अभ्यङ्गं गिरिजे गृहाण मृदुना तैलेन संपादितं, काश्मीरैरगुरुद्रवैर्मलयजैरुद्वर्तनं कारय । गीते निन्नरकामिनीभिरभितो वाद्ये मुदा वादिते, नृत्यन्तीमिह पश्य देवि पुरतो दिव्याङ्गनामण्डलीम् ॥ ४ ॥ उदगंधैरगुरुद्रवैः सुरभिणा कस्तूरिकावारिणा, स्फूर्जत्सौरभयक्षकर्दमजलैः काश्मीरनीरैरपि । पुष्पाम्भोभिरशेषतीर्थसलिलैः कर्पूरपाथोभरैः, स्नानान्ते परिकल्पयामि गिरिजे भक्त्या तदङ्गीकुरु ॥ ५ ॥ पोततन्ते परिकल्पयामि निबिडं चण्डान्तकं चिण्डके, सूक्ष्मं स्निग्धमुरीकुरुष्व वसनं सिंदूरपूरप्रभम् । मुक्तारत्नविचित्रहेमरचनाचारुप्रभाभास्वरं, नीलं कंचुकमर्पयामि गिरिशप्राणप्रिये सुन्दरि ॥ ६ ॥ ईकारोर्ध्वगविंदुराननमधो विंदुद्वयं च स्तनौ, त्रैलोक्ये गुरुगम्यमेतदखिलं हार्दञ्च रेखात्मकम् । इत्थं कामकलात्मिकां भगवतीमन्तः समाराधयन्नानन्दांबुधिमज्जने प्रलभतामानन्दकं सज्जनः ॥ ७ ॥ धूपं तेऽगुरुसम्भवं भगवति प्रोल्लासि गन्धोद्धुरं दीपं चैव निवेदयामि सहसा हार्दान्धकारच्छिदम् । रत्नस्वर्णविनिर्मितेषु परितः पात्रेषु संस्थापितं, नैवेद्यं विनिवेदयामि परमानन्दात्मिके सुन्दरि ॥ ८ ॥ ताम्बूलं

बिनिवेदयामि विलसत्कर्पूरकस्तूरिकाजातीपूगलवंगचूर्णखदिरैर्भक्त्या समुल्लासितम्। स्फूर्जद्रत्नसमुद्गकप्रणिहितं सौवर्णपात्रे स्थितैर्दीपैरुज्ज्वलमन्नचूर्णरचितैरारार्तिकं गृह्यताम् ॥ ९ ॥ विज्ञप्तीरवधेहि मे सुमहता यत्नेन ते सन्निधिं, प्राप्तं मामिह कांदिशीकमधुना मातर्न दूरीकुरु। चित्तं त्वत्पदभावने व्यभिचरेद्दृग्वा च मे जातु चेत्तत्सौम्ये स्वगुणैर्बधान न यथा भूयो विनिर्गच्छति ॥ १० ॥ क्वाहं मन्दमतिः क्वचेदमखिलैरेकान्तभक्तैः स्तुतं, ध्यातं देवि तथापि ते स्वमनसा श्रीमानसीपूजनम्। कादाचित्कमदीयचिन्तनविधौ संतुष्टया शर्मदं, स्तोत्रं देवतया तया प्रकटितं मन्ये मदीयानने ॥ ११ ॥ मानसीकार्चनं चित्ते यतमानं सदा मया। निबद्धं विविधैः पद्यैरनुगृह्णातु सुन्दरि ॥१२॥

इति श्रीमच्छंकराचार्यविरचितं देवीमानसपूजनम्।

अथ श्रीपरशुरामस्तोत्रम्[1]

श्रीपरशुराममन्त्रो यथा मन्त्रमहार्णवे प्रतिपादितः। ॐ राँ राँ ॐ राँ राँ ॐ परशुहस्ताय नमः इति मूलमन्त्रः। अथ परशुरामगायत्रीमन्त्रस्तत्रैव, यथा—ॐ जामदग्न्याय विद्महे महावीराय धीमहि तन्नः परशुरामः प्रचोदयात्। इति। ॐ जामदग्न्याय हृदयाय नमः। ॐ विद्महे शिरसे स्वाहा। ॐ महावीराय शिखायै वषट्। ॐ धीमहि कवचाय हुम्। ॐ तन्नः परशुरामः नेत्रत्रयाय वौषट्। ॐ प्रचोदयात् अस्त्राय फट्। इति षडङ्गन्यासः। एवमेव करन्यासः। अथध्यानम्—सम्पूर्णा विलसन्ति सोपनिषदो वेदोपवेदाः पुरः, पृष्ठे मार्गणपूर्णतूणविलसत्कोदण्डदण्डो महान्। बर्हिष्टोमकमण्डलू च परशुं पाण्योर्वहन् शास्त्रवित्, शापे शस्त्रवरे च पेशलकरः श्रीभार्गवो भ्राजते ॥ १ ॥ मत्तक्षत्रियकृत्तकण्ठविगलद्रक्तौघसम्प्लावितं, भक्ताऽनुग्रहणं कठोरपरशुं धृत्वाऽवतीर्याऽधुना। दृप्तोद्दण्डदुरोहदुष्टदमनो दीनावलीपालको, धर्मोद्धारधुरन्धरो भृगुवरो रामः समुज्जृम्भताम् ॥ २ ॥ श्रीमद्रेणुकया धृतं स्वजठरे भूभारनाशाय यत्, श्रीमद्भार्गवजामदग्न्यमतुलं रामाभिधानं महः। दृप्यत्पार्थिववृन्दकाननलसज्ज्वालाढ्यवैश्वानरश्चण्डोप्राणगतिप्रियस्य परशोरादायि तत्संस्तुमः ॥ ३ ॥ लक्ष्मीपतेरुरसि रोषकषायिताक्षः, पादप्रहारमकरोन्मुनिपुङ्गवो यः। ब्रह्मर्षिवृन्दपरिचुम्बितपादपद्मः, सः श्रीभृगुर्जयति विप्रकुलप्रकाशः ॥ ४ ॥ श्रीमानुदारचरितो जयतादजस्रं ब्रह्मर्षिसोमजमदग्निरिति प्रसिद्धः। दृप्यन्नृपान्तकरणं तनयं प्रसूय, तेनाऽखिलं जगदिदं परितो व्यरक्षि ॥ ५ ॥ सम्पूर्णभूमिगतवीरमहीगतीनामन्यायमाश्रितवतां

---

१ – मध्याह्नव्यापिन्यां वैशाखशुक्लतृतीयायां श्रीभगवतः परशुरामस्य शास्त्रविधिनाऽर्चितिं विधाय, अस्य स्तोत्रस्य श्रद्धापूर्वकं पाठमात्रेण ब्रह्मतेजः प्राप्यते कर्तृभिः ब्राह्मणैस्तु विशेषेण।

प्रमदोद्धतानाम् । सा कालरात्रिरिव नाशकरी समन्तात्, श्रीरेणुका भगवती विजयाय भूयात् ॥ ६ ॥ देवेन येन ततमस्ति समस्तमेतद्विश्वं स्वशक्तिरचितं स्वविलासरूपम् । तं त्वां महर्षिगणपूजितपादपद्मं, सर्वात्मना भृगुवरं शरण भजामः ॥ ७ ॥ धर्मद्विषां नियमनाय गृहीतदीक्षं, श्रीरेणुकाभगवतीजठरात् प्रसूतम् । श्रीभार्गवस्य जमदग्निमुनेः सुपुत्रं, रामं लसत्परशुपाणितलं नमामः ॥८॥ स्फूर्जन्मदोद्धतनृपावलिकाननाऽऽलीर्दग्ध्वा महीसुरगणात्परिरक्ष्य बन्धून् । त्रातं भुवस्तलमिदं भवता समस्तं, सम्प्राप्य खण्डपरशोः परशु प्रसन्नात् ॥ ९ ॥ लोकत्रयातुलपराक्रमजन्मभूमेः शीर्षं निकृत्य कृतवीर्यसुताऽर्जुनस्य । त्रिःसप्तवारमकरोद्वसुधां समस्तां, निःक्षत्रियां स्वपितृतर्पणकामनायाः ॥ १० ॥ दुर्नीतपार्थिवकदम्बनिकृत्तशीर्षग्रावद्रवद्रुधिरसिद्धधुनीजलोघैः । आकण्ठतो निजपितॄन्परितर्प्य पश्चात्, प्रादाद्धरां वसुमतीं किल कश्यपाय ॥ ११ ॥ पाणौ विलोक्य परशुं भगवंस्त्वदीये, स्त्रीवेषभाग् दशरथोऽपि पलायितोऽभूत् । यः स्वासनार्धं उपवेश्य पुरन्दरेण, सम्मानितोऽभवदमोघबलेन शश्वत् ॥१२॥ श्रीरामभार्गव भवच्चरणारविन्दमूलं शरण्यमधुना वयमागताः स्मः । कारुण्यपूर्णसुदृशा किल नोऽनुगृह्य, शक्तिं निजामनयनाशकरीं प्रदेहि ॥ १३ ॥ वाक्चातुरी चलति नो चतुराननस्य, यच्छक्तिवर्णनविधौ खलु तत्र केयम् । अस्माकमल्पविदुषां नृगिरा वराकी, शक्ता भवेत्तदपि नाथ वरं प्रदेहि ॥ १४ ॥ वीरश्रीजामदग्न्यस्य पुण्यं स्तोत्रमिदं नराः । पठन्त्यनन्यमनसो येऽर्थबोधपुरस्सरम् ॥ १५ ॥ दुःशासनान्तकरणी भीमा धर्मप्रबोधिनी । तेषां करगता शक्तिश्चकास्त्येव न संशयः ॥१६॥ अङ्काष्टनन्दपृथिवीमितवैक्रमाब्दे, वैशाखशुक्लगिरिजादिवसे ग्रहेशे । मार्तण्डतीर्थभवने जमदग्निपुत्रस्तोत्रं व्यधायि विदुषाऽमृतवाग्भवेन ॥ १७ ॥ इति श्रीमहामहिम-आचार्यश्रीमदमृतवाग्भवप्रणीतं श्रीभगवत्परशुरामस्तोत्रम् ॥

अथ संक्षिप्तदानविधिः[1]

पवित्रायां गोमयोदकेन लिप्तायां भूमौ स्नानसंध्यादिकं विधाय शुद्धासने सपत्नीको यजमानः पूर्वाभिमुखः[2] सत्पात्रब्राह्मणश्चोदङ्मुख उपविशेत् । यजमान

१—दातव्यमिति यद्दानं दीयतेऽनुपकारिणे । देशे काले च पात्रे च तद्दानं सात्त्विकं स्मृतम् ॥१॥ यत्तु प्रत्युपकाराय फलमुद्दिश्य वा पुनः । दीयते च परिक्लिष्टं तद्राजसमुदाहृतम् ॥२॥ अदेशकाले यद्दानमपात्रेभ्यश्च दीयते । असत्कृतमवज्ञातं तत्तामसमुदाहृतम् (गीता) ॥ ३ ॥ प्रथमन्तु गुरोर्दानं दत्त्वा श्रेष्ठमनुक्रमात् । ततो न्येषां च विप्राणां दद्यात्पात्रानुसारतः (व्यासः) ॥ अन्यच्च—सन्निधानस्थितान् विप्रान्दौहित्रं विट्पतिं तथा । भागिनेयं विशेषेण तथा बन्धून् गृहागतान् ॥१॥ नातिक्रमन्नरस्त्वेतान् सुमूर्खानपि गोपते । अतिक्रम्य महारौद्रं रौरवं नरकं व्रजेत् (म० पु०) ॥२॥ पुण्यदेशेषु सर्वेषु गृहे देवालयादिषु । यत्र साधनसंपत्तिस्तत्र दानं समाचरेत् ॥ (नारदः) ॥ २—किञ्चिद्वेदमयं

आचमनं प्राणायामञ्च कृत्वा ॐ पवित्रेस्थो० पवित्रधारणं कुर्यात्ततः ॐ अपवित्रः पवित्रो वेति मन्त्रेण गङ्गोदकमिश्रितं स्वल्पोदकमादाय स्वात्मानं पूजासामग्रीञ्च सम्प्रोक्ष्य, ॐ पृथ्वि त्वयेति मन्त्रेणासनशुद्धिं कुर्यात्। ततः ब्राह्मणो यजमानस्य भाले तिलकं कृत्वा अक्षतवन्दनं स्वस्तिवाचनं श्रीगणेशादिपूजनञ्च कुर्यात्ततो यजमानः जलाक्षतानादाय दानप्रतिज्ञासङ्कल्पः ॐ अद्येत्यादिदेशकालौ सङ्कीर्त्य मम आत्मनः श्रुतिस्मृतिपुराणोक्तफलावाप्तिद्वारा श्रीपरमेश्वरप्रीत्यर्थम् अमुकपर्वनिमित्तं ब्राह्मणाय अमुकदानं करिष्ये।

अथवा—ओं अद्य० अमुकगोत्रोत्पन्नस्य अमुकशर्मणो मम आत्मनः पुराणोक्तफलप्राप्त्यर्थं श्रीअमुकदेवताप्रीत्यर्थं ब्राह्मणाय अमुकदानं करिष्ये, इति जलमुत्सृज्य पुनः किञ्चिज्जलमादाय तत्रादौ यथालब्धोपचारैः श्रीगणपत्यादीन् पूजयिष्ये इति जलं क्षिपेत्। दानकर्त्री स्त्री चेत्—मम इह जन्मनि जन्मान्तरेषु च अखण्डसौभाग्यपुत्रपौत्रादिमनोवाञ्छितकामनासिद्ध्यर्थम्। ततः श्रीगणपत्यादीन् यथाशक्ति स्वस्वमन्त्रैः सम्पूज्य वरणसङ्कल्पः—ओं अद्येत्यादि अस्मिन् अमुकदानकर्मणि एभिः वरणद्रव्यैः अमुकगोत्रममुकशर्म्माणं (सपत्नीकं) अमुकदानप्रतिगृहीतृत्वेन त्वामहं वृणे। ततो विप्रः ओं यदाबध्नन्दाक्षायणेति मन्त्रेण यजमानहस्ते माङ्गल्यसूत्र (रक्षा)—बन्धनं कुर्यात्ततो यजमानः देयद्रव्याय नमः इति दानद्रव्यं पुष्पतुलसीदलगन्धादिभिः सम्पूज्य विप्रं पूजयेत्। ओं आपद्घनध्वान्तसहस्रभानवः समीहितार्थार्पणकामधेनवः। अपारसंसारसमुद्रसेतवः पुनन्तु मां ब्राह्मणपादपांसवः॥ इति मन्त्रेण विप्रस्य चरणप्रक्षालनं कृत्वा ॐ नमो ब्रह्मण्यदेवायेतिमन्त्रेण गन्धपुष्पादिभिः सम्पूज्य रक्षासूत्रं च बद्ध्वा प्रार्थयेत्—ओं भूमिदेवाग्रजन्मासि विप्र त्वं पुरुषोत्तमः। प्रत्यक्षो यज्ञपुरुषः पूजां मे प्रतिगृह्यताम्॥ विष्णुरूपिन् द्विजश्रेष्ठ भूदेव पंक्तिपावन। यज्ञरूप नमस्तेऽस्तु पात्ररूप नमोऽस्तु ते॥ ततोऽग्रे लिखितेषु सङ्कल्पेषु यथेच्छं सङ्कल्पं विधाय साक्षतोदकं ब्राह्मणहस्ते समर्पयेत्।

दानसंकल्पोत्तरविधिः

ब्राह्मणः सङ्कल्पोदकग्रहणानन्तरं स्वस्तीति वदेत्, ओं कोदात् कस्मादात् इति च पठेत्।

पात्रं किञ्चित्पात्रं तपोमयम्। पात्राणामुत्तमं पात्रं शूद्रान्नं यस्य नोदरे (भ. पु.)॥ निःशुक्लः क्षीणवृत्तिश्च घृणालुः सकलेन्द्रियः। विमुक्तो योनिदोषेभ्यो ब्राह्मणः पात्रमुच्यते (भविष्य०)॥ दरिद्रान्भर कौन्तेय मा प्रयच्छेश्वरे धनम्। व्याधितस्यौषधं पथ्यं नीरुजस्य किमौषधम्॥ (म. भा.)॥

दानप्रतिष्ठासं०—ओं अद्येत्यादि कृतस्य-अमुकदानस्य प्रतिष्ठाफलसंसिद्ध्यर्थमिमाममुकद्रव्यमयीं दक्षिणाम्—अमुकदैवतां तु०। (अथवा दानसांगतासिद्धये इदं रजतं वा ताम्रपर्णंदक्षिणां तु०)। दानान्ते यजमानः संकल्पितद्रव्येण सह विप्रस्य चतुःप्रदक्षिणं नमस्कृतिञ्च कृत्वा—ओं यस्य स्मृत्या च नामोक्त्या दानपूजाक्रियादिषु। न्यूनं सम्पूर्णतां याति सद्यो वन्दे तमच्युतम्॥ त्रिलोकीनाथ देवेश सर्वभूतदयानिधे। दानेनानेन सन्तुष्टः प्रयच्छ मम वाञ्छितम्॥ इदं दानं मया देव कृतं प्रीत्यै तव प्रभो। न्यूनं सम्पूर्णतां यातु त्वत्प्रसादाज्जनार्दन॥ इति प्रभुं प्रार्थयेत्, ततः साक्षतोदकं गृहीत्वा 'ओं कृतेनानेन दानेन अमुकदेवः प्रीयताम्' (अथवा 'ओं कृ० दा० अमुकदेवप्रसादात् अमुककामना परिपूर्णाऽस्तु') इति जलं क्षिपेत् तदनु कर्मसाक्षिणे श्रीसूर्याय (रात्रौ ध्रुवाय) सकुंकुमाक्षतम् अर्घत्रयं सप्तप्रदक्षिणं नमस्कारञ्च कुर्यात्। ततो यजमानायाशीर्वादः।

नानादानेषु संकल्पविधौ वाक्यरचनाप्रकारः

अथ महादाने[1] संकल्पविशेषः—ओं अद्येत्यादि० अमुकगोत्रोऽमुकराशिरमुकशर्माऽहं मम जन्मकालिक-वर्षकालिक-गोचरिक-समस्तसूर्यादिग्रहाणां यत्र कुत्रचिज्ज्योतिःशास्त्रान्तरोक्तजातक-ताजिक-संहिता-होरा-गणितादिफल-निर्दिष्टलग्नवशात् स्थितानां येन केनचित्सह चतुर्विधसम्बन्धवशाद्यद्द्वावेशयुत-दृष्ट्यथोचितशुभफलाभिवृद्धये तत्तत्समयानुगतनानाविधानिष्टारिष्टनिवृत्तये कायिक-वाचिक-मानसिक-सांसर्गिकतापत्रयोत्थदिव्यभौमान्तरिक्षस्थितभूतभविष्यद्वर्तमा-नकालिकदृष्टश्रुतानुमानादिदुःशकुनदुःस्वप्नदुर्विचिन्तितप्रसवाप्रसविकविविधवै-कृत्यादिग्रहनक्षत्रताराविद्युदुल्काशनिपरिवेषसन्ध्यास्तनितप्रवर्षणमारुतप्रचाराति-शयरजोगोधूमादिज्ञाताज्ञातनानाप्रत्यूहव्यूहशान्तिपूर्वकदीर्घायुष्यनैरुज्यबलपुष्टिसु-खावाप्तये इमानि अमुकामुकद्रव्याणि स्वस्वदैवतानि[2] अमुकामुकगोत्रेभ्यो ब्राह्मणेभ्यो विभज्य दातुमहमुत्सृजे। अद्य कृते०।

१—परमापद्गतेनापि अन्त्यजातिप्रतिग्रहः। न कार्यो ब्राह्मणेनेह आत्मनः श्रेय इच्छता॥ प्रतिग्रहाच्चान्त्यजातेः पतितत्वं प्रजायते (अरुणस्मृतिः)

२—अभयं सर्वदैवत्यं भूमिर्वै विष्णुदेवता। कन्यादानस्तथा दासो प्राजापत्याः प्रकीर्तिताः॥ प्राजापत्यो गजः प्रोक्तस्तुरगो यमदैवतः। तथा चैकशफं सर्वं कथितं यमदैवतम्॥ महिषश्च तथा याम्य उष्ट्रो वै नैर्ऋतो भवेत्। रौद्री धेनुर्विनिर्दिष्टा छागमाग्नेयमादिशेत्॥ मेषन्तु वारुणं विद्याद्वाराहं वैष्णवं तथा। आरण्याः पशवः सर्वे कथिता वायुदेवताः॥ जलाशयानि सर्वाणि वारिधीनां कमण्डलुम्। कुम्भश्च करकं चैव वारुणानि निबोधत॥ समुद्रजानि रत्नानि वारुणानि द्विजोत्तमाः। आग्नेयं कनकं प्रोक्तं सर्वलोहानि चाप्यथ॥ प्राजापत्यानि सस्यानि पक्वान्नमपि च द्विज। संज्ञेयाः सर्वगन्धाश्च गन्धर्वा वै

सक्तुदानम्—ॐ प्राजापत्यायतः प्रोक्ता सक्तवो यज्ञ कर्मणि। तस्मात्सक्तुप्रदानेन प्रीयतां मे प्रजापतिः।

मलमासे अपूपदानसं०—ॐ अद्येत्यादि० मम सकलमलविशुद्धिसमस्तपापक्षयपूर्वकं श्रीपुत्रपौत्रादीनाञ्च आयुरारोग्यधनधान्यादिसर्वसम्पद्वृद्धिपृथ्वीदानसमफलावाप्ति विष्ण्वादिश्रीपत्यन्ताः त्रयस्त्रिंशद्देवता उद्दिश्य श्रीपुरुषोत्तमप्रीत्यर्थं मलमासमहापर्वनिमित्तमिदं सहिरण्यं कांस्यपात्रनिहितं सोपस्करं त्रयस्त्रिंशदपूपान्नं दक्षिणासहितं यथा नामगोत्राय ब्रा०।

शंखदानसंकल्पः—ओं अद्येत्यादि० श्रुतिस्मृति-पुराणोक्तफल-प्राप्त्यर्थं इमं शंखं विष्णुदैवतं तुभ्यं संप्रददे न मम।

वृषभदानसंकल्पः—ओं अद्येत्यादि० इमं रक्तवृषभं ककुदान्वितं रुद्रदैवत तुभ्यं सम्प्रददे न मम।

सुवर्णदानसंकल्पः—ओं अद्येत्यादि० पुराणोक्तफलप्राप्त्यर्थे माषादि[1]परिमितमिदं सुवर्णम्-अग्निदैवतं तुभ्यं सम्प्रददे न मम।

रजतदानसंकल्पः—ओं अद्येत्यादि० माषादिपरिमितम् इदं रूप्यं रुद्रदैवतं तुभ्यं सम्प्रददे न मम।

वस्त्रदानसंकल्पः—ओं अद्येत्यादि० बलायुः श्रीवृद्धिकामनया इदं वस्त्रयुग्मं बृहस्पतिदैवतं तुभ्यं०।

तूलवस्त्रदानसं०—ॐ अद्येत्यादि० मम श्रीपरमेश्वरप्रीतिद्वारा शीतत्राणाय सतूलगर्भितवस्त्रदानकल्पोक्तप्राप्त्यर्थम् इदं सतूलगर्भितवस्त्रं बृहस्पतिदैवतं यथा नामगोत्राय ब्रा०।

श्वेताश्वदानसं०—ओं अद्येत्यादि० इदं श्वेताश्वं वरुणदैवतं तुभ्यं० इति दक्षिण-कर्णं ब्राह्मण-हस्ते दद्यात्।

विचक्षणैः॥ विद्या ब्राह्मी विनिर्दिष्टा विद्योपकरणानि च। सारस्वतानि ज्ञेयानि पुस्तकादीनि पण्डितैः॥ सर्वेषां शिल्पभाण्डानां विश्वकर्मा तु देवता। द्रुमाणामथ पुष्पाणां शाकैर्हरितकैस्तथा॥ फलानामथ सर्वेषां तथा ज्ञेये वनस्पतिः। छत्रं कृष्णाजिनं शय्यां रथमासनमेव च॥ उपानहौ तथा पात्रं यच्चान्यत्प्राणवर्जितम्। सर्वं चांगिरसत्वेन प्रतिगृह्णीत आनवः॥ शूरोपयोगि यत्सर्वं शस्त्रचर्मध्वजादिकम्। नृपोपकरणं सर्वं विज्ञेयं सर्वदैवतम्॥ गृह्णन्तु शक्रदैवत्यं यदनुक्तं द्विजोत्तमाः। विज्ञेयं विष्णुदैवत्यं सर्वदा द्विजसत्तम॥ (दानचन्द्रिका)

१—दशार्धगुञ्जं प्रवदन्ति माषं माषाह्वयैः षोडशभिश्च कर्षम्। कर्षैश्चतुर्भिश्च पलं तुलाज्ञा कर्षं सुवर्णस्य सुवर्णसंज्ञम् (लीलावती)॥

घृतदानसं०—ओं अद्येत्यादि० कुडवादि[1] परिमितमिदमाज्यं सोमदैवतं तुभ्यं सं० ।

धान्यदानसं०—ओं अद्येत्यादि० कुडवादिपरिमितमिदं धान्यं विश्वदेवदैवतं तुभ्यं सं० ।

कृसरान्नदानसं०—ॐ अद्येत्यादि० ममात्मनः श्रीपरमेश्वरप्रीतिद्वारा सोपस्करकुसरान्नदानकल्पोक्तफलप्राप्त्यर्थं मकरसंक्रमणजनितमहापर्वनिमित्तमिदं कृसरान्नं सोपस्करं सदक्षिणाकं यथा० ।

ग्रहणदोषशान्त्यर्थंदा[2]नसं०—ओं अद्येत्यादि० मम जन्मराशेः सकाशादमुकस्थानस्थित—श्रीसूर्यं (चन्द्र)—ग्रहसूचितसर्वारिष्टप्रशान्ति—पूर्वकं शुभफलावाप्तये सूर्यबिंबादि-(चन्द्रग्रहणे—चन्द्रबिंब) दानं करिष्ये । इति सङ्कल्प्य ब्राह्मणञ्च सम्पूज्य । ॐ इदं यथाशक्तिर्निर्मितं सौवर्णं राहुबिम्बं नागं सौवर्णं सूर्यबिम्बं (राजतं चन्द्रबिम्बं) घृतपूर्णकांस्यपात्रनिहितं यथाशक्ति तिलवस्त्रदक्षिणासहितं ज्यौतिश्शास्त्रोक्तग्रहणसूचितारिष्टविनाशार्थं शुभफलप्राप्त्यर्थञ्च अमुकशर्म्मणे ब्राह्मणाय तु० ।

गोप्रतिनिधिभूतद्रव्यदानसं०—ॐ अद्य० गोदानजन्यफलप्राप्तिकामः गोप्रतिनिधिभूतमिदं द्रव्यं यथा० ।

लवणदानसं०—ॐ अद्येत्यादि० पलादिपरिमितम् इदं लवणं सोमदेवतं तु० ।

तिलदानसं०—ॐ अद्येत्यादि० द्रोणादिपरिमितानेतांस्तिलान् प्रजापतिदेवतान् तु० ।

महिषदानसं०—पूर्वाभिमुखीं महिषीं गन्धादिभिः सम्पूज्य ॐ अद्येत्यादि० इमां सुवर्णशृङ्गीं रूप्यखुरां घण्टाचामरभूषितां सप्तधान्ययुतां रक्तवस्त्रालंकृतां तरुणीं सुशीलां निर्दोषां प्रथमप्रसूतां वरमहिषीं यमदैवतां सर्वारिष्टनिवृत्तिपूर्वकत्रिविधतापोपशमनार्थं शनिदेवताप्रीतये अमुकगोत्राय अ० शर्मणे ब्राह्मणाय तु० । इति संकल्प्य दक्षिणशृङ्गं ब्राह्मणहस्ते दद्यात् ।

१—पलद्वयं तु प्रसृतिः कुडवो द्विगुणं मतम् । चतुर्भिः कुडवैः प्रस्थः प्रस्थाश्चत्वार आढकः ॥ आढकैस्तैश्चतुर्भिश्च द्रोणस्तु कथितो बुधैः । द्रोणैः षोडशभिः खारी विंशत्या कुम्भ उच्यते ॥ कुम्भैस्तैर्दशभिर्वाहो धान्यमानं प्रकीर्तितम् (भविष्य०) ॥

२—ग्रहणोद्वाहसंक्रान्तियात्रार्तिप्रसवेषु च । स्नानदानादिकं कार्यं रात्रावपि न दुष्यति (मनु०) ॥

पितॄणां आमान्नसं०—ॐ अद्ये० अमुकगोत्रः अमुकशर्मा (अपसव्यंकृत्वा) अमुकगोत्राणां पित्रादिसमस्तपितणामक्षयतृप्तिप्राप्त्यर्थम् अमुकपर्वनिमित्तमिदमामान्नं सोपस्करं दक्षिणासहितं यथा० ब्रा० दातुमहमुत्सृजे ॥

भूमिदानसं०—ॐ अद्येत्यादि० ममैतज्जन्मजन्मान्तरसमुद्भूतवाङ्मनःकायजाशेषपापक्षयपूर्वकं मनसि सर्वदानन्दद्वारा (वा अमुकपीडानिवृत्तिद्वारा) श्रीविष्णुनारायणप्रीत्यर्थे इमां निवर्तनमितां भूमिं विष्णुदैवतां तु० ।

गृहदानसं०—ॐ अद्ये० श्रुतिस्मृतिपुराणोक्तफलावाप्त्यर्थमिदं गृहं शयनासनभोजनाद्युपस्करसहितं सर्वधान्यप्रपूरितं सर्वदैवत्यं अमुकश० तु० ॥

व्रतग्रहणसंकल्पः -ॐ अद्येत्यादि० मम कायिकाद्यखिलपापक्षयकामः अद्यारभ्य·········पर्यन्तममुकदानव्रतम्, अमुकवर्जनव्रतम्, अमुकभक्षणव्रतम् अमुकदेवताप्रीतिकामोऽहमाचरिष्ये । ॐ इहेत्यादि अमुकदेवप्रीतिकामनया मया एतावत्कालं कृतस्य अमुकव्रतस्य साङ्गतासिद्ध्यर्थम् अमुकदानममुकगोत्रायामुकशर्मणे ब्रा० तु० ।

सौभाग्यवायनसं—ॐ अद्येह ममेहजन्मनि जन्मान्तरे चाखण्डसौभाग्यावाप्तिपूर्वक-पुत्रपौत्राद्यभिवृद्धिद्वारा श्रीउमामहेश्वरप्रीत्यर्थम् अष्टब्राह्मणेभ्यः सदेवेभ्यः सोपस्करैकैकसौभाग्यवायनदानानि करिष्ये, इति संकल्प्य पूजनं विधाय ओं इमानि सौभाग्यवायनानि नानानामगोत्रेभ्यः अष्टब्राह्मणेभ्यः सदेवेभ्यः संकल्पितकामनासिद्धिकामो युष्मभ्यमहं सम्प्रददे ।

छत्रदानसं०—ओं अद्य० सर्वपापविनिर्मुक्तिकामनया आतपादिनानाविधकष्टनिवारणार्थमिदं छत्रं उत्तानांगिरोदैवतं यथा० ।

उपानद्दानसं० - ओं अद्य० वृषभयुक्तशकटदानजन्यफलसमफलप्राप्तिकामनया इमे उपानहौ उत्तानांगिरोदैवते यथा नाम० ।

आसनदानसं०—ओं अद्य० सर्वपापविनिर्मुक्तदिव्यविमानारोहणचिरकालस्वर्गलोकवासकामनया इदम् आसनं विष्णुदैवतं यथा० ।

कलशदानसं० - ओं अद्य० अतिशयधर्मतृष्णानिवारणपूर्वकसुखसौभाग्यप्राप्तिकामनया—इदं वारिपूर्णं कलशं वस्त्रावृतं व्यजनसहितं सफलं ब्रह्मविष्णुशिवात्मकं वरुणदैवतं यथा० ।

पात्रदानसं०—ओं अद्य० इन्द्राद्यष्टलोकपालपुरसुखावासविमानारोहणाप्सरोगणनृत्यगीतकामनया इदं पात्रं (पात्रे-पात्राणि वा) विश्वकर्मदैवतं यथा नामगोत्राय० ।

मुद्रिकादानसं०—ओं अद्य० सकलपापक्षयपुरस्सरसर्वप्रकारकसुखप्राप्तिकामनया इमां मुद्रिकां विष्णुदेवतां यथा० ।

अन्नादिदानसं० - ॐ अद्येत्या० श्रुतिस्मृतिपुराणोक्तफलप्राप्त्यर्थमिदं गोधूम-चूर्णं, वा-सिद्धान्नं, वा पक्वान्नं, वा-मिष्ठान्नं, वा गोधूमान्नं, वा-कृसरान्नं, प्रजापतिदैवतं तुभ्य० ।

ॐ अद्येत्यादि० श्रुतिस्मृ० इदं व्यंजनं वायुदेवतं तुभ्य० ।

ॐ अद्येत्यादि० श्रुतिस्मृति० इदमुद्यानं वा-फलं वा-इमानि फलानि वा इमं वृक्षं वा-कार्पासं वनस्पति दैवतं तुभ्यं ··।

ॐ अद्येत्यादि० श्रुतिस्मृति० इदं वस्त्रं (वा इमे वस्त्रे वा इमानि वस्त्राणि) बृहस्पति दैवतं तुभ्यं···।

ॐ अद्येत्यादि० श्रुतिस्मृति० इमां मूर्तिस्वदैवतां तुभ्यं···।

ॐ अद्येत्यादौ० श्रुतिस्मृति० इदं पुस्तकं सरस्वती दैवतं तुभ्यं···।

ॐ अद्येत्यादि० श्रुतिस्मृति० इदं रथं (मोटरादिकं वाहनं ; उत्तानाङ्गिरो दैवतं तुभ्यं···।

ॐ अद्येत्यादि० श्रुतिस्मृति० इदं कूपं, वा इदं सरः, वा इदं मुक्ता-फलं, वा इदं रत्नं वरुणदैवताकं तुभ्यं···।

ॐ अद्येत्यादि० श्रुतिस्मृति० इष्टमुष्ट्रं निर्ऋतिदैवताकं तुभ्यं···।

ॐ अद्य-श्रुति···इदं लोहं यमदैवताकं तुभ्यं···।

ॐ अद्येत्यादि० श्रुति० इमं गन्धं गन्धर्वदैवताकं तुभ्यं···।

ॐ अद्येत्यादि० श्रुति० इदं गुड़ं वा इमं रसं सोमदेवताकं तुभ्यमहं···।

ॐ अद्येत्यादि० श्रुति० इदं यज्ञोपवीतं, वा इदं दुग्धं, वा इदं दधि, वा इदं नवनीतं, वा इदं तैलं विष्णु-दैवताकं तुभ्यं···।

गजदन्तकंकणदानसं० — ॐ अद्य० श्रुतिस्मृतिपुराणोक्तफलप्राप्तिपूर्वकम् उद्वाहपर्वणि अमुकगोत्रां कन्यां अमुकनाम्नीम् अलङ्कर्तुकाम इदं गजदन्तादि-निर्मितं बाहुकङ्कणभूषणं विश्वकर्मदैवतम् अमुकगोत्रायै अमुकदेव्यै तुभ्यमहं सम्प्रददे ।

अथ सोपकरणशय्या[1]दानसंकल्पः - ॐ अद्येत्यादि० श्रुतिस्मृतिपुराणा-गमप्रतिपादितसुकृतफलोपपत्तिपूर्वकश्रीलक्ष्मीनारायणप्रसादपुरस्सरयावज्जीवाख-ण्डसुखपुत्रपौत्रधनधान्यविवृद्धिधर्मार्थकामप्राप्त्युत्तरनानारत्नद्रव्यसमाकीर्णकनको-ज्ज्वलदिव्याप्सरोगणगन्धर्वसेव्यमानविमानाधिकरणकषष्ठिवर्षसहस्रावच्छिन्नस्वर्ग-वासप्राप्त्युत्तरैतच्छय्यास्थवस्त्रतन्तुसूक्ष्मावयवसंख्यावच्छिन्नसार्धत्रिकोटिसमाधि-करणब्रह्मलोकभोगानन्तराक्षयविष्णुलोकप्राप्तये इमां खट्वामुत्तानाङ्गिरो-

(१) शय्या पूर्वशिरस्का च सर्वस्मिन् शुभकर्मणि । विवाहे दक्षिणे ज्ञेया मृतेचोत्तर संस्थितः (कृ० रत्नावली) ।

देवतकामेतदग्निदैवताकसुवर्णाभरण, चन्द्रदेवताकरजताभरण, बृहस्पतिचन्द्रदेवताककौशेयकार्पासश्वेतरक्तपीतहरितचित्रितवस्त्र, विश्वकर्मदेवताकरीतिकांस्यलोहभाजन–प्रजापतिदैवताकपक्वान्नोदनादि, चन्द्रदैवताकरजिकमुद्रिकाऽन्यत्स्वस्वदैवताकद्रव्योपेतां यथानामगोत्रायामुकशर्म्मणे ब्राह्मणाय तुभ्यमहं सम्प्रददे न मम। ॐ कृतैतच्छय्या०।

गुप्तदानसंकल्पः—ॐ अद्येत्यादि० ममैहिकजन्मान्तरकृतपातकनिवृत्तिद्वारा अमुकदेवप्रीत्यर्थम् अमुकपर्वनिमित्तकं ब्राह्मणाय गुप्तदानं करिष्ये, तदङ्गत्वेन ब्राह्मणपूजनञ्च करिष्ये इति सङ्कल्प्य ब्राह्मणपूजनं कृत्वा—ॐ अद्येत्यादि० इदं गुप्तदानम् अमुकशर्म्मणे ब्राह्मणाय ऐहिकजन्मान्तरकृतपातकनिवृत्तिकामः तुभ्य०। ॐ कृतस्य गुप्तदानस्य प्रतिष्ठाफलसि०।

तिलपात्रदानसंकल्पः—ॐ अद्येत्यादि० अमुकगोत्रोऽमुकराशिरमुकशर्म्माहं मम जन्मवर्षगोचरलग्नावधिकैः यथा-यथा-स्थानोपपन्नैः शुभपापावलोकितैः शुभपापसमन्वितैः सूर्यादिनवग्रहैः संसूचितसंसूचयिष्यमाणभूतभविष्यद्वर्तमानकालिकनानाविधानिष्टसूचकशारीरिकबाह्याभ्यन्तर्गतशत्रुनिवृत्ति-पूर्वकदुःशकुन-दुःस्वप्नदुर्निमित्तदुर्विचिन्तिताधिदैविकाधिभौतिकाध्यात्मिकतापत्रयसमुत्थहृद्गतचर्म्मगताधिव्याधिप्रत्यूहनिरसनपुरस्सराशुभस्थानगताशुभग्रहाज्जनिताशुभफल-निराकरणमुखशुभस्थानगतशुभग्रहर्जनितशुभफलप्राप्तिद्वारा समस्तज्यौतिश्शास्त्रोक्तसत्फलदीर्घायुष्यनैरुज्य-बलपुष्ट्याद्यन्यतमनिखिलसौभाग्यदाम्पत्यैश्वर्य्याभि-वृद्धये श्रीनवग्रहात्मकामृतेश्वरीसहितमृत्युञ्जयप्रीतये श्रीमृत्युञ्जयप्रीतिकारकं ताम्रपात्रस्थितम् ससुवर्णतिलान्नम् अर्काग्निविष्णुदैवतम्—अमुकगोत्रायामुकशर्म्मणे ब्राह्मणाय तुभ्यं सम्प्रददे।

अथ पर्वनिमित्तकाऽऽमान्नादिदानसं०—अद्येत्या० अमुकगोत्रः अमुक शर्म्मा (अमुकगोत्रा अमुकोदेवी) मम समस्तपापक्षयपूर्वकं श्रीपरमेश्वरप्रीत्यर्थं द्वादशीपर्वनिमित्तं, वा—पौर्णमासीपर्व०, वा—अमावस्याप०, वा—व्यतीपातपर्व०, वा—वैधृति प०, वा०—अमुक संक्रान्ति प०, वा अर्द्धोदय प०, वा महोदय प०, वा० वारुणी प०, वा—महावारुणी प०, वा महामहावारुणी प०, वा—अमुकग्रहणप० इदमामान्नं सोपस्करं दक्षिणासहितं पात्ररहितम्, वा—इदमामान्ननिष्क्रयीभूतं द्रव्यम्, वा इदं मधुरमिष्ठान्नं दक्षिणासहितम्, वा—इदं घृतं वस्त्रं सुवर्णसहितं वा दक्षिणासहितम्, यथानामगोत्राय ब्रा०॥

अथवा—ॐ अद्य० इमानि तण्डुलदधिघृतगुडलवणद्रव्याणि तत्तद्दैवतानि दक्षिणासहितानि नानागोत्रेभ्यो ब्राह्मणेभ्यो दातुमहमुत्सृजे।

उपाध्यायदक्षिणासंकल्पः—ॐ अद्येत्यादि० श्रुतिस्मृतिपुराणागमप्रतिपादितपुण्यफलप्राप्तिकामः अमुककर्ममन्त्रोच्चारणकारयितव्यकर्तव्यताककर्मप्रतिष्ठार्थञ्च

साङ्गतासिद्ध्यर्थमिमाममुकद्रव्यमयीमुपाध्यायदक्षिणाम् अमुकदैवतां यथानाम-गोत्राय ब्राह्मणाय दातुमहमुत्सृजे।

प्रचुरान्नदानार्थं भूरि-द्रव्य-दानार्थं वा संकल्पः

ओमद्य० आत्मनोऽभिलषित-सकल-कामना-सिद्ध्यर्थं, आयुरारोग्य-विद्या-परिवार-पशु-वाहन-वृत्ति-कलत्रादीनामभिवृद्ध्यर्थं, शत्रु-रोग-महामारी-ग्रह-राजोपद्रव-देव - दानव-प्रेतादि-कृत-पीडा - कष्ट-बन्ध-परयन्त्र-परमन्त्र-मोहनादि-सकल-संकट-विनाशार्थम् अस्मिन् नगरे ब्राह्मण-प्रत्येक-गृह-प्रधान-स्वामिनामोद्देश्येन अमुकद्रव्यं नाना-नाम-गोत्रेभ्यो ब्राह्मणेभ्यो याचकेभ्यो देवालयेभ्यो विद्यालयेभ्यश्च देशमर्यादानुसारतया यथासंभवं विभज्य दातुमहमुत्सृजे।

अथ तिथिपत्र (पंचांग) दानार्थं संकल्पः

ओमित्यादि० विषम-भवनस्थाऽहस्करादिग्रहोत्थपीडाद्युपशमनार्थमेतदागन्तुक-कालिकाब्दीय-तिथिवार-नक्षत्र-योग-करणक-रूपोद्वाहादि-सदसत्संस्कार - ज्ञापक - पत्रं सरस्वती-दैवतं सफल-तण्डुल-वासोयुक्तं सदक्षिणं श्रीनारायण-प्रीतये यथा-नामगोत्रायेति०।

छाग-दानम्

अद्येत्यादि० इमं छागं सदक्षिणं त्वाष्ट्र-दैवत्यं यथानाम-गोत्राय ब्राह्मणाय तुभ्यमहं सम्प्रददे। इतिसंकल्प गलस्तनं विप्रहस्ते दद्यात्।

दानान्ते प्रार्थना

"यस्मात्त्वं सर्व-यज्ञानामङ्गत्वेन व्यवस्थितः।
यानं विभावसोर्नित्यमतः शान्ति प्रयच्छ मे॥"

अथ तुलादानविधिः[1]।

ग्रहणव्यतीपातजन्मदिनसंक्रमादिपुण्यकालमासाद्य पूर्वेद्युरेकभक्ताचरित-प्रायश्चित्तं कृत्वा ततः प्रातःकृतनित्यक्रियो यजमानः शुद्धे धौते वाससी परिधाय मण्डपे पूर्वाभिमुख उपविश्य-आचमनादिकृत्यं विधाय हस्ते अक्षतपुष्पाणि गृहीत्वा स्वस्त्ययनं पठेत्, ततः संकल्पः ॐ अद्येत्यादि० सर्वारिष्टशान्तिपूर्वकसर्वसुखावाप्तये श्रीमहामृत्युञ्जयदेवताप्रीत्यर्थम् अमुकपर्वणि अमुकद्रव्येण तुलापुरुषदानमहं करिष्ये।

अथवा—एकमन्वन्तरकालावच्छिन्नप्रतिलोकपालस्थाननिवासपूर्वकार्क - किंकिणीजालमालिविमानाधिकरणकाप्सरःपूजासहितशिवपुरगमनपूर्वककल्प -

(१) ग्रस्ते सूर्ये तथा चन्द्रे देवयात्रासरित्तटे। लक्षहोमे विशेषेणात्मानं सन्तोलयेन्नृप। भूमिकम्पे तथोल्कायां निर्घातोत्पातदर्शने। दुर्ग्रहग्रहपीडायामात्मानं तोलयेत्तथा। आत्मानं तोलयेद्यस्तु तृणैर्वाऽपि कथञ्चन। त्रैलोक्यं तोलितं तेन सर्वकामार्थसिद्धये॥ (भगवान् श्रीकृष्णः)।

कोटिशतावच्छिन्नविष्णुपुराधिकरणकनिवासकामः सुवर्णरौप्यरत्नतुलापुरुषदानं करिष्ये, तत्रादौ निर्विघ्नतासिद्ध्यर्थं श्रीगणपत्यादीन् पूजयिष्ये इति संकल्प्य श्रीगणपत्यादीन् पूजयेत्। ततो दक्षिणोत्तरतुलां बद्ध्वा रक्तवस्त्रं वेष्टयित्वा तुलादण्डे चतुर्विंशतिसुवर्णमयीं प्रतिमां दक्षिणतः आरभ्य उद्गतां बद्ध्वा दण्डमध्ये तु विष्णुप्रतिमां माषचतुष्टयनिर्मिताम् अग्न्युत्तारणपूर्वकं सम्पूज्य बद्ध्वा ततः कूटयोः सुवर्णमयं विष्णुमनन्तं च फलकद्वये भूमिं च सम्पूजयेत्। ततः तोलनीयद्रव्याधिदेवताभ्यो नमः इति गन्धाक्षतैः सम्पूज्य ॐ स्तम्भसहिततुलायै नमः इति स्तम्भ[1]सहिततुलां गन्धपुष्पाक्षतमङ्गलसूत्रैः सम्पूज्य तुलाधिष्ठितदेवतापूजनं कुर्यात्, चतुर्विंशतिप्रतिमासु—उदकसंस्थां चतुर्विंशतिदेवतामावाहयेत् तद्यथा—ॐ ईशानाय नमः ईशानमावाहयामि स्थापयामि ॥ १ ॥ ॐ शशिने नमः शशिनमा० स्था० ॥ २ ॥ ॐ मरुताय नमः मरुतमा० स्था० ॥ ३ ॥ ॐ रुद्राय नमः रुद्रमा० स्था० ॥ ४ ॥ ॐ सूर्याय नमः सूर्यमा० स्था० नमः ॥ ५ ॥ ॐ विश्वकर्मणे नमः विश्वकर्माणमा० स्था० ॥ ६ ॥ ॐ गुरवे नमः गुरुमा० स्था० ॥ ७ ॥ ॐ अङ्गिरोऽग्निभ्यो नमः अङ्गिरोग्नीना० ॥ ८ ॥ ॐ प्रजापतये नमः प्रजापतिमा० ॥ ९ ॥ ॐ विश्वेभ्यो देवेभ्यो नमः विश्वान्देवानावाहयामि० ॥ १० ॥ ॐ धात्रे नमः धातारमा० स्था० ॥ ११ ॥ ॐ पर्जन्यशम्भुभ्यां नम पर्जन्यशम्भू आ० स्था० ॥ १२ ॥ ॐ पितृभ्यो नमः पितृना० स्था० ॥ १३ ॥ ॐ सौम्याय नमः सौम्यमा० स्था० ॥ १४ ॥ ॐ धर्माय नमः धर्ममा० स्था० ॥ १५ ॥ ॐ अमरराजाय नमः अमरराजमा० स्था० ॥ १६ ॥ ॐ अश्विभ्यां नमः अश्विनौ आ० स्था० ॥ १७ ॥ ॐ जलेशाय नमः जलेशमा० स्था० ॥ १८ ॥ ॐ मित्रावरुणाभ्यां नमः मित्रावरुणावा० स्था० ॥ १९ ॥ ॐ मरुद्गणेभ्यो नमः मरुद्गणानावा० स्था० ॥२०॥ ॐ धनेशाय नमः धनेशमा० स्था० ॥ २१ ॥ ॐ गन्धर्वाय नमः गन्धर्वमा० स्था० ॥ २२ ॥ ॐ वरुणाय नमः वरुणमा० स्था० ॥ २३ ॥ ॐ विष्णवे नमः विष्णुमा० स्था० ॥ २४ ॥ इत्यावाह्य सम्पूज्य ततो यजमानो वस्त्राभरणगन्धमालाद्यलंकृतः पुष्पाञ्जलिं गृहीत्वा तुलां त्रिः प्रदक्षिणीकृत्य प्राङ्मुख उपविश्य प्रार्थयेत्। ॐ नमस्ते सर्वदेवानां शक्तिस्त्वं सत्यमाश्रिता। साक्षिभूता जगद्धात्री निर्मिता विश्वयोनिना ॥ एकतः सर्वसत्यानि तथानृतशतानि च। धर्माधर्मकृतां मध्ये स्थापिताऽसि जगद्धिते ॥ त्वं तुले सर्वभूतानां प्रमाणमिह कीर्तिता। मां तोलयन्ती संसारादुद्धरस्व नमोऽस्तु ते ॥ योऽसौ तत्त्वाधिपो देवः पुरुषः पञ्चविंशकः। स एपोऽधिष्ठितो देवि त्वयि तस्मान्नमो नमः ॥ सिद्धिरस्तु क्रियारम्भे वृद्धिरस्तु

(१) पलाशखदिराश्वत्थ-देवदारुशमीमयम्। स्तम्भमेकं प्रकुर्वीत यजमानप्रमाणतः ॥

धनागमे। पुष्टिरस्तु शरीरे मे शान्तिरस्तु गृहे मम॥ नमो नमस्ते गोविन्द तुलापुरुषसंज्ञक। हरे तारयसे यस्मात्तस्माच्छान्तिं प्रयच्छ मे॥ इति पठित्वा तुलोपरि पुष्पाञ्जलिं क्षिपेत्, पुनस्तुलां त्रिः प्रदक्षिणीकृत्य वामहस्ते सुवर्णमयीं धर्मराजप्रतिमां दक्षिणहस्ते स्वर्णमयीं सूर्यप्रतिमाम् उत्तरफलके आरोहयेत्, तत आचार्यो दक्षिणफलके[1] तोलनीयद्रव्यमारोपयेत्—व्रीहयश्च मे यवाश्च मे माषाश्च मे तिलाश्च मे मुद्गाश्च मे खल्वाश्च मे प्रियङ्गवश्च मेऽणवश्च मे श्यामाकाश्च मे नीवाराश्च मे मसूराश्च मे यज्ञेन कल्पन्ताम्। इति सप्तधान्यम्। ॐ अश्मा च मे मृत्तिका च मे गिरयश्च मे पर्वताश्च मे वनस्पतयश्च मे हिरण्यं च मे श्यामं च मे लोहं च मे सीसं च मे त्रपु च मे यज्ञेन कल्पन्ताम्। इत्यष्टधातवः। लवणगुडसितावस्त्रादिभिर्यथाशक्ति क्षिपेत् (वा) अभीष्टसिद्धये केवलैकद्रव्येण तुलादानं कार्यम्।

ततो यजमानः तुलामध्यदण्डस्थितदृष्टिर्हरेर्मुखं पश्यन्मंत्रौ पठेत्--ॐ नमस्ते सर्वभूतानां साक्षिभूते सनातनि। पितामहेन देवि त्वं निर्मिता परमेष्ठिना॥ त्वया धृतं जगत्सर्वं सह स्थावरजंगमम्। सर्वभूतात्मभूतस्थे नमस्ते विश्वधारिणि॥ इत्यात्मानमीश्वरस्मरणपूर्वकं गोदोहनकालमात्रं तोलयित्वा-ततस्तुलामवतीर्य तोलितद्रव्ये गन्धपुष्पाक्षतैः सह तुलसीपत्रं निक्षिप्य ब्राह्मणेभ्यो नमः सम्पूज्य कुशतिलाक्षतजलान्यादाय ओं अद्येत्यादि ममक्षेमैश्वर्यविजयायुरारोग्यावाप्तये इमान्यात्मसमसन्तोलितसप्तधान्यादिद्रव्याणि स्वस्वदैवतानि—अमुकामुकगोत्रेभ्यो ब्राह्मणेभ्यो दीनानाथेभ्यश्च विभज्य दातुमहमुत्सृजे, केवलैकद्रव्यविशेषेण तुलादानकरणे तु-अमुकाभीष्टप्राप्तये अमुकद्रव्यमात्मसमतोलितमाचार्यायान्येभ्यो ब्राह्मणेभ्यः (इत्याद्यूहः कार्यः)। ततः प्रतिष्ठा ॐ अद्य कृतैतद्घृतसप्तधान्यादि (वा अमुकद्रव्य) तुलापुरुषदानकर्मणः प्रतिष्ठार्थं हिरण्यमग्निदैवतं (वा तन्मूल्योपकल्पितं रजतं) अमुकामुकगोत्रेभ्यो ब्राह्मणेभ्यो विभज्य दातुमहमुत्सृजे। इति प्रतिष्ठाप्य ततो यथोत्साहं भूयसीदक्षिणादानं च दत्वा जगदीश्वरं प्रणमेत्-ॐ नमो ब्रह्मण्यदेवाय गोब्राह्मणहिताय च। जगद्धिताय कृष्णाय गोविन्दाय नमो नमः॥ यच्चापराह्णे मध्याह्ने सायाह्ने च तथा निशि। कायेन मनसा वाचा कृतं पापमजानता॥ जानता वा हृषीकेश पुण्डरीकाक्ष माधव। नामत्रयोच्चारणान्मे पापं यातु सहस्रधा॥ यद्बाल्ये यच्च कौमारे यौवने वार्धकेऽपि वा। अन्यजन्मकृतं पापमिह जन्मकृतञ्च यत्॥ तत्सर्वं नश्यतु क्षिप्रं पुण्यं भवतु चाक्षयम्॥ देवता ऋषयो नागा गन्धर्वाश्चाप्सरोगणाः। हृष्टा पुष्टा इहागत्य शान्तिं कुर्वन्तु मे सदा॥ तोलितद्रव्याणि त्वरितं ब्राह्मणादिभ्यो दत्त्वा गृहाद्विसर्जयेत्, ततो यजमानः शरीरसन्धारितवस्त्राणि

(१) दक्षिणे विन्यसेद् द्रव्यमात्मानञ्चोत्तरे न्यसेत्। इति वचनात्।

संत्यज्य शुद्धनववस्त्राणि वसित्वा हवनं कारयेत्, ततः प्रमादादिति पठित्वा ब्राह्मणादीन्सम्भोज्य पश्चात् सुहृद्युक्तो भुञ्जीत ।

अथ काल-चक्र दानम्

ओमित्यादि० नामगोत्रोऽहं यथाशक्ति स्वर्णकृतं रौप्यकृतं वा चन्द्राकारमनेकमुक्तामालात्मकराशीयुतं कालचक्रं महामृत्युनिवारणहेतवे सकलप्रतिकूलग्रहदशान्तरदशासूक्ष्मदशादिदोषध्वंसोत्तरयावज्जीवं स्वीयशरीरारोग्यसुखसम्पत्त्यादिसमृद्धिपूर्वकदेहावसानकालिकदिव्ययानारोहणकरणकवैकुण्ठ-प्राप्तिकामनया मृत्युञ्जयप्रीतये गन्धादिभिरर्चितायामुकनामगोत्राय ब्राह्मणाय तुभ्यमहं सम्प्रददे ।

दानवाक्यम्—इदं मे रचितं चक्रमिन्दुरश्मि समायुतम् ।
अपमृत्यु-विनाशाय दत्तमायुर्विवृद्धये ॥

ततः सुवर्ण-प्रतिष्ठा-दानम्—ततोऽग्निं प्रतिष्ठाप्य "ओं कालचक्राय नमः स्वाहा" इत्यनेन १०८ अष्टोत्तरशतं हुत्वा द्वादश-ब्राह्मणान् भोजयेदिति ।

अथ शास्त्रीयगोदान[1]-विधिः[2]

अथ यजमानः शुभासने पाङ्मुख उपविश्य दानविध्युक्तप्रकारेण आचमनादिसर्वविधिं विधाय स्वस्त्ययनश्च पठित्वा सङ्कल्पं कु०-ओं अद्येत्यादि ममात्मना सह एकविंशतिपुरुषोत्तारणपूर्वकं श्रीपरमेश्वरप्रीतिकामो गोदानं करिष्ये । तदङ्गं ब्राह्मणवरणं तत्पूजनं गोपूजनञ्च करिष्ये । तत्रादौ निर्विघ्नतासिद्ध्यर्थं श्रीगणपत्यादीन् पूजयिष्ये इति संङ्कल्प्य, यथालब्धोपचारैः श्रीगणपत्यादीन्पूजयित्वा सपत्नीकब्राह्मणवरणं पूजनञ्च कुर्यात्ततो सुशीलादि-[3] लक्षणोपेतामव्यङ्गी[4] गां प्रोक्षयेत्—ॐ इरावती धेनुमती हि भूत ꣳ सूयवासिनी मनवेदसश्या । व्यस्कभ्नारोदसी विष्णवे तेदधार्थं पृथिवीमभितो मयूखैः । इति सम्प्रोक्ष्य आवाहनम्—ॐ आवाहयाम्यहं देवीं गां त्वां त्रैलोक्यमातरम् । यस्याः स्मरणमात्रेण सर्वपापप्रणाशनम् ॥

---

(१) गाभिर्विप्रैश्च वेदैश्च सतीभिः सत्यवादिभिः । अलुब्धैर्दानशीलैश्च सप्तभिर्धार्यते मही (अगस्त्यः) ॥ व्यतिपाते च सक्रान्तौ ग्रहणे ग्रहदोष्टयके । असूत्क्रमे विवाहे च रात्रौ गोदानमिष्यते (च्यवनः) ॥ त्रीणि तुल्यप्रदानानि त्रीणि तुल्यफलानि च । सर्वकामदुघा नूनं गावः पृथ्वी सरस्वती (आदित्यपु०) ॥ (२) विधिना तु दया दत्ता पात्रे धेनुः सदक्षिणा । दाता तारयते जन्तून्कुलानामयुतं शतम् (नन्दिपुराण) ॥ (३) सुशीलां लक्षणवतीं युवतीं वत्ससंयुताम् । बहुदुग्धवतीं स्निग्धां धेनुं दद्याद्विचक्षणे (देवलः) । (४) अङ्गहीना न दातव्या गौः कदापि शुभार्थिना । शृङ्गहीना दन्तहीना वर्जनीया प्रयत्नतः (इति शिष्टाः) ॥

ततः गन्धाक्षतपुष्पैः—शृङ्गमूलयोः ब्रह्मविष्णुभ्यां नमः ब्रह्मविष्णू आवाहयामि ॥ १ ॥ शृङ्गाग्रे सर्वतीर्थेभ्यो नमः सर्वतीर्थानावाहयामि ॥ २ ॥ शिरोमध्ये महादेवाय नमः महादेवमावा० ॥ ३ ॥ लालाटाग्रे गौर्य्यै नमः गौरीमावा० ॥ ४ ॥ नासावंशे षण्मुखाय नमः षण्मुखमावा० ॥ ५ ॥ कर्णयोः अश्विभ्यां नमः अश्विनौ आवा० ॥ ६ ॥ नेत्रयोः शशिभास्कराभ्यां नमः शशिभास्करौ आवा० ॥ ७ ॥ दन्तेषु सर्ववायवे नमः वायुमावा० ॥ ८ ॥ जिह्वायां वरुणाय नमः वरुणमावा० ॥ ९ ॥ हुँकारे सरस्वत्यै नमः सरस्वतीमावा० ॥ १० ॥ गण्डयोः मासपक्षाभ्यां नमः मासपक्षौ आवा० ॥ ११ ॥ ओष्ठयोः सन्ध्याद्वयाय नमः सन्ध्याद्वयम् आवा० ॥ १२ ॥ ग्रीवायाम् इन्द्राय नमः इन्द्रमावा० ॥ १३ ॥ उरसि साध्येभ्यो नमः साध्यानावा० ॥ १४ ॥ जंघयोः धर्माय नमः धर्ममावा० ॥ १५ ॥ खुरमध्ये गन्धर्वेभ्यो नमः गन्धर्वमावा० ॥ १६ ॥ खुराग्रेषु पन्नगेभ्यो नमः पन्नगमावा० ॥ १७ ॥ खुरमध्ये अप्सरोगणेभ्यो नमः अप्सरोगणानावा० ॥ १८ ॥ पृष्ठे एकादशरुद्रेभ्यो नमः एकादशरुद्रानावा० ॥ १९ ॥ सर्वसन्धिषु वसुभ्यो नमः वसूनावा० ॥ २० ॥ श्रोणीतटे पितृभ्यो नमः पितृनावा० ॥ २१ ॥ पुच्छे सोमाय नमः सोममावा० ॥ २२ ॥ अधोगात्रेषु द्वादशादित्येभ्यो नमः द्वादशादित्यानावा० ॥ २३ ॥ केशेषु सूर्यरश्मिभ्यो नमः सूर्यरश्मीनावा० ॥ २४ ॥ गोमूत्रे गङ्गायै नमः गङ्गामावा० ॥ २५ ॥ गोमये यमुनायै नमः यमुनामावा० ॥ २६ ॥ क्षीरे सरस्वत्यै नमः सरस्वतीमावा० ॥ २७ ॥ दध्नि नर्मदायै नमः नर्मदामावा० ॥ २८ ॥ घृते वह्नये नमः वह्निमावा० ॥ २९ ॥ रोमसु त्रयस्त्रिंशत्कोटिदेवेभ्यो नमः त्रयस्त्रिंशत्कोटिदेवानावा० ॥ ३० ॥ उदरे पृथिव्यै नमः पृथिवीमावा० ॥ ३१ ॥ स्तनेषु चतुर्भ्यः सागरेभ्यो नमः चतुरः सागरानावा० ॥ ३२ ॥ सर्वशरीरे कामधेनवे नमः कामधेनुमावा० ॥ ३३ ॥ इत्यावाह्य पूजयेत् ।

पाद्यम्—सौरभेयि सर्वहिते पवित्रे पापनाशिनि । प्रतिगृह्ण मया दत्तं पाद्यं त्रैलोक्यवन्दिते । अर्घ्यम्—देहस्था या च रुद्राण्याः शङ्करस्य सदा प्रिये । धेनुरूपेण सा देवी मम पापं व्यपोहतु ॥ आचमनीयम्—या लक्ष्मीः सर्वभूतेषु या च देवेष्ववस्थिता । धेनुरूपेण सा देवी मम पापं व्यपोहतु । स्नानम्—सर्वदेवमये मातः सर्वदेवनमस्कृते । तोयमेतत्सुखस्पर्शं स्नानार्थं गृह्ण धेनुके ॥ इति स्नानार्थमभ्युक्ष्य । वस्त्रम्—आच्छादनं गवे दद्यात्सम्यक् शुद्धं सुशोभनम् । सुरभिर्वस्त्रदानेन प्रीयतां परमेश्वरि ॥ रक्तचन्दनम्—सर्वदेवप्रियं देवि चन्दनं चन्द्रसन्निभम् । कस्तूरीकुङ्कुमाढ्यञ्च प्रीत्यर्थं प्रतिगृह्यताम् ॥ अक्षतान् तिलजान् देवि शुभ्रचन्दनमिश्रितान् । गृहाण परम-

प्रीत्या गौस्त्वं त्रिदिवपूजिते ॥ शृङ्गभूषार्थं[1] स्वर्णशृङ्गम् । चरणभूषणार्थं रजतखुराणि । गलभूषार्थं घण्टाम् । दोहनार्थं कांस्यपात्रम् । सर्वालंकारार्थं यथाशक्तिद्रव्यम् । पुष्पमाला—पुष्पमालां तथा जातिपाटलाचम्पकानि च । पुष्पाणि गृह्ण धेनो त्वं सर्वविघ्नप्रणाशिनि ॥ इति मालां बध्नीयात् । धूपम्—देवद्रुमरसोद्भूतं गोघृतेन समन्वितम् । प्रयच्छामि महाभागे धूपोऽयं प्रतिगृह्यताम् ॥ दीपम्—आनन्ददः सुराणाञ्च लोकानां सर्वदा प्रियः । गौस्त्वं पाहि जगन्मातः दीपोऽयं प्रतिगृह्यताम् ॥ नैवेद्यम्-सुरभिर्वैष्णवी माता नित्यं विष्णुपदे स्थिता । ग्रासं गृह्णातु सा धेनुर्याऽस्तु त्रैलोक्यवासिनी ॥ इत्याहारं निवेद्य पुष्पाञ्जलिं दद्यात्—ॐ गोभ्यो यज्ञाः प्रवर्तन्ते गोभ्यो देवाः समुत्थिताः । गोभ्यो वेदाः समुत्कीर्णाः षडङ्गपादसक्रमाः । ॐ अनेन पूजनेन गोदेवता प्रीयताम् । ततो गोपुच्छतर्पणम्—सव्यं भूत्वा पूर्वमुखो यवाम्बुकुशान्वितं गोपुच्छं दक्षकरे निधाय पुच्छस्याधःप्रदेशे जलभाजनं स्थापयित्वा तर्पयेत्—

ॐ ब्रह्मा तृप्यतु, ॐ विष्णुस्तृप्यतु, ॐ रुद्रस्तृप्यतु, ॐ मनवस्तृप्यन्तु, ॐ ऋषयस्तृप्यन्तु, ॐ रुद्रातिपुत्रास्तृप्यन्तु, ॐ साध्यास्तृप्यन्तु, ॐ मरुद्गणास्तृप्यन्तु, ॐ ग्रहास्तृप्यन्तु, ॐ नक्षत्राणि तृप्यन्तु, ॐ योगास्तृप्यन्तु, ॐ राशयस्तृप्यन्तु, ॐ वसुधा तृप्यतु, ॐ अश्विनौ तृप्येताम्, ॐ यक्षास्तृप्यन्तु, ॐ रक्षांसि तृप्यन्तु, ॐ मातरस्तृप्यन्तु, ॐ रुद्राणि तृप्यन्तु, ॐ पिशाचास्तृप्यन्तु, ॐ सुपर्णास्तृप्यन्तु, ॐ पशवस्तृप्यन्तु, ॐ दानवास्तृप्यन्तु, ॐ योगिनस्तृप्यन्तु, ॐ विद्याधरास्तृप्यन्तु, ॐ ओषधयस्तृप्यन्तु, ॐ दिग्गजास्तृप्यन्तु, ॐ यक्षास्तृप्यन्तु, ॐ देवपत्न्यस्तृप्यन्तु, ॐ लोकपालास्तृप्यन्तु, ॐ नारदस्तृप्यतु, ॐ जन्तवस्तृप्यन्तु, ॐ स्थावरास्तृप्यन्तु, ॐ जङ्गमास्तृप्यन्तु, (कण्ठी कृत्वा) ॐ सनकस्तृप्यतु, ॐ सनन्दनस्तृप्यतु, ॐ कपिलस्तृप्यतु, ॐ आसुरिस्तृप्यतु, ॐ वोढुस्तृप्यतु, ॐ पञ्चशिखस्तृप्यतु, (अपसव्यम्) ॐ कव्यवाड्तृप्यतु, ॐ नलस्तृप्यतु, ॐ सोमस्तृप्यतु, ॐ यमस्तृप्यतु, ॐ अर्यमा तृप्यतु, ॐ अग्निष्वातास्तृप्यन्तु, ॐ बर्हिषदस्तृप्यन्तु, ॐ सोमपाः पितरः तृप्यन्तु, ॐ यमस्तृप्यतु, ॐ धर्मराजस्तृप्यतु, ॐ मृत्युस्तृप्यतु, ॐ अन्तकस्तृप्यतु, ॐ वैवस्वतस्तृप्यतु, ॐ कालस्तृप्यतु, ॐ सर्वभूतक्षयकरस्तृप्यतु ॐ औदुम्बरस्तृप्यतु, ॐ दध्नस्तृप्यतु, ॐ नीलस्तृप्यतु, ॐ परमेष्ठिनस्तृप्यन्तु, ॐ वृकोदरस्तृप्यतु, ॐ चित्रस्तृप्यतु, ॐ चित्रगुप्तस्तृप्यतु ।

ॐ मातृपक्षाश्च ये केचिद्ये केचित्पितृपक्षकाः । गुरुश्वशुरबन्धूनां ये कुलेषु समुद्भवाः ॥ ये मे कुले लुप्तपिंडाः पुत्रदारविवर्जिताः । क्रियालोपगता ये च

---

(१) दशसौवर्णके शृंगे खुरः पञ्च पलास्तथा । पञ्चाशत्पलकं कांस्यं ताम्रं चैव तथाविधिः (मत्स्यपु०) ॥

जात्यन्धाः पङ्गवस्तथा। विरूपा आमगर्भाश्च ज्ञाताज्ञातकुले मम। ते सर्वे तृप्तिमायान्तु गोपुच्छोदकतर्पणैः॥ वृक्षयोनिगता ये च पर्वतत्वं गताश्च ये। पशुयोनिगता ये च ये च कीटपतङ्गकाः॥ ते सर्वे तृप्तिमायान्तु गोपुच्छोदकतर्पणैः॥ नरके रौरवे ये च महारौरवसंस्थिताः। असिपत्रवने घोरे कुम्भीपाकस्थिताश्च ये॥ ते सर्वे०॥ स्वार्थबद्धा मृता ये च शस्त्रघातमृताश्च ये। ब्रह्महस्तमृता ये च नारीहस्तमृताश्च ये॥ ते सर्वे०॥ पाशमध्ये मृता ये च स्वल्पमृत्युवशंगताः। सर्वे च मानवा नागाः पशवः पक्षिणस्तथा॥ ते सर्वे०॥ आब्रह्मस्तम्बपर्य्यन्तं देवर्षिपितृमानवाः। तृप्यन्तु सर्वदा सर्वे गोपुच्छोदकतर्पणैः॥

ततो रज्ज्वादिनिर्मुक्तां सवत्सां गां प्राङ्मुखीमवस्थाप्य दाता पुच्छदेशे प्राङ्मुखस्तिष्ठेत्, पात्रभूतो विप्रस्तत्रैव दक्षिणत उदङ्मुखस्तिष्ठेत्, दाता ससुवर्णकुशाक्षतजलं नीत्वा सङ्कल्पं कुर्यात्—

अथ गोदाने[1] बृहत्सङ्कल्पः—ॐ इह पृथिव्यां जम्बूद्वीपे भारतवर्षे कुमारिकाखण्डे आर्यावर्तैकदेशे अमुकक्षेत्रे श्रीभागीरथ्याः अमुकदिग्विभागे इत्यादिदेशं समनुकीर्त्य ॐ ब्रह्मणोऽह्नि द्वितीये परार्द्धे श्रीश्वेतवाराहकल्पे वैवस्वतमन्वन्तरे अष्टाविंशतितमस्य कलियुगस्य प्रथमचरणे बौद्धावतारेऽमुकनाम्नि संवत्सरेऽयने ऋतौ मासे पक्षे तिथौ वारे नक्षत्रे योगे करणेऽमुकराशिस्थिते चन्द्रेऽमुकराशिस्थिते सवितरि अमुकराशिस्थिते देवगुरौ शेषेषु ग्रहेषु यथा—यथा स्थानस्थितेषु सत्सु एवंगुणविशिष्टे देशे काले च अमुकगोत्रोऽमुकोऽहं मम श्रुतिस्मृतिपुराणेतिहासोक्तफलावाप्तये ज्ञाताऽज्ञातानेकजन्मार्जितमनोवाक्कायकर्मजन्यपापापनुत्तये निखिलदुःखदौर्भाग्यदुःस्वप्नदुर्निमित्तदुष्टग्रहबाधाशान्तिपूर्वकं धनधान्यायुरारोग्यद्विपदचतुष्पदसन्ततिचतुर्वर्गादिनिखिलवाञ्छितसिद्धये गारोमसंख्यकदिव्यवत्सरावच्छिन्नस्वर्गलोकस्थितिकामश्च पितॄणां निरतिशयानन्दब्रह्मलोकावाप्तये च श्रीपरमेश्वरप्रीतये इमां सुपूजितां सालङ्कारां सवत्सां गां रुद्रदैवताममुकगोत्रायाऽमुकशर्म्मणे ब्राह्मणाय तुभ्यमहं सम्प्रददे। ब्राह्मणहस्तोपरि कुशाक्षतजलं दत्वा—द्यौस्त्वा ददातु पृथिवी त्वा०। प्रतिष्ठा—अद्य कृतैतद्गोदानकर्मणः साङ्गतासिद्धये इदं सतुलसीदलं हिरण्यम् अग्निदैवतम् अमुकगोत्राय०। यजमानः प्रार्थनां कुर्यात्—ॐ यज्ञसाधनभूता या विश्वपापौघनाशिनी। विश्वरूपधरो देवः प्रीयतामनया गवा॥

ततो बान्धवैः सह यजमानो विप्र-सवत्सगोप्रदक्षिणा चतुष्टयं कुर्यात्-ॐ यानि कानि च पापानि जन्मान्तरकृतानि च। तानि नाशय धेनो त्वं प्रदक्षिणपदे

---

(१) गौरेकस्यैव दातव्या श्रोत्रियाय कुटुम्बिने। सा हि तारयते पूर्वान्सप्त सप्त च सप्त च॥ अंगिरा॥

पदे ॥ इति चतुःसंख्यकपरिक्रमणं विधाय करौ बद्ध्वा प्रणमेत्—ॐ गावो ममाग्रतः सन्तु गावो मे सन्तु पृष्ठतः । गावो मे हृदये सन्तु गवां मध्ये वसाम्यहम् ॥ नमो गोभ्यः श्रीमतीभ्यः सौरभेयीभ्य एव च । नमो ब्रह्मसुताभ्यश्च पवित्राभ्यो नमो नमः ॥ गावः स्वर्गस्य सोपानं गावो धन्याः सवाहनाः । सर्वे देवास्तनौ यस्याः सा धेनुर्वरदाऽस्तु मे ॥ ततो गोदक्षिणकर्णे जपेत्—ॐ ह्रीं नमो भगवत्यै ब्रह्ममात्रे विष्णुभगिन्यै रुद्रदेवतायै सर्वपापप्रमोचिन्यै । ततो ब्राह्मणो गोपुच्छान्वितजलेन यजमानशिरसि निषिच्य तिलकाशीर्वादादीनि दद्यात्, गाञ्च विसर्ज्य किञ्चिदनुव्रजेत् । श्रीसूर्यायार्घ्यंदानं प्रमादादिति पठित्वा ॐ विष्णवे नमः ३ इति पठेत् । गोपुच्छोदकम् अश्वत्थमूले सरसि वा क्षिपेत् ।

इति शास्त्रीयपयोदानविधिः[1] ।

अथायुष्याभिवृद्धये जन्मोत्सवविधिः[2]

जन्मदिने पुत्रकलत्रसहितो यजमानो ब्राह्मे मुहूर्ते उत्थाय तिलतण्डुलचूर्णमिश्रितगङ्गोदकेन स्नात्वा[3] सन्ध्यादिनित्यक्रियां कुर्यात् । ततः सामग्रीं सम्पाद्याहते वाससी भूषणानि च धृत्वा गृहान्तः शुभासने प्राङ्मुख उपविश्य स्वदक्षिणतः पत्नीं तस्या दक्षिणतो बालं चोपवेश्य धृतपवित्रपाणिराचान्तः प्राणायामं विधाय ॐ अद्य० अस्य शिशोः (मम वा) दीर्घायुःश्रीतेजोबृद्धिद्वारा श्रीजगदीश्वरप्रीत्यर्थमद्य दिने वर्धापनाख्यं कर्म करिष्ये । इति संकल्प्य निर्विघ्नतार्थं श्रीगणपत्यादिपूजनं कुर्यात् । ततो यज्ञीयकाष्ठपीठे पंक्तिरूपेण स्थापितेष्वेकविंशत्यक्षतपुञ्जेषु निम्ना देवता आवाहयेत् । तद्यथा—ॐ गणपतये नमः श्रीगणपतिमावाहयामि १, (एवं सर्वत्र) ॐ कुलदेव्यै नमः कुल० २, ॐ प्रजापतये नमः प्र० ३, ॐ विष्णवे नमः वि० ४, ॐ महेश्वराय नमः म० ५, ॐ इष्ट देवतायै नमः इ० ६, ॐ सूर्याय नमः सू० ७, ॐ जन्मर्क्षाय नमः ज० ८, ॐ षष्ठीदेव्यै नमः ष० ९, ॐ मार्कण्डेयाय नमः मा० १०, ॐ अश्वत्थाम्ने नमः अश्व० ११, ॐ बलये नमः बलि० १२, ॐ व्यासाय नमः व्या० १३, ॐ विभीषणाय नमः वि० १४, ॐ कृपाचार्य्याय नमः कृ० १५, ॐ परशुरामाय नमः प० १६, ॐ बलभद्राय नमः ब० १७, ॐ हनुमते नमः ह० १८, ॐ स्थानदेवतायै नमः स्था० १९, ॐ वास्तुदेवतायै नमः वा० २०, श्री क्षेत्रपालाय नमः क्षे० २१, इत्यावाह्य ॐ एतन्तेति प्रतिष्ठाय । ॐ आवो देवा स ईमहे यामं प्रयत्यध्वरे ।

---

(१) प्रासादा यत्र सौवर्णाः शय्या रत्नोज्ज्वलास्तथा । वराश्चाप्सरसो यत्र तत्र गच्छन्ति गोप्रदाः ॥ (म० भा०) ॥ (२) खण्डन नखकेशानां मैथुनाध्वगमौ तथा । आमिषं कलहं हिंसां वर्षवृद्धौ विवर्जयेत् ॥ (३) मृते जन्मनि संक्रान्तौ श्राद्धे जन्मदिने तथा । अस्पृश्यस्पर्शने चैव न स्नायादुष्णवारिणा ॥

आवो देवा स आशिषो यज्ञियासो हवामहे, ॐ भूर्भुवः स्वः श्रीगणपत्याद्यावाहितदेवताभ्यो नमः आवाहनं समर्पयामि एवं प्रतिवाक्यान्ते आसनं समर्पयामीत्यादि पठित्वा गन्धाक्षतपुष्पधूपादिना पृथक् पृथगेकतन्त्रेण वा पूजनं विधाय षष्ठ्यै दधिभक्तनैवेद्यं निवेद्य पूजनान्ते प्रार्थयेत्—ॐ जय देवि जगन्मातर्जगदानन्दकारिणि। प्रसीद मम कल्याणि महाषष्ठि नमोस्तु ते ॥ मार्कण्डेयाय मुनये नमस्ते महदायुषे। चिरञ्जीवी यथा त्वं भो भविष्यामि तथा मुने ॥ रूपवान् वित्तवानायुःश्रिया युक्तं च मां कुरु (शिशुं कुरु) ॥ चिरञ्जीवी यथा त्वं भो मुनीनां प्रवरो द्विज ! कुरुष्व मुनिशार्दूल ! "तथा मां चिरजीविनम्" (बालं मे चिरजीविनम्) ॥ त्रैलोक्ये यानि भूतानि स्थावराणि चराणि च ॥ ब्रह्मविष्णुशिवैः सार्द्धं रक्षां कुर्वन्तु तानि मे ॥ ॐ अश्वत्थामा बलिर्व्यासो हनूमांश्च बिभीषणः। कृपः परशुरामश्च सप्तैते चिरजीविनः ॥ सप्तैतांश्च स्मरेन्नित्यं मार्कण्डेयमथाष्टमम्। जीवेद्वर्षशतं साग्रमपमृत्युविवर्जितः ॥ प्रीयन्तां देवताः सर्वाः पूजां गृह्णन्तु तां मम। प्रयच्छन्त्वायुरारोग्यं यशः सौख्यञ्च सर्वदा ॥ मन्त्रन्यूनं क्रियान्यूनं द्रव्यन्यूनं महामुने ! यदर्चितं मया देव परिपूर्णं तदस्तु मे ॥ ततः पायसेन 'सर्वेभ्यो नमः' इति बलिं दद्यात्। तदनुग्रहनिमित्तकदानानि कुर्यात्। ततस्तिलगुडमिश्रितं पयः पिबेत्। तत्र मन्त्रः—ॐसगुडं तिलसम्मिश्रमञ्जल्यर्धमितं पयः मार्कण्डेयाद्वरं लब्ध्वा पिबाम्यायुर्विवृद्धये ॥ ततो मातापितृगुर्वाचार्यादीन् प्रणम्याशीर्वादं श्रीगुरुद्वारा गृह्णीयात्। ततो वर्षफलं ज्योतिर्विदः सकाशाच्छ्रुत्वा तं दक्षिणावस्त्रादिभिः सन्तोषयेत्। अत्र—क्वचित्पूजितदेवतानां नाममन्त्रेण प्रत्येकमष्टाविंशतिसंख्यं तिलहोमश्चोक्तः। ततो विप्रभोजनम्। इति जन्मदिनोत्सवविधिः।

अथ यज्ञोपवीतधारणप्रतिष्ठा

स्नानोत्तरमाचम्य प्राणानायम्य ॐ अद्येत्यादि मम श्रौतस्मार्तकर्मानुष्ठानसिद्धिद्वारा श्रीपरमेश्वरप्रीत्यर्थं नूतनयज्ञोपवीतधारणमहं करिष्ये। तदङ्गत्वेनादौ यज्ञोपवीताभिमन्त्रणं करिष्ये। इति सङ्कल्प्य—ॐ आपोहिष्ठा मयो भुवः० इत्यादिमन्त्रैर्यज्ञोपवीतं प्रक्षाल्य, करसम्पुटे दशगायत्रीमन्त्रैरभिमन्त्र्य पुष्पाक्षतान्यादाय तन्तुषु देवतानामावाहनं कुर्यात्तद्यथा—प्रथमतन्तौ ॐ काराय नमः ॐ कारमावाहयामि। द्वितीयतन्तौ ॐ अग्नये नमः अग्निमावाहयामि। तृतीयतन्तौ—ॐसर्पदेवताभ्यो नमः सर्पानावाहयामि। चतुर्थतन्तौ ॐ सोमाय नमः सोममावाहयामि। पञ्चमतन्तौ ॐ पितृभ्यो नमः पितॄनावाहयामि। षष्ठतन्तौ ॐ प्रजापतये नमः प्रजापतिमावाहयामि। सप्तमतन्तौ ॐ अनिलेभ्यो

नमः अनिलमावाहयामि। अष्टमतन्तौ ॐ यमाय नमः यममावाहयामि। नवमतन्तौ ॐ विश्वेभ्यो देवेभ्यो नमः ॐ विश्वान्देवानावाहयामि।

अथ ग्रन्थिदेवतानामावाहनम्[1]

ग्रन्थिमध्ये ॐ ब्रह्मणे नमः ब्रह्माणमावाहयामि। ॐ विष्णवे नमः विष्णुमावाहयामि। ॐ रुद्राय नमः रुद्रमावाहयामि। ॐ प्रणवाद्यावाहितदेवताभ्यो नमः प्रणवाद्यावाहितदेवताः यथास्थानमहं प्रतिष्ठापयामि। इत्यक्षतान् क्षिप्त्वा गन्धादिभिः यथालब्धोपचारैः मानसोपचारैर्वा सम्पूजतेत्। ततो ध्यानम्—ॐ प्रजापतेर्यत्सहजं पवित्रं कार्पास[2]सूत्रोद्भवब्रह्मसूत्रम्। ब्रह्मत्वसिद्ध्यै च यशःप्रकाशं जपस्य सिद्धिं कुरु ब्रह्मसूत्रम्॥ ततः ॐ आकृष्णेन रजसेति मन्त्रेण श्रीसूर्यनारायणं दर्शयेत्।

अथ यज्ञोपवीतधारणम्[3]

यज्ञोपवीतमितिमन्त्रस्य परमेष्ठी ऋषिः, लिङ्गोक्ता देवता, त्रिष्टुप्छन्दः, यज्ञोपवीतधारणे विनियोगः। ॐ यज्ञोपवीतं परमं पवित्रं प्रजापतेर्यत्सहजं पुरस्तात्। आयुष्यमग्र्यं प्रतिमुञ्च शुभ्रं यज्ञोपवीतं बलमस्तु तेजः॥ यज्ञोपवीतमसि यज्ञस्य त्वा यज्ञोपवीतेनोपनह्यामि॥ अनेन मन्त्रेण प्रथमं दक्षिणबाहुमुद्धृत्य पश्चात्कण्ठे यज्ञोपवीतानां पृथक् पृथक् धारणं कुर्यात्। प्रतियज्ञोपवीतधारणान्ते आचमनं कुर्यात्। अथ जीर्णसूत्रत्यागमन्त्रः—ॐ एतावद्दिनपर्यन्तं ब्रह्मत्वं धारितं मया। जीर्णत्वाच्च परित्यागो गच्छ सूत्र यथासुखम्। इति मन्त्रेण जीर्णयज्ञोपवीतं शिरोमार्गेण निःसार्य सलिले क्षिपेत्। पश्चाद्यथाशक्ति गायत्रीजपं कृत्वा—ॐ अनेन नवयज्ञोपवीतधारणार्थं कृतेन यथाशक्तिगायत्रीजपाख्येन कर्मणा श्रीसूर्यनारायणः प्रीयतां न मम। ॐ यस्य स्मृत्या च नामोक्त्या० इति करौ बद्ध्वा प्रार्थयेत्।

---

(१) ग्रन्थिस्तु, प्रवरानुसारेण—"त्रिवृता ग्रन्थिनैकेन त्रिभिः पञ्चभिरेव वा। (२) कृते पद्ममयं सूत्रं त्रेतायां कनकोद्भवम्। द्वापरे राजतं प्रोक्तं कलौ कार्पाससम्भवम्॥ (३) सूतके मृतके चैव गते मासचतुष्टये। नवयज्ञोपवीतानि धृत्वा जीर्णानि सत्यजेत्॥ स्तनादूर्ध्वमधोभागे न धार्यं तत्कथञ्चन। पृष्ठवंशे च नाभ्याञ्च धृतं तद्विन्दते कटिम्॥ तद्धार्यमुपवीतं स्यान्नातिलम्बं न चोच्छ्रितम्। वामस्कन्धे कृतं नाभिहृत्पृष्ठवशयोर्धृतम्॥ ब्रह्मचारिण एकं स्यात्स्नातकस्य द्वे बहूनि वा तृतीयमुत्तरीयं वा वस्त्राभावे। तदिष्यते॥

अथ प्रमादाद्यज्ञोपवीतनाशे[1] विशेषप्रयोगः

यज्ञोपवीतं प्रमादाद् गतं चेत्तूष्णीं लौकिकं धृत्वा सङ्कल्पः—ॐ अद्येत्यादिदेशकालयोः संकीर्तनान्ते—मम यज्ञोपवीतनाशजन्यदोषनिवारणार्थं प्रायश्चित्ताङ्गभूतम् आज्यहोममहं करिष्ये इति सङ्कल्प्य कुण्डे स्थण्डिले वा अग्निं प्रतिष्ठाप्य मन्त्रचतुष्टयेन चतस्र आज्याहुतीर्जुहुयात्—तद्यथा ॐ मनोज्योतिर्जुषतामाज्यं विच्छिन्नं यज्ञं समिमं दधातु। या इष्टा उषसो निम्रुचश्च ताः सन्दधामि हविषा घृतेन स्वाहा ॥१॥ ॐ अग्ने व्रतपते व्रतं चरिष्यामि तच्छकेयं तन्मे राध्यतां स्वाहा ॥ २ ॥ ॐ वायो व्रतपते व्रतं चरिष्यामि तच्छकेयं तन्मे राध्यतां स्वाहा ॥ ३ ॥ ॐ आदित्य व्रतपते व्रतं चरिष्यामि तन्मे राध्यतां स्वाहा ॥ ४ ॥ इति हुत्वा पूर्वोक्तविधिना नूतनं धारयेत्ततोऽतिक्रान्तसन्ध्याद्याचरेत्।

यज्ञोपवीतहीनः क्षणं तिष्ठेच्चेच्छतगायत्रीजपः। यज्ञोपवीतं विना भोजने विण्मूत्रकरणे[2] वा गायत्र्यष्टसहस्रं जपः। यज्ञोपवीतं विना जल[3]पाने एकेनोपवासेन पञ्चगव्यपानेन च शुद्ध्यति। वामस्कन्धात्कूर्परे मणिबन्धान्ते वा पतिते यथास्थानं धृत्वा त्रीन्षट् वा यथाक्रमं प्राणायामान् कृत्वा नवं धारयेत्। कोपादिना स्वयं यज्ञोपवीतत्यागे पूर्ववल्लौकिकं धृत्वा प्रायश्चित्तान्ते सुपूजितं नवं धारयेत्। ब्रह्मचारिण एकं यज्ञोपवीतं[4] स्नातकस्य द्वे, उत्तरीयाभावे तृतीयकम्, आयुष्कामस्य त्र्यधिकानि बहूनि यज्ञोपवीतानि। कण्ठादुत्तार्य क्षालने पुनः संस्कारः।

अथ तीर्थश्राद्धविधिः

तत्र तावत्तीर्थप्राप्तिदिने पादचारेण यावद्गन्तुं शक्यते तावतः स्थानात् उपानहौ परित्यज्य गच्छेत्। तीर्थे दृष्टिगोचरतां गते शिरसा प्रणम्य मुण्डनं[5]

---

(१) पतितं त्रुटितं वापि ब्रह्मसूत्रं यदा भवेत्। नूतनं धारयेद्विप्रः स्नानसङ्कल्पपूर्वकम् ॥ (वायुपु०) ॥ उपवीतमलंकारं स्रजं करकमेव च। उपानहौ च वासश्च धृतमन्यैर्न धारयेत् ॥ (शातातपः) ॥ (२) विना यज्ञोपवीतेन विण्मूत्रोत्सर्गकृद्यदि। उपवासद्वयं कृत्वा दानैर्होमैस्तु शुद्ध्यति ॥ (३) विना यज्ञोपवीतेन तोयं यः पिबति द्विजः। उपवासेन चैकेन पञ्चगव्येन शुद्ध्यति ॥ (४) ब्रह्मणोत्पादितं सूत्रं विष्णुना त्रिगुणीकृतम्। कृतो ग्रन्थिस्त्रिनेत्रेण गायत्र्या चाभिमन्त्रितम् (सामवेदीयछान्दोग्यसूत्रपरिशिष्टे) ॥ तिथिर्वारश्च नक्षत्रं तत्त्ववेदगुणान्वितम्। कालत्रयश्च मासाश्च ब्रह्मसूत्रं हि षण्णवम् ॥ (तिथि १५, वार ७, नक्षत्र २७, तत्त्व २५, वेद ४, गुण ३, मास १२, काल ३, सर्वयोग ९६ चव्वे) मतान्तरे तु—चतुर्षु वेदेषु अशीतिसहस्रकर्मणो मंत्राः सन्ति, षोडशसहस्रोपासनाकाण्डस्य मंत्राः, एषामेव मन्त्राणां षण्णवतिः ९६ आवर्ताः चव्वा) सन्ति, देवर्षिपितृऋणस्मारकास्त्रयो ग्रन्थयो विद्यन्ते। (५) मुण्डनं चोपवासश्च सर्वतीर्थेष्वयं

कारयेत्। तत उद्धृतोदकेन तीर्थाद्दूरे क्षौरादिजन्यमलापकर्षणं कृत्वा तीर्थ-पूजार्थनारिकेलपुष्पादिकस्नानसामग्रीश्चादाय तीर्थे पूर्वोक्तनद्यादौ स्नानप्रकारेण (पृष्ठ ५) स्नायात्, ततो तीर्थजले नारिकेलादिकं समर्पयित्वा महाविष्णुं (स्वेष्टदेवं) षोडशोपचारैर्यथालब्धोरचारैर्वा सम्पूज्य माध्याह्निकं कर्म समाप्य च तीर्थप्राप्ति निमित्तकं पित्रादीनां श्रद्धाभक्तिपूर्वकं तीर्थश्राद्धं कुर्यात्। तत्र तावत् स्वासने प्राङ्मुख उपविश्य दर्भपवित्रधारणं कृत्वा सव्येन आचम्य प्राणानायम्य–ॐ अपवित्रः पवित्रो वेत्यादि पुण्डरीकाक्षस्मरणपूर्वकमात्मनः श्राद्धीयद्रव्याणां च प्रोक्षणं कुर्यात्। ततः करौ बद्ध्वा विष्णुं मनसा ध्यात्वा प्रार्थयेत्। ॐ तीर्थभूम्यै नमः। ॐ तीर्थदेव-ताभ्यो नमः। ओं भगवत्यै गयायै नमः। ॐ भगवते गदाधराय नमः। ॐ नमो नमस्ते गोविन्द पुराणपुरुषोत्तम। इदं श्राद्धं हृषीकेश रक्षतां सर्वतो दिशि। ततो देशकालौ सङ्कीर्त्य–ॐ अद्य मम समस्तपितॄणामसद्गतीनां सद्गतिप्राप्तिपूर्वका-क्षयतृप्तिहेतवे सद्गतीनाञ्च श्रीविष्णुलोकाप्तये अमुकतीर्थप्राप्तिनिमित्तकं पिण्ड-दानमात्रश्राद्धमहं' करिष्ये इति सङ्कल्प्य। गायत्रीं त्रिर्जपित्वा 'ॐ देवताभ्यः पितृभ्यश्च' इति त्रिः पठेत्। ततोऽपसव्यं कृत्वा दक्षिणाभिमुखः पातितवाम-जानुः स्वपुरतः पिण्डदानार्थं चतुरस्रमुत्तरतः उच्चं दक्षिणाप्लवं हस्तमात्रं चतु-रंगुलोच्छ्रितां वेदीं निर्माय–ॐ अयोध्या मथुरा माया काशी काञ्ची अवन्तिका। पुरी द्वारावती चैव सप्तैता मोक्षदायिकाः॥ इति पञ्चगव्येन तीर्थजलेन वा सिञ्चेत्, ततो वेदीमध्ये दर्भपिञ्जुलिमूलेन–ॐअपहताऽसुरा रक्षा(ँ)सि वेदि-षद इति रेखाकरणम्। ॐ ये रूपाणि प्रतिमुञ्चमानाऽअसुराः सन्तः स्वधया चरन्ति। परा पुरो निपुरो ये भरन्त्यग्निष्टांल्लोकान् प्रणुदात्यस्मात्। इति मन्त्रेण उल्मुकं भ्रामयित्वा उपमूलसकृदाच्छिन्नदक्षिणाग्रकुशास्तरणं कुर्यात्। ततः पत्र-पुटकेषु जलतिलगन्धपुष्पाणि क्षिप्त्वा एकं पुटकं गृहीत्वा—"ॐ अद्यामुकगोत्र अस्मत्पितरमुकशर्मन्वसुरूप अत्रावनेनिक्ष्व ते स्वधा" इति कुशमूले पितृतीर्थेन पित्रे अवनेजनं दद्यात्।

विधिः। वर्जयित्वा कुरुक्षेत्रं विशालां (उज्जैन) विरजां गयाम्॥ (वा० पु०) तीर्थं गच्छन् त्यजेत्प्रातः परान्नं परभोजनम्। जितेन्द्रियो जितक्रोधो ब्रह्मचारी भवेच्छुचिः॥ अन्यक्षेत्रे कृतं पापं पुण्यक्षेत्रे विनश्यति। पुण्यक्षेत्रे कृतं पापं वज्रलेपो भविष्यति (स्कं० पु०)॥

(१) नावाहनं न दिग्बन्धो न दोषो दृष्टिसम्भवः। सकारुण्येन कर्तव्यं तीर्थश्राद्धं विचक्षणैः॥ पिण्डासनं पिण्डदानं पुनः प्रत्यवनेजनम्। दक्षिणा चान्नसङ्कल्पस्तीर्थश्राद्धेष्वयं विधिः॥ (वा० पु०)॥ नचात्र श्येनगृध्रादीन् पक्षिणः प्रतिषेधयेत्। तद्रूपाः पितरस्तस्य समायान्तीति वैदिकम्॥ (देयलस्मृतिः)॥

पुनः द्वितीयपुटकं गृहीत्वा—"ॐ अमुकगोत्र अस्मत्पितामहामुकशर्मन् रुद्ररूप अत्रावनेनिक्ष्व ते स्वधा" इति कुशमध्ये पितामहाय दद्यात्।

पुनः "ॐ अमुकगोत्र अस्मत्प्रपितामहामुकशर्मन् आदित्यरूप अत्रावनेनिक्ष्व ते स्वधा" इति कुशाग्रे प्रपितामहाय दद्यात्।

एवं द्वितीयादिकुशेषु मातृ-पितामही-प्रपितामही-मातामह-प्रमातामह-वृद्धप्रमातामह-मातामही-प्रमातामही-वृद्धप्रमातामहीभ्यो दद्यात्। एवमेव स्वपत्नी-पितृव्य-तत्पत्नी- भ्रातृपत्नी-पितृष्वसृ- तद्भर्तृ-मातुल-मातुलानी-मातृस्वसृ-तत्पति-श्वशुर-श्वश्र्वा-ऽऽचार्या-ऽऽचार्यान्युपाध्याय-पुत्र-स्नुषा-पुत्री-जामातृ-भगिनी-भामभागिनेय-पौत्र-दौहित्र-शिष्य-श्यालक-मित्र-तत्पत्नीप्रभृतीनां पृथक्पृथक्कुशेष्ववनेजनं दद्यात्।

ततः पायसेन चरुणा सक्तुना वा तंडुलैस्तंडुलपिष्टकेन वा, यव-गोधूम-चूर्ण-गुड-तिल-फल-मूल-पिण्याकानामन्यतमेन वा तिल-घृत-मधु-दधिशर्करामिश्रितेन आर्द्रामलकमात्रान् पिंडान् कृत्वा क्रमेण दर्भेषु तत्तदवनेजनस्थाने दद्यात्। तत्र एकं पिण्डं वामहस्ते कृत्वा दक्षिणहस्तेन द्विगुणभुग्नकुशत्रयादीन्यादाय ॐ अद्यामुकगोत्रस्य अस्मत्पितुरमुकनाम्नः तस्य अक्षयतृप्त्यर्थमिदं हविष्यान्नमयम् अमृतरूपं मधुतिलादिप्रोक्षितं पिंडं ते स्वधा नमः। इति प्रथमकुशमूल पितृतीर्थेन पित्रे दद्यात्॥ १॥ पुनः पिण्डं कुशादींश्चादाय ॐ अद्यामुकगोत्रस्याऽस्मत्पितामहस्याऽमुकनाम्नोऽक्षयतृप्त्यर्थमिदं हविष्यान्नमयममृतरूपं मधु-तिल-जलप्रोक्षितं पिण्डं तस्मै स्वधा।

ॐ अद्यामुकगोत्रस्यास्मत्प्रपितामहस्यामुकनाम्नोऽक्षयतृप्त्यर्थमिदं हविष्यान्नमयममृतरूपं-तिल-मधु-जलप्रोक्षितं पिण्डं तस्मै स्वधा।

ॐ अद्यामुकगोत्रस्याऽस्मद्वृद्धप्रपितामहस्याऽमुकनाम्नोऽक्षयतृप्त्यर्थमिदं हविष्यान्नमयममृतरूपं मधु-तिल-जल-प्रोक्षितं पिण्डं तस्मै स्वधा।

ॐ अद्यामुकगोत्राया अमुकदेव्या मम मातुरक्षयतृप्त्यर्थमिदं हविष्यान्न मयममृतरूपं मधु-तिल-जल-प्रोक्षितं पिण्डं तस्यै स्वधा॥

ॐ अद्यामुकगोत्राऽमुकनाम्नी देवी मम पितामही तस्या अक्षयतृप्त्यर्थमिदं हविष्यान्नमयममृतरूपं मधु-तिल-जल-प्रोक्षितं पिण्डं तस्यै स्वधा।

ॐ अद्यामुकगोत्राया अमुकनाम्न्या देव्या मम प्रपितामह्या अक्षयतृप्त्यर्थमिदं हविष्यान्नमयममृतरूपं मधु- तिल-जल-प्रोक्षितं पिण्डं तस्यै स्वधा।

ॐ अद्यामुकगोत्राऽस्मद्वृद्धप्रपितामही अमुकनाम्नी तस्या अक्षयतृप्त्यर्थमिदं हविष्यान्नमयममृतरूपं मधु-तिल-जलादिभिः प्रोक्षितं पिण्डं तस्यै स्वधा।

ॐ अद्यामुकगोत्रद्वितीयगोत्रस्याऽस्मन्मातामहस्याऽमुकनाम्नोऽक्षयतृप्त्यर्थमिदं हविष्यान्नमयममृतरूपं मधु-तिल-जलादिप्रोक्षितं पिण्डं तस्मै स्वधा।

ॐ अद्यामुकगोत्रद्वितीयगोत्रस्याऽस्मत्प्रमातामहाऽमुकनाम्नोऽक्षयतृप्त्यर्थमिदं हविष्यान्नमयममृतरूपं मधु-तिल-जलादिसिक्तं पिण्डं तस्मै स्वधा।

ॐ अद्यामुकगोत्रद्वितीयगोत्रस्याऽस्मन्वृद्धप्रमातामहस्याऽमुकनाम्नोऽक्षय-तृप्त्यर्थमिदं हविष्यान्नमयममृतरूपं मधु-तिल-जलादिसिक्तं पिण्डं तस्मै स्वधा।

ॐ अद्यामुकगोत्रा द्वितीयगोत्राऽस्मन्मातामही चामुकनाम्नो देवी तस्या अक्षयतृप्त्यर्थमिदं हविष्यान्नमयममृतरूपं मधु-तिल-जलादिप्रोक्षितं पिण्डं तस्यै स्वधा।

ॐ अद्यामुकगोत्रा द्वितीयगोत्राऽस्मत्प्रमातामह्यमुकनाम्नी देवी तस्या अक्षय-तृप्त्यर्थमिदं हविष्यान्नमयं मधु-तिल-जलादिभिः प्रोक्षितं पिण्डं तस्यै स्वधा।

ॐ अद्यामुकगोत्रा द्वितीयगोत्राऽस्मद्वृद्धप्रमातामही अमुकनाम्नी देवी तस्या अक्षयतृप्त्यर्थमिदं हविष्यान्नमयं मधुतिलजलादिभिः प्रोक्षितं पिण्डं तस्यै स्वधा।

ॐ अद्यामुकगोत्रेऽस्मत्पत्न्यमुकदेवि श्रीरूपिणि! एतत्ते पिण्डं स्वधा नमः।

ॐ अमुक० पितृव्यामुकशर्मन् एतत्ते०॥ ॐ अमुकगोत्रेऽस्मत्पितृव्यपत्नि! एतत्ते०॥ ॐ अमुक० भ्रातरमुकशर्मन् एतत्ते०॥ ॐ अमुकगोत्रे भ्रातुः पत्न्यमुकदेवि! एतत्ते०॥ ॐ अमुकगोत्रेऽस्मत्पितृष्वसरमुकदेवि! एतत्ते०॥ ॐ अमुक० पितृष्वसुर्भर्तरमुकशर्मन्! एतत्ते०॥ ॐ अमुकगोत्राऽस्मन्मातुलाऽमुकशर्मन् एतत्ते०॥ ॐ अमुकगोत्रेऽस्मन्मातुलानि! एतत्ते०॥ ॐ अमुकगोत्रेऽस्मन्मातृष्वसरमुकदेवि! एतत्ते०॥ ॐ अमुक० मातृष्वसुर्भर्तरमुकशर्मन्! एतत्ते०॥ ॐ अमुकगोत्राऽस्मच्छ्वशुरामुकशर्मन्! वसुरूप! एतत्ते०॥ ॐ अमुकगोत्रेऽस्मत्च्छ्वश्रु-अमुकदेवि! एतत्ते०॥ ॐ अमुक० आचार्यामुकशर्मन्! वसुरूप! एतत्ते०॥ ॐ अमुकगोत्रे आचार्याणि! अमुकदेवि! एतत्ते०॥ ॐ अमुक० उपाध्यायगुरो अमुकशर्मन्! वसुरूप! एतत्ते०॥ ॐ अमुक० पुत्रामुकशर्मन् एतत्ते०॥ ॐ अमुकगोत्रेऽस्मत्स्नुषे! अमुकदेवि! एतत्ते०॥ ॐ अमुकगोत्रेऽस्मत्पुत्रि! अमुकदेवि! एतत्ते०॥ ॐ अमुक० जामातरमुकशर्मन्! एतत्ते०॥ ॐ अमुकगोत्रेऽस्मद्भगिनि! अमुकदेवि! एतत्ते०॥ ॐ अमुक० भामामुकशर्मन्! एतत्ते०॥ ॐ अमुक० भागिनेयाऽमुकशर्मन्! एतत्ते०॥ ॐ अमुकगोत्राऽस्मत्पौत्राऽमुकशर्मन्! एतत्ते०॥ ॐ अमुक० दौहित्र! अमुकशर्मन्! एतत्ते०॥ ॐ अमुकगोत्रशिष्यामुकशर्मन्! एतत्ते०॥ ॐ अमुक० श्यालकाऽमुकशर्मन्! एतत्ते०॥ ॐ अमुकगोत्राऽस्मन्मित्राऽमुक-

शर्मन् एतत्ते पिण्डं स्वधा ॥ ॐ अज्ञातनामगोत्राः समस्ताश्रितपितरस्तीर्थश्राद्धे एष वः पिण्डः स्वधा ॥

एवं मित्रपत्नीप्रभृतीनां मृतानामपि पिण्डान् दद्यात् ।

आब्रह्मणो ये पितृवंशजाता मातुस्तथा वंशभवा मदीयाः । वशद्वये ये मम दासभूता भृत्यास्तथैवाश्रितसेवकाश्च ॥ मित्राणि शिष्याः पशवश्च वृक्षा दृष्टाश्च स्पृष्टाश्च कृतोपकाराः । जन्मान्तरे ये मम संगताश्च तेषां स्वधा पिण्डमहं ददामि ॥ १ ॥ ये केचित्प्रेतरूपेण वर्तन्ते पितरो मम । ते सर्वे तृप्तिमायान्तु पिण्डदानेन शाश्वतीम् ॥ २ ॥ येऽबान्धवा बान्धवा वा येऽन्यजन्मनि बान्धवाः । तेषां पिण्डो मया दत्त अक्षय्यमुपतिष्ठतु ॥३॥ पितृवशे मृता ये च मातृवंशे तथैव च । गुरुश्वशुरबंधूनां ये चान्ये बान्धवाः स्मृताः ॥ ४ ॥ ये मे कुले लुप्तपिण्डाः पुत्रदारविर्वाजताः । तेषां पिण्डो मया दत्त अक्षय्यमुपतिष्ठतु ॥ ५ ॥ विरूपा आमगर्भाश्च ज्ञाताज्ञाताः कुले मम । तेषां पिंडो मया दत्तो ह्यक्षय्यमुपतिष्ठताम् ॥ ६ ॥ उच्छिन्नकुलवंशानां येषां दाता कुले नहि । धर्मपिंडो मया दत्तो ह्यक्षय्यमुपतिष्ठतु ॥ ७ ॥ ततः पिण्डाधारकुशमूले—ॐ लेपभागभुजस्तृप्यन्तु । इति हस्तं प्रोञ्छ्य जलेन हस्तौ प्रक्षालयेत् । ततः सव्येन आचमनं विष्णुस्मरणञ्च कृत्वा अपसव्यादिना 'ॐ तत्र पितरो मादयध्वं यथा भागमावृषायध्वम्' इति पठित्वा वामावर्तेनोदङ्मुखो भूत्वा प्रीतमना मनाक् श्वासं नियम्य तेनैव पथा परावृत्य 'ॐ अमीमदन्त पितरो यथाभागमावृषायिषत', इति जपेत् । एवं मात्रादिपक्षेषु देयम् । ततः प्रत्यवनेजनं ॐ अमुकगोत्रास्मत्पितृपितामहादयः तीर्थश्राद्धपिंडेषु अत्र प्रत्यवनेनिध्वं वः स्वधा । ॐ अद्यामुकगोत्रा मातामहादयः तीर्थश्राद्धपिण्डेषु अत्र प्रत्यवनेनिग्ध्वं वः स्वधा । ॐ अद्यामुकगोत्राः समस्ताश्रितपितरः तीर्थश्राद्धे अत्र प्रत्यवनेनिग्ध्वं वः स्वधा ॥ ततो नीवीविस्रंसनम् । ॐ नमो वः पितरो रसाय नमो वः पितरः शोपाय नमो वः पितरो जीवाय नमो वः पितरः स्वधायै नमो वः पितरो घोराय नमो वः पितरो मन्यवे नमो वः पितरः पितरो नमो वो गृहान्नः पितरो दत्तसतो वः पितरो द्वेष्म । इति कृताञ्जलिः प्रार्थयेत् ।। ततः ॐ एतद्वः पितरो वासः । ॐ एतद्वो मातरो वासः । ॐ एतद्वो मातामहादयो वासः । ॐ एतद्वः पितृव्यादयो वासः । इति प्रतिपिण्डं प्रक्षालितसूत्रत्रयदानं कृत्वा ततः पिंडान् गन्ध-पुष्प-तुलसी-धूप-दीप-ताम्वूल-पूगीफल-यज्ञोपवीतदक्षिणाभिः सम्पूज्य । ॐ ऊर्ज्जं वहन्तीरमृतं घृतं पयः कीलालं परिस्रुतम् । स्वधास्थतर्प्पयत मे पितृन् । इति पिण्डोपरि दक्षिणाग्रां जलधारां दद्यात् । सर्वेषां पिण्डाधिकारिपितृणां नामगोत्रोच्चारणं कृत्वा सतिलजलेन तर्पणं कुर्यात् । ततो दक्षिणाद्रव्यं मोटकादीनि चादाय ॐ अद्यामुकगोत्राणां मम समस्तपितृणामसद्गतीनां स्वर्गतये सद्गतीनाञ्च विष्णुलोकप्राप्तये, अमुक

तीर्थप्राप्तिनिमित्तक-पित्रादीनां पितृव्यादीनाञ्च कृतम् एतच्छ्राद्धप्रतिष्ठार्थमिदं रजतं चन्द्रदैवत्यम् (तदभावे किञ्चिद्व्यावहारिकं द्रव्यं वा) अमुकगोत्रायामुकशर्म्मणे ब्राह्मणाय दक्षिणात्वेन दातुमहमुत्सृजे, इति संकल्प्य यथाशक्ति रजतद्रव्यं ब्राह्मणाय दद्यात्, ॐ स्वस्तीति प्रतिवचनम् । ततः पिण्डानुत्थाप्य स्थाल्यां अवघ्राणञ्च कृत्वा दक्षिणाभिमुखः तीर्थजले निक्षिपेत् । गवे वा दत्त्वा—उच्छिष्टमार्जनादिकं कुर्यात् । ततो देशकालौ सङ्कीर्त्य ॐ अमुकगोत्रोऽमुकशर्म्मा (वर्म्मा, गुप्तो)ऽहम् अद्यकृतैतदमुकतीर्थनिमित्तकास्मत्समस्तपित्रादीनां पितृव्यादीनाञ्च श्राद्धकर्मणः न्यूनातिरिक्तदोषपरिहारपूर्वकसाङ्गतासिद्ध्यर्थम्—अमुकसंख्याकान् ब्राह्मणान् भोजयिष्ये, दक्षिणाञ्च दास्ये ॥ इति संकल्प्य ॐ अमुकतीर्थप्राप्तिनिमित्तं पिण्डदानं परिपूर्णमस्तु ॥ इति प्रार्थयेत् ॥ ततः ॐ अस्तु परिपूर्णमित्यनुज्ञातः ॐ अनेन पिण्डदानाख्येन कर्मणा श्रीभगवान् पितृस्वरूपी जनार्दनः प्रीयताम् ॥ ॐ देवताभ्यः इति त्रिर्जपित्वा सव्येनाचमनं कुर्यात् । ततो वैश्वदेवबलिकर्माणि कृत्वा श्रीसूर्यायार्घ्यं दद्यात् । ततो यथाशक्ति तीर्थब्राह्मणान्[1] भोजयित्वा तेभ्यो दक्षिणां च दत्त्वा कर्मपूर्तिकामो विष्णुं स्मरेत्—ॐ यस्य स्मृत्या च नामोक्त्या तपोयज्ञक्रियादिषु । न्यूनं सम्पूर्णतां याति सद्यो वन्दे तमच्युतम् ॥ इति तीर्थश्राद्धविधिः ।

अथ मातृषोडशी

मातुः सद्गत्यर्थं मातृ-ऋणनिवृत्त्यर्थं च सर्वतीर्थेषु, विशेषतः गया-गोदावरी रेणुका (हिमाचलप्रदेश) तीर्थेषु च मात्रे षोडश-पिण्डदानं महन्महत्त्वं बिभर्ति । तद्यथा—

पूर्वं मातुः आवाहनम्—

आगर्भज्ञानपर्यन्तं पालितो यत्त्वया ह्यहम् ।
आवाहयामि त्वां मातर्दर्भपृष्ठे तिलोदकैः ॥ १ ॥

ततश्च पिण्डदानम्—

गर्भे दुर्गमने दुःखं विषमे भूमिवर्त्मनि ।
तस्या निष्क्रमणार्थाय मातृपिण्डं ददाम्यहम् ॥ २ ॥
यावत्पुत्रो न भवति तावन्माताथ शोचते ।
तस्या निष्क्रमणार्थाय मातृपिण्डं ददाम्यहम् ॥ ३ ॥

---

(१) तीर्थेषु ब्राह्मणं नैव परीक्षेत कथञ्चन । अन्नार्थिनमनुप्राप्तं भोजयेन्मनुशासनात् (प० पु०) ॥ तीर्थश्राद्धे कुतुपादिकालं न प्रतीक्षेत (हारीतः) ॥

मासि मासि कृतं कष्टं वेदनाप्रसवेषु च ।
तस्या निष्क्रमणार्थाय मातृपिण्डं ददाम्यहम् ॥ ४ ॥
यत्पूर्णे दशमे मासि चात्यन्तं मातृ-पीडनम् ।
तस्या निष्क्रमणार्थाय मातृपिण्डं ददाम्यहम् ॥ ५ ॥
पद्भ्यां प्रजायते पुत्रो जनन्याः परिवेदनम् ।
तस्या निष्क्रमणार्थाय मातृपिण्डं ददाम्यहम् ॥ ६ ॥
शैथिल्ये प्रसवे प्राप्ते माता विन्दति दुष्कृतम् ।
तस्या निष्क्रमणार्थाय मातृ-पिण्डं ददाम्यहम् ॥ ७ ॥
पिबन्ती कटुद्रव्याणि क्वाथानि विविधानि च ।
तस्या निष्क्रमणार्थाय मातृपिण्डं ददाम्यहम् ॥ ८ ॥
अग्निना शुष्कदेहा वै त्रिरात्रं पोषणेन च ।
तस्या निष्क्रमणार्थाय मातृपिण्डं ददाम्यहम् ॥ ९ ॥
रात्रौ मूत्रपुरीषाभ्यां भिद्यन्ते मातृकर्मठाः ।
तस्या निष्क्रमणार्थाय मातृपिण्डं ददाम्यहम् ॥ १० ॥
दिवा रात्रौ च या माता ददाति निर्भरस्तनम् ।
तस्या निष्क्रमणार्थाय मातृपिण्डं ददाम्यहम् ॥ ११ ॥
माघे मासि निदाघे च शिशिरेऽत्यन्तदुःखिता ।
तस्या निष्क्रमणार्थाय मातृपिण्डं ददाम्यहम् ॥ १२ ॥
क्षुधया विह्वले पुत्रे ह्यन्नं माता प्रयच्छति ।
तस्या निष्क्रमणार्थाय मातृपिण्डं ददाम्यहम् ॥ १३ ॥
पुत्रो व्याधिसमायुक्तो माता हा क्रन्दकारिणी ।
तस्या निष्क्रमणार्थाय मातृपिण्डं ददाम्यहम् ॥ १४ ॥
यमद्वारे महाघोरे पथि माता च शोचति ।
तस्या निष्क्रमणार्थाय मातृपिण्डं ददाम्यहम् ॥ १५ ॥
अल्पाहारस्य करिणी यावत्पुत्रश्च बालकः ।
तस्या निष्क्रमणार्थाय मातृपिण्डं ददाम्यहम् ॥ १६ ॥
गात्रभङ्गो भवेन्मातुः मृत्युरेव न संशयः ।
तस्या निष्क्रमणार्थाय मातृपिण्डं ददाम्यहम् ॥ १७ ॥

इत्थं पिण्डदानं कृत्वा श्वासं नियम्येत्यादि दक्षिणादानान्तं कृत्वा ततो यथा-संभवं दानं कुर्यात् ।

स्वर्णं रौप्यं तथा ताम्रं कांस्यं गावो गजो हयाः ।
गृहं भूमिः वृषो वस्त्रं शय्या छत्रमुपानहौ ॥
दास्यन्नं पितृयज्ञेषु दानं षोडशकं स्मृतम् ॥

वैतरणी-गोदान

प्रथमं ब्राह्मण-प्रार्थनामन्त्रः—

विष्णुरूप द्विजश्रेष्ठ भूदेव-पंक्तिपावन ।
ततुं वैतरणीमेतां कृष्णां गां प्रददाम्यहम् ॥

ततश्च संकल्पः—

ओमद्य० वैतरणीतरणार्थमिमां गां सवत्सां कृष्णवस्त्र-रक्त-माल्यादि-सुवर्ण-शृङ्गाद्यलंकृतां गन्धपुष्पार्द्यर्चितां कांस्य-दोहनीं शास्त्रोक्तफलावाप्त्यर्थम्, अमुकगोत्रायामुकवेदशाखाध्यायिने अमुकशर्मणे ब्राह्मणाय विष्णुरूपाय तुभ्यमहं सम्प्रददे ।

ततश्च धेनोः प्रार्थनार्थमन्त्रः—

"धेनुके त्वं प्रतीक्षस्व यमद्वारमहापथे ।
उत्तितीर्षुरहं भद्रे वैतरण्यै नमोऽस्तु ते ॥"

तदनन्तरं दक्षिणा—

ओमद्य० वैतरणीगोदानप्रतिष्ठार्थं सुवर्णदक्षिणात्वेन दातुमहमुत्सृजे ।

अथ श्राद्धदिने[1] संक्षिप्तकृत्यम्—यजमानः ओं आपद्धनेतिमन्त्रेण विप्रपादं प्रक्षाल्य कुशासने प्राङ्मुख उपविश्याचमनं कृत्वा—ओं अपवित्रः पवित्रो वेति कुशत्रयजलेनात्मानं सिञ्चेत् । ततः श्राद्धकाले गयां ध्यात्वा ध्यात्वा देवं गदाधरम् । उभाभ्याञ्च नमस्कृत्य गयाश्राद्धफलं लभेत् । इति श्रीनारायणं ध्यात्वा ततः प्रतिज्ञासंकल्पः—ॐ तत्सदद्यैतस्य ब्रह्मणो द्वितीयपरार्धे श्रीश्वेतवाराहकल्पे जम्बूद्वीपे भारतखण्डे आर्यावर्तैकदेशान्तर्गते पुण्यक्षेत्रे कलियुगे कलिप्रथमचरणे बुद्धावतारे अमुकसम्वत्सरे, अमुकायने, अमुक ऋतौ, अमुकराशिगते रवौ, अमुकमासे, अमुकतिथौ, अमुकवासरे, अमुकगोत्रोत्पन्नः, अमुकनामाऽहं, अमुकगोत्रस्य अमुकनाम्नः पितुः श्राद्धं करिष्ये । ततःकुशयवजलान्यादाय ॐ इहेत्यादि० अमुकगोत्रोऽमुकशर्म्माहं श्रुतिस्मृतिपुराणागमप्रतिपादितपुण्यफल-प्राप्तिकामः ज्ञाताज्ञातकायवाङ्मनःकरणकाचरितसकलकल्मषनिरसनोत्तरशरीरा-रोग्यहेतवे शुभफलप्राप्त्यर्थञ्च श्राद्धदिने इदं हन्तकारान्नं सोपकरणं श्रीलक्ष्मी-नारायणप्रीत्यर्थे नमः । ओं अद्य भोजनदानसाङ्गतासिद्ध्यर्थं दास्यमानं दक्षिणा-

---

(१) न तत्र वीरा जायन्ते नारोगा न शतायुषः । न च श्रेयोऽधिगच्छन्ति यत्र श्राद्ध विवर्जितम् ॥ जीविते वाक्यकरणाद् मृताहे भूरिभोजनात् । गयायां पिण्डदानाच्च त्रिभिः पुत्रस्य पुत्रता ॥

द्रव्यं यथानामगोत्राय ब्राह्मणाय दातुमहमुत्सृजे । ततो हस्ते यवानादाय प्राङ्मुखः साञ्जलिः विश्वान् देवानहमावाहयिष्ये ।

ॐ आगच्छन्तु महाभागा विश्वेदेवा महाबलाः ।
ये चात्र योजिताः श्राद्धे सावधाना भवन्तु ते ॥

ततः अपसव्यं दक्षिणामुखः साञ्जलिः "पितॄनहमावाहयिष्ये" इत्युक्त्वा—ॐ आयन्तु नः पितरः सोम्यासोऽग्निष्वात्ताः पथिभिर्देवयानैः । अस्मिन् यज्ञे स्वधया मदन्तोऽधिब्रुवन्तु तेऽवन्त्वस्मान् ॥ ततः सव्यं कृत्वा प्राङ्मुखः सयवं संकल्पजलमादाय, ॐ तत्सदद्येत्युच्चार्य अमुकगोत्रस्य पितुः श्राद्धसम्बन्धिनो विश्वेदेवा इदमन्नं परिवेष्यमाणं सदक्षिणाकं सोपकरणं वो नमः । ततः अपसव्यं दक्षिणामुखः सतिलं संकल्पजलमादाय—ॐ अद्य अमुकगोत्र पितः अमुकशर्मन् पार्वणश्राद्धे एतानि गन्ध पुष्प धूपदीप ताम्बूल पूगीफलैलाफल यज्ञोपवीतवासांसि ते स्वधा. ततः सघृतमन्नं परिवेष्य ॐ मधुव्वातेति पठेत् ततो वामहस्तं चोत्तानां दक्षिणहस्तस्याधस्तात् कृत्वा ॐ पृथिवीते पात्रं० पठित्वा दक्षिणाङ्गुष्ठेन कृष्ण कव्यमिदं रक्ष मदीयमिदमन्नं, इमा आपः, इदमाज्यमिदं कव्यं, ततः ॐ अपहता असुरा रक्षा ꣳ सि वेदिषदः, इतिपठित्वा अन्नोपरि तिलान् विकिरेत् ।

पितृभोजनसंकल्प—ॐ अद्येत्यादि० देशकालौ सङ्कीर्त्य अमुकवासरादिसंयुतायाम—अमुकगोत्रस्य अमुकनाम्नः पितुरमुकशर्म्मणः अक्षय्यस्वर्गलोकवासकामनया श्राद्धदिवसे परिविष्टं परिवेष्यमाणमिदमन्नं सोपकरणं ब्राह्मणतृप्तिक्षमं[1] ते स्वधा । अद्य भोजनदानसाङ्गता० । पिता स्वर्गः पिता धर्मः पिता हि परमं तपः । पितरि प्रीतिमापन्ने प्रीयन्ते सर्वदेवताः ॥ इति प्रणमेत् । मातृसङ्कल्पः ॥ ॐ अद्येत्यादि० अमुकगोत्राया मातुरमुकदेव्याः अक्षय्यस्वर्गलोकप्राप्तिकामनया श्राद्धदिवसे इदमन्नं ब्राह्मणतृप्तिक्षमं सदक्षिणं तस्यै स्वधा । अद्य भोजनदा० नास्ति मातृसमा छाया नास्ति मातृसमा गतिः । नास्ति मातृसमं त्राणं नास्ति मातृसमा प्रिया । इति प्रणमेत् ॥ समस्तपितॄणां सङ्कल्पः ॥ ॐ अद्येत्यादि अमुकगोत्राणाम् अस्मत्पितृपितामहप्रपितामहानाममुकामुकशर्म्मणां सपत्नीकानां द्वितीयगोत्रे अस्मन्मातामहप्रमातामहवृद्धप्रमातामहानाम्, अमुकामुकशर्म्मणां

(१) वेदविद्याव्रतस्नातान्छ्रोत्रियान् गृहमेधिनः । पूजयेद्धव्यकव्येन विपरीतांश्च वर्जयेत् (मनुः) ॥ गायत्रीसारमात्रोऽपि वरं विप्रः सुयंत्रितः । नायंत्रितश्चतुर्वेदी सर्वाशी सर्वविक्रयी (व्यासः) ॥ गायत्रीजापनिरतं हव्यकव्येषु योजयेत् । (मात्स्ये) । एकैकमपि विद्वांसं दैवे पित्र्ये च भोजयेत् । पुष्कलं फलमाप्नोति नामन्त्रज्ञान् बहूनपि (मनुः) ॥

सपत्नीकानां श्राद्धदिने इदमन्नं सोपकरणं ब्राह्मणतृप्तिक्षमं षोढा विभज्य वः स्वधा। अद्य भोजनदानसां० ॥ ततः सव्यं साञ्जलिः प्राङ्मुखः प्रार्थयेत्—

ॐ अन्नहीनं क्रियाहीनं विधिहीनं च यद् भवेत्।
तत् सर्वमच्छिद्रमस्तु श्रीनारायण-प्रसादतः॥

ततो नित्यकर्मप्रकरणोक्तप्रकारेण तर्पणं बलिवैश्वदेवञ्च कृत्वा सव्यं प्राङ्मुखः साञ्जलिराशिषं प्रार्थयेत्-ॐ गोत्रं नो वर्धतां दातारो नोऽभिवर्धन्ताम् वेदाः सन्ततिरेव च। श्रद्धा च नो मा व्यगमद् बहुदेयञ्च नोऽस्तु॥ ॐ अन्नञ्च नो बहुभवेदतिथींश्च लभेमहि। याचितारश्च नः सन्तु मा च याचिष्म कञ्चन॥ ततः-ओं नमो विवस्वते ब्रह्मन्० इति मन्त्रेण श्रीसूर्यायार्घ्यं दत्वा—ओं आदित्यस्य नमस्कारं ये कुर्वन्ति दिने दिने। जन्मान्तरसहस्रेषु दारिद्र्यं नोपजायते॥ नमो धर्मनिधानाय नमस्ते कृतसाक्षिणे! नमःप्रत्यक्षदेवाय भास्कराय नमो नमः॥ इति नमस्कृत्य—ओं यानि कानि च पापानि जन्मान्तरकृतानि च। तानि तानि प्रणश्यन्ति प्रदक्षिणपदे पदे॥ इति प्रदक्षिणं कृत्वा प्रमादा० ओं यस्य स्मृ० इति पठित्वा श्रोत्रियान् अनिषिद्धब्राह्मणान्[1] भोजयेत्। भोजनोत्तरं विप्रभाले "ओं नमो ब्रह्मण्यदेवाय गोब्राह्मणहिताय च। जगद्धिताय कृष्णाय गोविन्दाय नमो नमः॥" इति मन्त्रेण तिलकं कृत्वा फलपुष्पदक्षिणादिभिः सन्तोष्य प्रणमेत्, ततो विप्राः ओं दक्षिणावतामिदमानि चित्रा दक्षिणावतां दिवि सूर्यासः दक्षिणावन्तो अमृतं भजन्ते दक्षिणावन्त प्रतिरन्त आयुः॥ इति पठेयुः॥ ततो यजमानः ब्राह्मणान् ॐ यानि कानोति मन्त्रेण परिक्रामयित्वा ब्राह्मणद्वारा स्वमस्तके तिलकं कारयेत्।

यजमानो वदेत्—शेषान्नस्य किं कर्तव्यम्? ब्राह्मणा वदेयुः—बान्धवैः सह भोक्तव्यम्। ततो ज्ञातिबान्धवातिथियुक्तः स्वयमपि भोजनं कुर्यात्। अस्मिन् दिने आगतान् सर्वानतिथिप्रभृतीन् अन्नेन तोषयेत्।

समन्त्रसङ्कल्पविकल्पकल्पाकृतिर्द्विजानां विहिता हिताय।
निर्मत्सरा साधुहृदा मुदान्तस्वान्ते तदैनां परिशीलयन्तु॥ १॥

इति श्रीमत्पण्डितप्रवररामचन्द्रसुतेन श्रीशिवदेव्या गर्भजेन पञ्चापदेशान्तर्गत-
कुराली-ग्राम-वास्तव्येन सारस्वतविप्रवंशाभिजनेन श्रीमुकुन्दवल्लभ-
ज्यौतिषाचार्येण प्रणीते कर्मठगुरौ नैमित्तिककर्मात्मकं
द्वितीयं प्रकरणं समाप्तम्।

---

(१) रोगी हीनातिरिक्ताङ्गः काणः पौनर्भवस्तथा। अवकीर्णिः कुण्डगोली कुनखी श्यावदन्तकः (याज्ञ०)॥ सन्ध्याहीने व्रतभ्रष्टे विप्रे वेदविवर्जिते। दीयमानं रुदत्यन्नं किं मया दुष्कृतं कृतम् (व्यासः)॥

अथ पूजाहोमकर्मात्मकं तृतीयं प्रकरणम्

सुदिने सुमुहूर्ते गृहतीर्थपुण्यक्षेत्रनिर्जनस्थानादौ वा वस्त्रादिना मण्डपादिकरणम्[१]।

प्रातःकालात्पूर्वं दण्डद्वयात्मके ब्राह्ममुहूर्ते चोत्थाय शौचानन्तरम्[२] अपामार्गेण दन्तधावनं स्नानं सन्ध्यादिकञ्च कुर्यात्ततः कृतनित्यक्रियः संभृतसंभारो यजमानः परिहिताहतसोत्तरीयशुक्लवासाः कुशोत्तरकम्बलाद्यास्तृते स्वासने[३] स्वस्तिकादिसुखासनविधिना प्राङ्मुख उदङ्मुखो वा उपविश्य स्वदक्षिणतः रक्तपीतमाङ्गलिकवस्त्रोपेतां पत्नीं[४] चोपवेश्य नूतनशुद्धसंस्कृतयज्ञोपवीतधारणं कुर्यात्ततः आचार्येण दम्पत्योरुत्तरीयवस्त्रस्यान्ते ॐ शुक्लाम्बरधरेति मन्त्रेण सफलाक्षतग्रन्थिबन्धनम् पूजाकर्तृस्त्रीचेत्, शौचादिकं कृत्वा तूष्णीं स्नानमाचरेत् ततः वेणीबन्धनादिकं रचयित्वा धौतंवासः कंचुकीञ्च परिधाय कुंकुमाद्यलंकारान् धृत्वा गतभर्तृका चेत् केवलं शुक्लवस्त्रं परिधाय। ततः स्थिरचेता—॥ आचमनम्[५] ॥ ॐ केशवाय नमः स्वाहा, ॐ नारायणाय नमः स्वाहा, ॐ माधवाय नमः स्वाहा, इति त्रिराचम्य ॥ हस्तप्रक्षालनम् ॥ ॐ विष्णवे नमः ॥ पवित्रकरणम् ॥ वामहस्तस्थगङ्गोदकं सकुशदक्षिणहस्तेन ॐ अपवित्रः पवित्रो वेत्यादिनाऽभिमन्त्र्य ॐ पुण्डरीकाक्षः पुनातु, तज्जलं दक्षिणहस्तेनात्मानं पूजासामग्रीं च सम्प्रोक्ष्य ॥ शिखाबन्धनम् ॥ ॐ मानस्तोके तनये मानऽआयुषि मानो गोषु मानोऽअश्वेषुरीरिषः। मानोव्वीरान् रुद्रभामिनो व्वधीर्हविष्मन्तः सदमित्त्वा हवामहे ॐ चिद्रूपिणि महामाये दिव्यतेजःसमन्विते। तिष्ठ देवि शिखाबद्धे तेजोवृद्धिं कुरुष्व मे ॥ इत्यनेन अङ्गुष्ठमात्रां शिखां नैर्ऋत्यां बद्ध्वा सव्यहस्ते कुशत्रयं दक्षिणहस्ते कुशद्वयं धारयेत्तत्र मन्त्रः—ॐ पवित्रेस्थो वैष्णव्यौ सवितुर्व्वः प्रसवऽउत्पुनाम्यच्छिद्रेण पवित्रेण सूर्यस्य रश्मिभिः। तस्य ते पवित्रपते पवित्रपूतस्य

---

(१) उपर्याच्छादनं यत्र नास्ति तत्रान्तरिक्षता। अनाच्छादितभूर्यत्र त्वन्तरिक्षं तदिष्यते ॥ (२) अपामार्गे स्मृतिर्मेधा प्रज्ञा वाणी वपुर्धृतिः। आयुःशीलं यशो लक्ष्मीः सौभाग्यं चोपजायते ॥ (३) गोसक्रुन्मृण्मयं भिन्नं पैप्पलं निम्बजं तथा। खण्डितं लोहबद्धं च वर्जयेदासनं बुधः ॥ (४) वामे सिन्दूरदाने च वामे चैव द्विरागमे। वामेऽशनैकशय्यायां भवेज्जाया प्रियार्थिनी ॥ सर्वेषु शुभकार्येषु पत्नी दक्षिणतः शुभा। अभिषेके विप्रपादक्षालने चैव वामतः ॥ वामे पत्नी त्रिषु स्थाने पितृणां पादशोचने। रथारोहणकाले च ऋतुकाले सदा भवेत् ॥ (संस्कारगणपतिः। स्त्रीरहितैः विप्रक्षत्रियविट्शूद्रैः क्रमात् कुशहेमरौप्यरचिता ताम्रा च धर्माय धार्या)। (५) गोकर्णाकृतिहस्तेन माषमात्रं जलं पिबेत्। आचमनञ्च तत्प्रोक्तं सर्वकर्मसु पावनम् ॥ स्त्रीचेत्—आचमनस्थाने उदकेन

यत्कामः पुनेतच्छकेयम्। इत्यनेन कुशपवित्रे[1] धृत्वा पुनराचम्य प्राणायामं[2] कुर्यात् ततः भूमौ दक्षिणहस्तमुत्तानं निवेश्य ॐ पृथिव्यै नमः इति भूमिं पञ्चापचारैः सम्पूज्य ॐ पृथिव त्वयेत्यासनशोधनं विधाय, ब्राह्मणद्वारा ललाटे कुंकुम[3] तिलकं कुर्यात्। ततः सपत्नीको यजमानस्तथाऽऽचार्यः ऋत्विग्भिः सह हस्ते कुंकुमार्चितसाक्षतपुष्पाणि गृहीत्वा सर्वं मिलित्वैव स्वस्त्ययनमन्त्रान् पठेयुः (स्वयं वाचनाशक्तौ आचार्यान्यऋत्विग् यजमानब्राह्मणद्वारा क्रियमाणं बद्धांजलिः शृणुयात्)।

अथ स्वस्तिवाचनम्

ॐ स्वस्ति न इन्द्रो वृद्धश्रवाः स्वस्तिनः पूषा विश्ववेदाः, स्वस्तिनस्तार्क्ष्यो अरिष्टनेमिः स्वस्तिनो बृहस्पतिर्दधातु॥ पयः पथिव्यां पय ओषधीपु पयो दिव्यन्तरिक्षे पयोधाः पयस्वतीः प्रदिशः सन्तु मह्यम्॥ विष्णोरराटमसि विष्णोः श्नप्त्रेस्थो विष्णोः स्यूरसि विष्णोर्ध्रुवोसि वैष्णवमसि विष्णवे त्वा॥ अग्निर्देवता वातो देवता सूर्यो देवता चन्द्रमा देवता वसवो देवता रुद्रा देवतादित्या देवता मरुतो देवता विश्वेदेवा देवता बृहस्पतिर्देवतेन्द्रो देवता वरुणो देवता ॐ द्यौः शान्तिरन्तरिक्ष ँ शान्तिः पृथिवी शान्तिरापः शान्तिरोषधयः शान्तिर्वनस्पतयः शान्तिर्विश्वेदेवाः शान्तिर्ब्रह्मशान्तिः सर्वं ँ शान्तिः शान्तिरेव शान्तिः सामा

नेत्रस्पर्शमाचरेत्)। (१) अनन्तर्गर्भितं साग्रं कौशं द्विदलमेव च। प्रादेशमात्रं विज्ञेयं पवित्रं यत्र कुत्रचित्॥ कात्या० (२) नित्ये देवार्चने होमे सन्ध्यायां श्राद्धकर्मणि। स्नाने दाने तथा ध्याने प्राणायामास्त्रयः स्मृताः (शु. या.)॥

(३) तिलकं कुंकुमेनैव सदा मंगलकर्मणि। कारयित्वा सुमतिमान्न श्वेतचन्दनं मृदा (विष्णुधर्मोत्तरे)॥ तद्यथा पुरुषस्य तिलककरणमन्त्रः—ॐ भद्रमस्तु शिवञ्चास्तु महालक्ष्मीः प्रसीदतु। रक्षन्तु त्वां सदा देवाः सम्पदः सन्तु सर्वदा॥ सपत्ना दुर्ग्रहाः पापाः दुष्टसत्त्वाद्युपद्रवाः। तमालपत्रमालोक्य निष्प्रभावा भवन्तु ते॥ अक्षतारोपणम्—ॐ युञ्जन्ति ब्रध्नमरुषं चरन्तं परितस्थुषः। रोचन्ते रोचनादिवि॥ बालकस्य तिलकमन्त्रः—ॐ यावद् गंगा कुरुक्षेत्रे यावत्तिष्ठति मेदिनी। यावद्रामकथा लोके तावज्जीवतु बालकः॥ दीर्घायुर्भव। कन्यायाः—ॐ अम्बे अम्बिकेऽम्बालिके न मानयति कश्चन। ससस्त्यश्वकः सुभद्रिकाङ्काम्पीलवासिनीम्॥ दीर्घायुर्भव। सौभाग्यवत्याः स्त्रियः—ॐ श्रीश्चते लक्ष्मीश्च पत्न्यावहोरात्रे पार्श्वे नक्षत्राणि रूपमश्विनौ व्यात्तम्। इष्णन्निषाण मुम्म इषाण सर्वं लोकम्म इषाण आयुष्मती सौभाग्यवती पुत्रवती जीववत्सा भव। विधवायाः—ॐतद्विष्णोः परमंपद ँ सदा पश्यन्ति सूरयः। दिवीव चक्षुराततम्॥ त्रीणि पदा विचक्रमे विष्णुर्गोपा अदाभ्यः। अतो धर्म्माणि धारयन्॥ आयुष्मती धर्मवती विष्णुव्रतवती भव।

शान्तिरेधि ॥ सुशान्तिर्भवतु ॥ ॐ विश्वानि देवसवितर्दुरितानि परासुव यद्भद्रं तन्न आसुव ॥ इमा रुद्राय तवसे कपर्दिने क्षयद्वीराय प्रभरामहेमतीः । यथाशमसद्द्विपदे चतुष्पदे विश्वं पुष्टं ग्रामे अस्मिन्ननातुरम् । एतं ते देवसवितर्यज्ञं प्राहुर्बृहस्पतये ब्रह्मणे तेन यज्ञमव तेन यज्ञपतिं तेन मामव । मनोजूतिर्जुषतामाज्यस्य बृहस्पतिर्यज्ञमिमं तनोत्वरिष्टं यज्ञ ँ समिमं दधातु ॥ विश्वेदेवा स इह मादयंतामों प्रतिष्ठ । एष वै प्रतिष्ठानाम यज्ञो यत्रैतेन यज्ञेन यजन्ते सर्वमेव प्रतिष्ठितं भवति ॥ ॐ गणानां त्वा गणपति ँ हवामहे प्रियाणां त्वा प्रियपति ँ हवामहे निधीनां त्वा निधिपति ँ हवामहे वसो मम ॥ आहमजानिगर्भधमात्वमजासि गर्भधम् ॥ नमो गणेभ्यो गणपतिभ्यश्च वो नमो नमो व्रातेभ्यो व्रातपतिभ्यश्च वो नमो नमो गृत्सेभ्यो गृत्सपतिभ्यश्च वो नमो नमो विरूपेभ्यो विश्वरूपेभ्यश्च वो नमो नमः ॥ ॐ शान्तिः सर्वारिष्टशान्तिर्भवतु । इति स्वस्तिवाचनम् । (ततो दूर्वाक्षतान् गृहीत्वा करसम्पुटीकृत्य मंगलश्लोकान् पठेत्—ॐ सुमुखश्चैकदन्तश्च कपिलो गजकर्णकः । लम्बोदरश्च विकटो विघ्ननाशो विनायकः ॥ १ ॥ धूम्रकेतुर्गणाध्यक्षो भालचन्द्रो गजाननः । द्वादशैतानि नामानि यः पठेच्छृणुयादपि ॥ २ ॥ विद्यारम्भे विवाहे च प्रवेशे निर्गमे तथा । सङ्ग्रामे संकटे चैव विघ्नस्तस्य न जायते ॥ ३ ॥ विघ्नवल्लिकुठाराय श्रीमन्महागणाधिपतये नमः ॥ वक्रतुण्ड महाकाय सूर्यकोटिसमप्रभ । अविघ्नं कुरु मे देव सर्वकार्येषु सर्वदा ॥ ४ ॥ अभीप्सितार्थसिद्ध्यर्थं पूजितो यः सुरासुरैः । सर्वविघ्नच्छिदे तस्मै गणाधिपतये नमः ॥ ५ ॥ ॐ यं ब्रह्मवेदान्तविदो वदन्ति परं प्रधानं पुरुषं तथान्ये । विश्वोद्गतेः कारणमीश्वरं वा तस्मै नमो विघ्नविनाशनाय ॥ ६ ॥ शुक्लाम्बरधरं देवं शशिवर्णं चतुर्भुजम् । प्रसन्नवदनं ध्यायेत्सर्वविघ्नोपशान्तये ॥ ७ ॥ सर्वमंगलमांगल्ये शिवे सर्वार्थसाधिके । शरण्ये त्र्यम्बके गौरि नारायणि नमोऽस्तु ते ॥ ८ ॥ तदेव लग्नं सुदिनं तदेव ताराबलं चन्द्रबलं तदेव । विद्याबलं दैवबलं तदेव लक्ष्मीपते तेऽङ्घ्रियुगं स्मरामि ॥ ९ ॥ लाभस्तेषां जयस्तेषां कुतस्तेषां पराजयः । येषामिन्दीवरश्यामो हृदयस्थो जनार्दनः ॥१०॥ सर्वेष्वारम्भकार्येषु त्रयस्त्रिभुवनेश्वराः । देवा दिशन्तु नः सिद्धिं ब्रह्मेशानजनार्दनाः ॥ ११ ॥ विनायकं गुरुं भानुं ब्रह्माविष्णुमहेश्वरान् । सरस्वतीं प्रणम्यादौ सर्वकार्यार्थसिद्धये ॥ १२ ॥

"ॐ" (त्रिमात्रप्रणवमुच्चार्य) श्रीमन्महागणाधिपतये नमः । ॐ श्रीगुरवे नमः ॥ ॐ श्रीइष्टदेवताभ्यो नमः । ॐ श्रीवाणीहिरण्यगर्भाभ्यां नमः । ॐ श्रीलक्ष्मीनारायणाभ्यां नमः । ॐ श्रीउमामहेश्वराभ्यां नमः । ॐ श्रीशचीपुरन्दराभ्यां नमः । ॐ श्रीकुलदेवताभ्यो नमः । ॐ श्रीग्रामदेवताभ्यो नमः । ॐ श्रीस्थानदेवताभ्यो नमः । ॐ श्रीवास्तुदेवताभ्यो नमः । ॐ श्रीसर्वेभ्यो देवेभ्योनमः । ॐ श्रीमातापितृचरणकमलेभ्यो नमः । निर्विघ्नमस्तु । इति सम्प्रार्थ्य दूर्वाक्षत

पुष्पाणि श्रीगणपतिसमीपे संस्थाप्य दक्षिणहस्ते पुष्पाक्षतजलद्रव्यञ्चादाय संकल्पं कुर्यात्—ॐ विष्णुर्विष्णुर्विष्णुः ॐ स्वस्ति श्रीमन्मुकुन्दसच्चिदानन्दस्याज्ञया प्रवर्तमानस्याद्यपरार्द्धद्वयजीविनो ब्रह्मणो द्वितीये परार्धे एकपञ्चाशत्तमे वर्षे प्रथममासे प्रथमपक्षे प्रथमदिवसे अह्नो द्वितीये यामे तृतीयेमुहूर्ते रथन्तरादिद्वात्रिंशत्कल्पानां मध्ये अष्टमे श्रीश्वेतवाराहकल्पे स्वायम्भुवादिमन्वन्तराणां मध्ये सप्तमे वैवस्वतमन्वन्तरे कृत-त्रेता-द्वापर-कलिसंज्ञानां चतुर्युगानां मध्ये वर्तमाने अष्टाविंशतितमे कलियुगे तत्प्रथमचरणे तथा पञ्चाशत्कोटियोजनविस्तीर्णभूमण्डलान्तर्गतसप्तद्वीपमध्यवर्तिनि जम्बूद्वीपे तत्रापि श्रीगङ्गादिसरिद्भिः पाविते परमपवित्रे भारतवर्षे आर्यावर्तान्तर्गतकाशी-कुरुक्षेत्र-पुष्कर-प्रयागादि-नाना-तीर्थ-युक्तकर्मभूमौ मध्यरेखाया अमुकदिग्भागे अमुकक्षेत्रे ब्रह्मावर्तादमुकदिग्भागावस्थितेऽमुकजनपदे तज्जनपदान्तर्गते अमुकग्रामे श्रीगङ्गायमुनयोरमुकदिग्भागे श्रीनर्मदाया अमुकप्रदेशे देवब्राह्मणानां सन्निधौ श्रीमन्नृपतिवीरविक्रमादित्यसमयतोऽमुकसङ्ख्यापरिमिते प्रवर्त्तमानसंवत्सरे प्रभवादिषष्ठिसम्वत्सराणां मध्ये अमुकनामसम्वत्सरे, अमुकायने, अमुकगोले, अमुकऋतौ, अमुकमासे, अमुकपक्षे, अमुकतिथौ, अमुकवासरे, यथांशकलग्नमुहूर्तनक्षत्रयोगकरणान्वित ………… अमुकराशिस्थे श्रीसूर्ये, अमुकराशिस्थे चन्द्रे अमुकराशिस्थे देवगुरौ, शेषेषु ग्रहेषु यथायथाराशिस्थानस्थितेषु सत्सु एवं ग्रहगुणविशिष्टेऽस्मिन्शुभक्षणे अमुकगोत्रोऽमुकशर्म्मा सपत्नीकोऽहं श्रीअमुकदेवताप्रीत्यर्थम् अमुककामनया ब्राह्मणद्वारा कृतस्यामुकमन्त्रपुरश्चरणस्य साङ्गतासिद्ध्यर्थममुकसंख्यया परिमितजपदशांश-होम-तद्दशांश-तर्पण-तद्दशांश-ब्राह्मण-भोजन-रूपं कर्म करिष्ये ।

अथवा—ममात्मनः श्रुतिस्मृतिपुराणोक्तफलप्राप्त्यर्थं सकुटुम्बस्य सपरिवारस्य द्विपदचतुष्पदसहितस्य सर्वारिष्टनिरसनार्थं सर्वदा शुभफलप्राप्तिमनोभिलषितसिद्धिपूर्वकम् अमुकदेवताप्रीत्यर्थं होमकर्माहं करिष्ये, इति वा संकल्प्य साक्षतजलं भूमौ क्षिपेत् ।

अथाङ्गसंकल्पः पुनर्जलादिकमादाय—तदङ्गत्वेन निर्विघ्नतासिद्ध्यर्थं श्रीगणपत्यादिपूजनम् आचार्यादिवरणंच करिष्ये । तत्रादौ दीपशङ्खघण्टाद्यर्चनं च करिष्ये ।।

श्रीभैरवप्रणामः[१]—ॐ तीक्ष्णदंष्ट्र महाकाय कल्पान्तदहनोपम । भैरवाय नमस्तुभ्यमनुज्ञां दातुमर्हसि (इत्यनेन मंत्रेण श्रीमहाभैरवं पुष्पाक्षतादीनि समर्प्य नमस्कुर्यात्) ततः कर्मपात्रे किञ्चिद्गाङ्गोदकं प्रक्षिप्य वारिणा पूरयित्वा गन्धाक्षतपुष्पैरभ्यर्च्य प्रार्थयेत्—ॐ गङ्गे च यमुने चैव गोदावरि सरस्वति । नर्म्मदे

---

(१) बाहुभ्यां चैव मनसा शिरसा वचसा दृशा । पञ्चाङ्गोऽयं प्रणामः स्यात् पूजासु प्रवराविमौ (पू० प्र०) ।।

सिन्धु कावेरि जलेऽस्मिन् सन्निधिं कुरु ॥ अस्मिन् कलशे सर्वाणि तीर्थान्यावाहयामि नमस्करोमि कलशोदकेन पूजासंभाराद् संप्रोक्षयेत् ।

अथ घृतदीप-[ज्योतिः] पूजनम्—वह्निदैवत्याय दीपपात्राय नमः इति-पात्रं पूजयित्वा ईशानभागे घृतदीपं प्रज्वाल्य अक्षतपुञ्जोपरि निर्वातस्थले निधाय–ॐ अग्निर्ज्ज्योतिज्ज्योतिरग्निः स्वाहा सूर्य्यो ज्ज्योतिज्ज्योतिः सूर्य्यः स्वाहा। अग्निर्व्वर्च्चो ज्ज्योतिर्व्वर्च्चः स्वाहा, सूर्यो व्वर्च्चो ज्ज्योतिर्वर्च्चः स्वाहा, ज्ज्योतिः सूर्यः सूर्य्यो ज्ज्योतिः स्वाहा । भो दीप देवरूपस्त्वं कर्मसाक्षी ह्यविघ्नकृत् । यावत्पूजासमाप्तिः स्यात्तावदत्र स्थिरो भव ॥ ॐ भूर्भुवः स्वः दीपस्थदेवतायै नमः आवाहयामि सर्वोपचारार्थे गन्धाक्षतपुष्पाणि समर्पयामि नमस्करोमि ।

शंखपूजनम्—चन्दनेन विलिप्याभ्यर्च्य शंखं प्रणवेनाद्भिः पूरयित्वा देवस्य वामे आधारे पुष्पोपरि वा संस्थाप्य–ॐ शंखं चन्द्रार्कदैवत्यं वरुणं चाधिदैवतम् । पृष्ठे प्रजापतिं विद्यादग्रे गङ्गा सरस्वती ॥ त्रैलोक्ये यानि तीर्थानि वासुदेवस्य चाज्ञया । शंखे तिष्ठन्ति वै नित्यं तस्माच्छंखं प्रपूजयेत् । त्वं पुरा सागरोत्पन्नो विष्णुना विधृतः करे । नमितः सर्वदेवेश्च पाञ्चजन्य नमोऽस्तुते ॥ पाञ्चजन्याय विद्महे पावमानाय धीमहि तन्नः शंखः प्रचोदयात् । ॐ भूर्भुवः स्वः शंखस्थदेवतायै नमः शंखस्थदेवतामावाहयामि सर्वोपचारार्थे गन्धपुष्पाणि समर्पयामि नमस्करोमि शंखमुद्रां[1] कुर्यात् ।

घण्टापूजनम्—ॐ सर्ववाद्यमयीघण्टायै नमः, आगमार्थन्तु देवानां गमनार्थन्तु रक्षसाम् । कुरु घण्टे वरं नादं देवतास्थानसन्निधौ ॥ ॐ भूर्भुवः स्वः घण्टास्थाय गरुडाय नमः गरुडमावाहयामि सर्वोपचारार्थे गन्धाक्षतपुष्पाणि समर्पयामि । गरुडमुद्रां प्रदर्श्य घण्टां वादयित्वा दीपपात्राद् दक्षिणपार्श्वे स्थापयेत् ॐ गन्धर्वदैवत्याय धूपपात्राय नमः इति धूपपात्रं सम्पूज्य स्थापयेत् ।

अथ गणपतिपूजनम्—रक्तवर्णाक्षतैः गोधूमचूर्णेन (पूरितं) वा स्वस्तिकं विलिख्य तदुपरि रक्तसूत्रावेष्टितपूगीफले गणपतिमावाहयेत्—ॐ एह्येहि हेरम्ब महेशपुत्र समस्तविघ्नौघविनाशदक्ष । माङ्गल्यपूजाप्रथमप्रधान गृहाण पूजां भगवन्नमस्ते ॥ ॐ गणानांत्वा० ॐ भूर्भुवः स्वः ऋद्धिसिद्धिसहिताय महागणाधिपतये नमः इत्यावाह्य, आसनम्[2]–ॐ सुमुखाय नमस्तुभ्यं गणाधिपतये नमः ।

---

(१) वामाङ्गुष्ठन्तु सङ्गृह्य दक्षिणेन तु मुष्टिना । कृत्वोत्तानं ततो मुष्टिं अङ्गुष्ठन्तु प्रसारयेत् ॥ वामाङ्गुल्यस्तथाश्लिष्टाः संयुताः सुप्रसारिताः । दक्षिणाङ्गुष्ठसंस्पृष्टा ज्ञेयैषा शंखमुद्रिका ॥ (२) देवस्य वामभागे तु दद्यात् मूलेन चासनम् । पाषाणं दारुमयं वास्त्रमाक्षतं कौशतैजसम् ॥ षड्विधं चासनं प्रोक्तं देवताप्रीतिकारकम् । द्रव्याभावे प्रदातव्या क्षालितास्तण्डुलाः शुभाः ॥ उपचारेषु सर्वेषु यात्किञ्चिद् दुर्लभं भवेत् । तत्सर्वं मनसा ध्यात्वा पुष्पक्षेपेण कल्पयेत् ॥

गृहाणासनमीश त्वं विघ्नपुञ्जं निवारय ।। ॐ एतत्पाद्यं श्रीगणपतये नमः । ॐ एतत्स्नानीयं जलं श्रीगणपतये नमः । ॐ इमे वस्त्रे यज्ञोपवीतं च श्रीगणपतये नमः । ॐ आचमनीयं श्रीगणपतये नमः । ॐ इदं गन्धं श्रीगणपतये नमः । ॐ इमे अक्षताः श्रीगणपतये नमः । ॐ इदं पुष्पमाल्य श्रीगणपतये नमः । ॐ दूर्वांकुराणि स० श्री ग० । धूपम्—ॐ धूरसिधूर्व्वे० श्रीगणपतये नमः धूपमाघ्रापयामि । दीपम्—अग्निर्ज्योतिर्ज्योतिरग्निः स्वाहा:० श्रीगणपतये नमः दीपं दर्शयामि नैवेद्यम्—ॐ प्राणाय स्वाहा, ॐ अपानाय स्वाहा, ॐ व्यानाय स्वाहा, ॐ उदानाय स्वाहा ॐ समानाय स्वाहा, ॐ भूर्भुवः स्वः श्रीगणपतये नमः । नैवेद्यं निवेदयामि । ॐआचमनीयं स० श्रीगणपतये नमः । फलं दक्षिणाञ्च श्रीगणपतये नमः । ततो विशेषार्घः—अर्घपात्रे जलं प्रपूर्य गन्धाक्षतपुष्पसहितं नारीकेलं पूगीफलं वा धृत्वा, ॐ रक्ष रक्ष गणाध्यक्ष रक्ष त्रैलोक्यरक्षक । भक्तानामभयं कर्ता त्राता भव भवार्णवात् ।। द्वैमातुर कृपासिन्धो षाण्मातुराग्रज प्रभो । वरदस्त्वं वरं देहि वाञ्छितं वाञ्छितार्थद ।। गृहाणार्घ्यमिमं देव सर्वदेवनमस्कृतम् । अनेन फलदानेन फलदोऽस्तु सदा मम ।

मन्त्रपुष्पाञ्जलिः—अञ्जलौ पुष्पाण्यादाय तिष्ठन्, ॐ मालतीमल्लिकाजाती-शतपत्रादिसंयुताम् । पुष्पाञ्जलिं गृहाणेश तव पादयुगार्पितम् ।। अनेन पूजनेन श्रीगणपतिः प्रीयताम् ।। अथ प्रार्थना ।। विघ्नेश्वराय वरदाय सुरप्रियाय लम्बोदराय सकलाय जगद्धिताय, नागाननाय श्रुतियज्ञविभूषिताय गौरीसुताय गणनाथ नमो नमस्ते ।। लम्बोदर नमस्तुभ्यं सततं मोदकप्रिय । अविघ्नं कुरु मे देव सर्वकार्य्येषु सर्वदा ।। अनया पूजया सिद्धि-बुद्धि-सहितः श्रीमहागणपतिः साङ्गसपरिवारः प्रीयताम् ।। श्रीविघ्नराजप्रसादात्कर्तव्यामुककर्मनिर्विघ्न-समाप्तिश्चास्तु ।

अथाचार्यादिवरणम्—हस्ते जलमादाय—ॐ तत्स० तिथौ आचार्यादि-ऋत्विजां वरणमहं करिष्ये, इति संकल्प्य, उदङ्मुखमाचार्यमुपवेश्य पादप्रक्षालनपूर्वकं गन्धादिभिः सम्पूज्य, हस्ते वरणद्रव्यजलाक्षतान्यादाय, दक्षिणं जानुं स्पृष्ट्वा आचार्यं वृणुयात्—ॐ तत्स० अमुकगोत्र प्रवरशाखान्वितयजमानोऽहम् अमुकगोत्रप्रवरशाखाध्यायिनममुकनामानमाचार्यम् अस्मिन् कर्तव्ये अमुकयागाख्ये कर्मणि दास्यमानैः एभिर्वरणद्रव्यैः आचार्यत्वेन त्वामहं वृणे[१] । वृतोऽस्मीति प्रतिवचनम् । तत आचार्यहस्ते—ॐ व्रतेन दीक्षामाप्नोति दीक्षयाप्नोति दक्षिणाम् । दक्षिणया श्रद्धामाप्नोति श्रद्धया सत्यमाप्यते ।। इति मन्त्रेण वरणार्थं मङ्गलसूत्रबन्धनम् । ततो वरणद्रव्यमादाय—ॐ तत्स० अस्मिन् अमुककर्मणि ऋत्विक्त्वेन

---

(१) अस्मिन् कर्मणि एभिर्वरणनिष्क्रयद्रव्यैः अमुकामुकगोत्रौ अमुकामुकशर्म्माणौ ब्राह्मणौ युवां वृणे ।। वा—अस्मिन् कर्मणि एभिर्वरणनिष्क्रयद्रव्यैर्नानागोत्रान नानाशर्मणो ब्राह्मणान् आचार्यादीन् युष्मानहं वृणे ।।

त्वामहं वृण । वृतोस्मीति प्रतिवचनम् । ततो प्रार्थना—अस्य यागस्य निष्पत्तौ भवन्तोऽभ्यर्चिता मया । सुप्रसन्नैः प्रकर्त्तव्यं कर्मेदं विधिपूर्वकम् ॥ ततः सऋत्विगाचार्योपि स्वासने उपविश्याचम्य प्राणानायम्य सङ्कल्पं कुर्यात्—ॐ तत्स० अस्मिन् कर्मणि यजमानेन वृतोऽहं आचार्य—(ऋत्विक्)-कर्म करिष्ये इति संकल्प्य वामहस्ते गौरसर्षपान् अक्षतान् वा गृहीत्वा । दिग्रक्षणम् कुर्यात् । ॐ पूर्वे रक्षतु गोविन्द आग्नेय्यां गरुडध्वजः । याम्ये रक्षतु वाराहो नारसिंहस्तु नैर्ऋते । केशवो वारुणीं रक्षेद् वायव्यां मधुसूदनः । उत्तरे श्रीधरो रक्षेदीशाने च गदाधरः । ऊर्ध्वं गोवर्द्धनो रक्षेदधस्तात्त त्रिविक्रमः । एवं दश दिशो रक्षेद्वासुदेवो जनार्दनः । यज्ञाग्रे पातु मां शंखः पृष्ठे पद्मन्तु रक्षतु । वामपार्श्वे गदा रक्षेद्दक्षिणे च सुदर्शनः । उपेन्द्रः पातु ब्राह्मणमाचार्यं पातु वामनः । अच्युतः पातु ऋग्वेदं यजुर्वेदमधोक्षजः । कृष्णो रक्षतु सामाख्यमथर्वाणन्तु माधवः । विप्रा ये चोपदेष्टारस्तांश्च दामोदरोऽवतु । यजमानं सपत्नीकं पुण्डरीकविलोचनः । रक्षाहीनन्तु यत्स्थानं तत्सर्वं रक्षताद्धरिः ॥ (इति गौरसर्षपान् सर्वतो मुखो भूत्वा विकीर्य ।)

भूतोत्सारणम्—अथ दक्षिणस्याम्—ॐअपसर्पन्तु ते भूता ये भूता भूमिसंस्थिताः । ये भूता विघ्नकर्तारस्ते नश्यन्तु शिवाज्ञया ॥ अपक्रामन्तु भूतानि पिशाचाः सर्वतो दिशम् । सर्वेषामविरोधेन शान्तिकर्म[1] समारभेत् ॥ (इति वामपादपार्ष्णिना त्रिवारं भूमिं ताडयित्वा भूतान्युत्सार्य्याणि) ।

रक्षाबन्धनम्—तत्रादौ यजमानः साक्षत त्रिगुणितं रक्तसूत्रं किंचिद्द्रव्यं च वामे करे निधाय दक्षिणेन पिधाय च 'ॐ हुं फट्' इति मन्त्रेण गायत्र्या तालशब्दं वारत्रयं कृत्वा श्रीगणपतेः पादयोस्तत्सूत्रं निवेद्य गन्धपुष्पादिना सम्पूजयेत्ततो गणपतिनानुग्रहेण दत्तमिवादाय तद्वद्देवान्तरस्यापि निवेद्य आचार्य्यादिविप्राणामग्रतस्तद्दक्षिणहस्ते ॐ व्रतेन दीक्षा० मन्त्रेण निबन्धयेत्, तत आचार्योपि यजमानस्य अस्तद्दक्षिणहस्ते पत्न्याश्च[2] वामहस्तेऽभिमन्त्रित रक्षाबन्धनं कुर्यात् । तत्र मन्त्रो यथा—

ॐ यदाबध्नं दाक्षायणा हिरण्य ᳱ शतानीकाय सुमनस्यमानाः । तन्म आबध्नामि शतशारदायायुष्मांजरदष्टिर्यथासम् ॥ ॐ येन बद्धो बली राजा दानवेन्द्रो महाबलः । तेन त्वामनुबध्नामि रक्षे मा चल मा चल ॥ इति रक्षां बद्ध्वा रक्षाकर्मसाद्गुण्यार्थं ब्राह्मणेभ्यो दक्षिणां च दत्त्वा कलशस्थापनं कुर्यात् ।

अथ ग्रहवेद्याशानदिग्भागे वरुणकलशस्थानम्[3]

गन्धाक्षतपुष्पाण्यादाय—ॐ भूरसि भूमिरस्यदितिरसि विश्वधाया विश्वस्य भुवनस्य धर्त्री । पृथिवीं यच्छ पृथिवीं दृ ᳱ ह पृथिवीं माहि ᳱ सीः ।

(१) प्रसङ्गवशादत्र पूजाकर्म—यज्ञकर्मादीनामूहः कार्यः । (२) पत्न्या वामकरे सूत्रं बद्धं सौभाग्यदायकम् । बहुसम्पत्तिमारोग्यं रक्षार्थं कङ्कणं शुभम् । (३) कलाः

इति मन्त्रेण पृथिवीमभिपूज्य, कलशाधारभूमिमुत्तानहस्ताभ्यां स्पृष्ट्वा—ॐ महीद्यौः पृथिवी चन इमं यज्ञं मिमिक्षताम्। पिपृतान्नो भरीमभिः ॥ तत्र स्पृष्ट-प्रदेशे धान्यमसीति यवप्रक्षेपः—ॐ धान्यमसि धिनुहि देवान्प्राणाय त्वोदानाय त्वा व्यानाय त्वा दीर्घामनुप्रसितिमायुषे धान्देवो वः सविता हिरण्यपाणिः प्रतिगृभ्णात्वच्छिद्रेण पाणिना चक्षुषे त्वा महीनां पयोसि ॥ तदुपरि आजिघ्रेति सलक्षणं धातुमयं मृण्मयं वा त्रिसूत्र्या वेष्टितं कृतस्वस्तिकं कलशं स्थापयेत्—ॐआजिघ्र कलशं मह्या त्वा विशन्त्विन्दवः पुनरूर्जा निवर्तस्व सा नः। सहस्रं धुक्ष्वोरुधारा पयस्वती पुनर्माविशताद्रयिः ॥ कलशे जलपूरणम्—ॐ वरुणस्योत्तम्भनमसि वरुणस्य स्कम्भसर्जनीस्थो वरुणस्य ऋतसदन्यसि वरुणस्य ऋतसदनमसि वरुणस्य ऋतसदनमासीद। गन्धप्रक्षेप—ॐ गन्धद्वारां दुराधर्षां नित्यपुष्टां करीषिणीम्। ईश्वरीं सर्वभूतानां तामिहोपह्वये श्रियम्। इति चन्दनादिना तमनुलिप्य, [1]सर्वौषधिप्रक्षेपः—ॐ या ओषधीः पूर्वा जाता देवेभ्यस्त्रियुगं पुरा। मनै नु बभ्रूणामह $\mathcal{V}$ शतं धामानि सप्त च ॥ धान्यप्रक्षेपः—ॐ धान्यमसि धिनुहीति पूर्वोक्तमन्त्रेण। दूर्वाप्रक्षेपः—ॐकाण्डात्काण्डात्प्ररोहन्ती परुषः परुषस्परि। एवानो दूर्वे प्रतनु सहस्रेण शतेन च ॥ [2]निर्व्रणपंचपल्लवप्रक्षेपः—ॐअश्वत्थेवो निषदनं पर्णे वो वसतिष्कृता गोभाज इत्किला सथ यत्सनवथ पूरुषम् ॥ [3]सप्तमृत्प्रक्षेपः—ॐ स्योना पृथिविनो भवानृक्षरा निवेशनी। यच्छानः शर्मसप्रथाः। पूगीफलप्रक्षेपः—ॐ याः फलिनीर्या अफला अपुष्पायाश्च पुष्पिणीः। बृहस्पतिप्रसूतास्ता नो मुञ्चन्तु $\mathcal{V}$ हसः ॥ [4]पंचरत्नप्रक्षेपः—ॐ परिवाजपतिः कविरग्निर्हव्यान्यक्रमीत् दधद्रत्नानि दाशुषे ॥ (दक्षिणाप्रक्षेपः हिरण्यमिति संस्कारभास्करे)—ॐ हिरण्यगर्भः समवर्त्तताग्रे भूतस्य जातः पतिरेक आसीत्। सदाधार पृथिवीं द्यामुतेमां कस्मै देवाय हविषा विधेम ॥ कुशपवित्रप्रक्षेपः[5]—ॐ

कला हि देवानां दानवानां कलाः कलाः। आदाय निर्मितो यस्मात् कलशस्तेन कथ्यते ॥

(१) मुरामांसी वचा कुष्ठं शैलेयं रजनीद्वयम्। सठी चम्पकमुस्ता च सर्वौषधिगणः स्मृतः ॥ सर्वाभावे शतावरी ॥ (२) अश्वत्थोदुम्बर-प्लक्ष—चूत-न्यग्रोधपल्लवाः पञ्चपल्लवमित्युक्त सर्वकर्मसु शोभनम् (ग्राह्यं ॥ (३) अश्वस्थानाद् गजस्थानाद् वल्मीकात्सङ्गमाद् ह्रदात्। राजद्वाराच्च गोष्ठच्च मृदमानीय निक्षिपेत् ॥ (४) कनकं कुलिश (हीरकः) नीलं पद्मरागञ्च मौक्तिकम्। एतानि पञ्च रत्नानि रत्नशास्त्रविदो विदुः ॥ अभावे सर्वरत्नानां हेमं सर्वत्र योजयेत् ॥ कामनाभेदेन कलशे विशेषवस्तु—धर्मकामः क्षिपेद्रुक्म धनकामस्तु मौक्तिकम्। श्रीकामः कमलं न्यस्येत्कामार्थी रोचनं तथा ॥ मोक्षकामो न्यसेद्वस्त्रं जयकामोपराजिताम् [बड़ी खिरेंटी]। आकर्षणाय पारन्तीं प्रक्षिपेत्कलशोदरे ॥ (५) अनन्तर्गर्भिणं साग्रं कौशं द्विदलमेव च। प्रादेशमात्रं विज्ञेयं पवित्रं यत्र कुत्रचित् ॥ इति कात्यायनः ॥

पवित्रेस्थो वैष्णव्यौ सवितुर्वः प्रसव उत्पुनाम्यच्छिद्रेण पवित्रेण सूर्यस्य रश्मिभिः। तस्य ते पवित्रपते पवित्रपूतस्य यत्कामः पुना तच्छकेयम्। (ततः पुष्पाणि तूष्णोमेव प्रक्षिप्य रक्तवस्त्रं वा सूत्रं कण्ठे वेष्टयेत्)—ॐ युवा सुवासाः परिवीत आगात् स उश्रेयान् भवति जायमानः। तं धीरासः कवय उन्नयन्ति स्वाध्यो मनसा देवयन्तः॥ तण्डुलपूर्णपात्रमुपरि न्यसेत्—ॐ पूर्णादर्वि परापत सुपूर्णा पुनरापत। वस्नेव विक्रीणावहा इषमूर्जꣳ शतक्रतोः॥ रक्तवस्त्रावेष्टितं नारिकेलफलं यजमानसम्मुखं पूर्णपात्रोपरि न्यसेत्—ॐ श्रीश्च ते लक्ष्मीश्च पत्न्यावहो रात्रे पार्श्वे नक्षत्राणि रुपमश्विनौ व्यात्तम्। इष्णन्निषाणामुम्म इषाण सर्वलोकम्म इषाण॥ कलशे वरुणमावाहयेत्–ॐतत्वायामि ब्रह्मणा वन्दमानस्तदाशास्ते यजमानो हविर्भिः। अहेडमानो वरुणेह वोद्धयुरुश ꣳ समान आयुः प्रमोषीः॥ ॐ भूर्भुवः स्वः अस्मिन् कलशे वरुणं साङ्गं सपरिवारं सायुधं सशक्तिकम् आवाहयामि स्थापयामि॥ ध्यानम्–वरुणः पाशभृत्सौम्यः प्रतीच्यां मकराश्रयः। पाशहस्तात्मको देवो जलराश्यधिपो महान्॥ ततः स्वहस्ते 'अक्षतादिकं' गृहीत्वा प्रतिष्ठापनम्—ॐ मनोजूतिर्जुषतामाज्यस्य बृहस्पतिर्यज्ञमिमं तनोत्वरिष्टं यज्ञं, समिमं दधातु। विश्वेदेवा स इह मादयन्तामों प्रतिष्ठ। ॐ वरुणाय नमः सुप्रतिष्ठितो वरदो भव इति प्रतिष्ठाप्य॥ ॐ भूर्भुवः स्वः अपां पतये वरुणाय नमः इति मन्त्रेण षोडशोपचारैः पंचोपचारैर्वा सम्पूज्य ॐ तत्त्वायामीति पुष्पांजलिं समर्प्य ॐ अनेन पूजनेन वरुणः प्रीयतामिति जलं क्षिपेत्॥ गङ्गाद्यावाहनम्—ॐ सर्वे समुद्राः सरितस्तीर्थानि जलदा नदाः आयान्तु मम शान्त्यर्थं दुरितक्षयकारकाः॥ ततः कलशोपरि अक्षतान् क्षिपेत्—ॐ ऋग्वेदाय नमः। ॐ यजुर्वेदाय नमः। ॐ सामवेदाय नमः। ॐ अथर्ववेदाय नमः। ॐ कलशाय नमः। ॐ रुद्राय नमः। ॐ समुद्राय नमः। ॐगङ्गायै नमः। ॐ यमुनायै नमः। ॐ सरस्वत्यै नमः। ॐ कलशकुम्भाय नमः। ततः अनामिकया कलशं स्पृष्ट्वा अभिमन्त्रयेत् ॐ कलशस्य मुखे विष्णुः कण्ठे रुद्रः समाश्रितः। मूले तस्य स्थितो ब्रह्मा मध्ये मातृगणाः स्मृताः॥ १॥ कुक्षौ तु सागराः सप्त सप्तद्वीपा वसुन्धरा। ऋग्वेदोऽथ यजुर्वेदः सामवेदो ह्यथर्वणः॥ २॥ अंगैश्च सहिताः सर्वे कलशाम्बुसमाश्रिताः। अत्र गायत्री सावित्री शान्तिः पुष्टिकरी तथा॥ ३॥ आयान्तु यजमानस्य दुरितक्षयकारकाः॥ ततः गायत्र्यादिभ्यो नमः इत्यनेन पंचोपचारैरभ्यर्च्य कलशं प्रार्थयेत्–ॐ देवदानवसम्वादे मथ्यमाने महोदधौ। उत्पन्नासि तदा कुम्भ विधृतो विष्णुना स्वयम्॥ त्वत्तोये सर्वतीर्थानि देवाः सर्वे त्वयि स्थिताः। त्वयि तिष्ठन्ति भूतानि त्वयि प्राणाः प्रतिष्ठिताः॥ २॥ शिवः स्वयं त्वमेवासि विष्णुस्त्वं च प्रजापतिः। आदित्या वसवो रुद्रा विश्वेदेवाः सपेतृकाः॥ ३॥ त्वयि तिष्ठन्ति सर्वेऽपि यतः कामफलप्रदः। त्वत्प्रसादादिदं

कर्म कर्तुमीहे जलोद्भव। सान्निध्यं कुरु मे देव प्रसन्नो भव सर्वदा ॥ ४ ॥ नमो नमस्ते स्फटिकप्रभाय सुश्वेतहाराय सुमङ्गलाय। सुपाशहस्ताय झषासनाय जलाधिनाथाय नमो नमस्ते ॥ ५ ॥ जलं गृहीत्वा—ॐ अनया पूजया कलशे वरुणाद्यावाहितदेवताः प्रीयन्ताम् इति जलं क्षिपेत्। इति कलशपूजाविधिः।

॥ अथ [1]पुण्याहवाचनम् ॥

तत्रादौ स्वाग्रे दूर्वाक्षतैः भूमिं सम्पूज्य तदुपरि कलशे वरुणमावाह्य सम्पूज्य चाम्रपल्लवादिना संयोजयेत्। ततो यजमानः (स्वदक्षिणतो युग्मान्[2] ब्राह्मणान् उदङ्मुखानुपवेश्य) अवनिकृतजानुमण्डलः कमल-मुकुलसदृशमंजलिं शिरस्याधाय पुनः पुनस्त्रिः प्रणमेत्। तत आचार्यः स्वदक्षिणेन पाणिना तस्मिन् यजमानांजलौ स्वर्णपूर्णपुण्यकलशं धारयेत्, यजमानश्च ब्राह्मणान् आशिषः प्रार्थयेत्, ॐ दीर्घा नागा नद्यो गिरयस्त्रीणि विष्णुपदानि च। त्रीणि पदा विचक्रमे विष्णुर्गोपा अदाभ्यः अतो धर्माणि धारयन्। तेनायुष्यप्रमाणेन पुण्यं पुण्याहं दीर्घमायुरस्तु, इति भवन्तो ब्रुवन्तु इति यजमानो ब्रूयात्, ततो विप्राः—ॐ पुण्यं पुण्याहं दीर्घमायुरस्तु ३ एवं प्रतिवचनान्ते यजमानः शिरसि भूमौ निनयेत्। ततः कलशं स्वशिरसा पत्नीशिरसा विवाहादौ संस्कार्य शिरसा च संयोज्य कलशस्थाने कलशं स्थापयित्वा पुनर्गृहीत्वा मन्त्रेण तथैव इति त्रिवारं कुर्यात् ॥ विप्रा इति अस्तु। ततः कर्तोदङ्मुखानां युग्मब्राह्मणानां हस्तेषु सुप्रोक्षितमस्तु, ब्रा० अस्तु सुप्रोक्षितम्। यजमानः—ॐ शिवा आपः सन्तु, इति आम्रपल्लवादिना ब्राह्मणानां दक्षिणकरेषु जलं दद्यात्। विप्राः—ॐ सन्तु शिवा आपः, इति प्रतिगृह्णीयुः। यजमानः—ॐ सौमनस्यमस्तु इति पुष्पं दद्यात्। विप्राः—अस्तु सौमनस्यम्। यजमानः—अक्षतं चारिष्टं चास्तु इत्यक्षतान् दद्यात्। विप्राः—अस्त्वक्षतमरिष्टं च। यजमानः—ॐ गन्धाः पान्तु इति गन्धं द०। विप्राः—सौमंगल्यं चास्तु। यजमानः—ॐ अक्षताः पान्तु इत्यक्षतान् दद्यात्।

---

(१) पुण्येऽह्नि च संप्राप्ते विवाहे चौलके तथा। व्रतबन्धे च यज्ञादौ तथा च दानकर्मणि ॥ गृहारम्भे धनप्राप्तौ तीर्थाभिगमने तथा। नवग्रहमखे शान्तावद्भुतेषु तथैव च ॥ अन्यस्मिन्नपि सर्वस्मिञ्छुभे कर्मणि चोदिते। वाचनीया द्विजाः सर्वे वेदशास्त्रपरायणाः ॥ (इति विधानरत्नमालायाम्) ॥ (२) पुण्याहवाचने विप्रा युग्मा वेदविदो मताः। यज्ञोपवीतिनः शस्ताः प्राङ्मुखाः स्युः पवित्रिणः ॥ गन्धपुष्पार्चिताः शुद्धाः सोत्तरीयाः कुशायुधाः ॥ पुण्याहवाचने वर्ज्या ब्राह्मणाः—न तत्र कुनखी काणो हीनाङ्गोऽविकलस्तथा। बन्ध्याश्च विधुरो वापि क्रूरस्तु खल-सेवकः ॥ बकवृत्तिश्च दम्भी च हेतुको ज्ञानदुर्बलः। एते चान्ये च विप्राः स्युर्न वाच्या स्वस्तिवाचने ॥

विप्राः—आयुष्यमस्तु। यजमानः—ॐ पुष्पाणि पान्तु इति पुष्पाणि दद्यात्। विप्राः—सौश्रियमस्तु। यजमानः—ॐ सफलानि ताम्बूलानि[1] पान्तु इति ताम्बूलानि द०। विप्राः—ऐश्वर्यमस्तु। यजमानः—ॐ दक्षिणाः पान्तु इति दक्षिणां द०। विप्राः—बहुधनञ्चास्तु। यजमानः—ॐ स्वर्चितमस्तु इति विप्राणां दक्षिणहस्तेषु जलं द०। विप्राः—अस्तु स्वर्चितम्। ततो यजमान आचार्यादीन् विप्रान् पुनः प्रणम्य प्रार्थयेत्—श्रीर्यशो विद्या विनयो वित्तं बहुपुत्रं चायुष्यं चास्तु। विप्राः—श्रीर्यशो विद्या विनयो वित्तं बहुपुत्रं चायुष्यं चास्तु, इत्युक्त्वा यजमानस्य मूर्धानं तस्य कलशस्य जलेनैव सिंचतो ब्रूयुः "दीर्घमायुः शान्तिः पुष्टिस्तुष्टिश्चास्तु" इति। यजमानः अक्षतान् गृहीत्वा—यं[2] कृत्वा सर्ववेद-यज्ञक्रियाकरणकर्मारम्भाः शोभनाः प्रवर्तन्ते तमहमोंकारमादिं कृत्वा ऋग्यजुः सामाथर्वाशीर्वचनं बहुऋषिमतं समनुज्ञातं[3] भवद्भिरनुज्ञातः पुण्यं पुण्याहं वाचयिष्ये इति वदेत्। विप्राः—वाच्यताम्, इति ब्रूयुः। पुनः साक्षतांजलिः यजमानो ब्रूयात्—व्रत–जपनियम–तपः–स्वाध्याय–क्रतु–दया–दम[4]–शम[5]–दान–विशिष्टानां सर्वेषां भवतां ब्राह्मणानां मनः समाधीयताम्। विप्राः—समाहितमनसः स्मः। यजमानः—प्रसीदन्तु भवन्तः। विप्राः—प्रसन्नाः स्म। ततः कलशोपर्य्यक्षतान् प्रददन् यजमानः प्रतिपदे प्रणमेत्, अत्राचार्यः पूर्वस्थापितकलशाद्भूमौ स्थापिते पात्रद्वये प्रथमपात्रे आम्रपल्लवेन दूर्वया वा किंचिदुदकं पातयेत्। तत्र ब्राह्मणा वदेयुः—ॐ शान्तिरस्तु। ॐ पुष्टिरस्तु। ॐ तुष्टिरस्तु। ॐ वृद्धिरस्तु। ॐ अविघ्नमस्तु। ॐ आयुष्यमस्तु। ॐ आरोग्यमस्तु। ॐ शिवमस्तु। ॐ शिवं कर्मास्तु। ॐ कर्मसमृद्धिरस्तु। ॐ वेदसमृद्धिरस्तु। ॐ शास्त्रसमृद्धिरस्तु। ॐ धनधान्यसमृद्धिरस्तु। ॐ पुत्रपौत्रसमृद्धिरस्तु। ॐ इष्टसम्पदस्तु। ततो द्वितीयपात्रे पातयेत्। ॐ अरिष्टनिरसनमस्तु। ॐ यत्पापं यद्रोगमशुभमकल्याणं तद्दूरे प्रतिहतमस्तु। पुनः प्रथमपात्रे पातयेत् ॐ यच्छ्रेयस्तदस्तु। ॐ उत्तरे कर्मणि निर्विघ्नमस्तु। ॐ उत्तरोत्तरमहरहरभिवृद्धिरस्तु। ॐ उत्तरोत्तराः क्रिया शुभाः शोभनाः सम्पद्यन्ताम्। ॐ तिथिकरणे सुमुहूर्ते सनक्षत्रे सग्रहे सलग्ने साधिदैवते प्रीयेताम्। ॐ दुर्गापांचाल्यौ प्रीयेताम्। ॐ अग्निपुरोगा विश्वेदेवाः प्रीयन्ताम्। ॐ इन्द्रपुरोगा मरुद्गणाः प्रीयन्ताम्। ॐ माहेश्वरीपुरोगा उमामातरः प्रीयन्ताम्।

---

(१) अत्र ताम्बूलानीत्याश्वलायनपरिशिष्टपाठात्। ताम्बूलं पातु इत्येकवचनान्तप्रयोगो न सम्मतः। अत एव सफलानीत्यपि पृथगेव सविभक्तिकं प्रयोज्यम्। (२) स्त्रीणां ब्राह्मणद्वारा पुण्याहवाचनम्। शूद्रे तु केवलं स्वस्तिप्रयोगो न पुण्याहादि तस्य तावतैव पुण्याहवाचनसिद्धेः। (३) संविज्ञातमिति दानखण्डे। (४) वाक्चक्षुरिन्द्रियाणां बाह्यानां निषिद्धेभ्यो विषयेभ्यो निवृत्तिर्दमः। (५) अन्तःकरणस्य क्रोधादिराहित्यं शमः।

ॐ वसिष्ठपुरोगा ऋषिगणाः प्रीयन्ताम्। ॐ अरुन्धतीपुरोगा एकपत्न्यः प्रीयन्ताम्। ॐ ब्रह्मपुरोगाः सर्वे वेदाः प्रीयन्ताम्। ॐ विष्णुपुरोगाः सर्वे देवाः प्रीयन्ताम्। ॐ ऋषयश्छन्दांस्याचार्या वेदा देवा यज्ञाश्च प्रीयन्ताम्। ॐ ब्रह्म च ब्राह्मणाश्च प्रीयन्ताम्। ॐ अम्बिकासरस्वत्यौ प्रीयेताम्। ॐ श्रद्धामेधे प्रीयेताम्। ॐ भगवती कात्यायनी प्रीयताम्। ॐ भगवती माहेश्वरी प्रीयताम्। ॐ भगवती ऋद्धिकरी प्रीयताम्। ॐ भगवती वृद्धिकरी प्रीयताम्। ॐ भगवती पुष्टिकरी प्रीयताम्। ॐ भगवती तुष्टिकरी प्रीयताम्। ॐ भगवन्तौ विघ्नविनायकौ प्रीयेताम्। ॐ सर्वाः कुलदेवताः प्रीयन्ताम्। ॐ सर्वाः ग्रामदेवताः प्रीयन्ताम्। ॐ सर्वा इष्टदेवताः प्रीयन्ताम्। पुनः द्वितीयपात्रे पातयेत्—ॐ हताश्च ब्रह्मद्विषः। ॐ हताश्च परिपन्थिनः। ॐ हताश्च विघ्नकर्तारः। ॐ शत्रवः पराभवं यान्तु। ॐ शाम्यन्तु घोराणि। ॐ शाम्यन्तु पापानि। ॐ शाम्यन्तु ईतयः। ॐ शाम्यन्तूपद्रवाः। पुनः प्रथमपात्रे पातयेत्—ॐ शुभानि वर्द्धन्ताम्। ॐ शिवा आपः सन्तु। ॐ शिवा ऋतवः सन्तु। ॐ शिवा ओषधयः सन्तु। ॐ शिवा वनस्पतयः सन्तु। ॐ शिवा अग्नयः सन्तु। ॐ शिवा आहुतयः सन्तु। ॐ शिवा अतिथयः सन्तु। ॐ अहोरात्रे शिवे स्याताम्। ॐ निकामे निकामे नः पर्जन्यो वर्षतु फलवत्यो न ओषधयः पच्यन्तां योगक्षेमो नः कल्पताम्।[1] शुक्रांगारक-बुध-बृहस्पति-शनैश्चर-राहु-केतु-सोमसहिता आदित्यपुरोगाः सर्वे ग्रहाः प्रीयन्ताम्। ॐ भगवान् नारायणः प्रीयताम्। ॐ भगवान् पर्जन्यः प्रीयताम्। ॐ भगवान् स्वामी महासेनः प्रीयताम्। ॐ पुरोऽनुवाक्यया यत्पुण्यं तदस्तु। ॐ याज्यया यत्पुण्यं तदस्तु। ॐ वषट्कारेण यत्पुण्यं तदस्तु। प्रातः सूर्योदये यत्पुण्यं तदस्तु। (ततो यजमानः सुवर्णकलशं भूमौ निधाय प्रथमपात्रपातितजलेन शिरः संमृज्य सपरिवारगृहांश्चाभिषेचयेत्, द्वितीयपात्रजलमेकान्ते पातयेत्) यजमानः सांजलिः—ॐ पुण्याहकालान् वाचयिष्ये। विप्राः—ॐ वाच्यताम्। ततः पुनर्यजमानो ब्राह्मणान् सांजलिः प्रार्थयेत्—ॐ ब्राह्मं पुण्यं महद्यच्च सृष्ट्युत्पादनकारकम्। वेदवृक्षोद्भवं नित्यं तत्पुण्याहं ब्रुवन्तु नः॥ भो ब्राह्मणाः[2]। मम सकुटुंबस्य सपरिवारस्य गृहे[3] क्रियमाणस्यामुककर्मणः[4] पुण्याहं भवन्तो ब्रुवन्तु। ब्राह्मणाः—ॐ पुण्याहम् ३ इति त्रिः प्रतिब्रूयुः।

( ) भूपिण्डे मध्यभागस्थिताद्रवेरूर्ध्वं शुक्र-सोम्य-सतमो-विधुनामधश्च कुजगुरु-मन्दानामवस्थितत्वादूर्ध्वाधःक्रमेण विनाद्यन्तमेकैकग्रहग्रहणात्, आनन्तर्यन्यायेन लाघवाच्छनिसतमोविधुग्रहणात् शुक्रांगारेति साधीयान्। एतत्सर्वं सिद्धान्तशिरोमणौ स्पष्टम्। (२) इदं वाक्यं क्रमेण मन्दमध्यमोच्चस्वरेण त्रिःकर्त्रा वक्तव्यम्। विप्रैश्च पुण्याहादिशब्दस्तथैव वक्तव्यः॥ इति रुद्रकल्पद्रुमे। (३) परदिने मुख्यकर्मारम्भश्चेत्तदात्र श्वः करिष्यमाणेति पदमनुष्ठेयम्। (४) अनयोः कर्मणोः पुण्याहं भ०। अमुकामुकादीनां कर्मणां पुण्याहं भ०।

ॐ पुनन्तु मा देवजनाः पुनन्तु मनसा धियः। पुनन्तु विश्वाभूतानि जातवेदः पुनीहि मा। यजमानः—ॐ पृथिव्यामुद्धृतायान्तु यत्कल्याणं पुरा कृतम्। ऋषिभिः सिद्धगन्धर्वैस्तत्कल्याणं ब्रुवन्तु नः॥ भो ब्राह्मणाः! मम सकुटुम्बस्य सपरिवारस्य गृहे क्रियमाणस्यामुककर्मणः कल्याणं भवन्तो ब्रुवन्तु। ब्राह्मणाः—ॐ कल्याणम् ३ ॐ यथेमां वाचं कल्याणीमावदानि जनेभ्यः ब्रह्मराजन्याभ्या७ शूद्राय चार्याय च स्वाय चारणाय च। प्रियो देवानां दक्षिणायै दातुरिह भूयासमयं मे कामः समृद्ध्यतामुपमादो नमतु॥ यजमानः—सागरस्य यथा वृद्धिर्महालक्ष्म्यादिभिः कृता सम्पूर्णा सुप्रभावा च तां च ऋद्धिं ब्रुवन्तु नः। भो ब्राह्मणाः मम सकुटुम्बस्य सपरिवारस्य गृहे क्रियमाणस्यामुककर्मणः ऋद्धिं भवन्तो ब्रुवन्तु। ब्राह्मणाः—ॐ ऋध्यताम् ३, ॐ सत्रस्य ऋद्धिरस्यगन्म ज्योतिरमृता अभूम। दिवं पृथिव्याऽअध्यारुहामाविदाम देवान् स्वर्ज्योतिः। ॥ यजमानः—स्वस्तिर्याऽविनाशाख्या पुण्यकल्याणवृद्धिदा। विनायकप्रिया नित्यं ताञ्च स्वस्ति ब्रुवन्तु नः॥ भो ब्राह्मणाः! मम कुटुम्बस्य सपरिवारस्य गृहे क्रियमाणस्यामुककर्मणः स्वस्ति भवन्तो ब्रुवन्तु। ब्राह्मणः—ॐ आयुष्मते स्वस्ति ३, ॐ स्वस्तिन इन्द्रो वृद्धश्रवाः स्वस्तिनः पूषा विश्ववेदाः। स्वस्तिनस्ताक्ष्र्योऽअरिष्टनेमिः स्वस्तिनो बृहस्पतिर्दधातु॥ यजमानः—समुद्रमथनाज्जाता जगदानन्दकारका। हरिप्रिया च माङ्गल्या तां श्रियञ्च ब्रुवन्तु नः॥ भो ब्राह्मणाः! मम सकुटुम्बस्य सपरिवारस्य गृहे क्रियमाणस्यामुकर्मणः "श्रीरस्तु" इति भवन्तो ब्रुवन्तु। ब्राह्मणाः—ॐ अस्तु श्रीः ३, ॐ श्रीश्च ते लक्ष्मीश्च पत्न्यावहोरात्रे पार्श्वे नक्षत्राणि रूपमश्विनौ व्यात्तम्। इष्णन्निषाणामुम्म इषाण सर्वंलोकम्म इषाण। ततो यजमानः साक्षतजलं गृहीत्वा—ॐ कृतैतदस्मिन् दानखण्डोक्तपुण्याहवाचने न्यूनातिरिक्तो यो विधिः स उपविष्टब्राह्मणानां वचनात् श्रीमहागणपतिप्रसादाच्च सर्वः परिपूर्णोऽस्तु इति जलं क्षिपेत्। ब्राह्मणाः ओं अस्तु परिपूर्णः॥ ३ ॥ अथ पुण्याहवाचनाङ्गभूताभिषेकप्रयोगः-ततोऽविधुराश्चत्वारो[1]ब्राह्मणाः[2] कर्तुर्वामतः पत्नी[3]-(तत्सहचरितपुत्रादिकमपि)-मुपवेश्य एकस्मिन् पात्रे वरुणोदकं प्रथमपात्रान्तरे प्रक्षिप्तञ्च जलं गृहीत्वा दूर्वाम्रपल्लवैर्यजमानमभिषिञ्चेयुः, तत्र मन्त्राः—ओं आपो हिष्ठादि-मन्त्रैः। ओं पयः पृथिव्यां० सन्तु मह्यम्। ओं द्यौः शान्तिरन्त० शान्तिरेधि। ओं अमृताभिषेकोऽस्तु शान्तिः शान्तिः सुशान्तिर्भवतु। दक्षिणादानम्—ओं अद्य कृतैतत्पुण्याहवाचनकर्मणः साङ्गतासिद्ध्यर्थं तत्सम्पूर्णफलप्राप्त्यर्थं च पुण्याहवाचकेभ्यो ब्राह्मणेभ्यो यथाशक्ति मनसोद्दिष्टां दक्षिणां विभज्य दातुमहमुत्सृजे॥ इति पुण्याहवाचनम्॥

---

(१) 'विधुरो मृतभार्यो भार्यान्तरोपादानासमर्थश्च" तद्भिन्ना अविधुराः। (२) विप्रा उपविश्य वाचयितारमभिषिञ्चेयुरिति बौधायनः। (३) आशीर्वादेऽभिषेके

अथ ॐ कारादिसर्वमण्डलदेवतापूजनम्[1]

आवाहयाम्यहं देवमोंकारं परमेश्वरम्। त्रिमात्रं त्र्यक्षरं दिव्यं त्रिपदञ्च त्रिदेवकम्॥ त्र्यक्षरं त्रिगुणाकारं सर्वाक्षरमयं शुभम्। त्र्यणवं प्रणवं हंसं स्रष्टारं परमेश्वरम्॥ अनादिनिधनं देवमप्रमेयं सनातनम्। परं परतरं बीजं निर्मलं निष्फलं शुभम्॥ ओं भूर्भुवः स्वः भगवन् ओंकार! इहागच्छ इह तिष्ठ। ओं काराय नमः ओंकारमावाहयामि स्थापयामि नमः। पाद्यादिभिः पूजयेत्तत्र मन्त्रः—ओंकारं बिन्दुसंयुक्तं नित्यं ध्यायन्ति योगिनः। कामदं मोक्षदं चैव ओंकाराय[2] नमो नमः॥ इति सम्पूज्य प्रार्थयेत् ओं आब्रह्मन् ब्राह्मणो ब्रह्मवर्चसी जायतामाराष्ट्रे राजन्यः शूर इषव्योऽतिव्याधी महारथो जायताम्। दोग्ध्रीधेनुर्वोढाऽनड्वानाशुः सप्तिः पुरन्ध्रिर्योषाजिष्णू रथेष्ठाः सभेयो युवास्य यजमानस्य वीरो जायतान्निकामे निकामे नः पर्जन्यो वर्षतु फलवत्यो न ओषधयः पच्यन्तां योगक्षेमो नः कल्पताम्। इति नमस्कारं कुर्यात्॥

अथ षोडशमातृकापूजनम्—ओं गौर्यै नमः गौरीमावाहयामि स्थापयामि। ॐ पद्मायै नमः पद्मामा०। ॐ शच्यै नमः शचीमा०। ॐ मेधायै नमः मेधामा०। ॐ सावित्र्यै नमः सावित्रीमा० ॐ विजयायै नमः विजयामा०। ॐ जयायै नमः जयामा०। ॐ देवसेनायै नमः देवसेनामा० ॐ स्वधायै नमः स्वधामा०। ॐ स्वाहायै नमः स्वाहामा०। ॐ मातृभ्यो नमः मातृरावा०। ॐ लोकमातृभ्यो नमः लोकमातृरावा०। ॐ पुष्ट्यै नमः पुष्टिमा०। ॐ तुष्ट्यै नमः तुष्टिमा०। ॐ आत्मकुलदेवतायै नमः आत्मकुलदेवतामा०। ॐ मनोजूतिर्जुषतामाज्यस्य बृहस्पतिर्यज्ञमिमं तनोत्वरिष्टं यज्ञ ँ समिमं दधातु विश्वेदेवा स इह मादयन्तामो३म्प्रतिष्ठ। ओं भूर्भुवः स्वः श्रीगौर्यादिषोडशमातरः सुप्रतिष्ठिता वरदा भवत। इति-मन्त्रेण प्रतिष्ठां कृत्वा, ओं गौर्यै नमः इत्यादि नाम-मन्त्रैः पृथक् पृथक् वा, ओं गौर्यादिषोडशमातृभ्यो नमः इत्यनेन षोडशोपचारैः (यथालब्धोपचारैर्वा) पूजनं समाप्य, ओं आयुरारोग्यमैश्वर्यं ददध्वं मातरो मम। निर्विघ्नं सर्वकार्येषु कुरुध्वं सगणाधिपाः॥ (इति नारिकेलादिफलं समर्पयेत्)। ततः कृताञ्जलिः श्रीगौर्यादिषोडशमातृणां पूजनकर्मणो यन्न्यूनमतिरिक्तं वा तत्सर्वं मातृणां प्रसादात्परिपूर्णमस्तु "गृहे वृद्धिशतानि भवन्तु" उत्तरे कर्मण्यविघ्नमस्तु। इति वदेत्॥ इति मातृकापूजनम्॥

च पादप्रक्षालने तथा। शयने भोजने चैव पत्नीतूत्तरतो भवेत्॥

(१) केचिदत्र—ॐ॥ (२) ब्रह्मदेवी च गायत्रीदेवी तथा गोवर्द्धनेश्वरः। पृथ्वी यज्ञपतिश्चैतान् पञ्चोंकारान्नमाम्यहम्॥ इति मन्त्रेण पञ्चोंकारानपि पूजयन्ति॥

अथाग्निकोणे चतुःषष्टियोगिनीपूजनम्—ओं आवाहयाम्यहं देवी योगिनीं परमेश्वरीम् । योगाभ्यासेन संतुष्टा परं ध्यानसमन्विता ॥ दिव्यकुण्डलसंकाशा दिव्यज्वाला त्रिलोचना । मूर्तिमती ह्यमूर्त्ता च उग्रा चैवोग्ररूपिणी ॥ अनेकभावसंयुक्ता संसारार्णवतारिणी ॥ यज्ञे कुर्वन्तु निर्विघ्नं श्रेयो यच्छन्तु मातरः ॥ दिव्ययोगी-महायोगी-सिद्धयोगी गणेश्वरी । प्रेताशी डाकिनी काली कालरात्री निशाचरी ॥ हुङ्कारी सिद्धवेताली खर्परी भूतगामिनी ॥ उर्ध्वकेशी विरूपाक्षी शुष्कांगी मांसभोजिनी । फूत्कारी वीरभद्राक्षी धूम्राक्षी कलहप्रिया ॥ रक्ता च घोररक्ताक्षी विरूपाक्षी भयंकरी । चौरिका भारिका चण्डी वाराही मुण्डधारिणी । भैरवी चक्रिणी क्रोधा दुर्मुखी प्रेतवासिनी । कालाक्षी मोहिनी चक्री कंकाली भुवनेश्वरी । कुण्डला तालकौमारी यमदूती करालिनी ॥ कौशिकी यक्षिणी यक्षी कौमारी यन्त्रवाहिनी ॥ दुर्घटा विकटा घोरा कपाला विषलङ्घना । चतुःषष्टिः समाख्याता योगिन्यो हि वरप्रदाः ॥ त्रैलोक्यपूजिता नित्यं देवमानुषयोगिभिः ॥ इत्यावाह्य ॐ चतुःषष्टियोगिनीभ्यो नमः इति गन्धादिभिर्पूजयेत् ॥

इति योगिनीपूजनम्

अथ विवाहादिकर्मसु वसोर्द्धाराप्रयोगः[1]–कुड्ये वस्त्राच्छन्ने पीठादौ वा उपरि "श्रीः" इत्यक्षरं लिखित्वा तदधः कुकुमेन एकंबिन्दुं तदधो दक्षिणोत्तरं द्वौ बिन्दू, तदधः दक्षिणोत्तरं त्रीन् बिन्दून्, तदधश्चतुरः, तदधः पञ्च, तदधः षट्, तदधः सप्त बिन्दून् क्रमेण प्रादेशमात्रस्थले निर्माय अधस्तनेषु सप्तसु बिन्दुषु घृतेन दुग्धेन वा सप्तधारा उदक्संस्थाः प्रादेशमात्राः कुर्यात्, तत्र मन्त्रः—

ॐ वसोः पवित्रमसि शतधारं वसोः पवित्रमसि सहस्रधारं देवस्त्वा सविता पुनातु । वसोः पवित्रेण शतधारेण सुप्वाः कामधुक्षः । इति धाराः कृत्वा तत्र दधि निक्षिप्य रक्तसूत्रं च परिधाप्य ततः तेनैव मन्त्रेण पुनः पठितेन ता धाराः सप्त बिन्दून् ऊर्ध्वभागे गुड़ादिना मिथः श्लिष्टाः कुर्यात् (ततस्तेषु सप्तसु बिन्दुषु क्रमेण देवता आवाहयेत्) ॐ भूर्भुवः स्वः श्रियै नमः श्रियमावाहयामि स्थापयामि । ॐ भूर्भुवः स्वः लक्ष्म्यै नमः लक्ष्मीमा० स्था० । ॐ भूर्भुवः स्वः धृत्यै नमः धृतिमा० स्था० । ॐ भूर्भुवः स्वः मेधायै नमः मेधामा० स्था० । ॐ भूर्भुवः स्वः स्वाहायै नमः स्वाहामा० स्था० । ॐ भूर्भुव० स्वः प्रज्ञायै नमः प्रज्ञामा० स्था० । ॐ भूर्भुवः स्वः सरस्वत्यै नमः सरस्वतीमा० स्था० । ॐ मनोजूतिः० इति सकृत् पठित्वा वसोर्धारादेवताः सुप्रतिष्ठिताः वरदा भवन्तु इति

१ वसोश्चेति रायस्य अग्नेर्वा तदुद्देशप्रवृत्तत्वेन तत्सम्बधिनी धारा वसोर्धारा। यद्वा वसोर्मन्त्रेण धारा वसुधारेति प्रायः वसोर्धारेति प्रयोगो घृतमातृषु रूढः। वसोर्द्धारां जुहोतीत्यादौ तु कर्मनामधेयम्।

प्रतिष्ठाप्य तदनन्तरं—ॐ वसोर्धारादेवताभ्यो नमः गन्धं समर्पयामि। पुष्पाणि समर्पयामि। धूपं समर्पयामि। दीपं सम०। नैवेद्यं स०। इत्येवं गन्धादिपञ्चोपचारैरुदक्संस्था वसोर्धाराः पूजयेत्। प्रार्थना—यदङ्गत्वेन भो देव्यः पूजिता विधिमार्गतः। कुर्वन्तु कार्यमखिलं निर्विघ्नेन क्रतूद्भवम्॥

तदनन्तरमायुष्यसूक्तमन्त्रजपं कुर्यात्—ॐ आयुष्यं वर्चस्यꣳ रायस्पोषमौद्भिदम्। इदꣳहिरण्यं वर्चस्यञ्जैत्रायाविशतादुमाम्॥१॥ नतद्रक्षाꣳसि न पिशाचास्तरन्ति देवानामोजः प्रथमꣳह्येतत्। यो बिभर्त्ति दाक्षायण ँ हिरण्य ँ स देवेषु कृणुते दीर्घमायुः स मनुष्येषु कृणुते दीर्घमायुः॥२॥ यदाबध्नन्दाक्षायणा हिरण्य ँ शतानीकाय सुमनस्यमानाः। यन्म आबध्नामि शतशारदायायुष्मान् जरदष्टिर्यथासम्॥३॥

पौराणः—यदायुष्यं चिरं देवा सप्तकल्पान्तजीविषु। ददुस्तेनायुषा सम्यक् जीवन्तु शरदः शतम्॥ दीर्घा नागा नगा नद्योऽन्तस्सप्तार्णवा दिशः। अनन्तेनायुषा तेन जीवन्तु शरदः शतम्॥ सत्यानि पञ्च भूतानि विनाशरहितानि च। अविनाश्यायुषा तद्वज्जीवन्तु शरदः शतम्॥ इत्यायुष्यमन्त्रजपः।

अथोपनयनविवाहादौ नान्दीश्राद्धम्[1]—तत्रादौ उदङ्मुख उपविश्य ॐ विष्णुर्विष्णुर्हरिरित्याचम्य प्राणानायम्य ॐ अद्येत्यादि देशकालौ संकीर्त्य कर्तव्यामुककर्माङ्गत्वेन साङ्कल्पिकेन[2] विधिना ब्राह्मणयुग्म-भोजन-पर्याप्तान्न-निष्क्रयीभूत-यथाशक्ति-हिरण्येन नान्दीमुखश्राद्धमहं करिष्ये। इति सङ्कल्प्य अञ्जलिं बद्ध्वा त्रिः पठेत्—ॐ देवताभ्यः पितृभ्यश्च महायोगिभ्य एव च। नमः स्वाहायै स्वधायै नित्यमेव नमो नमः। श्राद्धकाले गयां ध्यात्वा ध्यात्वा देवं गदाधरम्। मनसा च पितॄन्ध्यात्वा नान्दीश्राद्धं समारभे। इति पठित्वा-दक्षिणोत्तरक्रमेण पद्मपत्रेषु पलाशपत्रेषु वा प्राङ्मुखानृजूनि द्वादश दूर्वाकाण्डानि संस्थाप्य, दूर्वा-यवजलान्यादाय—ओं अद्य मात्रादित्रयश्राद्धसम्बन्धिनो नान्दीमुखाः सत्यवसुसंज्ञकाः विश्वेदेवाः ओं भूर्भुवः स्वः इदं वः पाद्यं स्वाहा। ओ

---

१. उदङ्मुखेन दैवं प्राङ्मुखेन पित्र्यं कर्म कुर्यात्। (निर्देशेन पितुः पुत्रो नान्दीश्राद्धं समाचरेत्। एकादशाहपूर्वन्तु विप्र आभ्युदयं चरेत्। क्षत्रियो द्वादशाहात्तु वैश्यः पञ्चदशाहतः॥ पादजो वैश्यवत्कुर्यादिशक्तौ विषमेऽहनि। तीर्थादिगमने चैव मुहूर्तात्प्रथमेऽहनि निर्णयामृते॥ (२) अनग्निको यदा विप्र उच्छिन्नाग्निरथापि वा। तदा वृद्धिषु सर्वासु साङ्कल्पं श्राद्धमाचरेत्॥ हेमाद्रिः। पिण्डहीनश्राद्धशब्दः सङ्कल्पश्राद्धपर्यायः। साङ्कल्पिके समन्त्रकावाहनार्घाग्नौकरणपिण्डदानविकिराक्षय्यस्वस्वधावाचनप्रश्नेत्येतत्सप्तकं वर्ज्यम्॥ शुभार्थी प्रथमान्तेन वृद्धौ सङ्कल्पमाचरेत्। न षष्ठ्या यदि वा कुर्यान्महादोषोभिजायते, इति पारस्करगृ० गदाधरभाष्ये॥

अद्य पित्रा'दित्रयश्राद्धसम्बन्धिनो नान्दीमुखाः सत्यवसुसंज्ञका विश्वेदेवाः ॐ भूर्भुवः स्वः इदं वः पाद्यं स्वाहा। ॐ अद्य सपत्नीक-मातामहादित्रयश्राद्ध-सम्बन्धिनो नान्दीमुखाः सत्यवसुसंज्ञका विश्वेदेवा ॐ भूर्भुवः स्वः इदं वः पाद्यं स्वाहा ॥ दूर्वायवजलान्यादाय ॐ अद्यामुकगोत्रे नान्दीमुखि गायत्रीस्वरूपिणि मातरमुकीदेवि ते पाद्यं नमोस्तु वृद्धिः श्रियै ॥ ॐ अद्यामुकगोत्रे नान्दीमुखि सावित्रीस्वरूपिणि पितामह्यमुकीदेवि ते पाद्यं नमोस्तु वृद्धिः श्रियै ॥ ॐ अद्यामुकगोत्रे नान्दीमुखि सरस्वतीस्वरूपिणि प्रपितामह्यमुकी देवि ते पाद्यं नमोस्तु वृद्धिः श्रियै। ॐ अद्यामुकगोत्र-नान्दीमुख-वसुस्वरूप पितरमुकशर्म्मन् ते पाद्यं नमोऽस्तु वृद्धिः श्रियै ॥ ॐ अद्यामुकगोत्र नान्दीमुख रुद्रस्वरूप पितामहाऽमुकशर्म्मन् ते पाद्यं नमोस्तु वृद्धिः श्रियै ॥ ॐ अद्यामुकगोत्र नान्दीमुखादित्यस्वरूप प्रपितामहामुकशर्म्मन् ते पाद्यं नमोऽस्तु वृद्धिः श्रियै ॥ ॐ अद्यामुकगोत्र नान्दीमुखवसुस्वरूप सपत्नीक मातामहामुकशर्म्मन् ते पाद्यं नमोस्तु वृद्धिः श्रियै। ॐ अद्यामुकगोत्र नान्दीमुख रुद्रस्वरूप सपत्नीकप्रमातामहामुकशर्म्मन् ते पाद्यं नमोस्तु वृद्धिः श्रियै ॥ ॐ अद्यामुकगोत्र नान्दीमुखादित्यस्वरूप सपत्नीक वृद्धप्रमातामहामुकशर्म्मन् ते पाद्यं नमोस्तु वृद्धिः श्रियै ॥ (इत्युक्त्वा सर्वपात्रेषु सदूर्वायवाक्षतं जलं क्षिपेत्) ॥

अथासनदानम्—ॐ सत्यवसुसंज्ञकानां विश्वेषां देवानां नान्दीमुखानां ॐ भूर्भुवः स्वः इदमासनं सुखासनं स्वाहा, इति दूर्वात्रयं सर्वतो दक्षिणगतं पूर्वाग्रमुत्सृजेत्, एवं सर्वत्र ॥ नान्दीश्राद्धे क्षणौ क्रियेताम् ॥ ॐ तथा प्राप्नुतां भवन्तौ प्राप्नवाव इति पठेत्। ततः अमुकगोत्राणां मातृपितामहीप्रपितामहीनां नान्दीमुखीनां ॐ भूर्भुवः स्वः इदमासनं सुखासनं स्वाहा। ॐ नांदीश्राद्धे क्षणौ क्रियेतां। ॐ तथा प्राप्नुतां भवन्तौ प्राप्नवाव। ॐ अमुकगोत्राणां पितृपितामहप्रपितामहानां नान्दीमुखानां ॐ भूर्भुवः स्वः इदमासनं सुखासनं स्वाहा। ॐ नान्दीश्राद्धे क्षणौ क्रियेतां। ॐ तथा प्राप्नुतां भवन्तौ प्राप्तवाव। ॐ अमुकगोत्राणां मातामह-प्रमातामह-बृद्ध-प्रमातामहानां सपत्नीकानां नांदीमुखानाम् ॐ भूर्भुवः स्वः इदमासनं सुखासनं स्वाहा। ॐ नांदीश्राद्धे० ततः गंधादि दानम्। इत्यासनानि दत्त्वा-एष वो गन्धः, इमे अक्षताः, इमानि पुष्पाणि, अयं धूपः, अयं दीपः, इमे वाससी, इदं यज्ञोपवीतम्, इति गन्धादि दत्त्वा—ॐ सत्यवसुसंज्ञकेभ्यो विश्वेभ्यो देवेभ्यो

---

(२) जीवत्पितृकस्तु पितामहादिभ्यो वृद्धौ दद्यात्। जीवन्मातृकः मातामह्यादिभ्यो वृद्धौ दद्यात्। मातामहे जीवति तत्पित्रादिभ्यो दद्यात् ॥ वृद्धौ तीर्थे च संन्यस्ते तथा च पतिते सति। येभ्य एव पिता दद्यात्तेभ्यो दद्यात् स्वयं सुतः ॥

नांदीमुखेभ्यः ॐ भूर्भुवः स्वः इदं गंधाद्यर्चनं स्वाहा संपद्यतां वृद्धिः ॥ ॐ अमुकगोत्राभ्यो मातृ-पितामहीप्रपितामहीभ्यो नांदीमुखीभ्यः ॐ भूर्भुवः स्वः इदं गंधाद्यर्चनं स्वाहा संपद्यतां वृद्धिः ॐ अमुकगोत्रभ्यः पितृ-पिता-मह-प्रपितामहेभ्यो नान्दीमुखेभ्यः ॐ भूर्भुवः स्वः इदं गंधाद्यर्चनं स्वाहा संपद्यतां वृद्धिः । ॐ अमुकगोत्रेभ्यो मातामह-प्रमातामह-वृद्धप्रमातामहेभ्यः सपत्नीकेभ्यः नान्दीमुखेभ्यः ॐ भुर्भुवः स्वः इदं गन्धाद्यर्चनं संपद्यतां वृद्धिः । ततो भोजन-निष्क्रय[1]द्रव्यदानम्—ॐ सत्यवसुसंज्ञकेभ्यो विश्वेभ्यो देवेभ्यो नान्दीमुखेभ्यः भुर्भुवः स्वः इदं युग्मब्राह्मणभोजनपर्याप्तं दास्यमानमन्नं वा तन्निष्क्रयीभूत किञ्चि-द्धिरण्यं दत्तममृतरूपेण स्वाहा संपद्यतां वृद्धिः ॥ ॐ अमुकगोत्रा मातृ-पितामही प्रपितामह्यो नान्दीमुख्यः भूर्भुवः स्वः इदं युग्मब्राह्मणभोजनपर्याप्तं दास्यमान-मन्नं वा तन्निष्क्रयोभूतं किञ्चिद्धिरण्यं दत्तममृतरूपेण स्वाहा संपद्यतां वृद्धिः ॥ ॐ अमुकगोत्रा पितृ-पितामह-प्रपितामहा. नान्दीमुखाः ॐ भूर्भुवः स्वः इदं युग्मब्रा० ॥ ॐ अमुकगोत्रा मातामह-प्रमातामह-वृद्धप्रमातामहाः सपत्नीकाः नान्दीमुखाः ॐ भूर्भुवः स्वः इदं युग्मब्रा० ॥ ततः सयवक्षीरमुदकदानम्—ॐ नान्दीमुखाः सत्यवसुसंज्ञका विश्वेदेवा प्रीयन्ताम् । ॐ मातृ-पितामही-प्रपितामह्यो नान्दीमुख्यः प्रीयन्ताम् ॥ ॐ पितृ-पितामह-प्रपितामहा नान्दी-मुखाः प्रीयन्ताम् ॥ ॐ मातामह-प्रमातामह-वृद्धप्रमातामहाः सपत्नीका नान्दी-मुखाः प्रीयन्ताम् । ततः ॐ स्वस्तिन इन्द्रो वृद्धश्रवा० इति मन्त्रं पठेत् ॥

आशीर्ग्रहणम्—यजमानः—ॐ गोत्रं नो वर्द्धताम्, ब्राह्मणाः—ॐ वर्द्धतां वो गोत्रम् । यज०—ॐ दातारो नोभिवर्द्धन्ताम्, ब्रा०—ॐ वर्द्धन्ता वो दातारः । यज०—ॐ वेदाश्च नोऽभिवर्द्धन्ताम्, ब्रा० —ॐ वर्द्धन्तां वो वेदाः । यज०—ॐ सन्ततिर्नोऽभिवर्द्धन्तां । ब्रा०—ॐ वर्द्धतां वः सन्ततिः । यज० —ॐ श्रद्धा च नो मा व्यपगमत्, ब्रा०—ॐ मा व्यपगमद्वः श्रद्धा । यज० —ॐ बहु देयं च नोऽस्तु, ब्रा०—ॐ अस्तु वो वहु देयम् । यज० - अन्नं च नो बहु भवेत्, ब्रा०—ॐ वहु भवेद्वोऽन्नम् । यज०—ॐ अतिथींश्च लभामहै, ब्रा०—ॐ लभन्तां वोऽतिथयः । यज०—ॐ याचितारश्च नः सन्तु, ब्रा०—ॐ सन्तु वो याचितारः । यज०—ॐ एता आशिषः सत्याः सन्तु, ब्रा० ॐ सन्त्वेताः सत्या आशिषः ।

दक्षिणादानम्—ॐ सत्यवसुसंज्ञकेभ्यो विश्वेभ्यो देवेभ्यो नान्दीमुखेभ्यः कृतस्य नान्दीश्राद्धस्य फलप्रतिष्ठासिद्ध्यर्थं द्राक्षामलकयवमूलनिष्क्रयीभूतां

---

(१) नान्दीश्राद्धे अन्नाभावे आमम् आमाभावे हिरण्यम् हिरण्याभावे युग्मब्राह्मण-भोजनपर्याप्तान्ननिष्क्रयीभूतं यथाशक्ति किञ्चिद् द्रव्यदानमिति-धर्मसिन्धुः ॥

दक्षिणां दातुमहमुत्सृजे। ॐ अमुकगोत्राभ्यो मातृ-पितामही-प्रपितामहीभ्यो नान्दीमुखीभ्यः कृतस्य नान्दीश्राद्धस्य फलप्रतिष्ठासिद्ध्यर्थं द्राक्षामलकयवमूल-निष्क्रयीभूतां दक्षिणां दातुमहमुत्सृजे। ॐ अमुकगोत्रेभ्यः पितृ-पितामह-प्रपितामहेभ्यो नान्दीमुखेभ्यः कृतस्य नन्दीश्राद्धस्य फलप्रतिष्ठा सिद्ध्यर्थं द्राक्षामल-कयवमूलनिष्क्रयीभूतां दक्षिणां दातुमहमुत्सृजे। ॐ अमुकगोत्रेभ्यो मातामह—प्रमातामाह—वृद्धप्रमातामहेभ्यः सपत्नीकेभ्यः नान्दीमुखेभ्यः कृतस्य नान्दी-श्राद्धस्य फलप्रतिष्ठासिद्ध्यर्थं द्राक्षामलकयवमूलनिष्क्रयीभूतां दक्षिणां दातु-महमुत्सृजे। ततः कृताञ्जलिः प्रार्थयेत् ॐ माता पितामही चैव तथैव प्रपितामही। पिता पितामहश्चैव तथैव प्रपितामहः॥ मातामहस्तत्पिता च प्रमाता-महकादयः। एते भवन्तु मे प्रीताः प्रयच्छन्तु सुमङ्गलम्॥ यज०—ॐ नान्दीश्राद्धं सम्पन्नम् ब्रा०ॐ सुसम्पन्नम्। ततः प्रदक्षिणां कुर्यात्।

विसर्जनम् - ॐ वाजे वाजे वत वाजिनो नो धनेषु विप्रा अमृता ऋतज्ञाः। अस्य मध्वः पिबत मादयध्वं तृप्ता यात पथिभिर्देवयानैः॥ हस्ते जलमादाय ॐ मयाचरितेऽस्मिन् सांकल्पिकनान्दीश्राद्धे न्यूनातिरिक्तो यो विधिः स उपविष्ट-ब्राह्मणानां वचनाच्छ्रीनान्दीमुखपितृप्रसादाच्च सर्वः परिपूर्णोऽस्तु अस्तु परिपूर्णः इति विप्राः। ततः प्रमादादिति पठित्वा ॐ विष्णवे नमो विष्णवे नमो विष्णवे नमः इति प्रणमेत्।

इति सांकल्पिकनान्दीश्राद्धम्[1]

अथ नवग्रहादिपूजनम्[2]

जलाक्षतपुष्पैः—ॐ अद्य यथोक्तविशेषणविशिष्टायां शुभपुण्यतिथौ अमुक-कर्मण निर्विघ्नसमाप्तये तदङ्गतया आदित्यादिनव[3]ग्रहाणामधिदैवतप्रत्य-धिदैवत-पञ्चलोकपाल-दशदिक्पालानाञ्च स्थापन-पूजनं करिष्ये। इति सङ्कल्प्य, (ततः वर्तुलाकृति सूर्यं रक्तपुष्पाक्षतैरावाहयेत्) ॐ आकृष्णेन रजसा वर्तमानो निवेशयन्नमृतं मर्त्यञ्च। हिरण्ययेन सविता रथेन देवो याति भुवनानि पश्यन्॥ ॐ भूर्भुवः स्वः कलिङ्गदेशोद्भव काश्यपगोत्र रक्तवर्ण भोः सूर्य इहागच्छ इह तिष्ठ ओं सूर्याय नमः श्रीसूर्यमावहयामि स्थापयामि।

---

(१) रजोदोषजननाशौचादिसम्भावनायां नान्दीश्राद्धस्यापकृष्यानुष्ठाने दिनावधिः, एकविंशत्यहर्यज्ञे विवाहे दश वासराः त्रिषट् चौलोपनयने नान्दीश्राद्धं विधीयते। (दश-दिनाद्यतिक्रमे पुनर्नान्दीश्राद्धमित्यर्थात् सिद्धम्) (२) ग्रहा राज्यं प्रयच्छन्ति ग्रहा राज्यं हरन्ति च। ग्रहैर्व्याप्तमिदं सर्वं त्रैलोक्यं सचराचरम्॥ (३) ब्रह्मादिदेवाननादृत्य कथं ग्रहाणामादौ पूजनविधानमिति, तत्राह—यथा राजदर्शनात्प्राक् तद्भृत्यानां सचिव-प्रभृतीनां पूर्वं दर्शनं सेवादिकार्यञ्च विधीयते, तद्वदत्रापि नास्ति सन्देहलेशः।

(ततः श्वेतपुष्पाक्षतैरर्धचन्द्राकृतिं सोममावाहयेत्)—ॐ इमन्देवा असपत्नꣳ सुवध्वं महते क्षत्राय महते ज्यैष्ठ्याय महते जानराज्यायेन्द्रस्येन्द्रियाय। इमममुष्य पुत्रममुष्यै पुत्रमस्यै विश एष वोमी राजा सोमोऽस्माकं ब्राह्मणानाꣳ राजा॥ ओं सोमाय नमः ओं भूर्भुवः स्वः यमुनातीरोद्भव आत्रेयसगोत्र शुक्लवर्ण भो सोम इहागच्छ इह तिष्ठ ॐ सोमाय नम; सोममावाहयामि स्थापयामि॥

(ततः त्रिकोणं भौमं रक्तपुष्पाक्षतैरावाहयेत्)—ॐ अग्निर्मूर्द्धा दिवः ककुत्पतिः पृथिव्या अयम्। अपाꣳ रेताꣳसि जिन्वति॥ ॐ भूर्भुवः स्वः अवन्तिदेशोद्भव भरद्वाजगोत्र रक्तवर्ण भो भौम इहागच्छ इह तिष्ठ ॐ भौमाय नमः भौममावाहयामि स्थापयामि।

(ईशाने बाणाकारे चतुरङ्गुले [1]पीते बुधं पीतपुष्पाक्षतैरावाहयेत्)—ॐ उद्बुध्यस्वाग्ने प्रति जागृहि त्वमिष्टापूर्ते सꣳसृजेथामयं च। अस्मिन्त्सधस्थेऽध्युत्तरस्मिन्विश्वेदेवा यजमानश्च सीदत॥ ॐ भूर्भुवः स्वः मगधदेशोद्भव आत्रेयसगोत्र पीतवर्ण भो बुध इहागच्छ इह तिष्ठ ॐ बुधाय नमः बुधमावाहयामि स्थापयामि॥

(उत्तरे दीर्घचतुष्कोणाकृतिं गुरुं पीतपुष्पाक्षतैरावाहयेत्)--ॐ बृहस्पते अतियदर्यो अर्हाद्द्युमद्विभाति क्रतुमज्जनेषु यद्दीदयच्छवसऋतप्रजाततदस्मासु द्रविणं धेहि चित्रम्। ॐ भूर्भुवः स्वः सिन्धुदेशोद्भव आङ्गिरसगोत्र पीतवर्ण भो गुरो इहागच्छ इह तिष्ठ ॐ बृहस्पतये नमः बृहस्पतिमावाहयामि स्थापयामि॥

(पूर्वे पञ्चकोणे नवाङ्गुले श्वेते शुक्रं श्वेतपुष्पाक्षतैरावाहयेत्)--ॐ अन्नात्परिस्रुतो रसं ब्रह्मणा व्यपिबत्क्षत्रं पयः सोमं प्रजापतिः। ऋतेन सत्यमिन्द्रियं विपानꣳ शुक्रमन्धस इन्द्रस्येन्द्रियमिदं पयो मृतं मधु। ॐ भूर्भुवः स्वः भोजकटदेशोद्भव भार्गवसगोत्र शुक्लवर्ण भो शुक्र इहागच्छ इह तिष्ठ ॐ शुक्राय नमः शुक्रमावाहयामि स्थापयामि॥

(पश्चिमे धनुराकारे द्व्यंगुले कृष्णे शनिं कृष्णपुष्पाक्षतैरावाहयेत्) —ॐ शन्नो देवीरभिष्टय आपो भवन्तु पीतये, शंयोरभिस्रवन्तु नः॥ ॐ भूर्भुवः स्वः सौराष्ट्रदेशोद्भव काश्यपगोत्र कृष्णवर्ण भो शनैश्चर इहागच्छ इह तिष्ठ ॐ शनैश्चराय नमः शनैश्चरमावाहयामि स्थापयामि॥

(नैर्ऋत्ये शूर्पाकारे द्वादशाङ्गुले कृष्णे राहुं कृष्णपुष्पाक्षतैरावाहयेत्) ॐ कया नश्चित्र आभुव दूती सदा वृधः सखा, कया शचिष्ठया वृता॥ ॐ भूर्भुवः

(१) हरिद्वर्णं वेति।

स्वः राठिनपुरोद्भव पैठीनसीगोत्र कृष्णवर्ण भो राहो इहागच्छ इह तिष्ठ ॐ राहवे नमः राहुमावाहयामि स्थापयामि ।

(वायव्यां ध्वजाकारे षडङ्गुले धूम्रे केतुं धूम्रपुष्पाक्षतैरावाहयेत्)—ॐ केतुं कृण्वन्न केतवे पेशोमर्य्या अपेशसे, समुषद्भिरजायथाः ॥ ॐ भूर्भुवः स्वः अन्तर्वेदिसमुद्भव जैमिनीसगोत्र धूम्रवर्ण भो केतो इहागच्छ इह तिष्ठ ॐ केतवे[1] नमः केतुमावाहयामि स्थापयामि ।

अथाधिदेवतास्थापनम्[2]—तत्र सूर्यदक्षिणपार्श्वे—ॐ त्र्यम्बकं यजामहे सुगन्धिम्पुष्टिवर्द्धनम् ॥ उर्वारुकमिव बन्धनान्मृत्योर्म्मुक्षीय मामृतात् । ॐ भूर्भुवः स्वः ईश्वर इहागच्छेह तिष्ठ ॐ ईश्वराय नमः ईश्वरमावाहयामि स्थापयामि ॥ १ ॥ (एवं सर्वत्र) सोमदक्षिणपार्श्वे—ॐ श्रीश्च ते लक्ष्मीश्च पत्न्यावहोरात्रे पार्श्वे नक्षत्राणि रूपमश्विनौ व्यात्तम् । इष्णन्निषाणामुम्मऽइषाण सर्वलोकम्मऽइषाण । ॐ भू० उमे इहा० उमायै नमः उमामा० ॥ २ ॥ भौमदक्षिणपार्श्वे—ॐ यदक्रन्दः प्रथमञ्जायमानऽउद्यन्त्समुद्रादुतवा पुरीषात् । श्येनस्य पक्षा हरिणस्य बाहूऽउपस्तुत्यम्महि जातन्तेऽर्वन् । ॐ भू० स्कन्द इहा० स्कन्दाय नमः स्कन्दमा० ॥ ३ ॥ बुधदक्षिणपार्श्वे—ॐ विष्णोरराटमसि विष्णोः श्नप्त्रेस्थो विष्णोः स्यूरसि विष्णोर्ध्रुवोसि । वैष्णवमसि विष्णवेत्वा । ॐ भू० विष्णो इहा० विष्णवे नमः, विष्णुमा० ॥ ४ ॥ गुरुदक्षिणपार्श्वे—ॐ आब्रह्मन्ब्राह्मणो ब्रह्मवर्चसी जायतामाराष्ट्रे राजन्यः शूरऽइषव्योतिव्याधी महारथो जायतान्दोग्ध्री धेनुर्वोढानड्वानाशुः सप्तिः पुरन्धिर्योषा जिष्णू रथेष्ठाः । सभेयो युवास्य यजमानस्य वीरो जायतान्निकामे निकामे नः पर्जन्यो वर्षतु फलवत्यो न ऽओषधयः पच्यन्तां योगक्षेमो नः कल्पताम् । ॐ भू० ब्रह्मणे नमः ब्रह्माणमा० ॥ ५ ॥ शुक्रदक्षिणपार्श्वे—ॐ सजोषाऽइन्द्र सगणो मरुद्भिः सोमम्पिब वृत्रहा शूरविद्वान् । जहि शत्रूँरपमृधोनुदस्वाथाभयङ्कृणुहि विश्वतो नमः । ॐ भू० इन्द्र इहा० इन्द्राय नमः इन्द्रमावा० ॥ ६ ॥ शनिदक्षिणपार्श्वे—यमाय त्वांगिरस्वते पितृमते स्वाहा । स्वाहा धर्माय स्वाहा धर्म्मः पित्रे ॐ भू० यम इहा० यमाय नमः यममा० ॥ ७ ॥ राहुदक्षिणपार्श्वे —ॐ कार्षिरसि समुद्रस्य त्वाक्षित्याऽउन्नयामि । समापोऽअद्भिरग्मतसमोषधीभिरोषधीः । ॐ भू० काल इहा० कालाय नमः कालमा० ॥ ८ ॥ केतुदक्षिणपार्श्वे—ॐ चित्रावसो स्वस्ति ते पारमशीय । ॐ भू० चित्रगुप्त इहा० ॐ चित्रगुप्ताय नमः चित्रगुप्तमावाहयामि ॥ ९ ॥ इत्यधिदेवताः ॥

---

(१) केतूनां बहुत्वेऽपि गणत्वेन देवतात्वात् पूजादावेकवचनमेव । (२) शिवः शिवा गुहो विष्णुर्ब्रह्मेन्द्रयमकालकाः । चित्रगुप्तोऽथ भान्वादि दक्षिणे चाधिदेवताः ॥ (इकम्बपु०) ॥

अथ प्रत्यधिदेवतास्थापनम्[1]--सूर्यस्य वामपार्श्वे—ॐ अग्निं दूतम्पुरोदधे हव्यवाहमुपब्रुवे। देवाँ २ऽआसादयादिह ॥ भू० अग्ने इहा० ॐ अग्नये नमः। अग्निमा० ॥ १ ॥ सोमवामपार्श्वे—ॐ आपो हिष्ठा मयो भुवस्तानऽऊर्जे दधातन। महेरणाय चक्षसे। ॐ भू० आप इहागच्छत० अद्भ्यो नमः, अप० ॥ २ ॥ भौमवामपार्श्वे—ॐ स्योना पृथिवि नो भवानृक्षरानिवेशनी। यच्छानः शर्म्मसप्रथा ॥ ॐ भू० पृथिवि इहा० ॐ पृथिव्यै नमः पृथिवीं० ॥ ३ ॥ बुधवामपार्श्वे—ॐ इदम्विष्णुर्विचक्रमे त्रेधा निदधे पदम् समूढमस्यपाꣳसुरे स्वाहा ॥ ॐ भू० विष्णो इहा० ॐ विष्णवे नमः विष्णुमावा० ॥ ४ ॥ गुरुवामपार्श्वे– ॐ त्रातारमिन्द्रमवितारमिन्द्रꣳहवे हवे सुवहꣳशूरमिन्द्रम्। ह्वयामि शक्रम्पुरुहूतमिन्द्रꣳस्वस्तिनो मघवाधात्विन्द्रः ॥ ॐ भू० इन्द्र इहा० ॐ इन्द्राय० इन्द्रम्० ॥ ५ ॥ शुक्रवामपार्श्वे--ॐ आदित्यैरास्नासीन्द्राण्याऽउष्णीषः पूषासि धर्म्माय दीष्व ॥ ॐ भू० इन्द्राणि इहा० ॐ इन्द्राण्यै नमः इन्द्राणीम्० ॥ ६ ॥ शनिवामपार्श्वे—ॐ प्रजापते न त्वदेतान्न्यन्यो विश्वारूपाणि परिता बभूव। यत्कामास्ते जुहुमस्तन्नोऽअस्तु वयꣳ स्याम पतयो रयीणाम् ॥ ॐ भू० प्रजापते इहा० ॐ प्रजापतये नमः प्रजापतिम्० ॥ ७ ॥ राहुवामपार्श्वे--ॐ नमोस्तु सर्पेभ्यो ये के च पृथिवीमनु। ये अन्तरिक्षे ये दिवि तेभ्यः सर्पेभ्यो नमः। ॐ भू० सर्पा इहागच्छत इह तिष्ठत ॐ सर्पेभ्यो नमः ॐ सर्पान्० ॥ ८ ॥ केतुवामपार्श्वे—ॐ ब्रह्मयज्ञानं प्रथमम्पुरस्ताद्विसीमतः सुरुचोवेनऽआवः ॥ सबुन्ध्याऽउपमा ऽअस्य विष्ठाः सतश्च योनिमसतश्च व्विवः। ॐ भू० ब्रह्मन् इ० ॐ ब्रह्मणे नमः। ब्रह्माणमावाहयामि ॥ ९ ॥ इति प्रत्यधिदेवतास्थापनम् ॥

अथ पञ्चलोकपालस्थापनम्[2]--राहोरुत्तरतः--ॐ गणानान्त्वा० ॐ भू० गणपते इहा० ॥ १ ॥ शनेरुत्तरतः--ॐ अम्बेऽअम्बिकेऽम्बालिके न मा नयति कश्चन ससस्त्यश्वकः सुभद्रिकां काम्पीलवासिनीम्। ॐ भू० दुर्गे इहा० दुर्गायै० ॥ २ ॥ रवेरुत्तरतः--ॐ आनोनियुद्भिः सतिनीभिरध्वरꣳ सहस्रिणीभिरुपयाहि यज्ञम् ॥ वायोऽअस्मिन्त्सवने मादयस्व यूयं पात स्वस्तिभिः सदा नः ॥ ॐ भू० वायो इहा० वायवे नमः ॥ ३ ॥ राहोर्दक्षिणे—ॐ घृतङ् घृतपावानः पिबत वसाम्बसा पावानः पिबतान्तरिक्षस्य हविरसि स्वाहा दिशः प्रदिशऽआदिशो विदिशऽउद्दिशो दिग्भ्यः स्वाहा। ॐ भू० आकाश इहा० आकाशाय नमः ॥ ४ ॥ केतोर्दक्षिणे—ॐ यावाङ्कशामधुमत्यश्विना सूनृतावती तया यज्ञम्मिमिक्षताम्। ॐ भू० अश्विनौ इहागच्छताम् अश्विभ्यां नमः ॥ ५ ॥

---

(१) अग्निरापो धरा विष्णुः शक्रेन्द्राणीपितामहः। पन्नगाकंक्रमाद्वामे ग्रहप्रत्यधिदेवताः ॥ (स्कन्दपुरा०)। (२) गणेशश्चाम्बिका वायुराकाशश्चाश्विनौ तथा। ग्रहाणामुत्तरे पञ्च लोकपालाः प्रकीर्तिताः ॥ (स्कन्दपुरा०) ॥

अथ प्रागादितः पीठसमन्ताद्दिक्पालानावाहयेत्—पूर्वे—ॐ त्रातारमिन्द्रमवितारमिन्द्र ँ हवे हवे सुहव ँ शूरमिन्द्रम्। ह्वयामि शक्रम्पुरुहूतमिन्द्र ँ स्वस्तिनो मघवा धात्विन्द्रः ॥ ॐ भू० इन्द्र इहा० इन्द्राय नमः ॥ १ ॥ आग्नेय्याम्—ॐ त्वन्नोऽअग्ने तव देव पायुभिर्म्मघोनो रक्षतन्वश्च वन्द्य। त्राताातोकस्य तनये गवामस्य निमेष ँ रक्षमाणस्तव व्रते। ॐ अग्ने इहा० अग्नये० ।२। दक्षिणे—ॐ यमाय त्वांगिरस्वते पितृमते स्वाहा। स्वाहा धर्माय स्वाहा धर्मः पित्रे ॥ ॐ भू० यम इहा० यमा० ॥३॥ नैर्ऋत्याम्—ॐ असुन्वन्तमयजमानमिच्छस्तेनस्येत्यमान्विहितस्करस्य अन्यमस्मदिच्छसातऽइत्या नमो देवि निर्ऋते तुभ्यमस्तु ॥ भू० निर्ऋते इहा० ॥ ४ ॥ पश्चिमे—ॐ तत्त्वायामि ब्रह्मणा वन्दमानस्तदाशास्ते यजमानो हविर्भिः ॥ अहेडमानो वरुणेहवोध्युरुश ँ समानऽआयुः प्रमोषीः ॥ ॐ भू० वरुण इहा० ॥ ५ ॥ वायव्याम्—ॐ आनोनियुद्भिः शतिनीभिरध्वर ँ सहस्रिणीभिरुपयाहि यज्ञम्। वायोऽअस्मिन्त्सवने मादयस्व यूयं पात स्वस्तिभिः सदा नः। ॐ भू० वायो इहा० ॥ ६ ॥ उत्तरे—ॐ वय ँ सोमव्रते तव मनस्तनूषु बिभ्रतः प्रजावन्तः सचेमहि ॥ ॐ भू सोम इहा० ॥ ७ ॥ ईशान्याम्—ॐ तमीशानञ्जगतस्तस्थुषस्पतिन्धियञ्जिन्वमवसेहूमहे वयम् ॥ पूषा नो यथावेदसामसद्वृधे रक्षिता पायुरदब्धः स्वस्तये ॐ भू० ईश्वर इहा० ॥ ८ ॥ पूर्वेशानयोर्मध्ये ऊर्ध्वायाम्—ॐ अस्मे रुद्रामेहनापर्वतासो वृत्रहत्त्येभरहूतौ सजोषाः ॥ यः श ँ सतेस्तुवते धायिपज्र इन्द्रज्येष्ठाऽअस्माँ२ऽअवन्तु देवाः। ॐ भू० ब्रह्मन्० ब्रह्मणे० ॥ ९ ॥ निर्ऋतिपश्चिमयोर्मध्ये अधःस्थायाम्—ॐ स्योना पृथिवी नो भवानृक्षरानिवेशनी यच्छानः शर्म सप्रथाः। ॐ भूर्भुवः स्वः अनन्त इहागच्छ इह तिष्ठ अनन्ताय नमः। अनन्तमावाहयामि ॥ १० ॥ एवं क्रतुसंरक्षक-दिक्पालदेवतास्थापनं कृत्वा यजमानः स्वहस्ते अक्षतानादाय—ॐ मनोजूतिर्जुषतामाज्ज्यस्य बृहस्पतिर्यज्ञमिमन्तनोत्वरिष्टं यज्ञ ँ समिमं दधातु। विश्वेदेवा सऽइह मादयन्तामो३म्प्रतिष्ठ। ॐ भूर्भुवः स्वः आदित्यादिनवग्रहाः साङ्गाः सपरिवाराः सवाहना अधिदेवता-प्रत्यधिदेवता-विनायकादिपंचलोकपालवास्तोष्पतिक्षेत्राधिपतीन्द्रादि-दशदिक्पालसहिताः सुप्रतिष्ठिता वरदा भवन्तु इत्यक्षतान् क्षिपेत्। अथ श्रीसूर्यध्यानम् ॥ पद्मासनः पद्मकरो द्विवाहुः पद्मद्युतिः सप्ततुरंगवाहनः। दिवाकरो लोकगुरुः किरीटी मयि प्रसादं विदधातु देवः ॥ अथ चन्द्रध्यानम् ॥ ॐ श्वेताम्वरः श्वेतविभूषणश्च श्वेतद्युतिर्दण्डधरो द्विबाहुः। चन्द्रोऽमृतात्मा वरदः किरीटी मयि प्रसादं विदधातु देवः ॥ ॥ अथ भौमध्यानम् ॥ रक्ताम्बरो रक्तवपुः किरीटी चतुर्भुजो मेषगमो गदाधृक्। धरासुतः शक्तिधरश्च शूली सदा मम स्याद्वरदः प्रशान्तः ॥ ॥ अथ बुधध्यानम् ॥ ॐ पीताम्बरः पीतवपुः किरीटी चतुर्भुजो दण्डधरश्च हारी।

चर्म्मासिभृत् सोमसुतः सदा मे सिंहाधिरूढो वरदो बुधोऽस्तु ॥ ॥ अथ बृहस्पतिध्यानम् ॥ पीताम्बरः पीतवपुः किरीटी चतुर्भुजो देवगुरुः प्रशान्तः । दधाति दण्डञ्च कमण्डलुञ्च तथाऽक्षसूत्रं वरदोऽस्तु मह्यम् ॥ ॥ अथ शुक्रध्यानम् ॥ ॐ श्वेताम्बरः श्वेतवपुः किरीटी चतुर्भुजो दैत्यगुरुः प्रभावान् । तथाक्षसूत्रञ्च कमण्डलुञ्च दण्डञ्च बिभ्रद्वरदोऽस्तु मह्यम् ॥ ॥ अथ शनैश्चरध्यानम् । ॐ नीलद्युतिः शूलधरः किरीटी गृध्रस्थितस्त्रासकरो धनुष्मान् । चतुर्भुजः सूर्यसुतः प्रशान्तः सदास्तु मह्यं वरदोऽल्पगामी ॥ ॥ अथ राहुध्यानम् ॥ ॐ नीलाम्बरो नीलवपुः किरीटी करालवक्त्रः करवालशूली । चतुर्भुजश्चक्रधरश्च राहुः सिंहाधिरूढो वरदोऽस्तु मह्यम् ॥ ॥ केतुध्यानम् ॥ धूम्रो द्विबाहुर्वरदो गदाभृत् गृध्रासनस्थो विकृताननश्च । किरीटकेयूरविभूषितो यः स चास्तु मे केतुरयं प्रशान्त्यै ॥

ॐ अन्ये किरीटिनः कार्या वरदाभयपाणयः ॥ ॐ भूर्भुवः स्वः सांगेभ्यः सपरिवारेभ्यः सायुधेभ्यः सशक्तिकेभ्यः अधिदेवता-प्रत्यधिदेवता-विनायकादि-पञ्चलोकपाल-वास्तोष्पति-क्षेत्राधिपतीन्द्रादिदशदिक्पालसहितेभ्यो नवग्रहेभ्यो नमः आसनार्थे पुष्पाक्षतान् समर्पयामि । अनयैव रीत्या—ओं भूर्भुवः स्वः सांगेभ्यः० पादयोः पाद्यं समर्पयामि । ॐ भूर्भुवः स्वः सांगेभ्यः० हस्तयोरर्घ्यं समर्पयामि । ओं भूर्भुवः स्वः सांगेभ्यः० अर्घ्याङ्गमाचमनीयं समर्पयामि ॥ स्नानं ॥ आचमनं ॥ वस्त्रं ॥ यज्ञोपवीतं० ॥ गन्धं ॥ अक्षतं० ॥ पुष्पं ॥ दूर्वांकुरं ॥ धूममाघ्रापयामि ॥ दीपं दर्शयामि ॥ नैवेद्यं निवेदयामि ॥ हस्तप्रक्षालनं० ॥ आचमनं० ॥ फलं ॥ ताम्बूलं० ॥ दक्षिणाद्रव्यं० । नीराजनं समर्पयामि ॥ मन्त्रपुष्पाञ्जलिं समर्पयामि ॥

* क्षमापनम् *

मन्त्रहीनं क्रियाहीनं भक्तिहीनं सुरेश्वराः ।
यत्पूजितं मया देवाः ! परिपूर्णं तदस्तु मे ॥ १ ॥
ॐ यत्कृतं पूजनं देवाः ! भक्ति-श्रद्धा-विवर्जितम् ।
परिगृह्णन्तु तत्सर्वं सूर्याद्या ग्रहनायकाः ॥ २ ॥

पुष्पाञ्जलिः—ॐ ब्रह्मा मुरारिस्त्रिपुरान्तकारी भानुः शशी भूमिसुतो बुधश्च । गुरुश्च शुक्रश्च शनिश्च राहुः केतुश्च सर्वे प्रदिशन्तु शं मे ॥ १ ॥

सूर्यः शौर्यमथेन्दुरुच्चपदवीं सन्मङ्गलं मङ्गलः
सद्बुद्धिञ्च बुधो गुरुश्च गुरुतां शुक्रः सुखं शं शनिः ॥
राहुर्बाहुबलं करोतु सततं केतुः कुलस्योन्नतिम्
नित्यं प्रीतिकरा भवन्तु मम ते सर्वेऽनुकूला ग्रहाः ॥ २ ॥

करौ बद्ध्वा प्रणमेत्—ॐ आयुश्च वित्तञ्च तथा सुखञ्च धर्मार्थलाभौ बहुपुत्रतां च। शत्रुक्षयं राजसु पूज्यताञ्च तुष्टा ग्रहाः क्षेमकरा भवन्तु ॥ जलं गृहीत्वा—ॐ अनया पूजया आवाहिता देवाः प्रीयन्ताम्, इत्युत्सृजेत् ॥

अथ व्रतोद्यापनप्रतिष्ठादौ सर्वतोभद्रपूजनम्[1]

अक्षतान् गृहीत्वा मध्ये कर्णिकायां ब्रह्माणमावाहयेत्। ॐ ब्रह्मयज्ञानेत्यादिमन्त्राणां, गौतमाद्या ऋषयः, त्रिष्टुबादीनि छन्दांसि, ब्रह्मादयो देवताः सर्वतोभद्रमण्डलस्थदेवताऽऽवाहने पूजने च विनियोगः।

ॐ ब्रह्मयज्ञानम्प्रथमं पुरस्ताद्द्विसीमतः सुरुचोव्वेन आवः ॥ सबुध्न्या उपमा अस्य विष्ठाःसतश्चयोनिमसतश्चव्विवः। ॐ भूर्भुवः स्वः ब्रह्मन्निहागच्छ इह तिष्ठ। ॐ ब्रह्मणे नमः ॥ १ ॥ उत्तरे वाप्यां सोमम् ॥ ॐ वय ँ सोमव्रते तव मनस्तनूषु बिभ्रतः ॥ प्रजावन्तः सचेमहि ॥ ॐ भूर्भुवः स्वः सोम इहागच्छ इह तिष्ठ ॥ ॐ सोमाय नमः ॥ २ ॥ ईशान्यां खण्डेन्दावीशानम्। ॐ तमीशानञ्जगतस्तस्थुषस्प्पतिन्धियञ्जिन्न्वमवसेहूमहे वयम् ॥ पूषानो यथा वेदसामसद्वृधे रक्षिता पायुरदब्धः स्वस्तये ॥ ॐ भूर्भुवः स्वः ईशान इहा० ॥ ईशानाय नमः ॥ ३ ॥ पूर्वस्यां दिशि वाप्यामिन्द्रम् ॥ ॐ त्रातारमिन्द्रमवितारमिन्द्र ँ हवे हवे सुवह ँ शूरमिन्द्रम् ॥ ह्वयामि शक्रम्पुरुहूतमिन्द्र ँ स्वस्ति नो मघवा धात्विन्द्रः ॥ ॐ भूर्भुवः स्वः इन्द्र इहागच्छ० ॐ इन्द्राय नमः ॥ आग्नेय्यां खण्डेन्दावग्निम्। ॐ त्वन्नोऽअग्नेव्वरुणस्य विद्वान् देवस्य हेडो अवयासिसीष्ठाः। यजिष्ठो वह्नितमः शोशुचानो व्विश्वाद्वेषा ँ सिप्रमुमुग्ध्यस्मत् ॐ भूर्भुवः स्वरग्ने इहा० ॥ ॐ अग्नये नमः ॥ दक्षिणवाप्यां यमम्। ॐ सुगन्नः पन्थाप्रदिशन्नऽएहि ज्योतिष्मद्धेह्यजरन्नऽआयुः ॥ अपैतु मृत्युममृतम्म आगाद्वैवस्वतो नोऽअभयं कृणोतु ॥ ॐ भूर्भुवः स्वः यम इहा० ॐ यमाय नमः ॥ नैर्ऋत्यां खण्डेन्दौ निर्ऋतिम् ॐ असुन्न्वन्तमयजमानमिच्छँस्तेनस्येत्यामन्न्विहितस्क्करस्य अन्न्यमस्मदिच्छसातऽइत्या नमो देवि निर्ऋते तुभ्यमस्तु ॥ ॐ भूर्भुवः स्वः निर्ऋते इहा० ॐ निर्ऋतये नमः ॥ पश्चिमे वाप्यां वरुणम्। ओं तत्त्वायामि ब्रह्मणा वन्दमानस्तदाशास्ते यजमानो हविर्भिः। अहेडमानो वरुणे हवोद्ध्युरुश ँ समानऽआयुःप्रमोषीः ॥ ॐ भूर्भुवः स्वः वरुण इहा० वरुणाय नमः ॥ वायव्यां खण्डेन्दौ वायुम्। ॐ आनोनियुद्भिः शतिनीभिरध्वर ँ सहस्त्रिणीभिरुपयाहि यज्ञम् ॥ वायोऽअस्मिन्त्सवनेमादयस्व यूयम्पातस्वस्तिभिः सदा नः। ॐ भूर्भुवः स्वः वायो इहा० ॐ वायवे नमः ॥ वायुसोमयोर्मध्ये भद्रे अष्टवसून्। ॐ वसोः पवित्रमसि शतधारं

---

(१) भद्रेण पूजनाशक्तौ कार्यमष्टदलं शुभम्। गोधूमान्नेन तत्कार्यं तण्डुलेनाथवा शुभम् ॥ (क० क०) ॥

व्वसोःपवित्रमसि सहस्रधारम् । देवस्त्वा सविता पुनातु वसोःपवित्रेण शतधारेण सुप्त्वा कामधुक्षः ॥ ॐ भूर्भुवः स्वः वसव इहागच्छत इह तिष्ठत ॥ वसुभ्यो नमः ॥ सोमेशानयोर्मध्ये भद्रे एकादशरुद्रान् । ॐ नमस्ते रुद्रमन्यव उतोत इषवे नमः । बाहुभ्यामुतते नमः । ॐ भूर्भुवः स्वः एकादश रुद्रा इहागच्छत इह तिष्ठत ॥ ॐ रुद्रेभ्यो नमः । ईशानपूर्वयोर्मध्ये भद्रे द्वादशादित्यान् । ॐ अदितिर्द्यौरदितिरन्तररिक्षमदितिर्म्मातासपितासपुत्रः । विश्वेदेवा अदितिः पञ्चजना अदितिर्जातमदितिर्ज्जनित्वम् ॥ ॐ भूर्भुवः स्वः द्वादशादित्या इहागच्छत इह तिष्ठत ॥ ॐ द्वादशादित्येभ्यो नमः ॥ इन्द्राग्न्योर्मध्ये भद्रेऽश्विनौ । ॐ अश्विना-तेजसा चक्षुःप्प्राणेन सरस्वतीवीर्यम् ॥ वाचेन्द्रो बलेनेन्द्राय दधुरिन्द्रियम् ॥ ॐ भूर्भुवः स्वः अश्विनाविहागच्छतमिह तिष्ठतम् । ॐ अश्विभ्यां नमः ॥ अग्नियमयोर्मध्ये भद्रे विश्वेदेवान्सपितॄन् । ॐ विश्वेदेवा स आगत शृणुताम इम ँ हवम् इदं बर्हिन्निषीदत । ॐ भूर्भुवः स्वः विश्वेदेवा इहागच्छत इह० विश्वेभ्यो देवेभ्यो नमः । तत्रैव । ॐ आयन्तु नः पितरः सोम्यासोग्निष्वात्ताः पथिभिर्देवयानैः । अस्मिन्यज्ञे स्वधयामदन्तोऽधिब्रुवन्तु तेऽवन्त्वस्मान् ॥ ॐ भूर्भुवः स्वः पितरः इहा० ॐ पितृभ्यो नमः ॥ यमनिर्ऋतयोर्मध्ये भद्रे सप्त यक्षान् । ॐ अभित्यं देव ँ सवितारमोण्योः कविक्रतुमर्चामि सत्यसव ँ रत्न-धामभिः प्रियम्मतिङ्कविम् ॥ ऊर्ध्वायस्यामतिर्मा अदिद्द्युतसवीमनि हिरण्यपाणिर-मिमीत सुक्रतुः कृपास्वः ॥ प्रजाभ्यस्त्वाप्रजास्त्वानुप्प्राणन्तु पूजास्त्वमनुप्राणिहि ॥ ॐ भूर्भुवः स्वः सप्त यक्षा इहागच्छत इह० ॐ सप्तयक्षेभ्यो नमः ॥ निर्ऋति-वरुणयोर्मध्ये भद्रे भूतनागान् । ॐ भूतायत्वा नारातयेस्वरभिविक्ख्येषन्दृ ँ हन्तादुर्य्याः पृथिव्यामुर्व्वन्तरिक्षमन्वेमि पृथिव्यास्त्वानाभौ सादयाम्यदित्या उपस्थेग्नेहव्य ँ रक्ष ॥ ॐ भूर्भुवः स्वः भूतानि इहागच्छत इह तिष्ठत । ॐ भूतेभ्यो नमः ॥ तत्रैव । ॐ नमोऽस्तु सर्पेभ्यो ये के च पृथिवीमनु । येऽन्तरिक्षे ये दिवि तेभ्यः सर्पेभ्यो नमः ॥ ॐ भूर्भुवः स्वः सर्पा इहागच्छत इह तिष्ठत ॥ ॐ सर्पेभ्यो नमः ॥ वरुणवाय्वोर्मध्ये भद्रे गन्धर्वाप्सरसः । ॐ गन्धर्वस्त्वा विश्वावसुः परिदधातु विश्वस्यारिष्ट्यै यजमानस्य परिधिरस्यग्निरिडऽईडितः । इन्द्रस्य बाहुरसि दक्षिणो विश्वस्यारिष्ट्यै यजमानस्य परिधिरस्यग्निरिडऽईडितः मित्रावरुणौ त्वोत्तरतः परिधत्तान ध्रुवेण धर्मणा विश्वस्यारिष्ट्यै यजमानस्य परिधि-रस्याग्निरिडऽईडितः ॥ ॐ भूर्भुवः स्वः गन्धर्वा इहागच्छत इह तिष्ठत । ॐ गन्धर्वेभ्यो नमः ॥ तत्रैव । ॐ अयं पुरो हरिकेशः सूर्यरश्मिस्तस्य रथगृत्सश्च रथौजाश्च सेनानीग्रामण्यौ पुञ्जिकस्थला च क्रतुस्त्थलाप्सरसौ दंक्ष्णवः पशवो हेतिः पौरुषेयो वधः प्प्रहेतिस्तेभ्यो नमोऽस्तु ते नोवन्तु ते नो मृडयन्तु ते यन्द्विष्मो यश्च नो द्वेष्टि तमेषाञ्जम्भे दध्मः ॥ ॐ भूर्भुवः स्वः अप्सरसः इहागच्छत इह तिष्ठत

ओं अप्सरोभ्यो नमः ॥ ब्रह्मसोमयोर्मध्ये वाप्यां स्कन्दनन्दीश्वरं शूलं च। ओं यदक्रन्दः प्रथमञ्जायमान उद्यन्त्समुद्रादुतवा पुरीषात् ॥ श्येनस्य पक्षा हरिणस्य बाहू उपस्तुत्यम्महिजातन्तेऽअर्व्वन् ॥ ओं भूर्भुवः स्वः स्कन्द इहागच्छ इह तिष्ठ। ओं स्कन्दाय नमः ॥ तदुत्तरे। ओं आशुः शिशानो वृषभो न भीमो घनाघनः क्षोभणश्चर्षणीनाम्। संक्रन्दनो निमिष एकवीरः शत ँ सेना अजयत्साकमिन्द्रः ॥ ओं भूर्भुवः स्वः नन्दिन्निहाग०। ओं नन्दीश्वराय नमः। तत्रैव। ओं कार्षिरसि समुद्रस्य त्वा क्षित्याऽउन्नयामि ॥ समापोऽद्भिरग्मत समोषधीभिरोषधीः। ओं भूर्भुवः स्वः शूल इहा०। ओं शूलाय नमः। तदुत्तरे ओं कार्षिरसि० रोषधीः ओं भुर्भुवः स्वः महाकाल इहा० ओं महाकालाय नमः ॥ ब्रह्मेशानयोर्मध्ये वल्लीषु दक्षादीन् सप्तप्रजापतीन्। ॐप्रजापते नत्वदेतान्यन्न्यो विश्वारूपाणि परिता बभूव। यत्कामास्ते जुहुमत्तन्नोऽस्त्वयममुष्य पितासावस्य पिता वय ँ स्याम पतयो रयीणाम्। ओं भूर्भुवः स्वः प्रजापते इहा० ओं प्रजापतिभ्यो नमः ॥ ब्रह्मेन्द्रयोर्मध्ये दुर्गाम् ॥ ओं अम्बेऽम्बिकेऽम्बालिके नमानयति कञ्चन ॥ स सस्त्यश्वकः सुभद्रिकाङ्काम्पीलवासिनीम् ॥ ओं भूर्भुवः स्वः दुर्गे इहा० ओं दुर्गायै नमः ॥ दुर्गापूर्वे विष्णुम् ॥ ओं इदं विष्णुर्विचक्रमे त्रेधा निदधे पदम् ॥ समूढमस्य पा ँ सुरे स्वाहा ॥ ओं भूर्भुवः स्वः विष्णो इहाग० ओं विष्णवे नमः ॥ ब्रह्माग्न्योर्मध्ये वल्लीषु स्वधासहितान् पितॄन्। ओं उदीरतामवर उत्परास उन्मध्यमाः पितरः सोम्यासः। असुं य इयुरवृका ऋतज्ञास्ते नोऽवन्तु पितरो हवेषु ॥ ओं भूर्भुवः स्वः स्वधासहिताः पितर इहाग० इह तिष्ठत। ओं पितृभ्यो नमः। ब्रह्मयमयोर्मध्ये वाप्यां मृत्युरोगान्। ओं परं मृत्यो अनुपरेहि पन्थां यस्ते अन्य इतरो देवयानात्। चक्षुष्मते शृण्वते ते ब्रवीमि मानः प्रजाँ ँ रीरिषोमोत वीरान्। ओं भूर्भुवः स्वः मृत्युरोगा इहा० ओं मृत्युरोगेभ्यो नमः ॥ ब्रह्मनिर्ऋत्योर्मध्ये वल्लीषु गणपतिम्। ओं गणानां त्वा गणपति ँ हवामहे प्रियाणां त्वा प्रियपति ँ हवामहे निधीनां त्वा निधिपति ँ हवामहे वसो मम ॥ आहमजानिगर्भधमात्वमजासिगर्भधम् ॥ ओं भूर्भुवः स्वः गणपते इहा० ॐ गणपतये नमः ॥ ब्रह्मवरुणयोर्मध्ये वाप्यामपः। ॐ अपोऽअद्यान्वचारिष ँ रसेन समसृक्ष्महि। पयस्वानग्न आगमन्तम्मास ँ सृज वर्चसा प्रजया च धनेन च ॥ ॐ भूर्भुवः स्वः आप इहागच्छत इह तिष्ठत ॥ ॐ अद्भ्यो नमः ॥ ब्रह्मवायुमध्ये वल्लीषु मरुतः। ॐ बृहदिन्द्राय गायत मरुतो वृत्रहन्तमम् ॥ येन ज्ज्योतिरजयन् नृतावृधो देवं देवाय जागृवि ॥ ॐ भूर्भुवः स्वः मरुत इहा० ओं मरुद्भ्यो नमः ॥ ब्रह्मणः पादमूले कर्णिकाधः पृथिवीम् ओं महीद्यौः पृथिवी च न इमं यज्ञम्मिमिक्षताम् ॥ पिपृतान्नो भरीमभिः ओं भूर्भुवः स्वः पृथिवीहा० ॐ पृथिव्यै नमः। तत्रैव गङ्गादिसप्तसरितः। ॐ इमं मे गंगे यमुने सरस्वति शतुद्रिस्तोमं स च

तापरुष्णया ॥ असिक्निया मरुद्वृधे वितस्तयार्जीकीये शृणु ह्यासुषोमया ॥ ॐ भूर्भुवः स्वः गङ्गादिसप्तसरित इहागच्छत इह तिष्ठत । ॐ गङ्गादिसरिद्भ्यो नमः । तत्रैव सप्तसागरान् ॐ मापोमौषधीर्हि ँ सीर्धाम्नो धाम्नो राजँस्ततो वरुण नो मुञ्च । यदाहुरघ्न्या इति वरुणेति शपामहे ततो वरुण नो मुञ्च । ॐ भूर्भुवः स्वः सप्तसागरा इहा० ॐ सप्तसागरेभ्यो नमः ॥ तदुपरि मेरुं नाममन्त्रेणावाहयेत् ॥ मेरुमावाहयामि स्थापयामि ॥ ॐ भूर्भुवः स्वः मेरो इहागच्छ इह तिष्ठ । ॐ मेरवे नमः ॥ १६ ॥ ततो मण्डलाद्बहिः सोमादिसन्निधौ क्रमेण आयुधान्यावाहयेत् ॥ (उत्तरे) गदामावाहयामि स्थापयामि । ॐ भूर्भुवः स्वः गदे इहा० ॐ गदायै नमः ॥ (ऐशान्याम्) त्रिशूलमावाहयामि स्थापयामि ॥ ॐ भूर्भुवः स्वः त्रिशूल इहा० ॐ त्रिशूलाय नमः ॥ (पूर्वे) वज्रमावाहया० ॥ ॐ भूर्भुवः स्वः वज्र इहा० ॐ वज्राय नमः ॥ एवं द्वितीयोद्देशेन सर्वत्रावाहनम् (आग्नेय्याम्) शक्तये नमः ॥ (दक्षिणस्याम्) दण्डाय नमः । (नैर्ऋत्याम्) खड्गाय नमः । (पश्चिमे) पाशाय नमः ॥ (वायव्याम्) अंकुशाय नमः ॥ तद्बाह्ये (उत्तरे) गौतमाय नमः । (ऐशान्याम्) भरद्वाजाय नमः । (पूर्वे) विश्वामित्राय नमः । (आग्नेय्याम्) कश्यपाय नमः । (दक्षिणे) जमदग्नये नमः ॥ (नैर्ऋत्याम्) वशिष्ठाय नमः (पश्चिमे) अत्रये नमः । (वायव्याम्) अरुन्धत्यै नमः । तद्बाह्ये पूर्वादिदिक्क्रमेण (पूर्वे) ऐन्द्र्यै नमः (आग्नेय्याम्) कौमार्यै नमः । दक्षिणस्याम् ब्राह्म्यै नमः ॥ (नैर्ऋत्यां) बाराह्यै नमः ॥ (पश्चिमायाम्) चामुण्डायै नमः ॥ (वायव्याम्) वैष्णव्यै नमः (उत्तरस्याम्) माहेश्वर्यै नमः ॥ (ऐशान्याम्) वैनायक्यै नमः । एवं षट्पञ्चाशद्देवानावाह्य । ॐ मनोजूतिर्ज्जुषतामाज्यस्य बृहस्पतिर्यज्ञमिमं तनोत्वरिष्टं यज्ञँ समिमं दधातु विश्वेदेवास इह मादयन्तामों प्रतिष्ठ । इति प्रतिष्ठाप्य ॥ यथालब्धोपचारैः प्रत्येकं वा एकतन्त्रेण ब्रह्मादीन् सम्पूज्य—

प्रधानदेवयज्ञेश्वरकलशस्थापनम्

प्रधानदेवपीठे[1] सर्वतोभद्रे अष्टदलकमलमण्डले वा ताम्रकलशं वरुणकलशवत्संस्थाप्य सम्पूज्य ॐ देवदानवसंवादे० इत्यादिमन्त्रैः प्रार्थयेत् । ततः कलशोपरि पट्टवस्त्रं प्रसार्य तदुपरि गन्धाष्टकेन रक्तचन्दनेन वा अनारलेखिन्या प्रधानदेवतायन्त्रं तद्बीजाक्षरं वा विलिख्य तन्मध्ये पलेन तदर्द्धेन वा सुवर्ण-

(१) स्थंडिलस्य प्राच्याम् ऐशान्यां वा एकहस्तात्मकं समचतुरस्रं द्वादशाङ्गुलोच्छ्रायं हस्तमात्रोच्छ्रायं वा प्रधानदेवतास्थापनार्थं पीठं कुर्यात् । यदि प्रधानपीठमैशाने कुर्याच्चेत्तर्हि तद्दक्षिणे ग्रहपीठमेकहस्तपरिमितं समचतुरस्रं हस्तोच्छ्रायं कुर्यात्, उक्तञ्च रुद्रकल्पद्रुमे--गृहस्य पूर्वं ग्रहपीठं तदुत्तरतो रुद्रपीठमिति संगच्छते ॥

रचितां प्रधानदेवप्रतिमां सावयवामग्न्युत्तारणपूर्वकं स्थापयेत् । स्वर्णादिप्रतिमायन्त्रयोरभावे भूर्जपत्रेऽष्टगन्धेन प्रधानदेवतायन्त्रं लिखित्वा पूजयेत् । अस्मिन्पक्षे अग्न्युत्तारणं न कार्यं किन्तु तदग्रे पात्रं निधाय तस्मिन्नेव पाद्यार्घादि कार्यम् । अग्न्युत्तारणप्रतिष्ठे तु पूर्वमप्रतिष्ठितयोरेव, मूर्तियन्त्रयोः कार्ये इति सम्यक् स्मर्तव्यम् ।

अथाग्न्युत्तारणप्राणप्रतिष्ठाप्रयोगः

आचम्य प्राणानायम्य सजलाक्षतं द्रव्यमादाय—ॐ तत्सत् ॐ अद्येत्यादिदेशकालौ सङ्कीर्त्य, ममात्मनः श्रुतिस्मृतिपुराणोक्तफलप्राप्त्यर्थं श्रीअमुकदेवप्रीतिद्वारा सकलाभीष्टसिद्ध्यर्थम् अस्या नूतनस्वर्णमय्यमुकदेवप्रतिमाया[1] घटनकालिकस्वर्णकारकृतटंकाद्याघातदोषपरिहारार्थमग्न्युत्तारणपूर्वकममुकदेवसारूप्यादिलाभयोग्यत्वसम्पादनाय प्राणप्रतिष्ठां करिष्ये । इति संकल्प्य मूर्तिं यन्त्रं वा नूतनकांस्यादिपात्रे निधाय घृतेनाभ्यज्य तदुपरि दुग्धजलधारां कुर्यात्, तत्र मन्त्रो यथा—ॐ समुद्रस्य त्वा वकयाग्ने परिव्ययामसि । पावकोऽअस्मभ्यꣳशिवो भव ॥ १ ॥ हिमस्य त्वा जरायुणाऽग्ने परिव्ययामसि पावकोऽअस्मभ्य ꣳ शिवो भव ॥ २ ॥ उपज्मनुपवेतसे वतरनदीष्वा अग्ने पित्तमपामसि मण्डूकिताभिरागहिसेमन्नोयज्ञम्पावकवर्णꣳ शिवङ्कृधि ॥ ३ ॥ अपामिदन्त्ययन ꣳ समुद्रस्य निवेशनम् । अन्यांस्ते अस्मत्तपन्तु हेतयः पावको अस्मभ्य ꣳ शिवो भव ॥४॥ अग्ने पावक रोचिषा मन्द्रया देवजिह्वया । आदेवान्वक्षि यक्षि च ॥ ५ ॥ सनः पावक दीदिवोऽग्ने देवाँ इहावह । उपयज्ञ ꣳ हविश्वनः ॥ ६ ॥ पावकया यश्चित्या कृपाक्षामन् रुरुच उपसो न भानुना । तूर्वन्नयामन्नेतशस्य नूरण आयो घृणेन ततृषाणोऽजरः ॥ ७ ॥ नमस्ते हरसे शोचिषे नमस्ते अस्त्वर्चिषे । अन्यांस्ते अस्मत्तपन्तु हेतयः पावको अस्मभ्य ꣳ शिवो भव ॥ ८ ॥ नृषदंवेडप्सुषदेवेड् वर्हिषदेवेड् वनसदेवेड् स्वर्विदेवेड् ॥ ९ ॥ ये देवा देवानां यज्ञियाना ꣳ सँव्वत्सरीणमुपभागमासते आहुतादो हविषा यज्ञे अस्मिन्त्स्वयं पिबन्तु मधुनो घृतस्य ॥ १० ॥ ये देवा देवेष्वधिदेवत्वमायन्न्ये ब्रह्मणः पुर एतारो अस्य । येभ्यो न ऋते पवते धाम किञ्चन न ते दिवो न पृथिव्या अधिस्नुषु ॥ ११ ॥ प्राणदा अपानदा व्यानदा व्वर्चोदा व्वरिवोदाः । अन्न्यांस्ते अस्मत्तपन्तु हेतयः पावकोऽअस्मभ्य ꣳ शिवो भव ॥ १२ ॥

इत्यग्न्युत्तारणम्

अथ प्राणप्रतिष्ठा—प्रधानदेवमूर्तिं यन्त्रं वा पुरतोऽत्रस्थाप्य जलं गृहीत्वा—ॐ अस्य श्रीप्राणप्रतिष्ठामन्त्रस्य ब्रह्मविष्णुमहेश्वरा ऋषयः ऋग्यजुः सामानि

---

(१) यन्त्रपक्षे तु—अस्य स्वर्णमयस्य ताम्रमयस्य वा अमुकदेवयन्त्रस्य ॥

छन्दांसि क्रियामयवपुः प्राणाख्या देवता आं बीजं ह्रीं शक्तिः क्रौं कीलकं अस्यां नूतनमूर्तौ (अस्मिन्नूतनयन्त्रे वा) प्राणप्रतिष्ठापने विनियोगः ॥ इति पठित्वा तज्जलं क्षिपेत् । ततो मूर्ति यन्त्रं वा दक्षिणहस्तेन स्पृशन् ॐ आं ह्रीं क्रौं यं रं लं वं शं षं सं हं क्षं हं सः सोहं अस्या अमुकदेवप्रतिमायाः प्राणा इह प्राणाः पुनः ॐ आं० अस्याः अ० जीव इह स्थितः । पुनः—ॐआं० अस्या अमु० सर्वेन्द्रियाणि वाङ्मनस्त्वक्चक्षुः श्रोत्रजिह्वाघ्राणपाणिपादपायूपस्थानि इहैवागत्य सुखं चिरं तिष्ठन्तु स्वाहा । इति पठित्वा पुष्पाण्यादाय च —ॐ मनो जूतिर्जुषतामाज्यस्य बृहस्पतिर्यज्ञमिमं तनोत्वरिष्टं यज्ञ ँ समिमं दधातु विश्वेदेवा स इहमादयन्तामों २ प्रतिष्ठ ॥ एष वै प्रतिष्ठानाम यज्ञो यत्रैतेन यज्ञेन यजन्ते सर्वमे प्रतिष्ठितम्भवति ॥ इति प्रतिष्ठाप्य समर्पयेत् । ततस्तामेव मूर्ति पुनः स्पृशन् ॐ १६ इति मन्दं मन्दं षोडशप्रणवावृत्ति कृत्वा जलाक्षतान्यादाय—ॐ अनेनास्य अमुकदेवताप्रतिमाया गर्भाधानादयः षोडशसंस्काराः सम्पद्यन्ताम् इति पठित्वा जलं क्षिपेत् । अथ तस्या एव मूर्तेः स्वर्णशलाकयोन्मीलयन्—ॐ वृत्रस्यासि कनीनकश्चक्षुर्दा असि चक्षुर्मे देहि । इति पठेत् । एवं प्राणप्रतिष्ठां कृत्वा षोडशोपचारैः सम्पूजयेत् ।

अथ प्रधानदेव (यज्ञेश्वर) पूजनविधिः

ततो प्रधानपीठे ताम्रकलशोपरि भगवन्तं कर्मणः अधिष्ठातारं देवं (अधिष्ठातृदेवीं वा) षोडशोपचारैः यथालब्धोपचारैर्वा सम्पूजयेत्तद्यथा तत्रादौ पूजनीयदेवताध्यानं यथाविहितमन्त्रेण कुर्यात् ॐ भूर्भुवः स्वः श्रीअमुकदेवताभ्यो नमः ध्यायामि ।

अथ चोत्थाय आवाहनम्[1]—(वैदिकमन्त्रः)—ॐ धामच्छदग्निरिन्द्रो ब्रह्मा देवो बृहस्पतिः । स चेतसो विश्वेदेवा यज्ञं प्रावन्तु नः शुभेः । (पौराणिकमन्त्रः)—ॐ आगच्छागच्छ देवेश (शि)[2] त्रैलोक्यतिमिरापह (हे) । क्रियमाणां मया पूजां गृहाण सुरसत्तम (मे ॥ ॐ भूर्भुवः स्वः अमुकदेवताभ्यो नमः आवाहयामि स्थापयामि पूजयामि च, आवाहनमुद्रां प्रदर्श्य स्थित्वा च ॥

आसनम्– (वै० मं०)—ॐयविष्ठदाशुषो नृ ँ पाहि शृणुधी गिरः रक्षातोकमुतत्मना । (पौ० मं०) रम्यं सुशोभनं दिव्यं सर्वसौख्यकरं शुभम् । आसनञ्च मया दत्तं गृहाण परमेश्वर (रि) ॥ ॐ भूर्भुवः स्वः अमुकदेवताभ्यो

---

(१) प्रतिमाभावे पूगीफलाक्षतरजतखण्डादौ आवाहनं कुर्यात् । कुर्यादावाहनं मूर्तौ मृण्मय्यां सर्वदैव हि । प्रतिमायां जले वह्नौ नावाहनविसर्जने । शालग्रामार्चने नैव आवाहनविसर्जने । (२) दुर्गापूजायां सर्वत्र स्त्रीलिङ्गेनोच्चारणं कार्यम् ।

नमः आसनार्थे पुष्पं समर्पयामि। अत्राप्रतिष्ठितमूर्तौ प्राणप्रतिष्ठा—साक्षतपुष्पाणि हस्ते गृहीत्वा ॐ अस्यै प्राणाः प्रतिष्ठन्तु अस्यै प्राणाः क्षरन्तु च। अस्यै देवत्व-मर्चायै मामेहति च कश्चन।

पाद्यम्—(वै० मं०)—ॐ एतावानस्य महिमातो ज्यायाँश्च पूरुषः। पादोस्य विश्वा भूतानि त्रिपादस्यामृतन्दिवि॥ (पौ० मं०)-ॐ उष्णोदकं निर्मलञ्च सर्वसौगन्ध्यसंयुतम्। पाद-प्रक्षालनार्थाय दत्तं ते प्रतिगृह्यताम्॥ ॐ भूर्भुवः स्वः अमु० पादयोः पाद्यं स०।

अर्घ्यम्—(वै० मं०)—ॐ सहस्रशीर्षा पुरुषः सहस्राक्षः सहस्रपात्। सभूमि ँ सर्वतस्पृत्वात्यतिष्ठद्दशाङ्गुलम्। (पौ० मं०)—ॐ अर्घ्यं गृहाण देवेश (शि) गन्धपुष्पाक्षतैः सह। करुणां कुरु मे देव (देवि) गृहाणार्घ्यं नमोऽस्तु ते॥ ॐ भूर्भुवः स्वः हस्तयोरर्घ्यं स०।

आचमनीयम्—(वै० मं०)—ॐ शन्नो देवीरभिष्टयऽआपो भवन्तु पीतये। शंय्योरभिस्रवन्तु नः॥ (पौ० मं०) ॐ सर्वतीर्थसमायुक्तं सुगन्धिनिर्मलं जलम्। आचम्यतां मया दत्तं गृहाण परमेश्वर (रि)॥ ॐ भूर्भुवः स्वः अमु० मुखे आचमनीयं स०।

स्नानम्—(घण्टां वामहस्तेन वादयन्) (वै० मं०)—ॐ आपो हिष्ठा मयोभुवस्तान ऊर्ज्जे दधातन, महेरणाय चक्षसे। ॐ यो वः शिवतमो रसस्तस्य भाजयतेह नः उशतीरिव मातरः। ॐ तस्माऽअरङ्ग मामवो यस्य क्षयाय जिन्वथ, आपो जनयथा च नः। (पौ० मं०)—ॐ गङ्गा-सरस्वतीरेवा-पयोष्णी-नर्मदाजलैः। स्नापितोसि मया देव (स्नापितासि मया देवि) ह्यतः शान्ति कुरुष्व मे॥ ॐ भू० अमु० सर्वाङ्गे स्नानं स०॥ शीघ्रतापेक्षायामेकत्रैव पञ्चामृतवस्तूनि दुग्धादीनि मिश्रयित्वा स्नापयेत्।

एकतन्त्रेण पञ्चामृतस्नानम्—(वै० मं०)—ॐ पञ्चनद्यः सरस्वतीमपियन्ति सस्रोतसः। सरस्वती तु पञ्चधा सोदेशे भवत्सरित्। (पौ० मं०)—ॐ पयो दधि घृतं चैव मधुशर्करयान्वितम्। पञ्चामृतं मयानीतं स्नानार्थं प्रतिगृह्यताम्॥ ॐ भू० अमु० एकतन्त्रेण पञ्चामृतस्नानं स०॥ शुद्धो० स्ना० स० अथवा पृथक् पृथक् मन्त्रैः पञ्चामृतस्नानम्।

पयः (दुग्ध) स्नानम्—(वै० मं०)—ॐ पयः पृथिव्यां पय ओषधीषु पयो दिव्यंतरिक्षे पयोधाः। पयस्वती प्रदिशः सन्तु मह्यम्॥ (पौ० मं० —ॐ काम-धेनुसमुत्पन्नं सर्वेषां जीवनं परम्। पावनं यज्ञहेतुश्च पयः स्नानार्थमर्पितम्॥ ॐ भू० अमु० पयः स्नानं स०। पयः स्नानान्ते शुद्धोदकस्नानं स०। शुद्धोदक-स्नानान्ते आचमनीयं स०।

दधिस्नानम्[1]—(वै० मं०)—ॐ दधिक्राब्णो अकारिषं जिष्णोरश्वस्य वाजिनः । सुरभिणो मुखाकरत्प्रण आयुᳪ षितारिषत् । (पौ० मं०)-ॐ पयसस्तु समुद्भूतं मधुराम्लं शशिप्रभम् । दध्यानीतं मया देव (देवि) स्नानार्थं प्रतिगृह्यताम् । ॐ भू० अमु० दधिस्नानं स० । दधिस्नानान्ते शुद्धोदकस्नानं स० शुद्धो० स्ना० आ० स० ।

घृतस्नानम् —(वै० मं०)—ॐ घृतं घृतपावानः पिबत व्वसां व्वसा पावानः पिबतान्तरिक्षस्य हविरसि स्वाहा । दिशः प्रदिश आदिशो विदिश उद्दिशो दिग्भ्यः स्वाहा । (पौ० मं०)—ॐ नवनीतसमुत्पन्नं सर्वसंतोषकारकम् । घृतं तुभ्यं प्रदास्यामि स्नानार्थं प्रतिगृह्यताम् । ॐ भू० अमु० घृतस्नानं स० । घृतस्नानान्ते शुद्धोदकस्नानं स० । शुद्धोदकस्नानान्ते आचमनीयं स० ।

मधुस्नानम् –(वै० मं०)—ॐ मधुव्वाता ऋतायते मधु क्षरन्ति सिन्धवः । माद्ध्वीर्न्नः सन्त्वोषधीः ॥ मधुनक्तमुतोषसो मधुमत्पार्थिवᳪ रजः मधु द्यौरस्तु नः पिता । मधुमान्नो व्वनस्पतिर् मधुमाँऽअस्तु सूर्यः । माध्वीर्गावो भवन्तु नः । (पौ० मं०)–ॐ तरुपुष्पसमुद्भूतं सुस्वादु मधुरं मधु । तेजःपुष्टिकरं दिव्यं स्नानार्थं प्रतिगृह्यताम् । ॐभू० अमु० मधुस्नानं स० । मधुस्नानान्ते शुद्धोदकस्नानं स० । शुद्धोदकस्नानान्ते आचमनीयं स० ।

शर्करास्नानम्—(वै० मं०)—ॐ अपाᳪ रसमुद्वयसᳪ सूर्य्ये सन्तᳪ समोहितम् । अपाᳪ रसस्य यो रसस्तं वो गृह्णाम्युत्तममुपयामगृहीतोसीन्द्रायत्वा जुष्टं गृह्णाम्येष ते योनिरिन्द्राय त्वा जुष्टतमम् । (पौ० मं०)—ॐ इक्षुसारसमुद्भूता शर्करा पुष्टिकारिका । मलापहारिका दिव्या स्नानार्थं प्रतिगृह्यताम् । ॐ भू० अमु० शर्करास्नानं स० । शर्करास्नानान्ते शुद्धोदकस्नानं स० । शुद्धोदकस्नानान्ते आचमनीयं स० । एवं पूजां कृत्वा अभिषेकार्थे निर्माल्यं विसृज्य तत्तद्देवताप्रकाशकसूक्तेन मूलमन्त्रेण वाऽभिषेकं कुर्यात् पश्चाद्देवतीर्थं (चरणोदकं) धृत्वा देवं वस्त्रेण प्रमृज्य कलशोपरि (स्वस्थाने वा) संस्थाप्य ।

वस्त्रम्— (वै० मं०)—ॐ युवा सुवासाः परिवीतऽआगात् । सऽउ श्रेयान्भवति जायमानः । तं धीरासः कवयऽउन्नयन्ति स्वाध्यो मनसा देवयन्तः । (पौ० मं०) ॐ सर्वभूषाधिके सौम्ये लोकलज्जानिवारणे । मयोपपादिते तुभ्यं वाससी प्रतिगृह्यताम् । ॐ भू० अमु० वस्त्रं (वस्त्राभावे अक्षतान्) स० उपवस्त्रं स० आचमनीयं स० ।

यज्ञोपवीतम् –(वै० मं०)–ॐ तस्मादश्वा अजायन्त ये के चोभयादतः । गावो ह जज्ञिरे तस्मात्तस्माज्जाता अजावयः (पौ० मं०)—ॐ नव-

---

(१) दध्यलाभे पयः कार्यं मध्वलाभे तथा गुडः । घृतं प्रतिनिधिं कुर्यात्पयो वा दधि वा नृप ॥

भिस्तन्तुभिर्युक्तं त्रिगुणं देवतामयम्। उपवीतं मया दत्तं गृहाण परमेश्वर। ॐ भू० अमु० यज्ञोपवीतं (यज्ञोपवीताभावेऽक्षतान्) स०।

गन्धम्[1]—(वै० मं०)—ॐ त्वाङ्गन्धर्वा अखनँस्त्वामिन्द्रस्त्वाँ बृहस्पतिः। त्वामोषधे सोमो राजा विद्वान्यक्ष्मादमुच्च्यत। (पौ० मं०) ॐश्रीखण्डं चन्दनं दिव्यं गन्धाढ्यं सुमनोहरम्। विलेपनं सुरश्रेष्ठ (सुरश्रेष्ठे) चन्दनं प्रतिगृह्यताम्। ॐ भू० अमु० गन्धं स०।

अक्षताः –(वै० मं०)—ॐ अक्षन्नमीमदन्त ह्यवप्रिया अधूपत। अस्तोषत स्वभानवो विप्रा न विष्ठया मतीयो जाविन्द्रते हरी। (पौ० मं०) ॐ अक्षताश्च सुरश्रेष्ठ (सुरश्रेष्ठे) कुंकुमाक्ता सुशोभिताः। मया निवेदिता भक्त्या गृहाण परमेश्वर (रि)। ॐ भू० (कुंकुमार्चित) अक्षतान्सम०।

पुष्पाणि[2]—(वै० मं०)—ॐ ओषधीः प्रतिमोदद्ध्वं पुष्पवती प्रसूवरी। अश्वा इव स जित्त्वरीर्वीरुधं पारयिष्णवः। (पौ० मं०)—ॐ माल्यादीनि सुगन्धीनि मालत्यादीनि वै प्रभो। मयानीतानि पुष्पाणि प्रीत्यर्थं प्रतिगृह्यताम्। ॐ भू० अमु० नमः पुष्पाणि स०। दूर्वा—दूर्वाङ्कुरान् सुहरितानमृतान्मङ्गलप्रदान्। आनीतांस्तव पूजार्थं गृहाण सुरसत्तम।

सौभाग्यद्रव्याणि –(वै० मं०)—ॐ अहिरिव भोगैः पर्येति वाहु याया हेतिम्पंरिबाधमानः। हस्तग्घ्नो विश्वा वयुनानि विद्वान्पुमान्पुमाꣳ सम्परिपातु व्विश्वतः। (पौ० मं०)—ॐ श्वेतचूर्ण-रक्तचूर्ण-हरिद्राकुंकुमान्वितैः नानापरिमलद्रव्यैः प्रीयतां परमेश्वर (रि)। ॐ भू० अमु० अतर-अवीर-गुलालादिनानापरिमलसौभाग्यद्रव्याणि स०।

धूपम्[3] (घण्टां वामहस्तेन वादयन्) (वै० मं० —ॐ धूरसि धूर्व्व धूर्वन्तं धूर्वतं योस्मान्धूर्वति तं धूर्वयं वयं धूर्वामः। देवानामसि बह्नितमꣳ सस्नितमम्पप्रितमञ्जुष्टतमन्देवहूतमम्। (पौ० मं०)—ॐ वनस्पतिरसोद्भूतो गन्धाढ्यो गन्ध उत्तमः। आघ्रेयः सर्वदेवानां धूपोऽयं प्रतिगृह्यताम्। ॐ भू० अमु० धूपमाघ्रापयामि।

---

(१) अनामिकया च देवस्य ऋषीणां च तथैव च। गन्धानुलेपनं कार्यं प्रयत्नेन विशेषतः। पितृणामर्पयेद्गन्धं तर्जन्या च सदैव हि। तथैव मध्यमाङ्गुल्या धार्यो गन्धः स्वयं बुधैः॥ तंत्रशा०॥ (२) पङ्कजं पञ्चरात्रं स्याद्दशरात्रं च बिल्वकम्। एकादशाहं तुलसी नैव पर्युषिता भवेत्॥ अन्यच्च हरिभक्तिविलासे तु—न पर्युषितदोषोऽस्ति जलजोत्पलचम्पके। तुलस्यगस्तवकुले बिल्वे गङ्गाजले तथा॥ पुष्पैर्देवा प्रसीदन्ति पुष्पैर्देवाश्च संस्थिता। नरत्नैर्नसुवर्णेन न वित्तेन च भूरिणा। तथा प्रसादमायाति यथा पुष्पैर्जनार्दनः॥ (बृहन्नारदीय) (३) धूप-दीपौ सुभोज्यञ्च देवताग्रे निवेदयेत् (रुद्रयामले)॥

दीपम्[1]—(घण्टां वामहस्तेन वादयन्) (वै० मं०) ॐ अग्निर्ज्ज्योतिर्ज्योतिरग्निः स्वाहा, सूर्यो ज्ज्योतिर्ज्योतिः सूर्य्यः स्वाहा। अग्निर्वर्च्चो ज्ज्योतिर्वर्च्चः स्वाहा, सूर्य्यो व्वर्चो ज्ज्योतिर्वर्च्चः स्वाहा। ज्ज्योतिः सूर्यः सूर्यो ज्ज्योतिः स्वाहा। (पौ० मं०)—ॐ आज्यं च वर्तिसंयुक्तं वह्निना योजितं मया। दीपं गृहाण देवेश (शि) त्रैलोक्यतिमिरापहम्। ॐ भू० अमु० नेत्रादिपादपर्यन्तं दीपं दर्शयामि। हस्तप्रक्षालनम्।

नैवेद्यम्[2]—(वै० मं०)—ॐ अन्नपतेऽन्नस्य नो देह्यनमीवस्य शुष्मिणः। प्रप्रदातारं तारिषऽऊर्ज्जन्नो धेहि द्विपदे चतुष्पदे। (पौ० मं०)—ॐ शर्करा-खण्ड-खाद्यादि-दधिक्षीर-घृतादिभिः। आहारैर्भक्ष्यभोज्यैश्च नैवेद्यं प्रतिगृह्यताम्॥ अथवा—ॐ नैवेद्यं गृह्यतां देव (देवि) भक्ति मे ह्यचलां कुरु। ईप्सितं मे वरं देहि परत्रेह परां गतिम्। देवस्याग्रे गोमयेन जलेन वा चतुष्कोणमण्डलं कृत्वा तस्योपरि नैवेद्यपात्रं निधाय पूजनीयदेवतां गायत्रीमन्त्रेण सम्प्रोक्ष्य तदुपरि तुलसीपत्रं निधाय अधोमुखं दक्षिणहस्तोपरि तादृशं वामं निधाय नैवेद्यमाच्छादयेत्ततः धेनुमुद्रां प्रदर्श्य ग्रासमुद्रया ॐ प्राणाय स्वाहा, ॐ अपानाय स्वाहा, ॐ व्यानाय स्वाहा, ॐ उदानाय स्वाहा, ॐ समानाय स्वाहा, ॐ भू० अमु० नैवेद्यं निवेदयामि। इति ग्रासमुद्रया नैवेद्यं समर्प्य अन्तःपटं दत्त्वा घण्टां वामहस्तेन वादयन् ॐ पत्रं पुष्पं फलं तोयमित्यादि पठित्वा पूर्वापोशनं स०। नैवेद्यमध्ये पानीयं स०। उत्तरापोशनं स०। ततः सपरिवारं देवं तृप्तं विभाव्य हस्तप्रक्षालनं सम०। मुखप्रक्षालनं स०। आचमनीयं स०। करोद्वर्तनार्थे गन्धं स०।

ताम्बूलम्—(वै० मं०)—ॐ उतस्मास्यद्द्रवतस्तुरण्यतः पर्णन्नवेरनुवाति प्प्रगर्द्धिनः। श्येनस्येवद्ध्रजतोऽअङ्कसम्परि दधिक्राव्णः सहोर्ज्जातरित्रतः स्वाहा। (पौ० मं०)—ॐ पूगीफलं महद्दिव्यं नागवल्लीदलैर्युतम्। एलादिचूर्णसंयुक्तं ताम्बूलं प्रतिगृह्यताम्। ॐ भू० अ० मुखवासार्थे ताम्बूलं स०।

अखण्डफलम्—(वै० मं०)—ॐ याः फलिनीर्य्या अफला अपुष्पा याश्च पुष्पिणीः। वृहस्पतिप्रसूतास्ता नो मुञ्चन्त्वꣳ हसः। (पौ० मं०)—ॐ इदं फलं

---

(१) न मिश्रीकृत्य दद्यात्तु दीपं स्नेहे घृतादिकम्। घृतेन दीपकं नित्यं तिलतैलेन वा पुनः॥ ज्वालयेन्मुनिशार्दूल सन्निधौ जगदीशितुः। कार्पासवर्तिका ग्राह्या न दीर्घा न च सूक्ष्मिका, (कालिकापुराण)॥ सर्वंसहा वसुमती सहते न त्विदं द्वयम्। अकार्यपादघातञ्च दीपतापं तथैव च। (आह्निकतत्त्वे)॥ (२) तैजसेषु च पात्रेषु सौवर्णे राजते तथा। ताम्रे वा प्रस्तरे वापि पद्मपत्रेऽथवा पुनः॥ यज्ञदारुमये वापि नैवेद्यं स्थापयेद्बुधः। सर्वाभावे च माहेये स्वहस्तघटिते यदि (शारदा तिलके)॥ या यद्देवार्चनरतः स तन्नैवेद्यभक्षकः (का० पु०)॥

मया देव (देवि) स्थापितं पुरतस्तव । तेन मे सफला वाप्तिर्भवेज्जन्मनि जन्मनि ॐ भू० अ० अखण्डफलं स० ।

दक्षिणा—(वै० मं०)-–ॐ हिरण्यगर्भः समवर्तताग्रे भूतस्य जातः पतिरेक आसीत् । सदाधार पृथिवीं द्यामुतेमाङ्कस्मै देवाय हविषा विधेम । (पौ० मं०)—ॐ हिरण्यगर्भगर्भस्थं हेमबीजं विभावसोः । अनन्तपुण्यफलदमतः शान्ति प्रयच्छ मे । ॐ भू० अ० सुवर्ण-पुष्पदक्षिणां (तदभावे किञ्चिद् व्यावहारिकं द्रव्यं वा) स० ।

कर्पूरारार्तिक्यम्—(आरार्तिकां प्रज्वाल्य) ॐ ज्वालामालिन्यै नमः गन्धाक्षतपुष्पाणि स० । इति गन्धादिना आरार्तिकं सम्पूज्य । वामहस्तेन घण्टां वादयन् (वै० मं०)—ॐ आरार्तिपार्थिवꣳ रजः पितुरप्रायि धामभिः । दिवः सदाꣳसि बृहती वितिष्ठ स आत्त्वेषं वर्त्तते तमः ॥ (पौ० मं०)—ॐ कदलीगर्भसम्भूतं कर्पूरञ्च प्रदीपितम् । आरार्तिक्यमहं कुर्वे पश्य मे वरदोत्तम (मे) ॥ इति पठन् नेत्रप्रदेशे दशधा भ्रामयित्वा ॐ भू० अ० कर्पूरारार्तिक्यं दर्शयामि । जलेन प्रदक्षिणं पुष्पेण देववन्दनम्, अभिवन्दनम् आत्मवन्दनं हस्तं प्रक्षाल्य ।

मन्त्रपुष्पाञ्जलिः—अञ्जलौ पुष्पाण्यादायोत्तिष्ठन् (लक्ष्मीपूजनं तु कमलबीजैः सह)—ॐ यज्ञेन यज्ञमयजन्त देवास्तानि धर्माणि प्रथमान्यासन् । तेह नाकं महिमानः सचन्त यत्र पूर्वे साद्धयाः सन्ति देवाः । नानासुगन्धपुष्पाणि यथा कालोद्भवानि च । पुष्पाञ्जलिर्मयादत्ता गृहाण परमेश्वर (रि) । इति पुष्पाञ्जलित्रयं दत्वा प्रणमेत् ।

अथ मानसीप्रदक्षिणा[1]—ॐ यानि कानि च पापानि०—ॐ भू० अ० मानसीप्रदक्षिणां स० ।

विशेषार्घः—अर्घपात्रे जलं प्रपूर्य गन्धाक्षत-पुष्पसहितं नारिकेलं पूगीफलं वा धृत्वा—ॐ नमस्ते देवदेवेश नमस्ते धरणीधर । नमस्ते जगदाधार अर्घं

---

(१) आसनाद्युपचारफलम्—अवाहनन्तु यो दद्यात्स च क्रतुफलं लभेत् । आसनं रुचिरं दत्त्वा शतक्रतुत्वमाप्नुयात् ॥ पाद्येन पातकं हन्यादर्घेणाप्नोत्यनर्घताम् । ततश्चाचमनं दत्त्वा सुचित्तः सुखितां व्रजेत् ॥ स्नानं व्याधिमयं हन्याद्वस्त्रेणायुष्यवर्द्धनम् । उपवीतन्तु यो दद्याद्ब्रह्मवेत्तृत्वमेव च ॥ भूषणानि च यो दद्यादनापद्यमवाप्नुयात् । गन्धेन लभते काममक्षतैरक्षतं भवेत् ॥ नाना-पुष्पप्रदानेन स्वर्गे राज्यमवाप्नुयात् । धूपो दहति पापानि दीपो मृत्युविनाशनः । सर्वमानस्तु नैवेद्यं दत्त्वा तृप्तिरतो भवेत् । मुखवासनदानेन कीर्तिमान् भवति ध्रुवम् ॥ नीराजनेन शुद्धात्मा दर्पणेन प्रकाशयेत् । फलदः पुत्रवान्मर्त्यस्ताम्बूलात्स्वर्गमाप्नुयात् ॥ प्रदक्षिणान्तु यः कुर्यात्पापं हन्ति पदे पदे । दण्डप्रणामं यः कुर्याद्देवमुद्दिश्य सन्निधौ ॥ दर्षाणि वसते स्वर्गे देहान्ते रेणुसंख्यया । स्तोत्रेण दिव्यदेहोऽपि वाग्मी भवति तत्क्षणात् ॥ पुराणपठनेनैव सर्वपापक्षयो भवेत् । (शैवरत्नाकरे) ॥

नः प्रतिगृह्यताम् ॥ वरद त्वं वरं देहि वाञ्छितं वाञ्छितार्थद । अनेन सफलार्घ्येण फलदोऽस्तु सदा मम ॥ ॐ भू० अ० विशेषार्घ्यं स० । गतं पापं गतं दुःखं गतं दारिद्र्यमेव च । आगता सुखसम्पत्तिः पुण्योऽहं तव दर्शनात् ॥ पुराकृतं मया घोरं ज्ञातमज्ञातकिल्विषम् । यन्मयाद्यदिनं यावत् तस्मात्पापात्पुनीहि माम् । ॐ भू० श्री० अ० प्रार्थनापूर्वकं नमस्करोमि ।

अर्पणम्—जलं गृहीत्वा ॐ अनेन यथाज्ञानेन यथामिलितोपचारद्रव्यैः ध्यानावाहनासनपाद्यार्घाचमनीय–स्नान–वस्त्रोपवीत गन्ध-पुष्प-धूप-दीप-नैवेद्य-ताम्बूल-दक्षिणा-प्रदक्षिणा-मन्त्र-पुष्परूपैः षोडशोपचारैः अन्योपचारैश्च कृतेन पूजनेन श्रीअमुकदेवताः प्रीयन्तां न मम । इतिक्षिपेत् । एतान्यर्चनानि पाद्यार्घ्यस्नान-वस्त्रादि-पुष्पाञ्जलि-विशेषार्घान्तानि परिपूर्णानि भवन्तु । इत्येव पूजां कृत्वा ॐ अकालमृत्युहरणमितिमन्त्रेण चरणामृतं पिबेत्ततः कुशकण्डिकामारभेत् ।

तत्रादौ पञ्चगव्यविधिः[1]

गोमूत्रम्—एकस्मिन् ताम्रपात्रे पलाशपत्रपुटे वा ॐ भू० गायत्र्या इति कपिलाया गोमूत्रम् । गोमयम्—ॐ गन्धद्वारां दुराधर्षां नित्यपुष्टां करीषिणीम् । ईश्वरीं सर्वभूतानां तामिहोपह्वये श्रियम्, इति गोमयम् ॥ दुग्धम्—ॐ आप्यायस्व समेतु ते विश्वतः सोमवृष्ण्यं भवा व्वाजस्य सङ्गथे, इति पयः ॥ दधि—ॐ दधि क्राब्णो अकारिषं जिष्णोरश्वस्य वाजिनः । सुरभिनो मुखाकरत्प्रण आयूꣳषि तारिषत् । इति दधि । घृतम् ॐ तेजोसि शुक्रमस्यमृतमसि धामनामासि प्रियं देवानामनाधृष्टं देवयजनमसि, इति घृतम् ॥ कुशोदकम्—ॐ देवस्य त्वा सवितुः प्रसवेश्विनौ बाहुभ्यां पूष्णोर्हस्ताभ्याम् । इति कुशोदकम् – ॐ आलोडयामि, प्रणवेनैव यज्ञीयकाष्ठेन प्रदक्षिणं निर्मथ्य । ॐ इत्यभिमन्त्र्य किञ्चित् प्राशयेत्तत्र मन्त्रः—ॐ यत्त्वगस्थिगतं पापं देहे तिष्ठति मामके (तावके) । प्राशनात्पञ्चगव्यस्य दहत्यग्निरिबेन्धनम् ॥ तदनु—ॐ आपोहिष्ठेति ऋचा पञ्चगव्येन कुशैः यागकर्मभूमिं यज्ञसंभारांश्च सम्प्रोक्ष्य । कृताञ्जलिः—ॐ स्वस्ति न इन्द्रो० दधातु, इति मन्त्रद्वयं पठेत् । ततः प्रार्थना –ॐ देवाः आयान्तु, यातुधानाः अपयान्तु, विष्णोर्देवयजनं रक्षस्व इति स्थण्डिलोपरि पुष्पाक्षतानि निक्षिपेत् ॥

---

(१) गोमूत्रं गोमयं क्षीरं दधि सर्पिः कुशोदकम् । निर्दिष्टं पञ्चगव्यन्तु पवित्रं मुनिपुङ्गवैः (वशिष्ठः) ॥ गोमूत्रे वरुणो देवो हव्यवाहस्तु गोमये । क्षीरे शशधरो देवो वायुर्दध्नि समाश्रितः ॥ भानुः सर्पिषि संदिष्टो कुशे ब्रह्मादिदेवता । जले साक्षाद्धरिः संस्थः पवित्रं तेन नित्यशः ॥ पलमात्रन्तु गोमूत्रमंगुष्ठार्धन्तु गोमयम् । क्षीरं सप्तपलं ग्राह्यं दधि त्रिपलमीरितम् ॥ सर्पिस्त्वेकपलं देयमुदकं पलमात्रकम् । सर्वमेतत्ताम्रपात्रे स्थितं कुर्याद्यथाविधि । अतोव तृषितो विप्रस्तोयं शूद्रस्य चेत्पिबेत् । उपवासेन चैकेन पञ्चगव्येन शुद्ध्यति॥

अथ होमविधिः[1] तत्रादौ कुशकण्डिका

ततो यथा परिमिते तुषकेशादिरहिते हस्तमात्रचतुरङ्गुलोच्छ्रितसन्मृद्भिः निर्मिते शास्त्रशुद्धकुण्डे स्थण्डिले[2] वा चतुरस्रां भूमिं त्रिभिः त्रिभिः कुशैः परिसमूह्य तान्कुशानैशान्यां परित्यज्य "वं" इत्यमृतबीजमुच्चारयन् गोमयोदकेनोपलिप्य[3] खदिरस्रुवमूलेन प्रागग्रं प्रादेशमात्रमुत्तरोत्तरक्रमेण त्रिरुल्लिख्य उल्लेखनक्रमेणैव "ह्रीं" इति मायाबीजमुच्चारयन्ननामिकांगुष्ठाभ्यां मृदमुद्धृत्य[4] उदकेन न्युब्जपाणिनाऽभ्युक्ष्य सदाचारपञ्चमहायज्ञादिक्रियावतां ब्रह्मक्षत्रियविशां गृहात् कांस्यपात्रे (नवीन शरावे वा) सम्पुटेनाग्निमानीय कुण्डस्य स्थण्डिलस्य वाऽऽग्नेय्यां निधाय "हुँ फट्" इति मन्त्रेण क्रव्यादांशं नैर्ऋत्यां दिशि परित्यज्य, ओं अग्निन्दूतं पुरोदधे हव्यवाहमुपब्रुवे। देवां असादयादिह। इति मन्त्रेणात्माभिमुखमग्निं संस्थापयेत्[5]। अग्न्यानयनपात्रे साक्षतोदकं निषिच्य ततस्तत्र प्रोक्षतेन्धनानि प्रक्षिपेत्। ततो वेणुधमनीं तृणं काष्ठं वान्तरा कृत्वा शुद्धमुखेन[6] तं धमेत्। ततः प्रज्वलितेऽग्नौ अग्निमुखं कृत्वा ध्यायेत्—ॐ चत्वारि शृङ्गा त्रयो अस्य पादा द्वे शीर्षे सप्त हस्तासो अस्य त्रिधा बद्धो वृषभो रोरवीति महोदेवो

---

(१) होमाद्यशक्तौ चैषा व्यवस्था—होमकर्मण्यशक्तानां विप्राणां द्विगुणो जपः। इतरेषान्तु वर्णानां त्रिगुणादिसमीरितः। 'योगिनीहृदये'॥ अन्यच्च—यद्यदङ्गं त्रिहीयेत तत्संख्याद्विगुणो जपः। कर्तव्याश्चाङ्गसिद्ध्यर्थं तदशक्तेन भक्तितः। (वशिष्ठः)॥ सम्पुटे हवनं नास्ति प्रत्यूहेऽपि तथैव च। नानार्थसिद्धिवैकल्ये होमन्तु विपुलं चरेत्। (प्र० सा०)॥ (२) कुण्डाभावे बालुकाभिः समेखलं स्थण्डिलं होमानुसारेण एकहस्तात्मकं द्विहस्तात्मकं वा कुर्यात्, चतुर्विंशत्यङ्गुलात्मको हस्तः। सहस्रहोमादारभ्य सहस्रदशकावधि। हस्तप्रमाणमात्रैव वेदी कार्या मनीषिभिः॥ स्थण्डिलं मृण्मयं कार्यं चतुर्विंशाङ्गुलायतम्। द्व्यङ्गुलन्तु भवेत्कण्ठं व्यासस्य वचनं यथा। कुण्डकल्पद्रुमे। कुण्डनिर्माणस्यातीव दुष्करतया न्यूनाधिकतायां दोषश्रवणाच्च कुण्डस्थाने स्थण्डिलमेवाधुना कुर्यात्। (३) पुरा इन्द्रेण वज्रेण हतो वृत्रो महासुरः। व्यापिता मेदसा पृथ्वी तदर्थमुपलेपनम् (कु० कं० भा०)। (४) ये भ्रमन्ति पिशाचाद्या आकाशपथगामिनः। तेषां संरक्षणार्थाय उद्धृत्य कथितं बुधैः (कारिका)॥ (५) अग्नेः स्थापनवेलायां पूर्णाहुत्यामथापि वा। आहुतिवंह्निवासश्च विलोक्यौ शान्तिकर्मणि॥ अस्यापवादः—संस्कारेषु विचार्योऽस्य न कार्यो नापि वैष्णवे। नित्ये नैमित्तिके कार्यो न चाब्दे मुनिभिः स्मृतः॥ शान्तिसारे॥ संस्कारेषु—गर्भाधानादिषोडशसंस्कारेषु, वैष्णवे विष्णुप्रतिष्ठादिषु, नित्ये—नित्यहोमे, नैमित्तिके—मूलशान्त्यादौ, आब्दिके—युगादिनिमित्तहोमे इत्यर्थः। जपाद्यङ्गहोमे पि न दिनं शोध्यं तस्य स्वतन्त्रकालत्वाभावात्। (६) मुखेनोपधमेदग्निं मुखादग्निरजायतेति वचनात् (कु० कं० मा०)।

मर्त्यां आविवेश। ॐ भूर्भुवः स्वः अग्ने वैश्वानर शाण्डिल्यगोत्र शाण्डिलासित देवलेति त्रिप्रराग्वित भूमिमातः वरुणपितः मेषध्वज प्राङ्मुख मम सम्मुखो भव इति वरदनामानमग्नि[1] प्रतिष्ठाप्य। ॐ भूर्भुवः स्वः अग्नये नमः इति मन्त्रेण वहिरग्नि पञ्चोपचारैः संपूज्य प्रार्थयेत्--ॐ अग्नि प्रज्वलितं वन्दे जातवेदं हुताशनम्। हिरण्यवर्णममलं समृद्धं विश्वतोमुखम्। ततः पुष्पमालाचन्दनताम्वूलवासांस्यादाय--ओं अद्येत्यादि देशकालौ सङ्कीर्त्य कर्तव्यामुकहोमकर्मणि कृताकृतवेक्षणरूपब्रह्मकर्म कर्तुममुकगोत्रममुकशर्म्माणं वा पञ्चाशत्कुशनिर्मितं प्रदक्षिणग्रन्थिकं ब्रह्माणमेभिः पुष्प-चन्दनताम्बूलवासोभिर्ब्रह्मत्वेन त्वामहं वृणे, इति मङ्गलसूत्रं बद्ध्वा ब्रह्माणं वृणुयात्, वृतोऽस्मीति प्रतिवचनम्। यथाविहितं कर्म कुर्विति आचार्येणोक्ते करवाणीति प्रतिवचनम्। ततो अग्नेर्दक्षिणतः[2] परिस्तरणभूमिं परित्यज्य ब्रह्मोपवेशनार्थं शुद्धमासनं दत्त्वा--ॐ अस्मिन्नमुक[4] होमकर्मणि त्वं मे ब्रह्मा भव, इत्यभिधाय भवानीति तेनोक्ते ब्रह्मलक्षणलक्षितं ब्राह्मणं तदभावे पञ्चाशत्कुशनिर्मितं ब्रह्माणमग्निप्रदक्षिणां कारयित्वा कल्पितासने उदङ्मुखोपवेश्य गन्धाक्षतादिभिः सम्पूजयेत् ततः प्रणीतापात्रं पुरतः वारिणा परिपूर्य्य कुशत्रयेणाच्छाद्य ब्रह्मणो मुखमवलोक्याग्नितो वितस्त्यन्तरे उत्तरतः कुशोपरि निदध्यात्। ततः परिस्तरणम्[3]-बर्हिषश्चतुर्थभागं (षोडशदर्भरूपम् १६) आदाय चतुर्भिश्चतुर्भिर्दर्भैराग्नेयादीशानान्तमुत्तराग्रैः। ब्रह्मणोऽग्नि-

---

(१) पावको लौकिके ह्यग्निः प्रथमः सम्प्रकीर्तितः। अग्निस्तु मारुतो नाम गर्भाधाने विधीयते॥ ततः पुंसवने ज्ञेयः पावमानस्तथैव च। सीमन्ते मङ्गलो नाम प्रबलो जातकर्मणि॥ नाम्नि वै पार्थिवो ह्यग्निः प्राशने तु शुचिः स्मृतः। सभ्यो नाम स चौले तु व्रतादेशे समुद्भवः॥ गोदाने सूर्यनामाग्निर्विवाहे योजको मतः! आवसथ्ये द्विजो ज्ञेयो वैश्वदेवे तु रुक्मकः॥ प्रायश्चित्ते विटश्चैव पाकयज्ञेषु पावकः। देवानां हव्यवाहश्च पितॄणां कव्यवाहनः। शान्तिके वरदः प्रोक्तः पौष्टिके बलवर्द्धनः। पूर्णाहुत्यां मृडो नाम क्रोधाग्निश्चाभिचारिके। वश्यार्थे कामदो नाम वनदाहे तु दूषकः। कुक्षौ तु जाठरो ज्ञेयः क्रव्यादो मृतदाहके॥ वह्निनामा लक्षहोमे कोटिहोमे हुताशनः। वृषोत्सर्गेऽध्वरो नाम शुचये ब्राह्मणः स्मृतः॥ समुद्रे वाडवो ह्यग्निः क्षये संवर्तकस्तथा। ब्रह्मा वै गार्हपत्यश्च ईश्वरो दक्षिणस्तथा। विष्णुराहवनीयः स्यादग्निहोत्रे त्रयोऽग्नयः। ज्ञात्वैवमग्निनामानि गृह्यकर्म समाचरेत् (प्रयोगरत्ने)॥ (२) दक्षिणे दानवाः प्रोक्ताः पिशाचोरगराक्षसाः। तेषां संरक्षणार्थाय ब्रह्मा तिष्ठति दक्षिणे (कारिका०)॥ (३) यथा—श्रीदुर्गाहोमकर्मणि वा-गायत्री-जप-दशांशहोमकर्मणीत्याद्यूहः कार्यः। (४) वेदिका दर्भहीना तु विनग्ना प्रोच्यते बुधैः। परिधानं ततः कुर्याद्दर्भेणव विशेषतः। (कारिका०)॥

पर्यन्तं प्रागग्रैः। नैर्ऋत्याद्वायव्यान्तमुत्तराग्रैः। अग्नितः प्रणीतापर्यन्तं प्रागग्रैः परिस्तरणं कुर्यात्। (अथासादनम्—ततोऽग्नेरुत्तरतः पश्चिमदिशि पवित्रच्छेदनार्थं कुशत्रयं पवित्रकरणार्थं साग्रमनन्तर्गर्भं-कुश-पत्र-द्वयम्। प्रोक्षणीपात्रम्, आज्यस्थाली[1]-चरुस्थाली-सम्मार्जनार्थं कुशत्रयम्, उपयमनार्थं वेणीरूपं कुशत्रयम्, समिधस्तिस्रः[2] पलाशयः स्रुवः खादिरो हस्तमात्रः, आज्यं गव्यम्, षट्पञ्चाशदुत्तरशतद्वयावच्छिन्नमुष्टिमिततण्डुलपूर्णं पूर्णपात्रम्, दक्षिणावरो वा, एतानि पवित्रच्छेदनकुशानां पूर्व-पूर्वदिशि क्रमेणासादनीयानि। एवमन्यान्यपि पूगीफलनारिकेलादीन्यसाधारणवस्तून्यासादनीयानि। (पवित्रकरणम्-ततः पवित्रच्छेदनकुशैरग्रतः प्रादेशमात्रं विहाय पवित्रे च्छित्वा दक्षिणावर्तग्रंथि च दत्वा, पवित्रच्छेदनं कुशोन्मूलञ्चोत्तरतः क्षिपेत्। ततः सपवित्रकरेण प्रणीतोदकं त्रिः प्रोक्षणीपात्रे निक्षिप्य व्यस्तानामिकाङ्गुष्ठाभ्यां द्वे उत्तराग्रे पवित्रे गृहीत्वा त्रिरुत्पवनम्। ततः प्रागग्रं प्रोक्षणीपात्रं वामहस्ते कृत्वा प्रणीतासन्निधौ दक्षिणे निधायानामिकाङ्गुष्ठाभ्यां गृहीतपवित्राभ्यां तज्जलं किञ्चित् त्रिरुत्क्षिप्य प्रणीतोदकेन पवित्रानीतेनोत्तानहस्तेन प्रोक्षणीमभिषिच्य प्रोक्षणीजलेन 'वं' इति वारुणं वीजमुच्चारयन्नाज्यस्थाल्यादीन्यासितवस्तूनि पूर्णपात्रपर्यन्तानि क्रमेणैकैकशः प्रोक्ष्य असंचरे प्रणीताग्न्योरन्तराले प्रोक्षणीपात्रं निदध्यात्। आज्यस्थाल्यामाज्यनिर्वापः। तदाज्यमग्नावधिश्रित्य 'वं' इत्यमृतबीजेन ज्वलत्तृणादिकमादायाज्यस्योपरि प्रदक्षिणं[3] समन्तात् भ्रामयित्वा तत्तृणादिकं दर्भयुगं) वह्नौ क्षिपेत्। एवमेव चरुस्थाल्यां चरुं निक्षिप्य अधिश्रयेत् ततः पूर्ववज्ज्वलत्तृणेन तं वेष्टयित्वा तृणं वह्नौ प्रक्षिपेत्। ततो दक्षिणपाणिना स्रुवमादायाधोमुखमग्नौ त्रिस्तापयित्वा वामहस्ते कृत्वा सम्मार्जन-कुशानामग्रैरन्तरतो मूलैर्बाह्यतः स्रुवमूर्ध्वमुखं संमृज्य[4] प्रणीतोदकेनाभ्युक्ष्य पुनः पूर्ववत्प्रताप्य दक्षिणतो निधाय सम्पूजयेत् ॐ आवाहयाम्यहं देवं स्रुवं शेवधिमुत्तमम्। स्वाहाकार-स्वधाकार-वषट्कार-समन्वितम्॥ इत्यनेन सम्पूज्य सकङ्कणं कुर्यात्। ततः प्रदक्षिणक्रमेणाज्यमवतार्याग्रतो निधाय चरुं चानीय आज्यस्योत्तरतो निदध्यात् आज्यं प्रोक्षणीवदुत्पूयावेक्ष्य सत्यपद्रव्ये तन्निरस्य पुनः प्रोक्षणीमुत्पूय उत्थायोपयमकुशान्[5]

---

(१) आज्यस्थाली कांस्यमयी यद्वा ताम्रमयी तथा। मृन्मय्यौदुम्बरी वापि चरुस्थाली प्रशस्यते॥ (२) नाङ्गुष्ठादधिका ग्राह्या समित्स्थूलतया क्वचित्। न वियुक्ता त्वचा चैव न सकीटा न पाटिता॥ प्रादेशान्नाधिका नोना न तथा स्याद् द्विशाखिका। न सपर्णा न निर्वीर्या होमेषु च विजानता॥ इति छन्दोगपरिशिष्टे (३) ईशानादि प्रदक्षिणमीशानपर्यन्तम्। (४) सम्मार्जन कुशानामग्नौ क्षेपः। (५) लाजाहोमे समिद्धोमें ऊर्ध्वहोमे तथैव च। तिष्ठतैव हि कर्तव्याः स्वाहाकारा अपि ध्रुवम्॥ इति कारिकोक्तेः॥

वामहस्ते कृत्वा प्रजापतिं मनसा ध्यात्वा तूष्णीमग्नौ घृताक्तः समिधस्तिस्रः[1] क्षिपेत् । उपविश्य सपवित्रप्रोक्षण्युदकेनाग्निमीशानादिप्रदक्षिणमुदक्पर्यन्तं पर्युक्ष्य प्रणीतापात्रे पवित्रे निधाय पातितदक्षिणजानुः कुशेन ब्रह्मणान्वारब्धः कुशसहितं प्रसारितांगुलिहस्तं हृदि निधाय दक्षिणहस्तेन मूले चतुरंगुलं त्यक्त्वा शङ्खसन्निभमुद्रया स्रुवं गृहीत्वा समिद्धतमेऽग्नौ सन्ततघृतधारया मनसा[2] प्रजापतिं ध्यायन् स्रुवेण तूष्णीं प्रक्षेपः[3] । ततो यजमानेन द्रव्यत्यागः कार्यः सर्वत्र यथाकालं प्रत्याहुतित्यागस्य कर्तुमशक्यत्वात् । साक्षतपुष्पजलं गृहीत्वा सङ्कल्पः—देशकालौ संकीर्त्य अस्मिन् अमुक-देवता-मन्त्र-जपकृतपुरश्चरण-दशांश-हवनाख्ये कर्मणि इदं सम्पादितं समिच्चरुतिलाज्यादि-हविर्द्रव्यं विहितसंख्याहुतिपर्याप्तं या याः वक्ष्यमाणदेवतास्तस्यै तस्यै देवतायै न मम । यथासंख्यं यथादैवतमस्तु, इति वदन् साक्षतजलं भूमौ क्षिपेत् । (शूद्रकर्तृको होमः विप्रद्वारैवोक्तः) ।

अथ होमः

तत्रादौ, घृताहुतिः अग्नेरुत्तरभागे—ओं प्रजापतये[4] स्वाहा इति मनसा इदं प्रजापतये न मम इत्युच्चैः प्रोक्षण्यां त्यागः । अग्नेर्दक्षिणभागे—अग्नये स्वाहा, इदमग्नये न मम । ओं सोमाय स्वाहा, इदं सोमाय न मम इत्याज्यभागौ । ॐ भूः स्वाहा, इदमग्नये न मम । ओं भुवः स्वाहा, इदं वायवे न मम । ओं स्वः स्वाहा, इदं सूर्याय न मम, एता महाव्याहृतयः ।

तत आचार्यः—ओं यथा बाणप्रहाराणां कवचं वारकं भवेत् । तद्वद्दैवोपघातानां शान्तिर्भवति वारिका ॥ शान्तिरस्तु पुष्टिरस्तु यत्पापं रोगम्,

---

(१) समिद्वृक्षानाह—पलाशः खदिरोऽश्वत्थः शमी वट उदुंबरः (मरीचिः) । अन्यच्च—शमी पलाश-न्यग्रोध-प्लक्षवैकंकतोद्भवाः । अश्वत्थोदुम्बरौ बिल्वश्चन्दनस्सरलस्तथा ॥ सालश्च देवदारुश्च खदिरश्चैव यज्ञियाः (ब्रह्मपुराणे) ॥

(२) उत्तमं गोघृतं प्रोक्तं मध्यमं महिषोद्भवम् (पिङ्गलामते) ।
द्रवद्रव्यं स्रुवेणैव पाणिना कठिनं हविः (क० कलाप) ॥

(३) स्रुवहोमे सदा त्यागः प्रोक्षणीपात्रमध्यतः । इत्युक्ते चर्वादिहोमे न प्रोक्षणीपात्रे त्याग इति भास्करे ॥ (४) न च स्मरेदृर्षि छन्दः श्राद्धे वैतानिके मखे (कृष्णभट्टीये) ॥ अग्निहोत्रे वैश्वदेवे विवाहादिविधौ तथा । होमकाले न दृश्यन्ते प्रायश्छन्दर्षिदेवताः । शान्तिकादिषु कार्येषु मन्त्रपाठजपादिषु । होमे नैव प्रकर्तव्याः कदाचिदृषिदेवताः (क० क०) । क्षुत्तृड्क्रोधसमायुक्तो हीनमन्त्रो जुहोति यः । सधूमो भवेदग्निः सोऽन्धः स्यादन्यजन्मनि ॥ (हरिहरभाष्ये)

अकल्याणं तद्दूरे प्रतिहतमस्तु, द्विपदे चतुष्पदे सुशान्तिर्भवतु, इति पठित्वा यजमानमूर्द्धाभिषेकः ।

अथ सर्वप्रायश्चित्तसंज्ञकपञ्चवारुणहोमः[1]

ॐ त्वन्नो अग्ने वरुणस्य विद्वान् देवस्य हेडो अवियासि सीष्ठाः। यजिष्ठो वह्नितमः शोशुचानो विश्वा द्वेषाꣳसि प्रमुमुग्ध्यस्मत्स्वाहा। इदमग्नीवरुणाभ्यां न मम ॥ १ ॥ ॐ स त्वन्नो अग्नेऽवमो भवोती नेदिष्ठो अस्या उषसो व्युष्टौ। अवयक्ष्व नो वरुणꣳ रराणो वोहि मृडीकꣳ सुहवो न एधि स्वाहा। इदमग्नीवरुणाभ्यां न मम ॥ २ ॥ ॐ अयाश्चाग्नेऽस्य नभिशास्तिपाश्च सत्यमित्वमया असि। अयानो यज्ञं वहास्ययानो धेहि भेषजꣳ स्वाहा। इदमग्नये न मम ॥ ३ ॥ ॐ ये ते शतं वरुण ये सहस्रं यज्ञियाः पाशा वितता महान्तः। तेभिर्नो अद्य सवितोत विष्णुर्विश्वे मुञ्चन्तु मरुतः स्वर्काः स्वाहा। इदं वरुणाय सवित्रे विष्णवे विश्वेभ्यो देवेभ्यो मरुद्भ्यः स्वर्केभ्यश्च न मम ॥ ४ ॥ ॐ उदुत्तमं वरुण पाशमस्मदवाधमं विमध्यमꣳ श्रथाय। अथा वयमादित्य व्रते तवानागसो अदितये स्याम स्वाहा। इदं वरुणाय न मम ॥ ५ ॥ अत्रोदकस्पर्शः इति पञ्च वारुणी (प्रायश्चित्तसंज्ञक) होमः। ततश्चन्दनपुष्पाक्षतैर्वायव्यकोणे बहिरग्निं सम्पूज्य ग्रहहोमपुरःसरं प्रधानहोमं कुर्यात्।

अथ गणपति—नवग्रह-अधिदेवता—प्रत्यधिदेवता—पञ्चलोकपालानां होमः—तत्रादौ दशाहुतिरेकां वाहुतिं श्रीगणपतये—(अन्वारब्धं विना) ॐ गणानान्त्वा गणपतिꣳहवामहे प्रियाणान्त्वा प्रियपतिꣳ हवामहे निधीनान्त्वा निधिपतिꣳ हवामहे वसो मम। आहमजानि गर्भधमात्वमजासि गर्भधम् स्वाहा। इदं गणपतये[2] न मम। ततः गायत्री ॐ कारादिमण्डलदेवतानां पूजनोक्तक्रमेण यथाशक्ति आहुतीर्जुहुयात्।

अथ नवग्रहाणां होमः

ततो प्रादेशमात्रास्तर्जन्यग्रवत्स्थूला दधि—क्षीर-घृताक्ताः चरुसाकल्य-

(१) सधूमोग्निः शिरो ज्ञेयो निधूमश्चक्षुरेव च। ज्वलत्कृषो भवेत्कर्णः काष्ठमग्नेर्मनस्तथा ॥ अग्निर्ज्वालायते यत्र शुद्धस्फटिकसन्निभः। तन्मुखं तस्य विज्ञेयं चतुरंगुलमानतः ॥ प्रज्वलोग्निस्तथा जिह्वा एतदेवाग्निलक्षणम्। आस्यान्तर्जुहुयादग्नेर्विपश्चित्सर्वकर्मसु ॥ कर्णहोमे भवेद् व्याधिर्नेत्रेन्धत्वमुदाहृतम्। नासिकायां मनःपीडा मस्तके च धनक्षयः (शारदातिलके) ॥ न कुर्यादग्निधमनं कदाचिद्व्यजनादिना (आपस्तम्बः)। वेणोरग्निप्रसूतित्वाद्वेणुरग्नेश्च पावनः। तस्माद्वेणुधमन्येव धमेदग्निं विचक्षणः (देवलः) ॥

(२) गणाधिपतये देया प्रथमा तु वराहुतिः। अन्यथा विफलं विप्र भवतीह न संशयः (भविष्य०) ॥

सहिता अर्कादिसमिधः[१] सूर्यादिभ्यस्तत्तन्मन्त्रान्ते प्रत्येकमष्टाष्टसंख्यया[२] जुहुयात्—(अर्कम्) ॐ आकृष्णेन रजसा वर्त्तमानो निवेशयन्नमृतं मर्त्यं हिरण्ययेन सविता रथेना देवो याति भुवनानि पश्यन् स्वाहा। इदं सूर्य्याय न मम ॥१॥ (पलाशम्)- ओं इमं देवाऽअसपत्नꣳ सुवध्वं महते क्षत्राय महते ज्येष्ठ्याय महते जानराज्ज्यायेन्द्रस्येन्द्रियाय इममुमुष्य पुत्रममुष्यै पुत्रमस्यै विशऽएष वोमी राजा सोमोऽस्माकं ब्राह्मणानाꣳ राजा स्वाहा। इदं चन्द्रमसे न मम ॥२॥ (खदिरम्)— ॐ अग्निर्मूर्द्धा दिवः ककुत्पतिः पृथिव्याऽयम् अपाꣳ रेताꣳसि जिन्वति स्वाहा। इदं भौमाय न मम ॥ ३ ॥ (अपामार्गम्) ॐ उद्बुध्यस्वाग्ने प्रति जागृहि त्वमिष्टापूर्ते सꣳ सृजेथामयं च अस्मिन्त्सधस्थेऽअध्युत्तरस्मिन्विश्वेदेवा यजमानश्च सीदत स्वाहा। इदं बुधाय न मम ॥४॥ (अश्वत्थम्)—ॐ बृहस्पतेऽअतियदर्य्योऽअर्हाद्युमद्विभाति क्रतुमज्जनेषु यद्दीदयच्छवसऽऋतप्रजात तदस्मासु द्रविणं धेहि चित्रꣳ स्वाहा। इदं गुरवे न मम ॥ ५ ॥ (उदुम्बरम्)—ॐ अन्नात्परिस्रुतो रसं ब्रह्मणा व्यपिवत्क्षत्रं पयः सोमम्प्रजापतिः ऋतेन सत्यमिन्द्रियं विपानꣳशुक्रमन्धसऽइन्द्रस्येन्द्रियमिदं पयोऽमृतं मधु स्वाहा। इदं शुक्राय न मम ॥ ६ ॥ (शमीम्)—ॐ शन्नोदेवीरभिष्टय आपो भवन्तु पीतये शंय्योरभिस्रवन्तु नः स्वाहा। इदं शनैश्चराय न मम ॥ ७ ॥ (दूर्वाम्)—कयानश्चित्रऽआभुवदूती सदावृधः सखा। कया शचिष्ठया बृता स्वाहा। इदं राहवे न मम ॥ ८ ॥ (दर्भम्)—ॐकेतुं कृण्वन्नकेतवे पेशो मर्य्या अपेशसे समुषद्भिरजायथाः स्वाहा। इदं केतवे न मम ॥ ९ ॥ इति नवग्रहाणां होमः ॥ ततो हस्ते जलमादाय अनेन समिधादिकृतेन होमेन सूर्य्यादयो ग्रहाः प्रीयन्तां न ममेत्युत्सृजेत्।

अथाधिदेवता-प्रत्यधिदेवतानां होमः—ईश्वरादिभ्यः पलाशसमिधं मिष्टान्नमिश्रितचर्वाज्यादिद्रव्यैः सह चतुश्चतुःसंख्यकाभिराहुतिभिर्जुहुयात्। ॐ त्र्यम्बकं यजामहे सुगन्धिम्पुष्टिवर्द्धनम् उर्वारुकमिव बन्धनान्मृत्योर्मुक्षीय मामृतात् स्वाहा। इदमीश्वराय० ॥१॥ ॐ श्रीश्च ते लक्ष्मीश्च पत्न्यावहोरात्रे पार्श्वे नक्षत्राणि रूपमश्विनौ व्यात्तम्। इष्णन्निषाणामुम्मऽइषाणसर्वलोकम्मऽइषाण स्वाहा इदमुमायै ॥ २ ॥ ॐ यदक्रन्दः प्रथमं जायमानः उद्यन्त्समुद्रादुत वा पुरीषात्। श्येनस्य पक्षा हरिणस्य बाहूऽउपस्तुत्यं महिजातन्ते अर्व्वन्स्वाहा। इदं स्कन्दाय ॥३॥

---

(१) अर्कः पलाश. खदिरो ह्यपामार्गोऽथ पिप्पलः। उदुम्बरः शमी दूर्वाः कुशाश्च समिधः क्रमात् ॥ (अत्र त्रिमृमिद्दूर्वाहुतिभिरेकाहुतिः) (त्रिशाखकुशस्यैकाहुतिभिरेकाहुतिः) ॥ (२) होमकाले यजमानाग्न्यादिमध्ये न गन्तव्यम्—होमकाले तथा दोहे स्वाध्याये दारसंग्रहे। अन्तरेण यदा गच्छेद् द्विजश्चान्द्रायणं चरेत् ॥ द्वौ विप्रौ ब्राह्मणाग्नी वा दम्पती गोद्विजोत्तमौ। अन्तरेण यदा गच्छेद् द्विजश्चान्द्रायणं चरेत् ॥

ॐ विष्णोरराटमसि विष्णोःश्नप्त्रेस्त्थो विष्णोः स्यूरसि विष्णोर्ध्रुवोसि वैष्णवमसि विष्णवे त्वा स्वाहा। इदं विष्णवे ॥ ४ ॥ ॐ ब्रह्म यज्ञानं प्रथमं पुरस्ताद्विसीमतः सुरुचो वेनऽआवः। सबुध्न्या उपमाऽअस्य विष्ठाः सतश्च योनिमसतश्च विवः स्वाहा। इदं ब्रह्मणे ॥५॥ ॐ सजोषा इन्द्र सगणो मरुद्भिः सोमम्पिव वृत्रहा शूर विद्वान् जहि शत्रूँ रपमृधो नुदस्वाथाभयङ्कृणुहि विश्वतो नः स्वाहा। इदमिन्द्राय ॥ ६ ॥ ॐ यमाय त्वांगिरस्वते पितृमते स्वाहा धर्म्माय स्वाहा धर्म्मः पित्रे स्वाहा। इदं यमाय ॥ ७ ॥ ॐ कार्षिरस समुद्रस्य त्वाक्षित्याऽउन्नयामि समापोऽअद्भिरग्मतसमोषधीभिरोषधीः स्वाहा। इदं कालाय ॥८॥ ॐ चित्रावसो स्वस्ति ते पारमशीय स्वाहा। इदं चित्रगुप्ताय ॥ ९ ॥ अनेन सघृत-तिल-यव-चरुसमिद्धोमेन ईश्वराधिदेवताः प्रीयन्तां न ममेति जलमुत्सृजेत्। यथा बाणप्रहाराणामिति यजमानमूर्द्धाभिषेकः ॥

अथ प्रत्यधिदेवताहोमः—ॐ अग्निदूतं पुरो दधे हव्यवाहमुपब्रुवे देवाँ २ ऽआसादयादिह स्वाहा। इदमग्नये ॥ १ ॥ ॐ आपो हिष्ठा मयोभुवस्तानऽऊर्ज्जे दधातन महेरणाय चक्षसे यो वः शिवतमो रसस्तस्य भाजयतेह नः उशतीरिव मातरः। तस्माऽअरङ्गमामवो यस्य क्षयाय जिन्वथ आपो जनयथा च नः स्वाहा। इदमद्भ्यः ॥२॥ ॐ स्योना पृथिवी नो भवानृक्षरा निवेशनी यच्छा नः शर्म स प्रथाः स्वाहा। इदं पृथिव्यै ॥३॥ ॐ इदं विष्णुर्विचक्रमे त्रेधा निदधे पदम्, समूढमस्य पा ँ सुरे स्वाहा। इदं विष्णवे ॥४॥ ॐ त्रातारमिन्द्रमवितारमिन्द्र ँ हवे हवे सुहव ँ शूरमिन्द्रम्, ह्वयामि शक्रम्पुरुहूतमिन्द्र ँ स्वस्ति नो मघवा धात्विन्द्रः स्वाहा। इदमिन्द्राय० ॥ ५ ॥ ॐ अदित्यैरास्नासीन्द्राण्याऽउष्णीयपूषासि धर्मायदीष्व स्वाहा। इदमिन्द्राण्यै० ॥ ६ ॥ ॐ प्रजापते नत्वदेतान्न्यन्न्यो विश्वारूपाणि परिता वभूव। यत्कामास्ते जुहुमस्तन्नोऽस्तु वय ँ स्याम पतयो रयीणाम् स्वाहा। इदं प्रजापतये० ॥ ७ ॥ ॐ नमोस्तु सर्पेभ्यो ये के च पृथिवीमनु येऽअन्तरिक्षे ये दिवि तेभ्यः सर्पेभ्यो नमः स्वाहा। इदं सर्पेभ्यः ॥८॥ ॐ ब्रह्म यज्ञानम्प्रथमम्पुरस्ताद्विसीमतः सुरुचो वेनऽआवः सबुध्न्याऽउपमाऽअस्य विष्ठाः सतश्च योनिमसतश्च विवः स्वाहा। इदं ब्रह्मणे ॥ ९ ॥ अनेन समिधादिकृतेन होमेन अग्न्यादिप्रत्यधिदेवताः प्रीयन्तां न मम इत्युत्सृजेत्।

अथ पञ्चलोकपालदेवताहोमः—विनायकादिपञ्चलोकपालेभ्य इन्द्रादिदशदिक्पालेभ्यश्च प्रत्येकं पूर्वोक्तद्रव्येण द्वे द्वे आहुती जुहुयात्, ॐ गणानान्त्वा गणपति ँ हवामहे प्रियाणान्त्वां प्रियपति ँ हवामहे निधीनान्त्वा निधिपति ँ हवामहे व्वसो मम आहमजानिगर्भधमात्त्वमजासि गर्भधं स्वाहा। इदं गणपतये ॥ १ ॥ ॐ अंबेऽअंबिकेऽम्बालिके न मानयति कश्चन ससस्त्यश्वकः सुभद्रिकां

काम्पीलवासिनीᳫं स्वाहा। इदं दुर्गायै ॥२॥ ॐ आ नो नियुद्भिः शतिनीभिरध्वरᳫं सहस्त्रिणीभिरुपयाहि यज्ञम्, वायो अस्मिन्त्सवने मादयस्व यूयम्पात स्वस्तिभिः सदा नः स्वाहा। इदं वायवे ।: ३ ॥ ॐ घृतं घृतपावानः पिबत वसाम्व्वसापावानः पिबतान्तरिक्षस्य हविरसि स्वाहा दिशः प्रदिशऽआदिशो विदिशऽउर्द्दिशो दिग्भ्यः स्वाहा। इदमाकाशाय ॥ ४ ॥ ॐ यावांकशा मधुमत्यश्विना-सूनृतावती तया यज्ञम्मिमिक्षताम् स्वाहा। इदमश्विभ्याम् ॥ ५ ॥ अनेन होमेन पञ्चलोकपालदेवताः प्रीयन्ताम् न ममेति जलमुत्सृजेत्। यथा बाणप्रहाराणामिति मन्त्रेण यजमानमूर्द्धाभिषेकः।

अथ दशदिक्पालहोमः—ॐ त्रातारमिन्द्रमवितारमिन्द्रᳫं हवे हवे सुहवᳫं शूरमिन्द्रं ह्वयामि शक्रम्पुरुहूतमिन्द्रᳫं स्वस्ति नो मघवा धात्विन्द्रः स्वाहा। इदमिन्द्राय० ॥ १ ॥ त्वन्नोऽअग्ने तव पायुभिर्म्मघोनो रक्ष तन्वश्च बन्ध। त्राता तोकस्य तनये गवामस्य निमेषᳫंरक्षमाणस्तवव्व्रते स्वाहा। इदमग्नये ॥ २ ॥ ॐ यमाय त्वांगिरस्वते पितृमते स्वाहा धर्माय स्वाहा धर्म्मः पित्रे स्वाहा। इदं यमाय ॥ ३ ॥ ॐ असुन्न्वन्तमयजमानमिच्छस्तेनस्येत्यामन्विहितस्करस्य अन्य-मस्मदिच्छसातऽइत्यानमो देवि निर्ऋते तुभ्यमस्तु स्वाहा। इदं निर्ऋतये ॥ ४ ॥ ॐ तत्त्वा यामि ब्रह्मणा वन्दमानस्तदाशास्ते यजमानो हविर्भिः अहेळमानो वरुणेह बोध्युरुᳫंसमानऽआयुः प्रमोषीः स्वाहा। इदं वरुणाय ॥ ५ ॥ ॐ आ नो नियुद्भिः शतिनीभिरध्वरः सहस्त्रिणीभिरुपयाहि यज्ञम्। वायोऽअस्मिन्त्सवने मादयस्व यूयम्पात स्वस्तिभिः सदा नः स्वाहा। इदं वायवे ॥ ६ ॥ ॐ वयᳫं सोम व्रते तव मनस्तनूषु बिभ्रतः प्रजावन्तः सचेमहि स्वाहा। इदं कुबेराय ॥७॥ ॐ तमीशानञ्जगतस्तस्थुषस्पतिं धियञ्जिन्वमवसे हूमहे वयं। पूषा नो यथा वेद-सामसद्वृधे रक्षिता पायुरदब्धः स्वस्तये स्वाहा। इदमीशानाय ॥ ८ ॥ ॐ अस्मे रुद्रा मेहना पर्वतासो वृत्रहत्ये भरहूतौ सजोषाः यशᳫं सते स्तुवते धायि वज्रऽ-इन्द्र ज्येष्ठाऽअस्माँऽअवन्तु देवाः स्वाहा। इदं ब्रह्मणे ॥ ९ ॥ ॐ स्योना पृथिवि नो भवानृक्षरानिवेशनी यच्छा नः सर्मसप्रथाः स्वाहा। इदमनन्ताय ॥ १० ॥ अनेन होमेन इन्द्रादयो दिक्पालदेवताः प्रीयन्तां न ममेति जलमुत्सृजेत्। इति दिक्पालहोमः। अथ पितामहादिदेवानामेकैकयाहुत्या होमः ॥ ॐ ब्रह्म यज्ञानं प्रथमं पुरस्ताद्विसीमतः सुरुचो वेनऽआवः सबुध्न्या उपमाऽअस्य विष्ठाः सतश्च योनिमसतश्च विवः स्वाहा। इदं ब्रह्मणे ॥ १ ॥ ॐ इदं विष्णुर्विचक्रमे त्रेधा निदधे पदम् समूढमस्य पाᳫंसुरे स्वाहा। इदं विष्णवे ॥ २ ॥ ॐ त्र्यम्बकं यजामहे० इदं शिवाय ॥ ३ ॥ गणानान्त्वा० स्वाहा। इदं गणपतये ॥ ४ ॥ ॐ श्रीश्च ते लक्ष्मीश्च० स्वाहा। इदं लक्ष्म्यै ॥५॥ ॐ पञ्च नद्यः सरस्वतीमपि-यन्ति सस्रोतसः सरस्वती तु पञ्चधा सो देशे भवत्सरित् स्वाहा। इदं सर-

स्वत्यै ॥ ६ ॥ ॐ अम्बे अम्बिकेऽम्बालिके न मा नयति कश्चन । ससस्त्यश्वकः सुभद्रिकां काम्पीलवासिनीᳬस्वाहा । इदं दुर्गायै ॥ ७ ॥ ॐ नहि स्पर्शमविदन्नन्यमस्माद्वैश्वानरात्पुरऽएतारमग्नेः एमे नम वृधन्नमृता अमर्त्यंवैश्वानरं क्षैत्रजित्याय देवाः स्वाहा । इदं क्षेत्रपालाय ॥ ८ ॥ ॐ भूताय त्वानारातये स्वरभिविख्ये यन्द ᳬ हंतादुर्याः पृथिव्यामुर्वन्तरिक्षमन्वेमि पृथिव्यास्त्वानाभौ सादयाम्यदित्या ऽउपस्थेऽग्नेहव्य ᳬ रक्ष स्वाहा । इदं भूतेभ्यः ॥९॥ ॐ वास्तोष्पते प्रति जानीह्यस्मान्त्स्वावेशोऽअनमीवो भवाः नः यस्त्वेमहे प्रतितन्नो जुषस्व शन्नो भवद्द्विपदे शञ्चतुष्पदे स्वाहा । इदं वास्तोष्पतये ॥ १० ॥ ॐ विश्वकर्म्मन्हविषा वर्द्धनेनत्रातारमिन्द्रमकृणोरवद्धयम् तस्मै विशः समनमन्त पूर्वीरयमुग्रो विहव्योपथासत् स्वाहा । इदं विश्वकर्मणे ॥ ११ ॥

अथ प्रधानदेवस्य होमः

एवं ग्रहमण्डल-देवता-होमानन्तरं प्रधानदेवताध्यानम् प्रणामञ्च कृत्वा चरुपायसाज्यादिभिश्च जपदशांशेन यथाकामं मृग्यादिमुद्रया[1] होमं[2] कुर्यात्, तद्यथा—ॐ (मूलमन्त्रः) स्वाहा[3] एवं होमं[4] समाप्य, आवरणपूजाकृतांश्चेत्तदा

---

(१) मयूरी कुक्कुटी हंसी सूकरी च मृगी तथा । पञ्चमुद्रा विजानीयाद्धोमद्रव्यग्रहे बुधैः ॥ न्यब्जेन पाणिना द्रव्यं तर्जनीरहितेन यत् । क्रियते हवनं विप्रैर्मयूरीं तां विदुर्बुधाः ॥ अंगुष्ठयान्विताः सर्वा अंगुल्योत्तानलक्षिताः । हवनं क्रियते याभिः कक्कुटी सा प्रकीर्तिता ॥ विकनिष्ठिका तु हंसी मुकुलाभा च सूकरी । मध्यमाऽनामिकाङ्गुष्ठैर्मृगी चैवोपलक्षिता ॥ फलमूलयजौ ज्ञेया मुद्रा श्रेष्ठा शिखण्डिनी । जारमारणकर्तव्ये कुक्कुटी तु प्रकीर्तिता ॥ वश्योच्चाटनपूर्वाणां कर्मणां सूकरी मता । शान्तिके पौष्टिके कार्ये मृगी हंसी तथोत्तमा (कुश० कं० मा०) ॥ (२) आयुःक्षयो यवाधिक्ये यवांसाम्ये धनक्षयः । सर्वकामसमृद्धयर्थं तिलाधिक्यं सदैव हि (त्रिकारिकायाम्) ॥ अथ होम-द्रव्याणि ॥ पुत्रार्थे शालिबीजेन धनार्थे बिल्वपर्णकैः । दूर्वाभिरायुष्कामस्तु पुष्टिकामस्तु वेतसैः ॥१॥ कन्याकामस्तु लाजाभिः पशुकामो घृतेन तु । विद्याकामस्तु पालाशंदंशांशेन तु होमयेत् ॥ २ ॥ धान्यकामो यवैश्चैव गुग्गुलेन रिपुक्षये । तिलैरारोग्यकामस्तु व्रीहिभिः सुखमश्नुते ॥ ३ ॥ (३) जपकाले नमःशब्दं मन्त्रस्यान्ते नियोजयेत् । होमकाले पुनः स्वाहा मन्त्रस्यायं सदा क्रमः (तं० शा०) प्रणवाद्या नाममन्त्राः स्वाहान्ता होमे नमोन्ता न्यासकर्मणि भवन्तीति सर्वत्र ज्ञातव्यम् । गायत्री होमेतु—सप्रणवा व्याहृतिरहिता स्वाहान्ता गायत्री । (४) तिलाः स्युः षोडशप्रस्था यवा द्वादशतण्डुलाः । चत्वारो गोघृतं चाष्टप्रस्थं यागेऽयुतात्मके ॥ अन्यच्च—चतुर्भागं तिलान्नञ्च द्विभागं चाज्यमेव च । यवान्नन्तु त्रिभागं स्याद्भागमेकञ्च तण्डुलम् ॥ एवं शास्त्रसम्मतत्वेपि निर्धना यजमाना महर्घत्वाच्छुद्धाज्यस्य भागैकं देशकालपात्रानुरूपं धर्मव्यवस्थितेः; समृद्धास्तु शास्त्रनिर्देशानुरूपमेव समाचरेयुः ॥ चरुं ग्राससमं पाणिनैव जुहुयात् । ग्रासार्द्धं चरुमित्यन्ये ।

यन्त्रस्थावरणदेवताभ्यश्चैकैकाहुतिं जुहुयात्, ततः मृत्युञ्जयादियजमानेष्टदेवतायास्तत्तन् मन्त्रेण यथेष्टं होमं सत्यभिलाषे कुर्यात्।

दुर्गा-होमे तु—

ॐ मार्कण्डेय उवाचेति प्रथम मन्त्रमारभ्य प्रतिमन्त्रान्ते स्वाहेति पठित्वा होमं कुर्यात्। प्रत्यध्यायसमाप्तावुत्थाय श्रुवेणाज्यमादाय गन्ध-पुष्प-पूगीफल-ताम्बूल-भूर्जपत्राणि तत्र निक्षिप्य 'ॐ अम्बे अम्बिके अम्बालिके नमानयति कश्चन। सुस्वस्त्यश्वकः सुभद्रिकां कांपील-वासिनीं स्वाहेति' जुहुयात्। ॐ अम्बे स्वाहा, ॐ अम्बिके स्वाहा, ॐ अम्बालिके स्वाहा घृतेनाहुति-त्रयं दद्यादिति दुर्गा होमे विशेषः।

ततः अग्निपूजनम्—(आयतनाद्बर्हिर्वायव्यां दिशि) ॐ स्वाहा स्वधायुताग्नये वैश्वानराय नमः इति पञ्चोपचारैः (सर्वोपचारार्थे गन्धाक्षतपुष्पाणि समर्पयामि, इति वा) सम्पूज्य, ॐ अनया पूजया स्वाहास्वधायुतोग्निः प्रीयताम्, इति जलमुत्सृजेत्। (होमतर्पणाभिषेकानां मध्ये यदेव न संभवति तत्स्थाने तद्-द्विगुणो जपः कार्यः) ततो हुतशेषहविर्द्रव्यं गृहीत्वा ब्रह्मणान्वारब्धः आवशिष्टि[1] मुद्रया स्विष्टकृद्धोमं कुर्यात्। ॐ अग्नये स्विष्टकृते स्वाहा (चर्वादिद्रव्ये तदा पात्रान्तरम्) इदमग्नये स्विष्टकृते न मम। तत आज्येन नवाहुतयः-ॐ भूः स्वाहा इदमग्नये न मम ॥ १ ॥ ॐ भुवः स्वाहा इदं वायवे न मम ॥ २ ॥ ॐ स्वः स्वाहा इदं सूर्याय न मम ॥ ३ ॥ ॐ त्वन्नो अग्ने वरुणस्य विद्वान् देवस्य हेडो अवयासिसीष्ठाः। यजिष्ठो वह्नितमः शोशुचानो विश्वा द्वेषाᳬसि प्रमुमुग्ध्यस्मत् स्वाहा। इदमग्नीवरुणाभ्यां० ॥४॥ ॐ स त्वन्नो अग्नेऽवमो भवोती नेदिष्ठो अस्या उषसो व्युष्टौ। अवयक्ष्व नो वरुणᳬरराणो वीहि मृळीकᳬसुहवो न एधि स्वाहा। इदमग्नीवरुणाभ्यां० ॥५॥ ॐ अयाश्चाग्नेस्यनभिशस्तपाश्च सत्वमित्वमयाऽअसि। अयानो यज्ञं वहास्यया नो धेहि भेषजᳬस्वाहा। इदमग्नये न मम ॥६॥ ॐ ये ते शतं वरुण ये सहस्रं यज्ञियाः पाशा वितता महान्तः। तेभिर्न्नो अद्य सवितोत विष्णुर्विश्वे मुञ्चन्तु मरुतः स्वर्काः स्वाहा। इदं वरुणाय सवित्रे विष्णवे विश्वेभ्यो देवेभ्यो मरुद्भ्यः स्वर्केभ्यश्च न० ॥ ७ ॥ ॐ उदुत्तमं वरुणपाशमस्मदवाधमं विमध्यमᳬश्रथाय। अथावयमादित्यव्रते तवानागसो अदितये स्याम स्वाहा। इदं वरुणायादित्यायादितये न० ॥ ८ ॥ ओं प्रजापतये स्वाहा, इदं प्रजापतये न० ॥ ९ ॥ नवाहुतीनां प्रोक्षणीपात्रे संस्रवप्रक्षेपः। अग्नेरुत्तरतः प्रागग्रमुदगग्रं वा श्रुवं निधाय, तथैव उपयमनकुशांश्च निधाय, बलिदानं कुर्यात्।

---

(१) होमावशिष्टं यद्द्रव्यं सत्पात्रे धारयेत्सुधीः।
हस्ताभ्यां जुहुयात्सर्वं मुद्रया आवशिष्टिका ॥

अथ बलिदानम्

जलाक्षतान्यादाय—ॐ तत्सदद्य अमुकगोत्रः अमुकशर्म्मा (वर्म्मा गुप्तो) हं कृतस्य कर्मणः साङ्गतासिद्ध्यर्थं दर्शदिक्पालपूर्वकम् आदित्यादिग्रह-मण्डलस्थापितदेवताभ्यो बलिदानञ्च करिष्ये। इति संकल्प्य ततोऽग्नेः परितो दशसु[1] दिक्षु दध्यक्तं मासतण्डुलं पत्रेषु (पलाशाम्रपत्रेषु वा) कृत्वा संस्थाप्य, तत्समीपे एकैकं दीपञ्च संस्थाप्य—ॐ इन्द्रादिदशदिक्पालेभ्यो नमः सर्वोपचारार्थे गन्धाक्षतपुष्पाणि समर्पयामि। साक्षतजलं गृहीत्वा—ॐ इन्द्रादिदशदिक्-पालेभ्यः साङ्गेभ्यः सपरिवारेभ्यः सायुधेभ्यः सशक्तिकेभ्यः एतान् सदीपान् दधिमाषभक्तबलीन् समर्पयामि, इति साक्षतजलं भूमौ क्षिपेत्॥ भो भो इन्द्रा-दिदशदिक्पालाः स्वां स्वां दिशं रक्षत बलिं भक्षत कृपां वितरत मम[2] सकुटुम्बस्य सपरिवारस्य आयुःकर्तारः क्षेमकर्तारः शान्तिकर्तारः पुष्टिकर्तारः तुष्टिकर्तारो वरदा भवत, इति प्रार्थयेत्। शिरसि करौ कृत्वा भूमौ जानुभ्यां पतित्वा क्षमध्वमितिवदेदिति सर्वत्र। एभिर्बलिदानैः इन्द्रादिदशदिक्पालाः प्रीयन्ताम्। ततो ग्रहवेदीसमीपे पत्रावल्युपरि बलिं निधाय आदित्यादिग्रहार्थं बलिद्रव्याय नमः सर्वोपचारार्थे गन्धाक्षतपुष्पाणि समर्पयामि। ॐ सूर्यादिनवग्रहेभ्यः साङ्गेभ्यः सपरिवारेभ्यः सायुधेभ्यः सशक्तिकेभ्यः अधिदेवताप्रत्यधिदेवतागण-पत्यादिपञ्चलोकपालवास्तोष्पतिसहितेभ्यः एतं सदीपमाषभक्तबलिं समर्पयामि इति जलमुत्सृजेत्। भो भो सूर्यादिनवग्रहाः साङ्गाः सपरिवाराः सायुधाः सशक्तिका अधिदेवता-प्रत्यधिदेवता-गणपत्यादिपञ्चलोकपालवास्तोष्पतिसहिताः इमं बलिं गृह्णीत मम सकुटुम्बस्य सपरिवारस्य आयुःकर्तारः क्षेमकर्तारः शान्तिकर्तारः तुष्टिकर्तारः पुष्टिकर्तारो वरदा भवत। अनेन बलिदानेन सूर्यादिग्रहाः प्रीयन्ताम्। ततो मातॄणामप्येकबलिं दद्यात् श्रीगौर्यादिमातृभ्यः इमं सदीपदधिमाषभक्तबलिं समर्पयामि, इति जलमुत्सृजेत्। भो भो गौर्यादिमातर इमं बलिं गृह्णीत आयुः-कर्त्र्यः क्षेमकर्त्र्यः, शान्तिकर्त्र्यः, पुष्टिकर्त्र्यः, तुष्टिकर्त्र्यः, वरदा भवत। अनेन बलिदानेन श्रीगौर्यादिमातरः प्रीयन्ताम्। योगिनीवेदिसमीपे—ॐ चतुःषष्टि-योगिनीभ्यः साङ्गाभ्यः सपरिवाराभ्यः सायुधाभ्यः सशक्तिकाभ्यः इमं सदीपद-धिमाषभक्तबलिं समर्पयामि, इति जलमुत्सृजेत्। भो भो चतुःषष्टियोगिन्यः इमं बलिं गृह्णीत मम सकुटुम्बस्य सपरिवारस्य आयुःकर्त्र्यः क्षेमकर्त्र्यः शान्तिकर्त्र्यः तुष्टिकर्त्र्यः पुष्टिकर्त्र्यो वरदा भवत। अनेन बलिदानेन श्रीचतुःषष्टियोगिन्यः प्रीयन्ताम्। ततः मूलमन्त्रान्ते कूष्माण्डरसेनाप्यायतामिति प्रधानदेवताभ्यो

---

(१) आग्नेयपूर्वयोर्मध्ये, ईशान–पूर्वयोर्मध्ये, निर्ऋति-पश्चिमयोर्मध्ये चेति दश॥

(२) आचार्यः 'मम' पदस्थाने यजमानपदं दद्यात्।

सुपूजितकूष्माण्ड[1]-बलिं दत्वा पादौ प्रक्षाल्याचम्य शान्ति३रिति पठेत्ततः क्षेत्रपालाय महाबलिं दद्यात् ।

अथ क्षेत्रपालबलिः-एकस्मिन् वंशपात्रे कुशानास्तीर्य आहारचतुर्गुणं द्विगुणं वा मासभक्तदध्योदनं जलपात्रं च निधाय हरिद्राकुंकुमसिन्दूरकज्जलद्रव्यपताकाचतुर्मुखदीपयुतं कृत्वा—ॐ अद्येत्यादि० सकलारिष्टशान्तिपूर्वकं प्रारिप्सितकर्मणः साङ्गतासिद्ध्यर्थं क्षेत्रपालपूजनं बलिदानञ्च करिष्ये । इति संकल्प्य—ॐ न हि स्पर्शमविदन्नन्यमस्माद्वैश्वानरात्पुर एतारमग्नेः । एमेनमवृधन्नमृता अमर्त्यवैश्वानरं क्षेत्रजित्याय देवाः । ॐ श्रीक्षेत्रपालाय नमः इति मन्त्रेण बलौ निहितपूगीफले भो क्षेत्रपाल इहागच्छ इहतिष्ठ श्रीक्षेत्रपालाय नमः क्षेत्रपालम् आवाहयामि स्थापयामि । सर्वोपचारार्थे गन्धाक्षतपुष्पाणि समर्पयामि दक्षिणाञ्च श्रीक्षेत्रपालाय नमः । इति सम्पूज्य ध्यायेत्—भ्राजद्वक्त्रजटाधरं त्रिनयनं नीलाञ्जनाद्रिप्रभं दोर्दण्डान्तगदाकपालमरुणं स्रग्गन्धवस्त्रावृतम् । घण्टाघुर्घुरुमेखलाध्वनिमिलद्धुंकारभीमं प्रभुं वन्दे संहितसर्प्पकुण्डलधरं श्रीक्षेत्रपालं सदा ॥ प्रार्थना—ॐ नमो क्षेत्रपालस्त्वं भूतप्रेतगणैः सह । पूजां बलिं गृहाणेमं सौम्यो भवतु सर्वदा ॥ १ ॥ देहि मे आयुरारोग्ये निर्विघ्नं कुरु सर्वदा । अनेन पूजनेन श्रीक्षेत्रपालः प्रीयताम् । ततो हस्ते साक्षतजलमादाय-ॐ क्षेत्रपाल महाबाहो महाबलपराक्रम । क्षेत्राणां रक्षणार्थाय बलिं नय नमोस्तु ते ॥ श्रीक्षौं क्षेत्रपालाय सांगाय भूतप्रेतपिशाचडाकिनीपिशाचिनीमारीगण-वेतालादिपरिवारयुताय सायुधाय सशक्तिकाय सवाहनाय इमं सचतुर्मुखदीपदधिमाषभक्तबलिं समर्पयामि, इति जलमुत्सृज्य प्रार्थयेत्-भो भोः क्षेत्रपाल स्वं क्षेत्रं रक्ष बलिं भक्ष यज्ञं परिरक्ष मम सकुटुम्बस्याभ्युदयं कुरु-आयुःकर्ता क्षेमकर्ता शान्तिकर्ता पुष्टिकर्ता तुष्टिकर्ता निर्विघ्नकर्ता वरदो भव ॐ अनेन बलिदानेन श्रीक्षेत्रपालः प्रीयताम् । ततो नापितेन दुर्ब्राह्मणेन[2] वा बलिं गृहीत्वा सपत्नीकयजमानस्य मस्तकोपरि सकृत् भ्रामयित्वा पृष्ठतोऽनवलोकयन् चतुष्पथे मण्डपाद्बहिः निर्ऋतिदेशे वा निक्षिपेत् । यजमानोऽपि तस्य पृष्ठतो द्वारपर्यन्तं गत्वा जलं क्षिपेत् । ततो बलिपूजनस्थाने द्यौः शान्तिः० रेधि । इति मन्त्रेण समुपलेपयेत् ॥

अथ भूतेभ्यः बलिदानम्

शुद्धशूर्पमध्ये पिष्टमयदीपमाषान्नदध्योदनहरिद्रासिन्दूरकज्जलगन्धरक्तपुष्पाणि संस्थाप्य गीतवादित्रकुटुम्बजनसहितश्चत्वरे गत्वा तत्र गन्धपुष्पाद्यर्चितं

---

(१) ब्राह्मणेन सदा देयं कूष्मांडं बलिकर्मणि । वस्त्रसंवेष्टितं कृत्वा छेदं नैव तु कारयेत् ॥ क्षत्रियवैश्यादौ तु छेदयेत्छुरिकादिना (का. पु.) ।

(२) यस्य वेदश्च वेदी च विच्छिद्यते त्रिपूरुषम् । स वै दुर्ब्राह्मणो नाम सर्वकर्मसु गर्हितः ॥

शूर्पं स्थापयेदेभिर्मन्त्रैः—ॐ बलिं गृह्णन्त्विमे देवा आदित्या वसवस्तथा। मरुतश्चाश्विनौ रुद्राः सुपर्णाः पन्नगा ग्रहाः ॥ १ ॥ असुरा यातुधानाश्च पिशाचोरगराक्षसाः। शाकिन्यो यक्षवेताला योगिन्यः पूतना शिवाः ॥ २ ॥ जृम्भकाः सिद्धगन्धर्वा नानाविद्याधरा नगाः। जगतां शान्तिकर्तारः क्रमाद्याश्चैव मातरः ॥३॥ मा विघ्नं मा च मे रोगो मा सन्तु परिपन्थिनः। सौम्या भवन्तु तृप्ताश्च भूताः प्रेताः सुखावहाः ॥ ४ ॥ ते सर्वे तृप्तिमायान्तु रक्षां कुर्वन्तु मेऽध्वरे। देवताभ्यः पितृभ्यश्च भूतेभ्यः सह जन्तुभिः ॥ ५ ॥ त्रैलोक्ये यानि भूतानि स्थावराणि चराणि च। एतत्स्थानाधिवासिभ्यः प्रयच्छामि बलिं नमः ॥६॥ एतेभ्यो भूतेभ्यो गन्धादिकं वः स्वाहा इति बलिं दत्वा होमस्थाने आगत्य पाणिपादं प्रक्षाल्याचमनं कुर्यात्। इति बलिदानम्।

अथ पूर्णाहुतिहोमः[1]

ॐ अद्येत्यादिदेशकालौ सङ्कीर्त्य मम मनोऽभिलषितधर्मार्थकामादियथेप्सितायुरारोग्यैश्वर्यपुत्र-पशु-सखि-सुहृत्सम्बन्धिबन्ध्वादिप्राप्तये ब्राह्मणद्वारा मत्कारिते अमुककर्मणि श्रीगणपतिगौर्याद्यावाहितेष्टदेवताप्रीतये च स्वैर्मन्त्रैर्यवतिलतण्डुलाज्याहुतिभिः परिपूर्णतासिद्धये वसोर्धारासमन्वितं पूर्णाहुतिहोममहं करिष्ये।

इति संकल्य, ताम्बूलपूगीफलाक्षतादिसहितं नारिकेलमन्तर्घृतपूरितं कौशेयपट्टकौसुम्भसूत्रपुष्पमालादिभिर्वेष्टितं कुंकुमादिभिः सिक्त्वा, पूर्णाहुत्यै नमः इति पञ्चोपचारैः सम्पूज्य, श्रुवपात्रे संस्थाप्य सपत्नीको यजमानः अन्वारब्धस्तिष्ठन्[2] श्रीजगदीश्वरं मनसा ध्यायन् शङ्खतूर्यादिघोषैः पूर्णाहुतिं जुहुयात्—

मन्त्र—ॐ मूर्धानं दिवो अरतिं पृथिव्या वैश्वानरमृत आजातमग्निम्। कविꣳसम्राजमतिथिञ्जनानामासन्ना पात्रं जनयन्त देवाः ॥ ॐ पूर्णा दर्वि परापत सुपूर्णा पुनरापत वस्नेव विक्रीणा वहा इषमूर्जꣳ शतक्रतो स्वाहा, इत्यग्नौ पाणिद्वयेन प्रक्षिपेत्। ततो यजमानः—इदमग्नये वैश्वानराय वसुरुद्रादित्येभ्यः शतक्रतवे सप्तवते अग्नये अद्भ्यः पुरुषाय श्रियै च न मम। इति त्यागः शेषसम्पातः संस्रवपात्रे इति स्रुचिं गृहीत्वोत्थाय हुत्वोपरि घृतधारामविच्छिन्नां दद्यात्—ॐ वसोः पवित्रमसि शतधारं वसोः पवित्रमसि सहस्रधारम्। देवस्त्वा सविता पुनातु वसोः पवित्रेण शतधारेण सुप्वा कामधुक्षः स्वाहा, इदं वाजादिभ्योऽग्नये विष्णवे रुद्राय सोमाय वैश्वानराय च न मम।

---

(१) विवाहादिक्रियायाञ्च शालायां वास्तुपूजने। नित्यहोमे वृषोत्सर्गे न पूर्णाहुतिमाचरेत् प्रयोगरत्ने) ॥ (२) लाजाहोमं समिद्धोमं मूर्द्धिहोमं तथैव च। पूर्णाहुतिं वसोर्द्धारां तिष्ठन्नेव हि कारयेत् ॥ (का०)।

ततः अग्निप्रार्थना--ॐ श्रद्धां मेधां यशः प्रज्ञां विद्यां पुष्टिं श्रियं बलम्। तेज आयुष्यमारोग्यं देहि मे हव्यवाहन ॥ १ ॥ भो भो अग्ने! महाशक्ते सर्वकर्मप्रसाधन। कर्मान्तरेऽपि सम्प्राप्ते सान्निध्यं कुरु सर्वदा ॥

अथ भस्मवन्दनं[1], त्र्यायुषकरणञ्च -ततः कुण्डात्स्थण्डिलाद्वा दर्वीभूतात्पूर्णाहुतिनारिकेलात् स्रुवबिलपृष्ठेन विभूतिं गृहीत्वा दक्षिणाऽनामिकया तिलकधारणमित्याचार्यः पूर्वमात्मनः पश्चाद्यजमानस्य भस्माङ्कयेत्तत्र मन्त्रः--ॐ त्र्यायुषं जमदग्नेरिति ललाटे। कश्यपस्य त्र्यायुषमिति ग्रीवायाम्। यद्देवेषु त्र्यायुषमिति दक्षिणबाहुमूले। तन्नो अस्तु त्र्यायुषमिति हृदि वामस्कन्धे च। यजमानपक्षे 'तन्नो' इत्यस्य स्थाने 'तत्ते[2]' इति वाच्यम्। सर्वहोमं हुत्वा संश्रवप्राशनम्--ततः प्रोक्षणीपात्रे प्रक्षिप्तस्य आज्यस्य यजमानेन अनामिकांगुष्ठाभ्यां प्राशनं कार्यम्। मन्त्रः--ॐ यस्माद्यज्ञपुरोडाशाद्यज्वानो ब्रह्मरूपिणः। तं संस्रवपुरोडाशं प्राश्नामि सुखपुण्यदम्। ततः आचम्य प्रणीतापात्रे निहिते पवित्रे आदाय ग्रन्थिं मुक्त्वा ताभ्यां शिरः सम्मृज्य ते पवित्रे अग्नौ प्रक्षिपेत्।

ततो ब्रह्मणे सदक्षिणपूर्णपात्रदानम्--ॐ अद्येत्यादिकृतैतदमुक--होम-कर्मणः प्रतिष्ठार्थमिदं तण्डुलपूरितं पूर्णपात्रं सदक्षिणं प्रजापतिदैवतं ब्रह्मणे तुभ्यमहं संप्रददे। ॐ स्वस्तीति प्रतिवचनम्। ततो ब्रह्मग्रन्थिविमोकः। ततः सजलप्रणीतामग्नेः पश्चादानीत--ॐ सुमित्रिया न आप ओषधयः सन्तु, ॐ आपः शिवाः शिवतमाः शान्ताः शान्ततमास्तास्ते कृण्वन्तु भेषजम्। इति मन्त्रेण प्रणीतोदकं सपवित्रोपयमनकुशादिनाऽऽदाय यजमानशिरस्यभिषिच्य ॐ दुर्मित्रियास्तस्मै सन्तु योऽस्मान्द्वेष्टि यञ्च वयं द्विष्मः। इत्यैशान्यां प्रणीतां न्युब्जीकुर्यात्। [3]उपयमनकुशानग्नौ प्रहरेत्। अथ बर्हिर्होमः- ततः आस्तरणक्रमेण बर्हिरुत्थाप्याज्येनाभिघार्य —ॐ देवा गातु विदो गातुं वित्वा गातु मित मनसस्पत इमं देव यज्ञꣳ स्वाहा वातेधाः स्वाहा। इति हस्तेनैव जुहुयात्।

अथ दशांशतर्पणमार्जनविधिः—एवं होमं समाप्य पात्रस्थजले जपदेवतां रक्तचंदन-गन्धपुष्पादिना सम्पूज्य होमदशांशेन सतीर्थाम्बुदुग्धमिश्रजलेन मूलमन्त्रान्ते ॐ शाङ्गं सपरिवारम् अमुकदेवतां तर्पयामि इत्युक्त्वा तर्पणं कुर्यात्। ततस्तर्पणदशांशेन मूलमन्त्रान्ते, आत्मानमभिषिञ्चामि नमः। इति तर्पणसञ्चितातिरिक्तशुद्धजलेन यजमानमूर्धनि पृथिव्यां वा मार्जनं कुर्यात्।

अभिषेकविधिः[4]—ततो ग्रहवेदीकलशैः प्रधानदेवताकलशानामुदक-

---

(१) ऐशान्यामाहरेद्भस्म स्रुचा वाथ स्रुवेण वा। अङ्कनं कारयेत्तेन शिरः कण्ठांसकेषु च (शान्तिरत्ने)॥ (२) यजमानस्याङ्गुष्ठेन स्वस्यानामिकाग्रेण भस्मधारणमित्यपि विशेष' इत्याहुः। (३) अग्नौ पवित्रप्रतिपत्तिः उपयमनकुशानामग्नौ प्रक्षेपः। इति गादाधरीयभाष्ये। (४) सर्वेषु धर्मकार्येषु पत्नी दक्षिणतः शुभा। अभिषेके विप्रपादक्षालने चैव वामतः॥

मेकस्मिन्पात्रे एकीकृत्य दूर्वापञ्चपल्लवैरुदङ्मुख आचार्यस्तिष्ठन् जापकाश्च पत्नींपरिवारञ्च वामतः कृत्वा यजमानं प्राङ्मुखमुपविष्टमभिषिञ्चेयुरेभिर्मन्त्रैः— ओं आपो हि ष्ठामयो भुवस्तान ऊर्जे दधातनः। १। ओं महेरणाय चक्षसे यो वः शिवतमो रसस्तस्य भाजयतेह नः। उशतीरिव मातरः॥ २॥ ओं तस्मा अरङ्गमाम वो यस्य क्षयाय जिन्वथ। आपो जनयथा चनः॥ ३॥ ओं वरुणस्योत्तम्भनमसि व्वरुणस्य स्कम्भसर्जनीस्थो वरुणस्य ऋतसदन्यसि वरुणस्य ऋतसदनमसि वरुणस्य ऋतसदनमासीद॥ ४॥ पुनन्तु मा देवजनाः पुनन्तु मनसा धियः पुनन्तु विश्वा भूतानि जातवेदः पुनीहि मा॥ ५॥ ओं पयः पृथिव्यां पय ओषधीषु पयो दिव्यन्तरिक्षे पयोधाः। पयस्वतीः प्रदिशः सन्तु मह्यम्॥ ६॥ ओं देवस्य त्वा सवितुः प्रसवेऽश्विनोर्बाहुभ्याम्पूष्णोर्हस्ताभ्याम्। सरस्वत्यै वाचो यन्तु यन्त्रिये दधामि बृहस्पतेष्ट्वा साम्राज्येनाभिषिञ्चामि॥ ७॥ ओं द्यौः शान्तिरन्तरिक्ष ँ शान्तिः पृथिवी शान्तिरापः शान्तिरोषधयः शान्तिर्वनस्पतयः शान्तिर्विश्वेदेवाः शान्तिर्ब्रह्म शान्तिः सर्व ँ शान्तिः शान्तिरेव शान्तिः सा मा शान्तिरेधि॥ ८॥

ओं सुरास्त्वामभिषिञ्चन्तु ब्रह्मविष्णुमहेश्वराः। वासुदेवो जगन्नाथस्तथा सङ्कर्षणो विभुः॥ १॥ प्रद्युम्नश्चानिरुद्धश्च भवन्तु विजयाय ते। आखण्डलोऽग्निर्भगवान् यमो वै निर्ऋतिस्तथा॥ २॥ वरुणः पवनश्चैव धनाध्यक्षस्तथा विभुः। ब्रह्मणा सहिताः सर्वे दिक्पालाः पान्तु ते सदा॥ ३॥ कीर्तिर्लक्ष्मीर्धृतिर्मेधा पुष्टिः श्रद्धा क्रिया मतिः। बुद्धिर्लज्जा वपुः शान्तिस्तुष्टिः कान्तिश्च मातरः॥ ४॥ एतास्त्वामभिषिञ्चन्तु देवपत्न्यः समागताः। आदित्यश्चन्द्रमा भौमो बुधजीवसितार्कजाः॥ ५॥ ग्रहास्त्वामभिषिञ्चन्तु राहुः केतुश्च तर्पिताः। देवदानवगन्धर्वा यक्षराक्षसपन्नगाः॥ ६॥ ऋषयो मनवो गावो देवमातर एव च। देवपत्न्यो द्रुमा नागा दैत्याश्चाप्सरसां तथा॥ ७॥ अस्त्राणि सर्वशस्त्राणि राजानो वाहनानि च। औषधानि च रत्नानि कालस्यावयवाश्च ये॥ ८॥ सरितः सागराः शैलास्तीर्थानि जलदा नदाः। एते त्वामभिषिञ्चन्तु धर्मकामार्थसिद्धये॥ ९॥ आदित्या वसवो रुद्रा विश्वेदेवा मरुद्गणाः। अभिषिञ्चन्तु ते सर्वे धर्मकामार्थसिद्धये॥ १०॥ अमृताभिषेकोऽस्तु॥

मंगलस्नानम्—एवमभिषिक्ता यजमानादयः सर्वौषधीरनुलिप्य शङ्खभेर्यादिगीत मन्त्रस्वनैः महानद्यादौ शुद्धोदकेन वा अवभृथवुद्धया मङ्गलस्नानं कुर्युरुभयोरभिषेकवस्त्राणि दुर्ब्राह्मणाय नापिताय वा दद्यात्।

(१) अथाभिषेकमन्त्रेण 'वाद्यमङ्गलगीतकैः। यजमानस्य' कर्तव्यं चतुर्भिस्स्नापनं द्विजैः (कर्मकाण्डप्रदीपे)॥

एवं मङ्गलस्नानं विधाय वस्त्रान्तरपरिधानं कृत्वा सपत्नीको यजमानः मण्डपमागत्य मङ्गलतिलकं धृत्वा श्रेयोदानं स्वीकुर्यात्। उदङ्मुखा ऋत्विजः पृथक् पृथक् श्रेयोदानं कुर्वन्ति, तत्र आचार्यं एक एव वा तत्र प्राङ्मुखे यजमानहस्ते — ओं शिवा आपः सन्तु इति जलम्, ओं सौमनस्यमस्तु इति पुष्पम्, अक्षतं चारिष्टं चास्तु इत्यक्षतांश्च दत्त्वा, पूगीफलफलादिकञ्चादाय, ओं भवन्नियोगेन मया श्रीअमुकदेवप्रीत्यर्थं कृतो यः साङ्गजपपाठहोमस्तदुत्पन्नं यच्छ्रेयस्तत् तुभ्यमहं सम्प्रददे तेन श्रेयसा त्वं श्रेयोवान् भव। इति फलादिकं यजमानाय दद्युः, यजमानश्च सुगुप्तदेशे स्थापयेत्, यथावसरं भक्षयेच्च। आचार्यमात्रकर्तृके श्रेयोदाने तु—ओं भवन्नियोगेन मया एभिर्ब्राह्मणैः सह कृतं मदाचार्यत्वम् उपद्रष्टृत्वं जपहोमादिकञ्च तदुत्पन्नं यच्छ्रेयस्तदमुना फलादिना तुभ्यमहं सम्प्रददे इति सजलफलं यजमानहस्ते क्षिपेत्। ततो यजमान आचार्यादीन् गन्धाक्षतादिभिः पूजयेत्।

अथ[1] दक्षिणादानविधिः सपत्नीको यजमानः अग्नेः पश्चिमतः प्राङ्मुख उपविश्योदङ्मुखान् आचार्यादीन् पूजयेत्, तत्रादौ हस्ते जलाक्षतान्यादाय—ओं तत्सदद्य मयाचरितस्य अमुकहवनात्मकयागस्य साङ्गतासिद्धये आचार्यादीन् पूजयिष्ये दक्षिणाञ्च दास्ये। इति सङ्कल्प्य, आचार्यं चतुरस्रे पीठे उपवेश्य ओं विष्णुरूप आचार्य एतत्ते पाद्यम्, इमे वाससी, एष ते गन्धः[2], इमानि पुष्पाणि, धूपः, दीपः, नैवेद्यम्, ताम्बूलम्, इत्येवं सम्पूज्य अन्यानपि ऋत्विजादीन् गन्धाक्षतादिभिः पूजयेत्। ततः सजलदक्षिणां गृहीत्वा—ओं तत्सदद्य पूर्वोक्तविशेषणवति काले देशे च मया—आचरितस्य अमुककर्मणः प्रतिष्ठासिद्ध्यर्थम् अमुकसगोत्राय अमुकामुकैतावत्प्रवराय, यजुर्वेदान्तर्गतमाध्यन्दिनशाखाध्यायिने, (काण्वादि शाखाध्यायिने वा) अमुकशर्म्मणे विष्णु (रुद्र) रूपिणे इदं द्रव्यम् अमुकदैवत्यं तुभ्यमहं सम्प्रददे न मम। ॐ अद्य कृतैतद्दानप्रतिष्ठासाङ्गतासिद्ध्यर्थम् इदं द्रव्यं अमुकदैवत्यं तु०। इति दद्यात्। आचार्यश्च—ॐ कोदात् कस्मा

---

(१) वित्तशाठ्यं न कुर्वीत सति द्रव्ये फलप्रदम् (यो. या. व.) वेदोपनिषदि चैव सर्वकर्मसु दक्षिणा। सर्वत्रैव तु चोद्दिष्टा भूमिर्गावोऽथ काञ्चनम्॥ दैवे रजतदक्षिणानिषेधः –शिवनेत्रोद्भव यस्मात्तस्मात्तत्पितृवल्लभम्। अमङ्गलं तद्यत्नेन देवकार्ये विवर्जयेत्॥ अन्यच्च यज्ञो दक्षिणया सार्द्धं पत्रेण च फलेन च कर्मिणां फलदाता चेत्येवं वेदविदो विदुः॥ कृत्वा कर्म च तस्यैव तूर्णं दद्याच्च दक्षिणाम्। तत्कर्मफलमाप्नोति वेदैरुक्तमिदं मुने (ब्रह्मवैवर्ते)। जपान्ते दक्षिणां विलम्बाद्ददाति तस्य फलमाह – मुहूर्ते समतीते तु भवेच्छतगुणा च सा। त्रिरात्रे तद्दशगुणा सप्ताहे द्विगुणा मता। मासे लक्षगुणा प्रोक्ता ब्राह्मणानां च वर्द्धते। सांवत्सरव्यतीते तु सा त्रिकोटिगुणा भवेत्॥ कर्म्म तद्यजमानानां सर्वञ्च निष्फलं भवेत्। सब्रह्मस्वापहारी च न कर्मार्होऽशुचिर्नरः॥

अदात् कामोदात्कामायादात् । कामो दाता कामः प्रतिग्रहीता कामैतत्ते ॥ इति पठित्वा ॐ स्वस्तिरिति ब्रूयात् ।

एवमन्यानपि ऋत्विजः सम्पूज्य सङ्कल्पपूर्वकं पृथक् पृथक् दक्षिणां दद्यात् । ॐ अद्ये० कृतस्य—अमुककर्मणः साङ्गतासिद्ध्यर्थम् अमुकमन्त्रजापकाय (स्तोत्रपाठकाय वा) यथोक्तदक्षिणां तन्निष्क्रयभूतं यथाशक्त्या रजतं रुद्रदैवतं तुभ्यमहं संप्रददे न मम तत्सत् । ॐ तत्सदद्ये० कृतैतद्दान० ।

अथवा आचार्यादीन्सम्पूज्य ॐ तत्सदद्ये० कृतस्य अमुककर्मणः साङ्गतासिद्ध्यर्थं तत्सम्पूर्णफलप्राप्तये च आचार्यादिभ्यो महर्त्विग्भ्यः सूक्तपाठकेभ्योऽमुकमन्त्रजापकेभ्यो हवनकर्तृभ्योऽन्येभ्यो देवयजनमागतेभ्यश्च नाना गोत्रेभ्यो नानाशर्मभ्यो ब्राह्मणेभ्यो यथोक्तदक्षिणां तन्निष्क्रयभूतं यथाशक्त्येदं द्रव्यं रजतं रुद्रदैवतं विभज्याहं सम्प्रददे न मम । इत्येष एव सङ्कल्पोऽनुष्ठेयः (अथवा) ॐ त० कृतस्य अमुककर्मणः साङ्गतासिद्ध्यर्थम् आचार्यादिभ्यो ब्राह्मणेभ्यः इमां दास्यमानां वा मनसोद्दिष्टां दक्षिणां विभज्य दातुमहमुत्सृजे (अथवा ; ॐ त० कृतयोः अमुककर्मणोः साङ्गतासिद्ध्यर्थं दास्यमानं हिरण्यनिष्क्रयभूतं द्रव्यम् अमुकामुकगोत्राभ्याम् अमुकामुकशर्मभ्यां ब्राह्मणाभ्यां युवाभ्यामहं सम्प्रददे ॥ (अथवा) ॐ तत्स० कृतानाम् अमुकाककर्मणां साङ्गतासिद्ध्यर्थं हिरण्यनिष्क्रयिणीं दक्षिणाममुकगोत्रेभ्यः अमुककामुकशर्म्मभ्यः ब्राह्मणेभ्यः युष्मभ्यमहं सम्प्रददे । (अथवा) ॐ तत्स० कृतस्य अमुककर्मणः साङ्गतासिद्ध्यर्थमिमां दक्षिणां हवनकर्त्रे ऋत्विजे तु० ॥ वा ऋत्विग्भ्यां दातुमहमुत्सृजे ॥ वा यथासंख्याक ऋत्विग्भ्यो दातुमहमुत्सृजे ॥ इति ब्राह्मणान् जपानुसारेण दक्षिणावस्त्रालङ्कारादिभिः परितोष्य प्रणमेत् ततो ब्राह्मणः स्वस्ति इत्युक्त्वा दक्षिणां स्वीकृत्य ॐ आदित्या वसवोरुद्रेति मंत्रेण यजमानललाटे तिलकं कुर्यात् ॥

अथ ब्राह्मणभोजनसंकल्पः—ॐ तत्सदद्ये० कृतस्यामुककर्मणः सम्पूर्णतासिद्धये यथोपन्नेनान्नेन यथाकालं यथासंख्यकान् नानागोत्रान् नानाभिधान् ब्राह्मणान् (वा-कन्याबटुकादीन्) भोजयिष्ये दक्षिणाञ्च दास्ये इति सङ्कल्प्य यथाकालं ब्राह्मणान् भोजयेत् । तत आचार्याय गां तन्मौल्यं वा दद्यात् ।

गोदानसंकल्पः[1]—ॐ तत्स० ममामुककर्मसाङ्गतासिद्ध्यर्थम् अमुकगोत्राया-

(१) श्वेता सुतप्रदा प्रोक्ता चन्द्रलोकप्रदायिनी । कृष्णा स्वर्गप्रदा ज्ञेया गौर्गौः स्यात्कुलवर्द्धिनी ॥ कपिला सर्वपापघ्नी नानावर्णा च मोक्षदा । (पद्मपु०) समानवत्सां कृष्णान्तु धेनुं सर्वाघनाशिनीम् । हिरण्यवर्णां पिङ्गाक्षीं सवत्सां दक्षिणायुताम् ॥ प्रदद्याद वस्त्रसंवीतां कौबेरं लोकमाप्नुयात् । पलालधूम्रवर्णान्तु पितृलोके महीयते ॥ समानवत्सां गौरीन्तु धेनुं सर्वाघनाशिनीम् ॥ वत्सोपपन्नां नीलाङ्गीं सर्वरत्नसमन्विताम् । गन्धर्वाप्सरसां लोकान्दत्वा प्राप्नोति मानवः (म० भा०) ॥

मुकशर्म्मणे ब्राह्मणाय यथाशक्त्यलंकृतामिमां सवत्सां गां रुद्रदैवत्यां तुभ्यं सम्प्रददे न मम, इति कुसुमाक्षतसमन्वितं जलं सपुच्छं ब्राह्मणहस्ते दद्यात्, ब्राह्मणस्तु ॐ कोदादिति मन्त्रं पठित्वा ॐ स्वस्तीति ब्रूयात्। ॐ त० कृतैतद्गोदानप्र०। प्रत्यक्षायाः गोरभावे तु तन्निष्क्रयं निष्कपरिमितं तदर्द्धं तदर्द्धं वा हिरण्यं दद्यात् – अस्मिन् पक्षे, गोनिष्क्रयभूतमिदं हिरण्यमग्निदैवतं (वा हिरण्यमूल्योपकल्पितं रजतं रुद्रदैवतं) तुभ्यं सम्प्रददे न मम। इति आचार्यहस्ते जलाक्षतयुतं द्रव्यं दद्यात्, आचार्यः ॐ स्वस्तीति वदेत्।

अथ भूयसोदक्षिणासंकल्पः--ॐ अद्य० पुराणोक्तफलप्राप्तिपूर्वककृतेऽस्मिन् अमुकयागकर्मणि न्यूनातिरिक्तदोषपरिहारार्थं, नानावेदान्तर्गतनानाशाखाध्यायिभ्यो नानागोत्रेभ्यो ब्राह्मणेभ्यो दीनानाथेभ्यो अन्धपङ्गुभ्यश्च यथाशक्ति यथोत्साहं भूयसीं दक्षिणां विभज्य दातुमहमुत्सृजे ॐ तत्सत् इतिवदन् यथाशक्तिभूयसीं दक्षिणां दद्यात्।

अथ छायापात्रदानम्—छायापात्रं स्वपुरस्तिलराश्युपरि संस्थाप्य तत्र धारितशुद्धगोघृतं पूरयेत्, ततः सपत्नीको यजमानः स्वमुखमवलोकयेत्, तत्र मन्त्रौ—ॐ आज्यं सुराणामाहारमाज्यं पापहरं परम्। आज्यमध्ये मुखं दृष्ट्वा सर्वपापैः प्रमुच्यते ॥ १ ॥ घृतं नाशयते व्याधिं घृतञ्च हरते रुजम्। घृतं तेजोधिकरणं घृतमायुः प्रवर्द्धते ॥२॥ इति मुखं दृट्वा हिरण्यं पंचरत्नानि वा प्रक्षिपेत्। ततस्सोपकरणैस्तत्कांस्यपात्रोपन्यस्तघृतविम्बप्रतिबिम्बितात्मछायापात्राय नमः, एवं गन्धादिभिः पूजयेत्। ॐ अद्य० अमुकदेवप्रीतिपूर्वकसोपकरणच्छायापात्रदानं ददामि। इति विप्रकरे जलं दद्यात्।

संकल्पः—ॐ अद्येत्यादिदेशकालसङ्कीर्तनान्ते—अमुकगोत्रोत्पन्नोऽहं जन्मनामतः प्रसिद्धनामतश्चामुकशर्मा सपत्नीकोऽहं मम कलत्रादिभिस्सह दीर्घायुरारोग्यसुतेजस्वित्वसुभगत्वसर्वपापप्रशमनोत्तरजन्मराशेस्सकाशान्नामराशेस्सकाशाद्वा जन्मलग्नाद्वर्षलग्नाद्गोचराद्वा। ये केचिच्चतुर्थाष्टमद्वादशाद्यनिष्टस्थान-स्थिताः क्रूरग्रहास्तैः सूचितं सूचयिष्यमाणञ्च यत्सर्वारिष्टं तद्विनाशार्थं सवदा तृतीयैकादशशुभस्थानस्थितवदुत्तमफलप्राप्त्यर्थं कांस्यपात्रोपन्यस्तं घृतबिन्दुकणिकासमसंख्यावच्छिन्नैरुज्यचिरञ्जीवितवकामैतत्स्वशरीरछायावलोकितघृतपूरितं कांस्यपात्रं पञ्चरत्नादिसहितं सुपूजितं श्रीमहामृत्युञ्जयदेवताप्रीत्यर्थं चन्द्रमाप्रजापतिबृहस्पतिदैवतं यथानामगोत्राय ब्राह्मणाय दातुमहमुत्सृजे। ॐ अद्य कृतैतच्छायापात्रदानप्रतिष्ठार्थमेतद्द्रव्यममुकदैवतं यथानामगोत्राय०। ततः प्रार्थयेत्—ॐ यानि कानि च पापानि मया कामं कृतानि च। छायापात्रप्रदानेन तानि नश्यन्तु मे सदा ॥ १ ॥ यत्कृतं मे स्वकायेन मनसा वचसा त्वघम्। तत्सर्वं नाशमायातु

छायापात्रप्रदानतः ॥ २ ॥ इति पठित्वा हस्तद्वयेन तत्पात्रं गृहीत्वा ब्राह्मणाय समर्पयेत्—ॐ सदक्षिणं मया तुभ्यं स्वात्मदेहमिदं परम्। छायापात्रपरं प्रीत्या गृहाण द्विजसत्तम। दानेनानेन मा सन्तु सर्वे रोगादयो मम। आयुरारोग्यमैश्वर्यं प्रददातु दिवाकरः ॥ इत्युच्चार्य छायापात्रं ब्राह्मणहस्ते दद्यात् ॥ अथवा-आज्यपात्रे छायामवलोक्य देशकालौ स्मृत्वा ममायुरारोग्यप्राप्तये ससुवर्णमिदमाज्यपात्रममुकगोत्रायामुकर्मणे ब्राह्मणाय तुभ्यमहं सम्प्रददे। इति कस्मैचित् ब्राह्मणाय दद्यात्।

उत्तरपूजनम्—ॐ तत्स० कृतस्य—अमुककर्मणः साङ्गत्वसिद्धये मृडाग्निसहित-आवाहितदेवानामुत्तरपूजनं करिष्ये। इति सङ्कल्प्य, आयतनाद्वहिर्वायव्यां दिशि ॐ स्वाहास्वधायुतमृडाग्नये नमः इति मन्त्रेणाग्निं गन्धादिपञ्चोपचारैः सम्पूज्य स्थापितदेवतानामुत्तरपूजनं कुर्यात्—ॐ भूर्भुवः स्वः श्रीगणपत्यादिस्थापितदेवताभ्यो नमः इति गन्धादिपञ्चोपचारैः सम्पूज्य, ॐ अनया पूजया स्वाहास्वधायुतो मृडाग्निः स्थापितदेवताश्च प्रीयन्तामित्युत्सृजेत्। ततो गीतवादित्रशङ्खध्वन्यादिभिः सह नीराजनम्[1]—साज्यं त्रिवर्तिसंयुक्तं वह्निना योजितं मया। दीपं गृहाण देवेश त्रैलोक्यतिमिरापहम्। (अत्रावसरे केचिदारार्तिक्यमपि पठन्ति) ॥

तद्यथा सर्वदेवानाम् आरार्तिक्यम्—

ॐ जय जगदीश हरे भक्तिजनेड्यविभो। त्वयि मम रतिरस्तु परे (ध्रुपदम्) यस्त्वां ध्यायति धन्यः सन्ततमनुरागी। स भवति जनिमृतिरहितः श्रेयः—फलभागी ॥ १ ॥ त्वं जननी जनको मे त्वं विपदुद्धर्ता। त्वं शरणः शरणप्रद सकलैनोहर्ता ॥ २ ॥ पूर्णस्त्वं परमात्मन् सर्वान्तर्य्यामी। ब्रह्मपरमेश्वरभर्तः त्वं सर्वस्वामी ॥ ३ ॥ त्वं पालयिता पातस्त्वं करुणासिन्धुः। दुर्वृत्तेरपि जन्तोस्त्वमकारणबन्धुः ॥ ४ ॥ सर्वागोचर एकः सकलासुगणेशः। प्राप्यः केन कुमतिना मयि का परमेशः ॥ ५ ॥ दीनोद्धारः प्रभुरसि सर्वार्त्युद्धर्ता। पतितोद्धार्य्युत्थाप्यः स्नेहमसत्कर्ता ॥ ६ ॥ श्रौतिं स्मृतिमुज्जीवय संजीवय धर्म्मम्। विद्यावृद्धिं विरचय शमयाप्युपधर्म्मम् ॥ ७ ॥ विषयविकारं शमयांहः संहर विष्णो। श्रद्धाभक्ती सेवां दृढय सतां विष्णो ॥ ८ ॥

---

(१) पञ्चनीराजनं कुर्यात्प्रथमं दीपमालया। द्वितीयं सोदकाब्जेन तृतीयं धौतवाससा ॥ आम्राश्वत्थादिपत्रस्य चतुर्थं परिकीर्तितम्। पञ्चमं प्रणिपातेन साष्टाङ्गेन यथाविधि। (कालोत्तरतन्त्रे) ॥ आदौ चतुष्पादतले च विष्णोर्द्वौ नाभिदेशे मुखमण्डलैकम्। सर्वेषु चांगेष्वपि सप्तवारानारात्रिकं भक्तजनस्तु कुर्यात् (हरिभक्तिविलासे) ॥

ततः पुष्पाञ्जलिं गृहीत्वा—ॐ यज्ञेन यज्ञमयजन्त देवास्तानि धर्माणि प्रथमान्यासन्। तेह नाकम्महिमानः सचन्त यत्र पूर्वे साध्याः सन्ति देवाः॥ राजाधिराजाय प्रसह्य साहिने नमो वयं वैश्रवणाय कुर्महे। स मे कामान् कामकामाय मह्यं कामेश्वरो वैश्रवणो ददातु। कुबेराय वैश्रवणाय राजाधिराजाय महाराजाय नमः॥ ॐ स्वस्ति साम्राज्यं भौज्यं स्वाराज्यं वैराज्यं पारमेष्ठ्यं राज्यं महाराज्यमाधिपत्यमयं समन्तपर्यायी स्यात् सार्वभौमः सार्वायुष आन्तादापरार्धात्। पृथिव्यै समुद्रपर्यन्ताया एकराडिति॥ तदप्येष श्लोकोऽभिगीतो मरुतः परिवेष्टारो मरुत्तस्यावसन् गृहे। आविक्षितस्य कामप्रेर्विश्वेदेवाः सभासद इति। विश्वश्चक्षुरुत विश्वतो मुखो विश्वतो बाहुरुत विश्वतस्पात्। संबाहुभ्यां धमति संपतत्रैर्द्यावाभूमी जनयन् देव एकः। विधिच्छिन्नतु यत्किञ्चित्तदच्छिद्रं प्रजायताम्। राज्ञः कर्तुः प्रजानाञ्च शान्तिर्भवतु सर्वदा॥ श्रीमन्त्रपुष्पाञ्जलिं समर्पयामि नमः॥

अथ बान्धवैः सह प्रदक्षिणा[1]—ॐ यानि कानि च पापानि जन्मान्तरकृतानि च। तानि तानि विनश्यन्ति प्रदक्षिण पदे पदे॥

साष्टाङ्गप्रणामः[2]—ॐ नमः सर्वहितार्थाय जगदाधारहेतवे। साष्टाङ्गोऽयं प्रणामस्ते प्रयत्नेन मया कृतः॥ इति देवान् प्रणम्य ब्राह्मणानामपि चरणस्पर्शं कृत्वा करौ च बद्ध्वा तेषामाशिषां गृह्णीयात्।

अथाशीर्वादः—(वस्त्रेण शिर आच्छाद्य) ॐ स्वस्ति न इन्द्रो० दधातु ॥ १ ॥ श्रीवर्चस्वमायुष्यमारोग्यमाविधात्पवमानम्महीयते। धान्यं धनं पशुं बहुपुत्रलाभं शतसंवत्सरं दीर्घमायुः॥ २॥ ॐ पुनस्त्वादित्या रुद्रा वसवः समिन्धताम्पुनर्ब्रह्माणो वसुनीथयज्ञैः। घृतेन त्वन्तन्व वर्धयस्व सत्याः सन्तु यजमानस्य कामाः॥ ३॥ मन्त्रार्थाः सफलाः सन्तु पूर्णाः सन्तु मनोरथाः। शत्रूणां बुद्धिनाशोस्तु मित्राणामुदयस्तव॥ ४॥ आयुष्कामो यशस्कामः पुत्रपौत्रस्तथैव च। आरोग्यं धनकामश्च सर्वे कामा भवन्तु ते॥ ५॥ विघ्ना विनाशमायान्तु नाशमायान्तु शत्रवः। प्रयत्ना सफलाः सन्तु पूर्णाः सन्तु मनोरथाः (इत्यक्षतफलसहिताभिराशीर्भिराशीर्वादः)। यजमानो विप्रहस्ताल्लब्धानि आशीर्वादात्मकनारिकेलादीनि फलानि मङ्गलसूत्रं च स्वपत्न्या अञ्चले निदध्यात्।

---

(१) पदं पदान्तरे तस्य करौ चलनवर्जितौ। स्तुतिर्वाचि हृदि ध्यानं चतुरंगप्रदक्षिणम्॥ एकहस्तप्रणामश्च एका चैव प्रदक्षिणा। अकाले दर्शनं चैव हन्ति पुण्यं पुरा कृतम्। (२) उरसा शिरसा दृष्ट्या मनसा वचसा तथा। पद्भ्यां कराभ्यां जानुभ्यां प्रणामोऽष्टांग उच्यते।

ततः क्षमाप्रार्थना—आवाहनं न जानामि न जानामि विसर्जनम्। पूजां चैव न जानामि "क्षमस्व परमेश्वर" (क्षम्यतां परमेश्वरि) ॥ १ ॥ अपराध-सहस्राणि क्रियन्तेऽहर्निशं मया। दासोऽयमिति मां मत्वा क्षमस्व "परमेश्वर" (परमेश्वरि) ॥ २ ॥ मन्त्रहीनं क्रियाहीनं भक्तिहीनं "सुरेश्वर" (सुरेश्वरि) । यत्पूजितं मया देव (देवि) परिपूर्णं तदस्तु मे ॥ ३ ॥ अज्ञानाद्विस्मृतेर्भ्रान्त्या यन्न्यूनमधिकं कृतम्। तत्सर्वं क्षम्यतां "देव" (देवि) प्रसीद "परमेश्वर" (परमेश्वरि) ॥ ४ ॥ कामेश्वर (रि) जगन्नाथ (जगन्मातः) सच्चिदानन्द-विग्रह (हे) । गृहाणार्चामिमां सर्वां प्रसीद करुणानिधे (परमेश्वरि) ॥ ५ ॥ अन्यथाशरणं नास्ति त्वमेव शरणं मम। तस्मात् कारुण्य भावेन रक्षमां परमेश्वर (रि) इत्यादिमन्त्रैः क्षमाप्य विसर्जयेत्।

अथ देवताग्निविसर्जनम्

हस्ते पुष्पाक्षतानादायोत्थाय—ॐ यान्तु देव (मातृ) गणाः सर्वे स्वशक्त्या पूजिता मया। इष्टकामप्रसिद्ध्यर्थं पुनरागमनाय च ॥ ॐ उत्तिष्ठ ब्रह्मणस्पते देवयन्तस्त्वेमहे। उपप्रयन्तु मरुतः सुदानवऽइन्द्र प्राशुर्भवासचा ॥ २ ॥ शिरसि करौ कृत्वा भूमौ जानुभ्यां पतित्वा—ॐ ये च ब्रह्मादयो देवा अस्मिन् यज्ञे समागताः। स्वस्वस्थानं व्रजन्त्वेते शान्ति कुर्वन्तु मे सदा ॥ ३ ॥ भक्तिहीनं क्रियाहीनं विधि-हीनञ्च यत्कृतम्। देवा क्षमध्वं तत्सर्वं सर्वदैव कृपाकराः ॥ ४ ॥ ॐ आवाहित-देवताः स्वस्वस्थानानि गच्छत ॥ गच्छत्वं भगवन्नग्ने स्वस्थाने कुण्डमध्यतः। हुतमादाय देवेभ्यः शीघ्रं देहि प्रसीद मे ॥ गच्छ गच्छ सुरश्रेष्ठ स्वस्थाने परमेश्वर। यत्र ब्रह्मादयो देवास्तत्र गच्छ हुताशन ॥ ॐ यज्ञ यज्ञं गच्छ यज्ञपतिं गच्छ स्वां योनिं गच्छ स्वाहा। एष ते यज्ञो यज्ञपते सहसूक्तवाकः सर्ववीरस्तञ्जुषस्व स्वाहा ॥ श्रीगणपतिलक्ष्म्यौ ! यजमानगृहे तिष्ठतम् इति सम्प्रार्थ्य गणपतिपीठ-स्थपूगीफलं गृहे स्थापयेत्। इति पुष्पाक्षतप्रक्षेपेण स्थापितसर्वकलशदेवताग्निञ्च विसृज्य सर्वदेवपीठानि आचार्याय दद्यात् ॐ तत्सदद्य० इमानि पीठानि सकल-शवस्त्रप्रतिमासहितानि सदक्षिणाकानि अमुकगोत्राय अमुकशर्म्मणे आचार्याय तु०। स्वस्तीति प्रतिवचनम्। ततः—ॐ मया यत्कृतं यथावकाशं यथाज्ञानं यथाशक्ति च अमुककर्म तेन श्री अमुकदेवः प्रीयताम्। इति जलाक्षतक्षेपेण कर्मे-श्वरार्पणं कुर्यात्। ततः शेषयज्ञोपकरणादिकम् ऋत्विग्भ्यो दत्त्वा, साक्षतकरौ सम्पुटीकृत्य—ॐ मया यत्कृतम् अमुकदेवता "मन्त्रपुरश्चरणाख्यं" (हवनशा-न्त्याख्यं वा) यज्ञकर्म तत्कालहीनं भक्तिहीनं श्रद्धाहीनं द्रव्यहीनञ्च भवतां ब्राह्म-णानां वचनात् श्रीगणपत्याद्यावाहितदेवताप्रसादाच्च सर्वविधैः परिपूर्णमस्त्विति भवन्तो ब्रुवन्तु ॥ अस्तु परिपूर्णम्, इति ब्राह्मणा ब्रूयुः। तत आचार्यः यजमानस्य शिरसि करं धृत्वा—ॐ भद्रमस्तु शिवं चास्तु महालक्ष्मीः प्रसीदतु। रक्षन्तु त्वां सदा देवाः सम्पदः सन्तु सर्वदा ॥ इति वदेत्।

अथ श्रीसूर्यार्घ्यदानम्[1]—

श्रीसूर्याभिमुखस्तिष्ठन् गन्धाक्षतपुष्पयुक्तानि त्रीण्यर्घ्याणि दद्यात्, तत्र मन्त्रः—ॐ एहि सूर्य सहस्रांशो तेजोराशे जगत्पते। अनुकम्पय मां भक्त्या गृहणार्घ्यं नमोस्तु ते॥ कर्मसाक्षिणे श्रीसूर्यनारायणाय नमः इदमर्घ्यं दत्तं न मम। इत्यर्घ्यत्रयं दत्त्वा, दत्तार्घ्योदकेन दक्षिणनासाचक्षुः श्रोत्रस्पर्शनञ्च कुर्यात् ततः ॐ यानि कानीति प्रदक्षिणीकृत्य ॐ एकचक्रो रथो यस्य दिव्यः कनकभूषितः। स मे भवतु सुप्रीतः पद्महस्तो दिवाकरः॥ इति प्रणमेत्। ततः—ॐ यज्ञच्छिद्रं तपश्छिद्रं यच्छिद्रं पूजने मम। तत्सर्वमच्छिद्रमस्तु भास्करस्य प्रसादतः। ॐ यस्य स्मृत्या च नामोक्त्या तपः पूजाक्रियादिषु। न्यूनं सम्पूर्णतां याति सद्यो वन्दे तमच्युतम्॥ प्रमादात्कुर्वतां कर्म प्रच्यवेताध्वरेषु यत्। स्मरणादेव तद्विष्णोः सम्पूर्णं स्यादिति श्रुतिः॥ विष्णवे नमो विष्णवे नमो विष्णवे नमः, इत्याद्युक्त्वा तूष्णीं त्रिराचामेत्॥ ततः ॐ आपद्घनध्वान्तसहस्रभानवः समीहितार्थार्पणकामधेनवः। समस्ततीर्थाम्बुपवित्रमूर्त्तयः पुनन्तु मां ब्राह्मणपादपांसवः॥ इति मन्त्रेण पादप्रक्षालनपूर्वकं मार्जनदशांशेन वा सुब्राह्मणशतं पञ्चाशद्विंशतिं वा शक्त्यनुरूपं सुरुचिरान्नेन[2] सम्भोज्य[3] पश्चाद्दीनहीनेभ्योऽन्नं दत्त्वा सबान्धवः स्वयं भुञ्जीत ततः सर्वदेवनिर्माल्यकुशाक्षत पुष्पादि परिक्षेपणीयवस्तूनि एकत्रितानिकृत्वा शुद्ध पात्रे निधाय नदी तडागादिवक्षियेत्।

आश्विन-शुक्लप्रतिपदि कलशस्थापनविधिः

स्नानं मांगलिकं कृत्वा पश्चाद्देवीं प्रपूजयेत्।
शुभाभिर्मृत्तिकाभिश्च पूर्वं कृत्वा तु वेदिकाम्॥ १॥
यवान्वै वापयेत्तत्र जलकुम्भसमन्वितान्।
तत्र संस्थापयेत्कुम्भं विधिना मन्त्र-पूर्वकम्॥ २॥

सौवर्णं रजतं वापि ताम्रं मृण्मयजं तु वा। आदौ देशकालौ संकीर्त्य ममेह जन्मनि दुर्गाप्रीतिद्वारा सकल-पाप-शान्तिपूर्वकदीर्घायुर्विपुलधनपुत्रपौत्राद्यनवच्छिन्नसन्ततिवृद्धिस्थिरलक्ष्मीकीर्तिलाभार्थं, शत्रुपराजयार्थं, ममाभीष्टसिद्ध्यर्थं च शारदनवरात्रप्रतिपदि विहितकलशस्थापनपूर्वकं दुर्गापूजनं कुमारी-पूजादिकं करिष्ये॥

---

(१) मुक्तहस्तेन दातव्यं मुद्रां तत्र न कारयेत्। तर्जन्यङ्गुष्ठयोगे तु राक्षसी मुद्रिका स्मृता। (आह्निके)॥

(२) सदाचाररता विप्रा भोज्याभोज्यैर्मनोहरैः। पूज्यास्ते देवता बुद्ध्या नमस्कार्याः पुनः पुनः॥

(३) विप्रभोजनमात्रेण व्यंगं साङ्गं भवेद् ध्रुवम्। यत्र भुंक्ते द्विजस्तस्मात्तत्र भुंक्ते हरिः स्वयम्। (वसिष्ठः)॥

अथ नूतन-पञ्जिका-(बही) पूजन

तत्र शुभेऽह्नि चन्द्रतारानुकूल्ये ह्युत्तरायणे वा दक्षिणायने सिते पक्षे विरिक्ते तिथौ विभौमेऽघटलग्ने चन्द्रसितान्विते हट्टचक्रोपेतसमये यजमानः सुस्नातः कृतनित्यक्रियो नूतनवस्त्रभूषणाद्यलङ्कृतः पुत्रपौत्रभृत्याद्युपेतो हर्षितमनाः शुभशकुनमंगलमीक्षमाणः चित्रोल्लेखवस्त्रादिना संस्कृतां विपणिं मंगलकलशं नीत्वा प्रविशेत्। ततः सपरिवारो यजमानः प्राङ्मुखोपविष्टः रजतादिपात्रे कुंकुमाद्युपकरणं समानीय कृताचमनः सपरिवारः स्वस्तिवाचनं कुर्यात्। ततः प्रतिज्ञासंकल्पं कुर्यात्। ॐ विष्णुस्तत्सदद्येत्यादिदेशकालौ संकीर्त्य (अमुकदेशान्तर्गते अमुकजनपदे अमुकनद्योर्मध्यवर्त्तिनि अमुकनाम्नि नगरे (अमुकगोत्रोत्पन्नो जन्मनामतः अमुकप्रसिद्धनामतः अमुकगुप्तोऽहं (वर्म्मा शर्मा दासोऽहं) श्रौतस्मार्तपौराणिकेतिहासिकपुण्यफललब्धोहावाननेकजन्मार्जितकायवाङ्मनोभिः कृतदुरितौघप्रध्वंसोत्तराध्यात्मिकाधिदैविकाधिभौतिकदुःखत्रयात्यन्ताभावपुरःसरात्मीय-जन्माब्दमासे दशायामन्तर्दशायां प्रत्यन्तर-सूक्ष्म-प्राणदशायां च जन्मराशितो वा पञ्जिकारम्भलग्नतो विपणिलग्नतश्च वणिक्कर्मण्यनिष्टजनकसूर्यादिनवग्रहजन्यजनित-जनिष्यमाणव्याध्युपशमनपूर्वकं व्यवहारतो राज्यादितश्च प्रतिष्ठापूर्वकानेकविधहीरकादिरत्नस्वर्णरजतकौशेयवरांकवस्त्रवाष्पयानादिधनधान्याद्यनेकफलस्थिरलक्ष्मीप्राप्तिपुरस्सरात्मीयशरीरारोग्यहेतुकात्मीयसकलपुत्रपौत्रकलत्रभृत्यकुटुम्बाशुभफलनिवृत्त्युत्तरशुभफलप्राप्तिकामो नवीनविपणिप्रवेशपञ्जिकास्थापनमहं करिष्ये, इति जलमुत्सृज्य पुनः किञ्चिज्जलमानीय तदंगत्वेनादौ श्रीगणेशादीन्० यथासम्भवोपचारैरर्चयिष्ये इति जलं क्षिपेत्। ततो गणपत्यादीन् स्वस्वमन्त्रैः षोडशोपचारैः (दशोपचारैः पञ्चोपचारैर्वा) पूजया पूजयेत्, पञ्जिकारम्भलग्नतः पूज्यग्रहस्य सम्भवे दानादिकमप्यत्र कुर्यात्, मसिपात्रं काशराजलेखनीं पञ्जिकाञ्च सम्पूज्य सम्प्रार्थ्य ततो दीपावलीपूजनप्रकारोक्तकुबेरेन्द्रौश्रीमहालक्ष्मीञ्च संपूज्य ततः कोशस्थान-तुलाद्रव्यनिक्षेपवस्त्राणि नाममन्त्रेण गन्धपुष्पाक्षतमंगलसूत्रादिभिः पूजयेत्। ततो यजमानः शुभलग्ने दैवज्ञबोधिते मंगलमीक्षमाणः सर्वासु पञ्जिकासु क्रमेण कुंकुमादिना सस्वस्तिकं यम्ब्रह्मेति मंगलाचरणपूर्वकं संवत्सरादीन् लिखित्वा मुद्रिकोल्लेखं ब्राह्मणपूजाञ्च कुर्यात्। तत आचार्यो यजमानमस्तके तिलकाक्षतमालां दत्त्वा प्रधानपञ्जिकां यजमानदुकूले प्रक्षिपेत्, ततो महालक्ष्मीप्रीतये जपसंकल्पं कुर्यात्—ओं तत्सदद्येत्यादि व्यवहृतिप्रतिबन्धकीभूतदुरितौघशमनोत्तरबहुतरवणिक्कर्मसिद्ध्यनन्तरप्रचुरधनधान्यादि-लब्धिपुरस्सरसकलत्रपुत्रपौत्रात्मीय-शरीरारोग्यपूर्वकतेजोविवृद्धिसहितायुर्वृद्ध्यर्थं श्रीलक्ष्मीप्रीतये लक्ष्मीमन्त्रेण जपं यथासंख्याकं कारयितुं (यथानामगोत्रादि) वृणे। तत आचार्याय दक्षिणादानं ततो भूरिदक्षिणादानं सभा-

सदेभ्यो गुडदानं दद्यात्। यान्तु देवगणाः सर्वे पूजामादाय मामकीम्। यजमानहितार्थाय पुनरागमनाय च ॥ इति पुष्पाक्षतानि प्रक्षिप्य ग्रहविसर्जनं कृत्वा मंगलार्थं सजलकलशानयनम्।

अथ संक्षिप्त-विजयादशमी-पूजनम्

(आचम्य), अद्येत्यादि० विजयदशम्यां पुण्यतिथौ मम सकुटुम्बस्य क्षेमार्थं विजय-सिद्ध्यर्थं च अपराजितापूजनं करिष्ये। तदङ्गतया गणपत्यादिपूजां करिष्ये; इति संकल्पः। श्री गणपत्यादिकं सम्पूज्य भूमौ गोधूमचूर्णेन लिखिताष्ट-दल-मध्ये अपराजिता० १, तद्दक्षिणतः जयायै० जयां० २, तद्वामतः विजयायै० विजयां ३, इत्यावाह्य यथालब्धोपचारैः दक्षिणादिभिश्च सम्पूज्य प्रार्थयेत्;—

"चारुणा मुखपद्मेन विचित्रकनकोज्ज्वला।
जया देवी शिवा भक्त्या सर्वान्कामान् ददातु मे ॥ १ ॥
काञ्चनेन विचित्रेण केयूरेण विराजिता।
जयप्रदा महामाया शिवा भावितचेतसा ॥ २ ॥
विजया च महाभागा ददातु विजयं मम।
हारेण तु विचित्रेण भास्वत्कनकमेखला ॥ ३ ॥
अपराजिता भद्ररता करोतु विजयं मम।"

ततः क्षत्रियः खड्गं, छुरिकादिकां तथा ब्राह्मणः वैश्यश्च लेखनीं, स्वधर्मपुस्तकं, तुलां, लक्ष्मीं, सरस्वतीं, दीपकं च मन्त्रपूर्वकं सम्पूज्य पुष्पाञ्जलि-पूर्वकं यजमानो विसर्जनं कुर्यात्।

इमां पूजां मया देवि ! यथाशक्ति निवेदिताम्।
रक्षार्थं तु समादाय व्रज स्वस्थानमुत्तमम् ॥

अथ दीपमालापूजनविधिः[1]

तत्र दिने बालान् वृद्धान् रोगिणश्च विहाय कैश्चिदपि न भोक्तव्यं प्रदोषसमये श्रीगणेशलक्ष्मीकुबेरन्द्रैः सह दीपमालां सम्पूजयेत्। तत्र क्रमः—गृहाभ्यन्तरे शुद्धासने उपविश्य पूर्वोक्तप्रकारेण—आचमनं पवित्रकरणं शिखाबन्धनमासनशुद्ध्यादिकं यथाशक्ति विधाय स्वस्तिवाचनं मंगलश्लोकांश्च पठित्वा संकल्पं कुर्यात्—ॐ विष्णुर्विष्णुर्विष्णुस्तत्सदद्येह मासोत्तमे मासे कार्तिकमासे कृष्णपक्षे पुण्यायां तिथौ महापर्व्वणि—अमावस्यायाम् अमुक

(१) दीपवृक्षास्तथा देयाः शक्त्या देवगृहेषु च। गोपुरोद्यानचैत्येषु नदी-पर्वतवेश्मसु ॥ वृक्षमूलेषु गोष्ठेषु चत्वरेषु गृहेषु च। मन्दिरे करिशालायां क्रयविक्रयभूमिषु ॥ वस्त्रैः पुष्पैर्भूषितव्याः क्रयविक्रयभूमिकाः ॥

वासरादिसंयुतायाम् अमुकगोत्रोमुकशर्म्माहं श्रुति-स्मृति-पुराणोक्तफलावाप्तिकामनया ज्ञाताज्ञातकायवाङ्मनःकृतसकलपापनिवारणोत्तरस्थिरलक्ष्मीप्राप्तिद्वारा श्रीमहालक्ष्मीप्रीत्यर्थं लक्ष्मीपूजनमहं करिष्ये, तदङ्गत्वेन कुबेरेन्द्रलेखन्यादीनां पूजनञ्च करिष्ये इति संकल्प्य पूर्वोक्तप्रकारेण यथा शक्त्या पूगीफलाक्षतपुञ्जोपरि गणपत्यादिपूजनं विधाय ततो लक्ष्मीपूजनांगत्वेन प्रथमतः कुबेरादिपूजनं तत्र क्रमः—ओं कुविदं गवयमन्तो यर्वाचिद्यथा दान्त्यनुपूर्वं वियूथ इह हैषां कृणुहि भोजनानि ये बर्हिषो नम उक्तिं यजन्ति। इति अक्षोटोपरि कुबेरं यथालब्धोपचारैः सम्पूज्य प्रार्थयेत्—ओं धनदाय नमस्तुभ्यं निधिपद्माधिपाय च। भगवन् त्वत्प्रसादेन धनधान्यादिसम्पदः॥ अथेन्द्रपूजनमन्त्रः—पूर्वस्यामष्टदलैः इन्द्रमावाह्य ओं त्रातारमिन्द्रमवितारमिन्द्र ँ हवे हवे सुहव ँ शूरमिन्द्र ँ ह्वयामि शक्रं पुरुहूतमिन्द्र ँ स्वस्तिनो मघवा धात्विन्द्रः। इतीन्द्रं सम्पूज्य प्रार्थयेत्—ओं शचीपते गजारूढ वज्रहस्त सुराधिप। पुत्रपौत्रसमृद्ध्यर्थं व्यवहारे निधिं कुरु॥ इतीन्द्रं सम्प्रार्थ्य लक्ष्मीं पूजयेत्। महालक्ष्मीप्रतिमां[1] कृताग्न्युत्तारणाम् स्वाग्रे संस्थाप्य ध्यायेत्—ओं अक्षस्रक् परशुं गदेषु कुलिशं पद्मं धनुः कण्डिकां दण्डं शक्तिमसिञ्च चर्म जलजं घण्टां सुराभाजनम्। शूलं पाशसुदर्शनं च दधतीं हस्तैः प्रसन्नाननां सेवे सैरिभमर्दिनीमिह महालक्ष्मीं सरोजस्थिताम्॥ इति ध्यात्वा पूर्वोक्तप्रधानदेवपूजनं विधिवत् आवाहनासनादिप्रदक्षिणान्तं यथालब्धोपचारैः सम्पूज्य प्रार्थयेत्। अथ वरप्रार्थनम्—ओं आहूतासि मया देवि पूजितासि यथाविधि। अद्य प्रभृति मातस्त्वं तिष्ठात्रैव यथारुचि॥ ईश्वरी कमले देवि शरणं च भवानघे। विष्णुपत्नि नमस्तुभ्यं नित्यं चात्र स्थिरा भव॥ रूपं देहि यशो देहि भाग्यमायुर्ददस्व मे। पुत्रान् देहि धनं देहि सर्वान् कामांश्च देहि मे॥ इति सम्प्रार्थ्य ततो द्रव्यबन्धनवस्त्रेषु स्वस्तिकानि लिखित्वा तन्मध्ये हरिद्राग्रन्थिपञ्चकं करञ्जपञ्चकमक्षतान् दूर्वाञ्च प्रक्षिप्य तत्र लक्ष्मीं संस्थाप्य—ॐ महालक्ष्मि नमस्तुभ्यं प्रसन्ना भव मङ्गले। स्वर्णवित्तादिरूपेण मद्गृहे त्वं चिरं वस। मम व्यापारे वृद्धिपूर्वकं लक्ष्मि सुस्थिरा भव इति मन्त्रेण भाण्डागारस्थाने निदध्यात्।

अथ मसिपात्रे महाकालीपूजनम्—तत्रादौ मसिपात्रं पुरतो निधाय कुंकुमेन तत्र स्वस्तिकं कृत्वा मङ्गलसूत्रेण परिवेष्ट्य पुष्पाक्षतोपरि निधाय श्रीमहाकाल्यै नमः इति नाममन्त्रेण आवाहनादिपुष्पाञ्जल्यन्तं यथाशक्त्या सम्पूज्य प्रार्थयेत्—

(१) प्रायः दीपमालावसरे लोकाः रजतस्वर्णमुद्रां रूप्य-नोटञ्च पूजयन्ति, तन्न सम्यक् शास्त्रविरुद्धत्वात्, मुद्रादिकं तु श्रीमहालक्ष्म्याः प्रसादः, अत्राभीष्टा वर्तते श्रीलक्ष्मीपूजा, सा च मूर्ति विधाय, तदेव श्रेयस्करम्॥

कालिके त्वं जगन्मातर्मसिरूपेण वर्तसे। उत्पन्ना त्वं च लोकानां व्यवहारप्रसिद्धये (ॐ खड्गं चक्रगदेषुचापपरिघान्०) ततो लेखनीपूजनम्—लेखनी निर्मिता पूर्वं ब्रह्मणा परमेष्ठिना। लोकानाञ्च हितार्थाय तस्मात्तां पूजयाम्यहम्। ॐ लेखनीस्थायै देव्यै नमः इति गन्धपुष्पाक्षतमङ्गलसूत्रैर्लेखनीं सम्पूज्य प्रार्थयेत्—शास्त्राणां व्यवहाराणां विद्यानामाप्नुयाद्यतः। अतस्त्वां पूजयिष्यामि मम हस्ते स्थिरा भव॥

अथ पञ्जिकासु सरस्वतीपूजनम्—ॐ पञ्जिके सर्वलोकानां निधिरूपेण वर्तसे। अतस्त्वां पूजयिष्यामि व्यवहारस्य सिद्धये॥ ॐ वीणापुस्तकधारिण्यै नमः इत्यावाह्य पुष्पाञ्जल्यन्तं यथाशक्त्या सम्पूज्य स्वस्तिका-गणपत्यादिनामानि च लिखित्वा प्रार्थयेत्, ॐ या कुन्देन्दु-तुषारहार०, ॐ धनं धान्यं पशून्देहि भाग्यं भगवति देहि मे। व्यवहारे निधिं देहि गृहे पुत्रांस्तथैव च॥

तुलामान (वा गजादि) पूजनम्॥ नमस्ते सर्वदेवानां शक्तित्वे सत्यमाश्रिता। साक्षीभूता जगद्धात्री निर्मिता विश्वयोनिना॥ तुलाधिष्ठातृदेवताभ्यो नमः। ततो देहल्यां विपणिपूजनं ॐ विपण्यधिष्ठातृदेवतायै नमः इति सम्पूज्य प्रार्थयेत् ॐ विपणि त्वं महादेवी धनधान्यप्रवर्द्धिनी। मद्गृहे सुयशो देहि धनधान्यादिकं तथा। आयुः पशून्प्रजां देहि सर्वसम्पत्करी भव॥ ॐ दीपावल्यै नमः इति गन्धादिभिः सम्पूज्य प्रार्थयेत्—त्वं ज्योतिस्त्वं रविश्चन्द्रो विद्युदग्निश्च तारका। सर्वेषां ज्योतिषां ज्योतिः दीपावल्यै नमो नमः॥ ततो यथाशक्त्या श्रीसूक्तादिकं पठित्वा ॐ अनेन यथाशक्त्यर्चनेन श्रीमहालक्ष्मी प्रसीदतु। ॐ प्रमादादिति च पठेत्। आचार्याय दक्षिणादानं ध्रुवायार्घ्यदानं ततो लक्ष्मीप्रसाद (स्वर्णरजतमुद्रादि—दर्शनमाचाराद् कर्तव्यम्। ततः चरणामृतपानं कृत्वा यथासुखं विहरेत्।

अथ सप्ताहयज्ञविधिः

शुभे मासि श्रवणदिनात्प्राक् श्रोतृवक्तारौ कृतनखलोमकर्तनौ हविष्यभोजिनौ ब्रह्मचारिणौ वीतरागमत्सरौ नासत्यवादिनौ भवेताम्। (अत्र केचित् पञ्चगव्यं पिबन्ति तदपि सर्वप्रायश्चित्तीकरणं युक्तमेव गायत्र्या संगृह्याभिमन्त्र्य च गायत्र्या त्रिःपिबेत्) ततः प्रारम्भदिने—यजमानस्तिलामलकादिभिः सह स्नात्वा प्रातर्नित्यकर्म च कृत्वा चन्द्रतारादिबलान्विते सुमुहूर्ते सुदेशे गोमयादिना संशोधिते कथामण्डपे स्वासने प्राङ्मुख उपविश्य वेदशास्त्रार्थतत्त्वज्ञं पण्डितञ्च शुद्धासने उदङ्मुखमुपवेश्य आचम्य प्राणानायम्य स्वस्त्ययनादिशान्तिपाठे पठिते ॐ विष्णुः ३ अद्येत्यादिदेशकालौ संकीर्त्यामुकगोत्रस्यामुकशर्मणोऽमुकराशेरमुकप्रवरस्य ममेह जन्मनि जन्मान्तरे वा स्वकर्माभ्यासवशाद्बाल्यावस्थातः शिशुकुमारपौगण्डयौवनयौवनार्द्धवार्द्धकातिवार्द्धकास्ववस्थासु जाग्रत्स्वप्नसुषुप्त्यवस्थासु च देशकालवशेन मनोवाक्कायकर्मेन्द्रियव्यापारैः कामक्रोधादिवशाविर्भू-

तेर्ज्ञानाज्ञानतः कृतानां क्रियमाणानां करिष्यमाणानां च शुष्कार्द्रलघुगुर्वादिसङ्करीकरणमलिनीकरणजातिभ्रंशकरणाऽपात्रीकरणानां परसंसर्गजातानां चिरकालाभ्यसितानां बहूनां बहुविधानां सकलाघचयानामत्यन्तनिरसनपूर्वकं श्रीमदनादिपुरुषश्रीकृष्णप्रीतिद्वारा श्रुतिस्मृतिपुराणागमोक्तमोक्षलक्षणनारायणोपासनादिभक्तिफलावाप्तये तथा चास्मत्कुलपूर्वजातानां प्राप्ताप्राप्तशुभगतीनां-वैकुण्ठपदप्राप्तये स्वस्य चान्ते विष्णुस्मृत्यर्थम् अन्यत्कामनार्थं वा श्रीमद्भागवतश्रवणं सप्ताहैरहं करिष्ये, तदङ्गत्वेन निर्विघ्नतासिद्ध्यर्थं गणपतिपूजनं पुण्याहवाचनं मातृकापूजनं नान्दीश्राद्धञ्च करिष्ये, इति संकल्प्य श्रीगणपत्यादिनान्दीश्राद्धान्तं पूर्वोक्तप्रकारेण सर्वं सम्पादयित्वा सर्वतोभद्रे अष्टदलकमले वा प्रधानकलशोपरि पूर्वोक्तविधिना श्रीविष्णुस्वर्णप्रतिमां संस्थाप्य षोडशोपचारैः सम्पूजयेत्। ततो वरणद्रव्याणि गृहीत्वा ॐ अद्येत्यादिदेश-कालौ संकीर्त्य मम सर्वविधपापक्षयद्वारा श्रीपरमेश्वरप्रीत्यर्थं जन्मजन्मान्तरे श्रीभगवद्भक्तिप्रात्यर्थञ्च श्रीमद्भागवतसप्ताहकथाश्रवणार्थममुकगोत्रममुकशाखाध्यायिनं शुकरूपिणं ब्राह्मणं श्रावयितारमेभिर्द्रव्यैस्त्वामहं वृणे। ॐ वृतोऽस्मीति प्रतिवचनानन्तरं वस्त्रालङ्कारैः ॐ श्री शुकदेवमूर्त्तये द्विजाय पाद्यमित्यादि पञ्चोपचारैरपि सम्पूज्य शुकरूपिणं द्विजं प्रार्थयेत्। ॐ शुकरूप द्विजश्रेष्ठ सर्वशास्त्रविशारद। एतत्कथाप्रकाशेन मदज्ञानं विनाशय॥ इति सम्प्रार्थ्य प्रणमेत्। ततो वरणद्रव्यमादायोपवाचकं वृणुयात्। ॐ अद्येत्यादि० मम सकलपापक्षयद्वारा श्रीपरमेश्वरप्रीत्यर्थं पूर्वोक्तसंकल्पसिद्ध्यर्थञ्च अमुकगोत्रममुकशाखाध्यायिनं गर्गरूपिणं ब्राह्मणम् उपवाचयितारमेभिर्द्रव्यैस्त्वामहं वृणे। ॐ वृतोऽस्मीति प्रतिवचनानन्तरं वस्त्रादिभिः सम्पूज्य श्रीगगरूपिणं द्विजं सम्प्रार्थयेत् – ॐ विद्वन् भागवते ह्यस्मिन् वाचकेनाखिलीकृत। विसर्गबिन्दुमात्राणां व्यत्ययेन त्वरात्त्वतः॥ तत्त्वया सावधानेन विविच्य वहुयत्नतः। अनीर्ष्यया च साहाय्यं देयं देव! नमो नमः॥ इति सम्प्रार्थ्य प्रणमेत्॥

ततो गायत्रीद्वादशाक्षरादिमन्त्राणां जपकरणार्थं विष्णुसहस्रनाम्नः पाठार्थञ्च[1] पञ्चब्राह्मणान् वृणुयात्। ॐ अद्येत्यादि० सर्वविधपातकनिवृत्तिद्वारा श्रीपरमेश्वरप्रीत्यर्थं करिष्यमाणश्रीमद्भागवतसप्ताहयज्ञकर्मणः साङ्गतासिद्धये अमुकगोत्रममुकशर्माणं ब्राह्मणमेभिर्द्रव्यैर्गायत्रीजपकरणार्थं त्वामहं वृणे। इति वृत्वा वरणद्रव्यैः सम्पूज्य प्रणमेत् (अनेनैव प्रकारेण श्रीविष्णोर्द्वादशाक्षरमन्त्रजपार्थं श्रीविष्णु[2]सहस्रनामपाठार्थञ्च वृणुयात्) ततः ॐ नमो भगवते ग्रन्थोक्त-

---

(१) इति सम्पूज्य वक्तारं वरयेत्पञ्च वाडवान्। द्वादशाक्षरमन्त्रस्य जपार्थं मुनिसत्तम॥ (२) नाना-छिद्रनिरोधार्थं न्यूनताधिक्यताख्ययोः। दोषयोः प्रशमनार्थंन्तु पठेन्नामसहस्रकम्॥

मायाज्ञाननाशकाय श्रीमद्भागवताभिधाय पाद्यं नमः। ॐ नमो भग० गन्धो नमः॥ एवं पुष्पधूपदीपनैवेद्यताम्बूलदक्षिणाद्यष्टोपचारैः पञ्चदशषोडशोपचारान्यतमैर्वा श्रीमद्भागवतपूजां कृत्वा ग्रन्थोपरि पीतपटाच्छादनं पुष्पमाला-फल-नैवेद्य-दक्षिणादि निवेद्य घण्टा-शंखादि वाद्यैः सह नीराजनं कुर्यात्, ततः प्रदक्षिणाञ्च कृत्वा प्रार्थयेत्। श्रीमद्भागवताख्यस्त्वं प्रत्यक्षः कृष्ण एव हि। स्वीकृतोसि मया नाथ मुक्त्यर्थं भवसागरे॥ मनोरथो मदीयोऽयं सफलः सर्वथा त्वया। निर्विघ्नेनैव कर्तव्यो दासोऽहं तव केशव॥ अज्ञानतिमिरान्धानां जडानां विषयात्मनाम्। सुप्रकाशः सुचैतन्यो बुद्धस्त्वं शरणं भव। ज्ञानं देहि यशो देहि भगं देहि गतिं शुभाम्। ग्रन्थोत्तमप्रसादेन मुक्तोहं स्यां भवार्णवात्॥ इति प्रार्थयित्वाऽन्यान् वैष्णवादीनपि गन्धपुष्पाक्षतैः सम्पूज्य प्रणमेत्। ततो यजमानः स्वासने वक्ता उदङ्मुखश्चेत् पूर्वाभिमुखः वक्ता पूर्वमुखश्चेदुदङ्मुखः अथवा वक्तृसम्मुख उपविशेत्। ततो वक्ता व्यासादीन् नत्वा महासनमधिरुह्य श्रीगणेश्वरं सरस्वतीं विष्णुं नारदादिभगवत्प्रियान् नमस्कुर्वन् पुष्पाञ्जलिं निवेदयन् नान्यदृष्टिर्नान्यमना नाश्लिष्टवाक् नाधिमनाः श्रीमहापुरुषचरणकमलं हृत्पद्मे धारयन्नायासवर्जितः स्फुटाक्षरेणैव श्रीमद्भागवतमाहात्म्यपठनपूर्वकं श्रीमद्भागवतं पठेत्। ततः श्रोतापि नान्यमना न धृतकञ्चुकोष्णीषो मौनी श्रीमन्नारायणचरणकमले भ्रमरायितमना नालस्यनिद्रादियुतो विस्मृतगृहकटुम्बादिस्पृहो भगवच्चरित्रमादितोऽत्यक्तैकपदः शृणुयात्। वाचकस्तु प्रत्येकाध्यायान्ते साक्षतजलं गृहीत्वा ओं कृतेनानेन अमुकस्कन्धान्तर्गतामुकाध्यायपाठेन श्रीमन्नारायणप्रसादतो यजमानस्यामुकाभीष्टप्राप्तिरस्तु अथवा कृतेनानेन पाठेन सत्याः सन्तु यजमानस्य कामाः। इति पठित्वा जलं प्रक्षिपेत्।

सप्ताह-कथनकाल-निर्णयः—आसूर्योदयमारभ्य सार्द्धं त्रिप्रहरान्तकम। वाचनीया कथा सम्यक् धीरकण्ठं सुधीमता॥ कथाविरामः कर्तव्यो मध्याह्ने घटिकाद्वयम्। कथावसाने कर्तव्यं कीर्तनं केशवस्य च॥ (अयं च विरामो माध्याह्निकक्रियार्थं मूत्रपुरीषोत्सर्जनार्थं वेति भावः)॥

अथ सप्ताह-पाठक्रमः—प्रथमदिने तृतीयस्कन्धस्योनविंशाध्यायान्त ४८ मष्टचत्वारिंशदध्यायाः॥ द्वितीयदिने पञ्चमस्कन्धस्य पञ्चदशाध्यायान्तं ६० षष्ट्यध्यायाः॥ तृतीयदिनेऽष्टमस्कन्धस्य द्वादशाध्यायान्तं ५७ सप्तपञ्चाशदध्यायाः। चतुर्थदिवसे श्रीकृष्णजन्मपर्यन्तं दशमस्कन्धस्य तृतीयाध्यायान्त ३९ मूनचत्वारिंशदध्यायाः॥ पञ्चमदिने श्रीकृष्णोद्वाहान्तं दशमस्कन्धस्योनषष्ठाध्यायान्तं ५६ षट्पञ्चाशदध्यायाः॥ षष्ठदिने एकादशस्कन्धस्योनविंशाध्यायान्तं ६० षष्ट्यध्यायाः॥ सप्तमदिने द्वादशस्कन्धान्तेन समाप्तिरध्यायाः २५ पञ्चविंशतिः॥ इति नियमेन सप्तभिर्दिनैरवश्यं समाप्तिः कर्तव्या।

अथ श्रोतृनियमाः—उपवासः प्रकर्तव्यः श्रोतृभिस्तत्फलेप्सुभिः। तदशक्तौ हविष्यान्नं सकृत्स्वल्पं समाहरेत् ॥ जलेनापि फलेनापि दुग्धेन च घृतेन वा। केवलेनैव कर्तव्यं निर्विघ्नं धारणं तनोः ॥ ब्रह्मचर्यमधःसुप्तिः पत्रावल्यान्तु भोजनम्। कथासमाप्तौ भुक्तिं च कुर्यान्नित्यं कथाव्रती ॥ कामं क्रोधं मदं लोभं दम्भं मात्सर्यमेव च। मोहं द्वेषं तथा हिंसां निन्दां चापि विवर्जयेत् ॥ सत्यं शौचं दयां मौनमार्जवं विनयं तथा। मनःप्रसन्नतां चापि बुधः कुर्यात्कथाव्रती ॥ (अयञ्च नियमो वक्तुरपि) ॥ इत्थं शास्त्रोक्तनियमेन नियमितः श्रोता सप्तदिनानि श्रीमद्भागवतं श्रृणुयात् ॥ तत्र प्रतिदिनं संक्षेपेण श्रीगणेशादिपूजनपूर्वकं विष्णुपूजा पुस्तकपूजा च कर्तव्या। प्रतिस्कन्धान्ते कर्पूरार्तिक्यं पुष्पाञ्जलिमपि दद्यात्। कथासमाप्तौ प्रतिदिवसे कीर्तनं कृत्वा ततश्चोत्थाय 'जय जगदीश हरे' इति पद्येन आर्तिक्यं कुर्यात्। ततः श्रोतॄणां चरणामृततुलसीदलादिकं वितरेत्, ततः सन्ध्यादिकं कर्म समाप्य हविष्यान्नं भुक्त्वा यथासुखमेकान्ते शयीत ॥ एवं सप्ताहयज्ञेऽस्मिन् समाप्ते श्रोतृभिः सह। पुस्तकस्य च वक्तुश्च पूजा कार्याऽतिभक्तितः। ततः सप्ताहश्रवणान्ते श्रीगणपत्यादीन् सम्पूज्य संकल्पं कुर्यात्। ओं अद्येत्यादि०—मम सप्ताहयज्ञाङ्गहोमकर्मणि पञ्चवारुण्यादिहोमपूर्वकं प्रधानभूतश्रीविष्णुदेवतायै चरुपायसाज्येन दशमस्कन्धश्लोकमन्त्रैस्तदशक्तौ वेदस्तुत्या गोपिकागीतेन वा तथा श्रीविष्णोर्वैदिकमन्त्रेण तान्त्रिकमन्त्रेण वा गायत्र्या चायुतं सहस्रमष्टोत्तरशतं वा इदमाज्यादिहवनीयद्रव्यहोमं यथासंख्येनाहं करिष्ये। इति संकल्प्य पूर्वोक्तहोमप्रकारेण सर्वं विधेयम्। प्रधानदेवस्य होमे किञ्चिद्विशेषः। दशमस्कन्धमन्त्रैः ३९३६ स्वाहान्तैः प्रणवाद्यैर्जुहुयात्। अशक्तौ वेदस्तुत्या गोपीगीतेन वा अथवा गायत्र्यायुतम्। द्वादशाक्षरेण विष्णोरराटमिति मन्त्रेण वा १००८। १०८ गायत्र्या १००८। १०८ हुत्वाग्निं सम्पूज्य भूराज्यादि नवाहुतय इत्यादि सर्वं कृत्यं सम्पाद्य शय्यादानगोदानादिकं शुकरूपिणे वाचकाय दद्यात् ततो गर्गरूपिणे उपवाचकाय वस्त्राभूषणदक्षिणादिभिः सम्पूज्यान्यान्यऋत्विग्भ्योऽपि यथायोग्यदक्षिणासम्मानादिभिः सन्तोष्य प्रणमेत्। अत्र होमाशक्तौ विरक्तश्चेद्वा गीतापाठं श्रुत्वा यथाशक्ति होमद्रव्यं दक्षिणाञ्च संकल्प्य सहैव ब्राह्मणाय प्रतिपादयेत्।

श्रीमद्भागवतदानम्—दृढकाष्ठपट्टिकाद्वयेन यन्त्रानुकारिणा सम्पुटीकृत्य बहिः पट्टवाससा रञ्जितवस्त्रेण संवेष्ट्य दृढरज्वा सम्बध्य सुन्दरमञ्चे निधाय श्रीगणेशवाणीनां पूजनपूर्वकं पुस्तकं सम्पूज्य पुस्तकाधः पलत्रयं वा यथाशक्त्या सुवर्णनिर्मितसिंहं निधाय शुकरूपिणे वाचकाय दद्यात्। तत्र संकल्पः ॐ तत्सत् ३ ॐ विष्णुः ३। ॐ अद्येत्यादि० मम इह जन्मनि जन्मान्तरे वा उपार्जि-

तकायिक-वाचिक-मानसिक-शुष्कार्द्र-लघुगुर्वादीनां सकलपापानां समूलोन्मूलपूर्वकं श्रीपरमेश्वरलक्ष्मीनारायणप्रसादनद्वारा श्रीमन्नारायणचरणोपासनादिभक्तिफलावाप्तये तथा चास्मत्कुलजातैर्भूतपूर्वैरेकविंशतिकुलैः सह पुस्तकपत्रपङ्क्त्यक्षरवस्त्रसूत्रतन्तुसंख्याकदिव्याब्दसहस्रपर्यन्तं विषयभोगं कर्तुमन्ते वैकुण्ठवसतिप्राप्तये इदं श्रीमद्भागवतमहाग्रन्थं सांगं सोपस्करं सवस्त्रं सदक्षिणं श्रीकृष्णप्रियसरस्वतीदेवताकममुकगोत्रायामुकशर्म्मणे ब्राह्मणाय शुकरूपिणे वाचकाय दातुमहमुत्सृजे तत्सन्न मम। इति पठित्वा ब्राह्मणहस्ते प्रतिपादयेत्। प्रार्थना—ॐ सर्वविद्याश्रयं ज्ञानं कारणं ललिताक्षरम्। पुस्तकं सम्प्रयच्छामि प्रीता भवतु भारती॥ सरस्वति जगन्मातः शब्दब्रह्माधिदेवते। अस्य प्रदानात्त्वं प्रीता कृष्णप्रीतिकरी भव॥ ततः सुवर्णदानप्रतिष्ठां दत्त्वा द्विजं प्रार्थयेत्॥ व्यासप्रसादाद्भवतो मदीया मनोरथाः सन्तु फलाभियुक्ताः॥ अस्य प्रदानाच्च हरेः पदाप्तिः सत्पुस्तकस्यात्र नमोस्तु तुभ्यम्॥ इति सम्प्रार्थ्य ब्राह्मणेभ्यो मन्त्राशिषो गृहीत्वा वाचकचरणोपसादनपूर्वकं श्रीमद्भागवतप्रसादं गृहीत्वा ब्राह्मणान् दीनानाथानन्धांश्च श्रद्धयैव भोजयित्वा स्वयञ्च बन्धुभिःसहितो भुञ्जीत। ततो ग्रन्थं गजाश्वरथशिविकोपरि समारोप्य सोत्साहं गीतवादित्र-ध्वन्यादिभिर्नगरयात्रां परिक्रमां वा कारयित्वा वाचकस्य गृहे उच्चासनोपरि निधाय पुष्पाञ्जलिं क्षिपेत्, प्रणमेच्च। ततः शुभसमये मण्डपादिविसर्जनम्।

इति सप्ताहयज्ञविधिः

अथ वाल्मीकिरामायणपारायणविधानम्

ओं अस्य श्रीवाल्मीकिरामायणमहामन्त्रस्य वाल्मीकिर्भगवान् ऋषिः प्रायेण अनुष्टुप् छन्दः श्रीरामः परमात्मा देवता अभयं सर्वभूतेभ्य इति बीजम् अङ्गुल्यग्रेण तान्हन्यामिति शक्तिः एतदस्त्रबलं दिव्यमिति कीलकम् भगवान्नारायणो देव इति तत्त्वम् धर्मात्मा सत्यसन्धश्चेत्यस्त्रम् पाठे विनियोगः। ओं श्रीं रां आपदामपहर्तारमित्यङ्गुष्ठाभ्यां नमः॥ १॥ ॐ ह्रीं रीं दातारं तर्जनीभ्यां नमः॥ २॥ ॐ रों रूं सर्वसम्पदामिति मध्यमाभ्यां नमः॥ ३॥ ॐ श्रीं रैं लोकाभिराममित्यनामिकाभ्यां नमः॥ ४॥ ॐ श्री रैं श्रीराममिति कनिष्ठिकाभ्यां नमः॥ ५॥ ॐ रौं रः भूयो भूयो नमाम्यहमिति करतलकरपृष्ठाभ्यां नमः॥ ६॥ इति करन्यासः॥ एवमेव हृदयादिपंचांगन्यासं कृत्वा ॐ अहं सखा ते काकुत्स्थ इत्यस्त्राय फट्। इति षडंगं कृत्वा ॐ ब्रह्मास्वयम्भूर्भगवानिति दिग्बंधं कुर्यात्।

अथ ध्यानम्—वामे भूमिसुता पुरस्तु हनुमान्पश्चात्सुमित्रासुतः शत्रुघ्नो भरतश्च पार्श्वदलयोर्वाय्वादिकोणेषु च। सुग्रीवश्च विभीषणश्च युवराट् तारासुतो जाम्बवान् मध्ये नीलसरोजकोमलरुचिं रामं भजे श्यामलम्॥ १॥ इति

ध्यात्वा मानसोपचारैः सम्पूज्य पठेत्। ॐ आपदामपहर्तारं दातारं सर्वसम्पदाम्। लोकाभिरामं श्रीरामं भूयो भूयो नमाम्यहम्॥ इतिमन्त्रेण सम्पुटितरामायणपाठात्सकलकार्य्यसिद्धिः। अथ बालकाण्डस्य ऋषिन्यासादिप्रयोगः। ॐ अस्य श्री बालकाण्डमहामन्त्रस्य भगवान् ऋष्यशृंग ऋषिः अनुष्टुप्छन्दः दाशरथिः परमात्मा देवता रांबीजं नमः शक्तिः रामायेति कीलकम् श्रीरामप्रीत्यर्थे बालकाण्डजपे विनियोगः। ॐ ऋष्यशृङ्गऋषये नमः शिरसि १, ॐ अनुष्टुप्छन्दसे नमः मुखे २, ॐ दाशरथिपरमात्मदेवतायै नमः हृदये ३, ॐ रां बीजाय नमः गुह्ये ४, ॐ नमः शक्तये नमः पादयोः ५, ॐ रामाय कीलकाय नमः सर्वाङ्गे ६॥ इति ऋष्यादिन्यासः। ॐ सुप्रसन्नाय अंगुष्ठाभ्यां नमः १ ॐ शान्तमनसे तर्जनीभ्यां नमः २ ॐ सत्यसंधाय मध्यमाभ्यां नमः ३। ॐ जितेन्द्रियाय अनामिकाभ्यां नमः ४। ॐ धर्मिष्ठाय कनिष्ठिभ्यां नमः ५। ॐ राजदाशरथये जयिने करतलकरपृष्ठाभ्यां नमः ६। इतिकरन्यासः। एवमेव हृदयादिषडंगन्यासं कृत्वा ध्यायेत्॥ ध्यानम् - श्रीराममाश्रितजनामरभूरुहेशमानन्दशुद्धमखिलाम्रवन्दितांघ्रिम्। सीतांगनासुमिलितं सततं सुमित्रापुत्रान्वितं धृतधनुःशरमादिदेवम्॥ इति ध्यात्वा मानसोपचारैः संपूज्य पुत्रकामनया "ॐ रां रामाय नमः॥ इति मन्त्रेण संपुटितं बालकाण्डं पठेत्। ॐ सुप्रसन्नः शान्तमनाः सत्यसन्धो जितेन्द्रियः। धर्मज्ञो नयसारज्ञः राजा दाशरथिर्जयी॥ इतिमन्त्रेण वा संपुटं दद्यात्। हनुमत्पूजापूर्वकं पारायणं कत्वा काण्डान्ते पूर्वोक्तं न्यासं कुर्यात्। इति बालकाण्डपारायणम्॥

ॐ अस्य श्री अयोध्याकांडमहामन्त्रस्य भगवान् वसिष्ठऋषिः अनुष्टुप्छन्दः भरतो दाशरथिःपरमात्मा देवता भं वीजं नमः शक्तिः भरतायेतिकीलकम् मम भरतप्रसादसिद्ध्यर्थे अयोध्याकांडजपे विनियोगः। ॐ वसिष्ठऋषये नमः शिरसि॥ १॥ ॐ अनुष्टुप्छन्दसे नमः मुखे॥ २॥ ॐ दाशरथिभरतपरमात्मदेवतायै नमः हृदये॥ ३॥ ॐ भं बीजाय नमः गुह्ये॥ ४॥ ॐ नमः शक्तये नमः पादयोः॥ ५॥ ॐ भरताय कीलकाय नमः सर्वाङ्गेषु॥ ६॥ इति ऋष्यादिन्यासः। ॐ भरताय नमस्तस्मै अंगुष्ठाभ्यां नमः॥ १॥ ॐ रसज्ञाय तर्जनीभ्यां नमः॥ २॥ ॐ महात्मने मध्यमाभ्यां नमः॥ ३॥ ॐ तापसाय अनामिकाभ्यां नमः॥ ४॥ ॐ अतिशांताय कनिष्ठिकाभ्यां नमः॥ ५॥ ॐ शुत्रुघ्नसहिताय च करतलकरपृष्ठाभ्यां नमः॥ ६॥ इति करन्यासः। एवमेव हृदयादि षडंगन्यासं कृत्वा ध्यायेत्। ध्यानम्—श्रीरामपादद्वयपादुकान्तस्संसक्तचित्तं कमलायताक्षम्। श्यामं प्रसन्नवदनं कमलावदाभं शत्रुघ्नयुक्तमनिशं भरतं नमामि॥ इति ध्यात्वा मानसोपचारैः सम्पूज्य ॐ भं भरताय नमः। भरताय नमस्तस्मै सारज्ञाय महात्मने। तापसायातिशान्ताय शत्रुघ्नसहिताय च॥ इतिमन्त्रेण संपुटितमयो-

ध्याकांडं लक्ष्मीकामनया पठेत्। तत उत्तरन्यासं पूर्ववत् कृत्वा पारायणं समापयेत्। इत्ययोध्याकांडपारायणम्।

अस्य श्रीआरण्यकांडमहामन्त्रस्य भगवान् ऋषिः अनुष्टुप्छन्दः श्रीरामो दाशरथिःपरमात्मा महेन्द्रो देवता ईं बीजम् नमः शक्तिः इन्द्रायेतिकीलकम् इन्द्रप्रसादसिद्ध्यर्थे आरण्यकांडपारायणे जपे विनियोगः ॐ भगवान् ऋषये नमः शिरसि ॥ १ ॥ ॐ अनुष्टुप्छन्दसे नमः मुखे ॥ २ ॥ ॐ श्रीरामपरमात्मामहेन्द्रदेवतायै नमः हृदये ॥ ३ ॥ ॐ ईं बीजाय नमः गुह्ये ॥ ४ ॥ ॐ नमः शक्तये नमः पादयो ॥ ५ ॥ ॐ इन्द्राय कीलकाय नमः सर्वाङ्गे ॥ ६ ॥ इति ऋष्यादिन्यासः ॐ सहस्रनयनाय अंगुष्ठाभ्यां नमः १ ॐ देवाय तर्जनीभ्यां नमः ॥ २ ॥ ॐ सर्वदेवनमस्कृताय मध्यमाभ्यां नमः ॥ ३ ॥ ॐ दिव्यवज्रायुधाय अनामिकाभ्यां नमः ॐ महेन्द्राय कनिष्ठिकाभ्यां नमः ॥ ५ ॥ ॐ शचीपतये करतलकरपृष्ठाभ्यां नमः ॥ ६ ॥ इति करन्यासः। एवमेव हृदयादिषडंगन्यासं कृत्वा ध्यायेत्। (ध्यानम्) शचीपतिं सर्वसुरेशवंद्यं सर्वातिहर्तारमचिन्त्यशक्तिम्। श्रीरामसेवानिरतं महान्तं वन्दे महेन्द्रं धृतवज्रमीड्यम् ॥ इति ध्यात्वा मानसोपचारैः संपूज्य ॐ लं इन्द्राय नमः। सहस्रनयनं देवं सर्वदेवनमस्कृतम्। दिव्यवज्रधरं देवं महेन्द्रं च शचीपतिम्। इति मन्त्रेण संपुटितं पठेत्। अन्यत्पूर्ववदित्यारण्यकांडपारायणम्।

ॐ अस्य श्री किष्किन्धाकांडमहामन्त्रस्य भगवान् ऋषिः अनुष्टुप्छन्दः सुग्रीवो देवता सुं बीजं नमः शक्तिः सुग्रीवेति कीलकम् मम सुग्रीवप्रसादसिद्ध्यर्थे किष्किन्धाकांडपारायणे जपे विनियोगः। भगवदृषये नमः शिरसि ॥ १ ॥ ॐ अनुष्टुप्छन्दसे नमः मुखे ॥ २ ॥ ॐ सुग्रीवदेवतायै नमः हृदये ॥ ३ ॥ ॐ सुं बीजाय नमः गुह्ये ॥ ४ ॥ ॐ नमः शक्तये नमः पादयोः ॥ ५ ॥ ॐ सुग्रीवेति कीलकाय नमः सर्वाङ्गे ॥ ६ ॥ इतिऋष्यादिन्यासः। ॐ सुग्रीवाय अंगुष्ठाभ्यां नमः ॥ १ ॥ ॐ सूर्यतनयाय तर्जनीभ्यां नमः ॥ २ ॥ ॐ सर्ववानरपुंगवाय मध्यमाभ्यां नमः ॥ ३ ॥ ॐ बलवते अनामिकाभ्यां नमः ॥ ४ ॥ ॐ रावघसखाय कनिष्ठिकाभ्यां नमः ॥ ५ ॥ ॐ वशी रायं प्रयच्छतु इतिकरतलकरपृष्ठाभ्यां नमः ॥ ६ ॥ इति करन्यासः। एवमेव हृदयादिषडंगन्यासं कृत्वा ध्यायेत् सुग्रीवमर्कतनयं कपिवर्यवंद्यमारोपिताच्युतपदाम्बुजमादरेण। पाणिप्रहारकुशलं बलपौरुषाढ्यमाणास्पदांतनिपुणं हृदि भावयामि ॥ इति ध्यात्वा मानसोपचारैः संपूज्य ॐ सुंसुग्रीवायनमः ॥ सुग्रीवः सूर्यतनयः सर्ववानरपुंगवः। बलवान् राघवसखा वशी रायं प्रयच्छतु ॥ मंत्रेण संपुटितं पठेत् नष्टराज्यप्राप्तिः अन्यत्सर्वं पूर्ववत्। इति किष्किन्धाकांडपारायणम्।

अस्य श्रीसुन्दरकांडमहामन्त्रस्य भगवान्हनुमान् ऋषिः अनुष्टुप्छन्दः जगन्माता सीतादेवता श्रीं बीजम् स्वाहाशक्तिः सीतायै कीलकम् सीताप्रसादसिद्धयर्थे सुन्दरकांडपारायणे जपे विनियोगः ॐ भगवद्धनुमदृषये नमः शिरसि १ ॐ अनुष्टुप् छन्दसे नमः मुखे २ ॐ जगन्मातासीतादेवतायै नमः हृदये। ३ श्रीं बीजाय नमः गुह्ये। ४ ॐ स्वाहा शक्तये नमः पादयोः ५ ॐ सीतायै कीलकाय नमः सर्वाङ्गे ६। इति ऋष्यादिन्यासः ॐ सीतायै अङ्गुष्ठाभ्यां नमः १। ॐ विदेहराजसुतायै तर्जनीभ्यां नमः २। ॐ रामसुन्दर्यै मध्यमाभ्यां नम ३ ॐ हनुमता समाश्रितायै अनामिकाभ्यां नमः। ॐ भूमिसुतायै कनिष्ठिकाभ्यां नमः ५। ॐ शरणं भजे करतलकरपृष्ठाभ्यां नमः। इति करन्यासः एवमेव हृदयादि षडंगन्यासं कृत्वा ध्यायेत्। ध्यानम्—सीतामुदारचरितां विधिसांबविष्णुवंद्यां त्रिलोकजननीं ततकल्पवल्लीम्। हेमैरनेकर्मणिरंजितकोटिभागैर्भूषाचयैरनुदिनं सहितां नमामि॥ इति ध्यात्वा मानसोपचारैः संपूज्य ॐ श्रीं सीतायै नमः १। इतिमन्त्रेण संपुटितं पठेत्। सर्वकार्यसिद्धिः। अन्यत्पूर्ववत्। इति सुन्दरकाण्डपारायणम्।

ॐ अस्य श्री युद्धकांडमहामन्त्रस्य विभीषणऋषिः अनुष्टुप्छन्दः विधाता देवता वं वीजम् नमः शक्तिः विधातेतिकीलकम् श्रीधातृप्रसादसिद्धयर्थे युद्धकांडपारायणे जपे विनियोगः। ॐ विभीषणऋषये नमः शिरसि १। ॐ अनुष्टुप् छन्दसे नमः मुखे २। ॐ विधातृदेवतायै नमः हृदये ३। ॐ वं बीजाय नमः गुह्ये ४। ॐ नमः शक्तये नमः पादयोः ५। ॐ विधातेति कीलकाय नमः सर्वाङ्गे ६। इति ऋष्यादिन्यासः। ॐ विधात्रे अङ्गुष्ठाभ्यां नमः १। ॐ महादेवाय तर्जनीभ्यां नमः २। ॐ भक्तानामभयप्रदाय मध्यमाभ्यां नमः ३। ॐ सर्वदेवप्रीतिकराय अनामिकाभ्यां नमः ४॥ ॐ भगवत्प्रियाय कनिष्ठिकाभ्यां नमः ५। ॐ ईश्वराय करतलकरपृष्ठाभ्यां नमः ६ इति करन्यासः। एवमेव हृदयादिषडंगन्यासं कृत्वा ध्यायेत्। अथ ध्यानम्—देवं विधातारमनन्तवीर्यं भक्ताभयं श्रीपरमादिदेवम्। सर्वामरप्रीतिकरं प्रशान्तं वन्दे सदा भूतपतिं सुभर्तुम्। इति ध्यात्वा मानसोपचारैः संपूज्य ॐ बं विधात्रे नमः १। विधातारं महादेवं भक्तानामभयप्रदम्। सर्वदेवप्रीतिकरं भगवत्प्रियमीश्वरम्। इति मन्त्रेण संपुटितं पठेत्। (शत्रोः पराभवो विजयश्च) अन्यत्सर्व—पूर्ववत्। इति युद्धकांडपारायणम्। उत्तरकाण्डस्यापि ऋष्यादिन्यासं षडंगन्यासं चैतदेव ज्ञातव्यम्।

अथ पारायणदिनसंख्या। पुनर्वसुनक्षत्रादारभ्य आर्द्रापर्यन्तं सप्तकांडपाठः। इत्येकःपक्षः १। प्रतिपदमारभ्य नवरात्रं पठेत् इति द्वितीयः। चत्वारिंशद्दिनैः पाठ इति तृतीयः। यथारुचि कार्यः। सुन्दरकांडे एकोत्तरावृत्या पाठः कर्तव्यः। यथा प्रथमदिने एकः द्वितोये द्वौ तृतीये त्रयः इत्यादि एकादशदिनपर्यन्तम्।

द्वादशदिने अवशिष्टं सर्गद्वयं पठित्वा पुनः प्रथमसर्गः पठनीयः। एवं त्रिरावृत्या सकलकार्य-सिद्धिः। श्री हनुमत्प्रतिमासमीपे सुन्दरकाण्डपाठात् शीघ्रकार्य-सिद्धिः। पाठश्च तन्मनसैव कार्यः। इति वाल्मीकिपाठविधिः।

अथ हरिवंशश्रवणविधानम्

तद्यथा—दंपत्योरनुकूले सुदिने प्रातःकृतनित्यक्रियो देवालयादिपुण्यस्थले स्वगृहे वा शुभं मण्डपं विधाय गोमयोपलिप्ते देशे पीठे सर्वतोभद्रं विरच्य सपत्नीकः स्वासने प्राङ्मुख उपविश्य आचम्य प्राणानायम्य देशकालौ संकीर्त्य—अमुकगोत्रोऽमुकशर्माहं ममानेकजन्मार्जिताऽनपत्यत्वमृतापत्यत्वादि--निदान-भूत-बाल-घातनिक्षेप-हरण-विप्ररत्नापहरणादिजन्यदुरितसमूलनाशद्वारा दीर्घा-युष्यबहुपुत्रादिसंततिप्राप्तिकामो हरिवंशश्रवणं करिष्ये। तदङ्गत्वेन निर्विघ्नतार्थं साङ्गतासिद्ध्यर्थं च गणपतिपूजनं पुण्याहवाचनं नान्दीश्राद्धं च करिष्ये। इति संकल्प्य गणपतिपूजनादि नान्दीश्राद्धान्तं पूर्ववत् कुर्यात्। ततः श्रुताध्ययन-सम्पन्नं ब्राह्मणमासने उदङ्मुखमुपवेश्य स्वयं प्राङ्मुख उपविश्य विप्रस्य पाद-प्रक्षालनं कृत्वा गन्धादिभिः संपूजयेत्। ततो विभवानुसारेण वरणद्रव्याणि गृहीत्वा देशकालौ संकीर्त्य मम दीर्घायुष्मत्पुत्रप्राप्तये अमुकगोत्रममुकशर्माणं ब्राह्मणमेभिर्गन्धाक्षतपुष्पताम्बूलस्वर्णमुद्रिकाकुण्डलकमण्डलुवासोभिर्हरिवंशश्रव-णार्थं वाचकत्वेन श्रावयितारं त्वामहं वृणे। इति वृत्वा ॐ वृतोऽस्मीति प्रतिवच-नानन्तरं वस्त्रालंकारादिभिः संपूजयेत्। ततः कथाभंगनिवृत्तये साङ्गतासिद्धये च विष्णोर्द्वादशाक्षरसंतानगोपालमहारुद्रजपपार्थिवपूजाश्रीगणेशमन्त्रजपकरणार्थं च पञ्च[1] ब्राह्मणान् वृणुयात्।

ततो वाचयिता प्रतिदिनं ॐ नारायणाय नमः। ॐ देव्यै नमः। ॐ सर-स्वत्यै नमः। ॐ व्यासाय नमः। ॐ नमस्ते भगवन् व्यास सर्वशास्त्रार्थकोविद। ब्रह्मविष्णुमहेशानमूर्ते सत्यवतीसुत॥ इति नमस्कृत्य स्वगुरून् प्रणम्य स्पष्टपदाक्षरं सार्थकं[2] वाचयेत्। श्रोता प्रतिदिनं शालिग्रामप्रतिमादौ श्रीविष्णुं पुरुषसूक्तेन षोडशोपचारैः वाचकं पुस्तकं च गन्धपुष्पादिभिः पूजयेत्। दम्पती प्रतिदिनं "ॐ त्रायन्ताम्" इत्यादिकैर्वैदिकमन्त्रैः "सुरास्त्वाम्" इत्यादि पुराणमन्त्रैश्च सुस्नातावलङ्कृतौ कृतविश्वासौ आस्तिकौ तदेकचित्तौ शृणुयाताम्।

---

१. वरणं पञ्चविप्राणां कथाभंगनिवृत्तये॥ कर्तव्यं तैर्हरेर्जाप्यं द्वादशाक्षरविद्यया॥ संतानगोपालमन्त्रो महारुद्रजपस्तथा। पूजनं पार्थिवस्यैव गणनाथमनुं जपन्॥

२. आसूर्योदयमारभ्य सार्धं त्रिप्रहरार्धकम्॥ वाचनीया कथा सम्यग्धोरकण्ठं सुधीमता॥ कथाविरामः कर्तव्यो मध्याह्ने घटिकाद्वयम्॥ नवरात्रं यथाशक्त्या उपोष्य शृणुयात्तदा॥

तैलताम्बूलक्षौरमैथुनखट्वाशयनानि यावत्समाप्ति वर्जयन्तौ हविष्यं भुंजीयाताम् ।

वाचकादीनपि प्रत्यहं पायसादिना भोजयेत् । ग्रन्थसमाप्तौ वाचकाय स्वलङ्कृतां गां पयस्विनीं सवत्सां सोपस्कारां सुवर्णाभरणादिदक्षिणां च दत्त्वा गायत्रीमंत्रेण सहस्रतिलाज्यं हुत्वा न्यूनं सम्पूर्णतां वाचयित्वा शतं विप्रान् चतुर्विंशति मिथुनानि च पायसान्नेन भोजयेत् । इति हरिवंशश्रवणप्रयोगः ॥

॥ अथ नूतनगृहादीनां[1] शिलास्थापनविधिः ॥

तत्र कर्ताऽऽग्नेयदिशि खातभूमेः पश्चिमत उपविश्य आचम्य प्राणानायम्य स्वस्ति वाचयित्वा प्रतिज्ञासङ्कल्पं कुर्यात्--देशकालौ संकीर्त्य अमुकगोत्रोऽमुकशर्म्माऽहं करिष्यमाणस्यास्य वास्तोः शुभतासिद्ध्यर्थं निर्विघ्नता गृह--(प्रासाद)--सिद्ध्यर्थमायुरारोग्यैश्वर्य्याभिवृद्ध्यर्थं च वास्तोस्तस्य भूमिपूजनं शिलान्यासञ्च करिष्ये तदङ्गभूतं श्रीगणपत्यादिपूजनञ्च करिष्ये । इति सङ्कल्प्य गणेशषोडशमातृब्रह्मादिसूर्यादिनवग्रहोङ्कारमृत्युञ्जयादिपूजनं कुर्यात् । तत आचार्यः ॐ अपसर्पन्तु ते भूता ये भूता भूमिसंस्थिताः ये भूता विघ्नकर्तारस्ते नश्यन्तु शिवाज्ञया ॥ अनेन गौरसर्षपानवकीर्य पञ्चगव्येन संप्रोक्ष्य वायुकोणपीठे पञ्चशिलाः स्थापयेत् । ततः सर्पाकारं वास्तुमावाह्य ॐ वास्तोष्पते प्रतिजानीह्यस्मान्स्वावेशोऽदमीवो भवा नः ॥ यत्वेमहे प्रति तन्नो जुषस्व शन्नो भव द्विपदे शं चतुष्पदे ॥ इति मन्त्रेण सम्पूज्य दध्योदनबलिर्देयः ततो नागानां पूजनम् । ॐ वासुकिं धृतराष्ट्रञ्च कर्कोटकधनञ्जयौ । तक्षकैरावतौ चैव कालेयमणिभद्रकौ ॥ इत्यष्टनागान् पृथक् पृथक् सहैव वा नाममन्त्रेणावाह्य पूजयेत् । ततो धर्मरूपवृषमावाह्य सम्पूज्य चाञ्जलिं बद्ध्वा प्रार्थयेत्--ॐ धर्मोसि धर्मदेवत्य वृषरूप नमोस्तु ते । सुखं देहि धनं देहि देहि पुत्रमनुत्तमम् ॥ गृहे गृहे निधिं देहि वृषरूप नमोस्तु ते । आयुर्वृद्धिं च धान्यं च आरोग्यं देहि गेहयोः ॥ आरोग्यं मम भार्याया पितृमातृसुखं सदा । भ्रातॄणां परमं सौख्यं पुत्राणां सौख्यमेव च ॥ सर्वस्वं देहि मे विष्णो गृहे संविशतां प्रभो । नवग्रहयुतां भूमिं पालयस्व वरप्रद ॥ ततः ताः पञ्चशिलाः--ॐ आपः शुद्धा ब्रह्मरूपाः पावयन्ति जगत्त्रयम् । चाभिरद्भिः शिलां स्नाप्य स्थापयामि शुभे स्थले । इति शुद्धोदकेन प्रक्षाल्य ॐ गजाश्वरथ्यावल्मीकसद्भिर्मृद्भिः शिलेष्टकान्

---

१. पाषाणरोहे कर्तव्या शिला पाषाणसम्भवा ॥ शैलजे शैलजा पीठश्चैष्टके चैष्टकं स्मृता ॥ पक्वेष्टकनिर्मिते वै इष्टकानाञ्चकारयेत् । अपरेषां गृहाणान्तु शिलामानं न चिन्तयेत् ।

प्रक्षालयामि शुद्ध्यर्थं गृहनिर्माणकर्मणि ।। इति सप्तमृत्तिकाभिः प्रक्षालयेत् ।। ततो गायत्र्या पञ्चगव्येन दध्ना तीर्थोदकेन च प्रक्षाल्य शुद्धवस्त्रेण संमार्ज्य ताः शिलाः कुंकुमचन्दनाभ्यां विलिप्य स्वस्तिकाङ्कितं कृत्वा वस्त्रेणाछाद्य––ॐ नन्दायै नमः (१) ॐ भद्रायै नमः (२) ॐ जयायै नमः (३) ॐ रिक्तायै नमः (४) ॐ पूर्णायै नमः (५) इति नामभिः पूजयेत् । तासां पञ्चानां सन्निधावेते पञ्च कुम्भाःस्थाप्याः ॐ पद्माय नमः (१ ॐ महापद्मायनमः (२) ॐ शंखाय नमः (३) ॐ मकराय नमः (४) ॐ समुद्राय नमः (५) तत आचार्यः खातभूमिमुपलिप्य तत्र ध्यायेत् कूर्मपृष्ठोपरि स्थितां शुक्लवर्णां चतुर्भुजां पद्मशंखचक्रशूलधरां भूमिं ध्यात्वा ॐ स्योना पृथिवि नो भवानृक्षरानिवेशनी यच्छा नः शर्म सप्रथाः। इति भूमिमावाहयेत् । ततः नाममन्त्रैः ॐ कूर्माय नमः इति कूर्मम् (१) ॐ अनन्ताय नमः इति अनन्तम् (२) ॐ वराहाय नमः इति वराहम् (३) इत्यावाह्य आसनाद्युपचारैः सम्पूज्य भूम्यै अर्घं दद्यात्––जानुभ्यां धरणीं स्पृष्ट्वा तोयक्षीरतिलतण्डुलयवसर्षपपुष्पाणि अर्घपात्रे प्रक्षिप्य–– ॐ हिरण्यगर्भे वसुधे शेषस्योपरि शायिनि । उद्धृतासि वराहेण सशैलवनकानना ।। प्रासादं (गृहं वा) कारयाम्यद्य त्वदूर्ध्वं शुभलक्षणम् ।। गृहाणार्घ्यं मया दत्तं प्रसन्ना शुभदा भव ।। भूम्यै नमः इदमर्घ्यं समर्पयामि । ततः भूम्यै आम्र (वा पलाश) पत्रोपरि सदीपं घृतौदनवलिं दत्त्वा प्रार्थयेत् ॐ समुद्रमेखले देवि पर्वतस्तनमण्डले । विष्णु-पत्नि नमस्तुभ्यं शस्त्रपातं क्षमस्व मे ।। इष्टं मेत्वं प्रयच्छेष्टं त्वामहं शरणं गतः । पुत्रदारधनायुष्यधर्मवृद्धिकरी भव ।। ततः खाते स्नेहं दत्वा तस्योपरि गौरसर्षपान् क्षिपेत् । तत्र मन्त्रः ॐ भूतप्रेतपिशाचाद्या अपक्रामन्तु राक्षसाः । स्थानादस्माद्व्रजन्त्वन्यत्स्वीकरोमि भुवं त्विमाम् ।।तस्योपरि दध्योदनं भक्तमाषान्नबलिं च दत्त्वा तस्योपरि पर्णपत्राणि ७ संस्थाप्य तस्योपरि द्वादशांगुललोहशंकुं भूमौ प्रविशेत् । तत्र मन्त्रः ॐ विशन्तु भूतले नागाः लोकपालाश्च सर्वतः । अस्मिन् स्थानेऽवतिष्ठन्तु आयुर्बलकराः सदा ।। इति कीलकं निखन्य तस्योपरि मध्वाज्यपारदसुवर्णं (मुद्रा वा) पंचरत्नगर्भगन्धादिभूषितं सुपूजितं ताम्रादि निर्मितं पद्माख्यकुम्भं पिहितमुखं कुसुंभवस्त्रवेष्टितं नालिकेरयुतं मध्ये स्थापयेत्। एवं पूर्वादिचतुर्दिक्षु चत्वारः कुम्भाः स्थाप्याः। पूर्वादिषु क्रमेण महापद्मं २, शंखं ६, मकरं ४, समुद्रं ५, च सम्पूज्य तदुपरि कुंभसमां मृत्तिकां दत्त्वा अक्षतान् क्षिपेत् । ततः सुलग्ने मध्ये सुपूजितां पूर्णाख्यामिष्टकां स्थापयेत् तत्र मन्त्रः––ॐ पूर्णे त्वं सर्वदा भद्रे सर्वसन्दोहलक्षणे । सर्वं सम्पूर्णमेवात्र कुरुष्वाङ्गिरसः सुते ।। ततः पूर्वस्यां––ॐ नन्दे त्वं नन्दिनी पुंसां त्वामत्र स्थापयाम्यहम् । अस्मिन् रक्षा त्वया कार्या प्रासादे यत्नतो मम ।। ततो दक्षिणस्यां –ॐ भद्रे त्वं सर्वदा भद्रं लोकानां कुरु काश्यपि । आयुर्दा कामदा देवि सुखदा च सदा

भव ॥ ततः पश्चिमायां--ॐ जये त्वं सर्वदा देवि तिष्ठ त्वं स्थापिता मया। नित्यं जयाय भूत्यै च स्वामिनो भव भार्गवि ॥ तत उत्तरस्यां--रिक्ते त्वरिक्ते दोपघ्ने सिद्धिवृद्धिप्रदे शुभे। सर्वदा सर्वदोषघ्ने तिष्ठास्मिन्मम मन्दिरे ॥ इति मन्त्रेण स्थापयित्वा पूर्णादिनाममन्त्रैः गन्धादिना पूजयेत्। ततः परितो दिक्पालान् संपूज्य सदीपदधिमाषतण्डुलबलिं दद्यात्। ततः विश्वकर्मणे नमः इत्यायुधपूजां कृत्वा प्रार्थयेत्--ॐ अज्ञानाज्ज्ञानतो वापि दोषाः स्युश्च यदुद्भवाः। नाशयन्त्वहितान्सर्वान् विश्वकर्मन्नमोस्तु ते ॥ ततः खनित्रं संपूज्य प्रार्थयेत् ॐ त्वष्ट्रा त्वं निर्मितः पूर्वं लोकानां हितकाम्यया। पूजितोऽसि खनित्र त्वं सिद्धिदो भव नो ध्रुवम् ॥ अथ वास्तोष्पतिमृत्युञ्जयादीनां जपार्थं प्रतिज्ञासंकल्पं कुर्यात्--अद्येत्याद्युक्त्वा अनवधिवर्षाविच्छिन्नबहुकालपर्यन्तं पुत्रकलत्रारोग्यधनादिसमृद्धिप्राप्तिकामो गृहनिर्माणार्थकर्त्तव्यशिलास्थापनाङ्गत्वेन वास्तुदेवतामृत्युञ्जयादिप्रसादलाभाय यथासंख्यापरिमितं ब्राह्मणद्वारा जपमहं कारयिष्ये। ततो दक्षिणां वरणसंभारमादाय-ॐ अद्येत्यादि गृहनिर्माणार्थं कर्तव्यशिलास्थापनांगभूतब्राह्मणद्वारावास्तोष्पतिमृत्युंजयजपं कारयितुमेभिर्वरणद्रव्यैरमुकामुकगोत्रान् अमुकामुकशर्मणः ब्राह्मणान् जापकत्वेन युष्मानहं वृणे। ततो मिष्टान्नं गुडं वा वितरेत्।

इति शिलान्यासविधिः

अथ गृहप्रतिष्ठाविधिः

ततो मण्डपात् पश्चिमदेशे गोमयोपलिप्तायां भूमौ प्रत्यङ्मुखो यजमान उपविश्य आचम्य देवान्गुरूनमस्कृत्य सङ्कल्पं कुर्यात्--ॐ अद्येत्यादि ज्ञाताज्ञातकायवाङ्मनःकृतसकलपापक्षयपूर्वकशालाकर्माहं करिष्ये। कुरुष्वेति ब्राह्मणो वदेत्। ततो गणेशादिपूजनं कृत्वा मंडपोपरि एका ध्वजा रक्तवर्णा स्थापनीया। तदनु पूर्वादिदिक्षु क्रमात् पताकाः स्थापनीयाः। ताश्च पीताः, रक्ताः, श्यामाः, नीलाः, शुक्लाः, धूम्राः हरिताः, पंचवर्णाः, रक्ताः, गौराः। ततश्च आचार्यवरणम्। ततो होमार्थं हस्तमात्रभूमिं कुशैः समुह्य आदौ पञ्चभूसंस्कारान्कृत्वाग्निं स्थाप्य ब्रह्माणं वृणुयात्। ततो ब्रह्मोपवेशनादि ब्रह्मणान्वारब्धपर्यन्तं कुशकण्डिकां कृत्वा समिद्धतमेऽग्नौ स्रुवेणाज्याहुतीर्जुहोति। ॐ वास्तोष्पते प्रतिजानीह्यस्मान्स्वावेशोऽनमीवो भवा नः यत्त्वेमहे प्रतितन्नो जुषस्व शन्नो भव द्विपदे शं चतुष्पदे स्वाहा। इदं वास्तोष्पतये। ॐ वास्तोष्पते प्रतिरणोन एधि गयस्फानो गोभिरश्वेभिरिन्दो। अजरासस्त्वे सखे स्वामपितेव पुत्रान्प्रति तन्नो जुषस्व स्वाहा। इदं वास्तोष्पतये। ॐ वास्तोष्पते शग्मयासंसवाते सक्षीमहिरण्वद्यागातु मत्वा। पाहि क्षेम उत योगे वरन्नो यूयं पात स्वस्तिभिः सदा नः स्वाहा। इदं वास्तोष्पतये।

ॐ अमीवहा वास्तोष्पते विश्वारूपाण्याविश्च सखा सुशेवरग्धिनः स्वाहा। इदं वास्तोष्पतये। ॐ प्रजापतये स्वाहा। इदं प्रजापतये। इति मनसा। ॐ इन्द्राय स्वाहा, इदमिन्द्राय। इत्याघारौ। ॐ अग्नये स्वाहा, इदमग्नये। ॐ सोमाय स्वाहा, इदं सोमाय। इत्याज्यभागौ। ॐ अग्निमिन्द्रं बृहस्पतिं विश्वान्देवानुपह्वये। सरस्वतीं वाजीं च वास्तु मे दत्त वाजिनः स्वाहा। इदमग्नये इन्द्राय बृहस्पतये विश्वेभ्यो देवेभ्यः सरस्वतीवायव्यै च। ॐ सर्पं देवजनान्सर्वान्हिमवन्त७ँसुदर्शनम् बह्वश्च रुद्रानादित्यानीशानं जगदैः सह एतान् सर्वान् प्रपद्येऽहं वास्तु मे दत्तवाजिनः स्वाहा। इदं सर्पदेवजनेभ्यो हिमवते सुदर्शनाय वसुभ्यो रुद्रेभ्यः आदित्येभ्य ईशानाय जगदेभ्यश्च। ॐ पूर्वाह्णमपराह्णं चोभौ मध्यन्दिना सह प्रदोषमर्द्धरात्रं च व्युष्टां देवीं महापथां एतान्सर्वान्प्रपद्येऽहं वास्तु मे दत्तवाजिनः स्वाहा। इदं पूर्वाह्णायापराह्णाय मध्यन्दिनाय प्रदोषायार्द्धरात्राय व्युष्टायै दैव्यै महापन्थायै च। ॐ कर्तारं च विकर्तारं विश्वकर्माणमौषधीश्च वनस्पती। एतान्सर्वान्प्रपद्येऽहं वास्तु मे दत्त वाजिनः स्वाहा। इदं कर्त्रे विकर्त्रे, विश्वकर्म्मणे ओषधीभ्यो वनस्पतिभ्यश्च। ॐ धातारं च विधातारं निधीनाञ्च पतिं सह। एतान् सर्वान्प्रपद्येऽहं वास्तु मे दत्तवाजिनः स्वाहा। इदं धात्रे विधात्रे निधीनां पतये च। ॐ स्योन७ँ शिवमिदं वास्तु मे दत्त ब्रह्मप्रजापती सर्वाश्च देवताः स्वाहा। इदं ब्रह्मणे प्रजापतये सर्वाभ्यो देवताभ्यश्च। ॐ अग्नये स्विष्टकृते स्वाहा इदमग्नये स्विष्टकृते। ॐ भूःस्वाहा इदमग्नये। ॐ भुवः स्वादा इदं वायवे। ॐ स्वः स्वाहा इदं सूर्याय। ॐ त्वन्नोऽग्ने वरुणस्य विद्वान्देवस्य हेळो अवयासिसीष्ठाः यजिष्ठो वह्नितमः शोशुचानो विश्वा द्वेषा७ँसि प्रमुमुग्ध्यस्मतस्वाहा। इदमग्नीवरुणाभ्याम्। ॐ स त्वन्नो अग्नेऽवमोभवोती नेदिष्ठोऽस्या उपसो व्युष्टौ। अवयक्ष्व नो वरुण७ँरराणो व्रीहि मृडीक७ँसुहवो न एधि स्वाहा इदमग्नीवरुणाभ्याम्। ॐ अयाश्चाग्नेऽस्यनभिशस्तिपाश्च सत्यमित्वमयाऽसि अयानो यज्ञं वहास्ययानो धेहि भेषज ७ँ स्वाहा। इदमग्नये! ॐ येते शतं वरुण ये सहस्रं यज्ञियाः पाशाः वितताः महान्तः तेभिर्नो अद्य सवितोत विष्णुर्विश्वे मुञ्चन्तु मरुतः स्वर्क्काः स्वाहा। इदं वरुणाय सवित्रे विष्णवे विश्वेभ्यो देवेभ्यो मरुद्भ्यःस्वर्क्केभ्यश्च। ॐ उदुत्तमं वरुण पाशमस्मदवाधमं विमध्यमं श्रथाय। अथावयमादित्य व्रते तवानागसोऽदितये स्याम स्वाहा। इदं वरुणायादित्यायादितये च।

ॐ प्रजापतये स्वाहा इदं प्रजापतये। संस्रवप्राशनम् आचमनम् च। ब्रह्मणे पूर्णपात्रदानं ब्रह्मग्रन्थिविमोकः। ॐ सुमित्रिया न आप ओषधयः सन्तु इति पवित्राभ्यां जलमानीय तेन शिरः सम्मृज्य ॐ दुर्मित्रियास्तस्मै सन्तु योस्मान् द्वेष्टि यञ्च वयं द्विष्मः इत्यैशान्यां प्रणीतान्युब्जीकरणम्। तत आस्तरणक्रमेण

र्बर्हिरानीय घृतेनाभिघार्यं हस्तेनैव जुहुयात् । तत्र मन्त्रः ॐ देवा गातु विदो गातु वित्वा गातुमितमनसस्पत । इमं देवयज्ञ ও স্বাহা व्वातेधाः स्वाहा । इति र्बर्हिर्होमः । अथ वास्तुपूजनम्—तत्र संकल्पः—ॐ अद्य शुभगुणविशिष्टायां पुण्यतिथौ गृहप्रतिष्ठाङ्गभूतवास्तुपूजनं सकलकर्म्मसमृध्यर्थमीशानादिरुद्रदास-पर्यन्तानां पञ्चचत्वारिंशत् वास्तुदेवतानां पूजनमहं करिष्ये । ततः चन्दनं पुष्पं च गृहीत्वा ईशानादिरुद्रदासपर्यन्तानां इदमावाहनं, इत्यावाह्य अत्रागच्छन्तु वरदा भवन्तु पञ्चचत्वारिंशद्देवताभ्य इदमासनम् । एवं पाद्यार्घाचमनोयस्ना-नीयवस्त्रयज्ञोपवीतोत्तरीयं, गन्धं, पुष्पं, धूपं, दीपं, ताम्बूलं नमस्कारः पञ्चचत्वा-रिंशद्देवताभ्यो नमः । दध्योदनेन वलिदानम् । ॐ ईशानाय नमः पूजानैवेद्यं दध्योदनं च ईशानाय स्वाहा । ॐ पर्जन्याय नमः पूजानैवेद्यं दध्योदनं पर्ज्ज-न्याय स्वाहा । एवं जयन्ताय पीतध्वजाय ॐ इन्द्राय नमः । पूजानैवेद्यं दध्योदनं च इन्द्राय स्वाहा । ॐ सूर्याय० ॐ सत्याय० ॐ भृशाय० ॐ अन्त-रिक्षाय० ॐ वायवे० ॐ पूष्णे० ॐ वितथाय० ॐ गृहक्षेत्राय० ॐ यमाय० ॐ गन्धर्वाय० ॐ भृङ्गराजाय० ॐ मृगाय० ॐ पितृगणाय० ॐ दौवारकाय० ॐ सुग्रीवाय० ॐ पुष्पदन्ताय० ॐ वरुणाय० ॐ असुराय० ॐ शेपाय० पाप-यक्ष्मणे० रोगाय० नागाय० उरव्याय० मल्लाटाय० सोमाय० भुजङ्गपतये०, अदितये०, दितये० । कोणेषु ब्रह्मणे, अर्यम्णे, विवस्वते, मित्राय । ततो मध्यात् पृथ्वीधराय, आपाय, आपवत्साय, सवित्रे, सावित्राय, जयन्ताय, विबुधाधिपाय, रुद्राय । रुद्रदासाय । वास्तुप्रीतये धेनुदानं । उमामहेश्वरदानं च । ॐ उमा महेश्वराभ्यां नमः । सप्तधान्यदानम् । पूजितोऽसि मया वास्तो हेमाद्यैरर्चनैः शुभैः । प्रसीद याहि विश्वेश देहि मे गृहजं सुखम् ।। इति प्रार्थना ।

ततः प्रविश्य गृहाभ्यन्तरे निधिशालायां दक्षिणकोणे श्रियं संस्थाप्य ॐ अद्य पूर्वोक्तगुणविशिष्टायां तिथौ वास्तुपूजनगृह-प्रवेशाद्यङ्गभूतश्री-स्थापनादि कर्माहं करिष्ये । आवाहनादिपूर्ववत् । आरात्तिकं पञ्चामृतं नैवेद्यं एकस्मिन् पात्रे धान्यं सर्षपरजतान्वितं दूर्वाक्षतगंधपुष्पादिकं सम्भारं कृत्वा स्वस्तिवाचनं कुर्यात् । ॐ स्थिरो भव वीड्वङ्ग आशुर्भव वाज्यर्वन् पृथुर्भव सुखदस्त्वमग्नेः पुरीषवाहनः इति मन्त्रेण गर्त्तमध्ये स्थाप्य तदुपरि मृत्तिकां दद्यात् । स्वस्तिकं लिखेत् । ततः सूत्रवेष्टितउदुम्बरपत्राणि सक्षीराणि दूर्वागोमयदधिमधुघृतकुशान् यवांश्च सर्वान् कांस्यपात्रे संभारान् कृत्वा उदकसहितं भाण्डैक्यं कृत्वा पूर्वादिक्रमेण अभिषेकं गृहमध्ये आसनोपस्थाने प्रोक्षणं कुर्यात् ।

अथ गृहशेषवास्तुपूजा—दक्षिणद्वारे धात्रे नमः, वामद्वारे विधात्रे नमः । गणेशाय नमः । श्रियै नमः । पट्टशालायै नमः । मण्डपदेवताभ्यो नमः । कण्ड-नीभ्यो नमः । पेषिण्यै नमः । पश्चाच्चुल्ल्यादिवलिदानमुक्तमन्त्रैः—ॐ धर्माय नमः

इतिचुल्लादक्षिणवाहौ। पुनः धर्माय नमः वामवाहौ ॐ स्वरस्वरपरिवर्तनोथाय नमःकि धान्यादि भाण्डेषु। ॐ जलामृताय वरुणाय नमः जलभाण्डेषु। ॐ महाविघ्नराजाय नमः गृहप्रधानाधारे। ॐ महाशुभांगाय नमः, पेषिण्यां। ॐ रुद्रकोटिगिरिकायै नमः इत्युलूखले। ॐ बलभद्रप्रियाय प्रहरणाय नमः इति मुशले। ॐ मृत्यवे देवीचोदिते नमः इति संमार्जन्यां। ॐ कामार्थकुसुमायुधाय नमः इति शयनीय-शिरसि। ॐ स्कन्दाय गृहाधिपतये नमः चतुष्पदशालायां, गवादिषु निष्ठारके मूत्रपुरीषं तत्र स्थाने बलिदानं—मार्गे मार्गे—देवताभ्यो नमः। मध्यस्तंभाधस्तात्।

अथ गृहप्रवेशः - ततः समाप्तायां शालायां चन्द्रतारानुकूले पुण्येऽहनि मातृपूजाभ्युदयिकं विधाय ब्राह्मणैः सह कृतस्वस्त्ययनो मंगलतूर्यवेदघोषेण सजलपूर्णकलशगोब्राह्मणपुरस्सरः स्नातः शुक्लाम्बरधरः शुक्लमाल्यानुलेपनः तादृशपुत्रपौत्रादिसमेतस्तोरणाद्याशालाद्वारेण प्रविशति ॐ धर्मस्थूणा राज ७ श्रीस्तूपमहोरात्रे द्वारफलके इन्द्रस्य गृहावसमतो वरूथिनहं प्रपद्ये सह प्रजया पशुभिः सह यन्मे किञ्चिदस्युपहतः सर्वगणः सखायः साधु संमतः तां त्वा शालेदिष्टपीठा गृहान्नः सन्तु सर्वतः॥ इत्यनेन मन्त्रेण। ततः शालाधिपतिं प्रार्थयेत् दोषोपशमनाय--प्रार्थयामीत्यहं देवं शालायामधिपस्तु यः। प्रायश्चित्तप्रसंगेन गृहार्थे यन्मया कृतम्। मूलच्छेदं तृणच्छेदं कृमीणां च निपातनम्। हननं जलजीवानां भूमेः शस्त्रेण पातनम्। अनृतं भाषितं यच्च किंचिदर्थस्य पातनम्—तत्सर्वं ही क्षमस्व त्वं यन्मया दुष्कृतं कृतम्। गृहार्थे यत्कृतं पापमज्ञानेनाथ चेतसा। तत्सर्वं क्षम्यतां देवि शाले मम क्षमां कुरु॥

इति संक्षेपगृहप्रतिष्ठाप्रवेशविधिश्च शुभम्।

अथ नामकरणसंस्कार

सूतकान्ते शुभेऽह्नि प्रथमं पञ्चगव्यप्रोक्षणपूर्वकं सूतिकायै—पञ्चगव्यं दत्त्वा कुमारपिता मङ्गलं स्नात्वा कुमारञ्च संस्नाप्याऽहते वाससी परिधाय धृतमंगलतिलकः शुभासने उपविश्याचम्य प्राणानायम्य, देशकालौ संकीर्त्य ममास्य शिशोः बीजगर्भसमुद्भवैनोऽपमार्जनायुरभिवृद्धिद्वारा श्रीपरमेश्वरप्रीत्यर्थं नामकरणं करिष्ये तन्निर्विघ्नतार्थं श्रीगणपत्यादिपूजनञ्च करिष्ये। ततो गणेशादिपूजनं कृत्वा पूर्वोक्तहोमविधिनाज्यादिप्रायश्चित्तसंज्ञकहोमपूर्वकं ॐ प्रजापतये स्वाहा—इदं प्रजापतये। ॐ अग्नये स्विष्टकृते स्वाहा इति स्विष्टकृद्होमं कृत्वा पूर्णपात्रदानादिपूर्णाहुतिहोमान्तकर्म समापयेत्। ततः पञ्चाश्वत्थपत्रेषु सुवर्णशलाकया पञ्चनामानि लेखयित्वा कांस्यपात्रे प्रसारिततण्डुलोपरि आधारस्थशंखोपरि वा संस्थाप्य ममास्य शिशोः ब्रह्मायुष्यप्राप्त्यर्थं नामदेवतापूजनं करिष्ये। इति सङ्कल्प्य—ॐ मनोजूतिरिति प्रतिष्ठां कृत्वा ॐ श्रीश्च ते इति मन्त्रेण नाम-

देवताभ्यो नमः इति—यथा लब्धोपचारैः पूजयेत्। ततः शंख—घण्टा - भेरी-तूर्य— वादित्रादिरवे जायमाने दक्षिणतो मातुरुत्सङ्गस्थस्य प्राङ्मुखस्य शिशोः दक्षिणकर्णे हे कुमार त्वममुककुलदेवताभक्तोऽसि हे कुमार त्वममुकशर्मा, वर्मा गुप्तनामासि इत्येवं बालकर्णे त्रिवारं श्रावयित्वा—ॐ मनोजूतिरिति मन्त्रपाठान्ते विप्रा वदेयुः— नाम सुप्रतिष्ठितमस्तु ॥

ततः पिता करौ वद्ध्वा ब्राह्मणानभिवादयेत्। हे कुमार त्वममुकदेवभक्तोऽसि सर्वान् ब्राह्मणानभिवादय इति पितोपांशु वदेत्। आयुष्मान् भव सौम्य इति विप्राः वदेयुः। ततो ब्राह्मणा वेदोऽसीति मन्त्रेण शिशवे आशिषं दद्युः—ॐ वेदोऽसि येन त्वं देव वेद देवेभ्यो वेदोऽभवस्तेन मह्यं वेदो भूयाः। ततः पिता शिशुं स्वमङ्के धृत्वा इमं मन्त्रं पठेत्—ओं अङ्गादङ्गात्संभवसि हृदयादधिजायसे। आत्मा वै पुत्रनामासि सञ्जीव शरदः शतम् ॥ इति पठित्वा देवताभ्यो ब्राह्मणेभ्यश्च नमस्कृत्य, आचार्यादिभ्यो दानदक्षिणादिभिः सन्तोषयेत्। ततो राशिग्रहणं गोदानछायापात्रदानञ्च कृत्वा स्वशक्त्यनुरूपं ब्राह्मणान्संभाज्य पश्चात्सबान्धवः स्वयं भुञ्जीत। कुमार्या अपि नामककरणममन्त्रकं नाममन्त्रप्रयुक्तं वा कुर्यात् ॥ शुभम् ॥

इति नामकरणसंस्कारः।

[1]अथोपनयनपद्धतिः

तत्र प्रथमं पूर्वेद्युः कुमारस्य पिताऽऽचार्यं वृत्वा मातृपूजापूर्वकमाभ्युदयिकं श्राद्धं कृत्वा तदवधि अकृतानामन्येषां संस्काराणामकरणजन्यप्रत्यवायनिवृत्तिपूर्वकमुपनयनसंस्कारौचित्यप्राप्तये प्रायश्चित्तस्थानीयं द्रव्यं गां वा सम्प्रदद्यात्। अथोपनयनदिने कुमारपिता कर्माङ्गत्वेन ब्राह्मणत्रयमष्टकुमारान् वटुं च भोजयेत्। ततो वटोर्मुण्डनं च कारयित्वा गणेशादिपूजनं कुर्यात्। वटुना च कारयेत्। तत आचार्यो बहिःशालायां तुषकेशशर्करादिरहितायां शुद्धायाम्भूमावग्निं प्रतिष्ठापयेत्। तद्यथा—तत्र हस्तमात्रपरिमितां चतुरस्रां भूमिं कुशकरणकसमूहनानन्तरं गोमयोदकेनोपलिप्य स्रुवमूलेन प्रागग्रप्रादेशमात्रमुत्तरोत्तरक्रमेण त्रिरुल्लिख्य उल्लेखनक्रमेण अनामिकाङ्गुष्ठाभ्यां मृदमुद्धृत्य जलेनाभ्युक्ष्य नवीनकांस्यपात्रेणाग्निमानीय स्वाभिमुखं निधाय ॐ शाण्डिल्यगोत्र पावकनामाग्ने इहागच्छ इह तिष्ठ इति प्रार्थयेत्। ततः कुमारमाचार्यः शिष्यद्वाराग्नेः पश्चाद्दक्षिणपार्श्वेऽवस्थाप्य बद्धाञ्जलिं तं सम्बोधयेत्—ॐ ब्रह्मचर्यमागाम् इति ब्रूहीति प्रैषानन्तरं ॐ ब्रह्मचर्यमागाम् इति कुमारो ब्रूयात्। ततः ॐ ब्रह्मचार्यसानि ब्रूहीत्याचार्येणोक्ते "ॐ ब्रह्मचार्यसानि" इति कुमारो ब्रूयात्।

---

(१) आषोडशाद् द्वाविंशाच्चतुर्विंशाच्च वत्सरात्। अत ऊर्ध्वं पतन्त्येते सर्वधर्मबहिष्कृताः। (याज्ञ०)

अथ माणवकमाचार्यो वासः परिधापयन् ॐ येनेन्द्राय बृहस्पतिर्वासः पर्यदधादमृतं तेन त्वा परिदधाम्यायुषे दीर्घायुत्वाय बलाय वर्चसे इति पठेत्। ततो माणवकस्य द्विराचमनम्। अथ आचार्यो माणवकस्य कट्यां वेष्टनत्रयेण तत्प्रवरग्रन्थिमौञ्जीमेखलां शिरोमार्गेणाबध्नीयात्। तत्र प्रथमं इयं दुरुक्तमिति वामदेवऋषिर्मेखला देवता त्रिष्टुप्छन्दः मेखला बन्धने विनियोगः। इति ऋष्यादिकं स्मृत्वा ॐ इयं दुरुक्तं परिबाधमाना वर्णं पवित्रं पुनती म आगात् इति पठेत्। ततः कुमारस्य शिखाबन्धनं प्रणवेन सावित्र्या वा कुर्यादाचार्य भाण्डाष्टतयदान संकल्पः—ॐ अद्येत्यादि संकीर्त्य स्वकीयोपनयनसंस्कारकर्मणि यज्ञोपवीतधारणाधिकारसिद्ध्यर्थं यज्ञोपवीतवस्त्रफलद्रव्यमिष्टान्नसहितं भाण्डाष्टतयदानं बृहस्पतिसूर्यप्रजापतिविष्णुदेवताकं यथानामगोत्रेभ्यो ब्राह्मणेभ्यो युष्मभ्यं दास्ये। ततः सुप्रतिष्ठितयज्ञोपवीतमादाय—यज्ञोपवीतमिति परमेष्ठी ऋषिर्लिङ्गोक्ता देवता त्रिष्टुप्छन्दो यज्ञोपवीतपरिधापने विनियोगः। इति ऋष्यादिकं स्मृत्वा ॐ यज्ञोपवीतं परमं पवित्रं प्रजापतेर्यत्सहजं पुरस्तात्। आयुष्यमग्र्यं प्रतिमुञ्च शुभ्रं यज्ञोपवीतं बलमस्तु तेजः। इति त्रिःपठित्वैकं यज्ञोपवीतं परिधापयेदाचार्यः। ततो वटुर्द्विराचमनं कुर्यात्। अथाचार्यो माणवकस्य यज्ञोपवीतस्थाने कृष्णाजिनं परिधापयेत्। तत्र तावत् ॐ मित्रस्य चक्षुरिति प्रजापतिर्ऋषिरजिनं देवता त्रिष्टुप्छन्दः अजिनपरिधापने विनियोगः इति ऋष्यादिकं स्मृत्वा ॐ मित्रस्य चक्षुर्वरुणं बलीयस्तेजो यशस्वी स्थविरं समिद्धम्। आवाहमस्मिन् वरुणं च जिष्णुं कृष्णाजिनं परिमृज्याजिनं दधेयम् इति पठेत्। (तूष्णीमिति केचित्)।

अथाचार्यो माणवकाय दण्डं दद्यात्। ततो वटुः ॐ यो मे दण्डं इति प्रजापतिर्ऋषिर्दण्डो देवता यजुःदण्डपरिग्रहणे विनियोगः। इति ऋष्यादिकं स्मृत्वा ॐ यो मे दण्डः परापतद्वैहायसोऽधिभूम्यां तमहं पुनराददाम्यायुषे ब्रह्मणे ब्रह्मवर्चसाय॥ इति पठन् गृह्णीयात्। तत आचार्यो वारिणा स्वमञ्जलिं पूरयित्वा तेनैव जलेन च कुमारस्याञ्जलिं पूरयेत्। तत आचार्यः कुशत्रयेण तज्जलमानीय वटुं पावयेत् ॐ आपो हि ष्ठा मयोभुवः ॐ ता न ऊर्जे दधातन २ ॐ महेरणाय चक्षसे ३ ॐ यो वः शिवतमो रसः ४ ॐ तस्य भाजयतेह नः ५ ॐ उशतीरिव मातरः ६ ॐ तस्माऽअरङ्गमाम वः ७ ॐ यस्य क्षयाय जिन्वथ ८ ॐ आपो जनयथा च नः ९ इति ऋचः पठेत्। ततः सूर्यमुदीक्षस्वेति आचार्यप्रैषानन्तरं वटुः सूर्यं पश्यन् ॐ तच्चक्षुर्देवहितं पुरस्ताच्छुक्रमुच्चरत्। पश्येम शरदः शतं जीवेम शरदः शत ँ शृणुयाम शरदः शतं प्रब्रवाम शरदः शतमदीनाः स्याम शरदः शतं भूयश्च शरदः शतात्। इति पठेत्। अथ कुमारस्य दक्षिणांसं सहृदयं दक्षिणहस्तेन स्पृष्ट्वाऽऽचार्यः ॐ मम व्रते ते हृदयं दधामि मम चित्त-

मनुचित्तं तेऽस्तु। मम वाचमेकमना जुषस्व बृहस्पतिष्ट्वा नियुनक्तु मह्यम्। इति ब्रूयात्। ततः कुमारस्य दक्षिणहस्तमाचार्यः स्वदक्षिणहस्तेन गृहीत्वा तं "किन्नामासि भोः" इति पृच्छेत्॥ कुमारश्च "अमुकशर्माहं भोः" इति स्वनाम निबोधयेत्। ततः आचार्येण 'कस्य ब्रह्मचार्यसि' इति पृष्टः कुमारः 'भवत' इति प्रतिब्रूयात्। अथाचार्यः "ॐ इन्द्रस्य ब्रह्मचार्यस्यग्निराचार्यस्तवाहमाचार्य श्रीअमुकशर्मन्" इति ब्रूयात्। अथ बद्धाञ्जलिं माणवकं पूर्वादिदिक्षु प्रदक्षिणमुपस्थानं कारयन्नाचार्यः ॐ प्रजापतये त्वा परिददामि इति प्राच्याम्। ओं देवाय त्वा सवित्रे परिददामि इति दक्षिणस्याम्। ॐ अद्भ्यस्त्वौषधीभ्यः परिददामि इति प्रतीच्याम्। ॐ द्यावापृथिवीभ्यां त्वा परिददामि इति उदीच्याम् ॐ विश्वेभ्यस्त्वा देवेभ्यः परिददामि इत्यधः। ॐ सर्वेभ्यस्त्वा भूतेभ्यः परिददाम्यरिष्ट्यै इत्यूर्ध्वम्। ततः कुमारोऽग्निं प्रदक्षिणीकृत्य आचार्यदक्षिणदिशि उपविशेत्। अथ माणवकः सद्रव्याक्षतवस्त्रं जलमादाय ॐ अद्येत्यादिना देशकालस्वात्मनामादि पठित्वा कर्तव्योपनयनहोमकर्मणि कृताकृतावेक्षणरूपब्रह्मकर्मकर्तुममुकगोत्रममुकशर्माणमेभिरक्षतवस्त्रद्रव्यैर्ब्रह्मत्वेन त्वामहं वृणे। ततो ब्रह्मोपवेशनादिपर्युक्षणान्तं कृत्वा स्रुवेणाज्यहोमः। ॐ प्रजापतये स्वाहा, इदं प्रजापतये। ॐ इन्द्राय स्वाहा, इदमिन्द्राय। ॐ अग्नये स्वाहा, इदमग्नये। ॐ सोमाय स्वाहा, इदं सोमाय। ॐ भूः स्वाहा, इदमग्नये। ॐ भुवः स्वाहा, इदं वायवे। ॐ स्वः स्वाहा, इदं सूर्याय। ॐ त्वन्नो अग्ने वरुणस्य विद्वान्देवस्य हेळो अवयासिसीष्ठाः। यजिष्ठो वह्नितमः शोशुचानो विश्वा द्वेषाᳬसि प्रमुमुग्ध्यस्मत् स्वाहा। इदमग्नीवरुणाभ्याम्। ॐ स त्वन्नो अग्ने अवमो भवोती नेदिष्ठो अस्या उषसो व्युष्टौ अवयक्ष्व नो वरुणं रराणो वीहि मृडीकᳬसुहवो न एधि स्वाहा। इदमग्नीवरुणाभ्याम्। ॐ अयाश्चाग्ने स्यनभिशस्तिपाश्च सत्वमित्वमयाऽसि। अया नो यज्ञं वहास्ययानो धेहि भेषजᳬस्वाहा इदमग्नये। ये ते शतं वरुण ये सहस्रं यज्ञियाः पाशा वितता महान्तः। तेभिर्नो अद्य सवितोत विष्णुर्विश्वे मुञ्चन्तु मरुतः स्वर्क्काः स्वाहा। इदं वरुणाय सवित्रे विष्णवे विश्वेभ्यो देवेभ्यो मरुद्भ्यः स्वर्क्केभ्यश्च। ॐ उदुत्तमं वरुण पाशमस्मदवाधमं विमध्यमᳬश्रथाय। अथावयमादित्य व्रते तवानागसो अदितये स्याम स्वाहा इदं वरुणाय। ॐ प्रजापतये स्वाहा इदं प्रजापतये। अग्नये स्विष्टकृते स्वाहा इदमग्नये स्विष्टकृते। ततः कुमारः संस्रवप्राशनं कृत्वाऽऽचम्य च ब्रह्मणे पूर्णपात्रं दद्यात्। तद्यथा—अद्येत्यादि पठित्वा देशकालादिस्मृत्वाऽमुकगोत्रोऽमुकशर्माहं एतस्मिन्नुपनयनहोमकर्मणि कृताकृतावेक्षणरूपब्रह्म-कर्मप्रतिष्ठार्थमिदं पूर्णपात्रम् प्रजापतिदैवतम् अमुकगोत्रायामुकशर्मणे ब्रह्मणे दक्षिणां तुभ्यं सम्प्रददे। ततो ब्राह्मणः स्वस्ति इति प्रतिवदेत्। ब्रह्मग्रन्थिं विमोचयेत्। ॐ सुमित्रिया न आप ओषधयः सन्तु इति पठित्वा

पवित्राभ्यां जलमानीय तेन कुमारस्य शिरः सम्मृज्य च—दुर्मित्रियास्तस्मै सन्तु योऽस्मान् द्वेष्टि यं च वयं द्विष्मः। इत्यैशान्यां प्रणीतां न्युब्जीकुर्यात्। तत आस्तरणक्रमेण बर्हिरुत्थाप्य घृतेनाभिघार्यं हस्तेनैव जुहुयात्। तत्र मन्त्र ॐ देवागातुविदोगातु वित्वा गातुमित मनसस्पत इमं देव यज्ञ ँ स्वाहा वातेधाः स्वाहा। तत आचार्यः कुमारस्यानुशासनं करोति। तत्राद्यमाचार्यस्य द्वितीय वटोश्च वचनं तद्यथा—ॐ ब्रह्मचार्यसि १, असानि २, अपोऽशान १, अशानि २, कर्मकुरु १, करवाणि २, मा दिवा सुषुप्स्व १, न स्वपानि २, वाचं यच्छ १, यच्छानि २, समिधमाधेहि १, आदधानि २, इति। अथाग्नेरुत्तरतः प्रत्यङ्मुखायोपविष्टाय स्वचरणोपसंग्रहणपूर्वकमुपसन्नाय स्वयमीक्षमाणायाचार्यः स्वयमपि समीक्षितायास्मै निवारितशंखतूर्यादिशब्दः सुशोभने लग्ने नवांशके सावित्रीं दक्षिणकर्णे पीताम्बरमण्डपान्तरुपदिशेत्। तत्र ॐ भूर्भुवः स्वः तत्सवितुर्वरेण्यम् १ ॐ भूर्भुवः स्वः तत्सवितुर्वरेण्यं भर्गो देवस्य धीमहि २ ॐ भूर्भुवः स्वः तत्सवितुर्वरेण्यं भर्गो देवस्य धीमहि धियो योनः प्रचोदयात् ॐ। इति उपदिशेत्। ततः शुष्कारण्यकगोमयेन्धनेन घृताक्तेन जुहुयात्। यथा ॐ अग्ने सुश्रवः सुश्रवसं मां कुरु। ॐ यथा त्वमग्ने सुश्रवः सुश्रवा असि। ॐ एवं मां सुश्रवः सौश्रवसं कुरु। ॐ यथात्वमग्ने देवानां यज्ञस्य निधिपा असि। ॐ एवमहं मनुष्याणां वेदस्य निधिपो भूयासं स्वाहा। इति। ततः पुनर्द्विवारमनेनैव मन्त्रेण जुहुयात्। अथ प्रदक्षिणमग्निं वारिणा पर्युक्ष्य उत्थाय स्वप्रादेशमितां घृताक्तां पलाशसमिधमादाय जुहुयात्। यथा-ॐ अग्नये समिधमाहार्षं बृहते जातवेदसे यथात्वमग्ने समिधा समिध्यस एवमहमायुषा मेधया वर्चसा प्रजया पशुभिर्ब्रह्मवर्चसेन समिन्धे जीवपुत्रो ममाचार्यो मेधाव्यहमसान्यनिराकरिष्णुर्यशस्वी ब्रह्मवर्चस्यन्नादो भूयासं स्वाहा। ततः ॐ अग्ने सुश्रवः सौश्रवसं कुरु। ॐ यथात्वमग्ने देवानां यज्ञस्य निधिपा असि। ॐ एवमहं मनुष्याणां वेदस्य निधिपो भूयास ँ स्वाहा इति। ततः प्रदक्षिणक्रमेणाग्निं पर्युक्ष्य तूष्णीं पाणी प्रतप्य कुमारः प्रतिमन्त्रपाठान्ते मुखमवमृशेत्। तत्र मन्त्राः—ॐ तनूपा अग्नेऽसि तन्वं मे पाहि १ ॐ आयुर्दा अग्नेऽस्यायुर्मे देहि २ ॐ वर्चोदा अग्नेऽसि वर्चो मे देहि ३ ॐ अग्ने यन्मे तन्वा ऊनं तन्म आपृण ४ ॐ मेधां मे देवः सविता आदधातु ५ ॐ मेधां मेऽश्विनौ देवावाधत्तां पुष्करस्रजौ॥ ततः सर्वाणि गात्राणि दक्षिणपाणिना स्पृशेत्। तत्र मन्त्रो यथा ॐ अङ्गानि च मे आप्यायन्ताम्, ॐ वाक् च मे आप्यायताम् इति मुखं। ॐप्राणश्च मे आप्यायताम् इति नासिके। ॐ चक्षुश्च मे आप्यायताम् इति चक्षुषी। ॐ श्रोत्रं च मे आप्यायतां इति श्रोत्रे च स्पृशेत्। ततः ॐ यशोबलं च मे आप्यायेताम् इति पुनर्मन्त्रं पठेत्। ततो दक्षिणकरानामिकाग्रगृहीतभस्मना ललाटे ग्रीवायां दक्षिणबाहुमूले हृदि च त्र्यायुषं कुर्यात्। तद् यथा—ॐ-त्र्यायुषं जमदग्नेः इति ललाटे। ॐ कश्यपस्य

त्र्यायुषमिति ग्रीवायाम्। ॐ यद्देवेषु त्र्यायुषमिति दक्षिणबाहुमूले। ॐ तन्नोऽस्तु त्र्यायुषमिति हृदि। ततो व्यस्तपाणिभ्यां पृथिवीं स्पृशन् कुमारोऽभिवादनं कुर्यात्। यथा—ॐ अमुकगोत्रोऽमुकप्रवरोऽमुकशर्माहं भो वैश्वानर त्वामभिवादये। ततोऽनेनैव क्रमेण सम्बोध्य वरुणमभिवाद्य आचार्यं तथैवाभिवादयेत्। ततः आयुष्मान् भव सौम्येत्याचार्यो ब्रूयात्। ततो वटुर्भिक्षापात्रमादाय प्रथमं मातुः[1] सकाशात् भिक्षामादातुं सदण्डमृगचर्मा गत्वा ॐ भवति भिक्षां[2] मे देहि (अत्र यदि वटुः क्षत्रस्तदा भिक्षां भवति मे देहि इति, वैश्यश्चेत्—भिक्षां मे देहि भवति इति याचेत्। तद्दत्तां भिक्षां चादायाचार्याय निवेदयेत्। ततः पुनस्तथैव भिक्षापात्रमादायान्यतोऽपि याचेत्। तत आचार्येण भुंक्ष्व इत्यनुज्ञात एव भिक्षां स्वीकुर्यात्। ततः सफलघृतपूर्णस्रुवेण ब्रह्मचारिदक्षिणकरस्पृष्ट आचार्यः पूर्णाहुतिं दद्यात्। तत्र मन्त्रः—ॐ मूर्धानं दिवो अरतिं पृथिव्या वैश्वानरमृत आजातमग्निं कविᳩसम्राजमतिथिं जनानामासन्ना पात्रं जनयन्त देवाः स्वाहा। ततः स्रुवेण भस्मानीय पूर्ववत् त्र्यायुषं कुर्यात्। कुमारायाचार्यः ब्रह्मचारिनियमान् बोधयेत्। यथा—क्षारलवणमधुमांसादिनिवृत्तिः, उद्धृतजलस्नानं, दण्डकृष्णाजिनधारणं, वृक्षारोहण-विषमभूमिलंघन-नग्नस्त्रीनिरीक्षणत्यागोपसंभोग-व्यसनरूपव्यावृत्तिश्चेति।

अथाचार्यः द्वितीयवेद्याः संस्कारान्कृत्वाऽग्निं संस्थाप्य ब्रह्मवरणं कुर्यात् तत्र संकल्पे "वेदारम्भहोमकर्मणि" इति पठेत्। ततो ब्रह्मोपवेशनादिपर्युक्षणान्तं कृत्वा ब्रह्मणान्वारब्धः पातितजानुः समिद्धेऽग्नौ जुहुयात्। तत्र प्रथमं आहुतिचतुष्टये हुतशेषस्य प्रोक्षणीपात्रे प्रक्षेपः ॐ प्रजापतये स्वाहा १ इदं प्रजापतये। ॐ इन्द्राय स्वाहा २ इदमिन्द्राय। ॐ अग्नये स्वाहा ३ इदमग्नये। सोमाय स्वाहा ४ इदं सोमाय। अथ ब्रह्मणाऽन्वारब्धो जुहुयात् ॐ अन्तरिक्षाय स्वाहा इदमन्तरिक्षाय। ॐ वायवे स्वाहा इदं वायवे ॐ ब्रह्मणे स्वाहा इदं ब्रह्मणे। ॐ छन्दोभ्यः स्वाहा इदं छन्दोभ्यः ॐ प्रजापतये स्वाहा इदं प्रजापतये ॐ देवेभ्यः स्वाहा इदं देवेभ्यः। ॐ ऋषिभ्यः स्वाहा इदं ऋषिभ्यो न मम। ॐ श्रद्धायै स्वाहा इदं श्रद्धायै। ॐ मेधायै स्वाहा इदं मेधायै। ॐ सदसस्पतये स्वाहा इदं सदसस्पतये। ॐ अनुमतये स्वाहा इदमनुमतये। ॐ भूः स्वाहा इदमग्नये ॐ भुवः स्वाहा इदं वायवे। ॐ स्वः स्वाहा इदं सूर्याय। ततः ॐ त्वन्नो अग्ने वरुणस्य विद्वान्देवस्येत्यादि मन्त्रेण आहुतिं कुर्यात्। पुनः ॐ सत्त्वन्नो अग्ने वमो इत्यादिना ॐ अयाश्चाग्नेस्येति मन्त्रेण। ॐ ये ते शतं वरुण ये सहस्त्रमित्यादि। उदुत्तमं वरुण पाशमस्मदवाधममित्यादि। पुनश्च प्राजापत्याहुतिं स्विष्टकृदाहुतिं

---

(१) मातरं वा स्वसारं वा मातुर्वा भगिनीं निजाम्। भिक्षेत् भिक्षां तु प्रथमां या चैनं नावमानयेत्। (२) भवत्पूर्वं चरेद्भैक्षं ब्राह्मणस्तु समाहितः। भवन्मध्यस्तु राजन्यो वैश्यस्तु भवदुत्तरम् (मनुः)।

च दत्त्वा संस्रवप्राशनं कृत्वाऽऽचम्य ब्रह्मणे पूर्णपात्रं दद्यात् । ततो ब्रह्मग्रन्थि विमोच्याचार्यः पवित्राभ्यां प्रणीताजलमानीय तेन ॐ सुमित्रिया न आप ओषधयः सन्तु इति मन्त्रेण कुमारस्य शिरोमार्जनं कृत्वा ॐ दुर्मित्रियास्तस्मै सन्तु इत्यादिना प्रणीतापात्रमैशान्यां न्युब्जीकुर्यात् । ॐ देवागातु विदोगातु इत्यादिना वर्हिः हुत्वा लोकाचारतः काश्मीरकाश्यादि प्रति कुमारो वेदाभ्यासाय गच्छेत् । गुरुश्चात्रैव सर्वाणि शास्त्राण्यध्यापयिष्यामि इति पुनस्तं प्रत्यावर्त्य गायत्रीमन्त्रं पाठयेत् । ततः कुमारः मूर्धानमिति मन्त्रेण पूर्णाहुतिं दद्यात् उपविश्य च स्रुवेण भस्मानीय दक्षिणानामिकाग्रगृहीतभस्मना ॐ त्र्यायुषं जमदग्नेरित्यादिना त्र्यायुषं कुर्यात् ।

अथ समावर्त्तनविधिः

कुमारेण स्नास्यामीति प्रार्थित आचार्यः स्नाहि इति अनुजानीयात् । ततः कुमारे स्नाते आचार्यः वेदीसंस्कारान् कृत्वा अग्निस्थापनपूर्वकं ब्रह्मणो वरणे कुमारद्वारा कारयेत् । तत्र च संकल्पे "समावर्तनहोमकर्मणि" इति विशेषपाठः । ततश्च ब्रह्मोपवेशनादि अग्निपर्युक्षणान्तां विधिं कारयित्वा कुशैन ब्रह्मणान्वारब्धःस्रुवेणाज्याहुतिं जुहुयात् । हुतशेषस्य प्रोक्षणीपात्रे प्रक्षेपः केवलमाहुतिप्रथमचतुष्टये । ॐ प्रजापतये स्वाहा इदं प्रजापतये । ॐ इन्द्राय स्वाहा इदमिन्द्राय । ॐ अग्नये स्वाहा इदमग्नये । ॐ सोमाय स्वाहा इदं सोमाय । ततोऽनन्वारब्धः । ॐ अन्तरिक्षाय स्वाहा इदमन्तरिक्षाय । ॐ वायवे स्वाहा इदं वायवे । ॐ ब्रह्मणे स्वाहा इदं ब्रह्मणे । ॐ देवेभ्यः स्वाहा इदं देवेभ्यः । ॐ ऋषिभ्यः स्वाहा इदं ऋषिभ्यः । ॐ श्रद्धायै स्वाहा इदं श्रद्धायै । ॐ मेधायै स्वाहा इदं मेधायै । ॐ सदसस्पतये स्वाहा इदं सदसस्पतये । ॐ अनुमतये स्वाहा इदमनुमतये । ॐ भूः स्वाहा इदमग्नये । ॐ भुवः स्वाहा इदं वायवे । ॐ स्वः स्वाहा इदं सूर्याय । ॐ त्वन्नोऽग्ने वरुणस्य विद्वान्देवस्येति स्वाहा । ॐ सत्त्वन्नो अग्नेवमो इत्यादि स्वाहा । ॐ अयाश्चाग्नेस्यनभिशस्तिपाश्चेत्यादिना स्वाहा । ॐ ये ते शतमित्यादिना स्वाहा । ॐ उदुत्तममित्यादि स्वाहा । ततश्च प्राजापत्याहुतिं स्विष्टकृताहुतिं च दत्त्वा संस्रवं प्राश्याचम्य च ब्रह्मणे पूर्णपात्रदानम् । ब्राह्मणश्च स्वस्तीत्युक्त्वा ब्रह्मग्रन्थि विमोच्य पवित्राभ्यां प्रणोताजलमादाय तेन च ॐ सुमित्रिया न इति कुमारस्य शिरः संमृज्य ॐ दुर्मित्रिया इति मन्त्रेण प्रणीतान्युब्जीकरणम् ॐ देवागातु विदो गातुमित्यादिना बर्हिर्होमः । ततो ब्रह्मणान्वारब्धोऽग्निर्पश्चिमे उपविष्टो ब्रह्मचारी तत्र घृताक्तशुष्कानिषिद्धेतरेन्धनेन पञ्चाहुतीर्हस्तेनैव जुहुयात् । यथा--ॐ अग्ने सुश्रवः सौश्रवसं मां कुरु १ ॐ यथात्वमग्ने सुश्रवः सुश्रवा असि २ ॐ एवं मां सुश्रवः सौश्रवसं कुरु ३ ॐ यथात्वमग्ने देवानां यज्ञस्य निधिपा असि ४ ॐ एवमहं मनुष्याणां वेदस्य निधिपो भूयासम् ५ ।

ततः प्रदक्षिणमग्निं वारिणा पर्युक्ष्य उत्थाप्य घृताक्तां प्रादेशमितां समिधमादाय जुहुयात्– ॐ अग्नये समिधमहार्षं बृहते जातवेदसे। यथात्वमग्ने समिधा समिध्यसे एवमहमायुषा मेधया वर्चसा प्रजया पशुभिर्ब्रह्मवर्चसेन समिन्धे जीवपुत्रो ममाचार्यो मेधाव्यहमसान्यनिराकरिष्णुर्यशस्वी तेजस्वी ब्रह्मवर्चस्यन्नादो भूयासꣳ स्वाहा। ततः समिदन्तरद्वयमनेनैव क्रमेण प्रत्येकं हुत्वोपविश्य तेनैव क्रमेण पञ्चाहुतीर्घृताक्तशुष्कनिषिद्धेतरेन्धनेन जुहुयात्। ॐ अग्ने सुश्रवः सौश्रवसं मां कुरु १ ॐ यथा त्वमग्ने सुश्रवः सुश्रवा असि २ ॐ एवं मां सुश्रवः सौश्रवसं कुरु ३ ॐ यथा त्वमग्ने देवानां यज्ञस्य निधिपा असि ४ ॐ एवमहं मनुष्याणां वेदस्य निधिपो भूयासं स्वाहा ५। ततः प्रदक्षिणमग्निं वारिणा पर्युक्ष्य तूष्णीं पाणी प्रताप्य मुखं प्रतिमन्त्रान्तेऽवमृशेत्। यथा— ॐ तनूपा अग्नेऽसि तन्वं मे पाहि १ ॐ आयुर्दा अग्नेऽस्यायुर्मे देहि। २ ॐ अग्ने यन्मे तन्वा ऊनं तन्मे आपृण। ३ ॐ मेधां मे देवः सविता आदधातु ४ ॐ मेधां मे देवी सरस्वती आदधातु ५ ॐ मेधां मे अश्विनौ देवावाधत्तां पुष्करस्रजौ। ततः सर्वेषु गात्रेषु दक्षिणपाणिना स्पर्शः। ॐ अङ्गानि च मे आप्यायन्ताम् इति पठेत्। तत एकैकं मुखाद्यङ्गं स्पृशन् ॐ वाक् च मे आप्यायतामिति मुखम्। प्राणश्च मे आप्यायतामिति नासिके। ॐ चक्षुश्च मे आप्यायतामिति चक्षुर्द्वयम्। ॐ श्रोत्रं च मे आप्यायतामिति श्रोत्रद्वम्। ॐ यशो बलं च मे आप्यायन्तामिति मन्त्रं केवलं पठेत्। ततो दक्षिणकरानामिकाग्रगृहीतभस्मना ललाटग्रीवायां दक्षिणबाहुमूले हृदि च त्र्यायुषं कुर्यात्। ॐ त्र्यायुषं जमदग्नेरिति ललाटे ॐ कश्यपस्य त्र्यायुषमिति ग्रीवायाम्। ॐ यद्देवेषु त्र्यायुषमिति दक्षिणबाहुमूले। ॐ तन्नोऽस्तु त्र्यायुषमिति हृदि। ततो व्यस्ताभ्यां पाणिभ्यां भूमिं स्पृशन् संत्रोध्याग्न्यादीन् प्रणमेत्। यथा—अमुकगोत्रोऽमुकशर्माहं भो वैश्वानर त्वामभिवादये। एवं वरुणमाचार्यं चाभिवादयेत्। ततः आयुष्मान् भव सौम्य, इत्याचार्यो ब्रूयात्। ततोऽग्नेरुत्तरतः प्रागग्रकुशोपरि दक्षिणोत्तरं वारिपूर्णपात्राष्टकं निधायाम्रपल्लवाग्रेणाद्यपात्रस्थजलमादाय कुमारोऽभिषिञ्चेत्। तत्र मन्त्रः—ॐ येऽप्स्वंतरग्नयः प्रविष्टा गोह्य उपगोह्यो मयूषो मनोहास्खलो विरुजस्तनूदूषुरिन्द्रियहातान्विजहामि यो रोचनस्तमिह गृह्णामि। इति मन्त्रेण। ततस्तेन मामभिषिञ्चामि श्रियै यशसे ब्रह्मणे ब्रह्मवर्चसाय॥ ततो द्वितीयपात्रात्तथैवाम्रपल्लवेनाभिषिचेत्। तत्र मन्त्रो यथा—ॐ येन श्रियमकृणुतां येनावमृशताꣳ सुरां येनाक्षावभ्यषिञ्चतां यद्वां तदश्विनो यशः। एवं तृतीयादभिषिचेत्। तत्र मन्त्रः— प्रागुक्तः। ॐ ये अप्स्वन्तरग्नयः······इति। ॐ आपो हिष्ठा मयोभुवः ॐ तान ऊर्जे दधातन। ॐ महेरणाय चक्षसे। इति च। ततश्चतुर्थाज्जलमादायाभिषेचने मन्त्र—ॐ येऽप्स्वन्तरग्नयः···इति (प्रागुक्तः) ॐ योवः शिवतमोरसः। ॐ तस्य भाजयतेह नः। ॐ उशतीरिव मातरः इति च। ततस्तथैव पंचमात् पात्रा-

ज्जलमादायाभिषचने मन्त्रो यथा—ॐ येऽप्स्वन्तरग्नयः - इति। ॐ तस्मा अरंगमाम वः ॐ यस्य क्षयाय जिन्वथः। ॐ आपो जनयथा च नः। इति च ततोऽवशिष्टात्पात्रत्रयात् ॐयेप्स्वन्तरग्नयः...इति मन्त्रं पठित्वा जलमाम्रपल्लवाग्रेणादाय तूष्णीमेवात्मानमभिषिचेत्।

ततः शिरोभागेन मेखलां निष्कासयन्—ॐ उदुत्तमं वरुणपाशमस्मदवाधमं विमध्यम ७ श्रथाय। अथावयमादित्यव्रते तवानागसोऽदितये स्याम। इति पठेत्। ततो दण्डं मृगचर्म च तूष्णीमेव भूमौ निधाय साञ्जलि आदित्यमुपतिष्ठेत्। यथा—ॐ उद्यन् भ्राजिष्णुरिन्द्रो मरुद्भिरस्थात्। प्रातर्यावभिरस्थात्। दशसनिरसि दशसंनि मा कुर्वान्विदन्मा गमयोद्यन् भ्राजिष्णुरिन्द्रो मरुद्भिरस्थात्। दिवायावभिरस्थात्। शतसनिरसि शतसनि मा कुर्वादिन्मा गमयोद्यन् भ्राजिष्णुरिन्द्रो मरुद्भिरस्थात्। सायंयावभिरस्थात्। सहस्रसनिरसि सहस्रसनि मा कुर्वा त्रिदन्मागमय। इति पठित्वा प्रणमेत्। ततो दधितिलं वा प्राश्याचम्योदुम्बरकाष्ठमादाय दन्तधावनं कुर्यात्। तत्र मन्त्रो यथा—आयुर्बलं यशोवर्चः प्रजाः पशुवसूनि च। ब्रह्मप्रज्ञां च मेधां च त्वन्नो देहि वनस्पते। ॐ अन्नाद्यायव्यूहध्वं सोमो राजाय मागमम्। स मे मुखं प्रामाक्ष्यंते यशसा च भगेन च। ॐ दन्तरूपमधो गन्धं दन्तधावनमुत्फलम्। कुर्वन्ति च त्रयो देवाः मम दोषो न दीयताम्। ततो दन्तधावनकाष्ठं परित्यज्याचम्य तैलाभ्यङ्गोद्वर्तनानन्तरं स्नात्वा द्विराचम्य चन्दनकुंकुमादिना नासिकारन्ध्रे नेत्रे कर्णे च लिपन् ॐ प्राणापानौ मे तर्पय। ॐ चक्षुर्मे तर्पय। ॐ श्रोत्रं च मे तर्पय इति पठेत्। ततः पाणी प्रक्षाल्य दक्षिणाभिमुखः पातितवामजानुः कृतापसव्यो द्विगुणभुग्नकुशत्रयतिलजलान्यादाय आस्तृतकुशत्रयोपरि दिव्यपितॄंस्तर्पयेत्।

तत्र मन्त्रः—ॐ पितरः शुन्धध्वम्। ततः सव्यं आचम्यानुलिप्य ॐ सुचक्षा अहमक्षीभ्यां भूयासं सुवर्चा मुखेन सुश्रुत्कर्णाभ्यां भूयासम्। इति पठेत्। ततोऽहतं शुद्धं धौतवस्त्रं परिदध्यात्। तत्र मन्त्रः ॐ परिधास्यै यशोधास्यै दीर्घायुत्वाय जरदष्टिरस्मि शतं च जीवामि शरदः पुरूचीरायस्पोषमभिसंव्ययिष्ये। इति धौतवस्त्रं परिधाय, यज्ञोपवीतं धारयेत्—ॐ यज्ञोपवीतं परमं पवित्रम् प्रजापतेर्यत्सहजं पुरस्तात्। आयुष्यमग्र्यं प्रतिमुंच शुभ्रं यज्ञोपवीतं बलमस्तु तेजः॥ तत उत्तरीयमहतवस्त्रमादाय ॐ यशसा मा द्यावापृथिवी यशसेन्द्राबृहस्पतिर्यशो भगश्च मा विदधद्यशो मा प्रतिपद्यताम्। इति पठित्वा स्कन्धोपरि निदध्यात्। ततः पुष्पमालां धारयन् ॐ या आहरज्जमदग्निः श्रद्धायै कामेन्द्रियाय ता अहं प्रतिगृह्णामि यशसा च भगेन च॥ ॐ यशोऽप्सरसमिन्द्रश्चचार त्रिपुलं पृथु। तेन संग्रथितासुमनस-आबध्नामि यशो मयि॥ इति पठेत्। अथोर्णाग्रेण शिरोवेष्टयेत्—ॐ युवाः सुवासाः परिवीत आगात् स उ श्रेयान्

भवति जायमानः। तं धीरासः कवय उन्नयन्ति स्वाध्यो मनसा देवयन्तः॥ इति पठेत्।

ततः कुण्डले परिदधाति। तत्र मन्त्रः—ॐ अलंकरणमसि भूयोऽलंकरणं भूयात्। ततोऽञ्जनं नेत्रयोर्धारयन्—ॐ वृत्रस्यासि कनीनकश्चक्षुर्दा असि चक्षुर्मे देहि। इति पठेत्। तत आदर्शे आत्मदर्शनं कुर्वन्—ॐ रोचिष्णुरसि इति पठेत्। ततश्छत्रधारणम् तत्र मन्त्रः—ॐ बृहस्पतेश्छदिरसि पाप्मना मामन्तर्धेहि। इति पठेत्। ततो वैणवं दण्डं धारयन्—ॐविश्वेभ्यो मानाष्ट्राभ्यः परिपाहि सर्वतः। इति पठेत्। ततः पुष्पफलसमन्वितेन घृतपूर्णेन माणवकदक्षिणकरस्पृष्टेन स्रुवेण पूर्णाहुतिमाचार्यः कुर्यात्। तत्र मन्त्रः-ॐ मूर्धानं दिवो अरतिं" इत्यादि प्रागुक्तः।

ततः स्रुवेण भस्मानीय त्र्यायुषं कुर्यात्। तत्र मंत्रः त्र्यायुषं जमदग्नेरिति ललाटे ओं कश्यपस्य त्र्यायुषमिति ग्रीवायाम्। यद्देवेषु त्र्यायुषमिति दक्षिणबाहुमूले। तत्तेऽस्तु त्र्यायुषमिति हृदि। ततः—शिष्य आचार्यस्याग्रे सश्रद्धं प्रणम्य यथाशक्त्या सुवर्णादिद्रव्येण सह नारिकेलादि फलं समर्प्याशिषो गृह्णीयात्।

इति उपनयनसंस्कारः।

अथ विवाहसंस्कारः[१]

तत्रादौ कन्याहस्तेन षोडशहस्तपरिमितं मण्डपं विधाय तद्दक्षिणदिशि पश्चिमां दिशमाश्रित्य मण्डपसंलग्नमुत्तराभिमुखं कौतुकागारं मण्डपाद्बहिरैशान्यां दिशि जामातुश्चतुर्हस्तपरिमितां सिकतादिपरिष्कृतां तुषकेशशर्करादिरहितां सुवस्त्राच्छादितां रम्यां वेदीञ्च कारयेत्। आगतं वरं दृष्ट्वा गृहद्वारसमीपे सुभगाः शून्यवेणुनिर्मितामाम्रपत्रादिशोभितां स्त्रियो मङ्गलगायनपूर्वकं वरस्य ललाटे दधिसहितकुङ्कुमेन तिलकं कुर्युः। ततः स्थाल्यां चतुर्दिक् प्रज्वलितघृतदीपेनारातिकं कुर्युः। ततो वरः मण्डपसमीपमागत्य उत्तिष्ठन् सन् मण्डपोपरि तिष्ठन्तं भगवन्तं मण्डपगणपतिं पुष्पाक्षतादिभिरभ्यर्च्य स्पृशेदभिवादयेच्च॥ तत उपोषितः[२] कन्यापिता स्नातः शुचिः अहते शुद्धे वाससी परिधाय कृतनित्यक्रियोऽर्हणवेलायां मण्डपे उत्तरमुखे उपविश्य[३] कुशासने, वरं प्राङ्मुखं शुद्धासने

१. विवाहादौ सूतकविचारः—

व्रत-यज्ञ-विवाहेषु श्राद्धे होमेऽर्चने जपे।
आरब्धे सूतकं न स्यादनारब्धे तु सूतकम्॥
प्रारम्भो वरणं यज्ञे संजल्पो व्रत-सत्रयोः।
नान्दी श्राद्धं विवाहादौ श्राद्धे पाकपरिक्रिया॥

२. उपोषितः सुतां दद्यादर्चिताय वराय तु (गृह्यसंग्रह)।

३. वरस्य दक्षिणे कन्या कन्याया दक्षिणे पिता।
पितुश्च दक्षिणे ब्रह्मा विवाहे कर्म कारयेत्॥

काष्ठपीठे उपवेश्य पादयोरधः द्रव्यं निधाय आचम्य आसनशुद्धिं विधाय कुंकुमार्चितसाक्षतहस्तेन स्वस्तिवाचनं च कृत्वा प्रतिज्ञासंकल्पं कुर्यात्। तद्यथा—ओं तत्सदद्येत्यादि० अमुकस्य देवर्षिपितृऋणापनुत्तये एतस्याः कन्यायाः बीजगर्भसमुद्भवैनोनिबर्हणपूर्वकं भविष्यद्भर्त्रा सह दाम्पत्यैश्वर्य-सिद्धिसम्पादकधर्मप्रजोत्पादनादिगार्हस्थ्यसुखावाप्तये श्रीयज्ञपुरुषस्य श्रीलक्ष्मीनारायणस्य प्रीतये गृहागतवरार्चनं करिष्ये। तदङ्गतया च विहितं निर्विघ्नतार्थं यथालब्धोपचारैर्गणपत्यादीनहं पूजयिष्ये।

अथ वरकर्तृकसंकल्पः

ओं तत्सदद्येत्याद्युक्त्वा अमुकगोत्रोऽमुकशर्मा श्रीलक्ष्मीनारायणप्रसादकरणक यावज्जीवं पत्न्या सहायुरारोग्यसम्पत्तिसमृद्धिपूर्वकं परमसुखावाप्तये धर्मार्थंकामसिध्यर्थञ्च सत्संस्कारस्वकीयोद्वाहकर्माङ्गमहं करिष्ये। इति जलं प्रक्षिप्य पुनर्जलं गृहीत्वा तन्निर्विघ्नपरिसमाप्तिकामो श्रीगणपत्यादीन्यथालब्धोपचारैरर्चयिष्ये। इति संकल्प्य श्रीगणेशोङ्कारषोडशमातृनवग्रहान् सर्पांश्च पूजयेत्।

अथ वरार्चनविधिः

आदौ दाता साक्षतजलं गृहीत्वा ओं तत्सदित्यादिकायवाङ्मनःकरणकाचरितसमस्तैनोनिरसनानन्तरं विविधेप्सितभोगादिसुखसिद्ध्यर्थेज्योतिष्टोमातिरात्रयज्ञजन्यफल-समफलक-भविष्यदात्मीयकन्याधिकरणक–स्वात्मनिरूपित–स्वत्वध्वंसनोत्तराव्यवहित-क्षणसङ्कुचितसमयसंजायमान-वरनिरूपित-स्वत्वजनक–स्वात्मकन्यात्यागरूप-कर्म-प्रधानाङ्गतयामुकगोत्रं विष्णुरूपिणं वरमर्चयिष्ये। इति संकल्पं कुर्यात्। तत उत्थाय यजमानः वरमूर्ध्वजानुं सम्बोध्य—ॐ साधुभवानास्तामर्च्चयिष्यामो भवन्तम्। इति ब्रूयात् ततः अर्चय इति वरेणोक्ते तदुपवेशनार्थं शुद्धमासन दत्त्वा तस्योपरि सम्मानार्थं पुष्पाणि च क्षिपेत्। ततो गन्धादिभिर्वरस्य मुकुटार्चनं कृत्वा पुष्पमालां कण्ठे परिधापयेत् विष्णुरूपिणे वराय नमः। दाता पञ्चविंशतिकुशपत्ररचितं दूर्वामयं वा विष्टरमादाय ओं विष्टरो विष्टरो विष्टर इत्यन्येनोक्ते ओं विष्टरः प्रतिगृह्यताम् इति दाता वदेद्। ओं विष्टरं प्रतिगृह्णामि इत्यभिधाय वरो यजमानहस्ताद् [1]विष्टरमुदग्रपाणिभ्यामादाय—वर्ष्मोऽस्मि समानानामुद्यतामिव सूर्यः। इमं तमभितिष्ठामि यो मां कश्चाभिदासति। इति मंत्रेण आसने उत्तराग्रं विष्टरं निधाय वर उपविशेत्। तत्रोपविष्टे वरे यजमानः स्वयमप्युपविश्य पाद्यपात्रे ईषदुष्णमुदकमादाय—ओं पाद्यं पाद्यं पाद्यं इति अन्ये-

---

१. नच स्मरेद्दषिच्छन्दः श्राद्धे वैतानिके मखे। अग्निहोत्रे वैश्वदेवे विवाहादिविधौ तथा। होमकाले न दृश्यन्ते प्रायश्छन्दर्षिदेवताः। शान्तिकादिषु कार्येषु मन्त्रपाठजपादिषु। होमे नैव प्रकर्तव्याः कदाचिद्दषिदेवताः (संस्कार भा०)

नोक्ते ओं पाद्यं प्रतिगृह्यतामिति दाता वदेत्। ओं पाद्यं प्रतिगृह्णामि इत्यभिधाय वरः पाद्यपात्रं गृहीत्वा तत्पात्रं भूमौ निधायाञ्जलिना जलमादाय —ओं विराजो दोहोऽसि विराजो दोहमशीय मयि पाद्यायै विराजो दोहः। इति मन्त्रेण विप्रस्य दक्षिणचरणं प्रक्षाल्य वामचरणं प्रक्षालयेत्। (क्षत्रियादिश्चेत् प्रथमं वामं ततो दक्षिणं प्रक्षालयेत्) ततः पूर्ववत् विष्टरान्तरं गृहीत्वा ओं वर्ष्मोऽस्मि समानानामुद्यतामिव सूर्यः। इमन्तमभितिष्ठामि यो मां कश्चाभिदासति इति मन्त्रं पठित्वा चरणयोरधस्तात् वरः उत्तराग्रं विष्टरं स्थापयेत्। ततो दाता हस्तौ प्रक्षाल्य दूर्वाक्षतफलपुष्पचन्दनयुतार्घपात्रं गृहीत्वा—ओं अर्घो अर्घो अर्घः इत्यन्येनोक्ते–ओं आगतोऽसि वरश्रेष्ठ सर्वकामार्थसिद्धये। प्रतिग्रहसमर्थोऽसि गृहाणार्घ्यं नमोऽस्तु ते॥ ॐ अर्घः—प्रतिगृह्यताम् इति दाता वदेत्। ओं अर्घं प्रतिगृह्णामि इत्यभिधाय वरो यजमानहस्तादर्घं गृहीत्वा—ओं आपः स्थ युष्माभिः सर्वान्कामानवाप्नुवानि। इति शिरसाभिवंद्य शिरसि अक्षतादिकं च किञ्चिद्दत्वा—ओं समुद्रं वः प्रहिणोमि स्वां योनिमभिगच्छत। अरिष्टास्माकं वीरा मा परासेचिमत्पयः॥ इत्यर्घपात्रस्थं जलं ऐशान्यां त्यजन्पठेत्। तत आचमनीयपात्रमादाय - ओं आचमनीयम्, आचमनीयं, आचमनीयं इत्यन्येनोक्ते ॐ आचमनीयं प्रतिगृह्यताम् इति दाता वदेत्। ततो वरः ॐ आचमनीयं प्रतिगृह्णामि इत्युक्त्वा यजमानहस्तादाचमनीयपात्रमादाय ॐ आमागन् यशसा स ꣳ सृज वर्च्चसा तन्मा कुरु प्रियं प्रजानामधिपतिं पशूनामरिष्टिं तनूनाम्॥ इत्यनेन सकृदाचामेत्। द्विस्तूष्णीम्। ततोवरः हस्तौ प्रक्षालयेत्।

अथ [1]मधुपर्कविधानम्

ततो यजमानः कांस्यपात्रस्थदधिमधुघृतानि कांस्यपात्रपिहितान्यादाय—ॐ मधुपर्को मधुपर्को मधुपर्कः इत्यन्येनोक्ते ॐ मधुपर्कः प्रतिगृह्यतां इति दाता वदेत्॥ ॐ मधुपर्कं प्रतिगृह्णामि इति वरो वदेत्। ततः ॐ मित्रस्य त्वा चक्षुषा प्रतीक्षे इति यजमानकरस्थमेव तत्पात्रमुद्घाट्य निरीक्ष्य च ॐ देवस्य त्वा सवितुः प्रसवेऽश्विनोर्बाहुभ्यां पूष्णो हस्ताभ्यां प्रतिगृह्णामि इति मन्त्रेण मधुपर्कपात्रं पाणिभ्यां गृहीत्वा वामहस्ते धृत्वा ॐ नमः श्यावास्यायान्नशने यत्त आविद्धं तत्ते निष्कृन्तामि। इति दक्षिणानामिकया त्रिःप्रदक्षिणमालोड्य अनामिकाङ्गुष्ठाभ्यां भूमौ किंचित् निक्षिप्य पुनस्तथैव द्विवारमालोड्य भूमौ प्रत्येकं किञ्चित् किञ्चित् निःक्षिपेत्। ततः आचारान्मधुपर्कं पात्रान्तरे किंचित् कन्यायै द्रष्टुं

---

१. सर्पिश्च पलमेकन्तु द्विपलं मधु कीर्तितम्। दधि च त्रिपलं ज्ञेयं मधुपर्कविधिः-स्मृतः। दध्यादीनामलाभे तूक्तं लब्धाश्वलायनस्मृतौ ''मधुनाऽन्येन वा युक्तं मधुपर्कमिथं दधि, दध्यलाभे पयो ग्राह्यं मध्वलाभे तु शर्करा॥

दद्यात् ततस्तं मधुपर्कं पूर्वस्मिन्नेव पात्रे निक्षिप्य—ॐ यन्मधुनो मधव्यं परमं रूपमन्नाद्यम्। तेनाहं मधुनो मधव्येन परमेण रूपेणान्नाद्येन परमो मधव्योऽन्नादोऽसानि। इत्यनेन वारत्रयं प्राशयेत् प्रतिप्राशनं चैतन्मंत्रं पठेत्। ततो उच्छिष्टदूरीकरणार्थं हस्तौ प्रक्षालयित्वा उच्छिष्टशेषमधुपर्कमध्ये दक्षिणां च क्षिप्त्वा [1]असञ्चरदेशे धारयेत्। ततो गण्डूषं कुर्यात्। द्विराचम्य वरः दक्षिणहस्ते पूगीफलं दक्षिणां च धृत्वा इन्द्रियाणि संस्पृशेत्। तद्यथा—ॐ वाङ्मे आस्येऽस्तु, इति कराग्रेण मुखालंभनम्। ॐ नसोर्मे प्राणोऽस्तु, इति दक्षिणवामनासारन्ध्रद्वये। ओं अक्ष्णोर्मे चक्षुरस्तु इति दक्षिणोत्तरचक्षुषी। ॐ कर्णयोर्मे श्रोत्रमस्तु इति दक्षिणवामकर्णौ। ओं बाह्वोर्मे बलमस्तु इति दक्षिणोत्तरौ बाहू। ओं ऊर्वोर्मे ओजोऽस्तु इति युगपदूरू। ओं अरिष्टानि मेऽङ्गानि तनुस्तन्वा मे सन्तु इति शिरः प्रभृतीनि पादान्तानि सर्वाणि गात्राणि उभाभ्यां हस्ताभ्यां संस्पृश्य दक्षिणां विप्राय दत्त्वाचामेत्।

अथ गोदानम्

तत्र वरस्य समीपे भूमावुदगग्रान् दर्भानास्तीर्य ॐ गौ र्गौ र्गौः इत्यभिहिते वरस्तृणं गृहीत्वा यजमानेन सह मंत्रं पठेत् तद्यथा—ॐ माता रुद्राणां दुहिता वसूनां स्वसादित्यानाममृतस्य नाभिः प्रणुवोचं चिकितुषे मागामनागामदितिं वधिष्ट॥ मम च अमुकशर्म्मणः (वर्मणो गुप्तस्य वा) यजमानस्य च उभयोः पाप्माहतः ॐ उत्सृजत इति उपांशु पठित्वा, तृणान्यत्तु इत्युच्चैरुच्चार्य कुशपत्रस्योत्सर्जनं कृत्वा वराय शिष्टाचारात् मधुपर्कसम्बधिगोदानं कुर्यात् अथवा गोनिष्क्रयद्रव्यं दद्यात्। तत्र दातृकर्तृकसंकल्पः—ॐ अद्येत्यादि० अमुकगोत्रोऽमुकशर्माहं महापातकनिवृत्तिपूर्वकश्रुत्युक्तफलप्राप्त्यर्थं स्वकीयकन्योद्वाहे मधुपर्कसम्बन्धिगोप्रतिनिधिभूतमिदं द्रव्यं अमुकदैवतममुकशर्मणे वराय तुभ्यमहं सम्प्रददे।

अथाग्निस्थापनम्

अथाचार्य्योऽन्यो ब्राह्मणो वा वेदिकायां तुषकेशशर्करादिरहितायां हस्तमात्रपरिमितायां चतुरस्रां भूमि कुशैः परिसमुह्य तान् कुशानैशान्यां परित्यज्य गोमयोदकेनोपलिप्य स्फ्येन स्रुवमूलेन वा प्रागग्रप्रादेशमात्रमुत्तरोत्तरक्रमेण त्रिरुल्लिख्य उल्लेखनक्रमेणैवानामिकाङ्गुष्ठाभ्यां मृदमुद्धृत्य जलेनाभ्युक्ष्य तत्र तूष्णीं कांस्यपात्रस्थं द्वितीयकांस्यपिहित योजकनामानं वह्निमग्निकोणादानीय प्राङ्मुखः प्रत्यङ्मुखमुपसमाधाय तद्रक्षार्थं किंचिद्यज्ञीयकाष्ठादिकं तत्र संयोज्य आनीताग्निपात्रे जलाक्षतादिप्रक्षेपः। ततः हस्तेऽक्षतान् गृहीत्वाऽग्ने योजकनाम शाण्डिल्यगोत्र शाण्डिल्यासितदेवलेतित्रिप्रवरान्वित भूमिमातः वरुणपितः

१ जले वा बालुकायां वा वने वा पर्वतेऽथवा। भवनोपरिदेशे वा ह्यसञ्चर इतीर्यते।

मेषध्वज प्राङ्मुखं मम संमुखो भव इत्यग्नौ अक्षतान् प्रक्षिप्य योजकनामाग्निं प्रतिष्ठापयेत्।

ततः कौतुकागाराद्वरः समाचारान्मातुलोऽन्यो वा कन्यामातृबन्धुः कन्यामानीय मण्डपे ॐ शुक्लाम्बरधरेति मन्त्रद्वारा अक्षतप्रक्षेपपूर्वकं उपवेशयेत्। ततः कन्या द्वैमातुरोंकारलक्ष्मीकुबेरानर्चयेत्। ततः कन्याशिरसि कुङ्कुमार्चितं मुकुटं (मौड़ी) धार्यम्। यम्ब्रह्म वेदान्तविदो वदन्ति परम्प्रधानं पुरुषं तथान्ये। विश्वोद्गतेः कारणमीश्वरं वा तस्मै नमो विघ्नविनाशनाय। इति पठेत्।

संस्कारलोपप्रायश्चित्तसंकल्पः ॐ अद्येत्यादि० अस्याः कुमार्याः गर्भाधानादिसंस्काराणां स्वकाले अकरणजनितप्रत्यवायपरिहारार्थं पादकृच्छ्ररूपं प्रायश्चित्तं रजतप्रत्याम्नायद्वारा अहमाचरिष्ये। (प्रतिसंस्कारलोपे गोदानमथवा गोनिष्क्रयीभूतं यथाशक्ति रजतदानमप्युक्तम्) कृतैतत् प्रायश्चित्तेन गर्भाधानादिसंस्काराः सम्पद्यन्ताम् इति पठेत्। ततः कन्यापिता वराय वस्त्रचतुष्टयं प्रयच्छति तन्मध्ये वस्त्रद्वयं वरः क्रमेण मंत्रपाठपूर्वकं कन्यायै प्रयच्छति। ॐ जरां गच्छ परिधत्स्व वासो भवा कृष्टीनामभिशस्ति पावा शतञ्च जीव शरदः सुवर्च्चा रयिञ्च पुत्राननु संव्ययस्वायुष्मतीदं परिधत्स्व वासः। इति पठित्वा परिधानवस्त्रं तस्यै ददाति वरः। ततो द्वितीयोत्तरीयवस्त्रमादाय—ॐ या अकृन्तन्नवयन्या अतन्वत याश्च देव्यस्तन्तूनभितस्ततन्थ। तास्त्वा देवीर्ज़रसे संव्ययस्वायुष्मतीदं परिधत्स्व वासः। इति पठित्वोत्तरीयं ददाति। वरः स्वयमप्येक वस्त्रमादाय ॐ परिधास्यै यशोधास्यै दीर्घायुष्ट्वाय जरदष्टिरस्मि। शतं च जीवामि शरदः पुरूचो रायस्पोषमभिसंव्ययिष्ये। इति पठित्वाऽधोवस्त्रं वरः परिदध्यात्। ततः उत्तरीयवस्त्रमादाय—ॐ यशसा मा द्यावा पृथिवी यशसेन्द्राबृहस्पती यशोभगश्च मा विदद्यशो मा प्रतिपद्यताम्। इति पठित्वोत्तरीयवस्त्रं परिदधाति वरः। ततो वरः कन्या च द्विराचामेताम्।[1] ततः कन्याप्रदेन परस्परं समीक्षेथामिति प्रेषितयोः कन्यावरयोः परस्परं सम्मुखीकरणम्। सम्मुखीभूतो वरः—ॐ समञ्जन्तु विश्वेदेवाः समापो हृदयानि नौ। सम्मातरिश्वा सन्धाता समुदेष्ट्री दधातु नौ। इति पठेत्। ततः आचार्यः—प्रतिष्ठासु प्रतिष्ठितमस्तु दम्पत्योरविच्छिन्ना प्रीतिरस्तु। ॐ रुक्मिणीकृष्णसौभाग्यमुमाशङ्करयोर्यथा। सावित्रीब्रह्मसौभाग्यं तदस्तु वरकन्ययोः॥ इति पठित्वा दम्पत्युपरि साक्षतपुष्पाणि क्षिपेत्। ततो दाता वरस्योत्तरीयवस्त्रं द्रव्याक्षतयुक्तं कन्यावस्त्रं तु दूर्वाक्षतपूगीफलादि युक्तं कृत्वा परस्परमुभयोर्ग्रन्थिबन्धनं कुर्यात्। तत्र मन्त्रः—गणाधिपं नमस्कृत्य उमां लक्ष्मीं सरस्वतीम्। दम्पत्योः रक्षणार्थाय पटग्रन्थिं करोम्यहम्। ततो वरः सर्वदोष-

---

१. स्नात्वा पीत्वा क्षुते सुप्ते भुक्त्वा रथ्योपसर्पणे। आचान्तः पुनराचामेत् वासो विपरिधाय च [यो. या.]।

दूरीकरणार्थं हस्ते द्रव्यं धृत्वा लग्नशुद्धिसंकल्पं कुर्यात् तद्यथा—ग्रन्थिबन्धनादनन्तरं पाणिग्रहणात्पूर्वं लग्नशुद्ध्यर्थं यथाशक्तिसुवर्णरजतादिदानं वरः कुर्यात्—ॐ इहेत्यादि० अमुकगोत्रोऽमुकशर्म्मैतत्पाञ्चभौतिकशरीरावच्छिन्नात्मसमवेतकायवाङ्-मनःकरणकाचरितपातकोपपातकमहापातकनिवृत्तिपूर्वकं ममास्यां विवाहवेलायाममुकलग्नतो ह्यभिहितस्थानस्थिताशुभयुक्ताशुभदृष्टाशुभषड्वर्गगतारियुक्तारिदृष्टारिषड्वर्गस्थितदिनमणिमुखनवखेटोपखेटजन्यपापक्रूरदृष्टिस्थानहोराद्रेष्काणनवांशद्वादशांशत्रिंशांशायतवर्तमानैतद्विवाहोचितलग्नजन्यमज्जनिनामयभप्रसिद्धनामहेतुकविपरीतवर्गवर्णगणयोनिनाडिप्रमुखविवाहोचितपरस्परसम्मेलनीकूटसञ्जातकुजकर्तृकजनिसमयवर्तमानलग्नाद्यनुचिताल्पस्थितिदृष्टिजारिष्टोपशमपूर्वकैतल्लग्नज्योतिश्शास्त्रप्रसिद्धसमुचितविविधलग्नगुणित्वजनकनानागुणाश्रयत्वसम्पत्यै वर्तमानैतल्लग्नाधिष्ठातृदेवप्रीतये श्रीसूर्यादिप्रीतिकमेतद्द्रव्यममुकदैवतं तुभ्यमहं सम्प्रददे न मम। इति द्रव्यं ब्राह्मणाय दद्यात्।

अथ [1]कन्यादानम् ॥

ज्योतिश्शास्त्रोक्तशुभलग्नवेलायां कन्यादाता स्वदक्षिण[2]स्थितया पत्न्या सह कृतग्रन्थिबन्धनो वरस्य दक्षिणभागे शुभासने उदङ्मुख उपविश्य कन्यावरयोः कुंकुमादिना शुक्लाम्बरधरेति मन्त्रेण हस्तलेपनं कृत्वा कुशादीन्यादाय आदौ मंगलाष्टकोच्चारणमाचार्यद्वारा कारयेत्। ततः कन्यादा[3]नस्य प्रतिज्ञासंकल्पं कुर्यात्। तद्यथा—ॐ विष्णुर्विष्णुर्विष्णुरद्येत्यादिदेशकालौ संकीर्त्य-अस्मिन् पुण्याहे अमुकगोत्रोऽमुकशर्माहं मम समस्तपितॄणां निरतिशयसानन्दब्रह्मलोकप्राप्त्यर्थं श्रुतिस्मृतिपुराणादिकल्पोक्तफलावाप्त्यर्थं च अनेन वरेण अस्यां कन्यायामुत्पादयिष्यमाणसन्तत्या द्वादशपूर्वान् द्वादशापरान् पुरुषान् पवित्रीकर्तुं आत्मनश्च श्रीलक्ष्मीनारायणप्रीतये ब्राह्मविवाहविधिना कन्यादानाख्यमहादानमहं करिष्ये इति संकल्प्य कन्यां गंधाक्षतपुष्पमालाभिः सम्पूजयेत्।

---

१ कन्यादातृऋणमाह—पिता पितामहो भ्राता सकुल्यो जननीत था। कन्या प्रदाः पूर्वनाशे प्रकृतिस्थः परः परः (या० स्मृ०) रविग्रहे कुरुक्षेत्रे स्वर्णदानस्य यत्फलम्। सहस्रवैष्णवे गेहे तथाऽयुतशिवालये ॥ समस्ततीर्थगमने लक्षब्राह्मणभोजने। कूपारामतडागादिप्रतिष्ठासु च यत्फलम् ॥ तत्फलं समवाप्नोति कन्यादानान्न संशयः ॥ कुम्भीपाके महाघोरे यावच्चन्द्रार्कतारकम्। पच्यते स्वकुलैः सार्द्धं कन्याविक्रयकारकः (भविष्य पु०)

२. व्रतबन्धे विवाहे च चतुर्थीसहभोजने। व्रते दाने मखे श्राद्धे पत्नी तिष्ठति दक्षिणे ॥ सर्वेषु धर्मकार्येषु पत्नी दक्षिणतः शुभा। अभिषेके विप्रपादक्षालने चैव वामतः ॥

३. ननु—विवाहविहिते तन्त्रे होमकाले उपस्थिते। कन्यामृतुमतीं दृष्ट्वा कथं कुर्वन्ति याज्ञिकाः ॥ इत्यत आह—स्नापयित्वा तु तां कन्यामर्चयित्वा यथाविधि। युञ्जानामाहुतिं हुत्वा ततः कर्मणि योजयेत् ॥ ॐ युञ्जानः प्रथमं मनस्तत्त्वाय सविता धियम्। अग्नेर्ज्योतिर्निचाय्य पृथिव्या अध्याभरत् स्वाहा। इदं सवित्रे न मम (यजु०)।

पुनः सपत्नीको दाता शङ्खस्थदूर्वाक्षतफलपुष्पचन्दनतुलसीदलकुशजलान्यादाय कन्याहस्तयोर्द्रव्यगर्भं गोधूमपिष्टगोलकं धृत्वा जामातृर्दक्षिणकरोपरि कन्यादक्षिणकरं निधाय ॐ दाताहं वरुणो राजा द्रव्यमादित्यदेवतम् । वरोऽसौ विष्णुरूपेण प्रतिगृह्णात्वयं विधिः ॥ इति मंत्रं दाता पठेत् ॥ ततः कन्यां सुलक्षणोपेतां कनकाभरणैर्युताम् । दास्यामि विष्णवे तुभ्यं ब्रह्मलोकजिगीषया । अनेन वरं प्रार्थयेत् । अस्मिन्समये वरकन्यापक्षाश्रयिणौ पुरोहितौ क्रमशः मङ्गलस्तवगानं शाखोच्चारणम्वा कुर्याताम् ॥ ततः कन्याङ्गुष्ठं शंखपात्रे निधाय सङ्कल्पं कुर्यात्—ॐविष्णुर्विष्णुर्विष्णुः ॐस्वस्ति श्रीमुकुन्देत्यादि देशकालादि स्मृत्वा[आत्म मुखेन कीर्तयित्वा च] मम समस्तपितृणां निरतिशयसानन्दब्रह्मलोकावाप्त्यादिकन्यादानकल्पोक्तफलावाप्तिपूर्वक - आध्यात्मिकाधिभौतिकाधिदैविक-तापत्रयनिराकरणाय ज्ञाताज्ञात-मनोवाक्कायकर्म-जनिताखिल-पापापनोदनाय च अस्यां कन्यायां वरादस्मात् समुत्पादयिष्यमाणसन्तत्या आत्मनो मातृपितृवंशजान् द्वादशपूर्वान् द्वादशापरान् पुरुषान् पवित्रीकर्तुमात्मनश्च श्रीलक्ष्मीनारायणप्रीतये (प्रथमं वरपक्षीयो विप्रः अस्मिन् दिने वा अस्यां रात्रौ अस्मिन्मण्डलमण्डपाभ्यन्तरे स्वस्ति श्रीमन्नन्दनन्दनचरणकमलभक्तिविद्याविनीतकुलकमलकलिकाप्रकाशनैकभास्कर-सदाचारसच्चरित्रसत्कुलसत्प्रतिष्ठागरिष्ठस्य अमुकगोत्रस्य यथोक्तप्रवरस्य अमुकवेदिनोऽमुकशाखिनः, अमुकसूत्रिणः श्रीमतोऽमुकशर्म्मणः (वर्मणः गुप्तस्य वा) प्रपौत्राय (एवमेव पौत्राय तथैव पुत्रायाहं प्रयतपाणिः शरणं प्रपद्ये स्वस्ति संवादेष्वभयं वो वृद्धिः वरकन्ययोर्मङ्गलमास्ताम् वरश्चिरंजीवी कन्या सावित्री भूयात्) अथ कन्यापक्षीयो विप्रः-अस्मिन्दिने वा अस्यां रात्रौ अस्मिन् मण्डलमण्डपाभ्यन्तरे स्वस्ति श्रीविद्याविनयसम्पन्नामश्रीभगवच्चरणारविन्दसंलग्नमधुपस्वधर्मनिष्ठ - वंशवरिष्ठपरोपकारपरायणदानशीलस्य अमुकगोत्रस्य यथोक्तप्रवरस्य अमुकवेदिनो अमुकशाखिनः अमुकसूत्रिणः श्रीमतोऽमुकशर्मणः (वर्मणो गुप्तस्य वा) प्रपौत्रीं एवमेव पौत्रीं तथैव पुत्रीं प्रयतपाणिः शरणं प्रपद्ये स्वस्ति संवादेष्वभयं वो वृद्धिः कन्यावरयोर्मङ्गलमास्ताम् कन्या सावित्री वरश्चिरंजीवी भूयात् । इत्यनेन क्रमेण वरपक्षीयाः कन्यापक्षीयाश्च त्रिरावृत्य अमुकगोत्राय, अमुकवेदिने अमुकशाखिने अमुकसूत्रिणे अमुकशर्मणे (वर्मणे गुप्ताय वा) श्रीधरस्वरूपिणे कन्यार्थिने वराय अमुकगोत्रोत्पन्नां अमुकप्रवरां आयुष्मतीं श्रौतस्मार्तसहायिनीं अमुकनाम्नीमिमां श्रीरूपिणीं वरार्थिनीं कन्यां[1] यथाशक्त्यलंकृतां परालङ्कारवर्जितां महद्वस्त्रद्वयावृतां विवाहदीक्षया दीक्षितां प्रजापतिदैवत्यां शतगुणीकृतज्योतिष्टोमातिरात्रादियज्ञसमफल-

---

१. सम्प्रदाने भवेत्कन्या घृतहोमे सुमङ्गली ।
वामभागे भवद्भार्या पत्नी चतुर्थीकर्मणि ॥

प्राप्तिकामो देवाग्निब्राह्मणसाक्षित्वेन सहधर्माचरणाय प्रजोत्पादनार्थं च पत्नीत्वेन तुभ्यमहं सम्प्रददे। इति पठित्वा दाता सपत्नीक उत्थाय शङ्खस्थं सकुशाक्षत-तुलसीदलं जलं[1] कन्यादक्षिणहस्तं च वर-दक्षिणहस्ते दद्यात् वरश्च भूमावुपरि निजवामहस्ताधः ताम्रमयमनल्पं द्रव्यं धृत्वा गृह्णीयात्। स्वस्तीति प्रतिवचन-मुक्त्वा—ॐ द्यौस्त्वा ददातु पृथिवी त्वा प्रतिगृह्णातु इति कन्याहस्तं प्रतिगृह्य—ॐ कोऽदात् कामोऽदात्कामायादात्। कामो दाता कामः प्रतिग्रहीता कामैतत्ते। इति पठेत्। ततो दाता—मम श्रेष्ठकुले जाता पालिता च विवर्द्धिता। अद्य तुभ्यं मया दत्ता तव सन्ततिवृद्धये। इति वरं सम्प्रार्थ्य कन्यां देवीमिव ध्यायन् साञ्जलिः कन्ये ममाग्रतो भूयाः कन्ये मे देवि पार्श्वयोः। कन्ये मे पृष्ठतो भूया-स्त्वद्दानान्मोक्षमाप्नुयाम्। इति प्रार्थयेत्। त्रैलोक्यनाथ देवेश सर्वभूतदयानिधे। दानेनानेन मे प्रीतो भव शान्तिं प्रयच्छ मे॥ श्रुत्वा कन्याप्रदानं च पितरः प्रपितामहाः। विमुक्ता सर्वपापेभ्यो ब्रह्मलोके व्रजन्ति ते। प्रभुं संप्रार्थ्य प्रति-वचनं वरेण कुर्यात्। धर्मे चार्थे च कामे च त्वयेयमतिचारतः। न त्याज्याऽऽ-ज्याहुतिरिव भूमौ संसारभूतिदा। यस्त्वया धर्मश्चरितः कर्तव्यश्चानया सह। धर्मे चार्थे च कामे च नातिचार्या त्वया क्वचित्॥ ततो वरः—धर्मार्थकामकैः कार्यैर्देहच्छायेव सर्वदा। अहं नातिचरामीह यदुक्तं भवता मयि॥

ततः कन्याप्रदः साक्षतजलद्रव्यमादाय ॐ अद्य कृतैतत् कन्यादानप्रति-ष्ठार्थं सुवर्णमग्निदैवतम् (तन्मूल्योपकल्पितम् द्रव्यं वा) अमुकगोत्राय अमुक-नाम्ने वराय दक्षिणात्वेन तुभ्यमहम् सम्प्रददे। इति दक्षिणां दद्यात्। अथ देशा-चारात् स्वस्वसामर्थ्यानुसारेण (कन्याद्रव्यं) जलपात्रे सर्वे सामाजिकाः स्त्रियः पुरुषाश्च दद्युः॥ तच्च पुरोहितः गृह्णीयात्। ततो वरस्तां पाणौ गृहीत्वा—ॐ यदेषि मनसा दूरं विशो नु पवमानो वा हिरण्यपर्णो वैकर्णः सत्वा मन्मनसा करोतु। श्री अमुकदेवीति वधूनाम पठन् प्रतिग्रहगृहात् निष्क्रामेत् अस्मिन् समये कन्याया नामान्तरं विधेयम्। ततो वेदिकाया दक्षिणस्यां दिशि परिपूर्णं दृढ-कलशं पुष्पाक्षतचन्दनकुशाम्रपत्रौषधिदक्षिणासमन्वितम् ऊर्ध्वं तिष्ठन् मौनी कश्चन दृढपुरुषः स्कन्धेऽभिषेकपर्यन्तं धारयेत्। ततोऽग्निसमीपमागतौ वधूवरौ परस्परं समीक्षेथाम्। कन्याप्रदप्रैषानन्तरम्—ॐ अघोरचक्षुरपतिघ्न्येधि शिवा पशुभ्यः सुमनाः सुवर्च्चाः। वीरसूर्देवकामा स्योना शन्नो भव द्विपदे शं चतुष्पदे। ॐ सोमः प्रथमो विविदे गन्धर्वो उत्तरस्तृतीयोऽग्निष्टे पतिस्तुरीयस्ते मनुष्यजः ॐ सोमो ददद्गन्धर्वाय गन्धर्वो दददग्नये रयिं पुत्रांश्चादादग्निर्मह्यमथो इमाम्। ॐ सा नः पूषा शिवतमामीरय सा नः उरू उशती विहर यस्यामुशन्तः प्रहराम शेफं

---

१. विना दर्भश्च यत्स्नानं यच्च दानं विनोदकम्। असंख्यातञ्च यज्जप्तं तत्सर्वं निष्फलं भवेत् (अङ्गिरा)

यस्यामुकामा बह्वो निविष्टयं ॥ इति वरः पठेत् मन्त्रान्ते च परस्परं निरीक्षेताम् । ततोऽग्निं प्रदक्षिणीकृत्य पश्चादग्नेरहतवस्त्रवेष्टितं तृणपूलके कटे वा दक्षिणपादं दत्त्वा वधूं दक्षिणतः कृत्वा तामुपवेश्य स्वयमुपविशेत् । अथ वरः पुष्पचन्दन-ताम्बूलवस्त्राण्यादाय–ॐतत्सत् अद्य कर्तव्यविवाहहोमकर्मणि कृताकृतावेक्षणरूप-ब्रह्मकर्म कर्तुममुकगोत्रं अमुकशर्माणं ब्राह्मणं एभिः पुष्पचन्दनताम्बूलवासोभिर्ब्रह्म-त्वेन त्वामहं वृणे (इति ब्रह्माणं वृणुयात्) वृतोऽस्मीति प्रतिवचनं । वरेण यथा विहितं कर्म कुरु इत्युक्ते ओं करवाणीति ब्रह्मा वदेत् । ततोऽग्नेर्दक्षिणतो ब्रह्मणे शुद्धमासनं दत्त्वा तदुपरि प्रागग्रान्कुशानास्तीर्य उदङ्मुख उपविश्य गन्धा-क्षतादिभिः सम्पूजयेत् । ततः प्रणीतापात्रं पुरतः कृत्वा वारिणा परिपूर्य कुशत्र-येणाच्छादय ब्रह्मणो मुखमवलोक्याग्नितो वितस्त्यन्तरे उत्तरतः कुशोपरि निद-ध्यात् ततः परिस्तरणं वर्हिषश्चतुर्थभागं षोडशदर्भरूपं आदाय चतुर्भिर्दर्भैराग्ने-यादीशानान्तमुत्तराग्रैः । ब्रह्मणो अग्निपर्यन्तं प्रागग्रैः परिस्तरणं कुर्यात् । ततोऽ-ग्नेरुत्तरतः पश्चिमदिशि पवित्रच्छेदनार्थं कुशत्रयं, पवित्रकरणार्थं साग्रमनन्तर-गर्भकुशपत्रद्वयं, प्रोक्षणीपात्रं, आज्यस्थाली, सम्मार्जनार्थं कुशत्रयं, उपयमनार्थं, वेणीरूपकुशत्रयं, समिधस्तिस्रः पालाश्यः स्रुवः खादिरो हस्तमात्रः, आज्यं गव्यं, षट्पञ्चाशदुत्तरशतद्वयावच्छिन्नतण्डुलं(१) पूर्णपात्रं दक्षिणावरो वा एतानि पवित्र-च्छेदनकुशानां पूर्वपूर्वदिशि क्रमेणासादनीयानि । एवमन्यान्यपि सिन्दूरशमी-पलाशमिश्रा लाजा दृषदुपलं कुमारीभ्राता शूर्पः पूगीफलनारिकेलादीन्यसाधारण-वस्तून्यासादनीयानि । ततः पवित्रच्छेदनकुशैरग्रतः प्रादेशमात्रं विहाय पवित्रे छित्त्वा दक्षिणावर्तग्रन्थिं च दत्त्वा पवित्रच्छेदनं कुशोन्मूलं चोत्तरतः क्षिपेत् । ततः सपवित्रकरेण प्रणीतोदकं त्रिः प्रोक्षणीपात्रे निधाय व्यस्तअनामिकाङ्गु-ष्ठाभ्यां उत्तराग्रे पवित्रे गृहीत्वा त्रिरुत्पवनं ततः प्रागग्रं प्रोक्षणीपात्रं वामहस्ते कृत्वा प्रणीतासन्निधौ निधायानामिकाङ्गुष्ठाभ्यां गृहीतपवित्राभ्यां तज्जलं किंचित् त्रिरुत्क्षिप्य प्रणीतोदकेन पवित्रानीतेनोत्तानहस्तेन प्रोक्षणीमभिषिच्य प्रोक्षणीजलेन "वं" इति वारुणं बीजं उच्चारयन्नाज्यस्थाल्यादीन्यासितवस्तूनि पूर्णपात्रपर्यन्तानि क्रमेणैकैकशः प्रोक्ष्य असञ्चरे प्रणीताग्न्योरन्तराले प्रोक्षणीपात्रं निदध्यात् आज्यस्थाल्यामाज्यनिर्वापः ततोऽधिश्रित्य "वं" इत्यमृतबीजेन ज्वलत्तृ-णादिकमादायाज्यस्योपरि प्रदक्षिणं समन्ताद् भ्रामयित्वा तत्तृणादिकं वह्नौ क्षिपेत् ततो दक्षिणपाणिना स्रुवमादायाधोमुखमग्नौ त्रिस्तापयित्वा वामहस्ते कृत्वा सम्मार्जनकुशानामग्रैरन्तरतो मूलैर्बाह्यतः स्रुवमूर्ध्वमुखं संमृज्य प्रणीतोद-केनाभ्युक्ष्य पुनः पूर्ववत् प्रताप्य दक्षिणतो निधाय सम्पूजयेत् ॥ ओं आवाहयाम्यहं देवं स्रुवं शेवधिमुत्तमम् । स्वाहाकार-स्वधाकार-वषट्कार-समन्वितम् ॥ इति

(१) एकादश्यांतु—द्राक्षाखर्जूरवातादादिभिः पूर्णं पूर्णपात्रं सम्पद्यते इति शिष्टाचारः ।

सम्पूज्य सकङ्कणं कुर्यात् । ततः प्रदक्षिणक्रमेणाज्यमवतार्य अग्रतो निधाय प्रोक्षणीवदुत्पूयावेक्ष्य सत्यपद्रव्ये तन्निरसनं पुनः प्रोक्षणीमुत्पूय उत्थायोपयमनकुशान् वामहस्ते कृत्वा प्रजापतिं मनसा ध्यात्वा तूष्णीमग्नौ घृताक्ताः समिधस्तिस्रः क्षिपेत् । उपविश्य सपवित्रप्रोक्षण्युदकेनाग्नि[1]मीशानादिक्षणमुदक्पर्यन्तं पर्युक्ष्य प्रणीतापात्रे पवित्रे निधाय पातितदक्षिणजानुः कुशेन ब्रह्मणान्वारब्धः कुशसहितं प्रसारिताङ्गुलिहस्तं हृदि निधाय दक्षिणहस्तेन मूले चतुरङ्गुलं त्यक्त्वा शङ्खसन्निभमुद्रया स्रुवं गृहीत्वा समिद्धतमेऽग्नौ सन्ततघृतधारया मनसा प्रजापतिं ध्यायन् स्रुवेण तूष्णीं सशेषं जुहुयात् । तत्तदाहुत्यनन्तरं स्रुवावस्थितघृतशेषस्य सर्वत्र प्रोक्षणीपात्रे प्रक्षेपः । ओं प्रजापतये स्वाहा इदं प्रजापतये । इतिमनसा प्रजापतिं ध्यात्वा ॥ ओं सोमाय स्वाहा इदं सोमाय । इत्याज्यभागौ । ततो महाव्याहृतिहोमः ओं भूः स्वाहा इदमग्नये । ओं भुवः स्वाहा इदं वायवे । ओं स्वः स्वाहा इदं सूर्याय । ततः सर्वप्रायश्चित्तहोमः—ओं त्वन्नोऽग्ने वरुणस्य विद्वान् देवस्य हेडो अवयासिसीष्ठाः । यजिष्ठो वह्नितमः शोशुचानो विश्वा द्वेषाᳪसि प्रमुमुग्ध्यस्मत् स्वाहा इदमग्निवरुणाभ्याम् । ओं सत्वन्नो अग्ने अवमो भवोती नेदिष्ठो अस्या उषसो व्युष्टौ । अवयक्ष्व नो वरुणस्य रराणो वीहि मृडीकᳪसुहवो न एधि स्वाहा । इदमग्निवरुणाभ्याम् । ओं अयाश्चाग्नेऽस्य नभिशस्तिपाश्च सत्वमित्वमया असि । अयानो यज्ञं वहास्ययानो धेहि भेषजᳪस्वाहा इदमग्नये । ओं ये ते शतं वरुण ये सहस्रं यज्ञियाः पाशा वितता महान्तः । तेभिर्नो अद्य सवितोत विष्णुर्विश्वे मुञ्चन्तु मरुतः स्वर्काः स्वाहा । इदं वरुणाय सवित्रे विष्णवे विश्वेभ्यो देवेभ्यो मरुद्भ्यः स्वर्केभ्यश्च । ओं उदुत्तमं वरुण पाशमस्मदवाधमं विमध्यमᳪश्रथाय अथावयमादित्यव्रते तवानागसो अदितये स्याम स्वाहा इदं वरुणाय । प्रणीतोदकोपस्पर्शनम् । ततोऽन्वारम्भं विना जुहुयात् । अथ राष्ट्रभृद्धोमः । ॐ ऋताषाडृतधामाग्निर्गन्धर्वः स न इदं ब्रह्मक्षत्रं पातु तस्मै स्वाहा वाट् ॥ इदमृतासाहे ऋतधाम्नेऽग्नये गन्धर्वाय ॐ ऋताषाडृतधामाग्निर्गन्धर्वः तस्यौषधयोऽप्सरसो मुदो नाम ताभ्यः स्वाहा । इदमौषधिभ्योऽप्सरोभ्यो मुद्भ्यः । ॐ सᳪहितो विश्वसामा सूर्यो गन्धर्वः स न इदं ब्रह्मक्षत्रं पातु तस्मै स्वाहा वाट् । इदं सᳪहिताय विश्वसाम्ने सूर्याय गन्धर्वाय ।

ॐ सᳪहितो विश्वासामा सूर्यो गन्धर्वः तस्य मरीचोऽप्सरस आयुवो नाम ताभ्यः स्वाहा । इदं—मरीचिभ्योऽप्सरोभ्य आयुभ्यः । ॐ सुषुम्णः सूर्यरश्मिश्चन्द्रमा गन्धर्वः स न इदं ब्रह्मक्षत्रं पातु तस्मै स्वाहा वाट् । इदं सुषुम्णाय सूर्य-

(१) प्रश्नः—अधोमुख उर्द्ध्वपादः प्राङ्मुखो हव्यवाहनः । तिष्ठत्येव स्वभावेन आहुतिः कुत्र दीयते ॥ उत्तरम्—सपवित्राम्बुहस्तेन वह्नेः कुर्यात्प्रदक्षिणम् । हव्यवाट् सलिलं दृष्ट्वा बिभेति सम्मुखो भवेत् ॥ (कारिका)

रश्मये चन्द्रमसे गन्धर्वाय ॥ ॐ सुषुम्णः सूर्यरश्मिश्चन्द्रमा गन्धर्वः तस्य नक्षत्राण्यप्सरसो भेकुरयो नाम ताभ्यः स्वाहा। इदं नक्षत्रेभ्योऽप्सरोभ्यो भेकुरिभ्यः। ॐ इषिरो विश्वव्यचा वातो गन्धर्वः स न इदं ब्रह्मक्षत्रं पातु तस्मै स्वाहा वाट्। इदमिषिराय विश्वव्यचसे वाताय गन्धर्वाय। ॐ इषिरो विश्वव्यचा वातो गन्धर्वः तस्यापो अप्सरस ऊर्जो नाम ताभ्यः स्वाहा। इदमद्भ्योऽप्सरोभ्य उर्ग्भ्यः। ॐ भुज्युः सुपर्णो यज्ञो गन्धर्वः स न इदं ब्रह्मक्षत्रं पातु तस्मै स्वाहा वाट्। इदं भुज्यवे सुपर्णाय यज्ञाय गन्धर्वाय। ॐ भुज्युः सुपर्णो यज्ञो गन्धर्वः तस्य दक्षिणा अप्सरसस्तावानाम ताभ्यः स्वाहा इदं दक्षिणाभ्योऽप्सरोभ्यस्तावाभ्यः। ॐ प्रजापतिर्विश्वकर्मा मनोगन्धर्वः स न इदं ब्रह्मक्षत्रं पातु तस्मै स्वाहा वाट्। इदं प्रजापतये विश्वकर्मणे मनसे गन्धर्वाय ॐ प्रजापतिर्विश्वकर्मा मनोगन्धर्वः तस्य ऋक्सामान्यप्सरस एष्टयो नाम ताभ्यः स्वाहा। इदमृक् सामभ्योऽप्सरोभ्य एष्टिभ्यः। अथ जयाहोमः—ॐ चित्तं च स्वाहा इदं चित्ताय। ॐ चित्तिश्च स्वाहा इदं चित्यै। ॐ आकूतं च स्वाहा इदमाकूताय। ॐ आकूतिश्च स्वाहा इदमाकूत्यै। ॐ विज्ञातं च स्वाहा इदं विज्ञाताय। ॐ विज्ञातिश्च स्वाहा इदं विज्ञात्यै। ॐ मनश्च स्वाहा, इदं मनसे। ॐ शक्वरीश्च स्वाहा, इदं शक्वरीभ्यः। ॐ दर्शश्च स्वाहा, इदं दर्शाय। ॐ पौर्णमासं च स्वाहा इदं पौर्णमासाय। ॐ बृहच्च स्वाहा, इदं बृहते। ॐ रथन्तरं च स्वाहा, इदं रथन्तराय। ॐ प्रजापतिजर्यानिन्द्राय वृष्णो प्रायच्छदुग्रः पृतनाजयेषु। तस्मै विशः समनमन्त सर्वाः स उग्रः स इहव्यो बभूव स्वाहा। इदं प्रजापतये जयानिन्द्राय। उदकस्पर्शः इतिजयाहोमः ॥

अथ अभ्यातानहोमः—ॐ अग्निर्भूतानामधिपतिः स मावत्वस्मिन् ब्रह्मण्यस्मिन् क्षत्रेऽस्यामाशिष्यस्यां पुरोधायामस्मिन् कर्मण्यस्यां देवहूत्या ँ स्वाहा इदमग्नये भूतानामधिपतये। ॐ इन्द्रो ज्येष्ठानामधिपतिः स मावत्वस्मिन् ब्रह्मण्यस्मिन् क्षत्रेऽस्यामाशिष्यस्यां पुरोधायामस्मिन् कर्मण्यस्यां देवहूत्या ँ स्वाहा इदमिन्द्राय ज्येष्ठानामधिपतये ॥ ॐ यमः पृथिव्या अधिपतिः स मावत्वस्मिन् ब्रह्मण्यस्मिन् क्षत्रेऽस्यामाशिष्यस्यां पुरोधायामस्मिन् कर्मण्यस्यां देवहूत्या ँ स्वाहा। इदं यमाय पृथिव्या अधिपतये ॥ अत्र प्रणीतोदकस्पर्शः ॥ ॐ वायुरन्तरिक्षस्याधिपतिः स मावत्वस्मिन् ब्रह्मण्यस्मिन् क्षत्रेऽस्यामाशिष्यस्यां पुरोधायामस्मिन् कर्मण्यस्यां देवहूत्या ँ स्वाहा। इदं वायवेऽन्तरिक्षस्याधिपतये ॥ ॐ सूर्यो दिवोऽधिपतिः स मावत्वस्मिन् ब्रह्मण्यस्मिन् क्षत्रेऽस्यामाशिष्यस्यां पुरोधायामस्मिन् कर्मण्यस्यां देवहूत्या ँ स्वाहा। इदं सूर्याय दिवोऽधिपतये ॥ ॐ चन्द्रमाः नक्षत्राणामधिपतिः स मावत्वस्मिन् ब्रह्मण्यस्मिन् क्षत्रेऽस्यामाशिष्यस्यां पुरोधायामस्मिन् कर्मण्यस्यां देवहूत्या ँ स्वाहा। इदं चन्द्रमसे नक्षत्राणामधिपतये ॥ ॐ बृहस्पतिर्ब्रह्मणोऽधिपतिः स मावत्वस्मिन् ब्रह्मण्यस्मिन् क्षत्रेऽस्यामाशिष्यस्यां पुरोधायामस्मिन् कर्मण्यस्यां देवहूत्या ँ स्वाहा। इदं बृहस्पतये ब्रह्मणोऽधि-

पतये ॥ ॐ मित्रः सत्यानामधिपतिः स मावत्वस्मिन् ब्रह्मण्यस्मिन् क्षत्रेऽस्यामाशिष्यस्यां पुरोधायामस्मिन् कर्मण्यस्यां देवहूत्या ᳪ स्वाहा । इदं मित्राय सत्यानामधिपतये ॥ ॐ वरुणोऽपामधिपतिः स मावत्वस्मिन् ब्रह्मण्यस्मिन् क्षत्रेऽस्यामाशिष्यस्यां पुरोधायामस्मिन् कर्मण्यस्यां देवहूत्या ᳪ स्वाहा इदं वरुणायापामधिपतये ॥ ॐ समुद्रः स्रोत्यानामधिपतिः स मावत्वस्मिन् ब्रह्मण्यस्मिन् क्षत्रेऽस्यामाशिष्यस्यां पुरोधायामस्मिन् कर्मण्यस्यां देवहूत्या ᳪ स्वाहा । इदं समुद्राय स्रोत्यानामधिपतये ॥ ॐ अन्न ᳪ साम्राज्यानामधिपतिः स मावत्वस्मिन् ब्रह्मण्यस्मिन् क्षत्रेऽस्यामाशिष्यस्यां पुरोधायामस्मिन् कर्मण्यस्यां देवहूत्या ᳪ स्वाहा । इदमन्नाय साम्राज्यानामधिपतये ॥ ॐ सोम औषधीनामधिपतिः स मावत्वस्मिन् ब्रह्मण्यस्मिन् क्षत्रेऽस्यामाशिष्यस्यां पुरोधायामस्मिन् कर्मण्यस्यां देवहूत्याᳪ स्वाहा इदं सोमायौषधीनामधिपतये ॥ ॐ सविता प्रसवानामधिपतिः स मावत्वस्मिन् ब्रह्मण्यस्मिन् क्षत्रेऽस्यामाशिष्यस्यां पुरोधायामस्मिन् कर्मण्यस्यां देवहूत्याᳪ स्वाहा । इदं प्रसवानामधिपतये ॥ ॐ रुद्रः पशूनामधिपतिः स मावत्वस्मिन् ब्रह्मण्यस्मिन् क्षत्रेऽस्यामाशिष्यस्यां पुरोधायामस्मिन् कर्मण्यस्यां देवहूत्या ᳪ स्वाहा ॥ इदं रुद्राय पशूनामधिपतये । अत्र प्रणीतोदकस्पर्शः । ॐ त्वष्टा रूपाणामधिपतिः स मावत्वस्मिन् ब्रह्मण्यस्मिन् क्षत्रेऽस्यामाशिष्यस्यां पुरोधायामस्मिन् कर्मण्यस्यां देवहूत्या ᳪ स्वाहा । इदं त्वष्ट्रे रूपाणामधिपतये । ॐ विष्णुः पर्वतानामधिपतिः स मावत्वस्मिन् ब्रह्मण्यस्मिन् क्षत्रेऽस्यामाशिष्यस्यां पुरोधायामस्मिन् कर्मण्यस्यां देवहूत्या ᳪ स्वाहा इदं विष्णवे पर्वतानामधिपतये ॥ ॐ मरुतो गणानामधिपतयस्ते मावन्त्वस्मिन् ब्रह्मण्यस्मिन् क्षत्रेऽस्यामाशिष्यस्यां पुरोधायामस्मिन् कर्मण्यस्यां देवहूत्या ᳪ स्वाहा इदं मरुद्भ्यो गणानामधिपतिभ्यः । ॐ पितरः पितामहा परेऽवरे ततास्ततामहाः इह मावन्त्वस्मिन् ब्रह्मण्यस्मिन् क्षत्रेऽस्यामाशिष्यस्यां पुरोधायामस्मिन् कर्मण्यस्यां देवहूत्या ᳪ स्वाहा । इदं पितृभ्यः पितामहेभ्यः परेभ्योऽवरेभ्यस्ततेभ्यस्ततामहेभ्यश्च । अत्र प्रणीतोदकस्पर्शः । इत्यभ्यातानहोमः ।

अथाग्न्यादिपञ्चकहोमः—

ॐ अग्निरेतु प्रथमो देवतानां सोऽस्यै प्रजां मुंचतु मृत्युपाशात् । तदय ᳪ राजावरुणोऽनुमन्यतां यथेय ᳪ स्त्रीपौत्रमघ्न्यतरोदात् स्वाहा । इदमग्नये । ॐ इमामग्निस्त्रायतां गार्हपत्यः प्रजामस्यै नयतु दीर्घमायुः । अशून्योपस्था जीवतामस्तु माता पौत्रमानन्दमभिबुध्यतामिय ᳪ स्वाहा । इदमग्नये । ॐ स्वस्तिनो अग्ने दिव आ पृथिव्या विश्वा निधेह्यपथा यजत्र । यदस्यां महि दिवि जानं प्रशस्तं तदस्मासु द्रविणं धेहि चित्त ᳪ स्वाहा । इदमग्नये । ॐ सुगन्नुपन्थां प्रदिसन्न एहि ज्योतिष्मद्ध्येह्यजरन्न आयुः । अपैतु मृत्युरमृतन्न आगाद्वैवस्वतो नो

अभयं कृणोतु स्वाहा। इदं वैवस्वताय। ततः शिष्टाचारात् वधूं पटेनान्तर्धाय मनसा मन्त्रं पठन् मृत्यवे जुहोति—ॐ परं मृत्यो अनुपरो हि पन्थां यस्ते अन्य इतरो देवयानात्। चक्षुष्मते शृण्वते ते ब्रवीमि मा नः प्रजा ँ रीरिषो मोत वीरान् स्वाहा। इदं वैवस्वताय, अत्र प्रणीतोदकस्पर्शः।

अथ लाजाहोमः—तत्र प्राङ्मुखी तिष्ठन्ती कुमारी अञ्जलिं विदधाति। वरश्च अनुपृष्ठं परिक्रम्य वध्वा दक्षिणतो भूत्वा स्वेनाञ्जलिना दक्षिणकरेण वा कुमार्यञ्जलिमालभ्य उदङ्मुखस्तिष्ठति। अथ कुमार्या भ्राता उपकल्पितान् शमीपलाशमिश्राँल्लाजान् घृतेनाभिघार्य नवीनशूर्पे चतुर्द्धा कृत्वा तेष्वेकं भागं प्रथमं स्वेनाञ्जलिना गृहीत्वा कुमार्या अञ्जलावावपति कुमारी तान् लाजान् अञ्जलिना गृहीत्वा विवाहाग्नौ जुहुयात्। तत्र मन्त्रः ॐ अर्यमणं देवं कन्या अग्निमयक्षत। स नो अर्यमा देवः प्रेतो मुञ्चतु मा पतेः स्वाहा। इदमर्यम्णे। पुनः ॐ इयं नार्युपब्रूते लाजानावपन्तिका। आयुष्मानस्तु मे पतिरेधन्तां ज्ञातयो मम स्वाहा इदमग्नये। ॐ इमांल्लाजानावपाम्यग्नौ समृद्धिकरणं तव, मम तुभ्यं च संवननं तदग्निरनुमन्यतामिय ँ स्वाहा। इदमग्नये। ततो वरः कुमार्याः सांगुष्ठम् दक्षिणहस्तमुत्तानं गृह्णाति वक्ष्यमाणमन्त्रांश्च पठति। ॐ गृभ्णामि ते सौभगत्वाय हस्तं मया पत्या जरदष्टिर्यथा सः। भगो अर्यमा सविता पुरन्धिर्मह्यं त्वादुर्गार्हपत्याय देवाः। ॐ अमोहमस्मि सात्व ँ सात्वमस्यमो अहम्। सामाहमस्मि ऋक् त्वं द्यौरहं पृथिवी त्वम् तावेव विवहावहै सहरेतो दधावहै प्रजां प्रजनयावहै पुत्रान् विन्दावहै बहून् ते सन्तु जरदष्टयः संप्रियौ रोचिष्णू सुमनस्यमानौ पश्येम शरदः शतं जीवेम शरदः शत ँ शृणुयाम शरदः शतम्। अथ वधूमग्नेरुत्तरतः प्राङ्मुखीं पूर्वोपकल्पितदृषदुपलोपरि दक्षिणपादेनारोहयति वरः॥ ॐ आरोहेममश्मानमश्मेव त्वं ँ स्थिराभव। अभितिष्ठ पृतन्यतोऽववाधस्व पृतनायतः॥ इति आरूढायामेव तस्यां वरो गाथां गायति। ॐ सरस्वति प्रेदमव सुभगे वाजिनीवति यान्त्वा विश्वस्य भूतस्य प्रजायामस्याग्रतः। यस्यां भूत ँ समभवद्यस्यां विश्वमिदं जगत् तामद्य गाथां गास्यामि या स्त्रीणामुत्तमं यशः।

ततोऽग्रे वधूः[1] पश्चाद्वरः प्रणीताब्रह्मसहितमग्निं प्रदक्षिणं[2] कुर्यातान्‌ तत्र वरपठनीयो मन्त्रः—ॐ तुभ्यमग्ने पर्यवहन्त्सूर्यावहतुना सह। पुनः पतिभ्यो जायां

---

१. कामस्त्वमोघबाणैः स्वैः प्रहरेदतिदारुणैः। तस्मादग्रे भवेत्कन्या बाणभीतिप्रशान्तये॥ कन्यकाग्रे वरं कृत्वा ब्राह्मणो ज्ञानदुर्बलः। विधवा जायते नारी निर्धनस्तेन हेतुना (सं० भा०) (२) लाजानाज्यं स्रुवं कुम्भं द्विजमश्मानमेव च। एतान् हि बाह्यतः कृत्वा शेषाणान्तु प्रदक्षिणम्। (वृद्धाः) ब्रह्माग्न्योर्मध्ये गच्छेतामिति गदाधरः)

दाग्ने प्रजया सह ॥ ततः पश्चादग्नेः प्राङ्मुखौ स्थित्वा लाजाहोमसाङ्गुष्ठ--पाणिग्रहण—अश्मारोहण—गाथागान—अग्निप्रदक्षिणानि पुनरपि तथैव द्विःकर्तव्यानि। एवं नव लाजाहुतयः, साङ्गुष्ठपाणिग्रहणत्रयं गाथागानत्रयं अग्निपरिक्रमणत्रयं च सम्पद्यते। ततस्तृतीयपरिक्रमणानन्तरं भ्रातृदत्तान् शूर्पकोणप्रदेशेन सर्वाल्लाजांस्तिष्ठन्ती कुमारी जुहोति तत्र मन्त्रः—ॐ भगाय स्वाहा इदं भगाय। ततोऽग्रे वरः पश्चाद्वधूस्तूष्णीमेव चतुर्थपरिक्रमणं कुरुतः। ततो वर उपविश्य ब्रह्मणान्वारब्ध आज्येन ॐ प्रजापतये स्वाहा इदं प्रजापतये। इति मनसा प्रजापतिं ध्यात्वा जुहुयात्। अत्र प्रोक्षणीपात्रे हुतशेषस्य प्रक्षेपः ततोऽग्नेरुरतः आलेपनेन हरिद्रया वा उत्तरोत्तरक्रमेण कृतसप्तमण्डलेषु प्रत्येकं वक्ष्यमाणमन्त्रैर्वध्वा सप्तपदाक्रमणं वरः कारयेत्। तत्र प्रथमपदे कन्यावाक्यम्–मिष्ठान्नं धनधान्यं च भक्ष्यभोज्यादिकं गृहे। मदधीनं च कर्तव्यं मानसंरक्षणाय मे ॐ एकमिषे विष्णुस्त्वा नयतु १ इति वरेणोक्ते द्वितीयपदे कन्यावाक्यम्—कुटुम्बं रक्षयिष्यामि सदा ते मञ्जुभाषिणी। दुःखे धीरा सुखे हृष्टा द्वितीये सा वदेद्वचः॥ ॐ द्वे ऊर्जे विष्णुस्त्वा नयतु (२) इति वरेणोक्ते तृतीयपदे कन्यावाक्यम्—पतिभक्तिरता नित्यं क्रीडयिष्यामि त्वया सह। त्वदन्यं न वरं मन्ये तृतीये सा ब्रवीद्वचः॥ ॐ त्रीणि रायस्पोषाय विष्णुस्त्वा नयतु ३ इति वरेणोक्ते चतुर्थपदे कन्यावाक्यम्-लालयामि सुकेशांस्ते गन्धमाल्यानुलेपनैः। कांचनैर्भूषणैस्तुभ्य तुरीये सा पदे वदेत्। ॐ चत्वारि मयोभुवाय विष्णुस्त्वा नयतु ४ इति वरेणोक्ते पंचमपदे कन्यावाक्यम्–आर्ते आर्ता भविष्यामि सुखदुःखविभागिनी। तवाज्ञां पालयिष्यामि सत्यमेतद्ब्रवीम्यहम्॥ ओं पञ्चपशुभ्यो विष्णुस्त्वा नयतु ५ इति वरेणोक्ते षष्ठपदे कन्यावाक्यं-यज्ञे होमे च दानादौ भविष्यामि त्वया सह। धर्मार्थकामकार्येषु वधूः षष्ठे पदे वदेत्। ॐ षड्ऋतुभ्यो विष्णुस्त्वा नयतु ६ इति वरेणोक्ते सप्तमपदे कन्यावाक्यम् अत्रांशे साक्षिणो देवाः मनोभावप्रबोधिनः। वंचनं न करिष्यामि सप्तमे सा पदे वदेत्। ॐ सखे सप्त[1]पदा भव सा मामनुव्रता भव विष्णुस्त्वा नयतु इति वरोक्त्यनन्तरं यथास्थानमागत्योपविश्य पुरुषस्कन्धस्थितदृढकुम्भादाम्रपल्लवेन दूर्वापुञ्जेन कुशपत्रैर्वा जलमानीय तेन वक्ष्यमाणमन्त्रं पठन् वरो वधूमूर्धन्यभिषिंचेत्—ॐ आपः शिवाः शिवतमाः शान्ताः शान्ततमास्तास्ते कृण्वन्तु भेषजम्। पुनस्तथैवानीतजलेन वक्ष्यमाणमन्त्रैरासिंचेत्—१ ॐ आपोहिष्ठा मयोभुवस्तान ऊर्जे दधातनः। महेरणाय चक्षसे। २ योवः शिवतमोरसस्तस्य भाजयतेह नः उशतीरिव मातरः। ३ तस्मा अरंगमाम वो यस्य क्षयाय जिन्वथ आपो जन यथाचनः॥ इति तिसृभिर्वधूमात्मानं चाभिषिञ्चति॥ अथ दिवा

---

१. स्वगोत्रात् भ्रश्यते नारी विवाहात्सप्तमे पदे।
पतिगोत्रेण कर्तव्या तस्याः पिण्डोदकक्रिया॥ (बृह०)

विवाहे—वरः सुभगे सूर्यमुदीक्षस्वेति वधूं सम्बोधयेत् । ॐ तच्चक्षुर्देवहितं पुरस्ताच्छुक्रमुच्चरत् पश्येम शरदः शतं जीवेम शरदः शत ꣳ शृणुयाम शरदः शतं प्रब्रवाम शरदः शतमदीनाः स्याम शरदः शतं भूयश्च शरदः शतात् ॥ इत्यनेन वधूः सूर्यं पश्यति । अस्तमिते सूर्ये ध्रुवमुदीक्षस्वेति प्रैषानन्तरं वधू ध्रुवंपश्यति तत्र मंत्रः--ॐ ध्रुवमसि ध्रुवं त्वा पश्यामि--ध्रुवैधिपोष्ये मयि । मह्यम् त्वादाद् बृहस्पतिर्मया पत्या प्रजावती सञ्जीव शरदः शतम् । इति पठित्वा वधूं पृच्छेत्, ध्रुवमुदीक्षित इति । सा यदि न पश्यति, तदापि पश्यामि इति ब्रूयात् ।

अथ वरो वध्वा दक्षिणांसस्योपरि स्वदक्षिणहस्तं नीत्वा तस्याः हृदयमालभेत् । तत्र मन्त्रः--ओं मम व्रते ते हृदयं दधामि मम चित्तमनुचित्तं तेऽस्तु । मम वाचमेकमना जुषस्व प्रजापतिष्ट्वा नियुनक्तु मह्यम् ॥ ततो वधूं प्रति वरोक्तिः-- स्त्रीणां स्थितिर्वामपार्श्वे कथं त्वं दक्षिणे स्थिता । मया विवाहिता दत्ता तव पित्रा च वन्धुभिः । उत्तिष्ठ वामभागं मे पत्निभावं भज प्रिये । यत्किञ्चित्तव चित्तेऽस्ति तद्वदस्व ममाग्रतः ॥ कन्योवाच - सन्ति मे सप्तवाक्यानि त्वया ग्राह्याणि सर्वदा । पालनीयानि यदि ते वामाङ्गं संभजाम्यहम् ॥ लब्धोऽसि त्वं मया भर्तः पुण्यैश्च विविधैः कृतैः । देवी संपूजिता नित्यं वन्दनीयोऽसि मे सदा ॥ व्रतोद्यापनदानानि स्त्रीणां भावाःस्वभावजाः । कृत्यभंगो न ते कार्यस्तव सहयोगमालभे । तीर्थव्रतोद्यापनयज्ञदानं मया सह त्वं यदि कान्त कुर्याः । वामाङ्गमायामि तदा त्वदीयं नत्वन्यथा दक्षिणपार्श्वतोऽहम् ॥ अथ कन्या वाक्यं द्वितीयम् —भूषणानि विचित्राणि रत्नधातुमयानि च दद्यान्न प्रतिगृह्णीयात् सदेव प्रार्थना मम । अन्यच्च- हव्यप्रदानैरमरान् पितॄंश्च कव्यप्रदानैर्यदिपूजयेथाः । वामाङ्गमायामि तदा त्वदीयं नत्वन्यथा दक्षिणपार्श्वतोऽहम् ॥ अथ कन्यावाक्यं तृतीयम्—कुटुम्बं पालनीयं च त्वया यौवनवार्द्धके । यद्यद्वाञ्छामि ते स्वामिन् तत्तद्देयं सदा मम ॥ कुटुम्बरक्षाभरणे यदि त्वं कुर्याः पशूनां परिपालनं च । वामाङ्गमायामि तदा त्वदीयं नत्वन्यथा दक्षिणपार्श्वतोऽहम् । अथ कन्यावाक्यं चतुर्थम्-सुखदुःखानि कर्माणि गृहस्थस्य भवन्ति हि । भव सौम्य सदैव त्वं धीरो वीरः प्रतापवान् ॥ आयव्ययौ धान्यधनादिकानां दृष्ट्वा निवेशं च गृहे निदध्याः । वामाङ्गमायामि तदा त्वदीयं नत्वन्यथा दक्षिणपार्श्वतोऽहम् ॥ अथ कन्यावाक्यं पंचमम्—गीतवादित्रमांगल्यं बन्धूनां च गृहे सदा । अनाहूता गमिष्यामि यदा मां प्रतिपालयेत् ॥ देवालयारामतडागकूपवापीर्विदध्याः यदि पूजयेथाः । वामाङ्गमायामि तदा त्वदीयं नत्वन्यथा दक्षिणपार्श्वतोऽहम् । अथ कन्यावाक्यं षष्ठम् —सर्वे बन्धुजनाः स्वामिन् भवतो दासतां गताः । जलपात्रकंकणाभ्यां च दत्ताहं प्रेमपूर्वकम् ॥ त्वया कदापि नो वाच्यं किं दत्तं तब बन्धुभिः । अवश्यमेवं संवादात् कलहो जायते गृहे । दुरुक्तं भवता मे न कदापि धार्यतां हृदि । भृत्यापराधः क्षन्तव्यः स्वामिना ननु

सर्वदा ॥ देशान्तरे वा स्वपुरान्तरं वा यदा विदध्याः क्रयविक्रयौ त्वम् वामाङ्गमायामि तदा त्वदीयं नत्वन्यथा दक्षिणापार्श्वतोऽहम् । अथ कन्यावाच्यं सप्तमम्—होमे यज्ञे विवाहे च कन्यादाने तथा व्रते । अंचलग्रन्थिमादाय भवतश्च सहायिनी ॥ अर्द्धं पुण्यं ग्रहीष्यामि न त्वहं पापभागिनी । अर्द्धं पापं[1] प्रदास्यामि चाङ्गीकार्यो यदि त्वया ॥ एवं यदि प्रमाणन्ते वामाङ्गं संभजाम्यहम् । अन्यच्च—परस्य कान्ता यदि कान्त मत्तः प्रौढ़ा मनोज्ञा सुभगापि वा स्यात् । तां चेन्न सेवेत भवांस्तदाहं वामाङ्गमायामि सहर्षमेषा ॥ इह वह्निश्च नौ साक्षी मम त्वं भर्तृतां व्रज । ब्रह्मणा कृतपूर्वेण विधानेन कुलोत्तम ॥ अथ वरो बधूं ब्रूयात्—यद्यप्येतानि तव प्रार्थितानि दुःसम्पाद्यानि तथापि—मदीयचित्तानुगतं च चित्तं सदा मदाज्ञा परिपालनञ्च । पतिव्रता धर्मपरायणा त्वं कुर्याः सदा सर्वमिदं प्रयत्नम् ॥

आदौ धर्मपरायणा कुटुम्बसुखदा तथ्यप्रिया भाषिणी । क्रोधालस्यविवर्जिता सुखकरी नित्यं वचः कारिणी ॥ पित्रोर्मेऽपचितौ रताथ भगिनी प्रेमार्द्रचित्ता तथा । इत्थं सर्वगुणालिभूषिततनुः पाल्या भवित्री मम ॥ उद्याने मद्यपस्थाने गमनं च परालये । परपुसा रतिर्गीतं हास्यं वर्ज्यं त्वया सदा ॥ अन्तर्गेहे स्थिता नित्यं सुखदुःखानुभोगिनी । यदा तिष्ठसि भद्रे त्वं पालनीया सदा मम ॥ द्वारोपवेशनं नित्यं गवाक्षेण निरीक्षणम् । असत्प्रलापो हास्यं च च दूषणं कुलयोषिताम् । पानं दुर्जनसंसर्गः पत्या च विरहोऽटनम् । स्वप्नोऽन्यगेहेवासश्च नारी संदूषणानि षट् ॥ (क्रीड़ाशरीरसंस्कारं समाजोत्सवदर्शनम् । हास्यं परगृहे यानं त्यजेत् प्रोषितभर्तृका ।) विष्णुर्वैश्वानरः साक्षी ब्राह्मणाः ज्ञातिबान्धवाः । पञ्चमं ध्रुवमालोक्य ससाक्षित्वमुपागता ॥ विना पत्नीं कथं धर्म आश्रमाणां प्रवर्तते । तस्मात्त्वं मम विश्वस्ता भव वामाङ्गगामिनी ॥ इति मिथः प्रतिज्ञां कुर्वीयाताम् । ततो वरस्य वामभागे ॐ मङ्गलं भगवान् विष्णुरितिमन्त्रेण वधूमुपवेश्याऽऽचार्यो वरवध्वोः शिरसी मिथः क्षणाय सम्मेलयेत् ।

अथ वधूशिरसि सिन्दूरदानम्

अथ वरः शणःशंखशमीपुष्पार्द्राक्षतसुवर्णादिभिः सह वधूशिरसि सिन्दूरं निक्षिप्य तामभिमन्त्रयेत्—ॐ सुमङ्गलीरियं वधूरिमा ँसमेत पश्यत । सौभाग्यमस्यै दत्त्वा याथास्तं विपरेतन । ततः पुनः वरस्य दक्षिणभागे वधूमानीय तत्रैव पतिपुत्रान्विताः चतस्रः स्त्रियः सुभगास्तस्यै सिन्दूरेण सौभाग्यं दद्युः । ताभिः वक्तव्यवाक्यं यथा ॐ गौर्याः सावित्र्या अरुन्धत्यास्तव सौभाग्यं भवतु इति वधूदक्षिणकर्णे कथनीयम् । अथ बलवान् कश्चिद् ब्राह्मणो वरो वा वधूमुत्थाप्य प्रागुदग्वानुगुप्तागारे प्रागग्रानुदगग्रान्वा कुशानास्तीर्य तदुपरि समुपवेशयेत् । तत्र

१—पञ्चसूनाजनितपापानि ।

मन्त्रः ओं इह गावो निषीदंत्विहाश्वा इइ पुरुषाः इह सहस्रदक्षिणो यज्ञ इह पूषा निषीदतु । ततः वधूवरौ तस्मात्स्थानादागत्य पूर्ववद् यथा स्थानमुपविशतः ।

ततो ब्रह्मणान्वारब्धो वरः ॐ अग्नये स्विष्टकृते स्वाहा इदमग्नये स्विष्टकृते न मम इति स्विष्टकृद्धोमं कुर्यात् । स्रुवावशिष्टाज्यं प्रोक्षणीपात्रे प्रक्षिप्य हस्तौ प्रक्षाल्य आचम्य पूर्णपात्रं ब्रह्मणे दद्यात् । तद्यथा—ॐ तत्सत् इत्यादिना देशकालादि-स्मृत्वामुकगोत्रोऽमुकशर्मा सवधूकोऽहं कृतैतद्विवाहहोमकर्मप्रतिष्ठार्थमिदं पूर्णपात्रं प्रजापतिदैवत्यं सदक्षिणाकं अमुकगोत्रायामुकशर्मणे ब्राह्मणाय दक्षिणात्वेन तुभ्यमहं सम्प्रददे । इति ब्रह्मणे दक्षिणां दद्यात् । ॐ स्वस्तीति ब्राह्मणः प्रतिव-देत् । एवमेव आचार्यायान्येभ्यश्च यथाशक्ति दक्षिणां दद्यात् । ततो ब्रह्मग्रन्थि विमोचयेत् ॐ सुमित्रिया न आप ओषधयः सन्तु । इति पवित्रं गृहीत्वा प्रणीता-जलेन वधूवरयोर्दातुश्च शिरः संमृज्य ॐ दुर्मित्रियास्तस्मै सन्तु योऽस्मान्द्वेष्टि यञ्च वयं द्विष्मः । इत्यैशान्यां प्रणीतां न्युब्जीकुर्यात् । तत आस्तरणक्रमेण बर्हिरुत्थाप्य घृतेनाभिघार्य हस्तेनैव जुहुयात् । तत्र मन्त्रः—ॐदेवा गातुविदो गातु वित्त्वा गातु-मित । मनसस्पत इमं देवयज्ञꣳस्वाहा वाते धाः स्वाहा-इदं वाताय । इति बर्हिर्होमः ।

अथ विभवे सति कन्यार्थे दशमहादानमन्त्राः ।

कन्यार्थे कनकं धेनुदासीरथमहीगृहाः ।
महिष्यश्च गजाः शय्या महादानानि वै दश ॥

सुवर्णमन्त्रः

हिरण्यगर्भसंभूतं सौवर्णं चांगुलीयकम् ।
सर्वप्रदं प्रयच्छामि प्रीणातु कमलापतिः ॥
क्षीरोदमथने पूर्वं मुद्रितं कुण्डलद्वयम् ।
श्रिया सह समुद्भूतं ददे श्रीः प्रीयतामिति ॥
कांचनं हस्तवलयं रूपकान्तिसुखप्रदम् ।
विभूषणं प्रदास्यामि विभूषयतु ते सदा ॥

धेनुदानमन्त्रः

यज्ञसाधनभूताया विश्वस्याघौघनाशिनी ।
विश्वरूपधरो देवः प्रीयतामनया गवा ॥

दासीदानमन्त्रः

इयं दासी मया तुभ्यं श्रीवत्सप्रतिपादिता ।
सर्वकर्मकरी भोग्या यथेष्टं भोग्यमस्तु मे ॥

रथदानमन्त्रः

रथाय रथनाथाय नमस्ते विश्वकर्मणे ।
विश्वरूपाय देवाय अरुणाय नमोऽस्तु ते ॥

पृथिवीदानमन्त्रः

सर्वेषामाश्रया देवी वराहेण समुद्धृता ।
अनन्तसस्यफलदा अतः शान्ति प्रयच्छ मे ॥

गृहदानमन्त्रः

इदं गृहं गृहाण त्वं सर्वोपस्करसंयुतम् ।
तव विष्णो प्रसादेन मम सन्तु मनोरथाः ॥
गृहं मम विभूत्यर्थं गृहाण त्वं वरोत्तम ।
प्रीयतां मे जगद्योनिर्वास्तुरूपो जनार्दनः ॥

महिषीदानमन्त्रः

महिषी यमरूपा त्वं विश्वामित्र विनिर्मिते ।
पूजिता हर मे पापं सर्वदानफलप्रदे ॥

अश्वदानमन्त्रः

महार्णवसमुत्पन्न उच्चैःश्रवसपुत्रक ।
मया त्वं विष्णुरूपाय हया दत्तः सुखी भव ॥

गजदानमन्त्रः

गजेन्द्र मत्तमातङ्ग दैत्यसैन्यविनाशकः ।
तव दानेन मे शान्तिः सर्वदास्तु महत्सुकम् ॥

शय्यादानमन्त्रः

यथा न कृष्णशयनं शून्यं सागरजातया ।
तथा शय्या ममाप्यस्त्वशून्यं जन्मनि जन्मनि ॥

ताम्रपात्रदानमन्त्रः

परापवादपैशुन्यवादभक्ष्यस्य च भक्षणात् ।
उत्पन्नपापं दानेन ताम्रपात्रस्य नश्यतु ॥

कांस्यपात्रदानमन्त्रः

यानि पापानि काम्यानि कामोत्थानि कृतानि च ।
कांस्यपात्रप्रदानेन तानि नश्यंतु मे सदा ॥

रौप्यपात्रदानमन्त्रः

अगम्यागमनं चैव परदाराभिमर्शनम् ।
रौप्यपात्रप्रदानेन तत्पापं मे व्यपोहतु ॥

ताम्बूलदानमन्त्रः

पूरितं पूगपूगेन नागवल्लीदलान्वितम् ।
पूर्णेन चूर्णपात्रेण कर्पूरापिष्टकेन च ।
सपूगखंडनं दिव्यं गन्धर्वाप्सरसां प्रियम् ।
देव देव निरातंकं त्वप्रसादात् कुरुष्व माम् ॥

दीपदानमन्त्रः

दीपस्तमो नाशयति दीपः कान्ति प्रयच्छति ।
तस्माद्दीपप्रदानेन मम वंश-प्रवर्द्धनम् ॥

अथ वेदिदक्षिणादानसंकल्पः—

ॐ तत्सदद्येति० एतत्कुरुक्षेत्रभूमिसमानवेदि—भूम्यधिकरणक-कृतपुत्रीविवाहयज्ञकर्मोपादानकाश्वमेधज्योतिष्टोमातिरात्रवाजपेयराजसूयगोमेधदर्श-पौर्णमासाग्निहोत्रयज्ञजन्यफलप्राप्तिपूर्वकसूर्यलोकचन्द्रलोकस्वर्गलोकप्राजापत्यव-सुलोकब्रह्मलोकवैकुण्ठलोकवासप्रतिलोककोटिवर्षसहस्रावच्छिन्नाप्सरोगणकिंकिणीजालमालागन्धपुष्परसादिसुखसाधनमण्डितविमानारोहणपरमसुखभोगोत्तरेह-लोकाधिकरणक द्विजकुलजन्मपुत्रपौत्राभिविवृद्धिधनधान्यभृत्यपशुमित्रादिसम्पत्ति-दीर्घायुष्यारोग्याखण्डभोगफलप्राप्तिकामो दातव्यस्वकीयपुत्रीविवाहलाजाहोमाग्दिप्रतिप्रदक्षिणरत्नस्वर्णरजतवस्त्रगजाश्वादिदानं तन्मूल्योपकल्पितमिदं दक्षिणा-द्रव्यं रजतं चन्द्रदेवतममुकगोत्रायामुकशर्म्मणेऽमुकप्रवराय वराय सपत्नीकाय तुभ्यमहं सम्प्रददे ।

गोत्रोच्चारणदक्षिणासंकल्पः

ॐ तत्सदद्येत्यादि० कृतैतत्कन्यादानकर्माङ्गभूतस्वकुलपुरोहितद्वारा कारितपितृप्रमुखत्रिपुरुषप्रवरगोत्रनामोच्चारणमन्त्रपाठकर्म—साफल्यप्राप्तिपूर्वकपुत्र-पौत्रधनधान्यसमृद्धिकाम इदं दक्षिणाद्रव्य चन्द्रदेवतं यथानामगोत्राय ब्राह्मणाय दातुमहमुत्सृजे ॥

मन्त्रपाठदक्षिणादानसङ्कल्पः—ॐ तत्सदद्येत्यादि० कृतैतदश्वमेधादियाग-समफलप्रदायकवरसंप्रदानकन्यादानरूपविवाहकर्म—मन्त्रपाठोपयोगीदं दक्षिणा-द्रव्यं रजतं चन्द्रदेवतं यथानामगोत्राय ब्राह्मणाय दातुमहमुत्सृजे ।

अथ भूयसीदक्षिणासङ्कल्पः— अद्येत्यादि० श्रुतिस्मृतिपुराणोक्तफलप्राप्त्यर्थं अप्राप्तलक्ष्मीप्राप्त्यर्थं प्राप्तलक्ष्म्याश्चिरकालसंरक्षणार्थं सकलमन ईप्सितकामना-सिद्ध्यर्थं तथा मम सपुत्रस्य सबान्धवस्य आयुरारोग्यैश्वर्य्याभिवृद्ध्येऽस्य पुत्री-विवाहयज्ञकर्मणः सांगतासिद्ध्यर्थं तन्मध्ये न्यूनातिरिक्तदोषपरिहारार्थं वरवध्वोः पूर्णायुरादिसुखसम्पत्तिसिद्धये श्रीलक्ष्मीनारायणप्रीत्यर्थं इमां भूयसीदक्षिणां यथा योग्येभ्यो यथास्थानेभ्यो नानानामगोत्रेभ्यो ब्राह्मणेभ्यो दीनाऽनाथेभ्य इदं द्रव्यं विभज्य दातुमहमुत्सृजे ॥

पत्नीप्रतिग्रहदोषपरिहारार्थं गोदानसङ्कल्पः—तत्सदद्येत्यादि० प्रान्भ-वीयजन्माधिदुष्कृतजन्यदुरितजैहिकजन्मनि स्त्रीवियोगाद्यनिष्टनिवारणोत्तरस्व-धर्मपत्नीसहितपरसुखसंततिप्रवृद्धिरूपेष्टापत्तिवृद्धये यजमानकर्तृककन्यादानगृहीत-प्रतिग्रहजन्यदोषनिवारणार्थं इमां गां सवत्सां सुवर्णश्रृंगीं रौप्यखुरीं ताम्रपृष्ठीं घण्टालङ्कारभूषितां सवस्त्रां मुक्तालाङ्गूलशोभितां कांस्यदोहां रुद्रदैवताकां श्रीलक्ष्मीनारायणप्रीतये यथानामगोत्राय ब्राह्मणाय दातुमहमुत्सृजे । अथवा पत्नी-पाणिग्रहणदोषनिवृत्तये गोदानप्रतिनिधिमूल्योपकल्पितं रजतं चन्द्रदैवतं यथा-नामगोत्राय ब्राह्मणाय दातुमहमुत्सृजे ॥

गोश्चर्वणार्थमुद्गकादानसङ्कल्पः ॐतत्सदद्येत्यादि० कृतगोदानांगत्वेन इदं गोचर्वणद्रव्यं वा मूल्योपकल्पितं द्रव्यं यथादैवतं यथानामगोत्राय ब्राह्मणाय दातुमहमुत्सृजे ॥

यज्ञान्तदक्षिणादानसं०—ॐतत्सदद्य० अमुकोहं अस्या वध्वा ब्राह्मविधिना विवाहाख्यसंस्कारकर्मणि कृतस्य द्व्यधिकसप्ततितमसंख्यकघृताहुतिकर्मणः साङ्गतासिद्ध्यर्थं गार्हस्थसौख्यावाप्तये दक्षिणार्थमिदं द्रव्यं अग्न्यादिदैवतं अमुकगो० ॥

सर्वारिष्टप्रशमनाय मृत्युञ्जयजपदानसङ्कल्पः—वरणसंभृतिमादाय—ॐ अद्येत्यादि० श्रुतिस्मृतिपुराणप्रतिपादन-पुण्यफल-प्राप्तिपूर्वक—कायवाङ्मनःकृत-सकलदुरित-निवारणार्थं विवाहलग्नक्रूरभवनस्थित-सूर्यादि-नवग्रह-दोषदूरीकर-णार्थं जनितजायमानजनिष्यमाणसकलारिष्टनिवारणार्थं विवाहितवध्वावशिष्ट-सकलायुःपर्यन्तसम्पत्तिप्राप्त्यर्थं च श्रीमृत्युञ्जयजपं कारयितुमेभिर्वरणद्रव्यैरमुक-गोत्रममुकशर्माणं ब्राह्मणं त्वामहं वृणे ॥

अशुभगुरुदोषनिवृत्त्यर्थंजप सं०—ॐ अद्य० मम विवाहकाले गुरोरमुक अशुभस्थानस्थितदुष्टफलनिवृत्त्यर्थं सदा सर्वदा द्वितीयपञ्चमादिस्थानवच्छुभफल-प्राप्त्यर्थं अमुकसंख्याकं ॐ बृहस्पते० मंत्रजपाख्यकर्म कारयियुमेभि० । विष्णु मिष्टान्नदानम् ॐ अद्य० सदक्षिणमिष्टान्नं घृतपक्वं विष्णुदेवतं विष्णुप्रीतये यथा० कन्याकुलदेवतार्थं मिष्टान्नदानम् । ॐ अद्य, इदं सदक्षिणं घृतपक्व-मिष्टान्नं विष्णु दै० कुलदेवप्रीतये सौभाग्यप्राप्तये यथा० ।

अथ छायापात्रदानसङ्कल्पः

ॐ तत्सदद्येति० स्वकीयविवाहकर्माङ्गत्वेन त्रिविधदुरितनिवारणानन्तरादित्य-प्रमुख-नवग्रह-जन्य-जनित- जनिष्यमाणारिष्टोपशमनोत्तरस्वशरीरारोग्यहेतवे इदं मुखावलोकित-घृतपूरित-कांस्य-पात्रं मृत्युंजयदैवतकं स्वर्णमूल्योपकल्पिततात्म्ररजनान्यतरदक्षिणासहितं श्रीमृत्युञ्जयदेवताप्रीतये यथानामगोत्राय ब्राह्मणाय दातुमहमुत्सृजे। ततः करौ बद्ध्वा ॐ ये मां रोगाः प्रबाधन्ते देहस्थाः सततं मम। ते सर्वे नाशमायान्तु च्छायापात्रप्रदानतः॥ इति प्रणमेत्।

अथ पूर्णाहुतिदानम्

तत्र उत्त्थाय वरो वधूदक्षिणकरस्पृष्टेन स्रुवेण घृतपुष्पफलपूर्णेन पूर्णाहुतिं दद्यात्। तत्र मन्त्र-ॐमूर्धानं दिवो अरतिं पृथिव्या वैश्वानरमृत आजातमग्निम्। कविᳬसम्राजमतिथिं जनानामासन्ना पात्रं जनयन्त देवाः स्वाहा—इदमग्नये वैश्वानराय। तत उपविश्य स्रुवेण भस्मानीय दक्षिणानामिकागृहीतभस्मना ॐ त्र्यायुषं जमदग्नेरिति ललाटे। ओं कश्यपस्य त्र्यायुषम् इति ग्रीवायाम् ॐ यद्देवेषु त्र्यायुषम् इति दक्षिणस्कन्धे। ॐ तन्नो अस्तु त्र्यायुषम् इति हृदि। इति त्र्यायुषाणि कृत्वा एवमेव वध्वा ललाटादावपि कुर्यात् तत्र तन्नो इत्यस्य स्थाने तत्ते इति विशेषः।

अथ पुष्पार्द्राक्षतारोपणम् [पुष्पाञ्जलयः]

आशीर्मङ्गलवचनपूर्वकं स्त्रियोऽन्ये वृद्धाः विद्वांसश्च पुरुषाः पुष्पाणि आदाय ब्राह्मणद्वारा पठितं मन्त्रं श्रुत्वा तथा त्वं भर्तरीति उक्त्वा एकैकं पुष्पं प्रतिमन्त्रान्ते प्रथमं वध्वा उपरि क्षिपेयुः तत्र मन्त्राः—गायत्री च विधौ यद्वल्लक्ष्मीदेवपतौ यथा। उमा यथा महेशाने तथा त्वं भव भर्तरि। सुदक्षिणा दिलीपे त्वं वसन्ते तु धृतिर्यथा। अरुन्धती वसिष्ठे च तथा त्वं भव भर्तरि॥ राघवेन्द्रे यथा सीता उर्मिला लक्ष्मणे यथा। पावके च यथा स्वाहा तथा त्वं भव भर्तरि॥ शन्तनौ च यथा गंगा सुभद्रा च यथार्जुने। धृतराष्ट्रे च गान्धारी तथा त्वं०। अत्रौ यथानुसूया च जमदग्नौ च रेणुका। श्रीकृष्णे रुक्मिणी यद्वत्तथा त्वं०। धनपुत्रवती साध्वी सततं भर्तृवत्सला। मनोज्ञा ज्ञानसहिता तिष्ठ त्वं शरदां शतम्॥ जीवत्सूर्वीरसूर्भद्रे भव सौख्यसमन्विता। भाग्यारोग्यसुसम्पन्ना यज्ञपत्नी पतिव्रता॥ अतिथीनागतान् साधून् बालान् वृद्धान् गुरूंस्तथा। पूजयन्त्या यथान्यायं तद्वद्गच्छन्तु ते समाः॥ ततः वरस्यापि वक्ष्यमाणमन्त्रैः पुष्पार्द्राक्षतारोपणं कुर्युः। आदित्योऽग्नियुतः शशी सवरुणो भौमः कुवेरान्वितः। सौम्यो विश्वयुतो गुरुः समघवा देव्या युतो भार्गवः। सौरिः केतुयुतः सदा सुरवरो राहुर्भुजङ्गेश्वरो माङ्गल्यं सुखदुःखदाननिरताः कुर्वन्तु सर्वे ग्रहाः॥ आयुर्द्रोणसुते श्रियो दशरथे

शत्रुक्षयो राघवे ऐश्वर्यं नहुषे गतिश्च पवने मानं च दुर्योधने। शौर्यं शान्तनवे बलं हलधरे सत्यं च कुन्तीसुते विज्ञानं विदुरे भवन्तु भवतः कीर्तिश्च नारायणे। आयुष्मान् भव पुत्रवान् भव सुखी श्रीमान् यशस्वी भव प्रज्ञावान् भव भूरिभूतिकरणे दानैकनिष्ठो भव। तेजस्वी भव वैरिदर्पदलने व्यापारदक्षो भव श्रीशंभोर्भव पादपूजनरतः सर्वोपकारी भव॥ आयुर्बलं विपुलमस्तु सुखित्वमस्तु सौभाग्यमस्तु विशदा तव कीर्तिरस्तु॥ श्रेयोऽस्तु धर्ममतिरस्तु रिपुक्षयोऽस्तु सन्तानवृद्धिरपि वाञ्छितसिद्धिरस्तु॥ दीर्घायुर्भव जीव वत्सरशतं नश्यन्तु सर्वापदः स्वास्थ्यं संभज मुञ्च चञ्चलधियं लक्ष्यैकनाथो भव॥ किंब्रूमो भृगुगौतमात्रिकपिलव्यासादिभिर्भाषितम् यद्रामस्य पुराऽभिषेकसमये तच्चास्तु ते मङ्गलम्॥ यावदिन्द्रादयो देवा यावच्चन्द्रदिवाकरौ। यावद् धर्मक्रिया लोके तावद् भूयात् स्थितिस्तव॥ ततः वरवध्वोर्जनकौ क्रमशो वरवध्वोः शिरसि परितो रूप्यकादिमुद्रां परिभ्राम्याऽऽवरणं[1] नापितायान्यस्मै वा कस्मैचन सेवकाय दद्याताम्।

ततः ग्रामवचनं च कुर्युः ग्राम्याः वृद्धाः स्त्रियस्ताः यद्देशजातिकुलाचाराद्यनुसारेण ब्रूयुस्तदप्यत्र कर्तव्यम्। वरवध्वोः तिलककरणम् ततः संवत्सरं द्वादशरात्रं षड्रात्रं त्रिरात्रमक्षारलवणाशिनौ अधःशायिनौ निवृत्तमैथुनौ भवेताम्।

इति कन्यादानपूर्वकविवाहहोमप्रयोगः।

अथ परिवर्द्धितमङ्गलाष्टकम्—हेरम्बः सुरपूजितो गुणमयो लम्बोदरः श्रीयुतः श्रीशुण्डो गजकर्णको गजमुखो गंभीरविद्यागुणी। गौर्याः पुत्रगणेश्वरो हरसुतो गोविंदपूजाकृतो। यात्राजन्म-विवाहकार्यसमये कुर्यात्सदा मङ्गलम्॥१॥ श्रीमत्पङ्कजविष्टरो हरिहरौ वायुर्महेन्द्रोऽनलश्चन्द्रो भास्करवित्तपालवरुण-प्रेताधिपो नैर्ऋतिः। प्रद्युम्नो नलकूबरः सुरगजश्चिन्तामणिः कौस्तुभः। स्वामी शक्तिधरश्च लाङ्गलधरः कुर्वन्तु नो मङ्गलम्॥२॥ गङ्गागोमति-गोपतिर्गणपति-गोविन्दगोवर्धनो गीता—गोमय-गौरिजो-गिरिसुता-गंगाधरो गौतमः। गायत्री गरुडो गदाधरगया गम्भीरगोदावरी गंधर्वग्रहगोपगोकुलगणाः कुर्वन्तु नो०॥३॥ नेत्राणां त्रितयं शिवं पशुपतिमग्नित्रयं पावनं यत्तद्विष्णुपदत्रयं त्रिभुवनं ख्यातं च रामत्रयम्। गगावाहपथत्रयं सुविमलं वेदत्रयं ब्राह्मणं संध्यानां त्रितयं द्विजैरपि युतं कुर्वन्तु नो०॥४॥ बाल्मीकिः सनकः सनन्दनमुनिर्व्यासो वसिष्ठो भृगुर्जाबालिर्जमदग्निरामजनका गर्गाँगिरोगौतमाः। मान्धाता भरतो नृपश्च सगरो जन्यो दिलीपो नृपः पुण्यो धर्मसुतो ययाति-नहुषः कुर्वन्तु नो०॥५॥ गौरी श्रीरदितिः सुपर्णजननी कद्रुर्महेन्द्रप्रिया सावित्री च सरस्वती च सुरभिः सत्यव्रताऽरुन्धती। सत्या जाम्बवती च रुक्मभगिनी स्वाहा पितॄणां प्रिया वेला चाम्बुनिधेः समीनमकराः कुर्वन्तु नो०॥ ६॥ शेषस्तक्षककालकूटकुमुदाः पद्मा

---

१. वारणा (बांडा) इति लोके प्रसिद्धः।

तथा वासुकिर्यः कर्कोटकशंखपद्मक इति ख्याताश्च ये पन्नगाः। अन्ये काननगह्वरेषु जलधौ ये चान्तरिक्षस्थितास्ते प्रातः स्मरणेन च प्रतिदिनं कुर्वन्तु नो० ॥७॥ गङ्गा सिन्धु सरस्वती च यमुना गोदावरी नर्मदा काबेरी सरयू महेन्द्रतनया चर्मण्वती वेणिका। क्षिप्रा वेत्रवती महासुरनदी ख्याता गया गण्डकी। पूर्णाः पूर्णजलैः समुद्रसहिताः कुर्वन्तु० ॥ ८ ॥ लक्ष्मीः कौस्तुभपारिजातकसुरा धन्वन्तरिश्चन्द्रमाः गावः कामदुघाः सुरेश्वरगजो रंभादिदेवाङ्गनाः। अश्वः सप्तमुखस्तथा हरिधनुः शंखो विषश्चामृतं रत्नानीह चतुर्दश प्रतिदिनं कुर्वन्तु नो० ॥ ९ ॥ ब्रह्मज्ञानरसायनं श्रुतिकथा सद्वैद्यकं ज्योतिषं व्याकरणं च धनुर्धरं जलतरं मंत्राक्षरं वैदिकम्। कोकं वाहनवाजिनं नटनृतं संबोधनं चातुरी विद्यानाम चतुर्दशप्रतिदिनं कुर्वन्तु० ॥ १० ॥ ब्रह्मा वेदपतिः शिवः पशुपतिः सूर्यो ग्रहाणां पतिः शुक्रो देवपतिर्नलो नरपतिः स्कन्दश्च सेनापतिः। विष्णुर्यज्ञपतिर्यमः पितृपतिस्तारापतिश्चन्द्रमाः इत्येते पतयः सुपर्णसहिताः। कुर्वन्तु नो० ॥११॥ अश्वत्थो वटचन्दनौ सुरतरुर्मन्दारकल्पद्रुमौ जम्बू-निम्ब-कदम्ब चूतसरला वृक्षाश्च ये क्षीरिणः। स्वर्गे ये पारिजातकसुरा वैभाजिते राजिते रम्ये चैत्ररथे च नन्दनवने कुर्वन्तु नो० ॥ १२ ॥

इति मङ्गलस्तवः।

अथ [1]चतुर्थीकर्मप्रयोगः

विवाहदिवसाच्चतुर्थदिनस्यापररात्रे गृहाभ्यन्तर एव कार्यः। तद्यथा वरो बध्वा सह तैलाद्युद्वर्तनपूर्वकं युगकाष्ठासनोपर्युपविश्य मङ्गलं—स्नात्वा अहते शुद्धे पट्टादिवाससी परिधाय गृहं प्रविश्य धृतकुंकुमादितिलको वेदिसमीपे शुभासने वरः पूर्वाभिमुख उपविश्य स्वस्य दक्षिणतो ग्रन्थिबन्धनयुतां वधूं चोपवेश्य आचम्य प्राणानायम्य हस्ते पुष्पाक्षतद्रव्याण्यादाय—मङ्गलमन्त्रान् पठित्वा प्रतिज्ञासंकल्पं कुर्यात्। ॐ अद्येत्यादि देशकालौ संकीर्त्य अमुकगोत्रोऽमुकराशिरमुकशर्मा सपत्नीकोऽहं ममास्या वध्वा सोमगन्धर्वाग्न्युपभुक्तिदोषपरिहारद्वारा सपत्नीत्वभावसिद्धिपूर्वकं श्रीपरमेश्वरप्रीत्यर्थं विवाहाच्चतुर्थ्यामपररात्रे (कर्मलोप[2]भयाद्विवाहदिने विवाहमण्डपे वा) विवाहाङ्गभूतं चतुर्थीकर्माहं करिष्ये। तन्निर्विघ्नतासिद्ध्यर्थं श्रीगणपत्यादिदेवतापूजनञ्च करिष्ये। इति संकल्प्य यथाविधि श्रीगणपत्यादिपूजनं कुर्यात्। ततः पञ्चभूसंस्कारान्पूर्ववत् कृत्वा पुष्पचन्दनदक्षिणावासांस्यादाय ॐ एभिः गन्धाक्षतपुष्पचन्दनताम्बूलवासोभिः करिष्यमाणचतुर्थीकर्माङ्गहोमकर्मणि कृताकृतवेक्षणादिरूपब्रह्मकर्म कर्तुं अमुकगोत्रममुकशर्माणं ब्राह्मणं ब्रह्मत्वेन त्वामहं वृणे। वृतोऽस्मीति प्रतिवचनम्।

१. चतुर्थीहोममन्त्रेण त्वङ्मांसहृदयेन्द्रियैः। भर्त्रा संयुज्यते पत्नी तद्गोत्रा तेन सा भवेत् (बृहस्पति)

यथाविहितं कर्म कुरु इति वरेणोक्ते ॐ यथा ज्ञानं करवाणि इति ब्राह्मणो वदेत्। ततोऽग्नेर्दक्षिणतो ब्रह्माणमुपवेश्य प्रणीतोत्तरतः पृथूदकपात्रं प्रतिष्ठाप्य स्थालीपाकाय सारतण्डुलानादाय पृथूदकपात्राज्जलमानीय तेन सह त्रिःप्रक्षाल्य तच्चरुस्थाल्यां प्रणीतोदकदुग्धं निक्षिप्य तेन सह चरुं श्रपयित्वा ॐ शिखिनामाग्नये नमः इति गन्धादिभिरग्निं सम्पूज्य ब्रह्मणान्वारब्धश्च कृत्वा समिद्धतमेऽग्नौ आज्याद्याहुतीर्जुहुयात्। ॐ प्रजापतये स्वाहा — इदं प्रजापतये। इति मनसा। ॐ इन्द्राय स्वाहा इदमिन्द्राय इत्याधारौ। ॐ अग्नये स्वाहा इदमग्नये। ॐ सोमाय स्वाहा इदं सोमाय। इत्याज्यभागौ। ततोऽन्वारब्धं विना पञ्चाज्याहुतीर्जुहुयात्। प्रत्याहुत्यनन्तरं संस्रवप्रक्षेपः। ॐ अग्ने प्रायश्चित्ते त्वं देवानां प्रायश्चित्तिरसि ब्राह्मणस्त्वा नाथकाम उपधावामि यास्यै पतिघ्नी तनूस्तामस्यै नाशय स्वाहा। इदमग्नये न मम ॥१॥ उदपात्रे त्यागः। ॐ वायो प्रायश्चित्ते त्वं देवानां प्रायश्चित्तिरसि ब्राह्मणस्त्वा नाथकाम उपधावामि यास्यै प्रजाघ्नी तनूस्तामस्यै नाशय स्वाहा। इदं वायवे न मम ॥२॥ उदपात्रे। ॐ सूर्य प्रायश्चित्ते त्वं देवानां प्रायश्चित्तिरसि ब्राह्मणस्त्वा नाथकाम उपधावामि यास्यै पशुघ्नी तनूस्तामस्यै नाशय स्वाहा। इदं सूर्याय न मम ॥३॥ उद०। ॐ चन्द्र प्रायश्चित्ते त्वं देवानां प्रायश्चित्तिरसि ब्राह्मणस्त्वा नाथकाम उपधावामि याऽस्यै गृहघ्नी तनूस्तामस्यै नाशय स्वाहा। चन्द्रमसे न मम। उद०। ॐ गन्धर्वप्रायश्चित्ते त्वं देवानां प्रायश्चित्तिरसि ब्राह्मणस्त्वा नाथकाम उपधावामि यास्यै यशोघ्नी तनूस्तामस्यै नाशय स्वाहा। इदं गन्धर्वाय०। उद०॥ (ततः स्थालीपाकेन जुहोति) ॐ प्रजापतये स्वाहा। उद०। (अग्निमाहुतिदशके) तत्तदाहुत्यनन्तरं हुतशेषघृतस्य प्रोक्षणीपात्रे प्रक्षेपः। (तत्र ब्रह्मणान्वारब्धेन आज्या स्थालीपाकाभ्यां स्विष्टकृद्धोमः) ॐ अग्नये स्विष्टकृते स्वाहा। इदमग्नये स्विष्टकृते न मम। (तत आज्येन भूरादिनवाहुतीः दद्यात्) ॐ भूः स्वाहा इदमग्नये०। ॐ भुवः स्वाहा इदं वायवे०। ॐ स्वः स्वाहा इदं सूर्याय०। ॐ त्वन्नो०। इदमग्नीव० ॐ सत्वन्नो० इदमग्नीव० ॐ अयाश्चाग्ने० इदमग्नये। ॐ ये ते शतं वरुण०। इदं वरुणाय० ॐ उदुत्तमं वरुण०। इदं वरुणायादित्या०। ॐ प्रजापतये स्वाहा। इदं प्रजापतये न मम। संस्रवप्राशनं। आचमनम्। पवित्राभ्यां मार्जनम्। सुमित्रिया न आप० अग्नौ पवित्रप्रतिपत्तिः। ब्रह्मणे पूर्णपात्रदानं अस्यां रात्रौ कृतैतच्चतुर्थीहोमकर्मणोऽङ्गतया विहितं पूर्णपात्रमिदं प्रजापतिदैवतममुकगोत्रायामुकशर्मणे ब्राह्मणाय तुभ्यमहं सम्प्रददे। ॐ स्वस्ति०। दुर्मित्रिया इति ऐशान्यां प्रणीतान्युब्जीकरणम्। (ततः उदपात्रात् संस्रवमिश्रजलमानीय आम्र-

---

१. मुख्यकाले यदावश्यं कर्म कर्तुं न शक्यते। गौणकालेऽपि कर्तव्यं गौणोऽप्यत्र दृशो भवेत्॥ काललोपो यदि भवेत्कर्मलोपं न कारयेत्॥

पल्लवेन वरो वधूं मूर्ध्नि अभिषिञ्चति) ॐ या ते पतिघ्नी पशुघ्नी गृहघ्नी यशोघ्नी निन्दिता तनूर्जारघ्नी तत एनां करोमि सा जीर्य्य त्वं मया सह ॥ अमुकदेवीतमन्त्रेण । (ततो मन्त्रचतुष्टयेन वधूं स्थालीपाकं प्राशयति वरः) ॐ प्राणैस्ते प्राणान् संदधामि । ॐ अस्थिभिस्ते अस्थीनि संदधामि ॐ मांसैस्ते मांसानि संदधामि । ॐ त्वचा ते त्वचं संदधामि । मन्त्रान्ते अन्नप्राशनम् । (ततो वधूहृदयं स्पृष्ट्वा वरः पठति) ॐ यत्ते सुषोमे हृदयं दिवि चन्द्रमसि श्रितं वेदाहं तन्मां तद्विद्यात् । पश्येम शरदः शतं जीवेम शरदः शत ँ शृणुयाम शरदः शतम् । ततोऽञ्चलग्रन्थिमोचनाद्यनन्तरं वरवध्वोः परस्परं कंकणमोचनम्, तत्रमंत्रः—कंकणं मोच प्राग्यद्य रक्षां नैव कदाचन । मयि रक्षां स्थिरां कृत्वा स्वस्थानं गच्छकंकण ॥ ततः उत्थाय वरो वधूदक्षिणहस्तस्पृष्टस्रुवेण घृतफलपुष्पपूर्णेन ॐ मूर्धानमिति मन्त्रेण पूर्णाहुतिं त्र्यायुषं च कुर्यात् । इति चतुर्थीकर्मसंस्कारः ॥

द्वितीयविवाहे विशेषविधिः

वधूः सुवर्णमयीं रजतमयीं वा स्वर्गीयसपत्नीमूर्तिं (सौकण मुहरा)—ॐ सपत्न्यै अमुकायै नमः इति दुग्धेन स्नापयित्वा गन्धादिभिः सम्पूज्य तण्डुलान्नेन पञ्चकन्याकभोजनं संकल्पयेत्—तत्रैकं विष्णुनिमित्तं अन्यच्चतुष्टयं सपत्नी—निमित्तं संकल्पयेत् । ॐ अद्येत्यादि० पूर्वसपत्नीनिमित्तं इदं तण्डुलान्नं कन्याचतुष्टयभोजनार्थं दातुमहमुत्सृजे तस्यै नमः ॥ ततः सौभाग्यवत्यै शृङ्गारपिटिकां वस्त्रचतुष्टयं च प्रयच्छेत् ॥ तत्र संकल्पः—ॐ अद्येत्यादि० पूर्वसपत्नीप्रीत्यर्थं इमां शृङ्गारपिटिकां यथा सम्भववस्तुसंयुतां वस्त्रचतुष्टयसमन्वितामुकब्राह्मण्यै दातुमहमुत्सृजे ॥ ततः वधूः स्वकण्ठे स्व० सपत्नीमूर्तिं धारयेत् ।

अथ कूष्माण्डीऋग्होमविधिः[1]

आचम्य ॐ अद्येति आरब्धामुककर्माधिकरणकावगतसूतकाशौचपातकाशौचनिरसनपूर्वककर्तव्यकर्मसाफल्यकामनया कूष्माण्डीऋग्होमगोदानपञ्चगव्यप्राशनमहं करिष्ये । इति प्रतिज्ञाय गृह्योक्तविधिनाग्निसंस्कारं विधाय घृतेन ॐ यद्देवादेवहेडनं देवासश्चकृमा वयं अग्निर्मा तस्मादेनसो विश्वान् मुंच त्व ँ हसः १ ॐ यदि दिवा यदि नक्तमेना ँ सि चकृमा वयं वायुर्मातस्मादेनसो विश्वान्मुञ्च त्व ँ हसः ॥ २ ॥ ॐ यदि जाग्रद्यदिस्वप्न एना ँ सि चकृमा वयं

---

१. अनारब्धविशुद्ध्यर्थं कूष्माण्डैर्जुहुयाद्घृतं । गां दत्त्वा पञ्चगव्याशी ततः शुद्ध्यति सूतकी ॥ १ ॥ प्रारम्भो वरणं यज्ञे संकल्पो व्रतसत्रयोः । नान्दीमुखं विवाहादौ श्राद्धे पाकपरिक्रिया ॥ २ ॥ व्रतयज्ञविवाहेषु श्राद्धे होमेऽर्चने जपे । आरब्धे सूतकं न स्यादनारब्धे तु सूतकम् ॥ ३ ॥ इति जाबालिवाक्यम् ।

सूर्यो मा तस्मादेनसो विश्वान्मुञ्च त्वꣳहसः ॥३॥ स्वाहान्तैर्जुहुयात् । ॐ अद्येति इमां गां तन्मूल्योपकल्पितं हिरण्यमग्निदेवतं वा रजतमित्यादि यथानाम-गोत्राय० । ततो दक्षिणा । गायत्र्या गोमूत्रे । ॐ गन्धद्वारां दुराधर्षां नित्यपुष्टां करीषिणीं । ईश्वरीं सर्वभूतानां तामिहोपह्वये श्रियम् ॥ इति गोमये । ॐ आप्या-यस्व समे तु ते विश्वतः सोम वृष्ण्यं नवा वाजस्य संगथे १ इति दुग्धम् । ॐ दधिक्राव्णो अकार्षं जिष्णोरश्वस्य वाजिनः सुरभिनो मुखाकरत् प्रण आयूꣳषि ता-रिषत् १ इति दधि । ॐ तेजोसि शुक्रमसि ज्योतिरसि घृतवती भुवनानामभि-श्रियोर्वीपृथ्वीमधुदुघे सु पेशसा द्यावापृथिवी वरुणस्य धर्मणा विष्कभिते अजरे भूरि रेतसा । घृतं घृतपावानः पिबत वसांवसा पावानः पिबतान्तरिक्षस्य हविरसि स्वाहा दिशःप्रदिश आदिशो विदिश उद्दिशो दिग्भ्यः स्वाहा इति घृतं । ॐ देवस्य त्वा सवितुः प्रसवेऽश्विनोर्बाहुभ्यां पूष्णो हस्ताभ्याम् ॥ इति कुशोदकम् प्रणवेन त्रिरालोड्य किञ्चिद्भूमौ निक्षिप्य ॐ अपवित्रः पवित्रो वा सर्वावस्थां गतोऽपि वा । यः स्मरेत् पुण्डरीकाक्षं स वाह्याभ्यन्तरः शुचिः ॥ १ ॥ ॐ पुनन्तु मा देवजनाः पुनन्तु मनसा धियः । पुनन्तु विश्वा भूतानि जातवेदः पुनीहि माम् ॥ २ ॥ ॐ पुण्डरीकाक्षः पुनातु ॥ इति पञ्चगव्यं पिबेत् । आचम्य समया-नुसारेण गायत्रीजपं कारयित्वा कर्त्तव्यकर्म कुर्यात् ।

अथ विष्णुप्रतिमाविवाहविधिः

अथ कन्यापिता विवाहात्पूर्वं चन्द्रतारानुकूले शुभे दिने स्नात्वा नित्यकर्म समाप्य नवमहतं वासः परिधाय स्वासने प्राङ्मुखः समुपविश्य स्वदक्षिणतः कन्यां समुपवेश्य दीपं प्रज्वाल्य आचम्य प्राणानायम्य स्वस्तिवाचनशान्तिपाठा-दिकं कृत्वा सुमुखश्चेत्यादिगणेशादिस्मरणानन्तरं सङ्कल्पं कुर्य्यात् । अद्येह ममा-मुकराशेरस्याः कन्याया जन्मसामयिकलग्नात् अमुकामुकस्थान-स्थितामुकग्रहैः संसूचित - बालवैधव्यादि - दोष - नानाविधवन्ध्या-काकवन्ध्या-दुर्भगा-मृतापत्या-दुःशीला-स्वैरिणी-वैरिणी-दुश्चारिणी-कुलटा- धूर्तादि-दोष-निराकरण-पूर्वक-सौभा-ग्यप्राप्तिद्वारा - आयुरारोग्यैश्वर्य्याभिवृद्धिपूर्वकदाम्पत्यैश्वर्य्य-सुखावाप्तये श्रीपरमे-श्वरप्रीतये च विष्णुप्रतिमया कन्योद्वाहकर्माहं करिष्ये तत्पूर्वाङ्गत्वेन कलशस्थापन-पुण्याहवाचननीराजन - मातृकापूजनवसोर्धारानिपातनायुष्यमन्त्रजपाभ्युदयिक - नान्दीश्राद्धादीनि करिष्ये । तत्रादौ निर्विघ्नतासिद्धये श्रीभगवतो गणेश्वरस्य पूजनं करिष्ये । इति सङ्कल्प्य गणपत्यादिपूजनं कृत्वा आचार्यं सम्पूज्य एभि-र्गन्धादिभिः विष्णुप्रतिमाप्रतिग्रहार्थं त्वामहं वृणे इति वरणं कृत्वा प्रार्थयेत् । उद्वाहयिष्ये विधिवदच्युतेन मनोहराम् । कन्यां सौभाग्यसौख्यार्थहेतवेऽहं द्विजोत्तम ॥ इति सम्प्रार्थ्य सुवर्णनिर्मितां चतुर्भुजां शंखाद्यायुधसहितां विष्णु-प्रतिमां अग्न्युत्तारणपूर्वकं पञ्चामृतेन संस्नाप्य तण्डुलपूर्णपात्रे संस्थाप्य—ॐ एतं

ते देवसवितर्यंज्ञं प्राहुर्बृहस्पतये ब्रह्मणे तेन यज्ञमवतेन यज्ञपतिं तेन मामव मनोजूतिर्जुषतामाज्यस्य बृहस्पतिर्यज्ञमिमं तनोत्वरिष्टं यज्ञ ॐ समिमं दधातु विश्वे देवास इह मादयन्तामों ३ प्रतिष्ठ ॥ ॐ भूर्भुवः स्वः सुवर्णप्रतिमायां श्रीविष्णो इहागच्छेह तिष्ठेह सुप्रतिष्ठितो वरदो भव। इति प्राणप्रतिष्ठां विधाय कन्याया मङ्गलस्नानं कारयित्वा कंकणबन्धननूतनवस्त्रभूषणादिभिः कन्यामलंकृत्य विष्णुप्रतिमासमीपे समानीय तस्या हस्तेन पूजनसङ्कल्पं कारयेत्। तद्यथा अद्येह अमुकगोत्राया अमुकनामधेयाया मम जन्मसामयिकलग्नात् अमुकामुकस्थानस्थितामुकामुकग्रहैः संसूचितबालवैधव्यदोषनिराकरणपूर्वक—सौभाग्यसमृद्धिद्वारा भविष्यद्भर्तुरारोग्यैश्वर्य्याभिवृद्धिकामा श्रीपरमेश्वरप्रीत्यर्थं च सुवर्णप्रतिमायां श्रीविष्णोः पूजनं करिष्ये। इतिसंकल्प्य—निर्मितां रुचिरां शंखगदाचक्राब्जशोभिताम्। दद्यातां वाससी पीते कुमुदोत्पलमालिनीम् ॥ इति ध्यात्वा पाद्यादीनि समर्पयामि विष्णवे नमः इति यथोपचारैः विष्णुं सम्पूज्य पुष्पाञ्जलिं गृहीत्वा प्रार्थयेत्। देहि विष्णो वरं देव कन्यां पालय दुःखतः। पतिं जीवय कन्यायाश्चिरं पुत्रसुखं कुरु ॥ इति सम्प्रार्थ्य मधुपर्केण अर्चयित्वा वस्त्रालंकारपुष्पमालादिकं समर्प्य कन्याविष्णुप्रतिमान्तरालेऽन्तःपटं धृत्वा कन्यावस्त्रपरिधानानन्तरं अन्तःपटमपसार्य समञ्जनान्ते विवाहोपयोगिमङ्गलश्लोकपाठं कारयित्वा कन्यापिता कन्यादानसंकल्पं कुर्यात्। ॐ विष्णुः २ इत्यादि अद्येह अमुकोऽहम् अमुकराशेरमुकनामधेयाया ममास्याः कन्याया जन्मसामयिक— लग्नात् अमुकामुकस्थानस्थितामुकामुकग्रहैः संसूचितवैधव्यादिदोषनिराकरणपूर्वकसौभाग्यसिद्धिद्वारा एतद्भविष्यद्भर्तुरायुरारोग्यैश्वर्यवृद्धिकामः अमुकगोत्रां अमुकप्रवरां अमुकनाम्नीं श्रीरूपिणीं इमां कन्यां विष्णवे तुभ्यं समर्पयामि। इति संकल्प्य (तदुत्तरं अंचलग्रन्थि-बन्धनादि सर्वं विवाहविधिवत् कृत्वा) 'परित्वा' इत्यर्कविवाहस्थितदशभिर्मन्त्रैरधस्तादुपरिष्टाच्च मन्त्रावृत्या कन्यां प्रतिमां च दशतन्तुसूत्रेण परिवेष्टयेत्। ततः किंचित् स्थित्वा प्रतिमां निःसार्य—अद्य वैधव्यदोषनिवृत्तये कृतैतद्विष्णुप्रतिमाविवाहकर्मणः साङ्गतासिध्यर्थं साद्गुण्यार्थं श्रीपरमेश्वरप्रीत्यर्थं च इमां दक्षिणां विष्णवे तुभ्यं सम्प्रददे इति समर्पयेत्। ततो विष्णुप्रतिमामाचार्याय समर्पयेत्। तत्र संकल्पः—अद्येह अमुकगोत्रामुकराशिरमुकनामधेयाहं मम जन्मसामयिकलग्नात् अमुकामुकस्थानस्थितामुकामुकग्रहैः संसूचितवैधव्यादिनानादोषनाशनपूर्वकभविष्यन्मद्भर्तृशरीरारोग्यायुर्वृद्धिकामा इमां सुपूजितां विष्णुप्रतिमां अग्निदेवतां अमुकगोत्रायामुकशर्मणे ब्राह्मणाय तुभ्यमहं सम्प्रददे। ॐ तत्सत् इति संकल्प्य प्रार्थनावाक्यानि पठेत्—

यन्मया पूर्वजनुषि घ्नन्त्या पतिमनागसम्।
विषोपविषशस्त्राद्यैर्हतो वातिविरक्तया ॥ १ ॥

प्राप्यमाणं महाघोरं यशःसौख्यधनापहम्।
वैधव्याद्यतिदुःखौघनाशाय सुखलब्धये ॥ २ ॥

बहुसौभाग्यलब्ध्ये च महाविष्णोरिमां तनुम्।
सौवर्णीं निर्मितां शक्त्या तुभ्यं संप्रददे द्विज ॥ ३ ॥

इति पठित्वा द्विजकरे सोपकरणं विष्णुप्रतिमां दत्त्वा अनघाऽहमस्मीति त्रिवारं वदेत्। ब्राह्मणश्च—ॐ द्यौस्त्वा ददातु पृथिवी त्वा प्रतिगृह्णातु—ॐ स्वस्तीति प्रतिगृह्य ॐ कोऽदात्कस्मा अदात् कामोऽदात् कामायादात्। कामो दाता कामः प्रतिग्रहीता कामैतत्ते। इति पठित्वा अनघा भव इति त्रिर्वदेत्। ततो दानप्रतिष्ठां दद्यात् अद्य कृतैतत्सौवर्णी-श्रीविष्णुप्रतिमादानप्रतिष्ठार्थं इदं द्रव्यं अमुकगोत्रायामुकशर्मणे ब्राह्मणाय तुभ्यं सम्प्रददे। इति दद्यात्। ततोऽभिषेक—तिलकविप्राशिषो गृहीत्वा सम्प्रदायानुरोधेन भूयसीदक्षिणादानं ब्राह्मणभोजनं च कारयेत् ॥ ततः कन्याया वैवाहिकं विधिं कुर्यात्।

इति श्रीविष्णुप्रतिमाविवाहविधिः।

अथ कुम्भविवाहविधिः

अथ कन्यापिता विवाहात्पूर्वं चन्द्रतारानुकूले शुभे दिने स्नात्वा नित्यकर्म विधाय नवमहतं वासः परिधाय एकान्तविष्णुमन्दिरं गत्वा स्वासने प्राङ्मुख उपविश्य स्वदक्षिणतः संस्कार्यकन्यां चोपवेश्य दीपं प्रज्वाल्य आचम्य स्वस्तिवाचनशान्तिपाठादिकं कृत्वा सुमुखश्चेति गणेशादिस्मरणानन्तरं संकल्पं कुर्यात्। तद्यथा—अद्येह ममामुकगोत्रायाः अमुकराशेरस्याः कन्याया जन्म-सामयिकलग्नाद् अमुकस्थानस्थितामुकदुष्टग्रहसंसूचित—वैधव्यादि—दोषनिराकरण—पूर्वक-सौभाग्यप्राप्ति—द्वारा भविष्यद्भर्तुरायुरारोग्यैश्वर्य-सुखावाप्तये श्रीपरमेश्वरप्रीतये च कुम्भेन सह कन्योद्वाहकर्माहं करिष्ये तत्पूर्वाङ्गत्वेन कलशस्थापन-पुण्याहवाचन-नीराजन-मातृकापूजन-वसोर्धारा-निपातनायुष्य—मन्त्रजपाभ्युदयिक—नान्दीश्राद्धादीनि करिष्ये, तत्रादौ निर्विघ्नतासिद्धये श्रीभगवतो गणेश्वरस्य पूजनं करिष्ये इति सङ्कल्प्य गणपत्यादिपूजनं कृत्वा पूजनपूर्वकमाचार्यं वृत्वा सुवर्णनिर्मितां वरुणप्रतिमां विष्णुप्रतिमां च अग्न्युत्तारणपूर्वकं पञ्चामृतेन संस्नाप्य कलशविधिना स्थापिते जलपूर्णकलशे संस्थाप्य ॐ एतं ते देव सवितर्यज्ञं प्राहुर्बृहस्पतये ब्रह्मणे तेन यज्ञमव तेन यज्ञपतिं तेन मामव मनो जूतिर्जुषतामाज्यस्य बृहस्पतिर्यज्ञमिमं तनोत्वरिष्टम् यज्ञ ँ समिमं दधातु विश्वे देवास इह मादयन्तामों ३ प्रतिष्ठ ॥ ॐ भूर्भुवः स्वः सुवर्णप्रतिमायां वरुण इहागच्छेह तिष्ठ सुप्रतिष्ठितो वरदो भव। इति प्राणप्रतिष्ठां कृत्वा तथैव विष्णुमपि प्रतिष्ठाप्य कन्याया मङ्गलस्नानं कारयित्वा कंकणबन्धन—

नूतन—चित्रवस्त्रभूषणोदिभिः कन्यामलंकृत्य कुम्भसमीपे समानीय पूजनसंकल्पं कारयेत् ॐ अद्येह अमुकगोत्राया अमुकनामधेयायाः अस्याः कन्याया जन्म-सामयिकलग्नाद् अमुकस्थानस्थितामुकग्रहैः संसूचितवैधव्यदोष—निराकरण—पूर्वकसौभाग्य-समृद्धिद्वारा भविष्यद्भर्तुरायुरारोग्यैश्वर्याभिवृद्धि-कामनया श्रीपर-मेश्वरप्रीत्यर्थं च कलशे सुवर्णप्रतिमयोः श्रीविष्णुवरुणयोः पूजनं करिष्ये। इति संकल्प्य ॐ तत्त्वायामि ब्रह्मणा वन्दमानस्तदाशास्ते यजमानो हविर्भिः। अहेड-मानो वरुणेह वोध्युरुश ँ समान आयुः प्रमोषीः॥ॐविष्णोरराटमसि विष्णोश्न-प्त्रेस्थो विष्णोः स्यूरसि विष्णोर्ध्रुवोऽसि वैष्णवमसि विष्णवे त्वा॥ इति पठित्वा पाद्यादीनि समर्पयामि वरुणाय नमः॥ विष्णवे नमः इति यथोपचारैः वरुणं विष्णुं च सम्पूज्य पुष्पाञ्जलिं गृहीत्वा प्रार्थयेत्—वरुणाङ्गस्वरूपस्त्वं जीवनानां समाश्रय। पतिं जीवय कन्यायाश्चिरं पुत्रान् सुखं कुरु। देहि विष्णो वरं देव कन्यां पालय दुःखतः। पतिं जीवय कन्यायाश्चिरं देहि तथा सुखं॥ इति संप्रार्थ्य मधुपर्केण अर्चयित्वा वस्त्रालङ्कारादीन्समर्प्य कन्याकुम्भान्तरालेऽन्तः पटं कृत्वा कन्यावस्त्रपरिधानानन्तरं अन्तःपटमपसार्य समञ्जनान्ते विवाहोपयोगि मङ्गल-पद्यपाठं कारयित्वा कन्यापिता कन्यादानसङ्कल्पं कुर्यात् ॐ विष्णुः ३ इत्यादि अद्येह अमुकोऽहम् अमुकराशेरमुकनामधेयाया ममास्याः कन्यायाः जन्मसामयिक-लग्नाद् अमुकस्थान-स्थितामुक—दुष्ट-ग्रह संसूचितवैधव्य-दोष—परिहारपूर्वक—सौभाग्य—सिद्धि—द्वारा-अस्या भविष्यद्भर्तुरायुरारोग्यैश्वर्य्य-वृद्धिकामः अमुक-गोत्रां अमुकप्रवरां अमुकनाम्नीं श्रीरूपिणीं वरार्थिनीं इमां कन्यां श्रीविष्णुवरुण-स्वरूपिणे—कुम्भाय तुभ्यमहं संप्रददे ॐ तत्सत् इति संकल्प्य दत्त्वा—अद्य वैधव्य—दोषनिवृत्तये कृतैतत्कुम्भविवाहकर्मणि कन्यादानप्रतिष्ठार्थं इमां दक्षिणां श्रीविष्णुवरुणस्वरूपिणे कुम्भाय तुभ्यमहं संप्रददे इति समर्पयेत्। तदुत्तरं अञ्चल-ग्रन्थिवन्धनादिसर्वं विवाहविधिवत्कृत्वा 'परित्वा' इत्यर्कविवाहस्थितैर्दशभिःमन्त्रै-रधस्तादुपरिष्टाच्च मन्त्रावृत्या कन्यां कुम्भं च दशतन्तुसूत्रेण परिवेष्टयेत्। ततः किञ्चित् स्थित्वा वेष्टितसूत्रात्कुम्भं निस्सार्य जलाशये विसृजेत्। ततः पञ्चपल्लवज-लेन कन्यामभिषिच्य विष्णुवरुणप्रतिमे वैवाहित-वस्त्रादीनि च आचार्याय दद्यात्—तत्रसंकल्पः-अद्येह अमुकगोत्रा अमुकराशिरमुकनामधेयाहं मम जन्मसामयिक-लग्नाद् अमुकस्थान-स्थितामुकदुष्टग्रहसंसूचित—वैधव्य-दोष-परिहारद्वारा सौभाग्य-फल-प्राप्तिपूर्वक-भविष्यन्मद्भर्तृशरीरारोग्यायुर्वृद्धिकामा इमे सुपूजिते विष्णुवरुण-प्रतिमे इमानि वैवाहिकवस्त्रादीनि च अमुकगोत्रायामुकशर्मणे ब्राह्मणाय तुभ्यमहं सम्प्रददे ॐ तत्सत् इति संकल्प्य दद्यात् ॐ स्वस्तीति प्रतिवचनं। ततो दानप्रतिष्ठां दद्यात् ॐ अद्य कृतैतत्सुपूजितश्रीविष्णुवरुणप्रतिमादानप्रतिष्ठार्थं इमां दक्षिणां अमुकगोत्रायामुकशर्मणे ब्राह्मणाय तुभ्यमहं सम्प्रददे इति दद्यात्। ततोऽभिषेक—तिलकविप्राशीर्ग्रहणम्। सम्प्रदायानुरोधेन अन्येभ्योऽपि ब्राह्मणेभ्यो

भूयसीदक्षिणादानम् यथाशक्ति ब्राह्मणभोजनादिकं च कार्यम्। ततः कन्याविवाहं कुर्यात्।

इति कुम्भविवाहविधिः।

अथार्कविवाहविधिः

तृतीयविवाहात् प्राक् दिनचतुष्टयाधिकव्यवहिते रविवासरे शनिवासरे वा हस्तर्क्षे शुभे दिनान्तरे वा ग्रामात् प्राच्यां उदीच्यां वा दिशि विजनस्थाने पत्रपुष्पफलयुतार्काधस्ताद् गोमयेन मण्डलं कृत्वा सर्वसम्भारान् तत्र स्थाप्य अर्कपश्चिमत आसने चोपविश्याचम्य गुरुकल्पितग्रहमण्डले स्वस्त्ययनं विधाय गणपतिं प्रतिष्ठाप्य प्रतिज्ञासंकल्पं कुर्यात् ॐ तत्सदद्येति श्रुतिस्मृतिपुराणोक्त—फलप्राप्तिपूर्वक—करिष्यमाण—तृतीय-मानुषी-विवाह तज्जन्य—वैधव्यादिदोषापनुत्यनन्तरवृद्धि—हेतवेऽर्कविवाहमहं करिष्ये तन्निर्विघ्नतार्थं च गणपत्यादिदेवानहं पूजयिष्ये। इतिगणेशषोडशमातृसूर्यादिनवग्रहप्रणवदिग्पालादिपूजनं यथालब्धोपचारैः विधाय हेम्ना नान्दीश्राद्धं कुर्यात्। यथा अद्येत्याद्युक्त्वा करिष्यमाण—तृतीय-मानुषी-विवाहाङ्गत्वेन कर्तव्याभ्युदयिकश्राद्धे इदमग्निदैवतकं हिरण्यं यथानामगोत्राय ब्राह्मणाय दातुमहमुत्सृजे।

ततः अर्ककन्याप्रदानार्थं वरणद्रव्यैराचार्यं वृणुयात्। ॐ अद्येत्यादि मम तृतीय—मानुषी—विवाहजन्यदोषापनुत्त्यर्थं अर्ककन्याप्रदानार्थं एभिर्वरणद्रव्यैरमुकगोत्रममुकशर्माणं ब्राह्मणमाचार्यत्वेनाहं वृणे। वृतोऽस्मीति प्रतिवचनं। ततस्तु आचार्यो वरं पूजयेन् ॐ साधुभवानास्तामर्चयिष्यामो भवन्तमिति ब्रूयात्। ॐ अर्चय इति वरेणोक्ते वरोपवेशनार्थे शुद्धमासनं दत्त्वा विष्टरमादाय ॐ विष्टरो विष्टरो विष्टर इत्यन्येनोक्ते ॐ विष्टरः प्रतिगृह्यतामिति आचार्यो वदेत्। ॐ विष्टरं प्रतिगृह्णामि इत्यभिधाय वरो विष्टरं गृहीत्वा ॐ वर्ष्मोऽस्मि समानानामुद्यतामिव सूर्यः। इमन्तमभितिष्ठामि यो मा कश्चाभिदासति॥ इत्यासने उत्तराग्रविष्टरोपरि वर उपविशति। ततस्त्वाचार्यः पाद्यमञ्जलिनादाय ॐ पाद्यं पाद्यं पाद्यमित्यन्येनोक्ते ॐ पाद्यं प्रतिगृह्यतामिति आचार्यः वदेत्। ॐ पाद्यम् प्रतिगृह्णामीत्यभिधाय आचार्याञ्जलितोऽञ्जलिना पाद्यमादाय वरः ॐ विराजो दोहोऽसि विराजो दोहमशीय मयि पाद्यायै विराजो दोहः। इति दक्षिणपादं प्रक्षालयति आचार्यः। अनेनैव क्रमेण वामचरणप्रक्षालनं (क्षत्रियश्चेद्वरस्तदाचार्यो दासद्वाराक्षालयति) ततः पूर्ववद्विष्टरं गृहीत्वा चरणयोरधस्तादुत्तराग्रं वरः कुर्यात्।

ततः दूर्वाक्षत-फल-पुष्प-चन्दन-युतार्घपात्रं गृहीत्वाचार्यः ॐ अर्घो अर्घो अर्घ इत्यन्येनोक्ते ॐ अर्घः प्रतिगृह्यतामित्याचार्यो वदेत्। ततो वरः प्रतिगृह्णामीत्यभिधायाचार्यहस्तादर्घं गृहीत्वा ॐ आपः स्थ युष्माभिः सर्वान्कामान-

वाप्नुवानीति शिरस्यक्षतादिकं किंचिद्दत्वा ॐ समुद्रं वः प्राहिणोमि स्वां योनिमभिगच्छतः अरिष्टास्माकं वीरामःपरासेचिमत्पयः ॥ इत्यर्घपात्रस्थं जलमैशान्यां त्यजन्पठति। तत आचमनीयमादाय ॐ आचमनीयं आचमनीयं आचमनीयमित्यन्येनोक्ते प्रतिगृह्यतामिति आचार्यो वदेत्। वर आचमनीयमादाय ॐ आमागन् यशसा स ꣳ सृज वर्चसा तं मा कुरु प्रियं प्रजानामधिपतिं पशूनामरिष्टिं तनूनाम्। इत्येनेन सकृदाचामेत् द्विस्तूष्णोम्। ततस्त्वाचार्यः कांस्यपात्रस्थदधि-मधुघृतानि कांस्य-पात्रपिद्दितान्यादाय ॐ मधुपर्को मधुपर्को मधुपर्क इत्यन्येनोक्ते ॐ मधुपर्कः प्रतिगृह्यताम् इत्याचार्यो वदेत्। ततो वरः ॐ गृह्णामीत्यभिधाय ॐ मित्रस्य चक्षुषा त्वा प्रतीक्ष्ये इत्याचार्यकरस्थमेव निरीक्ष्य ॐ देवस्य त्वा सवितुः प्रसवेऽश्विनोर्बाहुभ्यां पूष्णो हस्ताभ्यां प्रतिगृह्णामि। इत्यनेन वरः मधुपर्कं वामहस्ते कृत्वा ॐ नमः श्यावास्यायान्नशने यत्त आविद्धंतत्ते निष्कृन्तामि इत्यनेन अनामिकया त्रिःप्रदक्षिणमालोड्यानामिकाङ्गुष्ठाभ्यां भूमौ क्षिपेत्। पुरस्तथैव द्विः प्रत्येकं क्षिपेत्।

ॐ यन्मधुनो मधव्यं परम ꣳ रूपमन्नाद्यं तेनाहं मधुनो मधव्येन परमेण रूपेणान्नाद्येन परमो मधव्योऽन्नादोऽसानि। इत्यनेन वारत्रयं मधुपर्कप्राशनं। ततो मधुपर्कमसंचरदेशे धारयेत्। तत आचम्य वरः अर्कस्य पुरतस्तिष्ठन् सूर्यं प्रार्थयेत्—त्रैलोक्यव्यापिन् सप्ताश्व छायया सहितो रवे। तृतीयोद्वाहजं दोषं निवारय सुखं कुरु। ततोऽर्कवृक्षस्याधस्तात् कलशविधिना कलशं संस्थाप्य तत्र सुवर्णनिर्मितां सूर्यप्रतिमां निधाय आकृष्णेनेति मन्त्रेण सूर्यमावाह्य श्वेतवस्त्रसूत्राभ्यामर्कमावेष्ट्य पाद्यादिभिः सम्पूज्य ॐ आपो हि ष्ठा मयोभुवस्तान ऊर्जे दधातन महेरणाय चक्षसे ॥ १ ॥ यो वःशिवतमो रसस्तस्य भाजयतेह नः उशतीरिव मातरः ॥ २ ॥ तस्मा अरंगमाम वो यस्य क्षयाप जिन्वथ आपो जनयथा च नः। इति मन्त्रैरभिषिच्य गुडौदनं नैवेद्यं ताम्बूलं दक्षिणां च दद्यात्। ततो वरोऽर्कं प्रदक्षिणीकुर्यात्। तत्र मन्त्रः—मम प्रीतिकरा चेयं मया सृष्टा पुरातनी। अर्कजा ब्रह्मणा सृष्टा अस्माकं परिरक्षतु ॥ इति पठित्वा पुनः प्रदक्षिणीकुर्वन् प्रार्थयेत् (प्रथमवारम्) नमस्ते मङ्गले देवि नमः सवितुरात्मजे ॥ त्राहि मां कृपया देवि पत्नी त्वं मद्गृहागता ॥ द्वितीयप्रदक्षिणायाम्। अर्क त्वं ब्रह्मणा सृष्टः सर्वप्राणिहिताय च। वृक्षाणामादिभूतस्त्वं देवानां प्रीतिवर्द्धनः। तृतीयोद्वाहजं दोषं मृत्युञ्चाशु निवारय। इति तृतीयप्रदक्षिणायाम्। ततः पंचभूसंस्कारपूर्वकमग्निस्थापनं कृत्वा प्राङ्मुखः अर्कसमीपे तिष्ठेत। ततोऽन्तःपटकरणम् ॥ अर्ककन्यावरयोः परस्परं समञ्जनम्। ततो गोत्रोच्चारणमंगलपाठः। अथाचार्यः अर्ककन्यां वराय ददाति। तत्र संकल्पः ॐ अद्यामुकमासेऽमुकतिथौ अमुकवासरादिसंयुतायां शुभवेलायां अमुकगोत्रस्यामुकप्रवरस्यामुकशर्म्मणः पौत्राय अमुकगोत्रस्यामुकप्रवरस्यामुक-

शर्मणः पुत्राय काश्यपगोत्रस्य त्रिप्रवरस्य अर्कस्य प्रपौत्रीं काश्यपगोत्रस्य त्रिप्रवरस्य सवितुः पौत्रीं काश्यपगोत्रस्य त्रिप्रवरस्य आदित्यस्य पुत्रीं इत्यनेन क्रमेण त्रिरावृत्य पठनीयम् । इमामर्ककन्यां आचार्येण इत्युक्ते वरः—ॐ स्वस्ति न इन्द्रो वृद्धश्रवा इत्यादि स्वस्तिसूक्तं पठन्नर्कं निरीक्षेत् । तत आचार्यः विप्रैः वराय आशिषो दत्त्वा अमुकगोत्राय अमुकशर्मणे वराय तुभ्यमहं संप्रददे । ॐ अर्ककन्यामिमां विप्र यथाशक्तिविभूषिताम् । गोत्राय शर्मणे तुभ्यं दत्तां विप्र समाश्रय ॥ तत ॐ अद्य कृतैतदर्ककन्यादानप्रतिष्ठार्थमिदं सुवर्णमग्निदैवतं अमुकगोत्राय अमुकशर्मणे वराय तुभ्यमहं संप्रददे ॥ इति दक्षिणां सुवर्णं वा दद्यात् ॥ ततः ॐ स्वस्तीति प्रतिगृह्य वरः—यशो मे कामः समृध्यताम् । धर्मो मे कामः समृध्यताम् । यशो मे कामः समृध्यताम् इति त्रीन् अक्षताञ्जलीन् अर्कोपरि क्षिपेत् ततः सूत्रेणाञ्चलग्रन्थिबन्धनं कृत्वा पञ्चगुणीकृतेन कुंकुमाक्तेन सूत्रेण गायत्र्या "परित्वा" इत्यादि मन्त्रैर्वा पञ्चवारमर्कमावेष्टयेत् । यत्र मन्त्राः—ॐ परित्वा गिर्वणो गिर इमा भवन्तु विश्वतः । वृद्धायुमनुवृद्धायो जुष्टा भवन्तु जुष्टयः ॥ १ ॥ इन्द्रस्यूरसीद्रस्य ध्रुवोऽसि । ऐन्द्रमसि वैश्वदेवमसि । २ ॥ विभुरसि प्रवाहणो वह्निरसि हव्यवाहनः श्वात्रोऽसि प्रचेतास्तुथोऽसि विश्ववेदाः ॥ ३ ॥ उशिगसि कविरङ्घारिरसि बम्भारिरवस्युरसि दुवस्वान् शुन्ध्यूरसि मार्जालीयः सम्राडसि कृशानुः परिषद्योऽसि पवमानो नभोऽसि प्रतक्वा मृष्टोऽसि हव्यसूदन ऋतधामासि स्वर्ज्योतिः ॥४॥ समुद्रोऽसि विश्वव्यचा अजोऽस्येकपादहिरसि बुध्न्यो वागस्यैन्द्रमसि सदोऽस्यतस्य द्वारो मा मा संताप्समध्वनामध्वपते प्रमातिरस्वस्तिमेऽस्मिन्पथि देवयान भूयात् ॥ ५ ॥ मित्रस्य मा चक्षुषेक्षध्वमग्नयः सगराः सगराः स्थ सगरेण नाम्ना रौद्रेणानीकेन पात माग्नयः । पितृतमाग्नयो गोपायत मा नमो वोऽस्तु मामाहि ᳪ सिष्ट ॥ ६ ॥ ज्योतिरसि विश्वरूपं विश्वेषां देवानां समित् ॥ त्व ᳪ सोमतनूकृद्भ्यो द्वेषेभ्योऽन्यकृतेभ्य उरुयन्तासि वरूथ ᳪ स्वाहा जुषाणो अप्तुराज्यस्य वेतु स्वाहा ॥ ७ ॥ अग्ने नय सुपथा राये अस्मान् विश्वानि देव वयुनानि विद्वान् । युयोध्यस्मज्जुहुराणमेनो भूयिष्ठां ते नम उक्तिं विधेम ॥ ८ ॥ अयं नो अग्निर्वरिवस्कृणोत्वयं मृधः पुर एतु प्रभिन्दन् । अयं वाजाज्जयतु वाजसाता वय ᳪ शत्रूञ्जयतु जर्हृषाणः स्वाहा ॥ ९ ॥ उरु विष्णोः विक्रमस्वोरु क्षयात नस्कृधि । घृतं घृतयोने दिवः प्रप्रयज्ञपतिं तिरःस्वाहा ॥ १० ॥ इति मन्त्रैरर्कवृक्षोपरि सूत्रमावेष्ट्य पुनः तत्सूत्रं पंचगुणं कृत्वा अर्कस्कन्धे बद्ध्वा ॐ बृहत्सामक्षत्रभृद् वृद्धवृष्ण्यं त्रिष्टुभोजः शुभितमुग्रवोरम् । इन्द्रस्तोमेन पंचदशेन मध्यमिदं वातेन सगरेण रक्ष ॥ इति रक्षां कुर्यात् । ततः अर्कस्य पूर्वाद्यष्टदिक्षु अष्टौ कलशान् स्थाप्य हरिद्रागन्धसंयुक्तेन शीतलजलेनापूर्य वस्त्रेण त्रिगुणसूत्रेण वा प्रतिकलशं कण्ठेषु आवेष्ट्य हरिद्रादि निक्षिप्य तेषु कलशेषु विष्णुमावाहयेत्-

ॐ इदं विष्णुर्विचक्रमे त्रेधा निदधे पदं समूढमस्य पा ᳪ सुरे स्वाहा इत्यावाह्य पाद्यादीनि समर्पयामि विष्णवे नमः इति पूजयित्वा प्रार्थयेत्—विश्वव्यापिन् नमस्तेऽस्तु भक्तप्रिय जनार्दन। तुरीयस्य विवाहस्य अधिकारं प्रयच्छ मे ॥ ततः अर्कवृक्षस्योत्तरे स्थण्डिलं निर्माय पंचभूसंस्कारपूर्वकब्रह्मोपवेशनादिपर्युक्षणान्ते "एतन्ते देवसवित" वरदनामानमग्निं सुप्रतिष्ठाप्य पाद्यादिभिः सम्पूज्य देवताभिध्यानं कुर्यात् अद्येह अर्कविवाहकर्मणाहं यक्ष्ये तत्र प्रजापतिं इन्द्रं अग्निं सोमं बृहस्पतिं अग्निं वायुं सूर्यं प्रजापतिं चाज्येनाहं यक्ष्ये ॥ इति ॥ ततो ब्रह्मणान्वारब्धं जुहुयात्। ॐ प्रजापतये स्वाहा इदं प्रजापतये। (इति मनसा) ॐ इन्द्राय स्वाहा इदमिन्द्राय इत्याधारौ। ॐ अग्नये स्वाहा इदमग्नये ॐ सोमाय स्वाहा इदं सोमाय। (इत्याज्यभागौ) ॐ सङ्गोभिराङ्गिरसो नक्षमाणो भग इवेदर्यमणं निनाथ। जने मित्रो न दम्पती अनक्तिबृहस्पते वाजयाशूंरिवाजौ स्वाहा। इदं बृहस्पतये ॥ ॐ यस्मै त्वा कामकामाय वयं सम्राडयजामहे। तमस्मभ्यं कामं दत्वाथेदं त्वं घृतं पिब स्वाहा। इदमग्नये ॥ ॐ भूः स्वाहा इदमग्नये। ॐ भुवः स्वाहा इदं वायवे। ॐ स्वः स्वाहा इदं सूर्याय। ॐभूर्भुवः स्वः स्वाहा इदं प्रजापतये। ततो भूरादिप्राजापत्यान्तनवाहुतिहोमं स्विष्टकृद्धोमं च विधाय पूर्णपात्रदानान्तं कर्मशेषं समाप्य अर्कं प्रदक्षिणीकृत्य प्रार्थयेत्—मया कृतमिदं कर्म स्थावरेषु जरायुणा। अर्कापत्यानि मे देहि तत्सर्वं क्षन्तुमर्हसि ॥ इति सम्प्रार्थ्य शान्तिसूक्तं पठित्वा अर्कप्रतिष्ठितं सूर्यं विसृज्य आचार्याय गोयुग्मं दक्षिणां दद्यात् अन्येभ्योऽपि ब्राह्मणेभ्यो दक्षिणां दत्त्वा पूजोपकरणानि अलंकरणानि आचार्याय दत्त्वा दिनचतुष्टयं अर्कं कुंभांश्च रक्षयेत्। पंचमदिवसे पूर्ववत्पूजयित्वा तिलककरणविप्राशीः पूर्वकमग्निं विसृज्य सूर्याय अर्घं दत्त्वा कंकणमोचनम्। ततो मानुषीमुद्वहेत्। इत्यर्कविवाहविधिः।

अथ पटपद्धतिः (आवश्यके शूद्रादीनां पुनर्भूविवाहविधिः]

तत्र ज्योतिश्शास्त्रोक्तशुभदिने पतिवरा स्वाभिलषितं वरं देवरादिकं विधुरादिकमन्यं वा स्वाभीष्टं पवित्रचरितं पुरुषं फलपुष्पादिकमादाय मन्त्रपाठपूर्वकं ब्राह्मणद्वारा वृणुयात् मन्त्रः-ॐतस्मिन्कालेऽग्निसान्निध्ये स्नातास्नाते ह्यरोगिणी। आत्मानं दास्यते सेति भोगार्थं स्वर्गसिद्धये ॥ इति मन्त्रेण फलपुष्पादिकं दत्त्वा ब्राह्मणद्वारा पतिं वृणुयात्। ततो वृतोऽस्मीत्युक्त्वा फलपुष्पादिकमादाय पुष्पाणि शिरस्याधाय फलं भक्षयेत्। अथ कस्मिंश्चित्पर्वणि अन्यस्मिन् ज्योतिश्शास्त्रोक्तशुभदिने वा गोमयाद्युपलिप्तभूमिविशेषे स्नातं वरं समुपवेश्य स्वयमपि स्नात्वा नवीनवासांसि परिधाय भूषणालंकारादिनात्मानमलंकृत्य तत्समीपे समुपविश्य आचान्ता सा पतिवरा दक्षिणहस्तेन जलगन्धपुष्पैरपवित्रः पवित्रो वेत्यादिनात्मानं प्रासिच्य वरपतिवरयोर्मङ्गलार्थं ब्राह्मणस्तावद्गणपतिषोडशमातृकाः

नवग्रहांश्च विधाय स्वस्त्ययनं कुर्यात् । ततः पतिवरा जलाक्षतादिकमादाय—ॐ अद्य तत्सदित्यादि देशकालौ संकीर्त्य अमुकगोत्राऽमुकदेवी स्ववरणीयपतिसमन्वि-ताय मम समस्तदुःखशोक-प्रत्यूहसमुदाय—प्रध्वंसपूर्वकैहिकामुष्मिक-सर्वाभीष्ट-साधनाय स्वशरीर—प्रदानमहं करिष्ये । इति प्रतिज्ञाय पुनर्जलादिकमादाय तन्निर्विघ्नसमाप्तिहेतवे श्रीगणपतिप्रभृति—मातृनवग्रहपूजनमहं करिष्ये । इति पठित्वोत्सृजेत् ॥ ततो वरः—ॐअद्येत्यादिदेशकालौ संकीर्त्य—अमुकगोत्रोऽ-मुकबर्मा परपूर्वभार्याङ्गसङ्गज-पापाभावपूर्वकस्वर्गजनक-धर्माविरुद्धभोगमुखा-वाप्तये शास्त्रविधिना पुनर्भूस्वीकरणमहं करिष्ये । तन्निर्विघ्नपरिसमाप्तिकामो श्रीगणेशमातृकानवग्रहकुम्भपूजनमहं करिष्ये । इति प्रतिज्ञासंकल्पं विधाय श्रीगणपत्यादीन्सम्पूज्य स्वेष्टदेवतां कुलदेवताञ्च पूजयेत् । ततो वरेण वध्वर्चा बध्वा च वरार्चा मालापादवन्दनादिभिः शब्दैरुचितैः कुलरीत्यनुसारं च कुर्यात् ॥ एवमुभयतः सम्पूजने कृते पतिवरा वरस्य चरणौ प्रक्षाल्य प्राङ्मुखी वराभि-मुखी वा भूत्वा प्रार्थयेत्—त्वं विष्णुः कमलाकान्तः साक्षादव्यय ईश्वरः । तुभ्यमात्मप्रदानेनाऽऽवां भवतामपापिनौ ॥ धर्मः सत्यं तपः सत्यं सत्यं शास्त्रं तवाज्ञया । तेन सत्येन देवेश न भवेत्पापमावयोः ॥ इति सम्प्रार्थ्य सा मङ्गलसूत्रं वरस्य करे बद्ध्वा गन्धं तस्य ललाटे कृत्वा पुष्पमालां च गले परिधाप्य नमस्कुर्यात् । अद्य प्रभृति तव दासी भवामीति ब्रूयात् । अथ वामकरं स्वहृदये न्यस्य दक्षिणहस्तेन जलगन्धादीन्यादाय ॐ अद्येत्यादि देशकालौ सङ्कीर्त्य अमुकगोत्राऽमुकदेवी पतित्यक्ता वा बालविधवात्वप्रदापकानेकजन्मार्जितदुरित-पुञ्ज-निवृत्तिपूर्वक-स्वधव-संयुत निरतिशयानन्दरूपमुक्तिलब्धये इमं पाञ्च-भौतिकं स्वीयं कलेवरं अभयदैवतकं त्वदुपभोगार्थं अमुकगोत्रायऽमुकनाम्ने वराय तुभ्यमहं सम्प्रददे । ॐ स्वस्तीति वरः प्रतिवदेत् । ततः प्रतिग्रहीता तस्याः हृदयं स्पृशेत् स्वीयेन दक्षिणहस्तेन । ततः उपस्थितपुरुषैः सहाग्निस्थापनं कुश-कंडिकापूर्वकं विधाय तत्र स्वेष्टव्याहृति-ग्रहदेवताकुलदेवतामन्त्रैर्जुहुयात् । ततः स्विष्टकृदाहुतिं पूर्णाहुतिं च दत्त्वा त्र्यायुषं कुर्यात् । ततो वरः पतिवरायै सुन्दर-परिधानवस्त्राणि दद्यात् भूषणैश्च भूषयेत् । अथ पट्टवस्त्रं कौशेयं वा वरो गृहीत्वा मन्त्रं पठेत्—शरीरावरणं वासो लज्जायाः करणं परं । लज्जायास्ते सुखायाहं

१ पुनर्विवाहे सूर्यभात् शुभाशुभज्ञानाय चक्रम् ।

३	३	३	३	३	३	३	३	नक्षत्र
मृत्यु	धन	मरण	मृत्यु	पुत्र	दुर्भग	श्रीः	उन्नति	फलम्

अन्यच्च—सूर्यभात् ४।११।१८।२२ संख्यकसाभिजिदृक्षेषु पुनर्विवाहे मृत्युः । अत्र तिथिमासवेधभृगुगुर्वस्तादिदोषोऽपि नावलोकनीयः ।

क्षिपाम्येतत् तवोपरि। इति मन्त्रेण पतिंवरोपरि दिस्तीयं क्षिपेत्। पतिम्वरा च तद्वस्त्रेणात्मनः अङ्गानि आच्छाद्याग्निं प्रणमेत्। वरं प्रणमेत्। दिवासूर्यं रात्रौ अरुन्धतीं प्रणमेत्। ततः परस्परं हस्तग्रहणं तत्र मन्त्रः—हस्ते गृह्णीव परस्परं ग्राहयाम उपस्थितैः। वरं सम्पादयामोऽभीष्टं पटपाठसुखाय च॥ पुत्रपौत्रादि-विवृद्ध्यर्थं दम्पती वाससुखाय च एष नः पटपाठोऽपि पूर्वेषां सुसुखाय च॥ वह्निं प्रदक्षिणीकुर्मः प्रतिपादं सुखाय नः। कामाग्निः शोभनो भूयात् कामो देवः प्रसीदतु॥ इत्यनेन पतिंवरा वरेण सहाग्निं एकवारं प्रदक्षिणीकृत्य संस्रवं प्राश्या-चम्य पुरोधसे संकल्प्य दक्षिणां दद्यात्। ततो वरः किञ्चित् भक्ष्यद्रव्यमादाय ग्रासान् प्रतिमन्त्रान्ते पतिंवरायै भोजयेत्। अथ मन्त्राः—प्राणैस्ते प्राणान् सन्द-धामि॥ १॥ अस्थिभिरस्थीनि सन्दधामि॥ २॥ त्वचा ते त्वचं सन्दधामि॥३॥ मांसैस्ते मांसान् सन्दधामि॥ ४॥ मम वाचमेकमना जुषस्व॥ ५॥ ॐ सर्व-भूताधिवासः श्रीविष्णुरीशः सनातनः। सन्तुष्टोऽनेन यागेन सिन्धौ पापमुपक्षिपेत्। इति सम्प्रार्थ्य ब्राह्मणेभ्य आशीर्वचनपूर्वकं प्रसादमादाय यथासुखं विहरेत्। इति पुनर्भूविधानम्॥

अथ दत्तक-पुत्र विधानम्

शुभेऽहनि सपत्नीको यजमानः शुभासने उपविश्याचम्य० ॐ अद्येत्यादि देशकालौ स्मृत्वा० मम अप्रजात्वप्रयुक्तपैतृक-ऋणापाकरणपुन्नामनरकत्राणद्वारा वंशाभिवृद्ध्यर्थं श्रीजगदीशप्रीत्यर्थं पुत्रप्रतिग्रहमहं करिष्ये। तदङ्गत्वेन स्वस्ति-वाचनं, श्रीगणपत्यादिपूजनं ब्राह्मणाय बन्धुवर्गेभ्यश्चान्नदानं च करिष्ये।

ततः स्वस्तिवाचनपूर्वकं श्रीगणपत्यादिकं पूजयित्वा विप्रैः सह दातुः समक्षं गत्वा "पुत्रं मे देहि" स्वयमेव भिक्षेत्। दाता "ददामि" इति वदेत्। ततो दाता—"ॐ अद्येत्यादि० देशकालौ स्मृत्वा, तव वंशाभिवृद्धये श्रुतिस्मृति-पुराणोक्तफलावाप्तिकामनया श्रीपरमेश्वर-प्रीत्यर्थं पुत्रदानमहं करिष्ये, तदङ्ग-विहितं गणपत्यादिपूजनं च करिष्ये"- एवं संकल्पितं कृत्वा, प्रतिग्रहीतारं यथा-शक्तिचन्दनपुष्पमाल्यादिना सम्पूज्य "ॐ अद्येत्यादि० इमं पुत्रं तव पैतृकऋणा-पाकरणपुन्नामनरकोत्तरणार्थं वंशवृद्ध्यर्थं-आत्मनश्च मुक्तये, श्रीजगदीश्वरप्रीतये तुभ्यमहं सम्प्रददे, न मम"—इति प्रतिगृहीतृ-हस्ते साक्षाज्जलं क्षिपेत्। "प्रति-गृह्णातु पुत्रं भवान्" इति च वदेत्। प्रतिग्रहीता—"ॐ धर्माय त्वां प्रतिगृह्णामि, सन्तत्यै त्वां प्रतिगृह्णामि", ततः

"ॐ मंगलं भगवान् विष्णुः मंगलं गरुडध्वजः।
मंगलं पुण्डरीकाक्षः मंगलायतनं हरिः॥"

इति मंत्रेण हस्तद्वयेन "प्रतिगृह्णामि"- इति प्रतिगृह्य स्वाङ्के उपवेशयेत्। ततः—

"कुलस्योद्धारणार्थाय देवाग्नि-द्विजसन्निधौ ।
वंश-विस्तारणार्थाय प्रतिगृह्णामीमं सुतम् ॥"
अङ्गादङ्गात् सम्भवसि हृदयादभिजायसे ।
आत्मा वै पुत्रनामासि त्वं जीव शरदः शतम् ॥

इति मन्त्रेण शिशोः मूर्धानं समाघ्राय स्वस्तिवाचनपूर्वकं संगीत-वाद्यं पुत्रं भार्यायाः उत्सङ्गे उपवेशयेत् ।

ततश्चरुमभिघार्य होमः—उपयमनकुशानादायेत्यादि आज्यभागान्तं कृत्वा ग्रहहोमानन्तरं "ॐ यस्त्वा हृदा कीरिणा मन्यमानोऽमर्त्यं मर्त्यो जोहवीमि । जातवेदो यशोऽस्मासु धेहि, प्रजाभिरग्ने अमृतत्वमश्यां स्वाहा ॥ १ ॥ ॐ यस्मै त्वं सुकृते जातवेद उ लोकमग्ने कृणवः स्योनम् । अश्विनं स पुत्रिणं वीरवन्तं गोमन्तं रयिं नशते स्वस्ति स्वाहा ॥२॥—इति मन्त्राभ्यामेकामाहुतिं चरुणा हुत्वा ततः प्रणीताविमोकान्तं समाप्य आचार्याय सस्वर्णां गां दत्वा देवाग्नी विसृज्य कर्मणः सम्पूर्णतां वाचयित्वा "प्रमादादिति" पठेत् । पश्चात् यथाशक्ति ब्राह्मणान् भोजयेत्, बन्धुसुहृद्भिश्च सह स्वयमपि भुञ्जीत ॥

ततः प्रागसंस्कृतस्य चौलोपनयनादीन्संस्कारान् कुर्यादितिशम् ।

दायाद्य [दहेज] संकल्पः

(गणेशादि-पूजां विधाय)

ॐ तत्सदद्य० शतगुणितज्योतिष्टोमातिरात्रयज्ञजन्यसमफलप्राप्तिहेतुभूतसालंकारवस्त्राच्छन्नकन्यादानाङ्गत्वेनैतत्कन्या- शरीर-रोमसमसङ्ख्यवर्षसहस्रावच्छिन्नस्वर्गलोकीयभोगोत्तरविष्णुलोकगमनकामनया इमां सारदारु-निर्मित-सपीठ-खट्वामुत्तानाङ्गिरोदैवताम्, अग्नि-देवताक-सुवर्णाभरण-चन्द्रदेवताक-रजता-भरण-बृहस्पति-देवताक-कौशेय-कार्पास - श्वेत-रक्त-नील पीत हरित-सुवर्णरजत-मुद्रित-विविध-विचित्रवस्त्र-विश्वकर्म-देवताक-पक्वान्न- दुग्धोदनादि-द्रव्योपेताम-मुकगोत्रायामुकशर्मणे (वर्मणे गुप्ताय) वराय तुभ्यमहं सम्प्रददे ।

ततो दक्षिणा

ओमद्य० कृतैतद्यौत (तु) कदानप्रतिष्ठार्थं रजतं चन्द्रदैवतं यथानामगोत्राय वराय दक्षिणात्वेन दातुमहमुत्सृजे । ततः सपरिवारः पूर्वाभिमुखो यजमानः कन्या-वरयोः पश्चात् स्थित्वा कन्यया-उत्क्षिप्तानां धान्यानां ग्रहणं कुर्यात् । तत्र मन्त्रः—

"ॐ चिरं जीवतु मे माता आरोग्यं चास्तु मे पितुः ।
भ्राता भवतु दीर्घायुर्धनं धान्यं सदा गृहे ॥"

इति पठित्वा कन्या धान्यानि गृहे विकरेत् ।

अथ सूर्यादिग्रहशान्तिप्रयोगः ॥

तत्र तावदादित्यस्य शान्तिः । मदनरत्ने हस्तनक्षत्रयुतं आदित्यवारं प्रगृह्य सप्तनक्तव्रतानि भक्तितः कृत्वा प्रतिदिनं रक्तपुष्पाक्षतादिभिरर्कमभ्यर्च्य सप्तमे प्राप्ते प्रातः स्नात्वा शुक्लधौतवाससी परिधाय यथायोग्यालङ्कृतः स्वासने प्राङ्मुख उपविश्य दक्षिणपार्श्वे संभारान् संस्थाप्य धृतपवित्रतिलकः पत्न्या समारब्धो द्विराचम्य प्राणानायम्य शान्तिपाठं पठित्वा लक्ष्मीनारायणादिदेवान् प्रणमेत् । ततो देशकालौ संकीर्त्य अद्ये० शुभपुण्यतिथावमुकगोत्रोऽमुकशर्मा वा गुप्तोऽहं मम श्रुतिस्मृतिपुराणोक्तफलप्राप्त्यर्थं मम कलत्रादिभिः सह जन्मराशेः सकाशात् नामराशेः सकाशाद्वा जन्मलग्नात् वर्षलग्नात् गोचराद्वा चतुर्थाष्टमद्वादशाद्यनिष्टस्थानस्थितसूर्येणसूचितं सूचयिष्यमाणं च यत् सर्वारिष्टं तद्विनाशार्थं सर्वदा तृतीयैकादशशुभस्थानस्थितवदुत्तमफलप्राप्त्यर्थं तथा दशान्तरदशोपदशाजनितपीडाल्पायुरधिदैवाधिभौतिककाध्यात्मिकजनितक्लेशनिवृत्तिपूर्वकशरीरारोग्यार्थं परमैश्वर्य्यादिप्राप्त्यर्थं श्रीसूर्यनारायणप्रसन्नतार्थं चादित्यशान्ति करिष्ये । इति संकल्प्य तदंगत्वेन गणपतिपूजनं स्वस्तिपुण्याहवाचनमाचार्यवरणं दिग्रक्षणं अग्निस्थापनपूर्वकं सामान्यतो ग्रहपूजनं च पूर्ववत् कुर्यात् । ततो वेदीमध्ये पद्मे ताम्रकलशं संस्थाप्य तदुपरि ताम्रपात्रे शुद्धसुवर्णमयीं प्रधानदेवसूर्यप्रतिमां अग्न्युत्तारणपूर्वकं सन्निधाय रक्तपट्टयुगच्छन्नां छत्रोपानद्युगान्वितां च कृत्वा घृतेन संस्नाप्य रक्तचन्दनरक्तपुष्पाक्षतादिभिः पुरुषसूक्तेन षोडशोपचारैः सम्पूज्य लड्डूकान्निवेद्य प्रणम्य कुशकण्डिकां कृत्वा आज्यभागान्ते प्रधानदेवसूर्याय दधिक्षीरघृताक्ताश्चरुशाकल्यसहिता अर्कसमिधः ॐ आकृष्णेन रजसेति मन्त्रेणाष्टोत्तरसतसंख्यया जुहुयात् इदं सूर्याय न मम इति त्यागः कार्यः । ततो होमान्ते दिक्पालक्षेत्रपालादिभ्यो बलिदानं पूर्णाहुतिहोमं च कृत्वा ततो मंजिष्ठा गजमदं कुकुमं रक्तचन्दनं जलपूर्णे ताम्रकुम्भे क्षिप्त्वा पूर्ववदभिषेकं ग्रहस्नानं च कुर्यात् । ततो वेदविदुषे ब्राह्मणाय ॐ इमां सूर्यप्रतिमां सोपस्करां तुभ्यमहं सम्प्रददे । इति संकल्प्य ॐ आदिदेव नमस्तुभ्यं सप्तसप्ते दिवाकर । त्वं रवे तारयस्वास्मानस्मात्संसारसागरात् ॥ इति मन्त्रेण प्रतिमां दद्यात् । ततो माणिक्यगोधूम, धेनु, रक्तवस्त्र. गुड, ताम्र, रक्तचन्दन, कमलानि रवेः प्रीत्यर्थं देयानि । ततो विप्रेभ्यो दक्षिणादानम्, देवविसर्जनं च कृत्वा ब्राह्मणान् सम्भोजयित्वा कर्मपूर्तिकामो विष्णुं संस्मरेत् एवं सूर्यपीडासु घोरासु कृता शान्तिः शुभप्रदा । इत्यादित्यशान्तिः ।

अथ चन्द्रशान्तिप्रयोगः

चित्रासु सोमवारं संगृह्य सप्तनक्तव्रतानि कृत्वा प्रतिदिनं श्वेतपुष्पादिभिः सोममभ्यर्च्य सप्तमे प्राप्ते प्रातः स्नानादि विधाय, देशकालौ संकीर्त्य अर्कशा-

न्त्युक्तवत् संकल्पान्ते चन्द्रशान्तिं करिष्ये। इति संकल्प्य गणपतिपूजनादि अग्निस्थापनान्तं कर्म कृत्वा ग्रहपूजनं कुर्यात्।

ततो मण्डलमध्ये दध्यन्नशिखरे राजतं कुंभं संस्थाप्य तदुपरि कांस्यपात्रे राजतीं सोमप्रतिमामग्न्युत्तारणपूर्वकं सन्निधाय श्वेतवस्त्रयुगलेन संवेष्ट्य पादुकोपानहच्छत्र भोजनासनसंयुतं च कृत्वा श्वेतपुष्पाक्षतादिभिः पुरुषसूक्तेन षोडशोपचारैः संपूज्य घृतपायसं निवेद्य, आज्यभागान्तं होमं कृत्वा प्रधानदेवसोमाय दधि-मधु-क्षीर-घृताक्ताः शाकल्यसहिताः पलाशसमिधाष्टोत्तरशतम्। ॐ इमं देवाऽसपत्न ॐ इति मन्त्रेण जुहुयात्। ततो होमान्ते बलिदानादि पूर्वोक्तवद् कर्म समाप्य राजते कुंभे उशीरं, शिरीषं, कुंकुमं, श्वेतचन्दनं शंखं न्यस्य अभिषेकं स्नानं च कृत्वा ॐ महादेव जातिवल्लीपुष्पगोक्षीरपांडुर। सोम सौम्यो भवास्माकं सर्वदा ते नमो नमः॥ इति मन्त्रेण ब्राह्मणाय प्रतिमां सोपस्करां वंशपात्रस्थतंदुलकर्पूरमौक्तिकश्वेतवस्त्रपूर्णकुंभवृषभांश्च निवेद्य देवविसर्जनं ब्राह्मणभोजनादि सर्वं कर्म पूर्ववत् समापयेत् एवं कृते महासौम्यः सोमस्तुष्टिकरो भवेत्। इति चन्द्रशान्तिः॥

अथ मङ्गलशान्तिः॥

स्वात्यां भौमवारं संगृह्य सप्तनक्तव्रतेषु भूमावेव भोजनं विधाय सप्तमे प्राप्ते पूर्ववत् सर्वं कृत्वा मण्डलमध्ये कलशं संस्थाप्य तदुपरि ताम्रपात्रे सुवर्णमयीं मङ्गलप्रतिमां निवेश्य रक्तच्छन्नां कुंकुमेनानुलेपितां कृत्वा रक्तपुष्पाक्षतादिभिः पुरुषसूक्तेन षोडशोपचारैः संपूज्य भक्त्या कंसारं निवेद्य दधिघृताक्ताः शाकल्यसहिताः खादिर्यः समिधः अष्टोत्तरशतं अग्निर्मूर्धा दिव इति मंत्रेण मंगलाय जुहुयात्। ततः पूर्ववद्धोमं समाप्य ॐ कुज कुप्रभवोऽपि त्वं मंगलः परिगद्यसे। अमंगलं निहत्याशु सर्वदा यच्छ मंगलम्॥ इति मन्त्रेण कस्मैचित् कुटुम्बिने ब्राह्मणाय मंगलप्रतिमादानं, प्रवाल, गोधूम, मसूरिका, रक्तवृषभ, गुड, सुवर्ण, रक्तवस्त्र ताम्रादिदानं च कुर्यात्॥ ततो रौप्यकुंभे खदिरं देवदारु तिलानि आमलकानि च न्यस्य अभिषेकं स्नानं च कुर्यात्। अन्यत् सर्वं पूर्ववत्। इति भौमशान्तिः॥

अथ बुधशान्तिप्रयोगः

विशाखासु बुधं संगृह्य सप्त नक्तव्रतानि सप्तमे प्राप्ते सुवर्णप्रतिमां कांस्यपात्रे संस्थाप्य शुक्लवस्त्रयुगच्छन्नां कृत्वा शुक्लगन्धाक्षतपुष्पादिभिः संपूज्य गुडौदनोपहारं निवेद्य दधिमधुघृताक्ताः शाकल्यसहिता अपामार्गसमिद्भिः अष्टोत्तरशतं "ॐ उद्बुध्यस्वाग्ने" इति मन्त्रेण जुहुयात्। ततो होमान्ते ॐ बुध त्वं बुद्धिजननो

बोधवान् सर्वदा नृणाम् । तत्त्वावबोधं कुरु मे सोमपुत्र नमो नमः ॥ इति मन्त्रेण ब्राह्मणाय प्रतिमां नीलवस्त्रसुवर्णकांस्यमुद्गगरुत्मतहस्तिदन्तपुष्पाणि च निवेद्य मृण्मयकलशे नदीसंगमतोयानि च निक्षिप्य अभिषेकं स्नानं च कुर्यात् । अन्यत् सर्वमादित्यशान्तिवत् । इति बुधशान्तिः ।

अथ बृहस्पतिशांतिप्रयोगः

अनुराधासु गुरुवारं प्रगृह्य सप्त नक्तव्रतानि कृत्वा सप्तमे प्राप्ते पूर्वोक्तादित्यशान्तिवत्सर्वं कार्यं कृत्वा मण्डलमध्ये सुवर्णपात्रे सुवर्णमयीं बृहस्पतिप्रतिमां संस्थाप्य पीताम्बरयुगच्छन्नां पीतयज्ञोपवीतिनीं पादुकोपानच्छत्रकमण्डलुविभूषितां च कृत्वा पीतगन्धाक्षतपुष्पादिभिः पुरुषसूक्तेन सम्पूज्य खण्डखाद्योपहारान्निवेद्य दधिमधुघृताक्ताः शाकल्यसहिताः अश्वत्थसमिधोऽष्टोत्तरशतं जुहुयात् । ततो होमान्ते ॐ धर्मशास्त्रार्थतत्त्वज्ञ ज्ञानविज्ञानपारग । विबुधार्तिहराचिन्त्य देवाचार्य नमोऽस्तु ते ॥

इति ब्राह्मणाय गुरोःप्रतिमां पुष्परागमाणिक्यहरिद्राशर्कराश्च पीतधान्यपीतवस्त्रलवणसुवर्णानि च निवेद्य सुवर्णकलशे औदुम्बरं बिल्वं वटं आमलकं च निक्षिप्य तद्युक्तजलेन अभिषेकं च कुर्यात् । अन्यत्सर्वं आदित्यशान्तिवत् । इति गुरुशान्तिः ।

अथ शुक्रशान्तिप्रयोगः ॥

ज्येष्ठासु शुक्रं प्रगृह्य सप्तनक्तव्रतेषु भूमावेव भोजनं कृत्वा सप्तमे प्राप्ते वंशपात्रे रजतशुक्रप्रतिमां संस्थाप्य श्वेतचन्दनपंकजैः तदभावे श्वेतपुष्पादिभिश्च पुरुषसूक्तेन सम्पूज्य घृतसंयुतं पायसं निवेद्य दधिमधुघृताक्ताः शाकल्यसहिता उदुम्बरसमिधः अष्टोत्तरशतं अन्नात्परिस्रुतो रसमिति मन्त्रेण जुहुयात् । ततो होमान्ते ॐ भार्गवो भर्गः शुक्रश्च श्रुतिस्मृतिविशारदः । हित्वा ग्रहकृतान् दोपान् आयुरारोग्यदोऽस्तु सः ॥

इति मन्त्रेण ब्राह्मणाय प्रतिमां चित्रवस्त्र, श्वेताश्व, धेनु, वज्र, मणि, सुवर्ण, रजतं तण्डुलानि च निवेद्य रजतकलशे गोरोचनं, कस्तूरिकां, शतपुष्पां, शतावरीं च निक्षिप्य तेनाभिषेकं स्नानं च कुर्यात् । अन्यत्सर्वं पूर्ववत् । इति शुक्रशान्तिः ।

अथ शनैश्चरशान्तिप्रयोगः

द्वादशाष्टमजन्मस्थे शनौ । श्रावणादिमासे प्रथमशनिवारं प्रगृह्य सप्त नक्तव्रतानि कृत्वा सप्तमे पूर्वोक्तादित्यशान्तिवत् सर्वं कृत्वा लोहपात्रे लोहमयीं शनैश्चरप्रतिमां संस्थाप्य कृष्णवस्त्रयुगच्छन्नां, माषतिलकंबलयुतां च कृत्वा पंचा-

मृतेन संस्नाप्य कस्तूरी, कृष्णागरुकृष्णपुष्पाक्षतादिभिः षोडशोपचारैः सम्पूज्य कृसरान्नं माषभक्तं पायसं अविलीं पूरिकां च निवेद्य दधिमधुघृताक्ताः शाकल्यसहिताः शमीसमिध अष्टोत्तरशतं—ॐ शन्नो देवीरिति मन्त्रेण जुहुयात्। ततो होमान्ते बलिदानं पूर्णाहुतिहोमं च सम्पाद्य प्रतिमां इन्द्रनील, माष, तैल, कुलित्थ, महिषी, लोह, कृष्णधेनूश्च दद्यात्।

लोहकुंभे तिल, माष, प्रियंगु गंधपुष्पाणि प्रक्षिप्य तद्युक्तजलेनाभिषेकं स्नानं च कुर्यात्। अन्यत्सर्वं पूर्ववत्। इति शनैश्चरशान्तिः॥

अथ राहुकेतुशान्तिप्रयोगः॥

शनैश्चरवारे राहुव्रतं प्रगृह्य सप्त नक्तव्रतानि कृत्वा सप्तमे प्राप्ते लोहपात्रे राहोर्लोहप्रतिमां संस्थाप्य कृष्णवस्त्रयुगच्छन्नां च कृत्वा पंचामृतेन संस्नाप्य गन्धपुष्पाक्षतादिभिः संपूज्य पायसं निवद्य दधिमधुघृताक्ताः शाकल्यसहिता दूर्वासमिधाष्टोत्तरशतं ॐ कयानश्चित्रेति मंत्रेण जुहुयात्। ततो होमान्ते प्रतिमादानं कृत्वा गोमेदाश्व, नीलवस्त्र, कंबल, तैल, तिल, लोहानि राहवे वैडूर्यं, तैल, तिल, कंबल, कस्तूरी, छाग, वस्त्राणि च केतवे दद्यात्।

माहिषे श्रृंगे गुग्गुलं, हरितालं, च मनःशिलां च निक्षिप्य तेनाभिषेकं स्नानं च कुर्यात् सर्वं ब्राह्मणभोजनादि पूर्ववत्। एवमेव केतुशान्तिस्तत्र समिधः कुशमय्यः। मन्त्रः—ॐ केतुं कृण्वन् इत्यादि स्नानं तु वराहविहितपर्वताग्रमृदं छागक्षीरं खड्गपात्रे कृत्वा कुर्यात्। अन्यत् सर्वं पूर्वोक्तशान्तिवत्। इति राहुकेतुशान्तिप्रयोगः॥

अथ मूलागण्डान्तशान्तिप्रयोगः॥

अथ प्रसवमूलनक्षत्रात् द्वितीयमूलनक्षत्रे सुस्नातः शुक्लाम्बरधरो बालकपत्नीसहितो यजमानः भद्रासनोपरि प्राङ्मुख उपविश्य आचम्य प्राणानायम्य आसनशुद्धिं विधाय हस्ते अक्षतपुष्पाणि गृहीत्वा ॐ स्वस्ति न इन्द्रो वृद्धश्रवेत्यादि स्वस्त्ययनमन्त्रान् ॐ सुमुखश्चैकदन्तश्चेत्यादिमङ्गलमन्त्रान् पठेत्। ततः प्रतिज्ञासंकल्पं कुर्यात्। ॐ अद्येत्यादि देशकालौ संकीर्त्य अमुकगोत्रोऽमुकशर्मा (वर्मागुप्तो वा सपत्नीकोऽहं अस्य बालकस्य अस्याः कुमार्याः वा मूलनक्षत्र (ज्येष्ठा, आश्लेषा, मघा रेवती अश्विनी वा) तदधिकरणकामुकपादजननारिष्टनिवारणपूर्वकं तदोयायुर्विवृद्ध्युत्तरपित्रादिसम्बन्धिशुभफलप्राप्त्यर्थं श्रीपरमेश्वरप्रीतये च गोमुखप्रसवपूर्वकं अमुकनक्षत्रगण्डात् शान्तिमहं करिष्ये तन्निर्विघ्नतासिद्ध्यर्थं तदङ्गत्वेन गणपत्यादिपूजनं च करिष्ये। ततः पूजाहोमप्रकरणोक्तप्रकरणे श्रीगणपतिं सम्पूज्य नवग्रहादीनां च पूजनं विधाय नान्दीश्राद्धं तदभावे सुवर्णं वा दद्यात्। तत्र संकल्पः—ॐ अद्येत्यादि अमुकगोत्रस्यात्मजस्यामुकशर्मणः मूला

(ज्येष्ठा, मघा रेवती वा) नक्षत्राधिकरणकजन्माङ्गभूतकर्तव्याभ्युदयिकश्राद्धजन्यफलसम्प्राप्त्यर्थममुं यथाशक्ति सुवर्णमग्निदैवतं यथानामगोत्रायामुकशर्मणे ब्राह्मणाय तुभ्यमहं संप्रददे।

ततो आचार्यः मण्डपाद्बहिः यजमानस्य गोमयोपलिप्तगृहे ईशानभागे श्वेतसर्षपाणि विकिरेत्। ॐ आपो हि ष्ठेत्यादि मन्त्रेण पञ्चगव्यप्रोक्षणं च विधाय तत्र तण्डुलपिष्टेन अष्टदलपद्मं विरच्य तस्योपरि यथाशक्ति व्रीहीन्निक्षिप्य तस्योपरि नवं वंशशूर्पं निधाय शूर्पे तिलान् दर्भांश्च विकीर्य तस्योपरि रक्तवस्त्रं प्रसार्य तदुपरि प्राङ्मुखं पश्चिमपादं शिशुं निधाय त्रिगुणितेन माङ्गलिकसूत्रेण तं शिशुं सशूर्पं वेष्टयित्वा शिशुसमीपे गोमुखमानीय संश्लेषं कृत्वा गोमुखात् प्रसवं भावयित्वा कुशगृहीतेन पञ्चगव्येन शिशुं मार्जयेत्। तत्र मंत्रः ॐ विष्णुर्योनिं कल्पयतु त्वष्टा रूपाणि पिंशतु। आषिञ्चतु प्रजापतिर्धाता गर्भं दधातु ते॥ गवामङ्गेषु इति मन्त्रेण गवां सर्वाङ्गेषु वा स्पृशेत्। तत्र मंत्रः ॐ गवामङ्गेषु तिष्ठन्ति भुवनानि चतुर्दश। यस्मात् तस्माच्छिवं मे स्यादिहलोके परत्र च। ततोविष्णो श्रेष्ठेति मन्त्रेण आचार्यः शिशुमादाय मातृहस्ते दद्यात्। तत्र मन्त्रः—ॐ विष्णो श्रेष्ठेन रूपेणास्यां नार्यां गवीन्यां पुमांसं पुत्रमाधेहि दशमे मासि सूतवे। अथ माता गोमुखप्रदेशात् शिशुमानीय गोपुच्छदेशे बालं निरीक्ष्य स्वभर्तृहस्तयोर्दद्यात्। पिता ॐ अङ्गादङ्गात् सम्भवसि हृदयादधिजायसे। आत्मा वै पुत्रनामासि संजीव शरदः शतम्॥ इति मन्त्रेण शिशुं मूर्ध्नि त्रिरवघ्राय मात्रे दापयेत्। तत आचार्यः ॐ आपोहिष्ठेतिमंत्रेण शिशुं पञ्चगव्येनाभिषिंचेत्। ततः पिता-गोमुखप्रसवाख्यकर्मणः पुण्याहं भवन्तो ब्रुवन्तु। आचार्यः-ॐ पुण्याहं ॐ पुण्याहं इति ब्रूयात्। ततो गां वा गोनिष्क्रयीभूतं द्रव्यं संकल्पपूर्वकं आचार्याय दत्त्वा यथाशक्ति नवग्रहप्रीत्यर्थं गो, स्वर्ण, वस्त्र, धान्यादीनि दापयेत्। तत्र संकल्पः ॐ अथ गोमुखप्रसवाख्यकर्मणः सांगतासिद्ध्यर्थं सूर्यादिनवग्रहाणां प्रीत्यर्थं चेमानि गो, वस्त्र सुवर्णधान्यानि सदक्षिणानि तन्निष्क्रयीभूतानि द्रव्याणि वा यथानामगोत्राय ब्राह्मणाय दातुमहमुत्सृजे। तत ऐशान्यां दिशि धान्योपरि कलशस्थापनविधिना वरुणकलशं संस्थाप्य तत्र चन्दनागुरुकुंकुमसर्वं गन्धं श्वेतसर्षपाणि च प्रक्षिपेत्। कलशोपरि सुवर्णनिर्मितां निर्ऋतिप्रतिमां अधिदेवता इन्द्र प्रत्यधिदेवता अप्सहितां संस्थाप्य अग्न्युत्तारणपूर्वकं ॐ असुन्वन्त यजमानमिच्छंस्तेन सेत्वामन्विहितस्करस्य। अन्यमस्मादिच्छसातऽइत्यानमो देवि निर्ऋते तुभ्यमस्तु। इति मंत्रेण पूजयेत्। एवं आश्लेषायां सार्पं, मघायां पितृ, ज्येष्ठायां इन्द्र, रेवत्यां पूषा, अश्विन्यां अश्विनीप्रतिमां तत्तन्मंत्रेण अधि-प्रत्यधिदेवतासहितां स्थापयेत्। आवाह्य पूजयेत्। तत्र आश्लेषामंत्रः ॐ नमोऽस्तु सर्पेभ्यो ये के च पृथिवीमनु। येऽन्तरिक्षे ये दिवि तेभ्यः सर्पेभ्यो नमः॥ मघामन्त्रः—ॐ उशन्तस्त्वा निधोमह्यु-

शन्तः समिधीमहि। उशन्नुशतऽआवह पितॄन् हविषेऽअत्तवे ॥ ज्येष्ठामन्त्रः—ॐ सयोषा इन्द्र सगणो मरुद्भिः सोमं पिब वृत्रहा शूर विद्वान्। जहि शत्रुरपमृधो नुदस्वाथाभयं कृणुहि विश्वतो नः ॥ रेवतीमन्त्रः—ॐ पूषन्तव व्रते वयं न रिष्येम कदाचन। स्तोतारस्त इह स्मसि ॥ अश्विनीमन्त्रः ॐ यावाङ्कशा मधुमत्यश्विना सूनृतावती। तया यज्ञं मिमिक्षितम् ॥ अग्न्युत्तारणं प्राणप्रतिष्ठां च पूजाप्रकरणोक्तप्रकारेण कुर्यात् ॥ तत्परितः पूगीफलेष्वक्षतपुञ्जेषु वा नक्षत्रदेवताः अश्विन्याद्यावाहयेत्। ॐ अश्विभ्यां नमः अश्विनावाहयामि स्थापयामि ॥ १ ॥ ॐ यमाय० यमं० २। ॐ अग्नये० अग्निं० ३ ॥ ॐ प्रजापतये० प्रजापतिं० ४ ॥ ॐ सोमाय० सोमं० ५। ॐ रुद्राय नमः रुद्रं० ६। ॐ अदितये० ७ अदितिं। ॐ बृहस्पतये० बृहस्पतिं० ८ ॐ सर्पेभ्यो० सर्पान्० ९। ॐ पितृभ्यो० पितॄन् १० ॐ भगाय० भगं० ११ ॐ अर्यम्णे० अर्यमाणम् १२ ॐ सवित्रे० सवितारं० १३। ॐ त्वष्ट्रे० त्वष्टारम् १४ ॐ वायवे० वायुं० १५ ॐ इन्द्राग्नीभ्यां० इन्द्राग्नी० १६ ॐ मित्राय० मित्रं० १७ इन्द्राय० इन्द्रं० १८ ॐ निर्ऋतये० निर्ऋतिं १९। ॐ अद्भ्यो० अपः० २०। ॐ विश्वेभ्यो देवेभ्यो० विश्वान् देवान्०२१। ॐ ब्रह्मणे० ब्रह्माणम्० २२ ॐ विष्णवे विष्णुं० २३। ॐ वसुभ्यो० वसून् २४। ॐ वरुणाय० वरुणम्०२५। ॐ अजैकपदे० अजैकपादं२६। ॐअहिर्बुध्न्याय० अहिर्बुध्न्यम्२७ ॐ पूष्णे० पूषाणम् २८ ॥ इत्यावाह्य ॐ मनोजूति० इति मन्त्रेण ॐ भूर्भुवः स्वः ॐ निर्ऋत्याद्यावाहितदेवताभ्यो नमः आवाहितदेवता इह सुप्रतिष्ठिता वरदा भवत इति गन्धादिना संपूज्य ॐ अनया पूजया निर्ऋत्यावाहितदेवताः प्रीयन्ताम्। इति जलं क्षिपेत्। ततो वरुणकलशसमीपं तण्डुलगोधूमचूर्णादिना श्वेतपङ्कजं विरच्य तत्रोपरि सप्तधान्यराशिं कृत्वा तत्र मध्ये शतछिद्रं कलशं निधाय तच्चतुर्दिक्षु पूर्वादिक्रमेण चतुष्कुंभान् कलशस्थापनविधिना स्थापयेत्। तत्र प्राक्कुंभे रक्तचंदन, कमल, कुष्ट, प्रियंगु, शुंठी, मुस्ता, आमलक, वच, श्वेतसर्षप, मुरामांसी अगर उशीरादीनि यथालब्धवस्तूनि निक्षिपेत्। ततः ॐ नमस्ते रुद्र मन्यव इत्यादि रुद्राध्यायं पठित्वा कलशस्य स्पर्शं कुर्यात्। पुष्पाणि च क्षिपेत्। दक्षिणकुंभे पंचामृत, गजमद, तीर्थोदक, सप्तधान्यसुवर्णानि च निक्षिपेत्। ॐ आशुः शिशान इति द्वादश मन्त्रान् पठेत्। पश्चिमकुंभे सप्तमृत्तिका क्षिपेत्। ॐ कृणुष्वाजः पंचमन्त्रान् पठेत्। उत्तरकुंभे पंचरत्न, वट, अश्वत्थ, पलाश, प्लक्ष, उदुम्बर, पल्लवान्। जम्बू, प्लक्ष, उदुम्बर, वट, आम्रमूलत्वचः सप्तकूपजलानि च निक्षिपेत्। रक्षोहरणं चतुर्मंत्रान् जपेत्। मध्यगते शतछिद्रकुंभे शतौषधयः तदभावे यथालाभं सद्वृक्षाणां पल्लवान्। विष्णुक्रान्ता, सहदेवी, तुलसी, शतावरी, कुश, कुंकुमानि निक्षिपेत्। ॐ त्र्यम्बकमिति अष्टोत्तरशतं जपेत्। जपान्ते कलशस्य स्पर्शं कुर्यात्। साक्षतगन्धपुष्पाणि च क्षिपेत्। तत्र पूर्णपात्रोपरि वरुणमावाह्य पूजनं कुर्यात्।

पूजनान्ते अग्निस्थापनप्रदेशात् पश्चिमप्रदेशे केनचिदुपायेन ऊर्ध्वं शिक्यं बद्ध्वा तत्रैव वंशपात्रे कम्बलखण्डं प्रसार्य तस्योपरि शतछिद्रं कलशं निधाय तस्याधः सुकाष्ठपीठं निधाय श्वेतवस्त्रेणाच्छाद्य तत्र यजमानं शिशुसहितां पत्नीं चोपवेशयेत् । ततः शिक्यस्थे कलशे शनैः चतुःकुंभस्थजलं प्रक्षिप्य आचार्यः अभिषेकमन्त्रेण सपत्नीकयजमानबालकस्योपरि जलधारां कुर्यात् । तत्र मन्त्रः -- ॐ देवस्य त्वा सवितुः प्रसवेऽश्विनोर्बाहुभ्यां पूष्णो हस्ताभ्याम् ॥

सरस्वत्यै वाचो यन्तुर्यन्त्रिये दधामि बृहस्पतेष्ट्वा साम्राज्येनाभिषिञ्चाम्यसौ ॥ ॐ देवस्य त्वा० ॥

सरस्वत्यै वाचोयन्तु यन्त्रेणाग्नेः साम्राज्येनाभिषिंचामि ॐ देवस्य त्वा० ॥ अश्विनो भैषज्येन तेजसे ब्रह्मवर्चसायाभिषिंचामि सरस्वत्यै भैषज्येन वीर्यायान्नाद्यायाभिषिंचामीन्द्रस्येन्द्रियेण बलाय श्रियै यशसेऽभिषिंचामि । ॐ योऽसौ वज्रधरो देवो महेन्द्रो गजवाहनः । मूला (मघा, ज्येष्ठाऽऽश्लेषा) जातस्य शिशोर्दोषं मातापित्रोः व्यपोहतु ॥१॥ ॐ योऽसौ शक्तिधरो देवो हुतभुङ् मेषवाहनः । सप्तजिह्वश्च देवोऽग्निर्मूला (ज्येष्ठा, मघा, सार्प, गण्ड) दोषं व्यपोहतु ॥ २ ॥ योऽसौ दण्डधरो देवो धर्मो महिषवाहनः । मूला (ज्येष्ठा, मघा, सार्प, गण्ड) जातशिशोर्दोषं व्यपोहतु यमो मम ॥ ३ ॥ ॐ योऽसौ खड्गधरो देवो निर्ऋतिर्रक्षसाधिपः । प्रशामयतु मूलोत्थं (ज्येष्ठोत्थं, मघोत्थं, सार्पोत्थं, गण्डोत्थं) दोषं गण्डान्तसम्भवम् ॥ ४ ॥ ॐ योऽसौ पाशधरो देवो वरुणश्च जलेश्वरः । नक्रवाहः प्रचेता वै मूला (ज्येष्ठा, मघा, सार्प, गण्ड) दोषं व्यपोहतु ॥ ५ ॥ ॐ योऽसौ देवो जगत्प्राणो मारुतो मृगवाहनः । प्रशामयतु मूलोत्थं, (ज्येष्ठोत्थं, मघोत्थं, सार्पोत्थं, गण्डोत्थं) दोषं बालस्य शान्तिदः ॥ ६ ॥ ॐ योऽसौ निधिपतिर्देवः खड्गभृद् वाजिवाहनः । मातापित्रोः शिशोश्चैव मूला (ज्येष्ठा, मघा, सार्प, गण्ड) दोषं व्यपोहतु ॥ ७ ॥ ॐ योऽसौपशुपतिर्देवः पिनाकी वृषवाहनः । आश्लेषा (मघा, ज्येष्ठा, मूला गण्डा) त्तदोषान्ममाशु व्यपोहतु ॥ ८ ॥ ॐ विघ्नेशः क्षेत्रपो दुर्गा लोकपाला नवग्रहाः । सर्वदोषप्रशमनं सर्वे कुर्वन्तु शान्तिदाः ॥ ९ ॥ ॐ मूलर्क्षे (ज्येष्ठाऽऽश्लेषा, मघा, गण्ड) जातबालस्य मातृपित्रोर्धनस्य च । भ्रातृज्ञातिकुलस्थानां दोषं सर्वं व्यपोहतु ॥ १० ॥ ॐ पितरः सर्वभूतानां रक्षन्तु पितरः सदा । मूला (ज्येष्ठा, मघा, सार्प, गण्ड) नक्षत्रजातस्य वित्तं च ज्ञातिबान्धवान् ॥ ११ ॥ एवं ज्येष्ठा, आश्लेषादि शान्तौ सर्वत्र श्लोकेषु ऊहः कार्य इति विशेषः ।

ततो यजमानः सपुत्रसकलत्रः शुद्धोदकेन स्नात्वा वस्त्रान्तराणि परिधाय आर्द्रवासांसि नापिताय दत्त्वा आचामेत् । ततो उपविश्य यजमान एव ॐ शिरोमेश्रीर्यश इति यथालिङ्गं स्वाङ्गानि संस्पृशेत् । तद्यथा ॐ शिरो मे श्रीरस्तु

इति शिर आलभेत् । इति सर्वत्र ज्ञेयम् । ॐ यशो मे मुखमस्तु । इति मुखम् । ॐ त्विपिर्मे केशाः सन्तु । इति मस्तकस्थान् केशान् । ॐ त्विपिर्मे श्मश्रूणि सन्तु । इति कूर्चमुखजरोमाणि । ॐ राजा मे प्राणा अमृतमस्तु इति नासिकायां प्राणान् । ॐ सम्राण्मे चक्षुरस्तु इति युगपच्चक्षुषो । ॐ विराट् मे श्रोत्रमस्तु । इतिश्रोत्रम् । ॐ जिह्वा मे भद्रमस्तु । इति जिह्वा । ॐ वाङ्मे महोऽस्तु । इति जिह्वामेव । ॐ मनो मे मन्युरस्तु । इति हृदयम् । (उदकोपस्पर्शः) ॐ स्वराण्मे भामोऽस्तु । इतिभ्रुवोर्मध्यम् । ॐ मोदाः प्रमोदाः मेऽङ्गुल्यः सन्तु । इति हस्ताङ्गुलीः पादाङ्गुलीश्च । ॐ मोदाः प्रमोदाः मेऽङ्गानि सन्तु । इति सर्वाङ्गानि । ॐ मित्रं मे सहोऽस्तु । इति स्वशरीरगतं बलम् । ॐबाहू मे बलमिन्द्रियं स्तां । इति बाहू । ॐ आत्मा मे क्षत्रमस्तु । इति हृदयम् । (उदकोपस्पर्शनम् ; ॐ उरो मे क्षत्रमस्तु । इति हृदयमेव । ॐ पृष्ठं मे राष्ट्रमस्तु । इति पृष्ठवंशम् । ॐ उदरे मे राष्ट्रमस्तु इति उदरम् । ॐ अंसौ मे राष्ट्रंस्तां इत्यंसौ । ॐ ग्रीवाश्चमे राष्ट्रं संतु । इति ग्रीवा । ॐ श्रोणी मे राष्ट्रंस्तां । इति कटिद्वयम् । ॐ ऊरू मे राष्ट्रंस्तां । इत्यूरू । ॐ अरत्नी मे राष्ट्रंस्तां इत्यरत्नी । ॐ जानुनी मे राष्ट्रंस्तां इति जानुनी । ॐ विशो मेऽङ्गानि सर्वत्र सन्तु । इति सर्वाङ्गानि । ॐ नाभिर्मे वित्तमस्तु । इति नाभिम् । ॐनाभिर्मे विज्ञानमस्तु । इति नाभिमेव । ॐ पायुर्मेऽपचितिरस्तु । इतिपायुं । ॐ भसन्मेऽपचितिरस्तु । इति पायुमेव । ॐ आनन्दनन्दावाण्डौ मे स्तां । इत्यण्डौ । ॐ भगो मे यशोऽस्तु । इति लिङ्गम् ॐ सौभाग्यं मे यशोऽस्तु । इति लिङ्गमेव । ॐ जङ्घाभ्यां धर्मोऽस्मि । इति जंघे । ॐ पद्भ्यां धर्मोऽस्मि । इति पादौ । ॐ विशि राजा प्रतिसर्वदेहम् ।

तत आचार्यः कुशकण्डिकां कृत्वा ॐ प्रजापतये स्वाहेत्यारभ्य ॐ विश्वकर्म्मन् हविषा० इत्यन्तं होमप्रकरणोक्तप्रकारेण होमं कुर्यात् । अथ प्रधानहोमः अष्टोत्तरसहस्रमष्टोत्तरशतमष्टाविंशतिमष्टौ वा जुहुयात् । अथ मूलनक्षत्रहोमः —ओं असुन्वन्त मे यजमानमिच्छस्तेनस्येत्यामन्विहितस्करस्य । अन्यमस्मदिच्छ सातषाऽइन्द्र सगणा मरुद्भिः सोमं पिब वृत्रहा शूर विद्वान् । जहि शत्रूरपमृधो नुदस्वा धा वयं कृणुहि विश्वतो नः स्वाहा । अथ प्रत्यधिदेवता अप्मंत्रः ॐ आपोहि ष्ठा मयोभुवस्तान ऊर्जे दधातन महे रणाय चक्षसे स्वाहा । अथ आश्लेषामन्त्रः ॐ नमोऽस्तुसर्पेभ्यो ये के च पृथिवीमनु । ये अन्तरिक्षे ये दिवि तेभ्यः सर्पेभ्यो नमः स्वाहा ।

ततोऽधिदेवतागुरुमन्त्रः—ॐ बृहस्पते अतियदर्यो अर्हाद्युमद्विभाति क्रतुमज्जनेषु । यद्दीदयच्छवस ऋतं प्रजा तदस्मासु द्रविणं धेहि चित्रं स्वाहा । अथ तत्प्रत्यधिदेवता पितृमन्त्रः—ॐ उषन्तस्त्वा निधीमह्युशन्तः समिधीमहि । उशन्नुशत आवह पितॄन् हविषे अत्तवे स्वाहा ।

अथ मघानक्षत्रमन्त्रहोमः

पितृभ्यः स्वधायिभ्यः स्वधानमः पितामहेभ्यः स्वधायिभ्यः स्वधानमः प्रपितामहेभ्यः स्वधायिभ्यः स्वधानमः अक्षन् न पितरो मीमदंत पितरोतीतृपन्तः पितरः पितरः शुन्धध्वं स्वाहा। तदधिदेवता सर्पमन्त्रः—नमोऽस्तु सर्पेति० स्वा० तत्प्रत्यधिदेवतामन्त्रः—ॐ भगं प्रणेतर्भग सत्यराधो भगेमान्धियमुदवाददन्नः। भगं प्र नो जनय गोभिरश्वैर्भग प्रनृभिर्नृवन्तः स्याम स्वाहा।

अथ ज्येष्ठानक्षत्रमन्त्रहोमः ॥

ॐ इन्द्र आसां नेता बृहस्पतिर्दक्षिणायज्ञः पुर एतु सोमः। देवसेनानामभिभञ्जयन्तीनाम्मरुतो यन्त्वग्रं स्वाहा। तदधिदेवतामन्त्रः—ॐ मित्रस्य च ऋषणीधृतो वो देवस्य सानसि। द्युम्नं चित्रश्रवस्तमं स्वाहा। तत्प्रत्यधिदेवता मन्त्रः—ॐ असुन्वन्तम० स्वाहा।

अथ रेवतीमन्त्रहोमः

ॐ पूषन्तव व्रते व्ययन्न रिष्येम कदाचन स्तोतारस्त इह स्मसि स्वाहा। अधिदेवतामन्त्रः—ॐ शिवो नामासि स्वधितिस्ते पिता नमस्तेऽस्तु मा मा हि ँ सीः। निवर्तयाम्यायुषेन्नाद्याय प्रजननाय रायस्पोषाय सुप्रजास्त्वाय सुवीर्याय स्वाहा। ततः प्रत्यधिदेवतामन्त्रः ॐ यावाङ्कशा० इत्यादि।

अथाश्विनीनक्षत्रमन्त्रहोमः ॥

ॐ अश्विना तेजसा चक्षुः प्राणेन सरस्वती वीर्यम्। वाचेन्द्रो बलेनेन्द्राय दधुरिन्द्रियं स्वाहा। तदधिदेवता मन्त्रः—ॐ पूषन्तव व्रते व्ययंन्न रिष्येम कदाचन। स्तोतारस्त इह स्मसि स्वाहा। अथ प्रत्यधिदेवतामन्त्रः—ॐयमाय त्वाङ्गिरस्वते पितृमते स्वाहा धर्माय स्वाहा धर्मपित्रे स्वाहा। इति प्रधानादिदेवताहोमः।

ततो नक्षत्रदेवताभ्यश्च नाममन्त्रैः प्रत्येकं अष्टसंख्यया स्रुवेणाज्याहुतीर्हुत्वा स्विष्टकृद्धोमं कुर्यात्। ततो भूरादि प्राजापत्यान्ता नवाहुतीर्जुहुयात्। ततो दिक्पालपुरःसरं बलिदानादिकं सर्वं विधाय प्रधानकुंभस्थं जलमानीय ब्राह्मणाः पत्नीबालकसहितयजमानस्योपरि पूजाप्रकरणोक्तप्रकारेणाभिषिंचेयुः। ततो विधिपूर्वकं मंगलस्नानोत्तरं दक्षिणादानादिसंकल्पं कुर्यात् तद्यथा ॐ अद्येह इदं घटं स्वर्णमूर्तिसहितं यथा नामगोत्राय०। ततः कांस्यपात्रस्थघृते बालस्य मुखावलोकनं कार्यं नूतनवस्त्राच्छादितं मातुरंकस्थं कृत्वा शंखध्वनिपूर्वकं पिता बालस्य घृतपूरितछायापात्रे मुखमीक्षयित्वा स्वयं पत्नीं च सम्यक् मुखमवलोक्य संकल्पपूर्वकं विप्राय दद्यात्। तत आवाहितदेवतानामुत्तरपूजादिकं सूर्यार्घ्यदानान्तं कृत्वा सप्तविंशतिर्दश वा ब्राह्मणान् भोजयेत्।

आश्लेषादिगण्डान्तयोः प्रसवेऽपि इदमेवानुष्ठेयम् । तत्र प्रयोगवरुणाभिषेकादौ मूलापदस्थाने तत्तत् पदमूहनीयम् ।। इति मूलादिगण्डान्तशान्तिः ।।

अथ कार्तिकस्त्रीप्रसूताशान्तिः

पुण्येऽह्नि सुस्नातः सपत्नीकः ससुतो यजमानः प्राङ्मुख उपविश्याचम्य ब्राह्मणकर्तृकस्वस्तिवाचनानन्तरं प्रतिज्ञां कुर्यात् । तद्यथा—ॐ तत्सदद्येत्याद्युक्त्वा ज्ञाताज्ञातकायवाङ्मनस्कृतसकलपापक्षयपूर्वकश्रुतिस्मृतिपुराणोक्तफलप्राप्तिकामः सौरकार्तिकमासाधिकरणकैतत्स्वीयस्त्रीप्रसवसंसूचितैतत्कुमारैतत्पित्राद्यरिष्टोपशमनपूर्वक-श्रीब्रह्मप्रभृतिदेवताप्रसादाऽव्यवहितोत्तरकालिकैतद्बालकैतत्पित्रादिजनाधिकरणकायुःसुखसम्पद्रक्षादिसिद्ध्यर्थं श्रीब्रह्मादिपूजनरूपां कार्तिकस्त्रीसूताशान्तिमहं करिष्ये । तदङ्गभूतं गणपत्यादिपूजनञ्च करिष्ये । इति प्रतिज्ञाय विधिपूर्वकं श्रीगणेशादीन् सर्वान् देवान् पूजयेत् । ततः पूर्वस्यां दिशि धान्योपरि कलशं संस्थाप्य तस्योपरि श्रीब्रह्मणः पूजां कुर्यात् । तत्रावाहनमन्त्रः-ॐ एह्येहि सर्वामरपूज्यपाद पितामहाधोक्षज पद्मजात । चतुर्मुखध्यानरताष्टनेत्र त्वां ब्रह्ममूर्ते भगवन्नमस्ते । इत्यावाह्य स्थापयेत् । ॐ ब्रह्मजज्ञानं प्रथमं पुरस्ताद्विसीमतः सुरुचो वेन आवः । स बुध्न्या उपमा अस्य विष्ठाः सतश्च योनिमसतश्च वि वः ।। इति मन्त्रेण ब्रह्माणं पाद्यादिभिः पूजयेत् । ततो वरणसंभृतमादाय-ॐ अद्येत्यादि पूर्वप्रतिज्ञातार्थसिद्ध्यर्थं क्रियमाणकार्तिकस्वस्त्रीप्रसूताशान्त्यङ्गत्वेन ब्रह्मजज्ञानमिति मन्त्रेण यथापरिमितं जपं कारयितुमेभिर्वरणद्रव्यैरमुकगोत्रममुकशर्माणं ब्राह्मणं जापकत्वेन त्वां वृणे । इति वृणुयात् । ततो दक्षिणस्यां दिशि गोधूमान्नोपरि कलशं संस्थाप्य श्रीविष्णुं पूजयेत् । ॐ एह्येहि नारायण चक्रपाणे लक्ष्मीपते दानववंशवह्ने । सुवर्णपृष्ठासन पद्मनाभ जनार्दनस्त्वं भगवन्नमस्ते । इत्यावाह्य ॐ इदं विष्णुर्विचक्रमे त्रेधा निदधे पदं समूढमस्यपा ᳪ सुरे इति मन्त्रेण पाद्यादिभिर्विष्णुं पूजयेत् । वरणद्रव्यं चादाय संकल्पवाक्यं च पूर्ववत् । ततः पश्चिमायां दिशि तण्डुलान्नोपरि कलशं संस्थाप्य श्रीरुद्रं पूजयेत् । ॐ एह्येहि भो शंकर शूलपाणे गंगाधर श्रीकर नीलकण्ठ, उमापते भस्मविभूषितांग महेश्वर त्वं भगवन्नमस्ते । इत्यावाह्य ॐ नमस्ते रुद्र मन्यव उतोत इषवे नमः बाहुभ्यामुत ते नमः इति मन्त्रेण पाद्यादिभिः रुद्रं पूजयेत् । ततो वरणसंभृतमादाय संकल्पवाक्यं च पूर्ववत् । ततः उत्तरस्यां दिशि धान्योपरि कलशं स्थाप्य तस्योपरि श्रीसूर्यपूजां कुर्यात् । तत्रावाहनमन्त्रः—ॐ दिवाकरं सहस्रांशुं ब्रह्माद्यैरमरैःस्तुतं । लोकनाथं जगच्चक्षुः सूर्यमावाहयाम्यहं । ॐ भूर्भुवः स्वः कलिङ्गदेशोद्भव काश्यपगोत्र श्रीसूर्य इहागच्छेत्यावाह्य स्थापयेत् । ॐ आकृष्णेनेति मंत्रेण पाद्यादिभिः सूर्यं पूजयेत् । ततो वरणसंभृतमादाय ॐ अद्येत्यादि पूर्वप्रतिज्ञातार्थसिद्ध्यर्थं क्रियमाणकार्तिकस्वस्त्रीप्रसूताशान्त्यंगत्वेन ॐ

आकृष्णेति मंत्रेण यथापरिमितं जपं कारयितुं एभिर्वरणद्रव्यैरमुकगोत्रममुकशर्माणं ब्राह्मणं जापकत्वेन त्वामहं वृणे। ततः त्र्यम्बकमंत्रस्य जपं ब्राह्मणद्वारा यथाशक्ति कारयेत्। तत्र संकल्पः—ॐ अद्येत्यादि पूर्वप्रतिज्ञातार्थसिद्ध्यर्थं क्रियमाणकार्तिकमासस्त्रीप्रसूताशान्त्यङ्गत्वेन त्र्यम्बकमिति मन्त्रस्य लक्षं वा पञ्चाशत् सहस्रं अयुतं वा जपं कारयितुमेभिर्वरणद्रव्यैरमुकगोत्रान् अमुकामुकशर्मणो ब्राह्मणान् जापकत्वेन युष्मानहं वृणे। इति वृणुयात्। एवं गृहीतवरणसंभृतयश्च चत्वार एव ब्राह्मणाः यथादेशे प्रयताः जपं कुर्युः। जपानन्तरं उपविष्टेषु च तेषु आचार्यो होमप्रकरणोक्तप्रकारेण विधिवत् अग्निस्थापनं कुशकण्डिकां च कृत्वा जुहुयात्। ॐ प्रजापतये स्वाहा इत्यारभ्य ॐ उदुत्तमं वरुण पाशमित्यन्तं हुत्वा ॐ सूर्याय स्वाहा ॥ १ ॥ ॐ ब्रह्मणे स्वाहा ॥ २ ॥ ॐ विष्णवे स्वाहा ॥ ३ ॥ ॐ रुद्राय स्वाहा ॥ ४ ॥ ॐ शंभवे स्वाहा ॥ ५ ॥ ॐ ईशाय स्वाहा ॥ ६ ॥ ॐ पशुपतये स्वाहा ॥ ७ ॥ ॐ शिवाय स्वाहा ॥ ८ ॥ ॐ शूलिने स्वाहा ॥ ९ ॥ ॐ महेश्वराय स्वाहा ॥ १० ॥ ॐ ईश्वराय स्वाहा ॥ ११ ॥ ॐ शर्वाय स्वाहा ॥ १२ ॥ ॐ ईशानाय स्वाहा ॥ १३ ॥ ॐ शंकराय स्वाहा ॥ १४ ॥ ॐ चन्द्रशेखराय स्वाहा ॥ १५ ॥ ॐ भूतेशाय स्वाहा ॥ १६ ॥ ॐ खण्डपरशवे स्वाहा ॥ १७ ॥ ॐ गिरीशाय स्वाहा ॥ १८ ॥ ॐ मृडाय स्वाहा ॥ १९ ॥ ॐ मृत्युंजयाय स्वाहा ॥ २० ॥ ॐ कृत्तिवाससे स्वाहा ॥ २१ ॥ ॐ पिनाकिने स्वाहा ॥ २२ ॥ प्रमथाधिपाय स्वाहा ॥ २३ ॥ ॐ उग्राय स्वाहा ॥ २४ ॥ ॐ कपर्दिने स्वाहा ॥ २५ ॥ ॐ श्रीकण्ठाय स्वाहा ॥ २६ ॥ ॐ शितिकंठाय स्वाहा ॥२७॥ ॐ कपालभृते स्वाहा ॥ २८ ॥ ॐ वामदेवाय स्वाहा ॥ २९ ॥ ॐ विरूपाक्षाय स्वाहा ॥ ३० ॥ ॐ त्रिलोचनाय स्वाहा ॥ ३१ ॥ ॐ कृशानुरेतसे स्वाहा ॥३२॥ ॐ सर्वज्ञाय स्वाहा ॥ ३३ ॥ ॐ धूर्जटये स्वाहा ॥ ३४ ॥ ॐ नीललोहिताय स्वाहा ॥ ३५ ॥ ॐ स्मरहराय स्वाहा ॥ ३६ ॥ ॐ भर्गाय स्वाहा ॥ ३७ ॥ ॐ त्र्यम्बकाय स्वाहा ॥ ३८ ॥ ॐ त्रिपुरान्तकाय स्वाहा ॥ ३९ ॥ गंगाधराय स्वाहा ॥ ४० ॥ एवं त्र्यम्बकमंत्रस्य दशांशेन घृताक्तैः बिल्वपत्रैः होमं कुर्यात् ॥

ततः सपत्नीको यजमानः बालमङ्के स्वाप्य तिष्ठेत्। आचार्यः वेदोक्तमन्त्रैः पुराणमन्त्रैश्च त्रिकुशेनाभिषेकं कुर्यात् ॥ तत्र मन्त्राः—सुरास्त्वामभिषिञ्चन्तु इत्यादि अग्नितो मे भयं मास्तु रोगाच्च व्याधिबंधनात्। सशस्त्रविषतोयोघात् भयं नाशय मे सदा। योऽसौ पशुपतिर्देवः पिनाकी वृषवाहनः कार्तिकस्त्रीप्रसूतायाः दोषमाशु व्यपोहतु। अभिषेकान्ते प्रार्थना—रक्ष मां पुत्रपौत्रांश्च रक्ष मां पशुबन्धनात्। रक्ष पत्नीं पतिं चैव पितरं मातरं धनम् ॥

ततः छायापात्रदानं। आवाहितदेवतानामुत्तरपूजा श्रीसूर्यार्घ्यदानान्तं कर्म कृत्वा प्रमादादिति पठेत् ॥ इति कार्तिकस्त्रीप्रसूताशान्तिः ॥

अथ त्रिखलशान्तिप्रयोगः ॥

सूतकान्ते शुभेऽह्नि यजमानः सपत्नीकः ससुतः शुद्धासने प्राङ्मुख उपविश्याचम्य प्राणानायम्य आसनशुद्धिं विधाय स्वस्त्ययनं वाचयित्वा संकल्पं कुर्यात्। तद्यथा—ॐ अद्येत्यादि देशकालौ संकीर्त्य अमुकगोत्रोऽमुकशर्मा श्रुत्याद्युक्तफलावाप्तिकामोऽवगतानवगतसकलदुरितध्वंसपूर्वकत्रिखलसुतजन्म (कन्याजन्मत्रयानन्तरं) अथवा (सुतत्रयजन्मानन्तरकन्याजननं) सूचितैतत्कुमारैरेतत्सम्बन्धि - पित्राद्यरिष्टोपशमनपूर्वकश्रीमद्ब्रह्मादिदेवप्रसादहेतुकैतद्बालकपित्रादिसकलजनाधिकरणकातिशयानन्दावाप्त्यर्थं श्रीब्रह्मादिपूजनरूपां त्रिखलशान्तिमहं करिष्ये। तदङ्गत्वेन निर्विघ्नतासिद्ध्यर्थं श्रीमद्गणपत्यादिपूजनं च करिष्ये। ततः पूजाप्रकरणोक्तविधिना श्रीगणपतिनवग्रहादीनां च पूजनं कृत्वा नांदीश्राद्धं तदभावे सुवर्णं वा दद्यात्। तत्र संकल्पः ॐ अद्य० अमुकगोत्रस्यात्मजस्यामुकशर्मणः त्रिखलजन्मशान्त्यङ्गभूतकर्तव्याभ्युदयिकश्राद्धजन्यफलसम्प्राप्त्यर्थमिमं यथाशक्ति सुवर्णमग्निदैवतं यथानाम०। तत ऐशान्यां दिशि धान्योपरि कलशस्थापनविधिना वारुणं कलशं संस्थाप्य तत्र चन्दनागुरुकुंकुमादि गंधपुष्पाणि च प्रक्षिपेत्। ततो वरुणकलशसमीपे गोधूमचूर्णेन कमलाकारं विरच्य तदुपरि कुंकुमार्चिततण्डुलराशिं कृत्वा तत्र मध्ये व्रणछिद्ररहितं श्रीरुद्रकलशं, पूर्वदिशि श्रीब्रह्मकलशं, दक्षिणदिशि विष्णुकलशं, पश्चिमदिशि इन्द्रकलशं, उत्तरदिशि-ईशकलशम् निधाय कलशस्थापनविधिना स्थापयेत्।

ततः पूर्वदिशि कलशोपरि ताम्रपात्रस्थस्वर्णमयमूर्तौ श्रीब्रह्माणं पूजयेत्। तत्र संकल्पः—ॐ अद्येत्यादि पूर्वप्रतिज्ञातार्थसिद्ध्यर्थं क्रियमाणत्रिखलशान्त्यङ्गत्वेन पूर्वस्यां दिशि रक्तवस्त्रद्वयावेष्टितकलशोपरि ताम्रपात्रस्थस्वर्णमयमूर्तौ ब्रह्मपूजनमहं करिष्ये। अक्षतानादाय ध्यानम्। ॐ पद्मपत्रासनस्थश्च ब्रह्मकायश्चतुर्मुखः। अक्षमालाध्रुवं बिभ्रत् पुस्तकं च कमण्डलुम्॥ आवाहनम्—पद्मयोने चतुर्मूर्ते वेदव्यास पितामह। आयाहि ब्रह्मलोकात्त्वं तस्मै ब्रह्मात्मने नमः। ततः ब्रह्मयज्ञानमिति मन्त्रेण पाद्यादिभिः सम्पूज्य प्रार्थयेत्—ॐ कृष्णाजिनाम्बरधर पद्मासन चतुर्मुख। जटाधर जगद्धातः प्रसीद कमलोद्भव॥ ततो वरणसंभृतमादाय ॐ अद्येत्यादि पूर्वप्रतिज्ञातार्थसिद्ध्यर्थं क्रियमाणत्रीतरशान्त्यङ्गत्वेन शुभफलप्राप्त्यर्थं ॐ ब्रह्मयज्ञानमितिमन्त्रस्य ब्राह्मणद्वारा युग्मसहस्रजपं कारयितुमेभिर्वरणद्रव्यैरमुकगोत्रममुकशर्माणं ब्राह्मणं त्वामहं वृणे। वृतोऽस्मीति प्रतिवचनम्। ततो दक्षिणदिशि कलशोपरि श्रीविष्णुपूजनम्। तत्र संकल्पः—ॐ अद्येत्यादि क्रियमाणत्रीतरशान्त्यङ्गत्वेन दक्षिणदिशि पीतवस्त्रावेष्टितैतत्कलशोपरि ताम्रपात्रस्थस्वर्णमयमूर्तौ विष्णुपूजनमहं करिष्ये। अक्षतानादाय ध्यानम्—ॐ सशंखचक्रं सकिरीट-

कुण्डलं सपीतवस्त्रं सरसीरुहेक्षणम्। सहारवक्षस्थलकौस्तुभश्रियं नमामि विष्णुं शिरसा चतुर्भुजम्। आवाहनम्—ॐ एह्येहि नीलाम्बुजपादपद्म श्रीवत्सवक्षः कमलाविधेय। सर्वामरैः पूजितपादपद्म गृहाण पूजां भगवन्नमस्ते॥ ततः ॐ इदं विष्णुर्विचक्रमे त्रेधा निदधे पदम्। समूढमस्यपा ए सुरे॥ इति मन्त्रेण पाद्यादिभिः सम्पूज्य प्रार्थयेत्—ॐ योऽसावनन्तरूपेण ब्रह्माण्डं सचराचरम्। पुष्पवद्धरते नित्यं तस्मै नित्यं नमो नमः॥ ततो वरणसंभृतमादाय—ॐ अद्ये-त्यादि कृतैतत्त्रीतरशान्त्यङ्गत्वेन ॐ विष्णोरराटमसि इत्यनेन मन्त्रेण ब्राह्मणद्वारा युग्मसहस्रं जपं कारयितुमेभिर्वरणद्रव्यैरमुकगोत्रममुकर्माणं ब्राह्मणं जाप-कत्वेन त्वामहं वृणे। वृतोऽस्मीति प्रतिवचनम्। ततः पश्चिमदिशि कलशोपरि इन्द्रं पूजयेत्। तत्र संकल्पः— अद्येत्यादि क्रियमाणत्रीतरशान्त्यंगत्वेन पश्चिमदिशि चित्रविचित्रवस्त्रावेष्टितैतत्कलशोपरि ताम्रपात्रस्थस्वर्णमयमूर्तौ श्रीइन्द्रपूजनमहं करिष्ये। अक्षतानादाय ध्यानम्—चतुर्दन्तो गजारूढो वज्रपाणिः पुरन्दरः। शचीपतिस्तु ध्यातव्यो नानारत्नविभूषितः॥ आवाहनम्—एह्येहि सर्वामरसिद्ध-साध्यैरभिष्टुतो वज्रधरामरेश। संवीज्यमानोऽप्सरसां गणेन रक्षाध्वरन्नो भगव-न्नमस्ते॥ ततः ॐ त्रातारमिन्द्रमवितारमिन्द्र ए हवे सुहव ए शूरमिन्द्रं ह्वयामि शक्रं पुरुहूतमिन्द्रं ए स्वस्तिनो मघवा धात्विन्द्रः॥ इति सम्पूज्य प्रार्थ-येत्— ॐ भगवन्तो गजारूढा वज्रहस्ताः सुराधिपाः। पूर्वावकाशा युष्माभिः रक्ष-णीया प्रयत्नतः॥ ततो वरणसंभृतमादाय ॐ अद्येत्यादि पूर्वप्रतिज्ञातार्थसिद्धौ क्रियमाणत्रीतरशान्त्यंगत्वेन ॐ त्रातारमिन्द्रमितिमन्त्रस्य ब्राह्मणद्वारा युग्मसहस्रं जपं कारयितुमेभिर्वरणद्रव्यैरमुकगोत्रममुकशर्माणं ब्राह्मणं जापकत्वेन त्वामहं वृणे। वृतोऽस्मीतिप्रतिवचनम्। तत उत्तरदिशि ईशं कलशोपरि पूजयेत्। तत्र संकल्पः। ॐ अद्येत्यादि० पूर्वप्रतिज्ञातार्थसिद्ध्यर्थं क्रियमाणत्रीतरशान्त्यंगत्वेन उत्तरदिशि शुभ्रवस्त्रावेष्टितैतत्कलशोपरि ताम्रपात्रस्थस्वर्णमयमूर्तौ ईशपूजनमहं करिष्ये। अक्षतानादाय ध्यानम्—शुद्धस्फटिकसंकाशं गौरीशं वृषवाहनम्। वरदा-भयशूलाक्षसूत्रधृक्परमेश्वरम्॥ आवाहनम्-ॐएह्येहि विश्वेश्वर नस्त्रिशूलखि-स्त्रिशखट्वांगधरेणसार्धम्। लोकेश यज्ञेश्वर यज्ञसिद्ध्यै गृहाण पूजां भगवन्नमस्ते। ॐ तमीशानं जगतस्तस्थुषस्पतिं धियं जिन्वमवसे हूमहे वयं। पूषा नो यथा-वेदसामसद्वृधे रक्षिता पायुरदब्धः स्वस्तये॥ इत्यनेन सम्पूज्य पुनः प्रार्थयेत्। रक्षां मे कुरु देवेश त्रिनेत्राय त्रिशूलिने। वृषभध्वजाय यज्ञाय नक्षत्रपतये नमः। ततो वरणसम्भृतमादाय ॐ अद्येत्यादि० क्रियमाणत्रीतरशान्त्यङ्गत्वेन ॐ तमीशा-नमितिमन्त्रस्य ब्राह्मणद्वारा युग्ममहस्रजपं कारयितुमेभिर्वरणद्रव्यैरमुकगोत्र-ममुकशर्माणं ब्राह्मणं जापकत्वेन त्वामहं वृणे ॐ वृतोऽस्मीतिप्रतिवचनम्। ततो मध्यकलशोपरि रुद्रं पूजयेत्। तत्र संकल्पः ॐ अद्येत्यादि० क्रियमाणत्रीत-

रशान्त्यङ्गत्वेन मध्यकलशोपरि ताम्रपात्रस्थस्वर्णमयमूर्त्तौ श्रीरुद्रपूजनमहं करिष्ये। अक्षतानादाय ध्यानम्—ओं दक्षोत्सङ्गनिषण्णकुञ्जरमुखं प्रेम्णा करेण स्पृशन् वामोरुस्थितवल्लभांकनिलयं स्कन्दं परेणामृशन्। इष्टाभीतिमनोहरं करयुगं बिभ्रत्प्रसन्नाननो भूयान्नः शरदिन्दुसुन्दरतनुः श्रेयस्करः शङ्करः॥ तत आवाहनम्—एह्येहि शम्भो करशूलपाणे गंगाधर श्रीधन नीलकण्ठ, उमापते भस्मविभूषितांग महेश्वर त्वं भगवन्नमस्ते ॐ नमस्ते रुद्र मन्यव उतोत इषवे नमः। बाहुभ्यामुतते नमः। इति मंत्रेण संपूज्य प्रार्थयते। ॐ शिवाकान्त शंभो शशाङ्कार्धमौले महेशान शूलिन् जटाजूटधारिन्। त्वमेको जगद्व्यापको विश्वरूप प्रसीद प्रसीद प्रभो पूर्णरूप॥ ततो वरणसंभृतमादाय ॐ अद्येत्यादि० पूर्वप्रतिज्ञातार्थसिद्ध्यर्थे क्रियमाणत्रीतरशान्त्यङ्गत्वेन ॐ नमस्ते रुद्रमन्यव इति मंत्रस्य ब्राह्मणद्वारा युग्मसहस्रजपं कारयितुमेभिर्वरणद्रव्यैरमुकशर्माणं ब्राह्मणं त्वामहं वृणे। ॐ वृतोऽस्मीति प्रतिवचनम्। तत आचार्यः कुशकण्डिकां कृत्वा ॐ प्रजापतये स्वाहेत्यारभ्य ॐ विश्वकर्मन् हविषा इत्यन्तं होमप्रकरणोक्तविधिना होमं कुर्यात्। ततो ब्रह्माणं, विष्णुं, इन्द्रेशं रुद्रञ्च प्रत्येकं चरुतिलैः अष्टोत्तरशतसंख्याहुतिं तथा जपदशांशेन च होमं कृत्वा स्विष्टकृद्धोमं कुर्यात्। ततो भूरादिप्राजापत्यान्तान्नवाहुतीर्जुहुयात् ततो दिक्पालपुरःसरं बलिदानादिकं सर्वं विधाय कलशानां जलमादाय विप्राः भद्रासने उपविष्टं यजमानं ससुतं सपत्नीकं पूजाप्रकरणोक्तप्रकारेण कुशत्रयेणाभिषिंचेयुः। तत्राभिषेकान्ते प्रार्थना ॐ विघ्नेशः क्षेत्रपो दुर्गा पिनाकी वृषवाहनः। त्रिखलजातशिशोर्दोषं व्यपोहतु यमस्तथा॥ ॐ योऽसौ शक्तिधरो देवो हुतभुङ्मेषवाहनः। सप्तजिह्वः स देवोऽग्निस्त्रिखलदोषं व्यपोहतु॥ अभिषेकनिवृत्तौ यजमानस्तीर्थोदकेन स्नात्वा मृद्भाण्डं पादेन स्फोटयेत्। वस्त्रान्तराणि परिधाय आर्द्रवासांसि नापिताय दत्त्वाचामेत्। ततः शान्तिपाठपूर्वकमथोद्वारेण बालकनिष्कासनं, स्वर्णनिर्मिताभावे यज्ञीयकाष्ठनिर्मितगजपृष्ठोपरि बालकस्य स्नानं च कारयित्वा छत्रं शिरसि धारयेत्। तत्र मंत्रः ॐआतपत्र पवित्राणां नृपाणां कीर्तिवर्धन। पाहि मां गुरुढच्छत्र सागरामृतसंभव॥ ततः शिशुं त्रिवारं चुम्बयेत्। अन्नादिदानं कुर्यात्। घृतपूरितकांस्यपात्रेण छायापात्रदानं।

अथान्नत्रयदानम्—ॐअद्यकृतैतत् त्रीतरशान्त्यङ्गत्वेन श्रीब्रह्मविष्णुइन्द्रेशरुद्रप्रीतये इदं कुडवादिपरिमितं गोधूमाद्यन्नत्रयं विश्वेदेवदेवताकं यथानाम०। अथवस्त्रत्रयदानम्। ओं अद्यकृतैतत् त्रीतरशान्त्यङ्गत्वेन श्रीब्रह्मविष्णुइंद्रेशरुद्रप्रीतये वस्त्रत्रयं वृहस्पतिदैवताकं यथानामगोत्राय०।

अथ धातुत्रयदानम्—ॐ अद्य कृतैतत्त्रीतरशान्त्यङ्गत्वेन श्रीब्रह्मविष्णुइंद्रेशरुद्रप्रीयये इदं यथाशक्ति स्वर्णरजतताम्रं अग्निरुद्रविष्णुदैवताकं यथानाम०।

अथ तिलपात्रदानम्—अद्य कृतैतत्त्रीतरशान्त्यङ्गत्वेन श्रीब्रह्मविष्णुइन्द्रेशरुद्रप्रीतये इदं तिलपात्रं विष्णुदैवत्यं यथानाम्ने गोत्राय० ॥

ततः आवाहितदेवतानामुत्तरपूजाश्रीसूर्यार्घ्यदानान्तं कर्म कृत्वा प्रमादादिति पठेत् ॥ इतित्रीतर (त्रिखल) शान्तिः ॥

यज्ञादिसत्कर्मविधानयुक्तं क्रियासु सर्वासु प्रधानभूतम् ।
स्वान्ते सदा सज्जनमानवानामिदं तृतीयं कुसुमं चकास्तु ॥

इति श्रीमत्पण्डितप्रवररामचन्द्रसुतेन श्रीशिवदेव्या गर्भजेन पञ्चाप-देशान्तर्गत-कुरालीग्रामवास्तव्येन सारस्वतविप्रवंशाभिजनेन श्रीमुकुन्दवल्लभज्योतिषाचार्येण प्रणीते "कर्मठगुरौ" पूजाहोमकर्मात्मकं तृतीयं प्रकरणं समाप्तम् ॥

—:०:—

अथ काम्यकर्मात्मकं चतुर्थं प्रकरणम्

पुत्रकामेष्टिविधिः

तत्रादौ—पुत्रेष्टिहोमविधानात्प्राक् सप्तम-पञ्चम-तृतीयमासैकपर्यन्तं वा प्रदोषव्रतं वा भौमव्रतमाचरन्तौ अखण्डब्रह्मचर्यपालनं कुरुतां पुत्रेच्छू पतिपत्न्याविति शास्त्राचारः।

अस्यैव व्रतकालस्यान्तर्गताः जन्माङ्गतः प्रश्नाङ्गतो वा अनपत्यत्व-कन्याप्रजननत्वादिदुःखप्रदं[1]—ग्रहयोगाः स्युस्तर्हि शास्त्रोक्तविधिना श्रीरुद्रस्नानपूर्वकं साङ्गोपाङ्गसन्तानगोपालादिपुरश्चरणद्वारा विश्वासपूर्वकं शास्त्रकृत्यं[2] मुसंविधाय दूरीकरणीयास्ते ते दोषाः।

यदि चेत्पुरुषो धातुरोगग्रस्तो भवेदथवा वाजीकरणशक्त्यभावः स्यात् तथा स्त्रियः ऋतुदोषो गर्भदोषश्च प्रतीयेत तर्हि—आदौ हि पुत्रकामेष्टि[3] होमात् सुचिकित्सा विधेया।

अथादौ रुद्रस्नानविधानम्—

गुरुशुक्रास्तादिरहिते शुभे मासि[4]—अष्टम्यां चतुर्दश्यां वा शुक्लपक्षे ऋतुस्नानाच्चतुर्थेऽह्नि रविवासरे चन्द्रताराद्यानुकूल्ये सति कर्ता सभार्यः अशोष्यनदीसंगमं गत्वा तदभावे सिद्धपीठशिवालयादिकमुपेत्य पुण्याहं वाचयित्वा आहिताग्न्यादिगुणविशिष्टं द्विजमाचार्यत्वेन वृत्वा सऋत्विक्ब्राह्मणञ्च वृणुयात्। ततो दीर्घायुःसुपुत्राद्युत्पत्तिप्रतिबन्धकदुरितनिरासार्थं यथाशक्ति प्रायश्चित्तमनुतापयुक्तः कुर्यात् तच्च फलतारतम्यावगतदुरिततारतम्येन षडब्द-त्र्यब्द-सार्द्धाब्दरूपं चान्द्रायणकृच्छ्रातिकृच्छ्ररूपं वा द्रव्यजप्य होम-तीर्थ ब्रह्मभोजनादि-

---

(१) वियोगान्मरणात् कलंक्यात्तया चाप्रसवादपि। देशान्तरे च गमनात्पुत्रदुःखं हि पञ्चधा। (२) ज्ञशुक्रदोषे शिवपूजनात्सुता शशीज्ययोरौषधयन्त्रमन्त्रतः। अगोः सुतां गां शिखिनश्च यच्छतो यमारयाः स्याद्गिरिशाभिषेचनात्॥ रवेस्तु दोषे हरिवंशसंश्रवात्सनेषु सन्तानमुकुन्दवन्दनात्। सुतोद्भवः स्यात्क्षिति गार्कयार्व्रते कृते विधानान्मदनव्रते ध्रुवम् (सं० नि०)॥ (३) पुत्रश्च पुत्री च पुत्रौ तयोर्द्वयोरन्यतरस्य वा कामोऽभिलाषोऽस्य स पुत्रकामस्तत्साध्या इष्टिः पुत्रकामेष्टिः।

(४) सर्वेष्वपि हि मासेषु ब्राह्मणानुमतेषु च।
तस्मादवश्यं कर्तव्यं पुत्रस्त्रीसुखमृच्छति॥

प्रत्याम्नायैः कार्यं सभ्योपदिष्टम्। ततः श्रीरुद्रप्रीत्यर्थं कृष्णामेकां धेनुं शक्त्योपस्करयुतां दद्यात्। तदशक्तौ पलं पलार्धमात्रं सुवर्णं वा दद्यात्। एवं कृते रुद्रस्नानेऽधिकारी भवति। ततः सभार्यो यजमानः आचम्य प्राणानायम्य ॐ अद्येत्यादि० मम सभार्यस्य दीर्घायुःसुपुत्रादिसन्ततिप्रतिबन्धकेन इह जन्मन्यन्यजन्मनि वा कृतेनाष्टकापर्वादिपैतृकनैमित्तिकाकरणेन वा परद्वेषेण वा गुरुद्वेषेण वा मृगशावभक्षणेन वा बालघातेन वा रत्नापहरणेन वा वत्सवियोजनेन वा पितृमातृभ्रातृद्वेषेण वान्येन वा कर्मणोत्पन्नचतुर्विधवन्ध्यात्वान्यतरवन्ध्यात्वदोषनिरासेन तथा स्त्रियाः कुक्षिदोषज्ञाताज्ञातान्यदुष्टस्त्री-चैलाञ्चलस्पर्शदोषतदेकांशेन शयनादिजनितदोपादिसर्वसन्ततिप्रतिबन्धकनिरासेन च दीर्घायुःसुपुत्रादिसन्तत्यवाप्तिद्वारा श्रीउमासहितश्रीरुद्रप्रीत्यर्थं बौधायनोक्तविधिना श्रीरुद्रकलशस्नान-इत्याख्यं कर्म करिष्ये। तदङ्गत्वेनादौ श्रीगणपत्यादिपूजनं नान्दीश्राद्धञ्च करिष्ये इति संकल्प्य श्रीगणपतिपूजनवरुणकलशादिनान्दीश्राद्धान्तं सर्वं सम्पादयेत्। ततः श्रीरुद्रं ध्यात्वा, आराधितो मनुष्यैस्त्वं सिद्धैर्देवासुरादिभिः। आराधयामि भक्त्या त्वां मां गृहाण महेश्वर! इति प्रार्थयेत्। अथाचार्योऽष्टहस्तं मण्डपं कृत्वा पञ्चगव्येनाभ्युक्ष्य तन्मध्ये श्वेतरजसा अष्टदलपद्ममालिख्य ब्रह्मादीन् मण्डलदेवांस्तत्रावाह्य पूजयित्वा मध्ये कर्णिकायां रुद्रकलशं कलशस्थापनविधिना स्थापयित्वा दध्यक्षतादिभिः शोधयित्वा तत्र निष्कं तदर्धं (वा यथाशक्ति) सुवर्णनिर्मित-श्रीरुद्रप्रतिमाग्न्युत्तारणपूर्वकं संस्थाप्य त्र्यम्बकमिति श्रीमहादेवमावाहयेत्। ततः पूर्वादिचतुर्षु दलेषु नन्दिनं, भृङ्गिरिटिं, कालं, महाकालं च क्रमेण आवाह्य तेष्वेवाष्टदलेषु इन्द्रादीनष्टदिक्पालांश्चावाह्य महादेवस्य वामभागे पार्वतीं दक्षिणभागे विनायकं चावाह्य षोडशोपचारैः पूजयित्वा पश्चाचतुष्कोणेषु कुम्भचतुष्टयं यथाविधि स्थापयित्वा उदकमासिच्य अश्वत्थपल्लवादीनि निक्षिप्य वरुणमावाह्य कलशं प्रार्थ्य ततो मण्डपस्य अष्टदिशु कुम्भाष्टकं स्थापयित्वा इन्द्राद्यष्टदिक्पालान्सम्पूज्य अन्नादिबलिमुपहृत्य प्रार्थयेत्। ॐ इन्द्राद्याश्च सुराः सर्वे लोकपालास्तथैव च। आदित्या वसवो रुद्रा विश्वेदेवा मरुद्गणाः॥ ते सर्वे पूजिताः शान्तिं प्रयच्छन्तु यथेप्सिताम्॥

ततः कुम्भान् संस्पृशन्नक्षतांश्चाक्षिपन्नेकादशावृत्त्या रुद्रान् जपेत्। तस्मिन् ब्रह्मपद्मादाग्नेय्यां दिशि स्थण्डिलेऽग्निमुपसमाधाय तूष्णीं निर्वापादिना चरुं पक्त्वाऽऽज्यभागान्तं कृत्वा समित्तिलचर्वाज्यैः ॐ मानस्तोके० इति मन्त्रेण अष्टोत्तरशतवारं नवग्रहहोमपूर्वकं जुहुयात्। ततः स्विष्टकृदादिपूर्णाहुतिप्राक्तनहोमशेषं समाप्याचार्यो गन्धाद्युपचारैः रुद्रस्योत्तरपूजां कृत्वाऽभिषेकार्थं मण्डपादग्नेरुत्तरतश्चतुरस्रं स्वस्तिकोपेतं मण्डलं कृत्वा तत्रोदुम्बरकाष्ठपीठद्वये परिहिताऽहतश्वेतवस्त्रे दम्पती प्राङ्मुखपवेश्य स्वयमुदङ्मुखः पूर्वादिकल-

शोदकेन रुद्राध्यायस्यैकैकेन मन्त्रेण—एकैकेनार्कपत्रेणाभिषिच्य त्यजेत्। अत्र माध्यन्दिनीयशाखायां रुद्राध्यायगतानां चतुःषष्टिमन्त्राणामेकादशिन्यां चतुरधिकसप्तशतसंख्या भवति। ततः पल्लवैराशुः शिशान इति सूक्तेन आपोहिष्ठेत्यादिभिः सुरास्त्वामित्यादिपौराणिकैश्चाभिषिच्य शिवं शिवमिति वदेयुः। तत्र सर्वौषधीभिः सप्तमृद्भिर्नद्या उभयकूलमृदा च सर्वाङ्गेऽनुलिप्तौ दम्पती विशेषतः कुक्षिदेशे अनुलिप्तस्त्रियं शिष्टोद्धृतेन श्रीरुद्रकलशोदकेन प्रक्षालिताङ्गौ शुद्धोदकेन स्नापयेयुः। ततस्तौ—ॐ शरीरस्थाश्च ये दोषाः ये दोषा गर्भबीजयोः। ते सर्वे नाशमायान्तु करणानेन भो द्विजाः॥ इति मन्त्रमुच्चार्य स्नात्वा स्नानवस्त्रं परित्यज्य शुद्धवस्त्रान्तरं परिधाय कुंकुममालाद्यलङ्कृतौ भवेताम्। तत आचार्यो यजमानान्वारब्धः पूर्णाहुतिं हुत्वा वसोर्धारां जुहुयात्, ततो यजमानः सपत्नीकः कृतत्र्यायुषकरणः पूजापूर्वकमाचार्याय पयस्विनीं सदक्षिणधेनुं सुवर्णञ्च यथाशक्ति दत्त्वा ब्रह्मणे पूर्णपात्रमृत्विग्भ्यो यथाशक्ति दक्षिणां दत्त्वा क्षमाप्य श्रीरुद्राद्यावाहितदेवता विसृज्य श्रीरुद्रप्रोत्यर्थं शतं तदर्धं तदर्धं वा ब्राह्मणान्भोजयित्वा तैः सम्पूर्णतां वाचयित्वा जीवत्पतिपुत्रादिभिर्वर्धापनादिकृतमङ्गलो ब्राह्मणाशिषो गृह्णीयात् ततः पुत्रेष्टिविधानम्।

अथ गर्भप्रदगुरोः[1] भ्रमणं ज्ञात्वा ऋतुकालात्पञ्चदिनोत्तरं सप्तदशदिनादर्वाक्शुभे[2] समेऽह्नि भार्यया सह प्रायश्चित्त—स्नानपूर्वक—कृतमङ्गलस्नानोभ्यङ्गो यजमानोऽलङ्कृतः पूजाहोमकर्मप्रकरणोक्तस्वस्त्यनादिकं पठित्वा दम्पत्योरुत्तरीयवस्त्रस्यान्ते ॐ शुक्लाम्बरधरेति मन्त्रेण सफलाक्षतग्रन्थिबन्धनं कुर्यात्ततः। ॐ अद्येत्यादिदेशकालौ सङ्कीर्त्य—अमुकगोत्रोऽमुकशर्म्माहं (वर्म्माहं गुप्तोऽहं) झटिति चिरञ्जीविपुत्रकामः पुत्रकामेष्टिं करिष्ये। तदङ्गत्वेन श्रीगणपत्यादिपूजनं नान्दीश्राद्धमाचार्यादिवरणञ्च करिष्ये। इति सङ्कल्प्य, श्रीगणपत्याद्यावाहनपूर्वकपूजनम्—आचार्यादिवरणं नान्दीश्राद्धञ्च कृत्वा स्थण्डिलाद्यग्निप्रतिष्ठान्तं विधाय श्वेतवत्सगोक्षीरेण पायसचरुं पक्त्वा ततः—आघारादारभ्य पञ्चवारुणनवग्रहाधिदेवता-प्रत्यधिदेवतादीनाञ्च होमं कृत्वा भार्ययाऽन्वारब्धः प्रधानाऽऽहुतीर्जुहुयात्।

---

(१) गर्भो गुरोस्तु विषमे सति सम्भवेऽब्दे (सं० नि०)। (२) स्त्रीणामृतुषु आद्यास्तिस्रो रात्रयो गमने निषिद्धाः, एवं शेषासु तुर्यरात्रे ल्पायुः पुत्रः, पञ्चम्यां सुता, षष्ठ्यां वंशकर्ता पुत्रः, सप्तम्यां वन्ध्या, अष्टम्यां पुत्रः, नवम्यां सुन्दरी कन्या, दशम्याम् ईश्वरः सुतः, एकादश्यां विरूपा कन्या, द्वादश्यां श्रीमान् सुतः, त्रयोदश्यां पापा कन्या, चतुर्दश्यां धर्मशीलः सुतः, पञ्चदश्यां श्रीमती कन्या षोडश्यां सर्वज्ञः सुत इति (जातकपारिजातमते)॥

अथ प्रधानदेवताज्यहोमः—ॐप्रधानाज्यहोममन्त्राणां याज्ञवल्क्यबृहदारण्यकावृषी अनुष्टुप्छन्दः सन्तानदाता परमात्मा देवता प्रधानाज्यहोमे विनियोगः ॥ ॐ यावन्तो देवास्त्वयि जातवेदस्तिर्यञ्चो घ्नन्ति पुरुषस्य कामान् । तेभ्योऽहं भागधेयं जुहोमि ते मा तृप्ताः सर्वकामैस्तर्पयन्तु स्वाहा इदमग्नये ॥१॥ ॐ या तिरश्चीनि पद्यतेऽहं त्रिधरणी इति तां त्वा घृतस्य धारया यजे संराधनीमहꣳस्वाहा इदमग्नये ॥ २ ॥ ॐ ज्येष्ठाय स्वाहा इदं ज्येष्ठाय ॥ ३ ॥ ॐ श्रेष्ठाय स्वाहा इदं श्रेष्ठाय ॥ ४ ॥ ॐ प्राणाय स्वाहा इदं प्राणाय ॥ ५ ॥ ॐ अवशिष्टाय स्वाहा इदमवशिष्टाय ॥ ६ ॥ ॐ चक्षुषे स्वाहा इदं चक्षुषे ॥ ७ ॥ ॐ सम्पदे स्वाहा इदं सम्पदे ॥ ८ ॥ ॐ श्रोत्राय स्वाहा इदं श्रोत्राय ॥ ९ ॥ ॐ यतनाय स्वाहा इदं यतनाय ॥ १० ॥ ॐ मनसे स्वाहा इदं मनसे ॥ ११ ॥ ॐ प्रजायै स्वाहा इदं प्रजायै ॥ १२ ॥ ॐ रेतसे स्वाहा इदंरेतसे ॥ १३ ॥ ॐ अग्नये स्वाहा इदमग्नये ॥ १४ ॥ ॐ सोमाय स्वाहा इदं सोमाय ॥ १ ॥ ॐ भूः स्वाहा इदं भूः ॥ १६ ॥ ॐ भुवः स्वाहा इदं भुवः ॥ १७ ॥ ॐ स्वः स्वाहा इदं स्वः ॥१८॥ ॐ भूर्भुवः स्वः स्वाहा इदं भूर्भुवः स्वः ॥ १९ ॥ ॐ ब्रह्मणे स्वाहा इदं ब्रह्मणे ॥ २० ॥ ॐ क्षत्राय स्वाहा इदं क्षत्राय ॥ २१ ॥ ॐ भूताय स्वाहा इदं भूताय ॥ २२ ॥ ॐ भविष्यते स्वाहा इदं भविष्यते ॥ २३ ॥ ॐ विश्वाय स्वाहा इदं विश्वाय ॥ २४ ॥ ॐ सर्वाय स्वाहा इदं सर्वाय ॥ २५ ॥ ॐ प्रजापतये स्वाहा इदं प्रजापतये ॥ २६ ॥

अथ स्थालीपाकाहुतयः—ॐअग्नये स्वाहा इदमग्नये ॥ १ ॥ ॐ अनुमतये स्वाहा इदमनुमतये ॥ २ ॥ ॐ देवाय स्वाहा इदं देवाय ॥ ३ ॥ ॐ सवित्रे स्वाहा इदं सवित्रे ॥४॥ ॐ सत्यप्रसवाय स्वाहा इदं सत्यप्रसवाय ॥५॥ ॐ अग्नीषोमाविति सूक्तस्य राहूगणो गौतमऋषिः, अग्नीषोमौ देवते अनुष्टुप्त्रिष्टुब्जगतीछन्दांसि पायसचरुहोमे विनियोगः—ॐ अग्नीषोमा[२]विमं सु मे शृणुतं हवम् । प्रतिसूक्तानि हर्यतं भवतं दाशुषे मयः स्वाहा ॥१॥ ॐ अग्नीषोमा यो अद्य वामिदं वचः सपर्यति तस्मै धत्तं सुवीर्यं गवां पोषं स्वश्व्यं स्वाहा ॥ २ ॥ ॐ अग्नीषोमा य आहुतिं यो वां दाशाद्धविष्कृतिम् । स प्रजया सुवीर्यं विश्वमायुर्व्यश्नवत् स्वाहा ॥ ३ ॥ ॐ अग्नीषोमा चेति तद्वीर्यं वां यदमुष्णीतमवसं पणिगाः । अवातिरतं बृसयस्य शेषोऽविन्दतं ज्योतिरेकं बहुभ्यः स्वाहा ॥४॥

---

(१) पुत्रकामः पुत्रेष्टया यजेदिति श्रुतिः ।

(२) सुश्रुतसंहितायाः शारीरकस्थानेऽग्निषोमस्य गर्भस्थितावनुकूलत्वं स्वीकृतं गर्भोऽप्यग्निषोमीयो भाषितस्तत्त्वदर्शिभिरिति, मन्त्रोयं गर्भदोऽग्निषोमीयनामकदेवानां वेविद्यते ।

ॐ युवमेतानि दिवि रोचनान्यग्निश्च सोम सक्रतू अधत्तम् । युवं सिन्धूंरभिशस्तरवद्यादग्नीषोमावमुञ्चतं गृभीतान् स्वाहा ॥ ५ ॥ ॐ अन्यं दिवो मातरिश्वा जभारामथ्न्यादन्यं परिश्येनो अद्रेः । अग्नीषोमा ब्रह्मणा वावृधानोरुं यज्ञाय चक्रथूरुलोकं स्वाहा ॥ ६ ॥ ॐ अग्नीषोमा हविषः प्रस्थितस्य वीतं हर्यतं वृषणा जुषेथाम् । सुशर्माणा स्ववसा वि भूतमथाधत्तं यजमानाय शं योः स्वाहा ॥ ७ ॥ ॐ अग्नीषोमा हविषा सपर्याद्देवद्रीचा मनसा यो घृतेन । तस्य व्रतं रक्षतं पातमंहसो विशे जनाय महि शर्म यच्छतम् स्वाहा ॥ ८ ॥ ॐ अग्नीषोमा सवेदसा सहूती वनतं गिरः । सं देवत्रा बभूवथुः स्वाहा ॥ ९ ॥ ॐ अग्नीषोमावनेन वां यो वां घृतेन दाशति । तस्मै दीदयतं बृहत् स्वाहा ॥ १० ॥ ॐ अग्नीषोमाविमानि नो युवं हव्या जुजोषतम् । आयातमुप नः सचा स्वाहा ॥ ११ ॥ ॐ अग्नीषोमा पिपृतमर्वतो न आप्यायन्तामुस्त्रिया हव्यरूदः । अस्मे बलानि मघवत्सु धत्तं कृणुतं नो अध्वरं श्रुष्टिमन्तं स्वाहा ॥ १२ ॥

ॐ आ ते गर्भं इति पञ्चर्चसूक्तस्य हिरण्यगर्भ ऋषिः अग्निर्देवता अनुष्टुप्छन्द पायसचरुहोमे विनियोगः । ॐ आ ते गर्भो योनिमेतु पुमान् बाण इवेषुधिम् । आवीरोऽत्र जायतां पुत्रस्ते दशमास्यः स्वाहा अग्नये इदम् ॥ १ ॥ ॐ करोमि ते प्राजापत्यैषा गर्भो योनिमैतु ते । अनूनः पूर्णो जायतामश्लोणो पिशाचधीतः स्वाहा अग्नये इदम् ॥ २ ॥ ॐ पुमांस्ते पुत्रो नारितं पुमाननुजायताम् । यानि भद्राणि बीजान्यृषभा जनयन्तु नौ स्वाहा अग्नये इदम् ॥ ३ ॥ ॐ यानि भद्राणि बीजान्यृषभा जनयन्ति नः तैस्त्वं पुत्रान् विन्दस्व सा प्रसूर्धेनुका भव स्वाहा अनये इदम् ॥ ४ ॥ ॐ कामः समृद्धयतां मह्यमपराजितमेव मे । यं कामं कामये देव तं मे वायो समर्धय स्वाहा अग्नये इदम् ॥ ५ ॥

ॐ अग्निरिति पञ्चर्चसूक्तस्य हिरण्यगर्भऋषिर्वरुणो देवता जगतीछन्दः पायसचरुहोमे विनियोगः । ॐ अग्निरेतु प्रथमो देवतानां सोऽस्यै प्रजां मुञ्चतु मृत्युपाशात् । तदयं राजा वरुणोऽनुमन्यतां यथेयं स्त्रीपौत्रमघं न रोदात् स्वाहा ॥ १ ॥ वरुणायेदम् । ॐ इमामग्निस्त्रायतां गार्हपत्यः प्रजामस्यै नयतु दीर्घमायुः । अशून्योपस्था जीवतामस्तु माता पौत्रमानन्दमभिवुध्यतामियम् स्वाहा ॥ २ ॥ वरुणायेदम् । ॐ मा ते गृहे निशिघोष उत्थादन्यत्रत्यद्रवत्यः संविशन्तु । मा त्वं विकेश्युर आवधिष्ठाजीवत्पत्नी पतिलोके विराज । पश्यन्ती प्रजां सुमनस्यमानां स्वाहा ॥ ३ ॥ वरुणायेदम् । ॐ अप्रजस्तां पौत्रमृत्युं पाप्मानमुत वाऽघम् शीर्ष्णस्रजमिवोन्मुच्य द्विषद्भ्यः प्रतिमुञ्चामि पापं स्वाहा ॥ ४ ॥ वरुणायेदम् । ॐ देवकृतं ब्राह्मण कल्पमानं तेन हन्मि यो निपदः पिशाचान् । क्रव्यादो मृत्यून-धरान्पातयामि दीर्घमायुस्तव जीवन्तु पुत्राः स्वाहा ॥ ५ ॥ वरुणायेदम् ।

ॐ नेजमेवेति तिसृणां विष्णुस्त्वष्टा गर्भकर्त्तर्षिः विष्णुपृथिवीविष्णवो यथासंख्यं देवता । अनुष्टुप्छन्दः पायसहोमे विनियोगः । ॐ नेजमेव परापतसुपुत्रः पुनरापत अस्यै मे पुत्रकामायै गर्भमाधेहि यः पुमान् स्वाहा । विष्णवे इदम् ॥१॥ ॐ यथेमं पृथिवीमह्युत्तानागर्भमादधे एवन्तं गर्भमाधेहि दशमे मासि सूतवे स्वाहा पृथिव्यै इदम् ॥ २ ॥ विष्णो श्रेष्ठेन रूपेणास्यां नार्यां गर्भिण्यां पुमांसं पुत्रमाधेहि दशमे मासि सूतवे स्वाहा । विष्णवे इदम् ॥ ३ ॥ ॐ सोमो धेनुमिति राहूगणो गौतम ऋषिः सोमो देवता त्रिष्टुप्छन्दः पुत्रकामसिद्धये पायसहोमे विनियोगः । ॐ सोमो धेनु ᳪ सोमो अवन्तमाशु ᳪ सोमो वीरं कर्मण्यं ददाति । सादन्यं विदत्थ्य ᳪ सभेयं पितृश्रवणं यो ददाशदस्मै स्वाहा । सोमायेदम् ॥ ४ ॥ ॐ इहैव स्तम्मा वि यौष्टं विश्वमायुर्व्यश्नुतम् । क्रीडन्तौ पुत्रैर्नप्तृभिर्मोदमानौ स्वे गृहे स्वाहा । सूर्यासाविर्त्र्यै इदं ॥ ५ ॥

ॐ इमात्वमित्यस्य सूर्यासावित्री ऋषिः अनुष्टुप्छन्दः पायसहोमे विनियोगः । ॐ इमां त्वमिन्द्रमीढ्वः सुपुत्रां सुभगां कृणु दशास्यां पुत्रानाधेहि पतिमेकादशं कृधि स्वाहा । सूर्यासावित्र्यै इदम् ॥ १ ॥ ॐ तां पूषन्निति सूर्यासावित्री ऋषिः सूर्या देवता त्रिष्टुप्छन्दः पायसहोमे विनियोगः । ॐ तां पूषञ्छिवतमामेरयस्व यस्यां बीजं मनुष्या उवपन्ति । या न ऊरू उशती विश्रयाते यस्यामुशन्तः प्रहराम शेपं स्वाहा । इदं सूर्यासावित्र्यै ॥ २ ॥

आते[1] योनिं गर्भ एतु पुमान् बाण इवेषुधिम् । आवीरोऽत्र जायतां पुत्रस्ते दशमास्यः स्वाहा ॥ १ ॥ ॐ पुमांसं पुत्रं जनयतं पुमाननुजायताम् । भवासि पुत्राणां माता जातानां जनयाश्च यान् स्वाहा ॥ १ ॥ ॐ यानि भद्राणि बीजा-न्यृषभा जनयन्ति च तैस्त्वं पुत्रं विन्दस्व सा प्रसूर्धेनुका भव स्वाहा । अग्नये इदं ॥ ३ ॥ ॐ कृणोमि ते प्राजापत्यमायोनिं गर्भं एतु ते विन्दस्व त्वं पुत्रनारि । यस्तुभ्यं शमसच्छमु तस्मै त्वं भव स्वाहा ॥ ४ ॥ ॐ यासां द्यौः पिता पृथिवी माता समुद्रो मूलं वीरुधां बभूव । तास्त्वा पुत्रविद्यायै दैवीः प्रावन्त्वोपधयः स्वाहा ॥ ५ ॥ ॐ पर्वताद्दिवो योनेरङ्गादङ्गात्समाभृतम् । शेपो गर्भस्य रेतोधाः सरो पर्णमिवादधत् वाहार ॥ १ ॥ ॐ यथेयं पृथिवी महीभूतानां गर्भमादधे । एवादधामि ते गर्भस्तस्मै त्वामवसे हुवे स्वाहा ॥ २ ॥ ॐ गर्भं धेहि सिनीवालि ! गर्भं धेहि सरस्वति ! गर्भं ते अश्विनोभावाधत्तां पुष्करस्त्रजौ स्वाहा ॥३॥ गर्भन्ते मित्रावरुणौ गर्भं देवो बृहस्पतिः । गर्भं त इन्द्रश्चाग्निश्च गर्भं धाता दधातु ते स्वाहा ॥ ४ ॥ ॐ विष्णुर्योनिं कल्पयतु त्वष्टा रूपाणि पिंशतु । आसिञ्चतु प्रजा-

---

(१) इमे मन्त्राः अथर्ववेदस्य।

पतिर्धाता गर्भं दधातु ते स्वाहा ॥ ५ ॥ ॐ यद्वेद राजा वरुणो यद्वा देवी सरस्वती । यदिन्द्रो वृत्रहा वेद तद्गर्भकरणं पिब स्वाहा ॥ ६ ॥ ॐ गर्भो अस्योषधीनां गर्भो वनस्पतीनाम् । गर्भो विश्वस्य भूतस्य सो अग्ने गर्भमेहधाः स्वाहा ॥ ७ ॥ ॐ अधिस्कन्द वीरयस्व गर्भमाधेहि योन्याम् । वृषाऽसि वृष्णयावन् । प्रजायै त्वा नयामसि स्वाहा ॥ ८ ॥ ॐ विजिहीष्व वार्हत्सामे गर्भस्ते योनिमाशयाम् । अदुष्टे देवा पुत्रं सोमया उभया विनम् स्वाहा ॥ ९ ॥ ॐ धातः श्रेष्ठेन रूपेणास्यां नार्यां गवीन्योः । पुमांसं पुत्रामाधेहि दशमे मासि सूतवे स्वाहा । धात्रे इदम् ॥ १० ॥ ॐ त्वष्टः ! श्रेष्ठेन रूपेणास्यां नार्यां गवीन्योः । पुमांसं पुत्रमाधेहि दशमे मासि सूतवे स्वाहा । त्वष्ट्रे इदम् ॥ ११ ॥ ॐ सवितः ! श्रेष्ठेन रूपेणास्यां नार्यां गवीन्योः । पुत्रमाधेहि दशमे मासि सूतवे स्वाहा ॥१२॥ ॐ प्रजापते ! श्रेष्ठेन रूपेणास्यां नार्यां गविन्योः पुमांसं पुत्रं जनयतं पुमाननु जायतां भवासि पुत्राणां माता जातानां जयनांश्च यान्त्स्वाहा । यज्ञेश्वरायेदम् ॥ १४ ॥ ॐ यज्ञपुरुषाय स्वाहा इदं यज्ञपुरुषाय । ओं यदस्य कर्मणो त्यरीरिचं यद्वा न्यूनमिहाकरम् । अग्निष्टुत्स्विष्टकृद्विद्यात्सर्वं स्विष्टं सुहुतं करोतु मे । अग्नये स्विष्टकृते सुहुतहुते सर्वप्रायश्चित्ताहुतीनां कामानां समर्द्धयित्रे सर्वान्नः कामान्त्समर्द्धयः स्वाहा । इदमग्नये स्विष्टकृते ॥१५॥ इति स्विष्टकृद्धोमं कृत्वा—

ॐ अपश्यन्त्वेति द्वयोः प्रजावान्प्राजापत्य ऋषिः प्रजापतिर्देवता त्रिष्टुप्छन्दः हुतशेषपायसचरुप्राशने विनियोगः । आचार्यः शेषहविष्यांशं गृहीत्वा—ॐ अपश्यं त्वा मनसा चेकितानं तपसो जातं तपसा विभूतम् । इह प्रजामिह रयिं रराणः प्रजायस्व प्रजया पुत्रकाम ॥ १ ॥ इति पठित्वा यजमानं भोजयेत् । हविष्यांशस्यार्धेन—ॐ अपश्यं त्वा मनसा दीध्यानां स्वायां तनू ऋत्व्ये नाधमानाम् । उपमामुच्चा युवतिर्बभूयाः प्रजायस्व प्रजया पुत्रकामे ॥ २ ॥ इति पठित्वा यजमानपत्नीं भोजयेत् ।

ततः हस्तौ प्रक्षाल्याचामेत् । ॐ पिशंगभृष्टिमित्यस्य दैवोदासिः परुच्छेपमृषिः, इन्द्रो देवता, गायत्रीछन्दः नाभ्यालम्भने विनियोगः ॥ ॐ पिशङ्गभृष्टिसम्भृणं पिशाचिमिन्द्र सम्भृण सर्वं रक्षो निवर्हय । इति मन्त्रेण पतिपत्नी स्वस्वनाभ्यालम्भनं कुर्याताम् ।

आज्याहुतिः—ॐब्रह्मणाग्निः साम्विदानो रक्षोहा बाधतामितः । अमीवा यस्ते गर्भं दुर्णामायोनिमाशये स्वाहा ॥ १ ॥ ॐ यस्ते गर्भममीवा दुर्णामायोनिमाशये । अग्निष्टं ब्रह्मणा सह निष्क्रव्यादमनीनशत् स्वाहा ॥ २ ॥ ॐ यस्ते हन्ति पतयन्तं निपत्सुं यः सरीसृपम् । जातं यस्ते जिघांसति तमितो नाशयामसि स्वाहा ॥ ३ ॥ ॐ यस्त ऊरूविहरन्त्यन्तरा

दम्पतीशये । योनिं यो अन्तरारेदि तमितो नाशयामसि स्वाहा ॥ ४ ॥ ॐ यस्त्वा भ्राता पतिर्भूत्वा जारो भूत्वा निपद्यते । प्रजां यस्ते जिघांसति तमितो नाशयामसि स्वाहा ॥ ५ ॥ ॐ यस्त्वा स्वप्नेन तमसा मोहयित्वा निपद्यते । प्रजां यस्ते जिघांसति तमितो नाशयामसि स्वाहा ॥ ६ ॥ ॐ अग्ने ! प्रायश्चित्ते त्वं देवानां प्रायश्चित्तिरसि ब्राह्मणस्त्वा नाथकाम उपधावामि यास्या अपुत्र्यास्तनूस्तामस्या अपजहि स्वाहा ॥७॥ ॐ वायो ! प्रायश्चित्ते त्वं देवानां प्रायश्चित्तिरसि ब्राह्मणस्त्वा नाथकाम उपधावामि यास्या अपुत्र्यास्तनूस्तामस्या अपजहि स्वाहा ॥८॥ ॐ चन्द्र ! प्रायश्चित्ते त्वं देवानां प्रायश्चित्तिरसि ब्राह्मणस्त्वा नाथकाम उपधावामि यास्या अपुत्र्यास्तनूस्तामस्या अपजहि स्वाहा ॥ ९ ॥ ॐ सूर्य ! प्रायश्चित्ते त्वं देवानां प्रायश्चित्तिरसि ब्राह्मणस्त्वा नाथकाम उपधावामि यास्या अपुत्र्यास्तनूस्तामस्या अपजहि स्वाहा ॥ १० ॥ ॥ ॐ अग्निवायुचन्द्रसूर्याः ! प्रायश्चित्तयो यूयं देवानां प्रायश्चित्तयः स्थ ब्राह्मणो वो नाथकाम उपधावामि यास्या अपुत्र्यास्तनूस्तामस्या अपहत स्वाहा ॥११॥ ॐ मा नो महान्तमुतमानो अर्भकं मा न उक्षन्तमुतमा न उक्षितम् । मा नो वधीः पितरम्मोतमातरं मा नः प्रियास्तन्वो रुद्र ! रीरिषः स्वाहा ॥१२॥ आब्रह्मन् ब्राह्मणो ब्रह्मवर्चसी जायतामाराष्ट्रे राजन्यः शूर इषव्योऽतिव्याधी महारथो जायतां दोग्ध्री धेनुर्वोढाऽनड्वानाशुः सप्तिः पुरन्धिर्योषा जिष्णू रथेष्ठाः सभेयो युवास्य यजमानस्य वीरो जायतां निकामे निकामे नः पर्जन्यो वर्षतु फलवत्यो न ओषधयः पच्यन्तां योगक्षेमो न कल्पतां स्वाहा ॥१॥ ॐ अहा मुचे प्रभरे मनीषामसुत्राव्णे सुमतिमावृणानः । इदमिन्द्रं प्रतिहव्यं गृभाय सत्याः सन्तु यजमानस्य कामाः स्वाहा ॥ २ ॥ ॐ पुनस्त्वादित्या रुद्रा वसवः समिन्धता, पुनर्ब्रह्माणो वसुनीथ ! यज्ञः घृतेन त्वं तन्वं वर्धयस्व सत्याः सन्तु यजमानस्य कामाः स्वाहा ॥३॥ ततो भूराद्या नवाहुतयः (इमे नव मन्त्राः पूजाहोमप्रकरणे द्रष्टव्याः) ।

एवं प्रायश्चित्तहोमान्तं कृत्वोक्तक्रमेण विधिवत्सर्वं समाप्य विप्रेभ्यो गां सुवर्णादिदक्षिणाञ्च दत्त्वा अत्यम्ल[1]तिक्तादिकं विहाय केशरादिसंयुक्तं पायसादिवृष्यान्नं भक्षयेत् स्त्री तु लघ्वाहारं तैलपक्ववटकादीन्सह खादयेत्, तस्यामेव निशायां दम्पती दर्भास्तरणे प्राक्शिरसौ शयीयातां

(१) अत्यम्लतिक्तलवणानि कटूनि वाऽत्ति यः क्षारशाकबहुलानि च भोजनानि । दृक्शुक्रवीर्यरहितः स करोत्यनेकान् व्याजान् जरन्निव युवाप्यबलामवाप्य, (बृ० सं०) ॥

(२) माषसूपसहितेन सर्पिषा षष्ठिकौदनमदन्ति ये नराः । क्षीरमप्यनुपिबन्ति तासु ते शर्वरीषु मदनेन शेरते (बृ० सं०) ॥ सहक्षालितशालिमक्तं भुक्त्वा सुतं लभते ।

पश्चाद् गर्भाधानं[1] कुर्यात्, तत्र मन्त्रः—ॐ विष्णुर्योनिं कल्पयतु त्वष्टा रूपाणि पिंशतु ।। आसिञ्चतु प्रजापतिर्धाता गर्भं दधातु ते । इति पुत्रकामेष्टिविधिः ।

अथ पञ्चदशीकाम्यप्रयोगः[2] ।

अस्य श्रीपंचदशीमन्त्रस्य दक्षिणामूर्तिऋषिः पंक्तिश्छन्दः त्रिपुरा-देवता मम इह जन्मनि अमुककामनासिद्धये एतावत्संख्याकयन्त्रपूजनपूर्वकजपे विनियोगः ।। दक्षिणा मू० ऋ० शि० । पंक्ति० छ० मु० । त्रिपुरा० हृ० । ॐ बालार्कद्युतितेजसां त्रिनयनां रक्ताम्बरोल्लासिनीं नानाभूषणभूषितां सुविमलां रत्नासने संस्थिताम् । हस्तैः पाशधनुः शृणि सुरुचिरं पद्मं मुदा बिभ्रतीं श्रीचक्रस्थितसुन्दरीं त्रिजगतामाधारभूतां भजे ।।१।। इति ध्यात्वा यथामिलितोपचारैः प्राणप्रतिष्ठापूर्वकं यन्त्रस्य पूजनं विधाय यथासंख्याकमन्त्रैर्यन्त्रपूर्णं कुर्य्यात् ।। मन्त्राः—ओं एकपरमात्माने नमः, द्वाभ्यामश्विनीकुमाराभ्यां० त्रिभ्यो ब्रह्मविष्णुरुद्रेभ्यो० चतुर्भ्यो वेदेभ्यो० पञ्चभ्यः पृथिव्यादिभूतेभ्यो० षड्भ्यः ऋतुभ्यो० सप्तभ्यो मुनिभ्यो० अष्टभ्यो वसुभ्यो० नवभ्यो निधिभ्यो० एवं सम्पूज्य पुनः सम्पूज्य बलिं दद्यात्, बलिं संस्थाप्य संप्रोक्ष्य मन्त्रः ओं श्रीं ऐं ह्रीं पञ्चदश्यै स्वाहा ।। इति ।। आरम्भादिसमाप्तिपर्यन्तं यन्त्रसंख्यां च कुर्यात् ।। दक्षिणां ब्राह्मणभोजनं च दत्त्वा विसर्जनं कुर्यात् । एवं कृते यन्त्रः सिद्धो भवति । सिद्धे मन्त्रे प्रकुर्वीत प्रयोगानिष्टसिद्धये ।। इति पञ्चदशीयन्त्रपूर्णप्रयोगः समाप्तः ।।

अथ पंचदशीप्रयोगविधिः—अथातः सम्प्रवक्ष्यामि सुन्दरीयन्त्रमुत्तमम् । यस्य विज्ञानमात्रेण त्रैलोक्यविजयी भवेत् ।। १ ।। तद्यन्त्रं सम्प्रवक्ष्यामि शृणु यत्नेन साम्प्रतम् । नवधा कृतभूभागे नव कोष्ठानि चालयेत् ।। २ ।। तत्र सूत्रक्रमेणैव स्थाप्या अंका महेश्वरि । नव यंत्राणि देवेशि प्रस्तारक्रमयोगतः ।।३।। तत्राश्वगतियोगेन हयमारुह्य पार्वती । तानि मार्ग-क्रमेणैव नव यन्त्राणि कारयेत् ।। ४ ।। एकादिरन्ध्रपर्य्यन्तं तत्रांकांस्तु प्रवेशयेत् । एतस्य फलबाहुल्यं शृणु यत्नेन साम्प्रतम् ।। ५ ।। दशवारं तु सततं लोकसंमोहनं भवेत् ।। वारविंशतिकं कृत्वा सर्वाकर्षणकृद्भवेत् ।। ६ ।। त्रिंशद्वारं नरः कृत्वा पृथिव्यां जयमाप्नुयात् । चत्वारिंशत्समारभ्य शतान्तं परमेश्वरि ।।७।। यः करोति महेशानि पुरश्चर्यायुतो नरः ।

---

(१) सिन्धुस्नानं द्रुमच्छेदं वपनं प्रेतवाहनम् ।
विदेशगमनं नैव न कुर्याद्गर्भिणीपतिः (ध० शा०) ।।

(२) इति तु विदाङ्कुर्वन्तु पाठकमहानुभावाः सर्वाणि यन्त्रमन्त्राणि सुयोग्यगुरुधारणं विना न सिद्ध्यन्तीति सम्प्रदायाचारः । अतश्चन्द्रतारावलसम्पन्ने ह्नि गुरुं वृत्वा मन्त्राणि साधयेदिति । मन्त्रदीक्षाविहीनस्य न सिद्धिर्न च सद्गतिः । तस्मात्सर्वप्रयत्नेन गुरुणा दीक्षितो भवेत् (तं० शा०) ।।

अयुतन्तु पुरश्चर्यं यंत्र मात्रं समाचरेत् ॥ ८ ॥ पुरश्चर्यां समाप्यैवं प्रयोगांश्च प्रकारयेत् । पुरश्चरणहीनस्य नेदमुक्तं महेश्वरि ॥ ९ ॥ जीवहीनो यथा देही सर्वकर्मसु न क्षमः । पुरश्चरणहीनन्तु तथा यन्त्रं प्रकीर्तितम् ॥ १० ॥ अलक्तकेन विलिखेन्मोहनार्थं महेश्वरि । गोरोचनेन विलिखेद्वशीकरणसिद्धये ॥ ११ ॥ कस्तूर्य्या विलिखेद्देवि सर्वाकर्षणसिद्धये । हरिद्रया तु विलिखेत्सर्वेषां स्तंभकर्मणि ॥ १२ ॥ केशरेण लिखेद्देवि देवतादर्शनाय वै । धुस्तूरस्य रसेनैव मारणार्थं लिखेत्सुधीः ॥ १३ ॥ शवाङ्गारेण विलिखेच्छत्रूच्चाटनकर्मणि । विद्वेषणे तु विलिखेद्विभीतकरसेन वै ॥ १४ ॥ चन्दनेन लिखेच्छान्तौ विशेषः कथ्यते शृणु । ब्राह्मणो विलिखेन् भूर्जे ताडपत्रे तु भूभुजः ॥ १५ ॥ वैश्यस्तु विलिखेद्देवि कार्पासे सर्वसिद्धये । शूद्रो हि विलिखेद्देवि भूमिभागे प्रयत्नतः ॥ १६ ॥ यवनस्याविकं प्रोक्तं कालिके सर्वकर्मसु । एवमेव लिखेन् मस्या ह्यनेषां पूर्वं ईरितम् ॥ १७ ॥ दूर्वया विलिखेच्छांतो वैश्ये जातभवामतः । स्वर्णेन विलिखेद्देवि मोहनार्थं स्वसिद्धये ॥ १८ ॥ रौप्येण विलिखेद्यत्नात् सर्वाकर्षणसिद्धये । काकपक्षोत्थलेखिन्या मारणार्थं लिखेच्छिवे ॥ १९ ॥ स्तम्भनार्थं तु विलिखेल्लेखिन्या सारसोत्थया । उच्चाटने द्वेषणे तु लोहेन संलिखेत्सुधीः ॥ २० ॥ लेखिन्या लक्षणं देवि प्रोक्तमष्टांगुलं ततः । पञ्चतत्त्वक्रमेणैव पञ्चकार्यप्रसिद्धये ॥ २१ ॥ अष्टांगादि दशांगादि तथा पञ्चदशप्रिये । अंकयंत्रेण कथितं किन्तु बीजे प्रकीर्तितम् ॥ २२ ॥ रक्तांबरो रक्तमाल्यो रक्तवस्त्रानुभूषितः । रक्तासने विशेद्देवि यवभुग् वा हविष्यभुक् ॥ २३ ॥ स्त्रियं न गच्छेत् नियतो ब्रह्मचारी भवेत्तदा । ब्रह्मचर्यरतो यस्तु तस्य सिद्धिर्न संशयः ॥ २४ ॥ तदांकयन्त्रं कुर्वीत फलभागी तदा भवेत् । अंकत्रयं विहायाशु यः कश्चित्सिद्धिमिच्छति ॥ २५ ॥ स चक्षुषा विना रूपं दर्पणे द्रष्टुमिच्छति । अयुतं विलिखेद्देवि वन्दीमोचनकर्म्मणि ॥ २६ ॥ अयुतं द्वितीयं कृत्वा गतराज्यमवाप्नुयात् । अयुतं त्रितयं कृत्वा भूविजयी विजायते ॥ २७ ॥ शापानुग्रहसामर्थ्यं भवेद्वेदायुते शिवे । वाणायुतप्रयोगेण वाक्सिद्धिश्च भवेद्ध्रुवम् ॥ २८ ॥ रसायुतं लिखित्वा वै जलमध्ये विनिक्षिपेत् । जलक्षेपेण मार्गेण पृथ्वीशं तु वशं नयेत् ॥ २९ ॥ सप्तायुतं लिखेद्धीमान् साक्षाल्लक्ष्मीपतिर्भवेत् । अष्टायुतं लिखेद्यो वै इष्टसिद्धिमवाप्नुयात् ॥ ३० ॥ नंदायुतं लिखित्वा तु नवनाथसमो भवेत् । लक्षमात्रं लिखेद्यो हि शिवतुल्यो भवेत्क्षणात् ॥ ३१ ॥ प्रत्यहं विलिखेद्देवि शतं वा तु तदर्धकम् । त्रिशतं वा लिखेद्देवि सहस्रं वा तदर्धकम् ॥ ३२ ॥ एवं क्रमेण कथितः पुरश्चर्य्याविधिस्तव । एवं यः कुरुते मर्त्यस्तस्य सिद्धिर्भविष्यति ॥ ३३ ॥

इति श्रीशिवतांडवे प्रत्यक्षसिद्धिप्रदपञ्चदशीयन्त्रविधिः समाप्तः ।

अथ पूजाविधिः—ॐ ऐं ऐं लं क्षं रं स्वाहा आचमनं सर्वशुद्धितया कर्तव्यं। ओं ह्रां वां अंगुष्ठाभ्यां नमः। ओं ह्रीं वीं तर्जनीभ्यां नमः। ओं ह्रूं वूं मध्यमाभ्यां नमः। ओं ह्रैं वैं अनामिकाभ्यां नमः ओं ह्रौं वौं कनिष्ठकाभ्यां नमः। ओं ह्रः वः करतलकरपृष्ठाभ्यां नमः। इति करन्यासः॥ ओं ह्रां वां हृदयाय नमः। ओं ह्रीं वीं शिरसे स्वाहा। ओं ह्रूं वूं शिखायै वषट्। ॐ ह्रैं वैं कवचाय हुँ। ॐ ह्रौं वौं नेत्रत्रयाय वौषट्। ॐ ह्रः वः अस्त्राय फट्॥ इति हृदयादिन्यासः॥ अथ मंत्र ॐ ऐं ह्रीं श्रीं क्लीं महात्रिपुरसुन्दरी स्वाहा॥ पूर्वं पञ्चदशीविद्यामन्त्रस्य सपादलक्षजपं कुर्य्यात्। एवं कृते मन्त्रः सिद्धो भवति। सिद्धे मन्त्रे प्रकुर्वीत प्रयोगानिष्टसिद्धये। प्रथमं मन्त्रस्य पुरश्चरणं कुर्यात् पश्चाद् यन्त्रं साधयेत्॥

अथातः संप्रवक्ष्यामि प्रयोगं महदद्भुतम्। रवौ वारेऽर्कदुग्धेन श्मशानभस्मना लिखेत्॥ १॥ साध्यवर्णस्य नामानि चितामध्ये विनिक्षिपेत्। विक्षिप्तो जायते मर्त्यः, अष्टोत्तरशतं जपेत्। पञ्चदशी विलोमं तु सन्ध्याकाले विशेषतः॥ २॥ चन्द्रवारे गृहीत्वा तु श्वेतदूर्वां च केशरम्। श्वेतगुञ्जासमायुक्तं कपिलापयमध्यतः॥ ३॥ भौमवारे गृहीत्वा तु काकरक्तं सपक्षकम्। नामाक्षरं लिखेद्यन्त्रे मौनभावयुतो नरः॥ ४॥ तस्य द्वारे निखनेद् भूमावुल्लंघ्योच्चाटनं भवेत्। कुटुम्बानां च सर्वेषां यदि शक्रसमो रिपुः॥ ५॥ बुधवारे गृहीत्वा तु नागकेशररोचनम्। सर्षपातैलयुक्तेन लिखेद्यन्त्रं तदुत्तमम्॥ ६॥ कृत्वा तु वर्तिकां तस्य चालयेन्मन्त्रभाविताम्। नृकपाले कज्जलं तु तज्जपेन्मोहनं जगत्॥ ७॥ गुरुवारे हरिद्रे द्वे रोचनागुरुसघृतम्। यन्त्रराजं समालिख्य तस्य मध्ये तु नामकम्॥ ८॥ आसनान्ते खनित्वा तु यन्त्रं स्थाप्यं शुभानने। कर्षणं जायते देवि नान्या श्रेष्ठा क्रिया स्मृता॥ ९॥

प्रयोगान्तरम्—अथातः सम्प्रवक्ष्यामि प्रयोगं महदद्भुतम्। भृगुवारे सकर्पूरं वचकुष्टमधुसमम्॥ १०॥ लिखित्वा यन्त्रराजं तु भूर्जपत्रे सुशोभनम्। दृष्ट्वा स्त्रीवशमायाति प्राणैरपि धनैरपि॥ ११॥ शनिवारे चिताकाष्ठे पंचदश्या विलोमकम्। लिखित्वा यस्य नामानि श्मशाने निखनेद् बुधः॥ कुक्कुणस्य तु रक्तेन म्रियते नात्र संशयः॥ १२॥ अथातः संप्रवक्ष्यामि यन्त्रराजविधिस्तथा। यस्मै कस्मै न दातव्यं गोपनीयं च यत्नतः॥ १३॥ वटवृक्षतले यन्त्रं भूमिमध्ये ततो लिखेत्। कृष्णपक्षत्रयोदश्यां लेखिनी वटवृक्षजाम्॥ १४॥ नीत्वारम्भं विधातव्यमेकचित्तेन मानवैः। अयुतं प्रजपेद्देवि धर्मकामार्थमोक्षदम्॥ १५॥ दाडिमीवृक्षलेखिन्या भूमौ यन्त्रसहस्रकम्। लिखित्वा जायते मोक्षो वन्दिनस्तु वरानने॥ १६॥ ब्रह्मवृक्षस्य लेखिन्या यन्त्रं पंचशतं लिखेत्॥ भूमिमध्ये दरि-

द्रस्य नाशनं भवति ध्रुवम् ॥ १७ ॥ गोमूत्रं च शिलां चैव कर्पूरागरुमिश्रितम् ।
एकीकृत्याश्वत्थमूले लिखेद्यन्त्रं तु भूर्जके ॥ १८ ॥ चिन्तितं चाचिरेणैव जायते
देवि निश्चितम् । प्रतापाल्लभते भोगानिन्द्रतुल्यपराक्रमान् ॥ १९ ॥ बिल्वपत्ररसं
ग्राह्यं हरितालमनःशिले । बिल्वशाखजलेखिन्या सहस्रद्वितयं लिखेत् ॥ २० ॥
एकान्ते च शुभस्थाने भूमिमध्ये तथैव च । विलिख्यात्र शुभं यन्त्रं वाचां
सिद्धिः प्रजायते ॥ २१ ॥ अर्कपत्ररसेनैव अर्कपत्रे समालिखेत् । अष्टोत्तरशतं चैव
रिपुवंशविनाशकृत् ॥२२॥ किंकरीवृक्षबन्धाद्वै ज्वरादिशूलकं तनौ । जायते नात्र
संदेहो यदि शक्रसमो रिपुः ॥ २३ ॥ पाषाणस्तम्भनं देवि शत्रुद्वारे च भूमिके
हरिद्रालिखितं यन्त्रं स्थाप्यं तत्र सुशोभनम् ॥ २४ ॥ एवं कृते तु देवेशि पितृपुत्रा-
दिकैः सह । शत्रोः प्रजायते द्वेषो सत्यं सत्यं ब्रवीमि ते ॥ २५ ॥ अपामार्गरसेनैव
लिखितं भोजपत्रके । ऐकाहिकं तृतीयं च चतुर्थज्वरनाशनम् ॥२६॥ भृङ्गराजर-
सेनैव यन्त्रं लेख्यं तु भूर्जके । धारयेद्वापि हृदये विवादविजयो भवेत् ॥ २७ ॥
अथातः सम्प्रवक्ष्यामि यन्त्रराजस्य सिद्धिदम् । लक्षयन्त्रं समालिख्य सिद्ध-
पीठे शुभे दिने ॥ २८ ॥ भूमिमध्ये शुद्धचित्तो भूमिशायी जितेन्द्रियः । हवना-
दिकं तु कुर्याच्च सर्पिषा घृततण्डुलैः । शर्करामिश्रितैश्चैव यन्त्रसिद्धिः प्रजायते
॥ २९ ॥ यानि यानि च कर्माणि एकयन्त्रैः समालिखेत् । क्षणमात्रेण सिद्धिः
स्यात् सत्यं सत्यं पुनः पुनः ॥ देवरूपो भवेद्देवि नरः शीघ्रक्रियाकरः ॥ ३० ॥
भूर्जपत्रे लिखेद्यन्त्रं रोचनागुरुकुङ्कुमैः । कृत्वा च धूपदीपादि जलमध्ये विनिक्षि-
पेत् ॥ ३१ ॥ रात्र्यन्ते स्वप्नमध्ये तु वरं देवि ददाम्यहम् । जीवन्मुक्तः सुभार्गा
च सर्वान् कामानवाप्नुयात् ॥ ३२ ॥ देवदनं महावीरं पञ्चदश्यास्तु यन्त्रकम् ।
वश्यं करोतु मे देवि जलमध्ये प्रवाहितम् ॥ ३३ ॥ दुग्धमाषतिलांश्चैव शर्करा-
घृतवीरकान्[१] । एकीकृत्य बलिं दद्यात् कृष्णपक्षाष्टमीतिथौ ॥ ३४ ॥ वश्यो भवति

पूजायन्त्रम्

सुन्दरी ८	ॐ १	महा ६
ह्रीं ३	क्लीं ५	त्रिपुर ७
श्रीं ४	स्वाहा ९	ऐं २

प्रयोगयन्त्रम्

८	१	६
३	५	७
४	९	२

देवदर्शनयन्त्रम्

८	१	६
३	५	७
४	९	२

(१) करवीरवृक्षस्य पुष्पाणि ।

द्रव्यप्राप्तियन्त्रम्			वशीकरणयन्त्रम्			मारणोच्चाटनयन्त्रम्		
२	९	४	६	७	२	२	७	६
७	५	३	१	५	९	९	५	१
६	१	८	८	३	४	४	३	८

चोरोऽयं प्राणैरपि धनैरपि । सर्वकर्माणि सिद्धिं च यान्ति नात्र विचारणा ॥ ३५ ॥

अथ दीक्षादानविधिः (मन्त्र[1]ग्रहणप्रकारः)

आदौ स्वस्तिवाचनं, ततः शिष्यः संकल्पं कुर्यात् तत्र संकल्पः—ॐ अद्येत्यादि जन्मजन्मान्तरार्जितपापक्षयपूर्वकसकलाभीष्टाभ्युदयकामोऽमुकदेवतामन्त्रग्रहणमहं करिष्ये । ततो विधिवत् कलशस्थापनं विधाय श्रीगुरुवरणं कुर्यात् । ॐ अद्येत्यादि अमुकगोत्रममुकशर्माणं वाऽमुकगोत्राममुकदेवीं (मातरं) एभिः पुष्पचन्दनाक्षतताम्बूलवासोयुगालङ्कारैर्गुरुत्वेनाहं वृणे वृतोऽस्मीति प्रतिवचनम् । यथाविहितं कर्म कुरु । करवाणि इति प्रतिवचनम् । ततो गुरुः शिष्यशिरसि मातृकान्यासं मूलमन्त्रं च जपन् जलेनाभिषिंचेत् । ततो दातव्यमन्त्रमष्टोत्तरशतं प्रजप्य शिष्यकर्णे दद्यात् । स्त्रिया वामकर्णे । पुरुषस्य दक्षिणकर्णे । शिष्यः फलद्रव्यादिभिर्गुरुपादयोः पतन् गुरुमन्त्रदेवतैक्यं संभावयन् प्रणमेत् । ततः शिष्यं गुरुरुत्थाप्याशीर्दद्यात् । ततः शिष्योऽष्टोत्तरशतमष्टोत्तरसहस्रं वा तन्मन्त्रजपं विधाय गुरुदक्षिणां दद्यात् । तत्र संकल्पः—ॐ अद्य कृतैतदमुकमन्त्रग्रहणप्रतिष्ठार्थमिदं गोभूमिस्वर्णरत्नादिइयत्संख्याकपरिमितं द्रव्यं यथानामगोत्राय वा यथानामगोत्रायै (मात्रे) वा गुरवे दक्षिणां तुभ्यमहं सम्प्रददे ॥ ततोऽष्टोत्तरसहस्रं वाऽष्टोत्तरशतं तन्मन्त्रयुक्ततद्देवतानाम्ना स्वाहान्तेन यथा ॐक्लीं कृष्णाय गोविन्दाय गोपीजनवल्लभाय स्वाहा इति मन्त्रेण हवनं कुर्यात् । इति दीक्षाविधिः ।

अथ हृतनष्टद्रव्यलाभार्थं कार्तवीर्यमन्त्रजपादिविधिः

आचम्य प्राणानायम्य देशकालौ स्मृत्वा मम श्रीकार्तवीर्यार्जुनदेवताप्रीतिद्वारा क्षिप्रममुकशर्मणो बुद्धिहरणपूर्वकस्वधनप्राप्तये मनोभिलषितकार्यसिद्ध्यर्थं वा कार्तवीर्यसिद्ध्यर्थं दीपदानपूर्वकं ॐ ह्रीं कार्तवीर्य इति श्लोकरूपमन्त्रस्य पंचशतसंख्याकजपं तदन्ते "कार्तवीर्यः खलद्वेषी" इति द्वादशसंख्याकान् पाठानद्यारभ्य यथाकालपर्यन्तं ब्राह्मणद्वारा कारयिष्ये । इति सङ्कल्प्य गणेशपूजनं कुर्यात् । कार्तवीर्यार्जुनो नामेतिश्लोकरूपमन्त्रजपार्थं कार्तवीर्यार्जुनस्तोत्रपाठार्थं चैभिः पुष्पाक्षतपूगीफलद्रव्यैरमुकगोत्रममुकशर्माणं ब्राह्मणं त्वामहं वृणे । वृतोऽस्मि । यथा-

---

१. सत्तीर्थेऽर्कविधुग्रासे तन्तुदामनपर्वणि । मंत्रदीक्षां प्रकुर्वाणो मासर्क्षादीन्न शोधयेत् ॥

विहितं जपं पाठं च कुरु । यथाज्ञानं करवाणि । ब्राह्मणः आचम्य प्राणानायम्य देशकालौ० अमुकगोत्रोऽमुकशर्मा अमुकगोत्रस्यामुकशर्मणो यजमानस्य कृतसंकल्पसिद्धयर्थं कार्तवीर्यार्जुनदीपदानं मन्त्रजपं पाठं च करिष्ये । गोमयोपलिप्तायां भूमौ ताम्रपात्रे वा रक्तचन्दनैः षट्कोणं कृत्वा तन्मध्ये ॐ फ्रौं बीजं लिखित्वा तदुपरि ताम्रमयदीपपात्रं निधाय ततो दीपवर्ति पात्रे संस्थाप्य । अनेन शुद्धिगव्येन पूरयामि जगत्पते । कार्तवीर्य महावीर्य कार्यं सिद्धयतु मे हि तत् ॥ इत्यनेन घृतपूर्णं कृत्वा दीपपात्राद्दक्षिणभागेऽधोग्रां दक्षिणाधारां छुरिकां "ॐ नमः सुदर्शनास्त्राय फट्" इति मन्त्रेण निखनेत् ॥ कार्तवीर्य नृपाधीश योगज्वलितविग्रह ॥ भव सन्निहितो देव ज्वालारूपेण वर्तिषु ॥ इतिमन्त्रेण पश्चिमाभिमुखं दीपं प्रज्वाल्य ततो दीपस्य प्राणप्रतिष्ठां कृत्वा श्रीकार्तवीर्यार्जुनदीपदेवतायै नमः इति चन्दनपुष्पादिभिः सम्पूज्य दीपमन्त्रं संकल्प्य, कार्तवीर्यमहाबाहो भक्तानामभयङ्कर । दीपं गृहाण मद्दत्तं कल्याणं कुरु सर्वदा ॥ अनेन दीपदानेन यजमानाभीष्टं प्रयच्छतु । ततो दीपाग्रे सहस्रं जपः कार्यः ।

अस्य श्रीकार्तवीर्यार्जुनस्तोत्रमन्त्रस्य दत्तात्रेय ऋषिः अनुष्टुप्छन्दः श्रीकार्तवीर्यार्जुनो देवता, फ्रों बीजं ह्रीं शक्तिः क्लीं कीलकं यजमानाभीष्टसिद्धयर्थे जपे विनियोगः । कार्तवीर्यार्जुनाय नमः हृदयाय नमः कार्त० शिरसे स्वाहा । कार्त० शिखायै वषट् ॥ कार्त० कवचाय हुम् । कार्त० नेत्रत्रयाय वौषट् । कार्त० अस्त्राय फट् । इति षडङ्गन्यासः । ध्यानम् – सहस्रबाहुं सशरं सचापं रक्ताम्बरं रक्तकिरीटकुण्डलम् । चौरादिदुष्टनाशनमिष्टदं तं ध्यायेन्महाबलविजृम्भितकार्तवीर्यम् ॥ इति ध्यानम् । ॐ ह्रीं कार्तवीर्यार्जुनो नाम राजाबाहुसहस्रवान् । तस्य स्मरणमात्रेण हृतं नष्टं च लभ्यते । इति जपः कार्यः । जपान्ते पुनर्न्यासं कृत्वा जपं निवेदयेत् । अथ पाठः – कार्तवीर्यः खलद्वेषी कृतवीर्यसुतो बली । सहस्रबाहुः शत्रुघ्नो रक्तवासा धनुर्धरः ॥ १ ॥ रक्तगन्धो रक्तमाल्यो राजास्मर्तुरभीष्टदः । द्वादशैतानि नामानि कार्तवीर्यस्य यः पठेत् ॥ २ ॥ सम्पदस्तस्य जायन्ते जनाः सर्वे वशं गताः । राजानो दासतां यान्ति रिपवो वश्यतां तथा ॥ ३ ॥ आनयत्याशु दूरस्थं क्षेमलाभयुतं प्रियं । सर्वसिद्धिकरं स्तोत्रं जप्तॄणां सर्वकामदम् ॥ ४ ॥ कार्तवीर्य महावीर्य सर्वशत्रुविनाशन । सर्वत्र सर्वदा तिष्ठ दुष्टान्नाशय पाहि माम् ॥ ५ ॥ उत्तिष्ठ दुष्टदमन सप्तद्वीपकपालक । त्वामेव शरणं प्राप्तं सर्वतो रक्ष रक्ष माम् ॥ ६ ॥ दुष्टघ्न किं त्वं स्वपिषि किं तिष्ठसि चिरायसि । पाहि नः सर्वदा सर्वभयेभ्यः स्वसुतानिव ॥ ७ ॥ मतिभङ्गः स्वरो हीनः शत्रूणां मुखभञ्जनम् । रिपूणां च सभामध्ये सर्वत्र विजयं कुरु ॥ ८ ॥ यस्य स्मरणमात्रेण सर्वदुःखक्षयो भवेत् । तं नमामि महावीरमर्जुनं कृतवीर्यजम् ॥ ९ ॥ हैहयाधिपतेः स्तोत्रं सहस्रावृत्तिकं कृतम् । वाञ्छितार्थप्रदं नृणां शूद्रा-

द्यैनं श्रुतं यदि ॥ १० ॥ '-प्रणम्य क्षमस्व" इति विसर्जयेत् प्रतिदिनमेवं जपो यावद्दीपसमाप्तिः कार्यः । शुभदिने समाप्य ब्राह्मणं सम्पूज्य दक्षिणां दत्त्वा भोजयित्वा कर्मेश्वरार्पणं कुर्यात् ॥

अथ श्रीवैपरीतप्रत्यङ्गिरा

श्रीप्रत्यङ्गिरायै नमः । ॐ अस्य श्रीविपरीतप्रत्यङ्गिरामन्त्रस्य भैरव ऋषिः अनुष्टुप्छन्दः श्रीविपरीतप्रत्यङ्गिरादेवता ममाभीष्टसिद्धयर्थे जपे पाठे विनियोगः अथ करन्यासः—ॐ ऐं अङ्गुष्ठाभ्यां नमः । ॐ ह्रीं तर्जनीभ्यां नमः । ॐ श्री मध्यमाभ्यां नमः । ॐ प्रत्यङ्गिरे अनामिकाभ्यां नमः । ॐ मां रक्ष कनिष्ठिकाभ्यां नमः । ॐ मम शत्रून्भञ्जय करतलकरपृष्ठाभ्यां नमः एवं हृदयादिन्यासः । ॐ भूर्भुवः स्वः इति दिग्बन्धः मूलमन्त्रः—ॐ ऐं ह्रीं श्रींप्रत्यङ्गिरे मां रक्ष रक्ष मम शत्रून्भञ्जय भञ्जय फे हुँ फट् स्वाहा । अष्टोत्तरशतञ्चास्य जपं चैव प्रकीर्तितम् । ऋषिस्तु भैरवो नाम छन्दोऽनुष्टुप् प्रकीर्तितम् ॥ देवता देशिका रक्ता वाम प्रत्यङ्गिरेति च ॥ पूर्वबीजैः षडङ्गानि कल्पयेत्साधकोत्तमः सर्वदृष्टोपचारैश्च ध्यायेत्प्रत्यङ्गिरां शुभां ॥ टंकं कपालं डमरुं त्रिशूलं सम्बिभ्रती चन्द्रकलावतंसा । पिंगोर्ध्वकेशाऽसितभीमदंष्ट्रा भूयाद्विभूत्यै मम भद्रकाली ॥ एवं ध्यात्वा जपेन्मंत्रमेकविंशतिवासरान् । शत्रूणां नाशनं ह्येतत्प्रकाशोऽयं सुनिश्चयः ॥ अष्टम्यामर्धरात्रे तु शरत्काले महानिशि । आराधिता चेच्छ्रीकाली तत्क्षणात् सिद्धिदा नृणाम् ॥ सर्वोपचारसम्पन्ना वस्त्ररत्नकलादिभिः । पुष्पैश्च कृष्णवर्णैश्च साधयेत्कालिकां वराम् ॥ वर्षादूर्ध्वमजम्मेषम्मृदं वाथ यथाविधि । दद्यात् पूर्वं महेशानि ततश्च जपमाचरेत् ॥ एकाहात् सिद्धिदा काली सत्यं सत्यं न संशयः । मूलमन्त्रेण रात्रौ च होमं कुर्यात् समाहितः ॥ मरीचलाजालवणैस्सार्षपैर्मरणं भवेत् । महाजनपदे चैव न भयं विद्यते क्वचित् ॥ प्रेतपिण्डं समादाय गोलकं कारयेत्ततः । मध्ये वामाङ्कितं कृत्वा शत्रुरूपांश्च पुत्तलीन् ॥ जीवं तत्र विधायैव चिताग्नौ जुहुयात्ततः । तत्रायुतं जपं कुर्यान् त्रिराद्यं मारणं रिपोः ॥ महाज्वाला भवेत्तस्य तद्दत्ताग्रशलाकया । गुरुद्वारे प्रदद्याच्च सप्ताहान्मारणं रिपोः ॥ प्रत्यङ्गिरा मया प्रोक्ता पठिता पाठिता नरैः । लिखित्वा च करे कण्ठे बाहौ शिरसि धारयेन् ॥ मुच्यते सर्वपापेभ्यो नाल्पमृत्युः कथंचन । ग्रहाः ऋक्षास्तथा सिंहा भूता यक्षाश्च राक्षसाः ॥ तस्य पीडां न कुर्वन्ति दिवि भुव्यन्तरिक्षगाः । चतुष्पदेषु दुर्गेषु वनेषूपवनेषु च ॥ श्मशाने दुर्गमे घोरे संग्रामे शत्रुसंकटे । ॐ ॐ ॐ ॐ ॐ कुं कुं कुं मां सां खां पां लां क्षां ॐ ह्रीं ह्रीं ॐ ॐ ह्रीं बां धां मां सां रक्षां कुरु । ॐ ह्रीं ह्रीं ॐ सः हुँ ॐ ॐ क्षौं वां लां धां मां सां रक्षां कुरु । ॐ ॐ हुँ प्लुं रक्षां कुरु । ॐ नमो विपरीतप्रत्यङ्गिरायै विद्याराज्ञि त्रैलोक्यवशंकरि तुष्टिपुष्टिकरि सर्वपीड़ापहारिणि सर्वापन्नाशिनि सर्वमङ्गलमाङ्गल्ये शिवे सर्वार्थसाधिनि मोदिनि सर्व-

शस्त्राणां भेदिनि क्षोभिणि तथा । परमन्त्रतन्त्रयन्त्रविषचूर्णसर्वप्रयोगादीनन्येषां निवर्तयित्वा यत्कृतं तन्मेऽस्तु कलिपातिनि सर्वहिंसा मा कारयति अनुमोदयति मनसा वाचा कर्मणा ये देवासुरराक्षसास्तिर्यग्योनिसर्वहिंसका विरूपकं कुर्वन्ति मम मन्त्रतन्त्रयन्त्रविषचूर्ण-सर्वप्रयोगादीनात्महस्तेन यः करोति करिष्यति कारयिष्यति तान् सर्वानन्येषां निवर्तयित्वा पातय कारय मस्तके स्वाहा।

इति श्रीविपरीतप्रत्यङ्गिरा समाप्तम् । शुभम्भूयात् ।

अथान्ये कतिचित्काम्यप्रयोगाः

रोगनाशार्थे—रोगानशेषानपहंसि तुष्टा रुष्टा तु कामान् सकलानभीष्टान् । त्वामाश्रितानां न विपन्नराणां त्वामाश्रिता ह्याश्रयतां प्रयान्ति ॥ १ ।-अस्य जपे सकलरोगनाशः ।

सर्वबाधानाशार्थे तथा शत्रुनाशार्थे—सर्वा बाधाप्रशमनं त्रैलोक्यस्याखिलेश्वरि। एवमेव त्वया कार्यमस्मद्वैरिविनाशनम् ॥ २ ॥--अस्य लक्षजपे श्लोकोक्तफलम् ।

महामारीनाशार्थे—इत्थं यदा यदा बाधा दानवोत्था भविष्यति । तदा तदाऽवतीर्याहं करिष्याम्यरिसंक्षयम् ॥ ३ ॥—अस्य जपे महामारीशान्तिः[1] ।

बालग्रहशान्त्यर्थे—हिनस्ति दैत्यतेजांसि स्वनेनापूर्य या जगत् । सा घंटा पातु नो देवी पापेभ्यो नः सुतानिव ॥ ४ ॥ अनेन सदीपदधिमापान्नबलिदाने च घण्टाबन्धने बालग्रहशान्तिः । अथवा हरिवंशबालरक्षा—"नन्दोऽङ्कमेनमारोप्य भूरेणु परिगृह्य च। शिरःप्रदक्षिणं कुर्वन्मन्त्रमेनं जजाप ह ॥ १ ॥ विष्णुस्ते पूर्वतो पातु रुद्रो रक्षतु दक्षिणे । ब्रह्मा च पश्चिमे पायाच्चन्द्रो रक्षत्वथोत्तरम् ॥ २ ॥ उपरिष्टात्तथा सूर्यः पायाच्चाधश्च वासुकिः । पायादूर्ध्वमधोवत्स शिष्टाः काष्ठाः समीरणः ॥ ३ ॥ स्वस्ति करोति भगवान् पिनाकी वृषभध्वजः । गावो रक्षन्तु सर्वत्र भूमौ पातु सदाशिवः ॥ ४ ॥ एवमुच्चार्य नन्दस्तु कृष्णं पस्पर्श सर्वतः । एष मन्त्रो हि बालानां रक्षायै परिकीर्तितः ॥ ५ ॥

(१) गुरुतं - स्थानत्यागाज्जपाद्धोमाद् महामारीप्रशाम्यति । इति । जपात् महामृत्युञ्जय-शतचण्डि-रुद्रविधानादिभिर्होमात् मृत्युञ्जय दुर्गाभैरवादिमन्त्रैः पायसति-लाज्यमधुत्रयहोमादित्यर्थः ।

महाभयनिवारणार्थे—सर्वस्वरूपे सर्वेशे सर्वशक्तिसमन्विते। भयेभ्यस्त्राहि नो देवि दुर्गे देवि नमोऽस्तु ते ॥ १ ॥ अस्य लक्षचतुष्टयजपे महाभयनिवृत्तिः। अथवा शतचण्डिविधानाद् महाभयनिवृत्तिः—नृपोपद्रव आपन्ने दुर्भिक्षे भूमिकम्पने। अतिवृष्ट्यामनावृष्टौ परचक्रभये क्षये। सर्वे विघ्ना विनश्यन्ति शतचण्डीविधौ कृते (म० म०)।

दुर्जनमोहने—सा त्वमित्थं प्रभावैः स्वैरुदारैर्देवि संस्तुता। मोहयैतौ दुराधर्षावसुरौ मधुकैटभौ।

शत्रुमोहने—सैषा प्रसन्ना वरदा नृणां भवति मुक्तये। सा विद्या परमा मुक्तेर्हेतुभूता सनातनी।

वश्यार्थे—ज्ञानिनामपि चेतांसि देवी भगवती हि सा। बलादाकृष्य मोहाय महामाया प्रयच्छति ॥ १ ॥—अस्य सपादलक्षजपेन सद्यो मोहनम्।

वाक्सिद्ध्यर्थे—मेधासि देवि विदिताखिलशास्त्रसारा दुर्गासि दुर्गभवेत्यादि जपात् वाक्सिद्धिर्भविष्यति।

परप्रयोगशमने—ततो निशुम्भः सम्प्राप्य चेतनामात्तकार्मुकः। आजघान शरैर्देवीं कालीं केशरिणं तथा ॥ इति मन्त्रं प्रतिश्लोकाद्यन्तं पठेत्।

सर्वसम्पत्प्राप्त्यर्थे—इत्थं निशम्य देवानां वचांसि मधुसूदनः। चकार कोपं शम्भुश्च भृकुटीकुटीलाननौ ॥ ११ ॥ अस्य जपे सर्वसम्पत्प्राप्तिः।

सकलाभीष्टसिद्धये—करोतु सा नः शुभहेतुरीश्वरी शुभानि भद्राण्यभिहन्तु चापदः ॥ १ ॥—जपे सकलाभीष्टसिद्धिः।

पत्नीप्राप्त्यर्थे—पत्नीं मनोरमां देहि मनोवृत्तानुसारिणीम्। तारिणीं दुर्गसंसारसागरस्य कुलोद्भवाम् ॥ १ ॥—सपादलक्षजपे पत्नीप्राप्तिः।

अथ शीघ्रप्रसवोपायः—ॐ हिमवत्युत्तरे पार्श्वे शवरीनाम यक्षिणी। तस्या नूपुरशब्देन विशल्या स्यात्तु गर्भिणी स्वाहा ॥ १ ॥ इति मन्त्रेणैकविंशतिदूर्वाकुरैरेकपलं तिलतैलं प्रदक्षिणमावर्त्तयन्नष्टशतं मन्त्रयित्वा तत्तैलं किञ्चित्पाययेच्छेषमुदरे लेपयेदिति संस्कारभास्करे।

पुत्रप्राप्त्यर्थे—श्रीदुर्गासप्तशत्याः प्रतिश्लोकं क्लीं कामबीजसम्पुटितायाः एकचत्वारिंशद्दिनं प्रत्यहं त्रिरावृत्तौ पुत्रप्राप्तिः स्यात् ॥

आकर्षणार्थे—द्विचत्वारिंशद्दिनपर्यन्तं क्लीं बीजपुटितस्य दशावृत्तिः प्रतिदिनम्।

लक्ष्मीप्राप्त्यर्थे—एकोनपञ्चाशद्दिनपर्यन्तप्रतिश्लोकं (श्रीं) इति श्रीबीजसम्पुटितस्य पञ्चदशावृत्तौ लक्ष्मीप्राप्तिः सद्यो मोहनसिद्धिश्च।

शत्रुमुखस्तम्भने—स्मरन्ममैतच्चरितं नरो मुच्येत सङ्कटात्, मम प्रभावात् सिंहाद्या दस्यवो वैरिणस्तथा। इति मन्त्रं प्रतिश्लोकाद्यन्ते पठेत्।

अनावृष्टि-शान्तिः

नाभिं यावज्जले स्थित्वा श्रीशंकरध्यानपूर्वकं मृत्युञ्जय-जपं कुर्यात्। सद्यो वृष्टिर्भविष्यति।

अथवा—"ॐ वञ्चिताभ्यामिति तदा सर्वमापोमयं जगत्।"—इत्यर्धमन्त्रेण जपपूर्वकं हवनं कुर्यात्। सद्यो वृष्टिर्भविष्यति, अकालभयश्च दूरमेष्यति।

अतिवृष्टि-शान्तिः

श्रद्धापूर्वकम् अग्निहोत्रस्य श्वेतं भस्म नीत्वा 'त्र्यम्बक-मन्त्रेण' 'गायत्री-मन्त्रेण' वा अष्टोत्तरशतवारं (१०८) सजले तडागे नद्यादौ वा जुहुयात्। एवमतिवृष्टिशान्तिः ध्रुवं भवेत्।

भूत-प्रेत-यक्ष-राक्षसादि-जन्य-अग्नि-भयाद्यनेकविधमहाभयनिवारणार्थम्—

"ॐ ज्वालाकरालमत्युग्रमशेषासुरसूदनम्। त्रिशूलं पातु नो भीतेर्भद्रकालि नमोऽस्तु ते॥" मन्त्रमेनं सपादलक्षवारं जपेत्, अथवा दुर्गासप्तशत्या सह ससम्पुटं मन्त्रमेनं पठेत्। न्यूनाधिकम् आपदनुसारं पठेत्।

सकलकार्यसिद्ध्यर्थे—श्रीरामं मानसोपचारैः सम्पूज्य—ॐ आपदामपहर्तारं दातारं सर्वसम्पदाम्। लोकाभिरामं श्रीरामं भूयो भूयो नमाम्यहम्॥ इति मन्त्रेण सम्पुटितरामायणपाठात्सकलकार्यसिद्धिः॥ पुत्रकामो बालकाण्डं पठेत्। लक्ष्मीकामोऽयोध्याकाण्डम्। नष्टराज्यप्राप्तिकामः किष्किन्धाकाण्डम्। सर्वकामः सुन्दरकाण्डम्। शत्रुनाशकामः सर्वकामश्च लङ्काकाण्डं पठेत्॥ सुन्दरकाण्डे एकोत्तरावृत्त्या पाठः कर्तव्यः, तद्यथा—प्रथमदिने एकः द्वितीये द्वौ तृतीये त्रय इत्यादि एकादश दिनपर्यन्तम्। द्वादशदिने अवशिष्टं सर्गद्वयं पठित्वा पुनः प्रथमसर्गः पठनीयः एवं त्रिरावृत्त्या सकलकार्यसिद्धिः। सुप्रतिष्ठित-श्रीहनुमत्प्रतिमासमीपैकाग्रवृत्त्या सुन्दरकाण्डाच्छीघ्रकार्यसिद्धिः।

अग्निनिर्वापणकौशलम्—

अग्न्युपद्रवे अग्नौ प्रज्वलिते यस्यां दिशि अग्नेर्ज्वाला यायात् तस्यामेव दिशि स्थित्वा यया नासया श्वासः प्रवहेत् तयैव नासया वायुमाकृष्य नासया पानीयं पिबेत्। तदनन्तरं सप्तगुञ्जापरिमितं जलं हस्ते आदाय अधोलिखित-मन्त्रेण मन्त्रयित्वा अग्नौ प्रक्षिपेत्। मन्त्रः—ॐ उत्तरस्यां च दिग्भागे मरीचो नाम राक्षसः। तस्य मूत्रपुरीषाभ्यां हुतो वह्निस्तम्भः स्वाहा।

अथ द्वात्रिंशाङ्कयन्त्रविधानम्—

८	१५	२	७
६	३	१२	११
१४	९	८	१
४	५	१०	१३

यन्त्रमिमं हरिद्रया भूर्जपत्रे शुद्धकर्गले-वा लिखित्वा तथा यन्त्रस्याधोभागे स्वमनोरथं दाडिमलेखिन्या विलिख्य पश्चाच्च यन्त्रमिमं सतूलं वर्तिकाऽऽकारं विधाय सूर्यवासरेऽनया पुष्पवर्तिकया ज्योतिः प्रज्वालयेत् । हरिद्रामालया च भास्करबीजमन्त्रमिमं सहस्राधिकशतवारं जपेत्, तत्र भास्करबीजमन्त्रः—"ॐ ह्रीं हंसः" एवं सप्तसूर्यवारेषु विधिमिमं कृत्वा मानवः सर्वदुःखविनिर्मुक्तोऽत्यन्तसुखं लभते ।

अथापरविधानम्—

रविवारे प्रातरुत्थाय स्नात्वा च हरिद्रया कांस्यपात्रे द्वात्रिंशाङ्कयन्त्रं लिखित्वा तस्योपरि चतुर्मुखदीपं संस्थाप्य पञ्चोपचारपूजनं सति सूर्योदये विधाय हस्ताभ्यां पात्रमुत्थाप्य सूर्यसम्मुखं स्थित्वा च "ॐ ह्रीं हंसः" मन्त्रमिमं जपेत्, यथैव सूर्यः परिवर्तयेत् तथैव मानवोऽपि परिवर्तनं विदध्यात्, अस्तमिते सूर्ये श्री सूर्यायार्घ्यं दत्त्वा प्रणम्य मिष्ठान्नभोजनं कुर्यात् । भूमौ शयीत, ब्रह्मचारी भूयात्, एवं कार्यानुसारेण अब्द-षण्मास-मासत्रय-सपादमासपर्यन्तं प्रत्यादित्यदिनेऽनुष्ठिते सति भगवतः श्रीसूर्यस्य कृपया सर्वाणि दुरूहकार्याण्यपि सफलीभवन्ति नात्रसंशयः ।

अथ सद्य आरोग्यकरं सूर्यार्घ्यदानविधानम्

सुदिने कृतनित्यक्रिय आचम्य प्राणानायम्य देशकालौ संकीर्त्य मम अमुकस्य वा अमुकज्वरादिव्याधिसमूलनिरासद्वारा सद्य आरोग्यार्थं श्रीसवितृसूर्यनारायणप्रीत्यर्थं हंसादिसप्ततिनामभिः श्रीसूर्य्याय सप्तत्यर्घ्यदानमहं करिष्ये । इति संकल्पः । भूतशुद्ध्यादि कृत्वा सामान्यार्घ्यं कल्पयेत् । विगृह्यपाणियुग्मेन ताम्रपात्रं सुनिर्मलम् । जानुभ्यामवनीं गत्वा परिपूर्य्य जलेन च ॥ १ ॥ करवीरादिकुसुमैरक्तचन्दनमिश्रितैः । दूर्वाङ्कुरैरक्षतैश्च निक्षिप्तैः पात्रमध्यतः ॥ २ ॥ दद्यादर्घ्यमनर्घाय सवित्रे ध्यानपूर्वकम् ॥ उपमौली समानीय तत्पात्रे नान्यदिङ्मनाः ॥ ३ ॥ प्रतिमन्त्रं नमस्कुर्यादुदयास्तमिते रवौ । अनया नामसप्तत्या महामन्त्ररहस्यया ॥ ४ ॥ एवमर्घ्यं प्रकल्प्य पाद्यादिभिः सम्पूज्य प्रणम्य यथोक्तविधिना प्रत्येकनाम्ना बृहत्पात्रेघटे जले वा अर्घ्यं दद्यात् ।तद्यथा—ॐ हंसाय नमः ॥ १ ॥ ॐ भानवे नमः ॥ २ ॥ ॐ सहस्रांशवे नमः ॥ ३ ॥ ॐ तपनाय नमः ॥ ४ ॥ ॐ तापनाय नमः ॥ ५ ॥ ॐ रवये नमः ॥ ६ ॥ ॐ विकर्तनाय नमः ॥ ७ ॥ ॐ विवस्वते नमः ॥ ८ ॥ ॐ विश्वकर्मणे नमः ॥ ९ ॥ ॐ विभावसवे नमः ॥ १० ॥

---

(१) फूलबत्ती बड़ी बत्ती ।

ॐ विश्वरूपाय नमः ॥ ११ ॥ ॐ विश्वकर्त्रे नमः ॥ १२ ॥ ॐ मार्तण्डाय नमः ॥ १३ ॥ ॐ मिहिराय नमः ॥ १४ ॥ ॐ अंशुमते नमः ॥ १५ ॥ ॐ आदित्याय नमः ॥ १६ ॥ ॐ उष्णगवे नमः ॥ १७ ॥ ॐ सूर्याय नमः ॥ १८ ॥ ॐ अर्य्यमणे नमः ॥ १९ ॥ ॐ ब्रघ्नाय नमः ॥ २० ॥ ॐ दिवाकराय नमः ॥ २१ ॥ ॐ द्वादशात्मने नमः ॥ २२ ॥ ॐ सप्तहयाय नमः ॥ २३ ॥ ॐ भास्कराय नमः ॥२४॥ ॐ अहस्कराय नमः ॥ २५ ॥ ॐ खगाय नमः ॥ २६ ॥ ॐ सुराय नमः ॥ २७ ॥ ॐ प्रभाकराय नमः ॥ २८ ॥ ॐ श्रीमते नमः ॥ २९ ॥ ॐ लोकचक्षुषे नमः ॥ ३० ॥ ॐ ग्रहेश्वराय नमः ॥ ३१ ॥ ॐ लोकेशाय नमः ॥ ३२ ॥ ॐ लोकसाक्षिणे नमः ॥ ३३ ॥ ॐ तमोरये नमः ॥३४॥ ॐ शाश्वताय नमः ॥३५॥ ॐ शुचये नमः ॥ ३६ ॥ ॐ गभस्तिहस्ताय नमः ॥३७॥ ॐ तीव्रांशवे नमः ॥३८॥ ॐ तरणये नमः ॥ ३९ ॥ ॐ सुमहोरुणये नमः ॥ ४० ॥ ॐ द्युमणये नमः ॥४१॥ ॐ हरिदश्वाय नमः ॥ ४२ ॥ ॐ अर्काय नमः ॥ ४३ ॥ ॐ भानुमते नमः ॥४४॥ ॐ भयनाशनाय नमः ॥ ४५ ॥ ॐ छन्दोऽश्वाय नमः ॥ ४६ ॥ ॐ वेदवेद्याय नमः ॥ ४७ ॥ ॐ भास्वते नमः ॥ ४८ ॥ ॐ पूष्णे नमः ॥ ४९ ॥ ॐ वृषाकपये नमः ॥ ५० ॥ ॐ एकचक्ररथाय नमः ॥ ५१ ॥ ॐ मित्राय नमः ॥ ५२ ॥ ॐ मन्देहारये नमः ॥ ५३ ॥ ॐ तमिस्रहन्त्रे नमः ॥ ५४ ॥ ॐ दैत्यहन्त्रे नमः ॥ ५५ ॥ ॐ पापहर्त्रे नमः ॥ ५६ ॥ ॐ धर्म्माय नमः ॥ ५७ ॥ ॐ प्रकाशकाय नमः ॥ ५८ ॥ ॐ हेलिकाय नमः ॥ ५९ ॥ ॐ चित्रभानवे नमः ॥ ६० ॥ ॐ कलिघ्नाय नमः ॥ ६१ ॥ ॐ तार्क्ष्यवाहनाय नमः ॥ ६२ ॥ ॐ दिक्पतये नमः ॥ ६३ ॥ ॐ पद्मिनीनाथाय नमः ॥ ६४ ॥ ॐ कुशेशयकराय नमः ॥ ६५ ॥ ॐ हरये नमः ॥ ६६ ॥ ॐ घर्मरश्मये नमः ॥ ६७ ॥ ॐ दुर्निरीक्ष्याय नमः ॥ ६८ ॥ ॐ चण्डांशवे नमः ॥ ६९ ॥ ॐ कश्यपात्मजाय नमः ॥ ७० ॥ एभिः सप्तति-संख्याकैः पुण्यैः सूर्यस्य नामभिः। प्रणवादिचतुर्थ्यन्तैर्नमस्कारसमायुतैः ॥ १ ॥ प्रत्येकमुच्चरन्नाम दृष्ट्वा दृष्ट्वा दिवाकरम्। एवं कुर्वन्नरो याति न दारिद्र्यं न शोकभाक् ॥ २ ॥ व्याधिभिर्मुच्यते घोरैरपि जन्मान्तरार्जितैः। विनौषधैर्विना वैद्यैर्विना वश्यपरिग्रहैः ॥ ३ ॥ कालेन निधनं प्राप्य सूर्यलोके महीयते ॥

श्रीसूर्य्यार्घ्यविधानस्य सर्वव्याधिहरो विधिः समाप्तः।

अथ रामनाम-(तारकमन्त्रः)-लेखनविधिः

श्रीदेव्युवाच—भगवन् सकला विद्याः श्रुताश्चाधिगता मया। इदानीं श्रोतुमिच्छामि यत्त्वं लिखसि वै रहः ॥ १ ॥ ईश्वर उवाच—ब्रह्मादिविबुधैः सर्वैः पृष्टेन कथितं मया। तवाग्रे कथयाम्यद्य यतस्त्वं प्राणवल्लभा ॥ २ ॥ न देयं परशिष्येभ्यो नास्तिकेभ्यो न चेश्वरि। नाशुश्रूषारतानां च नैवानर्थप्रदायि-नाम् ॥ ३ ॥ देयं शिष्याय शान्ताय श्रद्धाभक्तिरताय च। पुत्रायापि न दातव्यं

कुत्सिताध्वनि चारिणे ॥ ४ ॥ 'गुरुशुश्रूषया विद्या पुष्कलेन धनेन वा । परीक्षिताय दातव्यं वत्सरार्द्धोषिताय च ॥ ५ ॥ त्वद्भक्तियन्त्रितो वक्ष्ये सावधानावधारय । लिखाम्यनुदिनं देवि राममन्त्रं विशेषतः ॥ ६ ॥ लिखित्वा धारयित्वा च सर्वैश्वर्य्यसमन्वितः । रामरामेति रामेति सर्वस्व मम बल्लभे ॥ ७ ॥ अथातः संप्रवक्ष्यामि पुरश्चरणकं विधिम् । विना येन न सिद्धः स्यान्मन्त्रो वर्षशतैरपि ॥ ८ ॥ कृतेन येन लभन्ते साधवो वाञ्छितं फलम् । पुरश्चरणसम्पन्नो मन्त्रो हि फलदायकः ॥९॥ पुरश्चर्य्यामतः कुर्य्यान्मन्त्रवत्सिद्धिकाम्यया । सम्यक् सिद्धैकनाम्नोऽस्य नासाध्यं विद्यते क्वचित् ॥ १० ॥ बहुनामवतः पुंसः का कथा शिव एव सः । किं जपैश्चैव किं पाठैः किं मन्त्रन्यासविस्तरैः ॥ ११ ॥ रहस्यानां हि मन्त्राणां यदि न स्यात्पुरस्क्रिया । जीवहीनो यथा देहो यथा काष्ठमयो गजः ॥ १२ ॥ पुरश्चरणहीनो हि न मन्त्रः फलदायकः ॥ शुक्लपक्षे शुभे घस्त्रे स्वस्तिवाचनपूर्वकम् ॥ १३ ॥ गणेशं स्वेष्टदेवञ्च पूजयित्वा लिखेत् प्रिये । शुक्लाम्बरधरः स्वस्थः कृतनित्यक्रियः शुचिः ॥ १४ ॥ भूतशुद्धयादिकं कृत्वा केवलं मातृकां न्यसेत् । प्राणायामादिकं कृत्वा सन्ध्यायं हृदि राघवम् ॥ १५ ॥

लेखनप्रकारः – हनुमता च संयुक्तं लक्ष्मणेन च सीतया । मानसं पूजनं कृत्वा लिखेन्मन्त्रमनन्यधीः ॥ १६ ॥ प्रणवं पूर्वमुच्चार्य्यं लिखेन्मन्त्रं सदा प्रियम् । अन्ते प्रणवमुच्चार्यं नमेत्सीतापतिं प्रिये ॥ १७ ॥ अनन्तो न्यासतो देवि केवलो जठरः स्मृतः । एतन्मन्त्रं लिखेद्यस्तु लक्षमेकं जितेन्द्रियः ॥ १८ ॥ शुद्धासनः शुद्धदेहो नित्यं शुद्धान्नभोजनः । निरामिषाशनो नित्यमेकाकी ह्येकवारभुक् ॥१९॥ रामाश्रयो रामचित्तो दुर्जनादर्शने स्थितः । राममन्त्रं लिखन्नित्यमष्टगन्धेन भक्तिमान् ॥ २० ॥ कुंकुमेन लिखेद्यस्तु सर्वकर्मफलप्रदम् । भूर्जपत्रे ताडपत्रे शाणपत्रे तथैव च ॥ २१ ॥ शतं वापि सहस्रं वा लिखेदनुदिनं सुधीः । सुमासे शुद्धवेलायां यावल्लक्षं समर्प्यते ॥ २१ ॥ तावत्स रामरामेति राममन्त्रं पठेन्नरः । शृणुयाद्रामचरितं पठेद्रामस्तुतिं नरः ॥ २३ ॥ पञ्चमासावधि स्थित्वा पुरश्चरणं समापयेत् । एतन्मन्त्रं लिखेद्यस्तु लक्षसंख्यं जितेन्द्रियः ॥ २४ ॥ तस्य सिद्धो भवेन्मन्त्रः सर्वकर्मफलप्रदः । शुद्धोदकेन संसिद्धि कज्जलं घृतदीपकम् ॥ २४ ॥ पत्रं शाणमयं प्रोक्तं लेखनी काशजा प्रिये । तद्दशांशं पायसेन जुहुयात्संस्कृतेन च ॥ २६ ॥ पयसा तर्पणं कुर्यात् वारिभिर्मार्जनं स्मृतम् । द्विजेभ्यो भोजनं देयमवश्यं द्विजभोजनम् ॥ २७ ॥ पिष्टगोधूमचूर्णेन कृत्वा पत्राणि गोलके । नाभिमात्रे जले स्थित्वा मस्तकं परिधारयेत् ॥ २८ ॥ रामन्तु हृदि विन्यस्य क्षिपेन्नद्यामनन्यधीः । एवं सिद्धिमनुप्राप्तो मन्त्रः सिद्धिप्रदायकः ॥ २९ ॥ एवं सुसिद्धो मन्त्रस्तु सर्वकार्याणि साधयेत् । त्र्ययुतं च लिखित्वा तु मुच्यते बन्धनादपि ॥ ३० ॥ पञ्चायुतं लिखित्वा तु नष्टं राज्यमवाप्नुयात् । लिखन्नयुतमेकान्ते महारोगान् बहूनपि ॥३१॥

क्षयापस्मारकुष्ठादीन्नाशयेदेव तत्क्षणात् । शुद्धासनं समास्तीर्य मासत्रयमनन्यधीः
॥ ३२ ॥ पूजापुरस्सरं मन्त्रं सहस्रं विजितेन्द्रियः । लिखन्नखिलविद्यानां तत्त्वज्ञो
भवति ध्रुवम् ॥ ३३ ॥ मुक्तिकामो लिखेल्लक्षं साधको विधिपूर्वकम् । जातिस्मृति-
स्थितो भूत्वा याति विष्णोः परं पदम् ॥ ३४ ॥ लिखित्वा तु दिने ध्यायन्नप-
मृत्युर्न जायते । वश्यार्थे पञ्चसाहस्रं मोहने शतपञ्चकम् ॥ ३५ ॥ अयुतं मारणे
प्रोक्तं स्तम्भने च शतद्वयम् । सहस्रत्रयमुच्चाटे आकर्षे च शतत्रयम् ॥ ३६ ॥
विवादे लक्षमेकन्तु लिखेन्मन्त्रं महेश्वरि । राज्यपुत्रादिलाभार्थं तत्तत्कार्य्यानु-
सारतः ॥ ३७ ॥ लक्षमेकं द्विलक्षं वा यावत्सिद्धि लिखेन्नरः । वश्यार्थं भूर्जपत्रे
तु मोहने भूमिपत्रकम् ॥ ३८ ॥ मारणे लोहपत्रन्तु स्तम्भने पैत्तलं स्मृतम् । पुत्रार्थे
पैत्तलं पत्रं राज्यार्थे ब्रह्मवृक्षकम् ॥ ३९ ॥ मोक्षार्थे ताडपत्रं तु शान्त्यर्थे तु
मधूकजम् । लेखिन्या तु लिखेन्मंत्रं वश्ये दर्भाङ्कुरोत्थया ॥ ४० ॥ आकृष्टौ तु
करञ्जोत्था मारणे तु नरास्थिजा । स्तम्भनेपि च विज्ञेया राशनवृक्षोद्भवा प्रिये
॥ ४१ ॥ शान्तिके पौष्टिके चैव आयुष्कामान्विते तथा । सर्वोपशमने चैव कर्त्तव्या
जातिसम्भवा ॥ ४२ ॥ हेमजा रौप्यजा वापि शुभकर्मणि सिद्धिदा । अशुभेषु च
सर्वेषु शस्यते शुद्धलोहजा ॥ ४३ ॥ विष्ठयङ्गारदिने घोरे यदि वोत्पादिता भवेत् ।
कालदण्डसमाक्षेपा सर्वशत्रुनिकृन्तनी ॥ ४४ ॥ सौम्ये कर्म्मणि सर्वत्र रोचनेन
लिखेत्प्रिये । शवपत्रे चिताङ्गारैररिनाशार्थमालिखेत् ॥ ४५ ॥ स्तम्भने च निशा
प्रोक्ता विद्वेषे च विदेशके । उच्चाटने निशादेशा वारणे रुधिरेण च ॥ ४६ ॥
राज्यप्राप्तौ चन्दनेन पुत्रार्थमपि तेन वै । गोपनीयं गोपनीयं गोपनीयं महेश्वरि
॥ ४७ ॥ गोपनीयं गोपनीयं गोपनीयं स्वयोनिवत् । एतन्नामैव सर्वस्वं यदुक्तं
तव वल्लभे ॥ ४८ ॥

प्रतिज्ञां कुर्य्यात्—ॐ तत्सदद्यामुकगोत्रोऽमुकशर्माहं श्रुतिस्मृतिपुराणोक्त-फलप्राप्तिकामनया श्रीरामनामप्रीतिपुरस्सरस्वाभिलषितावाप्तये स्वाभीष्टविधानार्थं च सर्वसम्पद्विवृद्धयर्थं सर्वारिष्टनिवारणोत्तरराज्यपक्षाज्जयप्राप्त्युत्तरशत्रुपरा-जयतः स्वधनप्राप्तये यावज्जीवाखण्डसुखपुत्रपौत्रकलत्रादिधनधान्यादिवृद्धिपूर्वकं ब्राह्मणद्वाराकारित-सपादलक्षरामनामपुरश्चरण-तद्दशांशहवन-तर्पणमार्जनादि -कर्म्माहं करिष्ये, तदङ्गभूतश्रीरामचन्द्रसीतालक्ष्मणहनुमद्गणपत्यादिदेवान् यथा-लब्धोपचारैरर्च्चयिष्ये । इतिसंकल्पं कृत्वा श्रीगणपत्यादिपूजनपूर्वकं श्रीरामचन्द्रा-दिकं सम्पूज्य यथोक्तविधिना श्रीराममन्त्रेण दशांशं जुहुयात् ततो हवन-मार्जना-दिकं कृत्वा, ब्राह्मणाय पुरश्चरणदक्षिणादानम्—ॐ अद्येत्याद्युक्त्वा श्रुतिस्मृति-पुराणागमप्रतिपादितसुकृतफलोपपत्तिकं श्रीसीतारामप्रसादपुरस्सरं यावज्जीवा-खण्डसुखपुत्रपौत्रादि—विवृद्धयर्थं च धनधान्यधर्म्मार्थकामप्राप्त्युत्तरस्वर्गलोक-शिवलोकवैकुण्ठलोकादिदिव्यलोकाधिकरण-कोटिकल्पशुभपूर्वकनिवासोत्तरभारत-

वर्षोत्तमकुलजन्मश्रीरामनारायणचरणकमलदृढभक्तिलाभानन्तरचिरञ्जीविसंतति - प्राप्तिपूर्वकराजद्वारा तत्कार्यसिद्धिशत्रुपराजयमनोभिलषितकार्यसिद्धिपूर्वककारित-ब्राह्मणद्वारा रामनामपुरश्चरणसांगतासिद्धये इमा रजतमुद्राश्च चन्द्रदेवता यथा-नामगोत्राय ब्राह्मणाय दातुमहमुत्सृजे ॥ अन्यत्सर्वं हवनोक्तविधिवज्ज्ञेयम् ॥

अथ श्रीहनुमन्मन्त्रप्रयोगः

"ॐ नमो भगवते आंजनेयाय महाबलाय स्वाहा" इत्यष्टादशाक्षरो मन्त्रः ॥ अस्य मन्त्रस्य ईश्वरऋषिः । अनुष्टुप्छन्दः । हनुमान् देवता । हूँ बीजं स्वाहा शक्तिः । ममाभीष्टसिद्ध्यर्थे जपे विनियोगः ॥ ॐ ईश्वरऋषये नमः शिरसि ॥ ॥ १ ॥ ॐ अनुष्टुप्छन्दसे नमः मुखे ॥ १ ॥ ॐ हनुमद्देवतायै नमः हृदये ॥ ३ ॥ ॐ हूँ बीजाय नमः गुह्ये ॥ ४ ॥ ॐ स्वाहाशक्तये नमः पादयोः ॥ ५ ॥ ॐ आंज-नेयाय अंगुष्ठाभ्यां नमः ॥ १ ॥ ॐ रुद्रमूर्त्तये तर्जनीभ्यां नमः ॥ २ ॥ ॐ वायु-पुत्राय मध्यमाभ्यां नमः ॥ ३ ॥ ॐ अग्निगर्भाय अनामिकाभ्यां नमः ॥ ४ ॥ ॐ रामदूताय कनिष्ठिकाभ्यां नमः ॥ ५ ॥ ॐ ब्रह्मास्त्रनिवारणाय करतलकर-पृष्ठाभ्यां नमः ॥ ६ ॥ इति करन्यासः । एवमेव हृदयादिषडङ्गन्यासं च कृत्वा ध्यायेत्—दहनतप्तसुवर्णसमप्रभं भयहरं हृदये विहिताञ्जलिम् ॥ श्रवणकुण्डल-शोभिमुखाम्बुजं नमत वानरराजमिहाद्भुतम् ॥ १ ॥ इति ध्यात्वा पूर्वोक्ते पीठे—मूलेन मूर्ति प्रकल्प्य पाद्याद्यैः पुष्पान्तैरुपचारैः सम्पूज्य—पूर्ववत् पुनः ध्यात्वा धूपादिनीराजनान्तं च संपाद्य जपं कुर्यात् । यस्य पुरश्चरणमयुतमन्त्राः; तथा च—अयुतं प्रजपेन्मत्रान्दशांशं जुहुयात्तिलैः । वैष्णवे पूजयेत्पीठे श्रद्धया कपिनाय-कम् ॥ १ ॥ जितेन्द्रियो नक्तभोजी प्रत्यहं साष्टकं शतम् । जपित्वा क्षुद्ररोगेभ्यो मुच्यते दिवसत्रयात् ॥ २ ॥ भूतप्रेत-पिशाचादिनाशायैव समाचरेत् । महारोग-निवृत्त्यै तु सहस्रं प्रत्यहं जपेत् ॥ ३ ॥ यताशनोऽयुतं नित्यं जपं ध्यायन्कपीश्वर-रम् । राक्षसौघं विनिघ्नन्तमचिराज्जयति द्विषम् ॥ ४ ॥ सुग्रीवेण समं रामं सन्दधानं स्मरन्कपिम् । प्रजप्यायुतमेतस्य सन्धिं कुर्याद्विरुद्धयोः ॥ ५ ॥ लंकां दहन्तं तं ध्यायन्नयुतं प्रजपेन्मनुम् । शत्रूणां प्रदहेद् ग्रामानचिरादेव साधकः ॥ ६ ॥ प्रयाणसमये ध्यायन्हनुमन्तं मनुं जपेत् ॥ यो याति सोऽचिरात्स्वेष्टं साध-यित्वा गृहं व्रजेत् ॥ ७ ॥ यः कपीशं सदा गेहे पूजयेज्जपतत्परः । आयुर्लक्ष्म्यौ प्रवर्द्धेत तस्य नश्यन्त्युपद्रवाः ॥ ८ ॥ शार्दूलतस्करादिभ्यो रक्षेन्मनुरयं स्मृतः ॥ प्रस्वापकाले चौरेभ्यो दुष्टस्वप्नादपि ध्रुवम् ॥९॥ इत्यष्टादशाक्षरहनुमन्मन्त्रप्रयोगः ॥

अथ अपराजितास्तोत्रम् [चमत्कृतिकरम्]

श्री गणेशाय नमः । ओं अस्य श्री अपराजितामन्त्रस्य वेदव्यास ऋषि-रनुष्टुप्छन्दः । क्लीं बीजं हूँ शक्तिः सर्वाभीष्टसिद्ध्यर्थे जपे पाठे विनियोगः ।

मार्कण्डेय उवाच—"श्रृणुध्वं मुनयः सर्वे सर्वकामार्थसिद्धिदां। असिद्धसाधनीं देवीं वैष्णवीमपराजिताम् ॥" ध्यानम्—

नीलोत्पल-दल-श्यामां भुजङ्गाभरणोज्वलाम्,
बालेन्दु-मौलिसदृशीं नयनत्रितयान्विताम्।
शंखचक्रधरां देवीं वरदां भयशालिनीम्,
पीनोत्तुङ्गस्तनीं साध्वीं बद्ध-पद्मासनां शिवाम्।
अजितां चिन्तयेद्देवीं वैष्णवीमपराजिताम् ॥
शुद्धस्फटिक-संकाशां चन्द्रकोटि-सुशीतलाम्,
अभयां वर-हस्तां च श्वेतवस्त्रैरलंकृताम्।
नानाभरण-संयुक्तां जयन्तीमपराजिताम्,
त्रिसन्ध्यं यः स्मरेद्देवीं ततः स्तोत्रं पठेत्सुधीः ॥

ओं नमो भगवते वासुदेवाय। ओं नमोऽस्त्वनन्ताय सहस्रशीर्षाय क्षीरार्णवशायिने, शेषभोग-पर्यङ्काय गरुड-वाहनाय अमोघाय अजाय अजिताय अपराजिताय पीतवाससे। वासुदेव-संकर्षण-प्रद्युम्नानिरुद्ध-हयशीर्ष-मत्स्यकूर्म-वराह नृसिंह वामन राम राम वर-प्रद ! नमोऽस्तुते। असुर दैत्य-दानव-यक्ष-राक्षस-भूत-प्रेत-पिशाच किन्नर-कूष्माण्ड सिद्ध-योगिनी डाकिनी स्कन्दपुरोगान् ग्रहान्नक्षत्रग्रहांश्चान्यान् हन हन, पच, पच, मथ, मथ विध्वंसय, विध्वंसय, विद्रावय, विद्रावय, चूर्णय चूर्णय शंखेन चक्रेण वज्रेण शूलेन गदया मुशलेन हलेन भस्मीकुरु कुरु, स्वाहा ॥ ओं सहस्रबाहो सहस्रप्रहरणायुध जय, जय, विजय, विजय, अजित अमित अपराजित अप्रतिहत सहस्रनेत्र ज्वल, ज्वल, प्रज्वल, प्रज्वल, विश्वरूप, बहुरूप मधुसूदन महावराहच्युत महापुरुष पुरुषोत्तम पद्मनाभ वैकुण्ठानिरुद्ध-नारायण गोविन्द दामोदर हृषीकेश केशव सर्वासुरोत्सादन सर्वमन्त्रप्रभञ्जन, सर्वदेवनमस्कृत सर्वबन्धनविमोचन, सर्वशत्रु वशंकर सर्वाहितप्रमर्दन, सर्वग्रहनिवारण, सर्वरोगप्रशमन, सर्व-पाप-विनाशन, जनार्द्दन नमोऽस्तु ते स्वाहा। य इमां अपराजितां परमवैष्णवीं पठति, सिद्धां जपति, सिद्धां स्मरति, सिद्धां महाविद्यां पठति; जपति, स्मरति, श्रृणोति, धारयति, कीर्तयति वा न तस्याग्निवायुर्वज्रोपलाशनिभयं नववर्षणि भयं, न समुद्रभयं, न ग्रह-भयं न चौर-भयं वा भवेत्। क्वचिद्रात्र्यन्धकारस्त्रीराजकु-विषोपविषगरलवशीकरणविद्वेषोच्चाटनवधबन्धनभयं वा न भवेत्। एतैर्मन्त्रैः सदाहतैः सिद्धैः संसिद्ध-पूजितैः, तद्यथा ओं नमस्तेऽस्त्वनघेऽजितेऽपराजिते पठति सिद्धे, पठति सिद्धे, जपति सिद्द्धे जपति सिद्धे, स्मरति सिद्धे, महाविद्ये एकादशे उमे ध्रुवे अरुन्धति सावित्रि, गायत्रि, जातवेदसि मानस्तोके

सरस्वति धरणि धारिणि सौदामिनी अदिति दिति गौरि गांधारी मातंगी कृष्णे यशोदे सत्यवादिनि ब्रह्मवादिनि कालि कपालि करालनेत्रे सद्योपयाचितकरि-जलगतस्थलगतमंतरिक्षगं वा मां रक्ष रक्ष सर्वभूतेभ्यः सर्वोपद्रवेभ्यः, स्वाहा ।

यस्याः प्रणश्यते पुष्पं गर्भो वा पतते यदि ।
म्रियन्ते बालका यस्याः काकवन्ध्या च या भवेत् ॥
भूर्जपत्रेत्विमां विद्यां लिखित्वा धारयेद्यदि ।
एतैर्दोषैर्नं लिप्येत सुभगा पुत्रिणी भवेत् ॥
शस्त्रं वार्यते ह्येषा समरे काण्डवारिणी ।
गुल्मशूलाक्षि-रोगाणां क्षिप्रं नाशयते व्यथाम् ॥

शिरोरोगज्वराणां च नाशिनी सर्वदेहिनाम् तद्यथा–एकाहिक–द्व्याहिक-त्र्याहिक-चातुर्थिकार्धमासिक-द्वैमासिक-त्रैमासिक-चातुर्मासिकपञ्च - मासिकषाण्मा-सिक [illegible] पैत्तिक श्लैष्मिक.—सान्निपातिक.—सत[illegible]-विषमज्वराणां नाशिनी सर्वदेहिनां ओं हर हर कालि सर सर गौरि धम धम विद्ये आले ताले माले गन्धे पच पच विद्ये मथ मथ विद्ये, नाशय पापं, हर दुःस्वप्नं, विनाशय मातः, रजनि सन्ध्ये दुन्दुभि-नादे मानसवेगे शंखिनी चक्रिणी वज्रिणी शूलिनी अपमृत्युविनाशिनी विश्वेश्वरी द्राविडि द्राविडि केशवदयिते, पशुपतिसहिते, दुन्दुभिनादे मानसवेगे दुन्दुभि-दमनी शर्वरि किराती मातंगी ॐ ह्रां ह्रीं ह्रूं ह्रैं ह्रौं ह्रः ओं ओं श्रां श्रीं श्रुं श्रैं श्रौं श्रः ॐ क्ष्वौ तुरु तुरु स्वाहा । ओं ये क्ष्मां द्विषन्ति प्रत्यक्षं परोक्षं वा तान् दम दम मर्दय मर्दय पातय पातय शोषय शोषय उत्सादय उत्सादय ब्रह्माणि माहेश्वरि ।

वैष्णवी वैनायकी कौमारी नारसिंही ऐन्द्री चान्द्री आग्नेयी चामुंडे वारुणि वायव्ये रक्ष रक्ष प्रचण्डविद्ये ॐ इन्द्रोपेन्द्र-भगिनी जये विजये शान्तिपुष्टितुष्टि-विवर्द्धिनी ॥ कामांकुशे कामदुघे सर्वकामफलप्रदे सर्वभूतेषु मां प्रियं कुरु कुरु स्वाहा । ओं आकर्पिणी आवेशिनी तापिनी, धरणि धारिणी मदोन्मादिनी शोषिणी सम्मोहिनी महानीले नीलपताके महागौरि महाप्रिये महामान्द्रिका महासौरि महामायूरि आदित्यरश्मिनी जाह्नवी यमघण्टे किलि किलि चिन्तामणि सुरभि-सुरोत्पन्ने सर्व-काम-दुघे यथाभिलषितं कार्यं तन्मे सिध्यतु स्वाहा । ओं भूः स्वाहा । ॐ भुवः स्वाहा । ओं स्वः स्वः स्वाहा । ॐ भूर्भुवः स्वः स्वाहा । ओं यत एवागतं पापं तत्रैव प्रतिगच्छतु स्वाहा । ओं बले बले महाबले असिद्धि-साधिनी स्वाहा ।

इति श्रीत्रैलोक्य विजया अपराजिता सम्पूर्णम् ।

अथ प्रज्ञावर्धनस्तोत्रम्

ॐ अथास्य प्रज्ञावर्धन-स्तोत्रस्य भगवान् शिव-ऋषिः, अनुष्टुप् छन्दः, स्कन्द-कुमारो देवता, प्रज्ञासिद्ध्यर्थं जपे विनियोगः, इति संकल्पः ।

योगेश्वरो महासेनः कार्तिकेयोऽग्निनन्दनः ।
स्कन्दः कुमारः सेनानी स्वामी शंकरसंभवः ॥ १ ॥

गाङ्गेयस्ताम्रचूडश्च ब्रह्मचारी शिखिध्वजः ।
तारकारिरुमापुत्रः क्रौंचारिश्च षडाननः ॥ २ ॥

शब्दब्रह्मसमूहश्च सिद्धः सारस्वतो गुहः ।
सनत्कुमारो भगवान् भोगमोक्षप्रदः प्रभुः ॥ ३ ॥

शरजन्मा गणाधीशः पूर्वजो मुक्तिमार्गकृत् ।
सर्वागमप्रणेता च वांछितार्थप्रदर्शकः ॥ ४ ॥

अष्टाविंशति नामानि मदीयानीति यः पठेत् ।
प्रत्यूषे श्रद्धया युक्तो मूको वाचस्पतिर्भवेत् ॥ ५ ॥

महामन्त्रमयानीति मम नामानि कीर्तयेत् ।
महाप्रज्ञामवाप्नोति नात्र कार्या विचारणा ॥ ६ ॥

पुष्यनक्षत्र मारभ्य पुनः पुष्ये समाप्य च ।
अश्वत्थमूले प्रतिदिनं दशवारं तु सम्पठेत् ॥ ७ ॥

सप्तविंश-दिनैरेकं पुरश्चरणकं[1] भवेत् ।

इति प्रज्ञावर्धनस्तोत्रम्

गुरूपदेशतो ज्ञात्वा मन्त्रो गुप्ततया मया ।
हिताय सुधियां ख्याता संक्षेपादुपरम्यते ।

इमं ग्रन्थमधीयानो यत्र कुत्रापि संस्थितः ।
विहाय कर्मसन्देहं भूयात्सन्मार्गगो द्विजः ॥ १ ॥

प्रेम्णा माणवकान् द्विजातिकुलजानध्यापयन् प्रापयन्
स्वे स्वे कर्मणि कौशलं मतिमतां यूनां यशः ख्यापयन् ।
वृद्धानां नयनाति मानवसुनो वर्त्या समुल्लासयन्
विश्वेषां हृदयेषु कर्मठगुरौ कल्पान्तमुन्मीलतु ॥ २ ॥

---

१. अनुष्ठानदिनेषु मयूरेभ्यः तण्डुलादिकं देयम् । प्रज्ञावर्धनस्तोत्रस्यानुष्ठानेन साधकः विलक्षणां प्रतिभां अवंध्यां च वाचाशक्तिमाप्नोति इत्यनुभवसिद्धम् ।

आत्मकुल-स्थानादिकथनम्

अस्ति प्रशस्तमहिमा-कमलाविलास-स्थान द्विजेन्द्रपरिसेवितशुद्धभूमि ।
पञ्जावनाम त्रिदितं कथितं जगत्यां देशः सुरेन्द्रसदनादपि यो गरीयान् ॥ १ ॥

यस्मिन्नगाधसलिला वहति प्रसिद्धा पुण्या शतद्रुतटिनी द्विजवृन्दसेव्या ।
तस्या अवाग्दिशि खलु[1] द्विकयोजनान्तर्ग्रामो विराजति जनप्रथितःकुराली ॥ २ ॥

पलानि सप्तरेखातः पुरतः सन्ति सा शुभा ।
कुराली यत्र पलभा दिग्व्यङ्गुलनगाङ्गुला ॥ ३ ॥

आसीत्पार्वणशर्वरीश्वरयशा सद्विप्रवृन्दार्चितो
भारद्वाजमुनेः कुलेऽतिमहते जन्माभवद्यस्य हि ।
नाम्ना नानकचन्द्र इत्यभिहितो ग्रामेऽतिमान्यः सुधीः
षट्कर्माचरणैकतत्परमतिर्यः साङ्गवेदार्थवित् ॥ ४ ॥

ततो बभूव द्विजरामचन्द्रः षट्कर्मधर्माचरणेऽनुरक्तः ।
सन्मन्त्रतन्त्रादिविधानवेत्ता मान्यः सतां संसदि यः सदाऽसीत् ॥ ५ ॥

तत्पुत्रोऽस्ति मुकुन्दवल्लभ इति ख्यातो विदां सेवकः
सद्विद्याविनयाद्यलङ्कृतमतिर्ज्योतिर्विदग्रेसरः ।
तेनायं निरमायि धार्मिकजनस्वान्तप्रमोदावहो
ग्रन्थस्तेन कृपाऽमृतार्द्रनयनः प्रीणातु कृष्णो मयि ॥ ६ ॥

ऋतु-गज नव-भूमिते गतेऽब्दे नरपतिविक्रमतोऽसिते दले च ।
नभसिभृगुजवासरेऽहितिथ्यां व्यरचि मनीषिमुकुन्दवल्लभेन ॥८॥

इति श्रीमत्पण्डितप्रवररामचन्द्रसुतेन श्रीशिवदेव्या गर्भजेन पञ्चाप-देशान्तरगत,
कुरालीग्रामवास्तव्येन सारस्वतविप्रवंशाभिजनेन श्रीमुकुन्दवल्लभ
ज्यौतिषाचार्येण प्रणीते कर्मठगुरौ काम्यकर्मात्मकं
चतुर्थं प्रकरणं समाप्तम् ॥

●

---

(१) योजनं पञ्चभिर्मैलैः ।